Bornhofen
Steuerlehre 2

Studiendirektor, Dipl.-Hdl.
Manfred Bornhofen

Mitarbeiter:
Martin Bornhofen

Steuerlehre 2
Veranlagung 1999

Einkommensteuer
Eigenheimzulage
Investitionszulage
Körperschaftsteuer
Gewerbesteuer
Bewertungsgesetz

20., überarbeitete Auflage

Die Deutsche Bibliothek – CIP-Einheitsaufnahme
Ein Titeldatensatz für diese Publikation ist bei
Der Deutschen Bibliothek erhältlich.

1. Auflage 1981
.
.
.
20. Auflage 2000

Alle Rechte vorbehalten
© Betriebswirtschaftlicher Verlag Dr. Th. Gabler GmbH, Wiesbaden 2000

Der Gabler Verlag ist ein Unternehmen der Fachverlagsgruppe BertelsmannSpringer.

Das Werk einschließlich aller seiner Teile ist urheberrechtlich geschützt. Jede
Verwertung in anderen als den gesetzlich zugelassenen Fällen bedarf deshalb
der vorherigen schriftlichen Einwilligung des Verlages.

www.gabler.de

Die Wiedergabe von Gebrauchsnamen, Handelsnamen, Warenbezeichnungen usw. in diesem Werk
berechtigt auch ohne besondere Kennzeichnung nicht zu der Annahme, daß solche Namen im Sinne der Warenzeichen- und Markenschutz-Gesetzgebung als frei zu betrachten wären und daher von
jedermann benutzt werden dürften.

Höchste inhaltliche und technische Qualität unserer Produkte ist unser Ziel. Bei der Produktion und
Verbreitung unserer Werke wollen wir die Umwelt schonen: Dieses Werk ist auf säurefreiem und
chlorfrei gebleichtem Papier gedruckt. Die Einschweißfolie besteht aus Polyäthylen und damit aus
organischen Grundstoffen, die weder bei der Herstellung noch bei der Verbrennung Schadstoffe freisetzen.

Druck und Bindung: Koninklijke Wöhrmann B. V., Zutphen
Printed in Netherlands 2000

ISBN 3-409-97626-4

Vorwort zur 20. Auflage

Die **Steuerlehre 2** erscheint im Februar eines jeden Kalenderjahres mit dem aktuellen Rechtsstand des vergangenen Jahres (31.12.1999). Zusammen mit der **Steuerlehre 1** decken die beiden Werke die grundlegenden Inhalte des Steuerrechts ab.

Dabei behandelt die **Steuerlehre 1**

- das Allgemeine Steuerrecht,
- die Abgabenordnung und
- die Umsatzsteuer

und die **Steuerlehre 2**

- die Einkommensteuer,
- die Eigenheimzulage,
- die Investitionszulage,
- die Körperschaftsteuer,
- die Gewerbesteuer sowie
- das Bewertungsgesetz.

Rechtsänderungen gegenüber dem Vorjahr bzw. Änderungen, die sich ab 1999 ergeben, sind durch senkrechte Randlinien gekennzeichnet.

Die 20., überarbeitete Auflage der **Steuerlehre 2** berücksichtigt den **vollständigen Rechtsstand** des Jahres **1999**. Damit wird sichergestellt, daß z.B. die Steuererklärungen 1999 sachlich richtig erstellt werden können.

Da die Lohnsteuer als besondere Erhebungsform der Einkommensteuer auf dem Rechtsstand des laufenden Jahres (2000) basiert, werden auch in dem Lohnsteuer-Kapitel die Lohnsteuer-Richtlinien 2000 berücksichtigt.

Ein größtmöglicher **Praxisbezug** wird auch durch den Einbezug der **aktuellen amtlichen Vordrucke** hergestellt. Zahlreiche erläuternde **Schaubilder**, **Beispiele**, **Wiederholungsfragen** und zu lösende **Fälle** - basierend auf dem Rechtsstand des Jahres 1999 - unterstützen den Lernerfolg.
Zur Erleichterung der Erfolgskontrolle wird in umfangreichen Kapiteln bereits nach einzelnen Abschnitten unter dem Stichwort "**Übung**" auf die entsprechenden Wiederholungsfragen und Fälle hingewiesen.
Die "**Zusammenfassenden Erfolgskontrollen**" bieten die Möglichkeit, auch Inhalte vorhergehender Kapitel in die laufende Erfolgskontrolle einzubeziehen.

Aufgrund der vielen **Vernetzungen**, die sich zwischen dem **Steuerrecht** und dem **Rechnungswesen** ergeben, wird mit einem **besonderen Symbol** (siehe Seite VI) auf Schnittstellen zu den Werken **Buchführung 1** und **2** sowie zur **Steuerlehre 1** und **2** hingewiesen.

Manfred Bornhofen

Erläuterung zu den in diesem Buch verwendeten Symbolen

| | Die mit einer senkrechten Randlinie versehenen Seiten kennzeichnen die Rechtsänderungen gegenüber dem Vorjahr bzw. Änderungen, die sich ab 1999 ergeben. |

B 1 Das Symbol **B 1** verweist auf die **Buchführung 1**, 11. Auflage 1999.

B 2 Das Symbol **B 2** verweist auf die **Buchführung 2**, 11. Auflage 1999.

S 1 Das Symbol **S 1** verweist auf die **Steuerlehre 1**, 20. Auflage 1999.

S 2 Das Symbol **S 2** verweist auf die **Steuerlehre 2**, 20. Auflage 1999.

Inhaltsverzeichnis

A. Einkommensteuer

1 Einführung in die Einkommensteuer 1
   1.1 Geschichtliche Entwicklung 1
   1.2 Erhebungsformen 2
   1.3 Steueraufkommen 2
   1.4 Rechtsgrundlagen 2
   1.5 System der Einkommensteuer 3
   1.6 Erfolgskontrolle 4

2 Persönliche Steuerpflicht 5
   2.1 Unbeschränkte Steuerpflicht 5
      2.1.1 Unbeschränkte Steuerpflicht nach § 1 Abs. 1 EStG 5
         2.1.1.1 Natürliche Personen 5
         2.1.1.2 Inland 6
         2.1.1.3 Wohnsitz 6
         2.1.1.4 Gewöhnlicher Aufenthalt 7
      2.1.2 Erweiterte unbeschränkte Steuerpflicht nach § 1 Abs. 2 EStG 9
      2.1.3 Unbeschränkte Steuerpflicht nach § 1 Abs. 3 und § 1a EStG 10
         2.1.3.1 Unbeschränkte Steuerpflicht nach § 1 Abs. 3 EStG 10
         2.1.3.2 Unbeschränkte Steuerpflicht nach § 1a EStG 11
   2.2 Beschränkte Steuerpflicht 12
   2.3 Doppelbesteuerungsabkommen 12
   2.4 Zusammenfassung und Erfolgskontrolle 13

3 Grundbegriffe im Zusammenhang mit der Ermittlung der Einkünfte .. 16
   3.1 Einkünfte 16
   3.2 Einnahmen 17
      3.2.1 Betriebseinnahmen 18
      3.2.2 Einnahmen im Sinne des § 8 EStG 18
      3.2.3 Steuerfreie Einnahmen 19
   3.3 Ausgaben 20
      3.3.1 Betriebsausgaben 20
      3.3.2 Werbungskosten 22
      3.3.3 Aufwendungen für die Lebensführung 22
      3.3.4 Abgrenzung der Aufwendungen für die Lebensführung von den Betriebsausgaben und Werbungskosten 23
   3.4 Zusammenfassung und Erfolgskontrolle 24

4 Methoden zur Ermittlung der Einkünfte 28
   4.1 Ermittlung der Gewinneinkünfte 28
      4.1.1 Methoden der Gewinnermittlung 28
      4.1.2 Gewinnermittlungszeitraum 29
   4.2 Ermittlung der Überschußeinkünfte 31
      4.2.1 Methode der Überschußermittlung 31
      4.2.2 Überschußermittlungszeitraum 31
   4.3 Zusammenfassung und Erfolgskontrolle 33

Zusammenfassende Erfolgskontrolle zum 1. bis 4. Kapitel 37

5 Veranlagungsarten ... 38
5.1 Einzelveranlagung ... 38
5.2 Ehegattenveranlagungen ... 39
    5.2.1 Zusammenveranlagung ... 39
    5.2.2 Getrennte Veranlagung ... 40
    5.2.3 Besondere Veranlagung für das Jahr der Eheschließung ... 41
5.3 Zusammenfassung und Erfolgskontrolle ... 42

6 Umfang der einzelnen Gewinneinkünfte ... 45
6.1 Einkünfte aus Land- und Forstwirtschaft ... 45
    6.1.1. Begriff der Land- und Forstwirtschaft ... 45
    6.1.2 Arten der Einkünfte aus Land- und Forstwirtschaft ... 45
    6.1.3 Erfolgskontrolle ... 46
6.2 Einkünfte aus Gewerbebetrieb ... 47
    6.2.1 Begriff des Gewerbebetriebs ... 47
    6.2.2 Hauptarten der Einkünfte aus Gewerbebetrieb ... 47
    6.2.3 Abgrenzung zwischen Land- und Forstwirtschaft und Gewerbe ... 50
    6.2.4 Erfolgskontrolle ... 51
6.3 Einkünfte aus selbständiger Arbeit ... 53
    6.3.1 Begriff der selbständigen Arbeit ... 53
    6.3.2 Hauptarten der Einkünfte aus selbständiger Arbeit ... 53
    6.3.3 Abgrenzung zum Gewerbebetrieb ... 54
    6.3.4 Erfolgskontrolle ... 54

Zusammenfassende Erfolgskontrolle zum 1. bis 6. Kapitel ... 56

7 Gewinnermittlung durch Betriebsvermögensvergleich ... 58
7.1 Grundlagen des Betriebsvermögensvergleichs ... 58
7.2 Betriebsvermögensvergleich nach § 4 Abs. 1 EStG ... 60
7.3 Betriebsvermögensvergleich nach § 5 EStG ... 61
7.4 Unterschied zwischen dem Betriebsvermögensvergleich nach § 4 Abs. 1 und § 5 EStG ... 62
7.5 Zusammenfassung und Erfolgskontrolle ... 63

Zusammenfassende Erfolgskontrolle zum 1. bis 7. Kapitel ... 66

8 Umfang und Änderungen des Betriebsvermögens ... 67
8.1 Umfang des Betriebsvermögens ... 67
8.2 Änderungen des Betriebsvermögens ... 70
    8.2.1 Änderungen durch Betriebsausgaben und Betriebseinnahmen ... 70
    8.2.2 Änderungen durch Entnahmen und Einlagen ... 72
8.3 Erfolgskontrolle ... 74

9 Bewertung des Betriebsvermögens ... 76
9.1 Grundlagen der Bewertung ... 76
    9.1.1 Maßgeblichkeitsgrundsatz ... 76
    9.1.2 Bewertungsgrundsätze ... 77
        9.1.2.1 Grundsatz der Bilanzidentität ... 78
        9.1.2.2 Grundsatz der Fortführung der Unternehmenstätigkeit ... 78
        9.1.2.3 Grundsatz der Einzelbewertung ... 78
        9.1.2.4 Grundsatz der Vorsicht ... 79
        9.1.2.5 Grundsatz der periodengerechten Aufwands- und Ertragsabgrenzung ... 80

	9.1.2.6 Grundsatz der Stetigkeit der Bewertungsmethoden	80
9.1.3	Bewertungsmaßstäbe	81
	9.1.3.1 Anschaffungskosten	81
	9.1.3.2 Herstellungskosten	84
	9.1.3.3 Fortgeführte Anschaffungs- oder Herstellungskosten	87
	9.1.3.4 Börsenpreis, Marktpreis, beizulegender Wert	87
	9.1.3.5 Teilwert	88
9.2 Bewertung der Wirtschaftsgüter in der Bilanz		89
9.2.1	Bewertungsmäßige Einteilung der Bilanzposten	89
9.2.2	Bewertung des abnutzbaren Anlagevermögens	90
9.2.3	Absetzungen für Abnutzung bei immateriellen Wirtschaftsgütern	92
	9.2.3.1 Software	92
	9.2.3.2 Geschäfts- oder Firmenwert	92
9.2.4	Absetzungen für Abnutzung bei Gebäuden	94
	9.2.4.1 Lineare AfA bei Gebäuden	94
	9.2.4.2 Degressive AfA bei Gebäuden	95
9.2.5	Erhöhte Absetzungen bei Gebäuden	101
9.2.6	Absetzungen für Abnutzung bei beweglichen Anlagegütern	101
	9.2.6.1 Lineare AfA bei beweglichen Anlagegütern	101
	9.2.6.2 Degressive AfA bei beweglichen Anlagegütern	105
9.2.7	Sonderabschreibungen und Ansparabschreibungen nach §7g EStG	108
	9.2.7.1 Sonderabschreibungen nach § 7g EStG	108
	9.2.7.2 Ansparabschreibungen nach § 7g EStG	112
9.2.8	Bewertungsfreiheit für geringwertige Wirtschaftsgüter	114
9.2.9	Bewertung des nicht abnutzbaren Anlagevemögens	116
9.2.10	Bewertung des Umlaufvermögens	117
9.2.11	Bewertung der Verbindlichkeiten	118
9.3 Bewertung der Entnahmen und Einlagen		119
9.3.1	Bewertung der Entnahmen	119
9.3.2	Bewertung der Einlagen	120
9.4 Bilanzberichtigung und Bilanzänderung		121
9.4.1	Bilanzberichtigung	121
9.4.2	Bilanzänderung	122
9.5 Zusammenfassung und Erfolgskontrolle		122

Zusammenfassende Erfolgskontrolle zum 1. bis 9. Kapitel 145

10 Gewinnermittlung ohne Betriebsvermögensvergleich 148
10.1 Überschußrechnung nach § 4 Abs. 3 EStG 148
    10.1.1 Berechtigter Personenkreis 148
    10.1.2 Umfang der Betriebseinnahmen 148
    10.1.3 Umfang der Betriebsausgaben 150
    10.1.4 Zeitliche Zurechnung 154
    10.1.5 Unterschiede zwischen Betriebsvermögensvergleich und Überschußrechnung nach § 4 Abs. 3 EStG 158
10.2 Gewinnermittlung nach Durchschnittssätzen 159
10.3 Zusammenfassung und Erfolgskontrolle 159

Zusammenfassende Erfolgskontrolle zum 1. bis 10. Kapitel 164

11 Umfang und Ermittlung der einzelnen Überschußeinkünfte 166
11.1 Einkünfte aus nichtselbständiger Arbeit 166

11.1.1	Arbeitnehmer	166
11.1.2	Arbeitslohn	167
11.1.3	Zeitlicher Ansatz des Arbeitslohns	173
11.1.4	Vom Arbeitslohn abziehbare Beträge	175
	11.1.4.1 Versorgungs-Freibetrag	176
	11.1.4.2 Werbungskosten oder Arbeitnehmer-Pauschbetrag	176
11.1.5	Erfolgskontrolle	182
11.2 Einkünfte aus Kapitalvermögen		191
11.2.1	Hauptarten der Einkünfte aus Kapitalvermögen	191
	11.2.1.1 Erträge aus Beteiligungen an bestimmten juristischen Personen	191
	11.2.1.2 Einnahmen aus der Beteiligung als stiller Gesellschafter und aus partiarischen Darlehen	193
	11.2.1.3 Zinsen aus Kapitalforderungen	194
11.2.2	Kapitalertragsteuer und Solidaritätszuschlag	195
11.2.3	Werbungskosten oder Werbungskosten-Pauschbetrag	201
11.2.4	Sparer-Freibetrag	202
11.2.5	Zeitliche Zurechnung	203
11.2.6	Zusammenfassung und Erfolgskontrolle	203
11.3 Einkünfte aus Vermietung und Verpachtung		211
11.3.1	Grundstücke, die in vollem Umfang vermietet/verpachtet sind	212
	11.3.1.1 Einnahmen	212
	11.3.1.2 Werbungskosten	213
	11.3.1.2.1 Schuldzinsen	215
	11.3.1.2.2 Erhaltungsaufwand/Herstellungskosten	216
	11.3.1.2.3 Sonstige Werbungskosten	218
	11.3.1.2.4 Lineare und degressive AfA nach § 7 EStG	219
	11.3.1.2.5 Erhöhte Absetzungen nach §§ 7b EStG	222
	11.3.1.2.6 Sonderabschreibungen	223
11.3.2	Grundstücke, die in vollem Umfang eigenen Wohnzwecken dienen	226
	11.3.2.1 Begünstigte Objekte i.S.d. EStG	226
	11.3.2.2 Begünstigte Objekte i.S.d. EigZulG	227
11.3.3	Grundstücke, die gemischt genutzt werden	228
	11.3.3.1 Gebäude, die teilweise vemietet sind und teilweise eigenen Wohnzwecken dienen bzw. teilweise unentgeltlich überlassen werden	228
	11.3.3.2 Gebäude, die teilweise vermietet sind und teilweise eigenen Wohnzwecken dienen und teilweise eigenbetrieblich genutzt werden	230
11.3.4	Erfolgskontrolle	232
11.4 Sonstige Einkünfte im Sinne des § 22 EStG		242
11.4.1	Einkünfte aus wiederkehrenden Bezügen	242
	11.4.1.1 Altersruhegeld	242
	11.4.1.2 Berufs- und Erwerbsunfähigkeitsrenten	245
11.4.2	Einkünfte aus privaten Veräußerungsgeschäften i.S.d. § 23 EStG	247
11.4.3	Einkünfte aus bestimmten Leistungen	253
11.4.4	Zusammenfassung und Erfolgskontrolle	253

Zusammenfassende Erfolgskontrolle zum 1. bis 11. Kapitel 260

12 Summe der Einkünfte ... 262
- 12.1 Verlustausgleich bei Einzelveranlagung ... 263
  - 12.1.1 Horizontaler Verlustausgleich ... 263
  - 12.1.2 Vertikaler Verlustausgleich ... 264
    - 12.1.2.1 Nur positive Einkünfte ... 264
    - 12.1.2.2 Nur negative Einkünfte ... 264
    - 12.1.2.3 Sowohl negative als auch positive Einkünfte ... 265
- 12.2 Verlustausgleich bei Zusammenveranlagung ... 273
  - 12.2.1 Horizontaler Ehegattenverlustausgleich ... 274
  - 12.2.2 Vertikaler Ehegattenverlustausgleich ... 276
- 12.3 Nichtausgleichbare Verluste ... 285
- 12.4 Erfolgskontrolle ... 285

Zusammenfassende Erfolgskontrolle zum 1. bis 12. Kapitel ... 291

13 Gesamtbetrag der Einkünfte ... 292
- 13.1 Altersentlastungsbetrag ... 292
  - 13.1.1 Persönliche und sachliche Voraussetzungen ... 292
  - 13.1.2 Berechnung des Altersentlastungsbetrags ... 293
- 13.2 Abzug für Land- und Forstwirte ... 297
- 13.3 Erfolgskontrolle ... 298

Zusammenfassende Erfolgskontrolle zum 1. bis 13. Kapitel ... 300

14 Einkommen ... 302
- 14.1 Verlustabzug nach § 10d EStG ... 303
  - 14.1.1 Verlustrücktrag ... 304
  - 14.1.2 Verlustvortrag ... 306
  - 14.1.3 Erfolgskontrolle ... 308
- 14.2 Sonderausgaben ... 309
  - 14.2.1 Begriff und Einteilung der Sonderausgaben ... 309
  - 14.2.2 Unbeschränkt abzugsfähige Sonderausgaben ... 311
    - 14.2.2.1 Renten und dauernde Lasten ... 311
    - 14.2.2.2 Gezahlte Kirchensteuer ... 311
    - 14.2.2.3 Steuerberatungskosten ... 312
  - 14.2.3 Beschränkt abzugsfähige Sonderausgaben, die keine Vorsorgeaufwendungen sind ... 313
    - 14.2.3.1 Bestimmte Unterhaltsleistungen ... 313
    - 14.2.3.2 Aufwendungen für die Berufsausbildung oder Weiterbildung in einem nicht ausgeübten Beruf ... 314
    - 14.2.3.3 Aufwendungen für hauswirtschaftliche Beschäftigungsverhältnisse ... 315
    - 14.2.3.4 Schulgeld ... 316
    - 14.2.3.5 Spenden ... 317
  - 14.2.4 Vorsorgeaufwendungen ... 324
    - 14.2.4.1 Versicherungsbeiträge ... 324
    - 14.2.4.2 Höchstbetragsberechnung ... 327
  - 14.2.5 Sonderausgaben-Pauschbetrag, Vorsorgepauschale ... 334
    - 14.2.5.1 Sonderausgaben-Pauschbetrag ... 335
    - 14.2.5.2 Vorsorgepauschale ... 335
      - 14.2.5.2.1 Ungekürzte Vorsorgepauschale ... 335

14.2.5.2.2 Gekürzte Vorsorgepauschale 342
14.2.5.2.3 Vorsorgepauschale in Mischfällen 345
14.2.6 Erfolgskontrolle 349

Zusammenfassende Erfolgskontrolle 361

14.3 Außergewöhnliche Belastungen 363
    14.3.1 Außergewöhnliche Belastungen allgemeiner Art (§ 33) 364
        14.3.1.1 Begriff der außergewöhnlichen Belastung 364
        14.3.1.2 Zumutbare Belastung 366
        14.3.1.3 Abziehbare außergewöhnliche Belastung 367
        14.3.1.4 Kinderbetreuungskosten (§ 33c) 368
            14.3.1.4.1 Kinderbetreuungskosten bei
                      Alleinstehenden 368
            14.3.1.4.2 Kinderbetreuungskosten bei Ehegatten ... 372
    14.3.2 Außergewöhnliche Belastungen in besonderen Fällen (§ 33a) . 374
        14.3.2.1 Unterhaltsaufwendungen 374
        14.3.2.2 Ausbildungsfreibeträge 382
        14.3.2.3 Aufwendungen für eine Hilfe im Haushalt oder für
            vergleichbare Dienstleistungen 388
    14.3.3 Pauschbeträge für Behinderte, Hinterbliebene und Pflege-
        personen (§ 33b) 390
        14.3.3.1 Behinderten-Pauschbetrag 390
        14.3.3.2 Hinterbliebenen-Pauschbetrag 391
        14.3.3.3 Pflege-Pauschbetrag 392
    14.3.4 Zusammenfassung und Erfolgskontrolle 392

Zusammenfassende Erfolgskontrolle 404

14.4 Sonstige Abzugsbeträge 406
    14.4.1 Abzugsbetrag nach § 10e EStG 407
        14.4.1.1 Begünstigte Objekte i.S.d. EStG 407
        14.4.1.2 Begünstigte Personen 408
        14.4.1.3 Abzugsbetrag (Grundförderung) 408
            14.4.1.3.1 Bauantrag, Baubeginn oder Kaufvertrag
                      nach dem 30.09.1991 und vor dem 1.1.1996 . 411
            14.4.1.3.2 Anschaffung eines Altbaues bei Abschluß
                      des Kaufvertrags nach dem 31.12.1993 und
                      und vor dem 1.1.1996 413
        14.4.1.4 Nachholung nicht ausgeschöpfter Abzugsbeträge 414
        14.4.1.5 Folgeobjekt 415
        14.4.1.6 Unentgeltlich überlassene Wohnung nach §10h EStG . 416
        14.4.1.7 Baukindergeld 418
    14.4.2 Vorkostenabzug nach § 10i EStG 419
    14.4.3 Abzugsbetrag nach § 7 FördG 420
    14.4.4 Zusammenfassung und Erfolgskontrolle 420

Zusammenfassende Erfolgskontrolle zum 1. bis 14. Kapitel 425

15 Zu versteuerndes Einkommen 426
    15.1 Kinderfreibetrag 427
        15.1.1 Einkommensteuerlicher Kindbegriff 427
        15.1.2 Steuerlich zu berücksichtigende Kinder 428

        15.1.2.1 Steuerpflicht 428
        15.1.2.2 Alter des Kindes und andere Voraussetzungen 429
   15.1.3 Höhe des Kinderfreibetrags 437
        15.1.3.1 Voller Kinderfreibetrag 439
        15.1.3.2 Halber Kinderfreibetrag 441
        15.1.3.3 Übertragung des halben Kinderfreibetrages 441
15.2 Haushaltsfreibetrag 444
15.3 Härteausgleich nach § 46 Abs. 3, § 70 EStDV 445
   15.3.1 Härteausgleich nach § 46 Abs. 3 445
   15.3.2 Härteausgleich nach § 46 Abs. 5 i.V. mit § 70 EStDV 447
15.4 Erfolgskontrolle 448

Zusammenfassende Erfolgskontrolle zum 1. bis 15. Kapitel 455

16 Ermittlung der Einkommensteuerschuld 456
16.1 Tarifliche und festzusetzende Einkommensteuer 456
   16.1.1 Grundtarif (Grundtabelle) 457
   16.1.2 Splitting-Verfahren (Splittingtabelle) 459
   16.1.3 Besondere Steuersätze 460
        16.1.3.1 Progressionsvorbehalt 460
        16.1.3.2 Tarifbegrenzung bei gewerblichen Einkünften 462
16.2 Steuerentrichtung 464
16.3 Erfolgskontrolle 465

17 Zuschlagsteuern zur Einkommensteuer 467
17.1 Kirchensteuer 467
17.2 Solidaritätszuschlag 469
17.3 Erfolgskontrolle 470

18 Lohnsteuer 472
18.1 Lohnsteuerklassen 472
18.2 Lohnsteuertabellen 473
18.3 Lohnsteuerkarte 474
   18.3.1 Ausstellung der Lohnsteuerkarte 474
   18.3.2 Lohnsteuerkartenmuster 475
   18.3.3 Eintragung auf der Lohnsteuerkarte 478
18.4 Anmeldung und Abführung der Lohnsteuer 480
18.5 Veranlagung von Arbeitnehmern 485
   18.5.1 Veranlagung von Amts wegen 485
   18.5.2 Veranlagung auf Antrag 486
18.6 Erfolgskontrolle 487

Zusammenfassendes Beispiel mit Lösung 489

B. Eigenheimzulage

1 Begünstigte Personen 492

2 Begünstigte Objekte 493
   2.1 Wohnung im eigenen Haus 493
   2.2 Ausbauten und Erweiterungen 493

3 Förderzeitraum 494

4 Nutzung zu eigenen Wohnzwecken 495

5 Einkunftsgrenze 495

6 Objektbeschränkung 498

7 Folgeobjekt 499

8 Bemessungsgrundlage für den Förderungsgrundbetrag 499

9 Höhe der Eigenheimzulage 501
   9.1 Förderungsgrundbetrag 501
   9.2 Ökologische Zusatzförderung 501
      9.2.1 Zusatzförderung für energiesparende Anlagen 502
      9.2.2 Zusatzförderung für Niedrigenergiehäuser 503
   9.3 Kinderzulage 504

10 Förderbegrenzung 506

11 Verfahren 507

12 Erfolgskontrolle 508

C. Investitionszulage

1 Betriebliche Investitionen 513

2 Baumaßnahmen bei Mietwohngebäuden 514

3 Baumaßnahmen am selbstgenutzten Wohneigentum 515

4 Erfolgskontrolle 516

Prüfungsfälle Einkommensteuer und Eigenheimzulage 518

D. Körperschaftsteuer

1 Einführung in die Körperschaftsteuer 541
   1.1 Geschichtliche Entwicklung 541
   1.2 Stellung im Steuersystem 542
   1.3 Steueraufkommen 542
   1.4 Rechtsgrundlagen 542
   1.5 Erfolgskontrolle 543

2 Körperschaftsteuerpflicht ... 544
2.1 Unbeschränkte Steuerpflicht ... 544
2.1.1 Juristische Personen ... 544
2.1.2 Inland ... 545
2.1.3 Geschäftsleitung ... 545
2.1.4 Sitz ... 545
2.2 Beschränkte Steuerpflicht ... 545
2.3 Zusammenfassung und Erfolgskontrolle ... 546

3 Steuerbefreiungen ... 548
3.1 Unbeschränkte Steuerbefreiungen ... 548
3.2 Beschränkte Steuerbefreiungen ... 548
3.3 Erfolgskontrolle ... 549

4 Ermittlung des körperschaftsteuerlichen Einkommens ... 550
4.1 Grundlagen der Besteuerung ... 550
4.2 Ermittlung des Einkommens ... 551
4.2.1 Verdeckte Gewinnausschüttung ... 551
4.2.2 Spenden ... 552
4.2.3 Nichtabziehbare Aufwendungen ... 553
4.3 Erfolgskontrolle ... 555

5 Körperschaftsteuertarif ... 556
5.1 Tarifbelastung ... 556
5.2 Ausschüttungsbelastung ... 557
5.3 Zusammenfassung und Erfolgskontrolle ... 557

6 Anrechnungsverfahren ... 559
6.1 Anrechnungsverfahren auf der Ebene der Gesellschaft ... 559
6.2 Anrechnungsverfahren auf der Ebene des Gesellschafters ... 560
6.3 Erfolgskontrolle ... 561

Prüfungsfälle Körperschaftsteuer ... 562

E. Gewerbesteuer

1 Einführung in die Gewerbesteuer ... 564
1.1 Geschichtliche Entwicklung ... 564
1.2 Stellung im Steuersystem ... 564
1.3 Steueraufkommen ... 564
1.4 Rechtsgrundlagen ... 565
1.5 Verwaltung ... 565
1.6 Schema zur Ermittlung der Gewerbesteuer ... 565
1.7 Erfolgskontrolle ... 566

2 Steuerpflicht und Steuerbefreiungen ... 567
2.1 Steuergegenstand ... 567
2.2 Arten und Formen des Gewerbebetriebs ... 568
2.2.1 Gewerbebetrieb kraft gewerblicher Betätigung ... 569
2.2.2 Gewerbebetrieb kraft Rechtsform ... 570
2.2.3 Gewerbebetrieb kraft wirtschaftlichen Geschäftsbetriebs ... 570
2.3 Beginn der Steuerpflicht ... 571
2.3.1 Einzelgewerbetreibende und Personengesellschaften ... 571
2.3.2 Kapitalgesellschaften ... 571
2.3.3 Sonstige juristische Personen des privaten Rechts

   und nichtrechtsfähige Vereine 572
 2.4 Erlöschen der Steuerpflicht 572
  2.4.1 Einzelgewerbetreibende und Personengesellschaften 572
  2.4.2 Kapitalgesellschaften 572
  2.4.3 Sonstige juristische Personen des privaten Rechts und
    nichtrechtsfähige Vereine 572
 2.5 Steuerbefreiungen 574
 2.6 Erfolgskontrolle 574

3 Steuermeßbetrag 575
 3.1 Gewinn aus Gewerbebetrieb 576
 3.2 Hinzurechnungen nach § 8 GewStG 577
  3.2.1 Hälfte der Dauerschuldentgelte 577
  3.2.2 Renten und dauernde Lasten 581
  3.2.3 Gewinnanteile des stillen Gesellschafters 581
  3.2.4 Hälfte der Miet- und Pachtaufwendungen 582
  3.2.5 Anteile am Verlust einer Personengesellschaft 583
  3.2.6 Spenden bei Körperschaften 583
 3.3 Kürzungen nach § 9 GewStG 584
  3.3.1 Kürzung für den Grundbesitz 584
  3.3.2 Gewinnanteile an Personengesellschaften 585
  3.3.3 Hälfte der Miet- und Pachterträge 585
  3.3.4 Spenden bei allen Gewerbebetrieben 586
 3.4 Maßgebender Gewerbeertrag 586
 3.5 Gewerbeverlust 586
 3.6 Steuermeßzahl und Steuermeßbetrag 587
 3.7 Zusammenfassung und Erfolgskontrolle 589

4 Festsetzung und Erhebung der Gewerbesteuer 595
 4.1 Festsetzung der Gewerbesteuer 595
 4.2 Erhebung der Gewerbesteuer 595
  4.2.1 Zuständigkeit der Finanzämter 595
  4.2.2 Zuständigkeit der Gemeinden 596
  4.2.3 Steuerschuldner 596
  4.2.4 Vorauszahlungen 597
 4.3 Erfolgskontrolle 597

5 Zerlegung 599
 5.1 Betriebsstätten 599
 5.2 Zerlegungsmaßstab 599
 5.3 Zerlegungsbescheid 600
 5.4 Erfolgskontrolle 600

6 Gewerbesteuerrückstellung 601
 6.1 Berechnung nach der Fünf-Sechstel-Methode 601
 6.2 Berechnung nach der Divisor-Methode 603
 6.3 Erfolgskontrolle 605

Prüfungsfälle Gewerbesteuer 609

F. Bewertungsgesetz

1 Einführung in das Bewertungsgesetz 615
 1.1 Einordnung und Abgrenzung zu anderen Gesetzen 615
 1.2 Rechtsgrundlagen 617
 1.3 Erfolgskontrolle 617

2 Allgemeine und besondere Bewertungsvorschriften ... 618
2.1 Allgemeine Bewertungsvorschriften ... 618
2.2 Besondere Bewertungsvorschriften ... 618
2.3 Erfolgskontrolle ... 618

3 Wirtschaftliche Einheit ... 619
3.1 Wirtschaftliche Einheit als Bewertungsgegenstand ... 619
3.1.1 Land- und forstwirtschaftliches Vermögen ... 619
3.1.2 Grundvermögen ... 620
3.1.3 Betriebsvermögen ... 622
3.2 Zusammenfassung und Erfolgskontrolle ... 622

4 Bewertungsmaßstäbe ... 625
4.1 Gemeiner Wert und daraus abgeleitete Werte ... 625
4.2 Teilwert, Steuerbilanzwert ... 626
4.3 Ertragswert ... 626
4.4 Erfolgskontrolle ... 626

5 Begriff und Bedeutung des Einheitswerts ... 627
5.1 Einheitswerte für inländischen Grundbesitz ... 627
5.1.1 Einheitswert für Betriebe der Land- und Forstwirtschaft ... 627
5.1.2 Einheitswert für Grundstücke ... 628
5.1.2.1 Unbebaute Grundstücke ... 628
5.1.2.2 Bebaute Grundstücke ... 629
5.1.3 Einheitswert für Betriebsgrundstücke ... 631
5.2 Wert des Betriebsvermögens ... 632
5.3 Erfolgskontrolle ... 632

6 Feststellungsarten ... 634
6.1 Hauptfeststellung ... 634
6.2 Fortschreibungen ... 634
6.2.1 Wertfortschreibung ... 634
6.2.2 Artfortschreibung ... 635
6.2.3 Zurechnungsfortschreibung ... 635
6.3 Nachfeststellung ... 636
6.4 Zusammenfassung und Erfolgskontrolle ... 636

7 Bedarfsbewertung des Grundvermögens für Zwecke der Erbschaft- und Schenkungsteuer ... 638
7.1 Allgemeines ... 638
7.2 Bewertung des Grundvermögens ... 638
7.2.1 Bewertung unbebauter Grundstücke ... 638
7.2.2 Bewertung bebauter Grundstücke ... 639
7.3 Erfolgskontrolle ... 643

Stichwortverzeichnis ... 644

Abkürzungsverzeichnis

A	=	Abschnitt
a.D.	=	außer Dienst
AEAO	=	Anwendungserlaß zur Abgabenordnung
a.F.	=	alte Fassung
AfA	=	Absetzung für Abnutzung
AFG	=	Arbeitsförderungsgesetz
AG	=	Aktiengesellschaft
AktG	=	Aktiengesetz
AO	=	Abgabenordnung
Art.	=	Artikel
BAföG	=	Bundesausbildungsförderungsgesetz
BdF	=	Bundesminister der Finanzen
BerlinFG	=	Berlinförderungsgesetz
BewG	=	Bewertungsgesetz
BfF	=	Bundesamt für Finanzen
BFH	=	Bundesfinanzhof
BGB	=	Bürgerliches Gesetzbuch
BGBl	=	Bundesgesetzblatt
BGH	=	Bundesgerichtshof
BiRiLiG	=	Bilanzrichtlinien-Gesetz
BKGG	=	Bundeskindergeldgesetz
BMF	=	Bundesminister der Finanzen
BpO	=	Betriebsprüfungs-Ordnung
BStBl	=	Bundessteuerblatt
BV	=	Berechnungsverordnung oder Betriebsvermögen
BVerfG	=	Bundesverfassungsgericht
DA-FamEStG	=	Dienstanweisung zur Durchführung des steuerlichen Familienleistungsausgleichs nach dem X. Abschnitt des EStG
DBA	=	Doppelbesteuerungsabkommen
EFH	=	Einfamilienhaus
EGAO	=	Einführungsgesetz zur Abgabenordnung
EigZulG	=	Eigenheimzulagengesetz
ErbStG	=	Erbschaftsteuer- und Schenkungsgesetz
ErbStR	=	Erbschaftsteuer-Richtlinien
EStDV	=	Einkommensteuer-Durchführungsverordnung
EStG	=	Einkommensteuergesetz
EStH	=	Amtliches Einkommensteuer-Handbuch
EStR	=	Einkommensteuer-Richtlinien
EU	=	Europäische Union
EuGH	=	Europäischer Gerichtshof
EUSt	=	Einfuhrumsatzsteuer
EWR	=	Europäischer Wirtschaftsraum
FA	=	Finanzamt
FAGO	=	Geschäftsordnung für die Finanzämter
FGO	=	Finanzgerichtsordnung
FördG	=	Fördergebietsgesetz
FVG	=	Finanzverwaltungsgesetz
GbR	=	Gesellschaft des bürgerlichen Rechts
GdB	=	Grad der Behinderung
GewStD	=	Gewerbesteuer-Durchführungsverordnung
GewStG	=	Gewerbesteuergesetz
GewStR	=	Gewerbesteuer-Richtlinien
GG	=	Grundgesetz für die Bundesrepublik Deutschland

GmbH	=	Gesellschaft mit beschränkter Haftung
GNOFÄ	=	Grundsätze zur Neuorganisation der Finanzämter
GrEStG	=	Grunderwerbsteuergesetz
H	=	Hinweis
HGB	=	Handelsgesetzbuch
HZA	=	Hauptzollamt
InvZulG	=	Investitionszulagengesetz
i.V.m.	=	in Verbindung mit
KapESt	=	Kapitalertragsteuer
KG	=	Kommanditgesellschaft
KiSt	=	Kirchensteuer
KraftSt	=	Kraftfahrzeugsteuer
KStDV	=	Körperschaftsteuer-Durchführungsverordnung
KStG	=	Körperschaftsteuergesetz
KStR	=	Körperschaftsteuer-Richtlinien
LStDV	=	Lohnsteuer-Durchführungsverordnung
LStR	=	Lohnsteuer-Richtlinien
MaBV	=	Makler- und Bauträgerverordnung
n.F.	=	neue Fassung
OHG	=	Offene Handelsgesellschaft
PartG	=	Parteiengesetz
PflegeVG	=	Pflege-Versicherungsgesetz
R	=	Richtlinie
RFH	=	Reichsfinanzhof
Rz.	=	Randziffer
SachbezV	=	Sachbezugsverordnung
SGB	=	Sozialgesetzbuch
SolZG	=	Solidaritätszuschlaggesetz
StADV	=	Steueranmeldungs-Datenträgerverordnung
StBerG	=	Steuerberatungsgesetz
StBereinG	=	Steuerbereinigungsgesetz 1999
StEntlG	=	Steuerentlastungsgesetz 1999/2000/2002
StRefG	=	Steuerreformgesetz
StVZO	=	Straßenverkehrs-Zulassungs-Ordnung
Tz.	=	Textziffer
u.a.	=	unter anderem
UStDV	=	Umsatzsteuer-Durchführungsverordnung
UStG	=	Umsatzsteuergesetz
USt-IdNr.	=	Umsatzsteuer-Identifikationsnummer
UStR	=	Umsatzsteuer-Richtlinien
VermBG	=	Vermögensbildungsgesetz
VersStG	=	Versicherungsteuergesetz
vGA	=	verdeckte Gewinnausschüttung
VwZG	=	Verwaltungszustellungsgesetz
VZ	=	Veranlagungszeitraum
WG	=	Wechselgesetz
WoBauFG	=	Wohnungsbauförderungsgesetz
WoPG	=	Wohnungsbau-Prämiengesetz
WStG	=	Wechselsteuergesetz
WÜD	=	Wiener Übereinkommen vom 18.4.1961 über diplomatische Beziehungen
WÜK	=	Wiener Übereinkommen vom 24.4.1963 über konsularische Beziehungen
ZFH	=	Zweifamilienhaus
ZG	=	Zollgesetz
ZM	=	Zusammenfassende Meldung

A. Einkommensteuer

1 Einführung in die Einkommensteuer

1.1 Geschichtliche Entwicklung

Die deutsche **Einkommensteuer** (**ESt**) wurde erstmals 1811 in Ostpreußen als **Kopfsteuer** erhoben.

1820 führte Hardenberg in ganz Preußen eine **Klassensteuer** ein, die bei der Steuerstaffelung an **äußere Wohlstandsmerkmale** anknüpfte.

1891 gab es unter Finanzminister **Miquel** eine **Einheits-Einkommensteuer**, die vor allem eine Änderung des auf der preußischen Klassensteuer aufbauenden Rechtszustandes in folgenden Punkten vorsah:

1. Anknüpfung der Besteuerung ausschließlich an die tatsächlichen **Einkommensquellen**, anstelle der Heranziehung nach mutmaßlichen Wohlstandsklassen.
2. Einführung der **Steuererklärungspflicht**, womit das unzulängliche Einschätzungsverfahren nach äußeren Merkmalen abgeschafft wurde.
3. Ausdehnung der Steuerpflicht auf **Kapitalgesellschaften**, die von der Klassensteuer noch nicht erfaßt waren.
4. **Progressive** (stufenweise fortschreitende) **Gestaltung des Einkommensteuertarifs** (Spitzensatz 4 %), unter Berücksichtigung eines Existenzminimums und eines Steuerfreibetrags für Kinder.

Mit der **Miquelschen Steuerreform** "begann das Zeitalter der **progressiven Einkommensteuer**, in deren Mittelpunkt die **natürliche Person** mit der ihr zuzurechnenden **persönlichen Leistungsfähigkeit** steht" (Alfons Pausch).

Dieses Steuersystem wurde von allen **deutschen Bundesstaaten** mit territorialen Unterschieden bis zum Ersten Weltkrieg eingeführt.

1920 wurden durch Reichsfinanzminister **Erzberger** die 27 Landeseinkommensteuern von einer **einheitlichen Reichseinkommensteuer** abgelöst.

Das **Einkommensteuergesetz vom 29.3.1920**, das auf Miquels Fundamenten aufbaute, brachte wichtige Änderungen gegenüber den meisten bisherigen Landeseinkommensteuern. Dazu gehörten z.B.

1. Beschränkung der Einkommensteuerpflicht auf **natürliche Personen**. Juristische Personen wurden von der Körperschaftsteuer (Körperschaftsteuergesetz vom 30.3.1920) erfaßt;
2. Besteuerung des Einkommens des **Vorjahres** statt des laufenden Steuerjahres;
3. Erweiterung des **Existenzminimums** und der **Kinderprivilegien**;
4. Änderung des **progressiven** Einkommensteuertarifs (Spitzensatz 60 %);
5. Einführung des **Lohnsteuer-Abzugsverfahrens**, wie es im Grundsatz noch heute besteht.

Nach dem Zweiten Weltkrieg wurde die Einkommensteuer von den Besatzungsmächten wieder den **Ländern** zugewiesen.

Seit 1969 ist die Einkommensteuer eine **Gemeinschaftsteuer**, die Bund, Ländern und Gemeinden gemeinschaftlich zusteht (vgl. **Steuerlehre 1**, 20. Auflage 1999, Seite 5).

Seit 1.1.1999 tritt der **erste Teil** der **dreistufigen Steuerreform** in Kraft.

1.2 Erhebungsformen

Die **Einkommensteuer** wird bei **bestimmten Einkünften** (Einkünfte aus nichtselbständiger Arbeit und Einkünfte aus Kapitalvermögen) **durch Steuerabzug** (Lohnsteuer, Kapitalertragsteuer) **erhoben**.

Da die **Lohnsteuer** und die **Kapitalertragsteuer** an der "Quelle" erhoben werden, bezeichnet man diese **Abzugsteuern** auch als **Quellensteuern**.

Die **Lohnsteuer** und die **Kapitalertragsteuer** sind keine Steuern eigener Art, sondern lediglich **Erhebungsformen der Einkommensteuer**.

Im übrigen wird die Einkommensteuer durch **Veranlagung** festgesetzt.

Die **Lohnsteuer** wird bei der Lohnzahlung an die Arbeitnehmer vom Arbeitgeber einbehalten und an das Finanzamt abgeführt.

Mit dem Steuerabzug gilt die Einkommensteuer für diese Einkünfte als abgegolten, es sei denn, daß der Arbeitnehmer eine Einkommensteuer-Veranlagung **beantragt**, oder daß eine Veranlagung zur Einkommensteuer **von Amts wegen** in Betracht kommt. Eine Veranlagung von Amts wegen wird z.B. durchgeführt, wenn die Summe der Einkünfte, die **nicht** dem Steuerabzug vom Arbeitslohn zu unterwerfen waren, jeweils **mehr als 800 DM** beträgt (§ 46 Abs. 2 Nr. 1 EStG).

1.3 Steueraufkommen

Die **Bedeutung** der Einkommensteuer im Besteuerungssystem zeigt sich im Vergleich mit den gesamten **Steuereinnahmen**.

1997 hatte die **Einkommensteuer** (einschließlich der Lohnsteuer, des Zinsabschlags und der Kapitalertragsteuer) mit einem **Aufkommen** von rund **280 Mrd. DM** (davon Lohnsteuer rund 249 Mrd. DM) einen **Anteil** von **35 %** an den **gesamten Steuereinnahmen** von rund **797 Mrd. DM**.

Damit ist die **Einkommensteuer** die **bedeutendste Einnahmequelle** der öffentlichen Haushalte.

 Einzelheiten zum **Einkommensteueraufkommen** erfolgen im Abschnitt "1.1.2 Steueraufkommen" der **Steuerlehre 1**, 20. Auflage 1999, Seite 3 f.

1.4 Rechtsgrundlagen

Rechtsgrundlagen der Einkommensteuer sind das **Einkommensteuergesetz (EStG)** und die **Einkommensteuer-Durchführungsverordnung (EStDV)**.

Soweit in diesem Teil des Buches **§§ ohne Gesetzesangabe** genannt werden, handelt es sich um **§§ des EStG**.

Das EStG ist ein Gesetz des Bundes. Nach Art. 105 Abs. 2 GG hat der **Bund** die **konkurrierende Gesetzgebung** über die Einkommensteuer, das bedeutet, daß der Bundesrat den vom Bundestag beschlossenen Einkommensteuer-Gesetzen zustimmen muß.

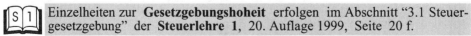 Einzelheiten zur **Gesetzgebungshoheit** erfolgen im Abschnitt "3.1 Steuergesetzgebung" der **Steuerlehre 1**, 20. Auflage 1999, Seite 20 f.

Die Bundesregierung hat aufgrund der Ermächtigungsvorschrift des § 51 mit Zustimmung des Bundesrates die **EStDV** erlassen (Neufassung vom 18.06.1997).

Mit Zustimmung des Bundesrates hat die Bundesregierung außerdem Einkommensteuer-Richtlinien (**EStR**) erlassen (Neufassung vom **14.12.1999**).

1.5 System der Einkommensteuer

Einkommensteuer kann nur entstehen, wenn eine **natürliche Person einkommensteuerpflichtig** ist **und** diese Person ein **zu versteuerndes Einkommen** bezogen hat.

Das "**zu versteuernde Einkommen**", die **Bemessungsgrundlage** der Einkommensteuer, ist wie folgt zu ermitteln (R 3 Abs. 1 EStR 1999):

1. Einkünfte aus Land- und Forstwirtschaft (§ 13)
2. Einkünfte aus Gewerbebetrieb (§ 15)
3. Einkünfte aus selbständiger Arbeit (§ 18)
4. Einkünfte aus nichtselbständiger Arbeit (§ 19)
5. Einkünfte aus Kapitalvermögen (§ 20)
6. Einkünfte aus Vermietung und Verpachtung (§ 21)
7. sonstige Einkünfte im Sinne des § 22

= **Summe der Einkünfte** (§ 2 Abs. 3 Satz 2)
− Altersentlastungsbetrag (§ 24a)
− Abzug für Land- und Forstwirte (§ 13 Abs. 3)

= **Gesamtbetrag der Einkünfte** (§ 2 Abs. 3 Satz 1)
− Verlustabzug nach § 10d
− Sonderausgaben (§§ 10, 10b, 10c)
− außergewöhnliche Belastungen (§§ 33, 33a, 33b, 33c)
− sonstige Abzugsbeträge (z.B. §§ 10e bis 10i EStG und § 7 FördG)

= **Einkommen** (§ 2 Abs. 4)
− Kinderfreibetrag (§§ 31 und 32)
− Haushaltsfreibetrag (§ 32 Abs. 7)
− Härteausgleich nach § 46 Abs. 3, § 70 EStDV

= **zu versteuerndes Einkommen** (§ 2 Abs. 5)

↓

Grundtabelle / Splittingtabelle

↓

E i n k o m m e n s t e u e r

1.6 Erfolgskontrolle

WIEDERHOLUNGSFRAGEN

1. Was wissen Sie über die geschichtliche Entwicklung der Einkommensteuer?
2. Wie wird die Einkommensteuer erhoben?
3. Wie hoch ist das Einkommensteuer-Aufkommen 1997?
4. Welche Rechtsgrundlagen können zur Klärung einkommensteuerrechtlicher Fragen herangezogen werden?
5. Was ist die Bemessungsgrundlage der Einkommensteuer?
6. Wie ist das "zu versteuernde Einkommen" zu ermitteln?

FÄLLE

Fall 1:

Für unsere Mandantin Annette Adams, Wiesbaden, sind folgende Beträge ermittelt worden:

Einkünfte aus nichtselbständiger Arbeit	18.000,— DM
Einkünfte aus Kapitalvermögen	4.000,— DM
Sonderausgaben	3.500,— DM

1. Ermitteln Sie die **Summe der Einkünfte**, den **Gesamtbetrag der Einkünfte**, das **Einkommen** und das **zu versteuernde Einkommen**.
2. Wie hoch ist die **Einkommensteuer 1999** lt. Grundtabelle?

Fall 2:

Für unseren Mandanten Andreas Dominitzki, Mainz, sind folgende Beträge ermittelt worden:

Summe der Einkünfte	120.000,— DM
Sonderausgaben	4.800,— DM
Altersentlastungsbetrag	3.720,— DM
außergewöhnliche Belastungen	5.000,— DM
sonstige Abzugsbeträge (§ 10e)	11.200,— DM
Verlustabzug	720,— DM

1. Ermitteln Sie den **Gesamtbetrag der Einkünfte**, das **Einkommen** und das **zu versteuernde Einkommen**.
2. Wie hoch ist die **Einkommensteuer 1999** lt. Grundtabelle?

Fall 3:

Für unsere Mandantin Angelika Bernard, Koblenz, sind folgende Beträge ermittelt worden:

Einkünfte aus Gewerbebetrieb	30.000,— DM
Einkünfte aus nichtselbständiger Arbeit	40.000,— DM
Sonderausgaben	6.500,— DM
außergewöhnliche Belastungen	3.750,— DM

1. Ermitteln Sie die **Summe der Einkünfte**, den **Gesamtbetrag der Einkünfte**, das **Einkommen** und das **zu versteuernde Einkommen**.
2. Wie hoch ist die **Einkommensteuer 1999** lt. Grundtabelle?

2 Persönliche Steuerpflicht

Das EStG nennt **zwei Arten** der **persönlichen** Steuerpflicht

> 1. die **unbeschränkte** Steuerpflicht und
> 2. die **beschränkte** Steuerpflicht.

2.1 Unbeschränkte Steuerpflicht

Seit 1996 unterscheidet das EStG **drei Arten** der **unbeschränkten** Steuerpflicht:

> 1. unbeschränkte Steuerpflicht nach § 1 **Abs. 1** EStG,
> 2. unbeschränkte Steuerpflicht nach § 1 **Abs. 2** EStG und
> 3. unbeschränkte Steuerpflicht nach § 1 **Abs. 3** und **§ 1a** EStG.

2.1.1 Unbeschränkte Steuerpflicht nach § 1 Abs. 1 EStG

<u>**Unbeschränkt einkommensteuerpflichtig**</u> sind nach § 1 **Abs. 1** Satz 1 EStG

> 1. alle **natürlichen Personen**,
> 2. die im **Inland**
> 3. einen **Wohnsitz** oder
> 4. ihren **gewöhnlichen Aufenthalt**

haben.

2.1.1.1 Natürliche Personen

Das Bürgerliche Gesetzbuch (**BGB**) unterscheidet **zwei Arten** von Personen:

> 1. **natürliche** Personen und
> 2. **juristische** Personen.

<u>Der **Einkommensteuer** unterliegen nur **natürliche** Personen. **Natürliche Personen** sind alle lebenden Menschen. Ihre Rechtsfähigkeit und damit ihre persönliche **Steuerpflicht beginnt** mit der **Vollendung der Geburt** und **endet** mit dem **Tod**.</u>

Für die unbeschränkte **Steuerpflicht** nach § 1 **Abs. 1** ist die **Geschäftsfähigkeit**, das **Alter**, das **Geschlecht**, der **Familienstand** und die **Staatsangehörigkeit ohne Bedeutung**.

Juristische Personen sind alle mit **Rechtsfähigkeit** versehenen Organisationen. Zu den **juristischen Personen** gehören z.B. die Aktiengesellschaft (**AG**) und die Gesellschaft mit beschränkter Haftung (**GmbH**). **Juristische Personen** unterliegen **nicht** der **Einkommensteuer**, sondern der **Körperschaftsteuer (KSt)**.

Personengesellschaften (z.B. Offene Handelsgesellschaften und Kommanditgesellschaften) sind **weder natürliche noch juristische** Personen. Sie unterliegen **weder** der **ESt noch** der **KSt**. Die von ihnen erzielten Einkünfte unterliegen bei ihren **Gesellschaftern** der **Einkommensteuer**.

2.1.1.2 Inland

Natürliche Personen sind in der Regel nur dann unbeschränkt einkommensteuerpflichtig, wenn sie im **Inland** wohnen oder dort ihren gewöhnlichen Aufenthalt haben.
Der **Inlandsbegriff** wird im EStG nicht definiert, sondern vorausgesetzt. **Inland** im Sinne des EStG ist der Geltungsbereich des EStG, d.h. das Gebiet der Bundesrepublik Deutschland.

Zum **Inland** gehört **auch** der der Bundesrepublik Deutschland zustehende Anteil am **Festlandsockel, soweit** dort Naturschätze des Meeresgrundes und des Meeresuntergrundes erforscht oder ausgebeutet werden (§ 1 Abs. 1 Satz 2).

2.1.1.3 Wohnsitz

Eine natürliche Person ist unbeschränkt einkommensteuerpflichtig, wenn sie im Inland einen **Wohnsitz** hat.

Eine natürliche Person hat einen **Wohnsitz** dort, wo sie eine **Wohnung** unter Umständen **innehat**, die darauf schließen lassen, daß sie die Wohnung **beibehalten** und **benutzen** wird (§ 8 AO).

Mit einer **Wohnung** sind die objektiv zum Wohnen geeigneten Räume gemeint. Es genügt eine bescheidene Bleibe.
Nicht erforderlich ist eine abgeschlossene Wohnung mit Küche und separater Waschgelegenheit im Sinne des Bewertungsrechts (AEAO zu § 8 AO Nr. 3).

Eine natürliche Person kann **mehrere Wohnsitze** haben, auch gleichzeitig Wohnsitze im In- und Ausland. Wer einen Wohnsitz im Ausland begründet und seine Wohnung im Inland beibehält, hat auch einen Wohnsitz im Inland.

Entscheidend für die unbeschränkte Einkommensteuerpflicht nach § 1 Abs. 1 ist, daß **ein** Wohnsitz im **Inland** besteht.

> Beispiel:
> Der deutsche Staatsangehörige Dieter Rapp hat in **Berlin und** in **Paris** je einen **Wohnsitz**. Er erzielt sowohl in Deutschland als auch in Frankreich Einkünfte.

Dieter Rapp ist nach § 1 **Abs. 1** EStG im Inland **unbeschränkt** einkommensteuerpflichtig, weil er als **natürliche Person** im **Inland** einen **Wohnsitz** hat. Daß er auch in Frankreich einen Wohnsitz hat, ist dabei ohne Bedeutung.

Der Steuerpflichtige muß die Wohnung **innehaben**, d.h. er muß tatsächlich über sie verfügen können und sie als Bleibe **nicht nur vorübergehend** benutzen.
Es genügt, daß die Wohnung z.B. über Jahre hinweg jährlich regelmäßig zweimal zu bestimmten Zeiten über einige Wochen benutzt wird.
Wer eine Wohnung **von vornherein** in der Absicht nimmt, sie nur **vorübergehend** (weniger als sechs Monate) beizubehalten und zu benutzen, begründet dort **keinen Wohnsitz**.

2.1.1.4 Gewöhnlicher Aufenthalt

Unbeschränkt einkommensteuerpflichtig sind auch natürliche Personen, die im Inland zwar **keinen Wohnsitz, aber** ihren **gewöhnlichen Aufenthalt** haben.

Eine natürliche Person hat ihren **gewöhnlichen Aufenthalt** dort, wo sie sich unter Umständen aufhält, die erkennen lassen, daß sie an diesem Ort oder in diesem Gebiet **nicht nur vorübergehend** verweilt (§ 9 AO).

Als gewöhnlicher Aufenthalt ist stets und von Beginn an ein zeitlich zusammenhängender Aufenthalt von **mehr als sechs Monaten** Dauer anzusehen; kurzfristige Unterbrechungen bleiben unberücksichtigt (§ 9 Satz 2 AO).

Beispiel:
Ein türkischer Gastarbeiter reist in die Bundesrepublik Deutschland ein, **ohne** einen **Wohnsitz** im Inland zu begründen. Er hat eine **Arbeitsgenehmigung für ein Jahr**. Während seines Aufenthalts in der Bundesrepublik besucht er zweimal - jeweils für 14 Tage - seine Familie in der Türkei.

Der Gastarbeiter ist von Beginn der Einreise an in der Bundesrepublik **unbeschränkt** einkommensteuerpflichtig, weil sein Aufenthalt in der Bundesrepublik **länger als 6 Monate** dauert. Die Familienheimfahrten bleiben als kurzfristige Unterbrechung unberücksichtigt.

Die **6-Monate-Regel** gilt **nicht**, wenn der Aufenthalt in der Bundesrepublik ausschließlich zu **Besuchs-, Erholungs-, oder ähnlichen privaten Zwecken** genommen wird **und nicht länger als ein Jahr** dauert (§ 9 Satz 3 AO).

Die **unbeschränkte** Einkommensteuerpflicht hat zur **Folge, daß alle Einkünfte**, d.h. die inländischen und ausländischen, im Inland der Besteuerung unterliegen, **soweit nicht** für bestimmte Einkünfte **abweichende Regelungen** bestehen, z.B. in **Doppelbesteuerungsabkommen** (H 1 (Allgemeines) EStH 1999).

Der gewöhnliche Aufenthalt im Inland ist zu **verneinen**, wenn der Steuerpflichtige unter Benutzung seiner im Ausland gelegenen Wohnung lediglich seine Tätigkeit im Inland ausübt (BFH-Urteil vom 25.5.1988, BStBl II S. 944).
Grenzgänger haben ihren gewöhnlichen Aufenthalt grundsätzlich im **Wohnsitzstaat**.

Wer allerdings regelmäßig an Arbeitstagen am Arbeits-/Geschäftsort im Inland **übernachtet** und sich nur am Wochenende bzw. an Feiertagen und im Urlaub zu seiner Wohnung im Ausland begibt, hat an dem inländischen Arbeits-/Geschäftsort seinen **gewöhnlichen Aufenthalt**.

Natürliche Personen, die im **Inland** einen **Wohnsitz** oder ihren **gewöhnlichen Aufenthalt** haben, sind **grundsätzlich** nach § 1 Abs. 1 EStG **unbeschränkt** einkommensteuerpflichtig.

Ausgenommen von dieser grundsätzlichen Regelung der unbeschränkten Steuerpflicht nach § 1 Abs. 1 EStG sind nach völkerrechtlichen Vereinbarungen ausländische **Diplomaten** und ausländische **Konsularbeamte** (§ 2 AO).

Die in die Bundesrepublik Deutschland entsandten **Diplomaten und Konsularbeamte** haben nach dem Wiener Übereinkommen über diplomatische Beziehungen (WÜD) und dem Wiener Übereinkommen über konsularische Beziehungen (WÜK) im Geltungsbereich des Einkommensteuergesetzes den **Status** der **beschränkt** Steuerpflichtigen.

Zusammenfassung zu Abschnitt 2.1.1:

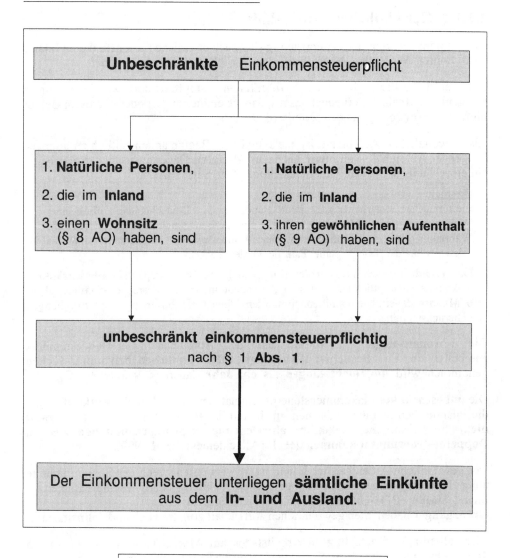

Übung: 1. Wiederholungsfragen 1 bis 6 (Seite 14),
2. Fälle 1 und 2 (Seite 14)

2.1.2 Erweiterte unbeschränkte Steuerpflicht nach § 1 Abs. 2 EStG

§ 1 Abs. 2 EStG **erweitert** die **unbeschränkte** Einkommensteuerpflicht über die in Abs. 1 bezeichneten Personen hinaus auf Personen, die

- **deutsche Staatsangehörige** sind,

- **im Inland weder** einen **Wohnsitz noch** ihren **gewöhnlichen Aufenthalt** haben,

- zu einer **inländischen juristischen** Person des **öffentlichen** Rechts (z.B. Bund, Länder) in einem **Dienstverhältnis** stehen und dafür **Arbeitslohn** aus einer **inländischen öffentlichen Kasse** beziehen **und**

- in dem Staat, in dem sie ihren Wohnsitz oder ihren gewöhnlichen Aufenthalt haben, **lediglich** in einem der beschränkten Einkommensteuerpflicht stehenden Umfang zu einer Steuer vom Einkommen herangezogen werden.

Unbeschränkt einkommensteuerpflichtig nach § 1 **Abs. 2** EStG sind **insbesondere** von der Bundesrepublik Deutschland **ins Ausland** (Nicht-EU- oder EWR-Ausland) **entsandte deutsche Staatsangehörige**, die Mitglied einer diplomatischen Mission oder konsularischen Vertretung sind (Diplomaten oder Konsularbeamte) - einschließlich der zu ihrem Haushalt gehörenden Angehörigen -, soweit die Voraussetzungen des § 1 Abs. 2 EStG erfüllt sind (R 1 EStR 1999).

> Beispiel:
> Der ledige **deutsche** Hans von Preuschen ist Konsularbeamter des Außenministeriums in Bonn und wohnt seit Jahren in Ägypten, wo er an der deutschen Botschaft in Cairo-Zamalek tätig ist. In der **Bundesrepublik Deutschland** hat er **weder** einen **Wohnsitz noch** seinen **gewöhnlichen Aufenthalt**. Sein **Gehalt** bezieht er aus der **öffentlichen Kasse** seines Arbeitgebers in **Bonn**. Außer seinem Gehalt erzielt von Preuschen keine weiteren Einkünfte.
>
> Hans von Preuschen ist als Konsularbeamter in der Bundesrepublik **Deutschland unbeschränkt** einkommensteuerpflichtig, weil alle Voraussetzungen des § 1 Abs. 2 EStG erfüllt sind.
> In **Ägypten** ist er **nicht beschränkt** einkommensteuerpflichtig, weil er keine inländischen (ägyptischen) Einkünfte erzielt.

Die **Erweiterung** der unbeschränkten Steuerpflicht **führt dazu**, daß auch dieser Personenkreis die **Vergünstigungen** in Anspruch nehmen kann, die eine **unbeschränkte** Steuerpflicht voraussetzen (z.B. Ehegatten-Splitting).

Seit 1997 gilt § 1 **Abs. 2** auch dann, wenn bei Ehegatten **einer** der Ehegatten die **deutsche** Staatsangehörigkeit **nicht** besitzt.

Übung: Wiederholungsfragen 7 und 8 (Seite 14)

2.1.3 Unbeschränkte Steuerpflicht nach § 1 Abs. 3 und § 1a EStG

Der Europäische Gerichtshof (**EuGH**) hat in seinem Urteil vom 14.2.1995 entschieden, daß **beschränkt** steuerpflichtige Staatsbürger anderer EU-Mitgliedstaaten, die ihr Einkommen ganz oder fast ausschließlich aus nichtselbständiger Arbeit in Deutschland erzielen, mit **unbeschränkt** steuerpflichtigen Arbeitnehmern **materiell-rechtlich gleichzustellen** sind. Das Urteil erfordert, insbesondere das **Splitting-Verfahren** auf diese Personen anzuwenden.

Das Abkommen über den **Europäischen Wirtschaftsraum (EWR)** erfordert eine Anwendung des EuGH-Urteils auch auf Staatsangehörige **Islands**, **Norwegens** und **Lichtensteins**.

Durch Neufassung des § 1 **Abs. 3** und Einführung des § **1a** EStG wurde dieser Entscheidung Rechnung getragen.

2.1.3.1 Unbeschränkte Steuerpflicht nach § 1 Abs. 3 EStG

Im Bereich der Einkommensteuerpflicht ist künftig - wie bei der Umsatzsteuer - eine **Dreiteilung** vorzunehmen:

- **Inland,**
- **Gemeinschaftsgebiet** einschließlich EWR-Staaten und
- **Drittlandsgebiet.**

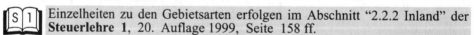

Einzelheiten zu den Gebietsarten erfolgen im Abschnitt "2.2.2 Inland" der **Steuerlehre 1**, 20. Auflage 1999, Seite 158 ff.

Diejenigen, die im **Gemeinschaftsgebiet** einschließlich der EWR-Staaten **oder** im **Drittlandsgebiet** ansässig sind, werden **nicht wie bisher** als **beschränkt** Steuerpflichtige behandelt, sondern bei ihnen wird eine **unbeschränkte** Steuerpflicht **fingiert** (unterstellt), **wenn** ihr Einkommen **ganz oder fast ausschließlich** der **deutschen** Besteuerung unterliegt.

Die **fiktive unbeschränkte Einkommensteuerpflicht** liegt nach § 1 **Abs. 3** EStG vor, wenn folgende **Voraussetzungen** erfüllt sind:

1. **Antrag**,
2. Einkünfte im Kalenderjahr
   a) unterliegen zu **mindestens 90 % der deutschen ESt oder**
   b) die **nicht** der deutschen Einkommensteuer unterliegen, betragen **nicht mehr als 12.000 DM**,
3. Höhe der nicht der deutschen Einkommensteuer unterliegenden Einkünfte wird durch eine **Bescheinigung** der ausländischen Steuerbehörde nachgewiesen.

Liegen die **Voraussetzungen** des § 1 Abs. 3 in der Person des Steuerpflichtigen vor, wird dieser auf Antrag als **unbeschränkt** einkommensteuerpflichtig behandelt.

Ist sein **Ehegatte nicht unbeschränkt** einkommensteuerpflichtig, kommt die Anwendung des **Splitting-Verfahrens nicht** in Betracht.

Die Neuregelung des § 1 **Abs. 3** ist **unabhängig von** der **Staatsangehörigkeit** des Steuerpflichtigen **und** der **Einkunftsart** anzuwenden.

Beispiel:
Der Arbeitnehmer Anton Jost, der seinen **Wohnsitz** in der **Schweiz** hat, erzielt 1999 **ausschließlich Einkünfte** in **Deutschland** im Sinne des § 49 Abs. 1 Nr. 4 EStG (Einkünfte aus nichtselbständiger Arbeit), die der **deutschen Einkommensteuer** unterliegen. Er hat auch im Inland keinen gewöhnlichen Aufenthalt, weil er im Inland lediglich seine Tätigkeit ausübt. Jost legt seinem Arbeitgeber eine **Bescheinigung** über die nicht der deutschen Einkommensteuer unterliegenden Einkünfte vor.

Anton Jost hat weder einen Wohnsitz noch seinen gewöhnlichen Aufenthalt im Inland, so daß er **nicht** nach § 1 Abs. 1 unbeschränkt einkommensteuerpflichtig ist. Da auch die Voraussetzungen des § 1 **Abs. 2 nicht** erfüllt sind, ist er -**ohne Antrag**- **beschränkt** einkommensteuerpflichtig (§ 1 **Abs. 4** EStG).
Auf **Antrag** ist er für 1999 als **unbeschränkt** Steuerpflichtiger zu behandeln (§ 1 **Abs. 3** EStG).

2.1.3.2 Unbeschränkte Steuerpflicht nach § 1a EStG

Die **Neuregelung** des § **1a** EStG ist ausschließlich anzuwenden auf **Staatsangehörige** (einschließlich Deutsche) von **EU-Staaten** oder auf **EWR-Staatsangehörige**.

Weitere Voraussetzung für die Anwendung des § **1a** EStG ist, daß der **Staatsangehörige des EU- oder EWR-Staates entweder**

- nach § 1 **Abs. 1** EStG **unbeschränkt** einkommensteuerpflichtig ist **und** die Voraussetzungen des § 1 **Abs. 3** EStG erfüllt sind

  oder

- nach § 1 **Abs. 3** EStG als **unbeschränkt** einkommensteuerpflichtig zu behandeln ist.

Sind diese Voraussetzungen erfüllt, können die in § **1a** Abs. 1 Nr. 1 bis Nr. 4 aufgeführten **Vergünstigungen** (Realsplitting, Ehegatten-Splitting, **Haushaltsfreibetrag** und **Kinderbetreuungskosten**) in Anspruch genommen werden.

Beispiel:
Die ledige Brigitte Dagorn, die in **Straßburg (Frankreich)** ihren **Wohnsitz** hat, **arbeitet** 1999 ausschließlich in einer Gaststätte in **Freiburg (Deutschland)**. Sie legt ihrem Arbeitgeber eine **Bescheinigung** der französischen Steuerbehörde über die nicht der deutschen Einkommensteuer unterliegenden Einkünfte vor. In ihrer Wohnung in Straßburg ist auch ihr 12 Jahre alter Sohn gemeldet. Für die Betreuung des Kindes sind ihr in 1999 Aufwendungen entstanden.

Brigitte Dagorn hat weder einen Wohnsitz noch ihren gewöhnlichen Aufenthalt im Inland, so daß sie **nicht** nach § 1 Abs. 1 unbeschränkt einkommensteuerpflichtig ist. Da auch die Voraussetzungen des § 1 **Abs. 2 nicht** erfüllt sind, ist sie -**ohne Antrag**- **beschränkt** einkommensteuerpflichtig (§ 1 **Abs. 4** EStG).
Auf **Antrag** ist sie für 1999 als **unbeschränkt** Steuerpflichtiger zu behandeln (§ 1 **Abs. 3** EStG).
Da sie jedoch **EU-Staatsbürgerin** ist, kann sie die **Vergünstigungen** nach § **1a** Abs. 1 **Nr. 3 (Haushaltsfreibetrag)** und nach § **1a** Abs. 1 **Nr. 4 (Kinderbetreuungskosten)** in Anspruch nehmen.

Im Ausland bei internationalen Organisationen beschäftigte Deutsche fallen nicht unter § 1 Abs. 2 oder § 1 Abs. 3, da sie ihren Arbeitslohn **nicht aus einer inländischen öffentlichen Kasse** beziehen (H 1 (Erweiterte unbeschränkte Steuerpflicht und unbeschränkte Steuerpflicht auf Antrag) EStH 1999).

> Übung: 1. Wiederholungsfragen 9 bis 11 (Seite 14),
> 2. Fälle 3 und 4 (Seite 15)

2.2 Beschränkte Steuerpflicht

<u>Beschränkt einkommensteuerpflichtig</u> sind natürliche Personen, die im **Inland weder** einen **Wohnsitz noch** ihren **gewöhnlichen Aufenthalt** haben, jedoch **inländische Einkünfte** im Sinne des **§ 49** erzielen (**§ 1 Abs. 4**).

Die **beschränkte** Einkommensteuerpflicht hat zur **Folge**, daß **nur** die **inländischen** Einkünfte im Sinne des § 49 der Einkommensteuer unterliegen.

2.3 Doppelbesteuerungsabkommen

Die **unbeschränkte** Steuerpflicht erstreckt sich auf **alle inländischen und ausländischen Einkünfte** ("**Welteinkommen**") einer natürlichen Person.
Da die **ausländischen** Einkünfte in der Regel **bereits im Ausland der Einkommensteuer** unterliegen, würde eine nochmalige volle Besteuerung im Inland zu einer **doppelten** steuerlichen Belastung führen.

Zur **Vermeidung der Doppelbesteuerung** hat die Bundesrepublik Deutschland mit vielen Staaten **Doppelbesteuerungsabkommen (DBA)** abgeschlossen, in denen auf der Grundlage der Gegenseitigkeit die Vertragsstaaten ihre **Besteuerungsrechte beschränken** (siehe **Anhang 12 EStH 1999**).

Dies geschieht entweder dadurch, daß der Wohnsitzstaat auf die volle Besteuerung der ausländischen Einkünfte verzichtet und nur eine verminderte Steuer erhebt, oder daß die gezahlte ausländische Steuer ganz oder zum Teil auf die inländische Einkommensteuer angerechnet wird (Bundessteuerblatt 1999 Teil I Seite 122 ff.).

<u>Beispiel:</u>
Olivier Dagorn, der in Paris seinen einzigen Wohnsitz hat, ist in **Frankreich unbeschränkt** einkommensteuerpflichtig.
In **München** hat er ein **Miethaus**, aus dem er **Mieteinkünfte** bezieht.

Olivier Dagorn ist in **Deutschland beschränkt** einkommensteuerpflichtig (§ 1 Abs. 4 i.V.m. § 49 Abs. 1 Nr. 6) und müßte die Mieteinkünfte sowohl in Frankreich als auch in Deutschland besteuern, wenn es kein Doppelbesteuerungsabkommen zwischen der Bundesrepublik Deutschland und Frankreich gäbe.
Nach dem Doppelbesteuerungsabkommen mit Frankreich werden die Mieteinkünfte nur in **Deutschland besteuert**. In **Frankreich** (Wohnsitzstaat) sind die Mieteinkünfte von der Besteuerung **befreit**, so daß die Mieteinkünfte nur **einmal** besteuert werden.

> Übung: 1. Wiederholungsfragen 12 bis 14 (Seite 14),
> 2. Fälle 5 und 6 (Seite 15)

2.4 Zusammenfassung und Erfolgskontrolle

2.4.1 Zusammenfassung

Die folgende Übersicht enthält **nicht** die erweiterte unbeschränkte Steuerpflicht nach § 1 **Abs. 2**.

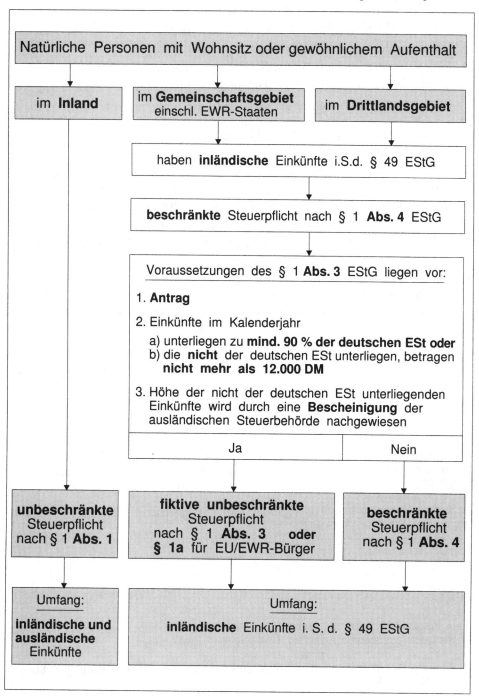

2.4.2 Erfolgskontrolle

WIEDERHOLUNGSFRAGEN

1. Wer ist nach § 1 Abs. 1 unbeschränkt einkommensteuerpflichtig?
2. Was versteht man unter einer natürlichen Person?
3. Was versteht man unter Inland im Sinne des EStG?
4. Was versteht man unter Wohnsitz im Sinne des § 8 AO?
5. Was ist unter dem gewöhnlichen Aufenthalt im Sinne des § 9 AO zu verstehen?
6. Welche Folge ergibt sich aus der unbeschränkten Einkommensteuerpflicht nach § 1 Abs. 1?
7. Welche Voraussetzungen sind für die Anwendung der erweiterten unbeschränkten Steuerpflicht nach § 1 Abs. 2 erforderlich?
8. Welche Folge ergibt sich aus der erweiterten unbeschränkten Steuerpflicht nach § 1 Abs. 2?
9. Wer ist unbeschränkt einkommensteuerpflichtig nach § 1 Abs. 3?
10. Wer ist unbeschränkt einkommensteuerpflichtig nach § 1a?
11. Welche Folge ergibt sich aus der unbeschränkten Steuerpflicht nach § 1 Abs. 3 und § 1a?
12. Wer ist beschränkt einkommensteuerpflichtig?
13. Welche Folge ergibt sich aus der beschränkten Einkommensteuerpflicht?
14. Welchem Zweck dienen die Doppelbesteuerungsabkommen?

FÄLLE

Fall 1:

Sabine Krämer, 17 Jahre alt, Auszubildende mit dem Berufsziel Steuerfachangestellte, wohnt mit ihren Eltern in Koblenz. Ihre einzige Einnahme ist die Ausbildungsvergütung.

Ist Sabine Krämer im Inland unbeschränkt einkommensteuerpflichtig nach § 1 **Abs. 1**? Begründen Sie Ihre Antwort.

Fall 2:

Anja Fischer, 19 Jahre alt, wohnt mit ihren Eltern in Mainz. Sie besucht dort das Wirtschaftsgymnasium. Anja hat kein eigenes Einkommen.

Ist Anja Fischer im Inland unbeschränkt einkommensteuerpflichtig nach § 1 **Abs. 1**? Begründen Sie Ihre Antwort.

Fall 3:

Der polnische Arbeitnehmer A mit Wohnsitz in Rappen (Polen) erzielt 1999 ausschließlich Einkünfte i.S.d. § 49 Abs. 1 Nr. 4 EStG, die auch der deutschen Einkommensteuer unterliegen. A hat seinen gewöhnlichen Aufenthalt nicht im Inland, weil er lediglich seine Tätigkeit im Inland ausübt. A legt seinem Arbeitgeber in Frankfurt (Oder) eine Bescheinigung der nicht der deutschen Einkommensteuer unterliegenden Einkünfte vor, die nicht mehr als 12.000 DM betragen.

Ist A für 1999 im Inland unbeschränkt einkommensteuerpflichtig?
Begründen Sie Ihre Antwort?

Fall 4:

Der deutsche Arbeitnehmer A wohnt in Maastrich (Niederlande). Er fährt seit Jahren täglich nach Aachen, wo er als Steuerfachangestellter arbeitet. Neben seinem Verdienst aus seiner Tätigkeit als Steuerfachangestellter in Höhe von 80.000 DM (inländische Einkünfte i.S.d. § 49 Abs. 1 Nr. 4 EStG, die der deutschen Einkommensteuer unterliegen), bezieht A noch niederländische Einkünfte in Höhe von 5.000 DM, die nicht der deutschen Einkommensteuer unterliegen und durch eine Bescheinigung belegt werden.

Ist A für 1999 im Inland unbeschränkt einkommensteuerpflichtig?
Begründen Sie Ihre Antwort?

Fall 5:

Der französische Arbeitnehmer A lebt mit seiner französischen Ehefrau in Metz (**Frankreich**) und arbeitet in Saarbrücken (**Deutschland**). Die Eheleute haben keinen gewöhnlichen Aufenthalt im Inland, weil sie lediglich ihre Tätigkeit in Deutschland ausüben. Die nicht der deutschen Einkommensteuer unterliegenden Einkünfte, die durch eine **Bescheinigung** belegt werden, haben 1999 **20.000,— DM** (10.000,— DM je Ehegatte) betragen.

Sind A und seine Ehefrau für 1999 im Inland unbeschränkt einkommensteuerpflichtig?
Begründen Sie Ihre Antwort.

Fall 6:

Georg Smith ist Angestellter einer Londoner Bank. Er hat seinen Wohnsitz in London. In der Zeit vom 11.01.1999 bis 15.11.1999 arbeitete er bei der Düsseldorfer Filiale seiner Arbeitgeberin und wohnte während dieser Zeit in einem Düsseldorfer Hotel.

Ist Georg Smith im Inland unbeschränkt bzw. beschränkt einkommensteuerpflichtig?
Begründen Sie Ihre Antwort.

Fall 7:

Peter Keller wohnt in Wien. Er hat inländische Einkünfte im Sinne des § 49.

Ist Peter Keller im Inland unbeschränkt bzw. beschränkt einkommensteuerpflichtig?
Begründen Sie Ihre Antwort.

3 Grundbegriffe im Zusammenhang mit der Ermittlung der Einkünfte

Die **Einkünfte** aus den sieben Einkunftsarten bilden die **Ausgangsgröße** für die Ermittlung des **zu versteuernden Einkommens**.

3.1 Einkünfte

Nach § 2 Abs. 2 werden **zwei Arten von Einkünften** unterschieden:

> 1. der **G e w i n n** und
> 2. der **Überschuß** der Einnahmen über die Werbungskosten.

<u>Einkünfte</u> sind bei

> - **Land- und Forstwirtschaft,**
> - **Gewerbebetrieb** und
> - **selbständiger Arbeit**

der Gewinn (= <u>Gewinneinkunftsarten</u>) und bei

> - **nichtselbständiger Arbeit,**
> - **Kapitalvermögen,**
> - **Vermietung und Verpachtung** und
> - **sonstigen Einkünften im Sinne des § 22**

der Überschuß der Einnahmen über die Werbungskosten
(= <u>Überschußeinkunftsarten</u>).

Ergibt sich ein **negativer Betrag**, spricht man von **Verlust oder negativen Einkünften**.

Einkünfte werden nur angenommen, wenn der Steuerpflichtige beabsichtigt, langfristig **Gewinn** bzw. **Überschuß** zu erzielen. Trifft dies **nicht** zu, spricht man von **Liebhaberei** (Hobby).

Bei den **ersten drei** Einkunftsarten ist die Gewinn**quelle** der **Betrieb**.

> <u>Beispiel:</u>
> Der Steuerpflichtige Jürgen Fuß hat eine **Gastwirtschaft**. Im abgelaufenen Kalenderjahr hat er aus diesem Betrieb einen **Gewinn** von **50.000 DM** erzielt.
>
> Die **Einkünfte** aus **Gewerbebetrieb** betragen **50.000 DM**.

Bei den Einkunftsarten **vier bis sieben** ist die Überschuß**quelle** der Ertrag im **privaten Bereich**.

Beispiel:
Der Steuerpflichtige Andreas Schmidt ist Eigentümer eines Zweifamilienhauses, das zu seinem Privatvermögen gehört. Im abgelaufenen Kalenderjahr haben seine **Mieteinnahmen** aus diesem Haus **12.000 DM** betragen. Im selben Kalenderjahr sind ihm **Werbungskosten** in Höhe von **7.000 DM** entstanden.

Die **Einkünfte** aus Vermietung und Verpachtung betragen **5.000 DM** (12.000 – 7.000).

Bei der Ermittlung der Einkünfte **einer** Einkunftsart kann es vorkommen, daß **positive und negative** Salden zusammentreffen. In solchen Fällen sind die positiven und negativen Salden miteinander zu verrechnen. Diese Verrechnung wird als **horizontaler (interner) Verlustausgleich** bezeichnet.

Beispiel:
Der Steuerpflichtige Franz Pohl hat eine **Gastwirtschaft und** eine **Metzgerei**. Im abgelaufenen Kalenderjahr hat er aus der Metzgerei einen **Gewinn** von **50.000 DM** und aus der Gastwirtschaft einen **Verlust** von **10.000 DM** erzielt.

Franz Pohl hat folgende **Einkünfte aus Gewerbebetrieb:**

	positive Salden DM	negative Salden DM	Summe DM
Einkünfte aus Gewerbebetrieb (§ 15)	50.000	-10.000	40.000

Einzelheiten zum **Verlustausgleich** erfolgen im Kapitel "12 Summe der Einkünfte", Seite 262 ff.

3.2 Einnahmen

Einnahmen sind alle Güter, die in Geld oder Geldeswert bestehen und dem Steuerpflichtigen zufließen.

Nicht alle Einnahmen eines Steuerpflichtigen **unterliegen der Einkommensteuer**. Der Einkommensteuer unterliegen nur solche Einnahmen, die im Rahmen der **sieben Einkunftsarten** anfallen (**steuerbare** Einnahmen).

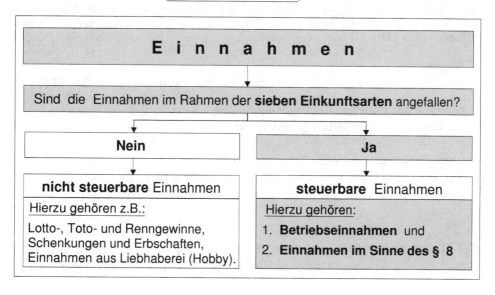

Zu welcher Einkunftsart eine **Einnahme** gehört, richtet sich nach den §§ 13 bis 24.

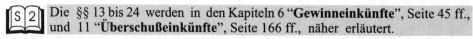 Die §§ 13 bis 24 werden in den Kapiteln 6 "**Gewinneinkünfte**", Seite 45 ff., und 11 "**Überschußeinkünfte**", Seite 166 ff., näher erläutert.

Fallen die **Einnahmen** im Rahmen der Einkunfts**arten eins bis drei** an, nennt man sie **Betriebseinnahmen**.

Gehören sie zu den Einkunftsarten **vier bis sieben**, werden sie im folgenden als **Einnahmen im Sinne des § 8 EStG** bezeichnet.

3.2.1 Betriebseinnahmen

Der Begriff **Betriebseinnahmen** (BE) wird im EStG nicht definiert. Nach herrschender Auffassung sind darunter alle Güter zu verstehen, die in Geld oder Geldeswert bestehen und dem Steuerpflichtigen im Rahmen der **ersten drei Einkunftsarten** zufließen. Demnach gehören zu den **Betriebseinnahmen** nicht nur Geldeinnahmen, sondern auch **geldwerte** Einnahmen.

Beispiel:
Ein Arzt erhält von einem Privatpatienten, dem Heizölhändler Müller, für seine ärztliche Tätigkeit 200 DM bar und **4.000 l Heizöl**.

Die 200 DM und der **Geldwert des Heizöls** sind **Betriebseinnahmen**, weil sie im Rahmen der Einkünfte aus selbständiger Arbeit (**Einkunftsart 3**) zufließen.

3.2.2 Einnahmen im Sinne des § 8 EStG

Einnahmen im Sinne des § 8 EStG sind alle Güter, die in Geld oder Geldeswert bestehen und dem Steuerpflichtigen im Rahmen der **Einkunftsarten vier bis sieben** zufließen (§ 8 Abs. 1).

Beispiel:
Die Arbeitnehmerin Iris Heinz bezieht ein monatliches **Bruttogehalt** von **2.800 DM**.

Die **2.800 DM** sind **Einnahmen im Sinne des § 8**, weil sie im Rahmen der Einkünfte aus nichtselbständiger Arbeit (**Einkunftsart 4**) zufließen.

Einnahmen, die **nicht in Geld** bestehen (Wohnung, Kost, Waren, Dienstleistungen und sonstige **Sachbezüge**), sind **grundsätzlich** mit den um übliche Preisnachlässe geminderten üblichen **Endpreisen am Abgabeort** anzusetzen (§ 8 Abs. 2 Satz 1).

 Ausnahmen dieser grundsätzlichen Einnahmeermittlung nach § 8 werden im Abschnitt "11.1 Einkünfte aus nichtselbständiger Arbeit", Seite 166 ff., näher erläutert.

3.2.3 Steuerfreie Einnahmen

Bestimmte steuerbare Einnahmen sind aus wirtschafts- und sozialpolitischen Gründen **steuerfrei**.

Zu den zahlreichen <u>**steuerfreien Einnahmen**</u> gehören nach § 3 z.B.:

- **Leistungen aus einer Krankenversicherung**, aus einer **Pflegeversicherung** und aus der **gesetzlichen Unfallversicherung**, z.B. Renten aus den Berufsgenossenschaften (§ 3 Nr. 1a),

- **Mutterschaftsgeld** nach dem Mutterschutzgesetz (§ 3 Nr. 1d),

- **Arbeitslosengeld**, Teilarbeitslosengeld, Kurzarbeitergeld, Winterausfallgeld, Arbeitslosenhilfe (§ 3 Nr. 2),

- **Abfindungen** wegen einer vom Arbeitgeber veranlaßten oder gerichtlich ausgesprochenen **Auflösung eines Dienstverhältnisses** bis zu bestimmten Höchstbeträgen (16.000 DM/20.000 DM/24.000 DM) (§ 3 Nr. 9),

- **Zuschüsse** eines Trägers der gesetzlichen Rentenversicherung **zu den Aufwendungen eines Rentners für seine Kranken- und Pflegeversicherung** (§ 3 Nr. 14),

- **Zuwendungen**, die Arbeit**nehmer** anläßlich ihrer **Eheschließung** oder der **Geburt** eines Kindes von ihrem Arbeit**geber** erhalten, soweit sie jeweils **700 DM** (**Freibetrag**) nicht übersteigen (§ 3 Nr. 15),

- **Reisekostenvergütungen** und dienstlich veranlaßte **Umzugskostenvergütungen** an Angestellte im privaten Dienst und Bedienstete des öffentlichen Dienstes, soweit sie bestimmte Pauschbeträge nicht übersteigen (§ 3 Nr. 16),

- **Aufwandsentschädigungen** für nebenberufliche Tätigkeiten als **Übungsleiter**, Ausbilder, Erzieher oder eine vergleichbare nebenberufliche Tätigkeit zur Förderung gemeinnütziger, mildtätiger und kirchlicher Zwecke, soweit sie **2.400 DM** (ab VZ 2000: 3.600 DM) im Jahr (**Freibetrag**) nicht übersteigen. Seit 1990 gilt die steuerfreie Aufwandsentschädigung auch für Personen, die nebenberuflich die Pflege alter, kranker und behinderter Menschen übernommen haben (§ 3 Nr. 26),

- Entschädigungen für die betriebliche Benutzung von Werkzeugen eines Arbeitnehmers (**Werkzeuggeld**) (§ 3 Nr. 30),

- unentgeltliche oder verbilligte **Sammelbeförderung** eines Arbeitnehmers **zwischen Wohnung und Arbeitsstätte** mit einem vom Arbeitgeber gestellten Kraftfahrzeug (§ 3 Nr. 32),

- **Entgelte** für die **Grundpflege und hauswirtschaftliche Versorgung** Pflegebedürftiger bis zur Höhe des Pflegegeldes (§ 3 Nr. 36),

- **Trinkgelder**, die der Arbeitnehmer ohne Rechtsanspruch von Dritten erhält bis zu **2.400 DM** im Kalenderjahr (**Freibetrag**) (§ 3 Nr. 51),

- **Wohngeld** nach dem Wohngeldgesetz (§ 3 Nr. 58).

Bei der Einkommensteuer-Veranlagung sind auch die Vorschriften der Lohnsteuer-Durchführungsverordnung (**LStDV**) über die Steuerpflicht oder die Steuerfreiheit von Einnahmen aus nichtselbständiger Arbeit anzuwenden (§ 4 EStDV).

Soweit Ausgaben mit **steuerfreien Einnahmen** in unmittelbarem wirtschaftlichem Zusammenhang stehen, dürfen sie **nicht** als Betriebsausgaben oder Werbungskosten abgezogen werden (§ 3c).

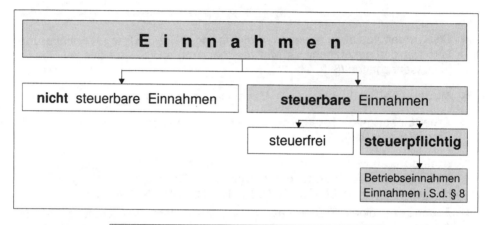

Übung: 1. Wiederholungsfragen 1 bis 9 (Seite 26),
2. Fall 1 (Seite 26 f.)

3.3 Ausgaben

Von den **Betriebseinnahmen** und den **Einnahmen im Sinne des § 8** dürfen bei der Ermittlung der Einkünfte bestimmte mit diesen Einnahmen in wirtschaftlichem Zusammenhang stehende **Ausgaben** abgezogen werden.

Stehen die **Ausgaben** mit den **ersten drei Einkunftsarten** in Zusammenhang, werden sie **Betriebsausgaben** genannt, stehen sie mit den anderen vier Einkunftsarten in Zusammenhang, spricht man von **Werbungskosten**.

Aufwendungen für die Lebensführung dürfen bei der Ermittlung der Einkünfte **nicht abgezogen** werden (§ 12).

3.3.1 Betriebsausgaben

Betriebsausgaben (BA) sind Aufwendungen, die durch den Betrieb veranlaßt sind (§ 4 Abs. 4).
In der **Buchführung** haben die Begriffe Ausgaben und Aufwendungen unterschiedliche Bedeutungen. Unter **Ausgaben** versteht man alle in einem Betrieb mittels Bar- oder Buchgeld geleistete Zahlungen, während **Aufwendungen** die von einem Betrieb verbrauchten Güter sind.

> [B 2] Einzelheiten zu den Grundbegriffen des betrieblichen Rechnungswesens erfolgen im Abschnitt 2.1.1 der **Buchführung 2**, 11. Auflage 1999.

Das **Einkommensteuerrecht** macht diese Unterscheidung **nicht**. Die eigentliche Bedeutung der im § 4 Abs. 4 gegebenen Begriffsdefinition besteht darin, die Betriebsausgaben von den anderen Ausgaben des Steuerpflichtigen abzugrenzen. Diese Abgrenzung führt in der Praxis häufig zu Schwierigkeiten.

Bei der **Ermittlung** der **Einkünfte** dürfen **nicht alle Betriebsausgaben** gewinnmindernd **berücksichtigt werden**.

Nach § 4 Abs. 5 dürfen folgende Betriebsausgaben den **Gewinn nicht mindern** (= <u>**nichtabzugsfähige Betriebsausgaben**</u>):

1. **Aufwendungen für Geschenke** an Personen, die nicht Arbeitnehmer des Steuerpflichtigen sind. Dies **gilt nicht, wenn** die **Anschaffungs- oder Herstellungskosten** aller einem Empfänger in einem Wirtschaftsjahr zugewendeten betrieblichen Geschenke insgesamt **weniger als 75,01 DM** betragen;

2. **Aufwendungen für die Bewirtung** von Personen aus geschäftlichem Anlaß, **soweit** sie **80 % der Aufwendungen übersteigen**, die nach der allgemeinen Verkehrsauffassung als **angemessen** anzusehen und deren Höhe **und** betriebliche Veranlassung **nachgewiesen** wird. Zum Nachweis der Höhe und der betrieblichen Veranlassung der Aufwendungen hat der Steuerpflichtige schriftlich die folgenden Angaben zu machen: Ort, Tag, Teilnehmer und Anlaß der Bewirtung sowie Höhe der Aufwendungen. Hat die Bewirtung in einer **Gaststätte** stattgefunden, so genügen Angaben zu dem **Anlaß und** den **Teilnehmern** der Bewirtung; die Rechnung über die Bewirtung ist beizufügen;

3. **Aufwendungen für Gästehäuser**, die sich außerhalb des Orts eines Betriebs des Steuerpflichtigen befinden;

4. **Aufwendungen für Jagd** oder **Fischerei**, für **Segeljachten** oder **Motorjachten** sowie für ähnliche Zwecke und die hiermit zusammenhängenden Bewirtungen;

5. **Mehraufwendungen für Verpflegung**, soweit bestimmte Pauschbeträge (46 DM, 20 DM, 10 DM) überschritten werden;

6. **Aufwendungen für Fahrten** des Steuerpflichtigen **zwischen Wohnung und Betriebsstätte** und für **Familienheimfahrten**, soweit bestimmte Pauschbeträge überschritten werden;

6a. **Mehraufwendungen** wegen einer betrieblich veranlaßten **doppelten Haushaltsführung**. § 4 Abs. 5 Satz 1 **Nr. 5** und **6 bleiben unberührt**;

6b. **Aufwendungen** für ein **häusliches Arbeitszimmer** sowie die Kosten der Ausstattung, beschränkter Abzug bis zu höchstens 2.400 DM im Kalenderjahr;

7. andere als die genannten Aufwendungen, die die Lebensführung des Steuerpflichtigen oder anderer Personen berühren, soweit sie nach allgemeiner Verkehrsauffassung als unangemessen anzusehen sind;

8. von einem Gericht oder einer Behörde festgesetzte **Geldbußen, Ordnungsgelder** und **Verwarnungsgelder**;

8a. **Zinsen auf hinterzogene Steuern** nach § 235 der Abgabenordnung;

9. **Ausgleichszahlungen**, die in den Fällen der §§ 14, 17 und 18 des Körperschaftsteuergesetzes an außenstehende Anteilseigner geleistet werden;

10. **Schmier- und Bestechungsgelder** im In- und Ausland.

Nach § 4 **Abs. 7** sind die Aufwendungen **Nr. 1 bis 4, 6b** und **7** einzeln und getrennt von den sonstigen Betriebsausgaben **aufzuzeichnen**.

Aufwendungen zur Förderung staatspolitischer Zwecke (Mitgliedsbeiträge und Spenden an politische Parteien) sind **keine Betriebsausgaben** (§ 4 **Abs. 6**).

3.3.2 Werbungskosten

Werbungskosten (**WK**) sind Aufwendungen zur Erwerbung, Sicherung und Erhaltung der Einnahmen (§ 9 Abs. 1 Satz 1).

Werbungskosten sind bei den **Einkunftsarten 4 bis 7** abzuziehen.

Der **Abzug** der Werbungskosten **setzt voraus**, daß die Aufwendungen

1. zur **Erwerbung** der Einnahmen gemacht werden; Werbungskosten können daher bereits vorliegen, **bevor** entsprechende **Einnahmen** erzielt werden (**vorweggenommene Werbungskosten**),

2. zur **Sicherung** der Einnahmen dienen,

3. zur **Erhaltung** der Einnahmen gemacht werden.

In § 9 werden **beispielhaft** Aufwendungen aufgezählt, die **Werbungskosten** sind. Zu diesen Aufwendungen gehören:

- **Schuldzinsen**, soweit sie mit einer Einkunftsart in wirtschaftlichem Zusammenhang stehen,
- **Steuern**, sonstige öffentliche **Abgaben** und **Versicherungsbeiträge** für den **Grundbesitz**,
- **Beiträge zu Berufsständen** und sonstigen **Berufsverbänden**,
- **Aufwendungen** des Arbeitnehmers **für Fahrten zwischen Wohnung und Arbeitsstätte**,
- notwendige **Mehraufwendungen**, die einem Arbeitnehmer wegen einer aus beruflichem Anlaß begründeten **doppelten Haushaltsführung** entstehen,
- **Aufwendungen für Arbeitsmittel**,
- Absetzungen für Abnutzung (**AfA**) und Substanzverringerung,
- § 4 **Abs. 4a**, 5 Nr. 1 bis 5, **6b** (Aufwendungen für **häusliches Arbeitszimmer**) bis 8a, 10 und Abs. 6 gilt sinngemäß (§ 9 Abs. 5).

Diese **Aufzählung** ist **nicht erschöpfend**. Deshalb ist davon auszugehen, daß alle Aufwendungen, die die **Voraussetzungen** des § 9 Abs. 1 Satz 1 **erfüllen**, grundsätzlich als **Werbungskosten** abgezogen werden können.

3.3.3 Aufwendungen für die Lebensführung

Zu den **Aufwendungen für die Lebensführung** gehören in der Regel

- Aufwendungen für **Ernährung**,
- Aufwendungen für **Kleidung**,
- Aufwendungen für **Wohnung**,
- **Repräsentationsaufwendungen**,
- **Geldstrafen**.

Aufwendungen für die Lebensführung dürfen **weder** bei der Ermittlung der Einkünfte noch vom Gesamtbetrag der Einkünfte **abgezogen werden** (§ 12 Nr. 1).

Die **Berücksichtigung** solcher **Privataufwendungen ist nur zulässig,** wenn das Gesetz dies ausdrücklich zuläßt. Aufwendungen für die Lebensführung dürfen nach den §§ 10 und 33 **ausnahmsweise** bei der Ermittlung des zu versteuernden Einkommens als **Sonderausgaben oder außergewöhnliche Belastungen** abgezogen werden.

3.3.4 Abgrenzung der Aufwendungen für die Lebensführung von den Betriebsausgaben und Werbungskosten

Aufwendungen für die Lebensführung dürfen bei der Ermittlung des zu versteuernden Einkommens **grundsätzlich nicht abgezogen werden.**

Die **Nichtabzugsfähigkeit** der Aufwendungen für die Lebensführung ergibt sich nicht nur **direkt** aus den Vorschriften des § **12,** sondern auch **indirekt** aus der **Definition** der beiden **Begriffe Betriebsausgaben** (§ 4 Abs. 4) und **Werbungskosten** (§ 9 Abs. 1 Satz 1).

Oft besteht bei den Aufwendungen für die Lebensführung ein **Zusammenhang** mit der gewerblichen oder beruflichen Tätigkeit des Steuerpflichtigen (**gemischte Aufwendungen**).

Sind die Aufwendungen nach § 12 Nr. 1 zum Teil durch betriebliche oder berufliche Zwecke veranlaßt worden und läßt sich dieser Teil nach objektiven Merkmalen und Unterlagen von den Ausgaben, die der privaten Lebensführung gedient haben, **leicht und einwandfrei trennen,** so sind die Aufwendungen **insoweit Betriebsausgaben oder Werbungskosten,** es sei denn, daß dieser Teil von untergeordneter Bedeutung ist (R 117 EStR 1999).

> Beispiele:
> 1. Der Gewerbetreibende Olaf Roßbach führt über den privaten Telefonanschluß auch **betrieblich veranlaßte Gespräche.** Der Teil der Telefongebühren, der auf diese Gespräche entfällt, ist nicht von untergeordneter Bedeutung.
>
>   Die **anteiligen** Telefongebühren sind **Betriebsausgaben** (H 117 (Telefonanschluß in einer Wohnung) EStH 1999).
>
> 2. Der Angestellte Adolf Bernhard, der in Lübeck wohnt, ist Eigentümer eines in Kiel gelegenen Geschäftshauses, das er vermietet hat. Im Rahmen der Hausverwaltung fährt er in regelmäßigen Abständen mit seinem privaten Pkw nach Kiel.
>
>   Die **anteiligen** Kraftfahrzeugkosten sind **Werbungskosten.**

Läßt sich eine **Trennung** der Aufwendungen **nicht leicht und einwandfrei** durchführen, so gehört der **gesamte Betrag** zu den **nichtabzugsfähigen Ausgaben** (R 117 Satz 3 EStR 1999).

Aufwendungen für **Kleidung und Schuhe** - ausgenommen typische Berufskleidung - sind als **Aufwendungen der Lebensführung** auch dann **nicht abzugsfähig**, wenn der Steuerpflichtige die Kleidungsstücke **ausschließlich** bei der Berufsausübung trägt (H 117 (**Kleidung und Schuhe**) EStH 1999).

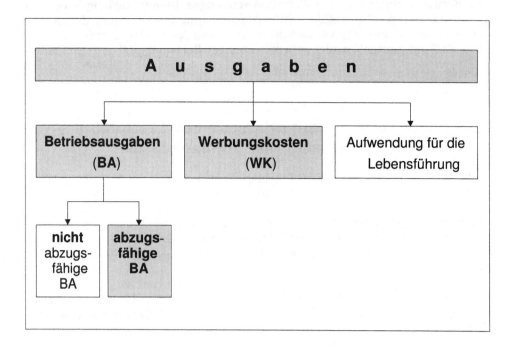

Übung: 1. Wiederholungsfragen 10 bis 17 (Seite 26),
2. Fall 2 (Seite 27)

3.4 Zusammenfassung und Erfolgskontrolle

3.4.1 Zusammenfassung

In der Übersicht auf der folgenden Seite werden wesentliche Merkmale dieses Kapitels nochmals zusammengefaßt.

Einkunftsarten	Grundbegriffe der Einkunftsermittlung		Einkünfte
	Einnahmen	Ausgaben	
Gewinneinkünfte			
1. Einkünfte aus Land- und Forstwirtschaft	Betriebseinnahmen	Betriebsausgaben	Gewinn (Verlust)
2. Einkünfte aus Gewerbebetrieb			
3. Einkünfte aus selbständiger Arbeit			
Überschußeinkünfte			
4. Einkünfte aus nichtselbständiger Arbeit	Einnahmen im Sinne des § 8	Werbungskosten	Überschuß (Verlust)
5. Einkünfte aus Kapitalvermögen			
6. Einkünfte aus Vermietung und Verpachtung			
7. sonstige Einkünfte im Sinne des § 22			

3.4.2 Erfolgskontrolle

WIEDERHOLUNGSFRAGEN

1. Was sind Einkünfte im Sinne des § 2 Abs. 2?
2. Wie werden die ersten drei Einkunftsarten zusammenfassend auch bezeichnet?
3. Welchen zusammenfassenden Begriff verwendet man für die Einkunftsarten vier bis sieben?
4. Was versteht man unter dem horizontalen Verlustausgleich?
5. Bei welchen Einkunftsarten fallen Betriebseinnahmen an?
6. Was versteht man unter Betriebseinnahmen?
7. Was sind Einnahmen im Sinne des § 8?
8. Was versteht man unter geldwerten Einnahmen?
9. Welche steuerbaren Einnahmen sind nach § 3 steuerfrei? Nennen Sie sechs Beispiele.
10. Was sind Betriebsausgaben im Sinne des § 4 Abs. 4?
11. Bei welchen Einkunftsarten fallen Betriebsausgaben an?
12. Bei welchen Einkunftsarten fallen Werbungskosten an?
13. Was versteht man nach § 9 Abs. 1 Satz 1 unter Werbungskosten?
14. Welche Aufwendungen gehören z.B. zu den Werbungskosten?
15. Welche Aufwendungen gehören in der Regel zu den Aufwendungen für die Lebensführung?
16. Wie sind Aufwendungen für die Lebensführung bei der Ermittlung der Einkünfte zu behandeln?
17. Welche Aufwendungen für die Lebensführung dürfen ausnahmsweise bei der Ermittlung des zu versteuernden Einkommens abgezogen werden?

FÄLLE

Fall 1:

Entscheiden Sie, ob folgende Einnahmen **nicht steuerbare Einnahmen, Betriebseinnahmen, Einnahmen im Sinne des § 8, steuerfreie Einnahmen** oder **steuerpflichtige Einnahmen** sind. Geben Sie die Höhe der Einnahmen jeweils in **DM** an. Verwenden Sie dabei die folgende **Lösungstabelle:**

Tz.	nicht steuerbare Einnahmen DM	steuerbare Einnahmen		steuerfreie Einnahmen DM	steuerpflichtige Einnahmen DM
		Betriebs- einnahmen DM	Einnahmen i.S.d. § 8 DM		
1.					
2.					
3.					
usw.					

1. Lottogewinn einer Steuerfachangestellten in Höhe von 100.000 DM
2. Tageseinnahmen eines Gastwirts aus seiner Gastwirtschaft in Höhe von 800 DM
3. Zuwendung von 500,—DM, die ein Arbeitnehmer anläßlich der Eheschließung von seinem Arbeitgeber erhält
4. Zuwendung von 1.000,—DM, die ein Arbeitnehmer anläßlich der Geburt seines Sohnes von seinem Arbeitgeber erhält
5. Erbschaft eines Steuerfachangestellten in Höhe von 50.000 DM
6. Trinkgelder einer Friseuse von 2.000,—DM im Kalenderjahr
7. Trinkgelder eines Kellners von 6.000,—DM im Kalenderjahr
8. Einnahme (Bruttoarbeitslohn) eines Angestellten aus einem Dienstverhältnis in Höhe von 3.000 DM im Monat
9. Einnahmen eines Lebensmittelhändlers aus Warenverkäufen von 10.000 DM im Monat
10. Einnahme (Miete) eines Angestellten aus seinem Zweifamilienhaus in Höhe von 1.000 DM im Monat
11. Einnahmen eines Arztes aus ärztlicher Tätigkeit in Höhe von 500.000 DM im Kalenderjahr

Fall 2:

Entscheiden Sie, ob folgende Aufwendungen **Betriebsausgaben, Werbungskosten** oder **Aufwendungen für die Lebensführung** sind:

1. Gewerkschaftsbeiträge

2. private Telefongebühren

3. Aufwendungen für eine Erholungsreise

4. Grundsteuer für ein Betriebsgrundstück

5. Aufwendungen eines Arbeitnehmers für typische Berufskleidung

6. Aufwendungen für einen Maßanzug, der von einem Angestellten nachweislich während der Arbeitszeit getragen wird.

7. AfA für einen betrieblichen Lkw

8. Hypothekenzinsen für ein Fabrikgebäude

9. Aufwendungen eines Arbeitnehmers für Ernährung

10. Telefongebühren eines Unternehmers für betrieblich veranlaßte Gespräche, die über den privaten Telefonanschluß geführt werden

4 Methoden zur Ermittlung der Einkünfte

4.1 Ermittlung der Gewinneinkünfte

4.1.1 Methoden der Gewinnermittlung

Das **EStG** unterscheidet **drei** Gewinnermittlungsmethoden:

> 1. Gewinnermittlung durch **Betriebsvermögensvergleich**,
> 2. Gewinnermittlung durch **Überschußrechnung nach § 4 Abs. 3**,
> 3. Gewinnermittlung nach **Durchschnittssätzen**.

Zu 1. Gewinnermittlung durch Betriebsvermögensvergleich

Steuerpflichtige, die aufgrund gesetzlicher Vorschriften verpflichtet sind, **Bücher zu führen** und Abschlüsse zu machen, oder dies freiwillig tun, **müssen** ihren **Gewinn** durch **Betriebsvermögensvergleich** ermitteln.

Beim **Betriebsvermögensvergleich** (§ 4 Abs. 1 **Satz 1**) ist

> **Gewinn** der **Unterschiedsbetrag** zwischen dem Betriebsvermögen (BV) am Schluß des Wirtschaftsjahrs (Wj) und dem BV am Schluß des vorangegangenen Wirtschaftsjahrs, **vermehrt** um den Wert der **Entnahmen** und **vermindert** um den Wert der **Einlagen**.

Beispiel:
Das **Betriebsvermögen** eines Gewerbetreibenden beträgt nach der Bilanz zum 31.12.1999 **70.000,— DM** und nach der Bilanz zum 31.12.1998 **30.000,— DM**. Im Laufe des Jahres 1999 hat der Steuerpflichtige für **10.000,— DM** Waren **entnommen** und in seinem Haushalt verbraucht. Außerdem hat er 1999 von seinem privaten Sparkonto **20.000,— DM** abgehoben und auf das betriebliche Bankkonto eingezahlt.

Der **Gewinn** durch **Betriebsvermögensvergleich** wird wie folgt ermittelt:

Betriebsvermögen am Schluß des Wj (31.12.1999)	70.000,— DM
BV am Schluß des vorangegangenen Wj (31.12.1998)	30.000,— DM
= Unterschiedsbetrag	+ 40.000,— DM
+ Entnahme	+ 10.000,— DM
− Einlage	− 20.000,— DM
= **Gewinn** aus Gewerbebetrieb 1999	**30.000,— DM**

Die Gewinnermittlung durch **Betriebsvermögensvergleich** setzt zunächst **voraus**, daß das **Betriebsvermögen** zu den Abschlußstichtagen (z.B. 31.12.) festgestellt wird.
Die Feststellung des **Betriebsvermögens** kann aufgrund **gesetzlicher** Vorschriften oder **freiwillig** erfolgen.

Die **Pflicht** zur Feststellung des **Betriebsvermögens** ergibt sich aus den **handelsrechtlichen** und/oder **steuerrechtlichen** Buchführungsvorschriften.

Die Gewinnermittlung durch **Betriebsvermögensvergleich** wird im Kapitel 7, Seite 58 ff., im einzelnen dargestellt.

> **Übung:** 1. Wiederholungsfragen 1 bis 3 (Seite 35),
> 2. Fälle 1 bis 3 (Seite 35 f.)

Zu 2. Gewinnermittlung durch Überschußrechnung nach § 4 Abs. 3 EStG

Steuerpflichtige, die **nicht aufgrund gesetzlicher Vorschriften verpflichtet sind, Bücher zu führen** und Abschlüsse zu machen, und die dies auch nicht freiwillig tun, können als **Gewinn** den **Überschuß** der **Betriebseinnahmen** über die **Betriebsausgaben** ansetzen (§ 4 Abs. 3).

Beispiel:
Dr. med. Müller hat für seine Arztpraxis in Köln im abgelaufenen Kalenderjahr **Betriebseinnahmen** in Höhe von **200.000 DM und Betriebsausgaben** in Höhe von **50.000 DM** aufgezeichnet.

Der **Gewinn** aus selbständiger Arbeit beträgt **150.000 DM** (200.000 DM − 50.000 DM).

Der **Gewinn** wird bei dieser Methode durch **Überschußrechnung** nach § 4 Abs. 3 ermittelt.

Die Gewinnermittlung nach **§ 4 Abs. 3 EStG** wird im Kapitel 10, Seite 148 ff., im einzelnen dargestellt.

Zu 3. Gewinnermittlung nach Durchschnittssätzen

Neben der Gewinnermittlung durch Betriebsvermögensvergleich und durch Überschußrechnung nach § 4 Abs. 3 kennt das EStG noch die Gewinnermittlung nach **Durchschnittssätzen**, die allerdings **nur für Land- und Forstwirte** in Betracht kommt (**§ 13a**).

Ist eine Gewinnermittlung **weder** durch **Betriebsvermögensvergleich noch** durch **Überschußrechnung nach § 4 Abs. 3** möglich und wird der Gewinn **nicht** nach **Durchschnittssätzen** ermittelt, dann ist er zu **schätzen** (§ 162 AO).

> **Übung:** Wiederholungsfragen 4 bis 7 (Seite 35)

4.1.2 Gewinnermittlungszeitraum

Gewinnermittlungszeitraum ist das **Wirtschaftsjahr** bzw. das **Kalenderjahr**.

Wirtschaftsjahr ist der Zeitraum, für den der Steuerpflichtige regelmäßig seinen Gewinn ermittelt.

Das **Wirtschaftsjahr** umfaßt grundsätzlich einen Zeitraum von **zwölf Monaten**. Das Wirtschaftsjahr darf in bestimmten Fällen auch einen Zeitraum von weniger als zwölf Monaten umfassen, z.B. bei Eröffnung oder Aufgabe eines Betriebes (§ 8b EStDV).

Das **Wirtschaftsjahr** kann, muß aber nicht **mit dem Kalenderjahr übereinstimmen**.

Wirtschaftsjahr ist

> 1. bei **Land- und Forstwirten**
> **grundsätzlich** der Zeitraum vom **1. Juli bis 30. Juni**
> (Ausnahmen: § 8c EStDV);
> 2. bei **Gewerbetreibenden**,
> a) die im **Handelsregister (HR)** eingetragen sind,
> der **Zeitraum, für den sie regelmäßig Abschlüsse machen**,
> b) die **nicht** im **Handelsregister (HR)** eingetragen sind,
> das **Kalenderjahr**.

Zu 1. Wirtschaftsjahr bei Land- und Forstwirten

Bei **Land- und Forstwirten** ist der **Gewinn** des Wirtschaftsjahrs auf das Kalenderjahr, in dem das Wirtschaftsjahr beginnt, und auf das Kalenderjahr, in dem das Wirtschaftsjahr endet, **entsprechend dem zeitlichen Anteil aufzuteilen** (§ 4a Abs. 2 Nr. 1).

Beispiel:
Das **Wirtschaftsjahr** eines Land- und Forstwirts läuft vom **1.7. bis 30.6.** Sein Gewinn aus Land- und Forstwirtschaft betrug
    1998/1999   =   60.000,— DM
    1999/2000   =   40.000,— DM

Der **Gewinn** aus Land- und Forstwirtschaft beträgt **nach der zeitlichen Aufteilung**:

50 % des Gewinns aus 1998/1999 =	30.000,— DM
50 % des Gewinns aus 1999/2000 =	20.000,— DM
Gewinn 1999	**50.000,— DM**

> Übung: 1. Wiederholungsfragen 8 bis 10 (Seite 35),
> 2. Fall 4 (Seite 36)

Zu 2. Wirtschaftsjahr bei Gewerbetreibenden

Zu a)

Wirtschaftsjahr ist bei **Gewerbetreibenden**, deren Firma im **Handelsregister (HR)** eingetragen ist, der **Zeitraum, für den sie regelmäßig Abschlüsse machen** (§ 4a Abs. 1 Nr. 2).

Sie können ihren **Gewinn** nach einem vom Kalenderjahr **abweichenden Wirtschaftsjahr** ermitteln (**z.B. vom 1.2. bis 31.1.**)

Die **Umstellung** des Wirtschaftsjahrs auf einen vom Kalenderjahr abweichenden Zeitraum **bedarf** steuerlich der **Zustimmung des Finanzamtes** (§ 4a Abs. 1 Nr. 2).

Bei **Gewerbetreibenden,** deren Wirtschaftsjahr vom Kalenderjahr abweicht (**abweichendes Wirtschaftsjahr**) **gilt** der **Gewinn** in dem Kalenderjahr **bezogen,** in dem das Wirtschaftsjahr **endet** (§ 4a Abs. 2 Nr. 2).

Beispiel:
Das **Wirtschaftsjahr** eines Gewerbetreibenden, der im HR eingetragen ist, umfaßt den Zeitraum von **1.2. bis 31.1.** Vom 1.2.1998 bis 31.1.1999 erzielte er einen Gewinn von **50.000,— DM**.

Der **Gewinn** des Wirtschaftsjahres 1998/99 von **50.000,— DM** gilt als Gewinn des Kalenderjahres **1999**, weil das Wirtschaftsjahr 1998/99 in **1999 endet.**

Zu b)

Bei **Gewerbetreibenden,** die **nicht** im **Handelsregister** eingetragen sind, ist das **Wirtschaftsjahr** stets das **Kalenderjahr** (§ 4a Abs. 1 Nr. 3).

Ebenso ist bei Steuerpflichtigen mit "**Einkünften aus selbständiger Arbeit**" (3. Einkunftsart) der **Gewinn** stets für das **Kalenderjahr** zu ermitteln (§ 2 Abs. 7).

> Übung: 1. Wiederholungsfragen 11 bis 15 (Seite 35),
> 2. Fall 5 (Seite 36)

4.2 Ermittlung der Überschußeinkünfte

4.2.1 Methode der Überschußermittlung

Die **Einkünfte** der **Einkunftsarten 4 bis 7** werden grundsätzlich durch den Abzug der **Werbungskosten** von den **Einnahmen** ermittelt:

```
   Einnahmen
 - Werbungskosten
 = Einkünfte
```

Sind die **Werbungskosten größer** als die **Einnahmen**, wird das Ergebnis als **Verlust** bezeichnet.

Diese **Methode** der Einkunftsermittlung gilt **für alle Überschußeinkünfte**. Andere Einkunftsermittlungsmethoden gibt es bei diesen Einkunftsarten nicht.

4.2.2 Überschußermittlungszeitraum

Überschußermittlungszeitraum ist stets das **Kalenderjahr.** Einen vom Kalenderjahr **abweichenden** Ermittlungszeitraum **gibt** es bei den Überschußeinkünften **nicht.**

Die **zeitliche Zurechnung** von **Einnahmen** und **Werbungskosten** zu einem bestimmten Kalenderjahr ist in § 11 geregelt.

Einnahmen sind innerhalb des Kalenderjahrs bezogen, in dem sie dem Steuerpflichtigen **zugeflossen sind** (§ 11 Abs. 1 **Satz 1**; <u>**Zuflußprinzip**</u>).
Es kommt grundsätzlich nicht darauf an, zu welchem Kalenderjahr eine Einnahme wirtschaftlich gehört. Entscheidend ist der **Zeitpunkt des Zuflusses**. **Einnahmen** sind **zugeflossen**, wenn der Steuerpflichtige **wirtschaftlich über sie verfügen kann**, wie z.B. bei Zahlung, Verrechnung oder Gutschrift.
Mit der **Entgegennahme eines Schecks** ist die **Einnahme** ebenfalls **zugeflossen**. Bei Zahlung mit einem **Wechsel** ist die Einnahme mit der **Einlösung** oder **Diskontierung zugeflossen** (H 116 EStH 1999).

<u>Beispiel:</u>
Ein Hauseigentümer **erhält** die **fällige Dezembermiete 1999** erst am **20.01.2000**.

Die Miete ist eine **Einnahme des Kalenderjahres 2000**, weil sie dem Steuerpflichtigen erst in **2000 zugeflossen** ist.

Der **Grundsatz**, nach dem **Einnahmen** innerhalb des Kalenderjahres bezogen sind, in dem sie dem Steuerpflichtigen **zugeflossen** sind, wird **für regelmäßig wiederkehrende Einnahmen durchbrochen** (§ 11 Abs. 1 **Satz 2**).

Regelmäßig wiederkehrende Einnahmen (z.B. Zinsen, Mieten), die dem Steuerpflichtigen **kurze Zeit** vor Beginn oder kurze Zeit nach Beendigung des Kalenderjahres, zu dem sie **wirtschaftlich gehören**, zugeflossen sind, gelten als in dem Kalenderjahr bezogen, zu dem sie **wirtschaftlich gehören** (<u>**Zurechnungsprinzip**</u>).

Als <u>**kurze Zeit**</u> in diesem Sinne ist in der Regel ein Zeitraum von **zehn Tagen** anzusehen (H 116 (Allgemeines) EStH 1999).

<u>Beispiel:</u>

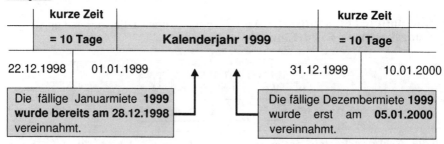

Zinsen als **regelmäßig wiederkehrende Einnahmen** fließen dem Steuerpflichtigen in dem Jahr zu, zu dem sie **wirtschaftlich gehören**. Die **wirtschaftliche Zugehörigkeit** bestimmt sich nach dem Jahr, in dem sie **zahlbar, d.h. fällig** sind (H 116 (Zinsen) EStH 1999).

<u>Beispiel:</u>
Die Steuerpflichtige Corinna Lehmann hat ein Sparbuch bei der Deutschen Bank. Die Bank schreibt ihr **zum 31.12.1999** Zinsen für die Zeit vom **01.07. bis 31.12.1999** gut. Frau Lehmann läßt diese Zinsen am **29.03.2000** in ihr Sparbuch **eintragen**.

Die Zinsen sind als regelmäßig wiederkehrende Einnahmen **1999** anzusetzen, weil sie bereits 1999 auf dem Sparkonto gutgeschrieben werden. Auf die Eintragung im Sparbuch kommt es nicht an.

Dem **Zufluß** der **Einnahmen** entspricht der Abfluß der **Ausgaben**.

Ausgaben (z.B. Werbungskosten) sind für das Kalenderjahr **abzusetzen**, in dem sie **geleistet** worden sind (§ 11 **Abs. 2**).

Werbungskosten sind in dem Zeitpunkt **geleistet,** in dem ihr Geldwert aus dem Vermögen des Steuerpflichtigen **abgeflossen** ist (**Abflußprinzip**).

Mit der **Hingabe eines Schecks** ist die Ausgabe grundsätzlich **abgeflossen** (H 116 (Scheck, Scheckkarte) EStH 1999).

Die **Ausgabe** ist bei einer **Überweisung** von einem Konto des Steuerpflichtigen grundsätzlich im **Zeitpunkt des Eingangs** des Überweisungsauftrags bei der **Überweisungsbank abgeflossen**, wenn das Konto die nötige Deckung aufweist oder ein entsprechender Kreditrahmen vorhanden ist (H 116 (Überweisung) EStH 1999).

<u>Beispiel:</u>
Die Steuerfachangestellte Dagmar Müller erteilt am **31.12.1999** ihrer Bank den Auftrag, den Kaufpreis für das Fachbuch "Steuerlehre 1" zu überweisen. Das Konto weist die nötige Deckung auf. Die Bank führt den Auftrag am 03.01.2000 aus.

Der **Überweisungsauftrag** ist **1999** bei der Überweisungsbank eingegangen, so daß sie die **Ausgabe 1999** als **Werbungskosten** absetzen kann.

Regelmäßig wiederkehrende Ausgaben, die der Steuerpflichtige **kurze Zeit** vor Beginn oder kurze Zeit nach Beendigung des Kalenderjahres, zu dem sie wirtschaftlich gehören, leistet, gelten als in dem Kalenderjahr geleistet, zu dem sie **wirtschaftlich gehören** (**Zurechnungsprinzip**).

<u>Beispiel:</u>
Die private Hauseigentümerin Levke Voss zahlt den **in 2000 fälligen Gebäudeversicherungsbeitrag** bereits am **28.12.1999** bar. Der **Versicherungsbeitrag** ist eine **regelmäßig wiederkehrende Ausgabe.**

Der **Versicherungsbeitrag** ist als im Jahre **2000 verausgabt** anzusetzen, weil es sich um eine regelmäßig wiederkehrende Ausgabe handelt, die kurze Zeit vor Beginn des Kalenderjahres 2000, zu dem sie wirtschaftlich gehört, abgeflossen ist. Die Hauseigentümerin kann deshalb den Versicherungsbeitrag erst **2000** als **Werbungskosten** geltend machen.

> **Übung**: 1. Wiederholungsfragen 16 bis 21 (Seite 35),
> 2. Fälle 6 und 7 (Seite 36)

4.3 Zusammenfassung und Erfolgskontrolle

4.3.1 Zusammenfassung

In den **Übersichten** auf den folgenden Seiten werden wesentliche Merkmale dieses Kapitels nochmals zusammengefaßt.

Einkunftsarten	Einkünfte	Methoden zur Ermittlung der Einkünfte
Gewinneinkünfte 1. Einkünfte aus Land- und Forstwirtschaft 2. Einkünfte aus Gewerbebetrieb 3. Einkünfte aus selbständiger Arbeit	**Gewinn** (Verlust)	**Gewinnermittlungsmethoden** 1. Gewinnermittlung durch Betriebsvermögensvergleich 2. Gewinnermittlung durch Überschußrechnung nach § 4 Abs. 3 EStG 3. Gewinnermittlung nach Durchschnittssätzen
Überschußeinkünfte 4. Einkünfte aus nichtselbständiger Arbeit 5. Einkünfte aus Kapitalvermögen 6. Einkünfte aus Vermietung und Verpachtung 7. sonstige Einkünfte im Sinne des § 22	**Überschuß** (Verlust)	**Überschußermittlungsmethode** Gegenüberstellung der Einnahmen und Werbungskosten

4.3.2 Erfolgskontrolle

WIEDERHOLUNGSFRAGEN

1. Welche Gewinnermittlungsmethoden unterscheidet das EStG?
2. Welche Steuerpflichtige müssen ihren Gewinn durch Betriebsvermögensvergleich ermitteln?
3. Was ist Gewinn im Rahmen des Betriebsvermögensvergleichs?
4. Welche Steuerpflichtige können ihren Gewinn durch Überschußrechnung nach § 4 Abs. 3 ermitteln?
5. Was ist Gewinn im Sinne des § 4 Abs. 3?
6. Für welche Steuerpflichtige kommt die Gewinnermittlung nach Durchschnittssätzen in Betracht?
7. Wie wird der Gewinn ermittelt, wenn weder eine Gewinnermittlung durch Betriebsvermögensvergleich oder Überschußrechnung möglich ist, noch der Gewinn nach Durchschnittssätzen ermittelt wird?
8. Was versteht man unter dem Wirtschaftsjahr?
9. Wieviel Monate umfaßt ein Wirtschaftsjahr grundsätzlich?
10. Welchen Zeitraum umfaßt das Wirtschaftsjahr bei Land- und Forstwirten?
11. Welchen Zeitraum umfaßt das Wirtschaftsjahr bei Gewerbetreibenden, die im Handelsregister eingetragen sind?
12. Was versteht man unter einem abweichenden Wirtschaftsjahr?
13. Ist die Umstellung eines Wirtschaftsjahres ohne weiteres möglich?
14. In welchem Kalenderjahr gilt der Gewinn bei einem abweichenden Wirtschaftsjahr als bezogen?
15. Für welchen Zeitraum müssen selbständig Tätige ihren Gewinn ermitteln?
16. Wie werden die Einkünfte der Einkunftsarten 4 bis 7 ermittelt?
17. Welche Zeit umfaßt der Überschußermittlungszeitraum?
18. Wann sind Einnahmen grundsätzlich bezogen?
19. Wann sind Ausgaben grundsätzlich abzusetzen?
20. Wann gelten regelmäßig wiederkehrende Einnahmen bzw. Ausgaben in Ausnahmefällen als bezogen bzw. als geleistet?
21. Was versteht man unter kurzer Zeit im Sinne des § 11 Abs. 1?

FÄLLE

Fall 1:

Ermitteln Sie den Gewinn bzw. Verlust für 1999:

Betriebsvermögen am 31.12.1999	− 30.000,— DM
Betriebsvermögen am 31.12.1998	60.000,— DM
Entnahmen 1999	100.000,— DM
Einlagen 1999	5.000,— DM

Fall 2:

Ermitteln Sie den Gewinn bzw. Verlust für 1999:

Betriebsvermögen am 31.12.1999	− 50.000,— DM
Betriebsvermögen am 31.12.1998	− 70.000,— DM
Entnahmen 1999	10.000,— DM
Einlagen 1999	20.000,— DM

Fall 3:

Ermitteln Sie den Gewinn bzw. Verlust für 1999:

Betriebsvermögen am 31.12.1999	30.000,— DM
Betriebsvermögen am 31.12.1998	− 40.000,— DM
Entnahmen 1999	30.000,— DM
Einlagen 1999	50.000,— DM

Fall 4:

Der Landwirt Josef Gräf, der seinen Gewinn für die Zeit vom 1.7. bis 30.6. ermittelt, erzielte aus seinem landwirtschaftlichen Betrieb folgende Gewinne:

1998/1999	30.000,— DM
1999/2000	20.000,— DM

Ermitteln Sie den Gewinn des VZ 1999.

Fall 5:

Der Gewerbetreibende Joris Bühler, dessen Wirtschaftsjahr den Zeitraum vom 1.April bis 31. März umfaßt, erzielte in der Zeit vom 1.4.1998 bis 31.3.1999 aus seinem Gewerbebetrieb einen **Gewinn von 20.000,— DM** und in der Zeit vom 1.4.1999 bis 31.3.2000 einen **Gewinn von 30.000,— DM.**

Wieviel DM beträgt der Gewinn des VZ 1999?

Fall 6:

Die private Hauseigentümerin Iris Hartmann erhält die fällige Dezembermiete 1999 erst am 08.01.2000.

Für welches Kalenderjahr ist die Miete anzusetzen? Begründen Sie Ihre Antwort.

Fall 7:

Die private Hauseigentümerin Ursula Hackenbruch erhält die fällige Dezembermiete 1999 erst am 15.01.2000.

Für welches Kalenderjahr ist die Miete anzusetzen? Begründen Sie Ihre Antwort.

Zusammenfassende Erfolgskontrolle zum 1. bis 4. Kapitel

Fall 1:

Der türkische Gastarbeiter Achmed Türek reiste am 1.1.1999 in die Bundesrepublik Deutschland ein. Er ist verheiratet und hat eine Arbeitsgenehmigung für zwei Jahre. In Dortmund bewohnt er ein möbliertes Zimmer. Seine Frau und seine beiden Kinder wohnen in Ankara.

Ist Türek in der Bundesrepublik Deutschland persönlich einkommensteuerpflichtig? Begründen Sie Ihre Antwort.

Fall 2:

Der ledige Steuerpflichtige Willi Löhr, der seit seiner Geburt in Mainz wohnt, erzielte im abgelaufenen Kalenderjahr (1999) folgende Einkünfte:

Einkünfte aus Land- und Forstwirtschaft	500,— DM
Einkünfte aus Gewerbebetrieb	
Gewinn aus Metzgerei	70.000,— DM
Verlust aus Gastwirtschaft	30.000,— DM
Einkünfte aus selbständiger Arbeit	
Betriebseinnahmen	20.000,— DM
Betriebsausgaben	2.500,— DM
Einkünfte aus Vermietung und Verpachtung	
Einnahmen	32.000,— DM
Werbungskosten	22.000,— DM

1. Ist Löhr persönlich einkommensteuerpflichtig? Begründen Sie Ihre Antwort.
2. Wie hoch sind die **Einkünfte** des Steuerpflichtigen Löhr für den VZ 1999?

Fall 3:

Der ledige Steuerpflichtige Manfred Sander, der seit 10 Jahren in Köln wohnt, legt für das abgelaufene Kalenderjahr (1999) folgende Zahlen vor, die nicht zu beanstanden sind:

Einkünfte aus Gewerbebetrieb	
Betriebseinnahmen	50.000,— DM
Betriebsausgaben	20.000,— DM
Einkünfte aus selbständiger Arbeit	
Betriebseinnahmen	20.000,— DM
Betriebsausgaben	10.000,— DM
Sonderausgaben	5.000,— DM
außergewöhnliche Belastungen	3.000,— DM

1. Ist Sander persönlich einkommensteuerpflichtig? Begründen Sie Ihre Antwort.
2. Wie hoch sind die **Einkünfte** des Steuerpflichtigen Sander für den VZ 1999?
3. Wie hoch ist sein **Einkommen**?

5 Veranlagungsarten

Unter **Veranlagung** versteht man das förmliche Verfahren, in dem die Besteuerungsgrundlagen **festgestellt** und die zu zahlende Steuer **festgesetzt** werden.

In diesem Kapitel wird geklärt, welche Steuerpflichtigen **allein** und welche **zusammen** veranlagt werden.

 Das eigentliche Veranlagungs**verfahren** wird in den Kapiteln 16, Seite 458 ff., und 18, Seite 474 ff., dargestellt.

Das EStG unterscheidet seit 1986 folgende Veranlagungs**arten**:

1. **Einzelveranlagung**,
2. **Ehegattenveranlagungen**:
   a) Zusammenveranlagung,
   b) getrennte Veranlagung,
   c) besondere Veranlagung.

5.1 Einzelveranlagung

Steuerpflichtige sind grundsätzlich **einzeln zur Einkommensteuer zu veranlagen**. Der Grundsatz der **Einzelveranlagung** ergibt sich aus der Vorschrift des § 25 **Abs. 1**. Danach wird die Einkommensteuer nach Ablauf des Kalenderjahrs (**Veranlagungszeitraum**) nach dem Einkommen veranlagt (festgesetzt), das der Steuerpflichtige (d.h. der **einzelne** Steuerpflichtige) in diesem Veranlagungszeitraum (**VZ**) bezogen hat.

Beispiel:
Der verwitwete Heinz Fischer, Stuttgart, hat im VZ 1999 eine Einkommensteuer-Erklärung nach § 56 EStDV abzugeben.
Sein lediger 17jähriger Sohn, der bei ihm wohnt, wird im VZ 1999 ebenfalls zur Einkommensteuer veranlagt, und zwar nach § 46 EStG.
Beide Steuerpflichtige werden zur Einkommensteuer veranlagt. Für **Vater** und **Sohn** sind **zwei Einzelveranlagungen** durchzuführen, weil das EStG eine Zusammenveranlagung mit Kindern nicht kennt.

Für eine **Einzelveranlagung** kommen in Betracht:

- **ledige** Steuerpflichtige,
- **verwitwete** Steuerpflichtige,
- **geschiedene** Steuerpflichtige,
- **Ehegatten**, bei denen einer oder beide **nicht unbeschränkt steuerpflichtig** ist bzw. sind,
- **Ehegatten**, die **dauernd getrennt leben**.

Beschränkt Steuerpflichtige sind immer **einzeln zu veranlagen**. Bei der **Einzelveranlagung** ist grundsätzlich die **Grundtabelle** anzuwenden (§ 32a **Abs. 1**). **Ausnahme**: Splittingtabelle in den Fällen des § 32a **Abs. 6**.

5.2 Ehegattenveranlagungen

Vom **Grundsatz der Einzelveranlagung** gibt es seit 1986 **drei Ausnahmen**: **Ehegatten**, die bestimmte **Voraussetzungen** erfüllen, können **wählen** zwischen

> 1. **Zusammenveranlagung** (§ 26b),
> 2. **getrennter Veranlagung** (§ 26a)   oder
> 3. **besonderer Veranlagung** für das Jahr des Eheschließung (§ 26c).

Um das **Wahlrecht** ausüben zu können, müssen folgende **Voraussetzungen** erfüllt sein (§ 26 Abs. 1 **Satz 1**):

> - Es muß sich um **Ehegatten** handeln.
> - Die Ehegatten müssen **beide unbeschränkt steuerpflichtig** im Sinne des § 1 **Abs. 1** oder **Abs. 2** oder des § **1a** sein.
> - Die Ehegatten dürfen **nicht dauernd getrennt leben**.
> - Die Voraussetzungen **1 bis 3** müssen zusammen zu irgend einem Zeitpunkt des VZ **vorgelegen haben**.

Sind die Voraussetzungen zu **1 bis 3 zu keinem Zeitpunkt** des VZ **gemeinsam** erfüllt, ist eine **Einzelveranlagung** durchzuführen.

5.2.1 Zusammenveranlagung

Erfüllen Ehegatten die oben genannten Voraussetzungen, werden sie **zusammen veranlagt**, wenn beide Ehegatten die **Zusammenveranlagung wählen** (§ 26 Abs. 2).

Die zur Wahl erforderlichen Erklärungen sind beim Finanzamt **schriftlich** oder zu Protokoll abzugeben.

Die **schriftliche** Erklärung erfolgt durch **Ankreuzen** des entsprechenden Feldes auf der **Einkommensteuererklärung 1999** (Mantelbogen, Seite 1):

Zeile	Nur von Ehegatten ausfüllen:		
12	[X] Zusammen-veranlagung	[ ] Getrennte Veranlagung	[ ] Besondere Veranlagung für das Jahr der Eheschließung

Werden **keine** Erklärungen abgegeben, wird **unterstellt**, daß die Ehegatten die **Zusammenveranlagung** wählen (§ 26 **Abs. 3**).

Die **Zusammenveranlagung** führt zu einer **Zusammenrechnung, nicht** aber zu einer **einheitlichen Ermittlung** der Einkünfte der Ehegatten. Deshalb sind - ebenso wie bei der getrennten Veranlagung - für **jeden** Ehegatten die von ihm bezogenen **Einkünfte gesondert** zu ermitteln (R 174b Abs. 1 EStR 1999 und H 174b EStH 1999).

Beispiel:
Die Eheleute Müller haben im VZ 1999 die folgenden **Einnahmen** aus nichtselbständiger Arbeit erzielt:

Ehemann	34.000,— DM
Ehefrau	30.000,— DM

Die Eheleute machen im einzelnen keine Werbungskosten geltend, so daß sie von den Einnahmen den **Arbeitnehmer-Pauschbetrag** abziehen können (§ 9a Nr. 1).

Die **Einkünfte** werden im Rahmen der **Zusammenveranlagung** wie folgt ermittelt:

			Ehemann DM	Ehefrau DM	Gesamt DM
Einkünfte aus nichtselbständiger Arbeit (§ 19)					
Ehemann:					
Einnahmen		34.000 DM			
− Arbeitnehmer-Pauschbetag		2.000 DM	32.000		
Ehefrau:					
Einnahmen		30.000 DM			
− Arbeitnehmer-Pauschbetrag		2.000 DM		28.000	**60.000**

Bei der anschließenden Ermittlung des **zu versteuernden Einkommens** bilden die Ehegatten **eine Einheit**.

Die **Zusammenveranlagung** ist die **häufigste Veranlagungsart** der **Ehegattenveranlagung**, weil für sie die **Splittingtabelle** gilt.

Wählt einer der Ehegatten die Zusammenveranlagung und der andere Ehegatte die **getrennte Veranlagung**, so werden die Ehegatten grundsätzlich **getrennt** veranlagt (§ 26 Abs. 2). Sie werden nur dann **zusammen veranlagt**, wenn der Ehegatte, der die **getrennte** Veranlagung gewählt hat, **keine** eigenen Einkünfte erzielt hat oder wenn seine Einkünfte so gering sind, daß weder eine ESt festzusetzen ist noch die Einkünfte einem Steuerabzug zu unterwerfen waren (R 174 Abs. 3 EStR 1999).

Eine **Einzelveranlagung** ist in einem solchen Fall **nicht möglich**.

5.2.2 Getrennte Veranlagung

Ehegatten werden **getrennt veranlagt, wenn einer** der Ehegatten **getrennte** Veranlagung **wählt** (§ 26 Abs. 2 Satz 1).

Bei getrennter Veranlagung sind jedem Ehegatten die von ihm bezogenen Einkünfte zuzurechnen (§ 26a Abs. 1 Satz 1).

Bei der **getrennten Veranlagung** ist die **Grundtabelle** anzuwenden.

5.2.3 Besondere Veranlagung für das Jahr der Eheschließung

Die **besondere Veranlagung** nach § 26c, die seit 1986 möglich ist, kann **nur für den Veranlagungszeitraum der Eheschließung** durchgeführt werden (§ 26 Abs. 1).

Die **besondere Veranlagung** wird durchgeführt, wenn die vier Voraussetzungen des § 26 Abs. 1 Satz 1 vorliegen **und** wenn die **beiden Ehegatten sie wählen**.

Werden **keine Erklärungen** zur Veranlagungsart abgegeben, wird unterstellt, daß die Ehegatten die **Zusammenveranlagung** wählen (§ 26 Abs. 3).

Bei der **besonderen Veranlagung** werden die Eheleute so behandelt, als ob sie diese Ehe nicht geschlossen hätten (§ 26c Abs. 1 Satz 1).

Die Einkommen sind **grundsätzlich** nach der **Grundtabelle** zu versteuern. Bei **Verwitweten** kann ggf. die Splittingtabelle angewendet werden.

Die **besondere Veranlagung** kommt insbesondere in Betracht für Steuerpflichtige, die vor der Eheschließung Anspruch auf den **Haushaltsfreibetrag** hatten oder für **ehemals verwitwete** Personen, deren Einkommen nach der **Splittingtabelle** versteuert wurde.

Beispiel:
Ulrich Mayer, Koblenz, war bis 1991 mit Elke geb. Müller verheiratet. Seit Oktober 1991 ist er **geschieden**. Die Eheleute haben eine 20jährige **Tochter**, die in Koblenz studiert. Für die Tochter erhält der Vater zulässigerweise den vollen **Kinderfreibetrag** und den **Haushaltsfreibetrag**.
Am 06.10.1999 **heiratet** Ulrich Mayer die Bankangestellte Brigitte Hoffmann. Die Eheleute Ulrich und Brigitte Mayer geb. Hoffmann wohnen seit diesem Zeitpunkt in dem Einfamilienhaus des Ehemannes in Koblenz.
Für die Eheleute stellt sich für den Veranlagungszeitraum 1999 die Frage, welche **Veranlagungsart** (**Zusammenveranlagung, besondere Veranlagung** oder **getrennte Veranlagung**) sie für das Jahr der Eheschließung wählen sollen.

Wählen die Ehegatten die **besondere Veranlagung**, werden sie so behandelt, als ob sie die Ehe nicht geschlossen hätten (§ 26c Abs. 1 Satz 1).
Das bedeutet, daß Ulrich Mayer neben dem Kinderfreibetrag weiterhin den **Haushaltsfreibetrag** in Höhe von 5.616 DM geltend machen kann (§ 32 Abs. 7). Für Ulrich und Brigitte Mayer gilt jedoch die **Grundtabelle**.

Wählen die Ehegatten die **Zusammenveranlagung**, kann der **Haushaltsfreibetrag nicht** mehr in Anspruch genommen werden, allerdings gilt dann für die Eheleute die **Splittingtabelle**.

Wählen die Ehegatten die **getrennte Veranlagung**, kann der **Haushaltsfreibetrag nicht** geltend gemacht werden. Außerdem ist ihr Einkommen nach der **Grundtabelle** zu versteuern.

Welche Veranlagungsart am günstigsten ist, muß im Einzelfall geprüft werden (siehe Fall 18, Seite 453 f.).

5.3 Zusammenfassung und Erfolgskontrolle

5.3.1 Zusammenfassung

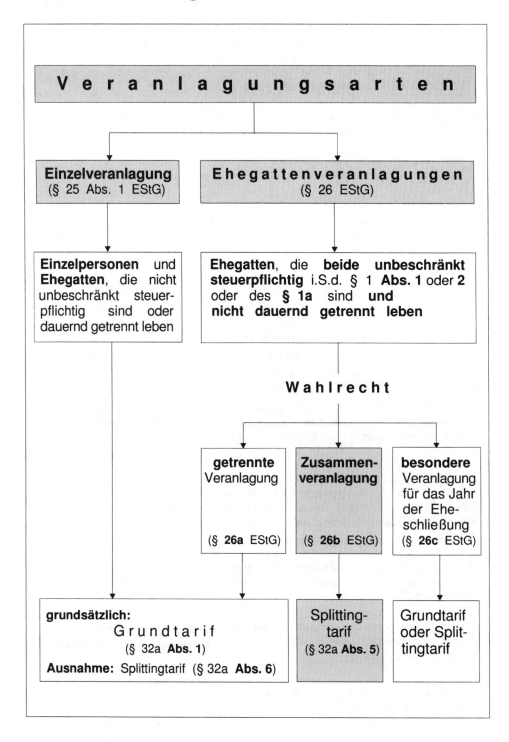

5.3.2 Erfolgskontrolle

WIEDERHOLUNGSFRAGEN

1. Was versteht man unter Veranlagung?
2. Welche Veranlagungsarten unterscheidet das EStG?
3. Für wen kommt eine Einzelveranlagung in Betracht?
4. Welche Voraussetzungen müssen für eine Zusammenveranlagung erfüllt sein?
5. Wie werden Ehegatten veranlagt, bei denen eine dieser Voraussetzungen fehlt?
6. In welchen Fällen erfolgt eine getrennte Veranlagung von Ehegatten?
7. Unter welchen Voraussetzungen wird die besondere Veranlagung durchgeführt?
8. Welcher Unterschied besteht zwischen der getrennten und der besonderen Veranlagung?

FÄLLE

Fall 1:

Der Deutsche Hans Albach, München, **heiratete** am **27.12.1999** in Rom die Italienerin Sophia Caporale. Die Eheleute zogen am **01.01.2000** in das in München gelegene Einfamilienhaus des Ehemannes.
Die Ehefrau, die keine inländischen (deutschen) Einkünfte erzielte, hat sich vorher nicht in der Bundesrepublik aufgehalten.
Der Ehemann lebt seit seiner Geburt in München und erzielt dort Einkünfte aus selbständiger Arbeit (§ 18 EStG).

1. Sind beide Ehegatten im **VZ 1999** und **VZ 2000** unbeschränkt einkommensteuerpflichtig (Hinweis auf Übersicht Seite 13 dieses Buches)?
2. Welche Veranlagung**sarten** kommen für die Eheleute Albach für die Veranlagungszeiträume **1999 und 2000** in Betracht?
3. Welche Veranlagungsarten kämen für die Eheleute Albach für die Veranlagungszeiträume **1999** und **2000** in Betracht, wenn Hans Albach am 27.12.1999 in Zürich eine Schweizerin geheiratet hätte?

Fall 2:

Die Eheleute Fritz und Helma Bungert, Mainz, haben am **09.12.1999 geheiratet**. Beide haben **nicht** geringe Einkünfte im VZ 1999 bezogen.

1. Welche Veranlagung**sart** können die Eheleute Bungert für 1999 wählen?
2. Der Ehemann wünscht die **Zusammenveranlagung** und die Ehefrau die **getrennte Veranlagung**. Wie werden die Ehegatten für den VZ 1999 veranlagt?

Fall 3:

Die Eheleute Ernst und Helga Casper, wohnhaft in Köln, haben von 1995 bis 1999 dauernd getrennt gelebt. Im VZ 1999 betrugen die Einkünfte des Ehemannes 36.500 DM, die Einkünfte der Ehefrau 34.000 DM.

Welche Veranlagungsart(en) kommt (kommen) für den VZ 1999 in Betracht?

Fall 4:

Die Eheleute Franz und Mechthild Diefenbach, die seit 1973 verheiratet sind, haben in Paris ihren einzigen Wohnsitz und leben ständig dort. Sie lebten im VZ 1999 nicht dauernd getrennt. Die Eheleute beziehen in Frankreich ihre Haupteinkünfte. Außerdem gehört ihnen ein Zweifamilienhaus in Bonn. Die Einkünfte aus dem vermieteten Zweifamilienhaus haben im VZ 1999 **12.000 DM** betragen (Einkünfte im Sinne des § 49). Die Voraussetzungen des § 1 Abs. 3 liegen vor.

1. Sind beide Ehegatten in der Bundesrepublik Deutschland unbeschränkt einkommensteuerpflichtig?
2. Welche Veranlagungsart ist für Franz und Mechthild Diefenbach für den VZ 1999 in der Bundesrepublik anzuwenden (Hinweis auf Übersicht Seite 13 dieses Buches)?

Fall 5:

Dr. Hans Esser, Bonn, **heiratete** am **30.12.1999** die Ärztin Dr. Petra Assemacher, Köln.

Kann bereits für den VZ 1999 eine Ehegattenveranlagung durchgeführt werden?

Fall 6:

Der spanische Gastarbeiter Francesco Murero arbeitet **seit Jahren** in einer Maschinenfabrik in **Köln**. Er ist verheiratet. Seine Frau lebt in Spanien. Das gemeinsame Einkommen wird ausschließlich in Deutschland erzielt und unterliegt dort der Einkommensteuer. Die Voraussetzungen des § 1 Abs. 3 sind erfüllt.

1. Sind beide Ehegatten in der Bundesrepublik Deutschland unbeschränkt einkommensteuerpflichtig?
2. Welche Veranlagungs**art**(en) kommt (kommen) für den VZ 1999 in Betracht (Hinweis auf Übersicht Seite 13 dieses Buches)?

6 Umfang der einzelnen Gewinneinkünfte

In diesem Kapitel wird erläutert, **welche Einkünfte (Betriebseinnahmen)** zu den **Gewinneinkunftsarten** gehören.

Die **Ermittlung des Gewinns** wird in den **Kapiteln 7** (Seite 58 ff.) **und 10** (Seite 148 ff.) dargestellt.

6.1 Einkünfte aus Land- und Forstwirtschaft

Zu den **Einkünften aus Land- und Forstwirtschaft** gehören alle Einkünfte, die mit einem Betrieb der Land- und Forstwirtschaft im Zusammenhang stehen.

6.1.1 Begriff der Land- und Forstwirtschaft

Land- und Forstwirtschaft ist die planmäßige Nutzung der natürlichen Kräfte des Bodens zur Erzeugung von Pflanzen und Tieren sowie der Verwertung der dadurch selbstgewonnenen Erzeugnisse (R 135 Abs. 1 Satz 1 EStR 1999).

Ob eine land- und forstwirtschaftliche Tätigkeit vorliegt, ist jeweils nach dem **Gesamtbild der Verhältnisse** zu entscheiden.

6.1.2 Arten der Einkünfte aus Land- und Forstwirtschaft

Nach § 13 Abs. 1 werden folgende **Arten der Einkünfte aus Land- und Forstwirtschaft** unterschieden:

- Einkünfte aus dem Betrieb von **Landwirtschaft**,
- Einkünfte aus dem Betrieb von **Forstwirtschaft**,
- Einkünfte aus **Tierzucht und Tierhaltung**,
- Einkünfte aus **Binnenfischerei**,
- Einkünfte aus **Teichwirtschaft**,
- Einkünfte aus **Imkerei**,
- Einkünfte aus **Wanderschäferei**,
- Einkünfte aus **Jagd**.

Zu den **Betrieben der Landwirtschaft** gehören vor allem Betriebe, die Pflanzen und Pflanzenteile mit Hilfe der Naturkräfte gewinnen (§ 13 Abs. 1 Nr. 1).

Zur **Landwirtschaft** gehören z.B. **Getreideanbau, Obstbau, Gemüsebau, Gartenbau, Weinbau**. **Ab 2000** werden die Begriffe **Obstbau, Gemüsebau gestrichen**.

Zu den **Betrieben der Forstwirtschaft** gehören alle Betriebe, die Walderzeugnisse mit Hilfe der Naturkräfte gewinnen (§ 13 Abs. 1 Nr. 1).

Zur **Forstwirtschaft** gehören z.B. **Holzgewinnung, Holzverarbeitung**.
Ab 2000 wird der Begriff **Baumschule** im § 13 Abs. 1 Nr. 1 EStG **gestrichen**.

Zu den **Einkünften aus Land- und Forstwirtschaft** gehören die Einkünfte aus der **Tierzucht und Tierhaltung,** wenn die Tierbestände den in § 13 Abs. 1 Nr. 1 Satz 2 angegebenen Umfang **nicht** übersteigen.

Dieser Umfang wird durch das **Verhältnis** zwischen der landwirtschaftlichen Nutzfläche (Hektar) und dem gehaltenen Vieh **(Vieheinheiten)** bestimmt. Wird der Umfang des landwirtschaftlichen **Tierbestandes überschritten,** so gehört der **darüber hinausgehende** Tierbestand zur **gewerblichen** Tierzucht und Tierhaltung. **Seit 1.7.1998** ist das Verhältnis zwischen Nutzfläche und Vieheinheiten in § 13 Abs. 1 Nr. 1 Satz 2 **geändert** worden (BStBl 1998 I S. 930).

Zu den **Einkünften aus Land- und Forstwirtschaft** gehören nicht nur die Einkünfte aus dem land- und forstwirtschaftlichen Hauptbetrieb, sondern **auch** die aus den dazugehörenden **Nebenbetrieben**. Als <u>**Nebenbetrieb**</u> gilt ein Betrieb, der dem land- und forstwirtschaftlichen Hauptbetrieb zu dienen bestimmt ist, z.B. **Molkerei, Brennerei, Sägewerk** (§ 13 Abs. 2 Nr. 1).

Außerdem gehört **seit dem VZ 1989 auch die Produktionsaufgaberente** zu den **Einkünften aus Land- und Forstwirtschaft**, die nach dem Gesetz zur Förderung der Einstellung der landwirtschaftlichen Erwerbstätigkeit gewährt wird (§ 13 Abs. 2 Nr. 3).

Bei der **Ermittlung des Gesamtbetrags der Einkünfte** (nicht bei der Ermittlung der Einkünfte) wird unter bestimmten Voraussetzungen ein **Abzugsbetrag** von **1.300 DM** bzw. **2.600 DM** berücksichtigt.

 Einzelheiten zum **Abzugsbetrag** erfolgen im Abschnitt "13.2 Abzug für Land- und Forstwirte", Seite 297.

6.1.3 Erfolgskontrolle

WIEDERHOLUNGSFRAGEN

1. Welche Einkünfte gehören allgemein zu den Einkünften aus Land- und Forstwirtschaft?

2. Welche Arten der Einkünfte aus Land- und Forstwirtschaft werden nach § 13 Abs. 1 unterschieden?

3. Welche Betriebe gehören z.B. zu den Betrieben der Landwirtschaft?

4. Welche Betriebe gehören z.B. zu den Betrieben der Forstwirtschaft?

6.2 Einkünfte aus Gewerbebetrieb

Zu den **Einkünften aus Gewerbebetrieb** gehören alle Einkünfte, die mit einem **Gewerbebetrieb** im Zusammenhang stehen.

6.2.1 Begriff des Gewerbebetriebs

Ein <u>Gewerbebetrieb</u> liegt vor, wenn folgende Merkmale erfüllt sind (§ 15 **Abs. 2**):

Merkmale	Erläuterungen
1. **Selbständigkeit**	Handeln auf eigene Rechnung und Gefahr
2. **Nachhaltigkeit**	Tätigkeit mit Wiederholungsabsicht
3. **Gewinnerzielungsabsicht**	Streben nach Gewinn
4. **Beteiligung am allgemeinen wirtschaftlichen Verkehr**	Leistungen, die der Allgemeinheit, d.h. einer unbestimmten Anzahl von Personen, gegen Entgelt angeboten werden
5. **Keine Land- und Forstwirtschaft, keine freie Berufstätigkeit und keine andere selbständige Arbeit**	Vergleiche R 135 EStR 1999 und H 135 und 136 EStH 1999

6.2.2 Hauptarten der Einkünfte aus Gewerbebetrieb

Das EStG unterscheidet folgende **Hauptarten der Einkünfte aus Gewerbebetrieb**:

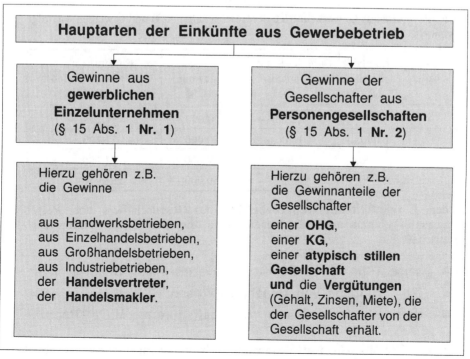

Zu 1. Gewinne aus gewerblichen Einzelunternehmen

Nach § 15 Abs. 1 **Nr. 1** gehören zu den **Einkünften aus Gewerbebetrieb** die Einkünfte aus **gewerblichen (Einzel-) Unternehmen.**

Gewerbliche Einzelunternehmen sind z.B. Handwerksbetriebe, Einzelhandelsbetriebe, Großhandelsbetriebe, Industriebetriebe, Handelsvertreter, Handelsmakler.

Die aus gewerblichen Unternehmen erzielten Einkünfte werden **nicht der Einzelunternehmung** als solcher **zugerechnet, sondern dem Unternehmer** als natürliche Person, für dessen Rechnung und Gefahr ein gewerbliches Unternehmen betrieben wird.

Zu 2. Gewinne der Gesellschafter aus Personengesellschaften

Zu den **Einkünften aus Gewerbebetrieb** gehören auch die Einkünfte aus **Mitunternehmerschaft** (Beteiligung an einer **Personengesellschaft**; § 15 Abs. 1 **Nr. 2**).

Die aus einer **Personengesellschaft (OHG, KG, GbR, GmbH und Co. KG, atypisch stillen Gesellschaft)** erzielten Einkünfte werden **nicht der Personengesellschaft, sondern** den einzelnen Mitunternehmern (Gesellschaftern) zugerechnet.

Beispiel:
Die Gesellschafter A, B und C betreiben in Koblenz ein Einzelhandelsgeschäft in der Rechtsform einer **OHG. A** ist an der OHG mit **30.000 DM, B** mit **30.000 DM** und C mit **40.000 DM** beteiligt. Die OHG hat im vergangenen Jahr einen **(steuerlichen) Gewinn** von **154.000 DM** erzielt, der nach den Vorschriften des HGB verteilt wird (4 % des jeweiligen Kapitalanteils, Rest nach Köpfen).

Die **Einkünfte aus Gewerbebetrieb** der Gesellschafter **A, B** und **C** werden wie folgt ermittelt:

Gesellschafter	Kapitalanteil DM	4 % des Kapitalanteils DM	Restgewinn DM	**Einkünfte aus Gewerbebetrieb DM**
A	30.000,—	1.200,—	50.000,—	**51.200,—**
B	30.000,—	1.200,—	50.000,—	**51.200,—**
C	40.000,—	1.600,—	50.000,—	**51.600,—**
	100.000,—	4.000,—	150.000,—	**154.000,—**

Zu den **Einkünften aus Gewerbebetrieb** des Gesellschafters einer Personengesellschaft gehören **auch** die **Vergütungen,** die **der Gesellschafter** von der Gesellschaft für

- seine **Tätigkeit** im Dienste der Gesellschaft ("**Gehalt**") oder
- die **Hingabe von Darlehen** ("**Zinsen**") oder
- die **Überlassung von Wirtschaftsgütern** ("**Miete / Pacht**")

bezogen hat (§ 15 Abs.1 Nr. 2 und H 18 (Sonderbetriebseinahmen und -ausgaben) EStH 1999).

Beispiel:
Die Gesellschafter **A** und **B** sind mit **je 50 %** an einer **KG** beteiligt. Der **Handelsbilanzgewinn** wird nach dem Gesellschaftsvertrag im **Verhältnis 1 : 1** verteilt. Der nach den **handelsrechtlichen** Vorschriften ermittelte Bilanzgewinn der KG beträgt für 1999 **400.000 DM**.
A ist als Geschäftsführer der KG tätig, B nicht. A erhielt für seine **Tätigkeit** in 1999 ein "**Gehalt**" von **50.000 DM**. B hat der KG ein **Darlehen** in Höhe von 100.000 DM zur Verfügung gestellt, für das er 1999 **10.000 DM** Zinsen erhalten hat. Außerdem hat B der KG ein **Geschäftshaus** gegen Zahlung einer **Jahresmiete** von **20.000 DM** überlassen.
Gehalt, Zinsen und Miete von insgesamt 80.000 DM haben den Handelsbilanzgewinn geschmälert.

Die Einkünfte aus Gewerbebetrieb der Gesellschafter **A** und **B** werden wie folgt ermittelt:

Handelsbilanzgewinn	400.000,— DM
+ Vergütung für Tätigkeit	50.000,— DM
+ Vergütung für Hingabe eines Darlehens	10.000,— DM
+ Vergütung für Überlassung eines Hauses	20.000,— DM
= **steuerlicher Gewinn** (§ 15 Abs. 1 **Nr. 2**)	**480.000,— DM**

Gesellschafter	Vorweggewinn DM	Handelsbilanzgewinn (1 : 1) DM	**Einkünfte aus Gewerbebetrieb** DM
A	50.000,—	200.000,—	250.000,—
B	30.000,—	200.000,—	230.000,—
	80.000,—	400.000,—	480.000,—

Die **Mitunternehmer** haben den auf sie entfallenden **Gewinnanteil für den Veranlagungszeitraum zu versteuern**, in dem der **Gewinn erzielt** wird.

Beispiel:
Der Gesellschafter A ist an einer KG beteiligt, deren Wirtschaftsjahr mit dem Kalenderjahr übereinstimmt. Im April 2000 erhält er seinen Gewinnanteil für 1999.

Der Gesellschafter A hat seinen Gewinnanteil für den **VZ 1999** zu versteuern, weil der Gewinn 1999 **erzielt** worden ist.

Bei einem **abweichenden Wirtschaftsjahr** gilt der **Gewinn** bei Gewerbetreibenden in dem Kalenderjahr **bezogen**, in dem das Wirtschaftsjahr **endet** (§ 4a Abs. 2 Nr. 2).

Beispiel:
Die Steuerpflichtige Charlotte Gießen ist Gesellschafterin der Burg OHG. Ihr Gewinnanteil hat für das Wirtschaftsjahr 1998/99 (01.04.1998 bis 31.03.1999) 5.000 DM betragen.

Der Gewinn von 5.000 DM **gilt** im Kalenderjahr **1999** bezogen, weil das Wirtschaftsjahr 1999 **endet**.

Zu den **Einkünften aus Gewerbebetrieb** gehören **ferner** die Einkünfte des **unechten (atypischen) stillen Gesellschafters**.

Unechte stille Gesellschafter sind Mitunternehmer im Sinne des § 15 Abs. 1 **Nr. 2**, weil sie nicht nur am Gesellschaftserfolg, sondern auch am **Betriebsvermögen** einschließlich der **stillen Reserven** und am **Geschäftswert** (Firmenwert) beteiligt sind.

Echte (typische) stille Gesellschafter sind lediglich am **Erfolg** (Gewinn ggf. auch am Verlust) der Gesellschaft beteiligt, **nicht** jedoch am Betriebsvermögen und am Geschäftswert. Echte stille Gesellschafter haben daher **keine Einkünfte aus Gewerbebetrieb**, sondern **Einkünfte aus Kapitalvermögen**.

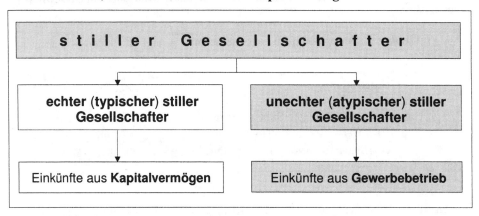

Zu den **Einkünften aus Gewerbebetrieb** gehören **ferner** die Gewinnanteile der **Gesellschafter einer GmbH & Co KG**, weil die GmbH & Co KG steuerlich als **Personengesellschaft (KG)** behandelt wird.

6.2.3 Abgrenzung zwischen Land- und Forstwirtschaft und Gewerbe

Beschränkt sich ein Betrieb der Land- und Forstwirtschaft nicht auf den Absatz **selbstgewonnener** Erzeugnisse, sondern kauft er **dauernd und nachhaltig fremde Erzeugnisse** hinzu, so ist zu prüfen, ob er steuerlich als Betrieb der **Land- und Forstwirtschaft oder** als **Gewerbebetrieb** zu behandeln ist.

Als **fremde Erzeugnisse** gelten solche für die Weiterveräußerung zugekauften betriebstypischen Erzeugnisse, die nicht im eigenen Betrieb im Wege des Erzeugungsprozesses bearbeitet werden, und die nach der Verkehrsauffassung noch als land- und forstwirtschaftliche Produkte zu qualifizieren sind.

Beträgt der **Zukauf fremder Erzeugnisse,** aus Vereinfachungsgründen gemessen an deren Einkaufswert, **bis zu 30 %** des Umsatzes, so ist grundsätzlich ein Betrieb der **Land- und Forstwirtschaft** anzuerkennen (R 135 Abs. 5 EStR 1999).

Beträgt der **Zukauf fremder Erzeugnisse mehr als 30 %** des Umsatzes, so ist in der Regel steuerlich ein **Gewerbebetrieb** anzunehmen.

6.2.4 Erfolgskontrolle

WIEDERHOLUNGSFRAGEN

1. Welche Merkmale kennzeichnen den Begriff Gewerbebetrieb?
2. Welche Arten der Einkünfte aus Gewerbebetrieb unterscheidet das EStG?
3. Zu welcher Einkunftsart gehören die Einkünfte eines echten (typischen) stillen Gesellschafters?
4. Zu welcher Einkunftsart gehören die Einkünfte eines unechten (atypischen) stillen Gesellschafters?
5. Zu welcher Einkunftsart gehören die Vergütungen, die der Gesellschafter einer OHG für seine Tätigkeit im Dienst der Gesellschaft oder für die Hingabe von Darlehen oder für die Überlassung von Wirtschaftsgütern bezogen hat?
6. Für welchen VZ hat ein Mitunternehmer den auf ihn entfallenden Gewinnanteil zu versteuern?
7. In welchem Kalenderjahr gilt der Gewinn eines Gewerbetreibenden bei einem abweichenden Wirtschaftsjahr als bezogen?

FÄLLE

Fall 1:

Der Steuerpflichtige Michael Sabel, Gummersbach, wird mit seiner Ehefrau zusammen veranlagt. Aus den Büchern und Unterlagen ergibt sich für den VZ 1999 folgendes:

1. Der Ehemann ist an einer Kommanditgesellschaft als Kommanditist beteiligt. Sein **Gewinnanteil** beträgt für das Wirtschaftsjahr 1998/1999 (**01.02.1998 bis 31.01.1999**) 10.000 DM.

2. Der Ehemann hat der KG ein **Darlehen** gegeben. Die KG hat ihm dafür im Januar 1999 für das Wirtschaftsjahr 1998/1999 **Zinsen** in Höhe von **1.000 DM** gezahlt. Dieser Betrag ist bei der KG als Aufwand gebucht worden.

3. Die Ehefrau ist an einem Einzelhandelsgeschäft als **stille Gesellschafterin** beteiligt. Nach den getroffenen Vereinbarungen ist sie nicht nur am Gesellschaftserfolg, sondern auch am Betriebsvermögen einschließlich der stillen Reserven beteiligt. In 1999 hat die stille Gesellschaft einen Gewinn von 50.000 DM erzielt. Davon entfallen auf Frau Sabel **9.000 DM**.

Wie hoch sind die **Einkünfte** der Eheleute Sabel für den Veranlagungszeitraum 1999?

Fall 2:

Der Steuerpflichtige Heinz May, Wiesbaden, wird mit seiner Ehefrau zusammen veranlagt. Aus den Büchern und Unterlagen ergibt sich für den Veranlagungszeitraum 1999 folgendes:

1. Der Ehemann ist an einem Großhandelsbetrieb in Koblenz als **echter** stiller Gesellschafter beteiligt. Seine Einkünfte aus dieser Beteiligung betragen **19.200 DM**.

2. Die Ehefrau ist an einer KG als Kommanditistin beteiligt. Ihr **Gewinnanteil** hat für das Wirtschaftsjahr 1998/1999 (01.02.1998 bis 31.01.1999) **15.000 DM** betragen.

3. Die Ehefrau hat der KG seit 1994 ein Geschäftshaus gegen Zahlung einer **Jahresmiete** von **10.000 DM** überlassen. Die Jahresmiete für 1999 ist bei der KG als Aufwand gebucht worden.

4. Die Ehefrau hat der KG 1996 ein **Fälligkeitsdarlehen** von **200.000 DM** gegen Zahlung von **6 % Jahreszinsen** gegeben. Die Zinsen für 1999 sind bei der KG über das Konto Zinsaufwendungen gebucht worden.

Wie hoch sind die **Einkünfte** der Eheleute May für den Veranlagungszeitraum 1999?

Fall 3:

Die Gesellschafter A, B und C betreiben in Dortmund ein Großhandelsgeschäft in der Rechtsform einer KG.

A ist an der KG als Vollhafter (Komplementär) mit **150.000 DM**, **B** als Teilhafter (Kommanditist) mit **100.000 DM** und **C** als Teilhafter mit **50.000 DM** beteiligt.

Der nach den **handelsrechtlichen** Vorschriften ermittelte **Bilanzgewinn** der KG beträgt für 1999 **160.000 DM**.

A hat für seine Geschäftsführertätigkeit ein "**Gehalt**" von **60.000 DM** erhalten.

B hat für die Hingabe eines Darlehens an die KG **Zinsen** in Höhe von **16.000 DM** erhalten.

C hat für die Überlassung eines Geschäftshauses an die KG eine **Jahresmiete** von **24.000 DM** bezogen.

Gehalt, Zinsen und Miete haben den Handelsbilanzgewinn geschmälert.

1. Ermitteln Sie den **steuerlichen** Gesamtgewinn für den VZ 1999?
2. Wie hoch sind die **Einkünfte aus Gewerbebetrieb** für die Gesellschafter A, B und C, wenn laut Gesellschaftsvertrag jeder Gesellschafter 4 % Verzinsung seines Kapitalanteils erhält und der Restgewinn im **Verhältnis 4:3:1** verteilt wird?

6.3 Einkünfte aus selbständiger Arbeit

6.3.1 Begriff der selbständigen Arbeit

Das EStG enthält keine Begriffsbestimmung der "**selbständigen Arbeit**". Stattdessen werden in § 18 Tätigkeiten aufgezählt, die als **freiberufliche Tätigkeiten** und als **sonstige selbständige Tätigkeiten** anzusehen sind.

Diese **Aufzählung** ist jedoch **nicht erschöpfend**.

Selbständige Arbeit ist "die Tätigkeit, mit der ein Steuerpflichtiger auf eigene Rechnung und Gefahr und ohne Weisungsabhängigkeit von anderen vorwiegend durch persönlichen Arbeitseinsatz nachhaltig (dauernd oder vorübergehend) Gewinne erzielen will" (Blümich).

Der Begriff "**selbständige Arbeit**" setzt folgende **Merkmale** voraus (H 136 EStH 1999):

1. Selbständigkeit
2. Nachhaltigkeit
3. Gewinnerzielungsabsicht
4. Beteiligung am allgemeinen wirtschaftlichen Verkehr
5. **persönlicher Arbeitseinsatz** des Steuerpflichtigen

6.3.2 Hauptarten der Einkünfte aus selbständiger Arbeit

Das EStG unterscheidet folgende **Hauptarten der Einkünfte aus selbständiger Arbeit** (§ 18 Abs 1):

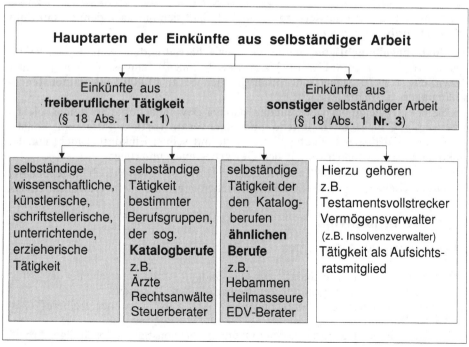

Beispiel:
Der Internist Dr. Franz Sabel hat 1999 aus seiner **ärztlichen Tätigkeit** einen **Gewinn** in Höhe von **500.000 DM** erzielt.

In der **Anlage GSE** ist der Gewinn 1999 wie folgt einzutragen:

	Einkünfte aus selbständiger Arbeit	Steuerpfl. Person Ehemann DM	Ehefrau DM
Zeile 30	**Gewinn** (ohne Veräußerungsgewinne) aus freiberuflicher Tätigkeit		
31	ärztlicher Tätigkeit	500.000	

6.3.3 Abgrenzung zum Gewerbebetrieb

Es gibt zwischen der **gewerblichen** und der **selbständigen Arbeit** im Sinne des § 18 keine eindeutigen Abgrenzungsmerkmale, da das Gesetz den Begriff der **selbständigen Arbeit** nicht definiert.

Nach der Rechtsprechung des BFH gehören zur **selbständigen Arbeit** im wesentlichen solche Tätigkeiten, die überwiegend durch die **Persönlichkeit des Ausübenden** geprägt sind.

Eine **Voraussetzung** für die Annahme einer **selbständigen Arbeit** im Sinne des § 18 ist, daß der Berufsträger

persönlich leitend und eigenverantwortlich

tätig wird. Ob die Voraussetzung erfüllt ist, läßt sich nur nach dem **Gesamtbild der Verhältnisse** beurteilen.

Ein **Steuerbevollmächtigter** wurde als **Gewerbetreibender** vom Finanzgericht Düsseldorf (Urteil vom 17.3.1993, Az.: 14 K 112/88 G) eingestuft, weil er unter Mitwirkung von 20 Steuerfachgehilfen jährlich bis zu **13.000 Einkommensteuererklärungen** bearbeiten ließ.
Der Senat gelangte zu der Überzeugung, daß der Bevollmächtigte bei einem solchen Arbeitsumfang **nicht mehr leitend und eigenverantwortlich tätig** sein konnte. Das bedeutet, daß der Steuerbevollmächtigte mit seinen Einkünften nicht nur der Einkommensteuer, sondern auch der **Gewerbesteuer** unterliegt.
Es wird auf **H 136 EStH 1999** verwiesen. Die Hinweise befassen sich eingehend mit Fragen der **Abgrenzung der selbständigen Arbeit** gegenüber dem **Gewerbebetrieb**.

6.3.4 Erfolgskontrolle

WIEDERHOLUNGSFRAGEN

1. Welche Hauptarten der Einkünfte aus selbständiger Arbeit unterscheidet das EStG?
2. Welche Untergruppen gehören zur freiberuflichen Tätigkeit?
3. Welche Katalogberufe gehören nach § 18 Abs. 1 Nr. 1 zu der freiberuflichen Tätigkeit?
4. Welche Tätigkeiten gehören zu den Einkünften aus sonstiger selbständiger Arbeit?

FÄLLE

Fall 1:

Der Steuerpflichtige Bernd Fries wird mit seiner Ehefrau zusammen veranlagt. Aus den Aufzeichnungen ergibt sich für den VZ 1999 folgendes:

1. Der Ehemann unterhält in Bonn eine Rechtsanwaltspraxis. In 1999 haben seine Betriebseinnahmen 70.000 DM und seine Betriebsausgaben 30.000 DM betragen.

2. Der Ehemann übernahm in 1999 eine Insolvenzverwaltung. Die Einkünfte aus der Insolvenzverwaltung haben 5.000 DM betragen.

3. Die Ehefrau erhielt in 1999 für die Vergütung als Aufsichtsratsmitglied 10.000 DM. Betriebsausgaben fielen nicht an.

Wie hoch sind die **Einkünfte** der Eheleute Fries für den VZ 1999?

Fall 2:

Der Steuerpflichtige Harald Vogt wird mit seiner Ehefrau zusammen veranlagt. Aus den Aufzeichnungen ergibt sich für den VZ 1999 folgendes:

1. Der Ehemann unterhält in Düsseldorf eine Arztpraxis. In 1999 haben seine Betriebseinnahmen 100.000 DM und seine Betriebsausgaben 40.000 DM betragen.

2. Neben seiner Praxis führt der Ehemann eine Privatschule, die er vor einigen Jahren geerbt hat. Er beschäftigt eine Anzahl von Lehrkräften, ohne durch eigenen Unterricht sowie durch das Mitgestalten des von anderen Lehrkräften erteilten Unterrichts eine überwiegend eigenverantwortliche Unterrichtstätigkeit auszuüben. Die Tätigkeit des Steuerpflichtigen beschränkt sich auf die Geschäftsführung der Privatschule. In 1999 haben seine Betriebseinnahmen 80.000 DM und seine Betriebsausgaben 70.000 DM betragen.

3. Der Ehemann ist ferner an einem Einzelhandelsbetrieb als stiller Gesellschafter beteiligt. Nach den getroffenen Vereinbarungen ist er nur am Gesellschaftserfolg beteiligt. In 1999 betragen seine Einkünfte aus dieser Beteiligung 4.200 DM.

4. Die Ehefrau ist an der X-KG als Kommanditistin beteiligt. Ihr Gewinnanteil hat für das Wirtschaftsjahr 1998/1999 (**01.02.1998 bis 31.01.1999**) 10.000 DM und für das Wirtschaftsjahr 1999/2000 (**01.02.1999 bis 31.01.2000**) 15.000 DM betragen.

5. Die Ehefrau hat der KG 1996 ein Fälligkeitsdarlehen von 200.000 DM gegen Zahlung von 5 % Jahreszinsen gegeben. Die Jahreszinsen für 1999 wurden bei der KG auf dem Konto Zinsaufwendungen gebucht.

6. Die Ehefrau ist festangestellte Ärztin eines Krankenhauses. Ihre Einkünfte aus dieser Tätigkeit haben in 1999 35.000 DM betragen.

Wie hoch sind die **Einkünfte** der Eheleute Vogt für den VZ 1999?

Zusammenfassende Erfolgskontrolle zum 1. bis 6. Kapitel

Fall 1:

Welcher **Einkunftsart** sind die folgenden Steuerpflichtigen zuzuordnen?

1. Selbständiger Einzelhändler Marcus Simonis

2. Selbständige Rechtsanwältin Alicia Jarzombek

3. Selbständige Fachbuch-Autorin Alexandra Brücker-Lenz

4. Selbständige Tierärztin Nicole Wingen

5. Selbständige Handelsvertreterin Bianca Schmitz

6. Selbständige Steuerberaterin Manuela Strub

7. Selbständige Versicherungsberaterin Anja Ortmann

8. Selbständige Insolvenzverwalterin Ute Henn

9. Selbständige Hebamme Judith Doll

10. Unechte stille Gesellschafterin Andrea Gückel

11. Selbständige Friseurmeisterin Andrea Zimmerschied

12. Selbständige Handelsmaklerin Regina Adams

13. OHG-Gesellschafterin Sandra Gohs

14. Selbständige Großhändlerin Heike Schlich

15. Selbständiger Winzer Karl Lotter

16. Kommanditistin Heike Schröder

17. Selbständige Übersetzerin Monika Koschel

18. Aufsichtsratmitglied Sandra Friderichs

19. Selbständige Künstlerin Erika Murschel

20. Selbständiges Fotomodell Manuela Hermann

21. Selbständige medizinische Fußpflegerin Ramona Illig

22. Selbständiger Bezirksschornsteinfegermeister Thomas Krupski

Fall 2:

Der Steuerpflichtige Stein wird mit seiner Ehefrau zusammen veranlagt. Aus den Büchern und Unterlagen ergibt sich für den VZ 1999 folgendes:

1. Die Ehefrau betreibt in Koblenz einen Obstbaubetrieb. Sie erzielte daraus folgende Gewinne:

    für das Wirtschaftsjahr 1998/1999   50.000,— DM
    für das Wirtschaftsjahr 1999/2000   70.000,— DM

    Sie ermitteln ihren Gewinn jeweils für die Zeit vom 01.07. bis 30.06.

2. Der Ehemann ist selbständiger Architekt. In 1999 haben seine Betriebseinnahmen 180.000 DM und seine Betriebsausgaben 85.000 DM betragen.

3. Der Ehemann ist ferner an einem Einzelhandelsbetrieb als stiller Gesellschafter beteiligt. Nach den getroffenen Vereinbarungen ist er nur am Gesellschaftserfolg beteiligt. In 1999 betragen seine Einkünfte aus dieser Beteiligung 60.000 DM.

4. Die Ehefrau ist seit dem 01.03.1998 an einer KG als Kommanditistin beteiligt. Ihr Gewinnanteil hat für das Wirtschaftsjahr 1998/1999 (**01.03.1998 bis 28.02.1999**) 20.000 DM und für das Wirtschaftsjahr 1999/2000 (**1.3.1999 bis 29.2.2000**) 30.000 DM betragen.

Wie hoch sind die **Einkünfte** der Eheleute Stein für den VZ 1999?

Fall 3:

Die ledige Steuerpflichtige Katja Müller wird einzeln veranlagt. Aus den Büchern und Unterlagen ergibt sich für den VZ 1999 folgendes:

1. Müller betreibt in Koblenz eine Fischzucht. Sie erzielte daraus folgende Gewinne:

    für das Wirtschaftsjahr 1998/1999   80.000,— DM
    für das Wirtschaftsjahr 1999/2000   100.000,— DM

    Das Wirtschaftsjahr läuft vom 01.07. bis 30.06.

2. Müller ist seit dem 01.02.1998 Kommanditistin der Meyer & Co KG in Köln. Ihr Gewinnanteil hat für das Wirtschaftsjahr 1998/1999 (**01.02.1998 bis 31.01.1999**) 20.000 DM und für das Wirtschaftsjahr 1999/2000 (**01.02.1999 bis 31.01.2000**) 50.000 DM betragen.

3. Müller ist außerdem an einem Einzelhandelsgeschäft in München als stille Gesellschafterin beteiligt. Nach den getroffenen Vereinbarungen ist sie nicht nur am Erfolg, sondern auch am Betriebsvermögen einschließlich der stillen Reserven beteiligt. In 1999 hat die stille Gesellschaft einen Gewinn von 30.000 DM erzielt. Davon entfallen auf Müller 10.000 DM.

4. Aus ihrer selbständigen Maklertätigkeit in Koblenz hat Müller in 1999 Einkünfte in Höhe von 30.000 DM erzielt.

Wie hoch sind die **Einkünfte** der Steuerpflichtigen Müller für den VZ 1999?

Siehe **methodischer Hinweis** auf Seite 66.

7 Gewinnermittlung durch Betriebsvermögensvergleich

Das Einkommensteuerrecht kennt **vier Methoden** der Gewinnermittlung, die in **zwei Gruppen** geordnet werden können. Bei der Gewinnermittlung **durch** Betriebsvermögensvergleich sind **zwei Arten** der Gewinnermittlung zu unterscheiden:

> 1. Gewinnermittlung **durch** Betriebsvermögensvergleich
>
>   1.1 Betriebsvermögensvergleich nach § **4 Abs. 1**
>   1.2 Betriebsvermögensvergleich nach § **5**
>
> 2. Gewinnermittlung **ohne** Betriebsvermögensvergleich

7.1 Grundlagen des Betriebsvermögensvergleichs

Den **beiden Arten** der Gewinnermittlung **durch** Betriebsvermögensvergleich liegt **derselbe Gewinnbegriff** zugrunde.

> **Gewinn** ist der Unterschiedsbetrag zwischen dem Betriebsvermögen (BV) am Schluß des Wirtschaftsjahrs und dem Betriebsvermögen (BV) am Schluß des vorangegangenen Wirtschaftsjahrs, **vermehrt** um den Wert der **Entnahmen** und **vermindert** um den Wert der **Einlagen** (§ 4 Abs. 1 Satz 1).

Der Gewinnermittlung durch Betriebsvermögensvergleich geht die Ermittlung des **Betriebsvermögens** voraus.

Betriebsvermögen im Sinne des § 4 Abs. 1 Satz 1 ist der **Unterschiedsbetrag zwischen** dem **Vermögen** und den **Schulden** des Betriebes. **Betriebsvermögen** ist demnach das Betriebs**rein**vermögen, **bilanzmäßig** ausgedrückt das **Eigenkapital**.

Beispiel:
Durch Inventur wurde folgendes **Vermögen** (positive Wirtschaftsgüter) und wurden folgende **Schulden** (negative Wirtschaftsgüter) festgestellt:

Vermögen		
Betriebs- und Geschäftsausstattung	30.000,— DM	
Waren	40.000,— DM	
Forderungen aLuL	20.000,— DM	
Kassenbestand	10.000,— DM	100.000,— DM
− Schulden		
Verbindlichkeiten aLuL	20.000,— DM	
Bankverbindlichkeiten	30.000,— DM	50.000,— DM
= Betriebsvermögen		**50.000,— DM**

Übersteigen die **Schulden das Vermögen**, spricht man vom **negativen** Betriebsvermögen, nicht zu verwechseln mit negativen Wirtschaftsgütern des Betriebsvermögens.

Beispiel:
Durch Inventur wurde folgendes **Vermögen** (positive Wirtschaftsgüter) und wurden folgende **Schulden** (negative Wirtschaftsgüter) festgestellt:

Vermögen		
Betriebs- und Geschäftsausstattung	30.000,— DM	
Waren	10.000,— DM	
Forderungen aLuL	5.000,— DM	
Kassenbestand	5.000,— DM	50.000,— DM
- Schulden		
Verbindlichkeiten aLuL	20.000,— DM	
Bankverbindlichkeiten	80.000,— DM	100.000,— DM
= negatives Betriebsvermögen		**50.000,— DM**

Nach der Definition des Gewinnbegriffs wird der Vergleich **zweier** Betriebsvermögen gefordert, und zwar zwischen dem Betriebsvermögen am **Schluß des Wirtschaftsjahrs** (Wj) und dem Betriebsvermögen am **Schluß des vorangegangenen Wirtschaftsjahrs**.

Beispiel:
Betriebsvermögen am **Schluß des Wj** (31.12.1999) 80.000,— DM
BV am **Schluß des vorangegangenen Wj** (31.12.1998) 40.000,— DM
= **Unterschiedsbetrag** + 40.000,— DM

Der **Unterschiedsbetrag** kann auch **negativ** sein. Der **Unterschiedsbetrag ist negativ**, wenn das Betriebsvermögen am Schluß des Wirtschaftsjahres niedriger ist als das Betriebsvermögen am Schluß des vorangegangenen Wirtschaftsjahres.

Beispiel:
Betriebsvermögen am **Schluß des Wj** (31.12.1999) 40.000,— DM
BV am **Schluß des vorangegangenen Wj** (31.12.1998) 80.000,— DM
= **Unterschiedsbetrag** − 40.000,— DM

Der **Unterschiedsbetrag** ist in der Regel **noch nicht der Gewinn**.

Der Unterschiedsbetrag ist noch um die **Entnahmen und Einlagen** zu berichtigen, weil sie das Betriebsvermögen beeinflußt haben.

Entnahmen (Privatentnahmen) sind alle Wirtschaftsgüter (z.B. Bargeld, Waren), die der Steuerpflichtige dem Betrieb für sich, für seinen Haushalt oder für andere **betriebsfremde Zwecke** im Laufe des Wirtschaftsjahrs entnommen hat (§ 4 Abs. 1 Satz 2).

Einlagen (Privateinlagen) sind alle Wirtschaftsgüter (z.B. Bargeld), die der Steuerpflichtige dem Betrieb im Laufe des Wirtschaftsjahrs **aus seinem Privatvermögen** zugeführt hat (§ 4 Abs. 1 Satz 5).

Da nur die Vermögensänderungen im **betrieblichen** Bereich steuerlich Gewinn sein können, müssen die Vermögens**erhöhungen**, die aus Einlagen resultieren, **gekürzt** und die Vermögens**minderungen**, die durch Entnahmen entstanden sind, **hinzugerechnet** werden.

Beispiel:
Das Betriebsvermögen eines Gewerbetreibenden beträgt nach der Bilanz zum 31.12.1999 **80.000 DM** und nach der Bilanz zum 31.12.1998 **40.000 DM**. Im Laufe des Jahres 1999 hat der Steuerpflichtige für **10.000 DM** Waren entnommen. Außerdem hat er von seinem privaten Sparkonto **20.000 DM** abgehoben und damit Betriebsschulden beglichen.

Der **Gewinn** für 1999 errechnet sich wie folgt:

Betriebsvermögen am **Schluß** des **WJ** (31.12.1999)	80.000,— DM
BV am **Schluß des vorangegangenen WJ** (31.12.1998)	40.000,— DM
= Unterschiedsbetrag	+ 40.000,— DM
+ Entnahmen 1999	10.000,— DM
− Einlagen 1999	20.000,— DM
= **Gewinn aus Gewerbebetrieb 1999**	**30.000,— DM**

 Die buchmäßige Darstellung des **Betriebsvermögens** erfolgt in der **Buchführung 2**, 11. Auflage 1999.

Übung: 1. Wiederholungsfragen 1 bis 7 (Seite 63),
2. Fälle 1 bis 3 (Seite 64 f.)

7.2 Betriebsvermögensvergleich nach § 4 Abs. 1 EStG

Die **Gewinnermittlung** nach § 4 Abs. 1 kommt in der Regel nur für

Land- und Forstwirte

in Betracht, die **buchführungspflichtig sind oder freiwillig Bücher führen** sowie für

selbständig Tätige,

die **freiwillig Bücher führen**.

Land- und Forstwirte sind **buchführungspflichtig**, wenn eine der folgenden in § 141 AO genannten Grenzen überschritten ist:

> 1. **Umsätze** von mehr als **500.000 DM** im Kalenderjahr   oder
>
> 2. selbstbewirtschaftete land- und forstwirtschaftliche Fläche mit einem Wirtschaftswert (§ 46 BewG) von mehr als **40.000 DM**   oder
>
> 3. Gewinn aus Land- und Forstwirtschaft von mehr als **48.000 DM** im Kalenderjahr.

Bei der Gewinnermittlung nach § 4 Abs. 1 sind **nur die einkommensteuerrechtlichen, nicht die handelsrechtlichen Bewertungsvorschriften zu beachten.**

7.3 Betriebsvermögensvergleich nach § 5 EStG

Die **Gewinnermittlungsvorschriften** des § 5 gelten nur für

Gewerbetreibende,

die **buchführungspflichtig sind oder freiwillig Bücher führen.**

Gewerbetreibende sind **buchführungspflichtig**, wenn sie **Kaufleute** sind **oder** wenn eine der folgenden in § 141 AO genannten Grenzen überschritten ist:

> 1. **Umsätze** von mehr als **500.000 DM** im Kalenderjahr   oder
>
> 2. **Gewinn** aus Gewerbebetrieb von mehr als **48.000 DM** im Wirtschaftsjahr.

Bei der **Gewinnermittlung** nach § 5 sind nicht nur die **einkommensteuerrechtlichen,** sondern **auch** die **handelsrechtlichen Bewertungsvorschriften zu beachten.**

Da bei der Gewinnermittlung nach § 5 für den Ansatz des Betriebsvermögens die **Vorschriften des Handelsrechts maßgebend** sind, spricht man in diesem Zusammenhang vom **Grundsatz der Maßgeblichkeit** der Handelsbilanz für die Steuerbilanz (§ 5 Abs. 1 **Satz 1**).

Gewerbetreibende, die **nicht** unter § 5 fallen, können den Gewinn durch Überschußrechnung nach **§ 4 Abs. 3** ermitteln, wenn die für diese Gewinnermittlungsart ausreichenden **Aufzeichnungen** vorliegen.

Bei Gewerbetreibenden, die **nicht** buchführungspflichtig sind, freiwillig keine Bücher führen und auch eine Gewinnermittlung durch Überschußrechnung **nicht** möglich ist, ist der Gewinn nach § 5 unter Berücksichtigung der Verhältnisse des Einzelfalls **zu schätzen** (R 12 Abs. 2 EStR 1999).

7.4 Unterschied zwischen dem Betriebsvermögensvergleich nach § 4 Abs. 1 und § 5 EStG

Zwischen der Gewinnermittlung nach § 4 Abs. 1 und der Gewinnermittlung nach § 5 bestehen sowohl in **persönlicher als auch** in **sachlicher** Hinsicht **Unterschiede**.

Die Gewinnermittlung nach § 4 Abs. 1 kann grundsätzlich nur von **Land- und Forstwirten** und von **selbständig Tätigen** vorgenommen werden.

Dagegen kann die Gewinnermittlung nach § 5 nur von **Gewerbetreibenden** vorgenommen werden.

Bei der **Gewinnermittlung** nach § 4 Abs. 1 sind **lediglich die einkommensteuerrechtlichen Bewertungsvorschriften** zu beachten, während bei der Gewinnermittlung nach § 5 neben den steuerrechtlichen Bewertungsvorschriften **auch die handelsrechtlichen** Grundsätze ordnungsmäßiger Bilanzierung zu berücksichtigen sind.

Für Steuerpflichtige, die ihren Gewinn nach § 4 Abs. 1 ermitteln, ist bei der **Bewertung des Umlaufvermögens** (z.B. Vorräte) nur die **einkommensteuerrechtliche** Vorschrift des § 6 Abs. 1 Nr. 2 maßgebend, nach der Wirtschaftsgüter des Umlaufvermögens mit den **Anschaffungs- oder Herstellungskosten** anzusetzen sind. **Statt der AK/HK kann** der **niedrigere Teilwert** angesetzt werden.

<u>Beispiel:</u>
Ein **Land- und Forstwirt**, der seinen Gewinn nach § 4 Abs. 1 ermittelt, hat Vorräte für **10.000 DM** angeschafft. Am Bilanzstichtag beträgt der Marktpreis (Teilwert) dieser Vorräte **8.000 DM**.

Der Steuerpflichtige **kann** diese Vorräte **entweder** mit den Anschaffungskosten von **10.000 DM oder** mit dem niedrigeren Teilwert von **8.000 DM** bilanzieren (Wahlrecht).

Für Steuerpflichtige, die ihren Gewinn nach § 5 ermitteln, sind die **handels- und steuerrechtlichen** Bewertungsvorschriften maßgebend. Für sie gilt z.B. bei der **Bewertung des Umlaufvermögens** das handelsrechtliche **Niederstwertprinzip**. Nach diesem Prinzip **müssen** Wirtschaftsgüter des Umlaufvermögens mit dem **niedrigeren Börsen- oder Marktpreis (Teilwert)** angesetzt werden (§ 253 Abs. 3 HGB).

<u>Beispiel:</u>
Ein **Gewerbetreibender**, der seinen Gewinn nach § 5 ermittelt, hat einen Posten Waren für **10.000 DM** angeschafft. Am Bilanzstichtag beträgt der Marktpreis (Teilwert) dieser Waren **8.000 DM**.

Der Steuerpflichtige **muß** den Warenposten mit dem **niedrigeren Teilwert** von **8.000 DM** bilanzieren (**kein Wahlrecht**).

 Die Bewertung des Betriebsvermögens wird im einzelnen im Kapitel **" 9 Bewertung des Betriebsvermögens"**, Seite 76 ff., dargestellt.

Übung: Wiederholungsfragen 8 bis 11 (Seite 64)

7.5 Zusammenfassung und Erfolgskontrolle

7.5.1 Zusammenfassung

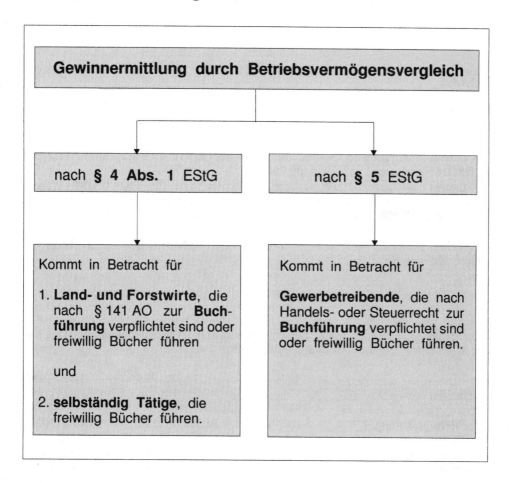

7.5.2 Erfolgskontrolle

WIEDERHOLUNGSFRAGEN

1. Welche zwei Gruppen einkommensteuerlicher Gewinnermittlungsmethoden gibt es?
2. Welche zwei Arten der Gewinnermittlung durch Vermögensvergleich gibt es?
3. Wie wird der Gewinn nach § 4 Abs. 1 Satz 1 definiert?
4. Wie wird das Betriebsvermögen rechnerisch ermittelt?
5. Was versteht man unter Entnahmen im Sinne des § 4 Abs. 1 Satz 2?
6. Was versteht man unter Einlagen im Sinne des § 4 Abs. 1 Satz 5?
7. Warum müssen Entnahmen und Einlagen bei der Gewinnermittlung durch Betriebsvermögensvergleich hinzugerechnet bzw. gekürzt werden?

8. Wer ermittelt seinen Gewinn nach § 4 Abs. 1?
9. Welche Land- und Forstwirte sind nach § 141 AO buchführungspflichtig?
10. Wer ermittelt seinen Gewinn nach § 5?
11. Welcher Unterschied besteht zwischen der Gewinnermittlung nach § 4 Abs. 1 und nach § 5?

FÄLLE

Fall 1:

Das **Betriebsvermögen** der Gewerbetreibenden Sabine Krämer beträgt am 31.12.1999 **40.000 DM** und am 31.12.1998 **80.000 DM**.
Im Laufe des Jahres 1999 hat die Steuerpflichtige für **50.000 DM** Waren entnommen und in ihrem Haushalt verbraucht. Außerdem hat sie 1999 eine Einlage von **10.000 DM** geleistet.

Ermitteln Sie den **Gewinn bzw. Verlust** aus Gewerbebetrieb der Steuerpflichtigen Sabine Krämer für 1999.

Fall 2:

Der Gewerbetreibende Freimuth, dessen Firma im Handelsregister eingetragen ist, hat durch Inventur folgende Bestände festgestellt:

	31.12.1998	31.12.1999
Vermögen		
Geschäftsausstattung	30.000,— DM	25.000,— DM
Waren	50.000,— DM	55.000,— DM
Forderungen aLuL	15.000,— DM	10.000,— DM
Kassenbestand	5.000,— DM	3.000,— DM
	100.000,— DM	93.000,— DM
Schulden		
Verbindlichkeiten aLuL	20.000,— DM	24.000,— DM
Darlehnsverbindlichkeit	30.000,— DM	10.000,— DM
Sonstige Verbindlichkeiten	1.000,— DM	3.000,— DM
	51.000,— DM	37.000,— DM

In 1999 haben die Privatentnahmen **36.800 DM** und die Privateinlagen **3.000 DM** betragen.

Ermitteln Sie den **Gewinn bzw. Verlust** aus Gewerbebetrieb für 1999.

Fall 3:

Folgende Bestände wurden durch Inventur festgestellt:

a) Betriebsvermögen am 31.12.1999   30.000,— DM
Betriebsvermögen am 31.12.1998   30.000,— DM
Entnahmen 1999   50.000,— DM
Einlagen 1999   10.000,— DM

Wie hoch ist der **Gewinn bzw. Verlust** für 1999?

b) Betriebsvermögen am 31.12.1999   − 20.000,— DM
Betriebsvermögen am 31.12.1998   − 70.000,— DM
Entnahmen 1999   50.000,— DM
Einlagen 1999   40.000,— DM

Wie hoch ist der **Gewinn bzw. Verlust** für 1999?

c) Betriebsvermögen am 31.12.1999   − 10.000,— DM
Betriebsvermögen am 31.12.1998   70.000,— DM
Entnahmen 1999   80.000,— DM
Einlagen 1999   0,— DM

Wie hoch ist der **Gewinn bzw. Verlust** für 1999?

d) Betriebsvermögen am 31.12.1999   20.000,— DM
Betriebsvermögen am 31.12.1998   − 30.000,— DM
Entnahmen 1999   20.000,— DM
Einlagen 1999   50.000,— DM

Wie hoch ist der **Gewinn bzw. Verlust** für 1999?

e) Betriebsvermögen am 31.12.1999   50.000,— DM
Betriebsvermögen am 31.12.1998   30.000,— DM
Entnahmen 1999   30.000,— DM
Einlagen 1999   10.000,— DM

Wie hoch ist der **Gewinn bzw. Verlust** für 1999?

Zusammenfassende Erfolgskontrolle zum 1. bis 7. Kapitel

Fall 1:

Der Steuerpflichtige Reiner Müller, Bonn, wird mit seiner Ehefrau zusammen veranlagt. Aus den Büchern und Unterlagen ergibt sich für den VZ 1999 folgendes:

1. Das Betriebsvermögen des Gewerbetreibenden Reiner Müller beträgt nach der Bilanz zum 31.12.1999 **175.000 DM** und nach der Bilanz zum 31.12.1998 **135.000 DM**. Im Laufe des Jahres 1999 hat Müller für **20.000 DM** Waren entnommen und in seinem Haushalt verbraucht. Außerdem hat er in 1999 eine Einlage von **20.000 DM** geleistet.

2. Frau Müller ist an einer KG mit 50 % beteiligt. Der nach den handelsrechtlichen Vorschriften ermittelte Bilanzgewinn der KG für 1999 beträgt **500.000 DM**. Frau Müller ist als Geschäftsführerin der KG tätig. Für ihre Tätigkeit erhielt sie in 1999 ein "Gehalt" von **50.000 DM**. Außerdem hat sie der KG ein Darlehen in Höhe von 200.000 DM zur Verfügung gestellt, für das sie 1999 **16.000 DM** Zinsen erhalten hat. Gehalt und Zinsen haben den Handelsbilanzgewinn geschmälert.

3. Frau Müller ist ferner an einem Einzelhandelsbetrieb als **unechte** (atypische) **stille Gesellschafterin** beteiligt. In 1999 ist ein Gewinn von 30.000 DM erzielt worden. Davon entfallen auf Frau Müller **6.000 DM**.

Wie hoch sind die **Einkünfte** der Eheleute Müller für den VZ 1999?

Fall 2:

Der ledige Steuerpflichtige Josef Gräf betreibt in Ostfriesland einen landwirtschaftlichen Betrieb.

1. Aus seinem Betrieb der Land- und Forstwirtschaft erzielte er folgende Gewinne

   im Wirtschaftsjahr 1998/1999   **25.000 DM**
   im Wirtschaftsjahr 1999/2000   **30.000 DM**

   Gräf ermittelt seinen Gewinn jeweils für die Zeit vom 01.07. bis 30.06.

2. Gräf ist außerdem an einem Einzelhandelsbetrieb in Hamburg als **stiller Gesellschafter** beteiligt. Nach den getroffenen Vereinbarungen ist er nur am Gesellschaftserfolg beteiligt. In 1999 betragen seine Einkünfte als stiller Gesellschafter **4.600 DM**.

Wie hoch sind die **Einkünfte** des Steuerpflichtigen Gräf für den VZ 1999?

Methodischer Hinweis: Will man die **sieben Einkunftsarten** geschlossen hintereinander erarbeiten, ist die Bearbeitung der Kapitel 8 bis 10 zunächst nicht erforderlich. Die Fortsetzung erfolgt dann auf Seite 166 mit dem 11. Kapitel **"Umfang und Ermittlung der Überschußeinkünfte"**. Die Kapitel 8 bis 10 können später oder im Rahmen der Buchführung erarbeitet werden.

8 Umfang und Änderungen des Betriebsvermögens

Voraussetzung einer exakten steuerlichen Gewinnermittlung durch Betriebsvermögensvergleich ist, daß das zu vergleichende **Betriebsvermögen (BV)** zunächst in seinem mengenmäßigen **Umfang** richtig erfaßt wird.
Werden Wirtschaftsgüter des BV nicht oder doppelt erfaßt, ist die Grundlage der Gewinnermittlung falsch.

8.1 Umfang des Betriebsvermögens

Die Wirtschaftsgüter des **Vermögens** eines Steuerpflichtigen lassen sich in folgende **zwei Vermögensgruppen** einordnen:

> 1. Wirtschaftsgüter des **Betriebsvermögens** und
> 2. Wirtschaftsgüter des **Privatvermögens**

In den **Vermögensvergleich** zum Zwecke der Gewinnermittlung dürfen nur die Wirtschaftsgüter des **Betriebsvermögens** einbezogen werden.

Deshalb ist eine **klare Abgrenzung** zwischen den Wirtschaftsgütern des **Betriebsvermögens** und den Wirtschaftsgütern des **Privatvermögens** erforderlich.

Innerhalb des **Betriebsvermögens** ist zu unterscheiden zwischen dem **notwendigen** und dem **gewillkürten** Betriebsvermögen.

Notwendiges Betriebsvermögen

Zum <u>**notwendigen Betriebsvermögen**</u> gehören (R 13 Abs. 1 EStR 1999):

> 1. Wirtschaftsgüter, die ihrer Art nach **ausschließlich** und **unmittelbar betrieblichen Zwecken** zu dienen bestimmt und geeignet sind,
> 2. Wirtschaftsgüter, die nicht Grundstücke oder Grundstücksteile sind und zu **mehr als 50 % betrieblich** genutzt werden.

Beispiele:
Zu 1. Ein **Bauunternehmer** ist Eigentümer mehrerer **Baukräne**.

    Die Baukräne gehören zum **notwendigen BV**, weil sie **ausschließlich** und **unmittelbar betrieblichen Zwecken** zu dienen bestimmt und geeignet sind.

Zu 2. Ein Bauunternehmer hat einen Pkw, den er zu 80 % betrieblich und zu 20 % privat nutzt.

    Der Pkw gehört zum **notwendigen BV**, weil er zu **mehr als 50 %** betrieblich genutzt wird.

Wirtschaftsgüter, die **notwendiges** Betriebsvermögen (BV) sind, gehören auch dann zum BV, wenn sie **nicht** in der Buchführung bzw. Bilanz des Unternehmens ausgewiesen werden (R 13 Abs. 1 Satz 2 EStR 1999).

Notwendiges Privatvermögen

Zum **notwendigen Privatvermögen** gehören (R 13 Abs. 1 EStR 1999):

1. Wirtschaftsgüter, die ihrer Art nach ausschließlich und **unmittelbar privaten Zwecken** zu dienen bestimmt und geeignet sind,

2. Wirtschaftsgüter, die nicht Grundstücke oder Grundstücksteile sind und zu **mehr als 90 % privat** genutzt werden.

Beispiele:

Zu 1. Ein Bauunternehmer hat eine **Münzsammlung**.

Die Münzsammlung gehört zum **notwendigen Privatvermögen**, weil sie **ausschließlich** und **unmittelbar privaten Zwecken** zu dienen bestimmt ist.

Zu 2. Ein Bauunternehmer hat einen Pkw, den er zu 95 % privat und zu **5 % betrieblich** nutzt.

Der Pkw gehört zum **notwendigen Privatvermögen**, weil seine **private Nutzung mehr als 90 %** beträgt.

Wirtschaftsgüter des **notwendigen** Privatvermögens gehören auch dann zum Privatvermögen, wenn sie in der Buchführung und Bilanz des Steuerpflichtigen ausgewiesen werden.

Gewillkürtes Betriebsvermögen

Bei Wirtschaftsgütern, die **mindestens zu 10 %** aber **höchstens zu 50 % betrieblich** genutzt werden, d.h. also, die weder zum notwendigen Privatvermögen noch zum notwendigen Betriebsvermögen gehören, hat der Steuerpflichtige unter bestimmten Voraussetzungen die **Wahl**, diese Wirtschaftsgüter als Betriebsvermögen zu küren, d.h. als **gewillkürtes Betriebsvermögen** zu behandeln.

Die Wirtschaftsgüter müssen in einem **objektiven Zusammenhang mit dem Betrieb** stehen, sie müssen ihm **zu dienen bestimmt und geeignet** sein.

Der Steuerpflichtige muß seine **Wahl**, ein Wirtschaftsgut als gewillkürtes Betriebsvermögen zu behandeln, in seiner **Buchführung** eindeutig zum Ausdruck bringen, d.h. es als Betriebsvermögen buchmäßig ausweisen.

Beispiel:
Ein Bauunternehmer hat einen Pkw, den er zu **40 % betrieblich** und zu **60 % privat** nutzt.

Er **kann** diesen Pkw als **gewillkürtes BV** behandeln, da er weder zum notwendigen BV noch zum notwendigen PV gehört.
Der Pkw steht in einem objektiven Zusammenhang mit dem Betrieb; er ist diesem zu dienen bestimmt und geeignet. Ordnet er ihn seinem BV zu, so muß er dies eindeutig in seiner **Buchführung** zum Ausdruck bringen.

Steuerpflichtige, die **keine** Bücher führen und den Gewinn nicht durch Betriebsvermögensvergleich ermitteln (z.B. durch Überschußrechnung nach **§ 4 Abs. 3**), haben grundsätzlich **nicht** die Möglichkeit, Wirtschaftsgüter als **gewillkürtes Betriebsvermögen** zu behandeln (R 13 Abs. 16 EStR 1999).

Behandelt der Steuerpflichtige Wirtschaftsgüter, bei denen die Zuordnung zum Betriebsvermögen möglich ist, **nicht** als Betriebsvermögen, dann gehören sie zum **Privatvermögen**.

Wirtschaftsgüter gehören grundsätzlich **ganz** zum Betriebsvermögen oder **ganz** zum Privatvermögen, auch dann, wenn sie nur zum Teil betrieblich bzw. privat genutzt werden.

Eine **Ausnahme** gilt lediglich für **Grundstücke**. Sie können nur **zum Teil** zum Betriebsvermögen gehören. Die Zugehörigkeit von Grundstücken und Grundstücksteilen zum Betriebsvermögen ist in **R 13 EStR 1999** ausführlich erläutert.

Eigenbetrieblich genutzte **Grundstücksteile** brauchen **nicht** als **Betriebsvermögen** behandelt zu werden, wenn ihr Wert **nicht mehr als ein Fünftel** des gemeinen Werts des gesamten Grundstücks **und nicht mehr als 40.000 DM** beträgt (§ 8 EStDV).

Zusammenfassung zu Abschnitt 8.1:

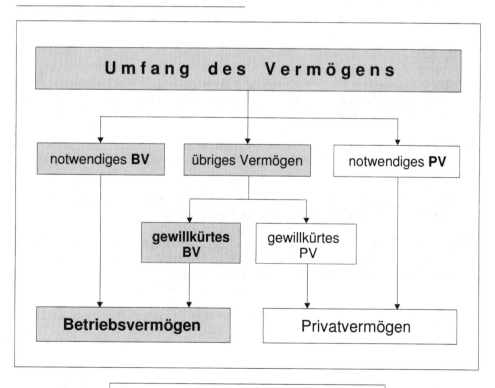

Übung: 1. Wiederholungsfragen 1 bis 7 (Seite 74),
2. Fälle 1 und 2 (Seite 74)

8.2 Änderungen des Betriebsvermögens

8.2.1 Änderungen durch Betriebsausgaben und Betriebseinnahmen

Ausgaben, die mit Wirtschaftsgütern des Betriebsvermögens im Zusammenhang stehen bzw. betrieblich veranlaßt sind, sind **Betriebsausgaben**.

Einnahmen, die mit Wirtschaftsgütern des Betriebsvermögens im Zusammenhang stehen bzw. betrieblich veranlaßt sind, sind **Betriebseinnahmen**.

Beispiele:
a) Der Textilkaufmann Kühlenthal kauft für 1.000 DM Waren bar.

Die Waren gehören zun Betriebsvermögen. Die Ausgaben für den Kauf dieser Waren sind **Betriebsausgaben**.

b) Kühlenthal betreibt sein Unternehmen in seinem eigenen Geschäftshaus. Das Haus gehört zum Betriebsvermögen.

Die Ausgaben für Grundsteuer, Versicherungen und Reparaturen sind **Betriebsausgaben**.

c) Kühlenthal verkauft die Waren des Beispiels a) für 1.200 DM bar.

Die Waren gehören zum Betriebsvermögen. Die Einnahmen aus dem Verkauf dieser Waren sind **Betriebseinnahmen**.

d) Kühlenthal hat zwei Räume seines Geschäftshauses an einen Steuerberater vermietet.

Die Einnahmen aus der Vermietung sind **Betriebseinnahmen**. Sie gehören nicht zu den Einkünften aus Vermietung und Verpachtung, weil das Haus zum BV des Kühlenthal gehört.

Betriebseinnahmen (BE) und **Betriebsausgaben (BA)** können hinsichtlich ihrer Auswirkungen auf das Betriebsvermögen in **zwei Gruppen** eingeteilt werden:

> 1. BE und BA, die nur die Zusammensetzung des Vermögens und der Schulden ändern, d.h. nur **vermögensumschichtend** wirken;
>
> 2. BE und BA, die die Zusammensetzung des Vermögens und der Schulden und die Höhe des BV (letzteres als Saldo zwischen Vermögen und Schulden) ändern, d.h. **betriebsvermögensändernd** sind.

Wenn im folgenden von **Betriebsvermögensänderungen** gesprochen wird, sind (nur) die Änderungen gemeint, die unter Nr. 2 fallen.

Beispiele:
a) Sachverhalt wie Beispiel a) oben. Durch den Kauf der Waren wird der Warenbestand um 1.000 DM vergrößert, der Kassenbestand wird um 1.000 DM verringert.

Die Betriebsausgabe wirkt nur **vermögensumschichtend**.

b) Sachverhalt wie Beispiel c). Durch den Verkauf der Waren verringert sich der Warenbestand um 1.000 DM, während sich der Kassenbestand um 1.200 DM erhöht.

Das Betriebsvermögen (Saldo zwischen Vermögen und Schulden) erhöht sich um 200 DM. Die Betriebseinnahme bewirkt eine **Vermögensumschichtung und** eine **Vermögensänderung**.

Die (nur) **vermögensumschichtenden BE und BA** wirken sich **nicht** auf den Erfolg (d.h. Gewinn oder Verlust) aus; sie sind **erfolgsneutral**.

Die **vermögensändernden BE und BA** wirken sich auf den Erfolg aus; sie sind **erfolgswirksam**.

> Übung: Fall 3 (Seite 75)

Die **erfolgswirksamen** Betriebsausgaben können **abzugsfähig oder nicht abzugsfähig** sein, d.h. sie dürfen entweder den steuerlichen Gewinn mindern oder sie dürfen den steuerlichen Gewinn nicht mindern.

Die **nichtabzugsfähigen** Betriebsausgaben wurden bereits im Abschnitt "3.3.1 Betriebsausgaben", Seite 20 f., dargestellt.

Die **abzugsfähigen** Betriebsausgaben wiederum können **sofort**, d.h. im Jahr ihres Anfalls abzugsfähig sein oder **nicht sofort**, d.h. erst in einem späteren Jahr abzugsfähig sein.

Beispiel:
Textilkaufmann Kühlenthal kauft in 1999 eine Ladentheke für 5.000 DM.

Die Ausgabe für die Theke ist eine Betriebsausgabe. Sie darf allerdings nicht in 1999 den Gewinn in voller Höhe mindern, sondern nur mit dem Teil, der bei einer Verteilung der Betriebsausgabe auf die Nutzungsdauer der Theke auf das Jahr 1999 entfällt.

BA, die **nicht sofort** abzugsfähig sind und auf der Aktivseite der Bilanz ausgewiesen (d.h. aktiviert) werden müssen, bezeichnet man als **aktivierungspflichtige BA**.

Grundsätzlich sind alle Betriebsausgaben für Wirtschaftsgüter, die nicht im laufenden, sondern in späteren Jahren verbraucht werden (z.B. Waren, Gebäude), zu aktivieren.

Die aktivierten Betriebsausgaben stellen positive Wirtschaftsgüter i.S.d. § 6 Abs. 1 dar. Sie sind am Schluß eines jeden Jahres zu bewerten und beeinflussen im Rahmen der Bewertung den Gewinn.

Beispiel:
Textilkaufmann Kühlenthal hat die oben genannte Theke am 04.01.1999 gekauft. Er bewertet sie am 31.12.1999 mit 4.000 DM.

Von den Betriebsausgaben in Höhe von 5.000 DM sind 1999 **1.000 DM** (als Abschreibung) **abzugsfähig und gewinnmindernd**.

Zusammenfassung zu Abschnitt 8.2.1:

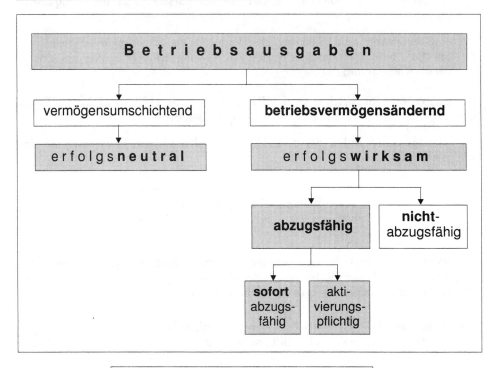

Übung: Wiederholungsfragen 8 bis 11 (Seite 74)

8.2.2 Änderungen durch Entnahmen und Einlagen

Änderungen des Betriebsvermögens werden nicht nur durch BA und BE bewirkt, sondern auch durch Privatentnahmen (**Entnahmen**) und Privateinlagen (**Einlagen**).

Beispiele:
a) Textilkaufmann Kühlenthal entnimmt der Kasse 500 DM für seinen Privathaushalt.

Durch die **Entnahme** wird der Kassenbestand um 500 DM kleiner. Der Saldo zwischen Vermögen und Schulden und damit sein **BV verringert sich** um 500 DM.

b) Kühlenthal hebt 5.000 DM von seinem privaten Sparkonto ab und legt sie in die Kasse.

Durch die **Einlage** wird der Kassenbestand um 5.000 DM größer. Der Saldo zwischen Vermögen und Schulden und damit sein **BV erhöht sich** um 5.000 DM.

Entnahmen und Einlagen ändern immer das **Betriebsvermögen.** Sie **dürfen aber**, soweit es sich nicht um echte Entnahmegewinne oder Entnahmeverluste handelt, den **Gewinn bzw. Verlust nicht beeinflussen** und müssen deshalb bei der Gewinnermittlung durch Betriebsvermögensvergleich **hinzugerechnet** bzw. **gekürzt** werden.

Entnahmen können, müssen aber **nicht gewinnneutral sein**. **Soweit** bei Entnahmen **Gewinne oder Verluste (Entnahmegewinne** bzw. **Entnahmeverluste) entstehen, werden sie** bei der Gewinnermittlung durch Betriebsvermögensvergleich **erfaßt**.

Beispiel:
Textilkaufmann Kühlenthal entnimmt Waren für den Privathaushalt. Die Waren hat er vor einem halben Jahr für 1.000 DM gekauft. Mit diesem Betrag stehen sie im Zeitpunkt der Entnahme noch zu Buch. Sie haben jetzt allerdings einen Nettoeinkaufswert von 1.100 DM.

Durch die **Entnahme** verändert sich das BV; der Saldo zwischen Vermögen und Schulden verringert sich um 1.000 DM. Weil die Waren inzwischen im Wert gestiegen sind, ist die Entnahme mit 1.100 DM zu bewerten. Bei der Gewinnermittlung steht der Verminderung des BV um 1.000 DM die Hinzurechnung der Entnahme von 1.100 DM gegenüber, so daß ein Entnahmegewinn von 100 DM entsteht.

Zusammenfassung zu Abschnitt 8.2.2:

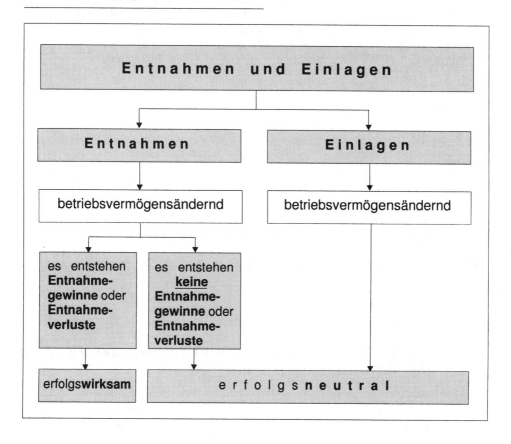

Übung: 1. Wiederholungsfragen 12 und 13 (Seite 74),
2. Fälle 4 und 5 (Seite 75)

8.3 Erfolgskontrolle

WIEDERHOLUNGSFRAGEN

1. In welche zwei Vermögensgruppen lassen sich die Wirtschaftsgüter des Vermögens eines Steuerpflichtigen einordnen?
2. Warum ist es notwendig, zwischen diesen beiden Vermögensgruppen zu unterscheiden?
3. Wie wird das Betriebsvermögen unterteilt?
4. Welche Wirtschaftsgüter gehören zum notwendigen BV?
5. Welche Wirtschaftsgüter gehören zum notwendigen PV?
6. Welche Wirtschaftsgüter können als gewillkürtes BV behandelt werden?
7. Welche Steuerpflichtigen können kein gewillkürtes BV haben?
8. Wie können BE und BA hinsichtlich ihrer Auswirkungen auf das Betriebsvermögen eingeteilt werden?
9. Wie wirken sich nur vermögensumschichtende BE und BA auf den Erfolg aus?
10. Wie wirken sich betriebsvermögensändernde BE und BA auf den Erfolg aus?
11. Wie können die Betriebsausgaben unterteilt werden?
12. Ändern Einlagen und Entnahmen das Betriebsvermögen?
13. Wie wirken sich Entnahmen und Einlagen auf den Erfolg aus?

FÄLLE

Fall 1:

Der Gewerbetreibende Hirsch, der seinen Gewinn durch Betriebsvermögensvergleich ermittelt, nutzt seinen Pkw zu **20 % betrieblich** und zu 80 % privat.

Zu welcher **Vermögensart** gehört der Pkw? Begründen Sie Ihre Antwort.

Fall 2:

Der Bauunternehmer Henn, der seinen Gewinn nach § 5 ermittelt, ist Eigentümer von vier Pkw, die er wie folgt nutzt:

	betrieblich	privat
Pkw 1	100 %	—
Pkw 2	70 %	30 %
Pkw 3	30 %	70 %
Pkw 4	5 %	95 %

Gehören diese Pkw zum **Betriebsvermögen** oder **Privatvermögen**?

Fall 3:

1. Sind folgende Vorgänge **nur vermögensumschichtend** oder **betriebsvermögensändernd** oder **vermögensumschichtend und** betriebsvermögensändernd?

a) Wir kaufen Waren für 1.000 DM gegen bar.
b) Wir verkaufen diese Waren für 1.200 DM gegen bar.
c) Wir verkaufen Waren für 1.500 DM, die wir für 1.300 DM gekauft haben, auf Kredit.
d) Der Kunde begleicht unsere Forderung von 1.500 DM nach vier Wochen durch Banküberweisung.
e) Wir kaufen Waren für 5.000 DM auf Kredit.
f) Wir begleichen unsere Verbindlichkeit aus dieser Lieferung nach vier Wochen durch Postbanküberweisung.
g) Unsere Bank schreibt uns auf dem Geschäftskonto 500 DM Zinsen gut.
h) Wir zahlen 600 DM Zinsen durch Banküberweisung für ein Geschäftsdarlehen.
i) Wir zahlen 900 DM Miete bar für Geschäftsräume.
j) Wir tilgen ein Darlehen von 20.000 DM durch Banküberweisung.

2. Sind die oben unter Nr. 1 aufgeführten Vorgänge **erfolgsneutral oder erfolgswirksam**?

Fall 4:

Sind folgende Vorgänge **nur vermögensumschichtend oder** betriebsvermögensändernd **oder** vermögensumschichtend **und** betriebsvermögensändernd?

a) Wir entnehmen der Geschäftskasse 500 DM für private Zwecke.
b) Wir entnehmen Waren für den Haushalt, die wir für 500 DM gekauft haben. Die Entnahme muß mit 550 DM bewertet werden.
c) Wir heben von unserem Sparkonto 10.000 DM ab und legen das Geld in unsere Geschäftskasse.
d) Der Steuerpflichtige Röder hat in 1999 Waren für 10.000 DM (netto) bar gekauft, die am 31.12.1999 nur noch einen Wert von 9.500 DM (netto) haben.
e) Der Steuerpflichtige Seitz hat in 1998 Waren für 10.000 DM (netto) bar gekauft, die am 31.12.1998 ebenfalls noch einen Wert von 10.000 DM (netto) hatten. Er hat diese Waren in 1999 für 13.000 DM (netto) verkauft.

Wie wirken sich diese Vorgänge in 1998 und 1999 auf das **Betriebsvermögen** aus?

Fall 5:

Der Einzelhändler Rose, der seinen Gewinn durch Betriebsvermögensvergleich ermittelt, entnimmt für seinen Privathaushalt Waren, die er vor einem halben Jahr für 2.000 DM gekauft hat. Im Zeitpunkt der Entnahme beträgt der Wert der Waren 2.400 DM.

1. Welche Auswirkungen hat die Entnahme auf das **Betriebsvermögen?**
2. Welche Wirkungen hat die Entnahme auf den **Erfolg**?

9 Bewertung des Betriebsvermögens

Eine **Voraussetzung** für die **exakte Gewinnermittlung** durch Betriebsvermögensvergleich ist die **richtige Bewertung des Betriebsvermögens**.

 Die **buchmäßige** Darstellung des **Betriebsvermögens** erfolgt in der **Buchführung 2**, 11. Auflage 1999.

9.1 Grundlagen der Bewertung

9.1.1 Maßgeblichkeitsgrundsatz

Die **steuerlichen** Vorschriften für die **Bewertung des Betriebsvermögens** (= Bewertungsvorschriften für die Steuerbilanz) sind in den §§ **5 bis 7k EStG** enthalten.

Die folgenden Ausführungen beschränken sich auf die Erläuterung der Bewertungsvorschriften für **buchführende Gewerbetreibende**.

Bei **Gewerbetreibenden**, die aufgrund gesetzlicher Vorschriften verpflichtet sind, Bücher zu führen und regelmäßig Abschlüsse zu machen, oder die ohne eine solche Verpflichtung **Bücher führen und Abschlüsse machen**, müssen bei der Ermittlung des **steuerrechtlichen** Gewinns, das **Betriebsvermögen** ansetzen, das nach den **handelsrechtlichen** Grundsätzen ordnungsmäßiger Buchführung (**GoB**) auszuweisen ist (§ 5 Abs. 1 **Satz 1**).

Die **handelsrechtlichen** Wertansätze sind grundsätzlich für die **Steuerbilanz maßgebend**.

Man spricht deshalb auch vom **Grundsatz der Maßgeblichkeit der Handelsbilanz für die Steuerbilanz** und bezeichnet die **Steuerbilanz** als **abgeleitete Handelsbilanz**.

Entspricht ein Wertansatz den **handelsrechtlichen** Grundsätzen ordnungsmäßiger Buchführung (**GoB**), dann ist er auch der **Einkommenbesteuerung** zugrundezulegen, es sei denn, der Wertansatz stimmt **nicht** mit **zwingend steuerrechtlichen** Bewertungsvorschriften überein.

Seit dem VZ 1990 darf ein steuerrechtliches Wahlrecht nur ausgeübt werden, wenn in der **handelsrechtlichen** Jahresbilanz entsprechend bilanziert wird (= sogenannte **umgekehrte Maßgeblichkeit**; § 5 Abs. 1 **Satz 2**).

Gleichzeitig sind seit dem VZ 1990 die bisherige Vorschrift des § 6 Abs. 3 gestrichen und die Bestimmung über den **uneingeschränkten Wertzusammenhang für abnutzbares** Anlagevermögen in § 6 Abs. 1 Nr. 1 Satz 4 aufgehoben worden.

Diese Regelungen, die später noch konkretisiert werden, unterstreichen die These, daß die ursprünglich konzipierte **Maßgeblichkeit der Handelsbilanz für die Steuerbilanz** in den letzten Jahren immer mehr zu einer **Maßgeblichkeit der Steuerbilanz für die Handelsbilanz** geworden ist.

> **Übung**: Wiederholungsfragen 1 bis 3 (Seite 125)

9.1.2 Bewertungsgrundsätze

In Theorie und Praxis wurden im Lauf der Zeit **Grundsätze für die Bewertung** des Vermögens und der Schulden in der Bilanz entwickelt.

Handels- und Steuerrecht haben sich **in der Vergangenheit** zwar auf diese Grundsätze berufen, sie aber **gesetzlich nicht festgelegt (nicht kodifiziert).**

Erstmals sind durch das Bilanzrichtlinien-Gesetz (BiRiLiG) vom 19.12.1985 die folgenden sechs allgemeinen **Bewertungsgrundsätze** in das HGB aufgenommen und beschrieben worden (§ 252 HGB).

Zu den <u>**Bewertungsgrundsätzen**</u> gehören (§ 252 HGB):

---

1. Grundsatz der **Bilanzidentität**

2. Grundsatz der **Fortführung der** Unternehmenstätigkeit

3. Grundsatz der **Einzelbewertung**

4. Grundsatz der **Vorsicht**

5. Grundsatz der **periodengerechten Aufwands- und Ertragsabgrenzung**

6. Grundsatz der **Stetigkeit der Bewertungsmethoden**

Durch die **Kodifizierung der Bewertungsgrundsätze** hat sich in der Bilanzierungspraxis **nichts geändert**, weil diese Grundsätze auch **vorher schon als** Grundsätze ordnungsmäßiger Buchführung **(GoB)** allgemein anerkannt waren und **beachtet wurden.**

Im folgenden werden die in § 252 HGB geregelten allgemeinen Bewertungsgrundsätze kurz erläutert.

Übung: Wiederholungsfrage 4 (Seite 125)

9.1.2.1 Grundsatz der Bilanzidentität

Der **Grundsatz der Bilanzidentität** (auch Grundsatz des Bilanzzusammenhangs oder der formellen Bilanzkontinuität genannt) **schreibt vor**, daß die **Eröffnungsbilanz** eines Geschäftsjahres **mit der Schlußbilanz** des vorangegangenen Geschäftsjahres **übereinstimmen muß** (§ 252 Abs. 1 **Nr. 1** HGB).

Der **Bilanzzusammenhang** wird bei der **steuerlichen** Gewinnermittlung durch die Anwendung des § 4 Abs. 1 Satz 1 gewahrt, der auch für die Gewinnermittlung nach § 5 gilt.

Nach dieser steuerrechtlichen Vorschrift muß das **Betriebsvermögen** am Schluß des Wirtschaftsjahres mit dem **Betriebsvermögen** am Schluß des vorangegangenen Wirtschaftsjahres **verglichen** werden.
Diese **Art des Vermögensvergleichs** dient dem **Zweck**, Gewinnmanipulationen zu verhindern.

> **Übung**: Wiederholungsfragen 5 und 6 (Seite 125)

9.1.2.2 Grundsatz der Fortführung der Unternehmenstätigkeit

Der **Grundsatz der Unternehmensfortführung** (auch Going-concern-Prinzip genannt) besagt, daß bei der Bewertung der Vermögensgegenstände und der Schulden von der Fortführung der Unternehmenstätigkeit auszugehen ist, solange dem keine tatsächlichen oder rechtlichen Gegebenheiten entgegenstehen (§ 252 Abs. 1 **Nr. 2 HGB**).

Es ist eine **Erfahrungstatsache,** daß der Wert eines Vermögensgegenstandes verschieden hoch sein kann, je nachdem, ob man von der **Fortführung des Unternehmens** oder seiner **Stillegung** (mit Liquidationswerten) ausgeht.
So wird z.B. bei einer geplanten Stillegung eines Unternehmens vor allem die Bewertung des Anlagevermögens mit anderen Werten erfolgen als bei dessen Fortführung.

> **Übung**: Wiederholungsfragen 7 und 8 (Seite 125)

9.1.2.3 Grundsatz der Einzelbewertung

Die in der Bilanz ausgewiesenen Vermögensgegenstände und Schulden müssen grundsätzlich **einzeln** bewertet werden (§ 252 Abs. 1 **Nr. 3** HGB).

Der **Grundsatz der Einzelbewertung** findet dort eine Grenze, wo die Einzelbewertung aus praktischen Gründen nicht durchführbar ist (z.B. Flüssigkeiten haben sich vermischt) oder zu einem nicht vertretbaren Arbeitsaufwand führt (z.B. bei Schrauben und Nägeln).

Deshalb darf auch bei der **Bilanzierung** von den **Erleichterungen** Gebrauch gemacht werden, die nach § 240 Abs. 3 und 4 HGB bei der Inventur zugelassen sind (**Festbewertung** und **Gruppenbewertung**; § 256 Satz 2 HGB).

> **Übung**: Wiederholungsfragen 9 und 10 (Seite 125)

9.1.2.4 Grundsatz der Vorsicht

Der **Grundsatz der Vorsicht** besagt, daß die Vermögensgegenstände und die Schulden **vorsichtig** zu bewerten sind (§ 252 Abs. 1 **Nr. 4** HGB). Das bedeutet allgemein, daß die **Aktivposten eher niedriger** und die **Passivposten eher höher** anzusetzen sind.

Gewinne dürfen in der Regel erst ausgewiesen werden, wenn sie durch den Verkauf oder Entnahme verwirklicht (**realisiert**) sind (**Realisationsprinzip**).

Beispiel:
Der Gewerbetreibende Jörg Meyer hat Ende **1999** ein Erzeugnis für 1.000 DM **hergestellt**, das er Anfang **2000** mit einem Gewinn von 200 DM **verkauft**.

Das Erzeugnis ist in der Bilanz zum **31.12.1999** mit **1.000 DM** auszuweisen. Der Gewinn wurde erst in **2000** durch Umsatz **realisiert** und ist deshalb erst in 2000 auszuweisen.

Andererseits sind jedoch **noch nicht eingetretene, aber zu erwartende Verluste** (Wertminderungen) im allgemeinen bei der Bilanzierung **zu berücksichtigen**.

Beispiel:
Sachverhalt wie zuvor mit dem Unterschied, daß der Wert des Erzeugnisses am **Bilanzstichtag** nur noch **900 DM** beträgt und das Erzeugnis in **2000** für 900 DM verkauft wird.

Das Erzeugnis ist in der Bilanz zum **31.12.1999** mit 900 DM auszuweisen. Der Verlust ist zwar erst durch den Verkauf in 2000 realisiert, dennoch ist er schon in 1999 auszuweisen.

Da **noch nicht realisierte Gewinne** und **noch nicht realisierte Verluste** bei der Bewertung ungleich behandelt werden, spricht man auch vom **Imparitätsprinzip** (= "**Ungleich**"-**Prinzip**)

Zwei Ausprägungen des **Imparitätsprinzips** sind das **Niederstwertprinzip** für **Vermögen** und das **Höchstwertprinzip** für **Verbindlichkeiten**, die später im Zusammenhang mit den Bewertungsvorschriften für die einzelnen Vermögensgegenstände und Schulden erläutert werden.

Stichtag für die **Bewertung** der Vermögensgegenstände und der Schulden ist der Tag, zu dem die Bilanz erstellt wird, der **Bilanzstichtag** (z.B. 31.12.).

Maßgebend für die Bewertung in der Bilanz sind die tatsächlichen Verhältnisse, so wie sie am **Bilanzstichtag** bestanden haben.

Umstände, die **nach dem Bilanzstichtag** bis zur Zeit der Bilanzaufstellung eintreten (**später eintretende wertbeeinflussende Tatsachen**), haben auf den Wertansatz in der Bilanz **keinen** Einfluß.

Dagegen **muß** der **buchführende Gewerbetreibende Umstände, die am Bilanzstichtag bereits vorlagen**, ihm aber erst **nach** diesem Stichtag und **vor** Aufstellung der

Bilanz bekannt werden (**wertaufhellende Tatsachen**) beim Wertansatz in der Bilanz berücksichtigen.

Beispiel:
Der buchführende Gewerbetreibende Guenther Roj erstellt im **März 2000** seine Bilanz zum **31.12.1999**. Er hat eine Forderung an den Kunden Wagner. Bei der Bilanzerstellung erfährt er, daß Wagner bereits im **Dezember 1999** zahlungsunfähig war. Es ist mit einem Forderungsausfall von 80 % zu rechnen.

Roj **muß** die Forderung zum **31.12.1999** mit dem **niedrigeren Teilwert** ansetzen.

> **Übung:** 1. Wiederholungsfragen 11 bis 16 (Seite 125),
> 2. Fälle 1 und 2 (Seite 129)

9.1.2.5 Grundsatz der periodengerechten Aufwands- und Ertragsabgrenzung

Der **Grundsatz der periodengerechten Aufwands- und Ertragsabgrenzung** besagt, daß Aufwendungen und Erträge dem Geschäftsjahr zuzurechnen sind, in dem sie verursacht wurden. Auf den Zeitpunkt der entsprechenden Ausgaben oder Einnahmen kommt es nicht an (§ 252 Abs. 1 **Nr. 5** HGB).

Beispiel:
Der buchführende Gewerbetreibende Michael Jung hat am **28.12.1999** die fällige **Januarmiete 2000** gezahlt.

Die **Miete**, verursacht in 2000, ist **Aufwand des Geschäftsjahres 2000** und deshalb diesem Jahr zuzurechnen.

9.1.2.6 Grundsatz der Stetigkeit der Bewertungsmethoden

Der **Grundsatz der Stetigkeit der Bewertungsmethoden** (auch Grundsatz der Bewertungsgleichmäßigkeit genannt) besagt, daß zwischen verschiedenen Bewertungsmöglichkeiten, die der Unternehmer hat, nicht willkürlich gewechselt werden darf (§ 252 Abs. 1 **Nr. 6** HGB).

Beispiel:
Der Gewerbetreibende Gröber hat **bisher** bei der Bewertung der Fertigerzeugnisse bestimmte **Verwaltungskosten** freiwillig und zulässigerweise beim Bilanzansatz berücksichtigt. In einem besonders guten Gewinnjahr möchte er diese Verwaltungskosten außer Ansatz lassen.

Gröber muß auch weiterhin die Verwaltungskosten ansetzen, sonst läge ein Verstoß gegen den Grundsatz der Bewertungsstetigkeit vor.

Der Unternehmer muß das einmal **gewählte Bewertungsverfahren** in der Regel **beibehalten**, es sei denn, wirtschaftlich vernünftige Gründe sprechen für einen Verfahrenswechsel.

Durch die Anwendung des **Grundsatzes der Stetigkeit der Bewertungsmethoden** werden willkürliche Gewinnverlagerungen verhindert.

> **Übung:** Wiederholungsfragen 17 bis 19 (Seite 125)

9.1.3 Bewertungsmaßstäbe

Ein Wirtschaftsgut in der Bilanz **bewerten** heißt, ihm im Rahmen der Bewertungsvorschriften einen bestimmten **DM-Betrag zuordnen**.

Die **Bewertungsmaßstäbe** dienen dazu, diesen bestimmten **DM-Betrag zu ermitteln**.

Bilanzrechtlich sind die folgenden **Bewertungsmaßstäbe** zu unterscheiden:

Handelsrecht	Steuerrecht
Anschaffungskosten	**Anschaffungskosten**
Herstellungskosten	**Herstellungskosten**
fortgeführte AK/HK	**fortgeführte AK/HK**
Börsen- oder Marktpreis beizulegender Wert	**Teilwert** *)

*) **Ab dem VZ 1999** kann der **niedrigere** Teilwert **nur noch** bei einer **voraussichtlich dauernden Wertminderung** angesetzt werden (§ 6 Abs. 1 Nr. 1 **Satz 2**).

Welcher dieser Bewertungsmaßstäbe im einzelnen anzuwenden ist, richtet sich nach den **Bewertungsvorschriften**.

Die **Bewertungsvorschriften** werden anschließend im einzelnen im Rahmen der Darstellung der **Bewertung des Betriebsvermögens** behandelt.

9.1.3.1 Anschaffungskosten

Die Bewertung **erworbener** Vermögensgegenstände, d.h. Gegenstände, die aus dem Vermögen eines anderen erlangt worden sind, richtet sich nach den **Anschaffungskosten**.

> **Anschaffungskosten** sind Aufwendungen, die geleistet werden, um einen Vermögensgegenstand zu erwerben und ihn in einen betriebsbereiten Zustand zu versetzen (§ 255 Abs. 1 HGB).

Die **Anschaffungskosten** ergeben sich aus

> **Kaufpreis** (Anschaffungs**preis**)
> + Anschaffungs**nebenkosten**
> − Anschaffungspreis**minderungen**
> = **Anschaffungskosten**

Kaufpreis (Anschaffungs**preis**) ist alles, was der Käufer aufwendet, um den Vermögensgegenstand zu erhalten, jedoch abzüglich der anrechenbaren Vorsteuer.

Anschaffungsnebenkosten sind Kosten, die **neben** dem **Kaufpreis** anfallen, z.B.

> **bei Grundstücken**
> - Grunderwerbsteuer (seit 1997: **3,5 %** des Kaufpreises)
> - Notargebühren, netto
> - Grundbuchgebühren
> - Maklerprovision, netto
> - Vermessungsgebühren, netto
>
> **bei anderen Vermögensgegenständen**
> - Eingangsfrachten, netto
> - Anfuhr- und Abladekosten, netto
> - Eingangsprovisionen, netto
> - Transportversicherungen
> - Montagekosten, netto

Anschaffungspreisminderungen sind z.B.

> - **S k o n t i**, netto
> - **R a b a t t e**, netto
> - **B o n i**, netto
> - **P r e i s n a c h l ä s s e**, netto

Nicht zu den **Anschaffungskosten** gehören:

> - **Geldbeschaffungskosten** (Zinsen, Damnum, Wechseldiskont),
> - **anrechenbare Vorsteuer**

Beispiel:
Ein Bauunternehmer kauft einen Baukran. Der Verkäufer erteilt folgende Rechnung:

Baukran, netto	50.000,— DM
+ 16 % USt	8.000,— DM
= Rechnungsbetrag	58.000,— DM

Der Bauunternehmer bezahlt die Rechnung **unter Abzug von 2 % Skonto**.

Für den **Transport** des Baukrans vom Verkäufer zum Käufer erteilt der **Frachtführer** dem Bauunternehmer folgende Rechnung:

Transportkosten, netto	6.000,— DM
+ 16 % USt	960,— DM
= Rechnungsbetrag	6.960,— DM

Der Bauunternehmer bezahlt diese Rechnung **ohne Abzug von Skonto**.

Die **Anschaffungskosten** des Baukrans errechnen sich wie folgt:

Kaufpreis, netto	50.000,— DM
+ Anschaffungs**nebenkosten**, netto	6.000,— DM
− Anschaffungspreis**minderungen**, netto (2 % von 50.000 DM)	1.000,— DM
= **Anschaffungskosten**	**55.000,— DM**

Die nach § 15 UStG **abziehbare Vorsteuer** gehört **nicht** zu den **Anschaffungskosten (AK)** eines Wirtschaftsgutes (§ 9b Abs. 1 EStG).

Daraus folgt, daß ein **Vorsteuerbetrag**, der nach § 15 UStG **nicht abziehbar ist**, **grundsätzlich** zu den **Anschaffungskosten** gehört.

Wenn der **nichtabziehbare Vorsteuerbetrag** die in § 9b EStG genannten Beträge **(Bagatellgrenzen) nicht** übersteigt, braucht er den AK **nicht** zugerechnet zu werden.

Dies ist der Fall, wenn er 25% des Vorsteuerbetrags und 500 DM nicht übersteigt **oder** die zum Ausschluß vom Vorsteuerabzug führenden Umsätze nicht mehr als 3 % des Gesamtumsatzes betragen.

Bei der **Anschaffung von Gebäuden** sind die **Anschaffungskosten aufzuteilen** auf den **Grund und Boden und** die **Baulichkeiten**, weil nur der Teil, der auf die Baulichkeiten entfällt, **abgeschrieben** werden kann.

Beispiel:
Der Steuerpflichtige Stein kauft ein **bebautes Grundstück** zum **Kaufpreis** von **100.000 DM**. Von dem Kaufpreis entfallen 25 % von 100.000 DM = **25.000 DM** auf den **Grund und Boden** und 75 % von 100.000 DM = **75.000 DM** auf das **Gebäude**. Außerdem sind Anschaffungs**nebenkosten** in Höhe von **10.000 DM** angefallen.

Die **Anschaffungskosten** betragen:

	Kaufpreis	+	ANK	=	AK
Grund und Boden	25.000 DM	+	2.500 DM	=	**27.500 DM**
Gebäude	75.000 DM	+	7.500 DM	=	**82.500 DM**
	100.000 DM		10.000 DM		110.000 DM

Übung: 1. Wiederholungsfragen 20 bis 27 (Seite 125),
2. Fälle 3 bis 5 (Seite 129 f.)

9.1.3.2 Herstellungskosten

Für **selbsthergestellte** Wirtschaftsgüter richtet sich die Bewertung nach den **Herstellungskosten**.

Selbsthergestellte Wirtschaftsgüter sind insbesondere Wirtschaftsgüter des Vorratsvermögens (**Erzeugnisse**). Aber auch **Gebäude** können selbsthergestellte Wirtschaftsgüter sein.

> **Herstellungskosten** sind Aufwendungen, die
>
> - durch den Verbrauch von Sachgütern **und**
> - die Inanspruchnahme von Diensten
>
> für die **Herstellung** eines Vermögensgegenstandes, seine **Erweiterung** oder für eine über den ursprünglichen Zustand hinausgehende **wesentliche Verbesserung** entstehen (**§ 255 Abs. 2 HGB**).

Zu den **Herstellungskosten** gehören handelsrechtlich **mindestens** (§ 255 Abs. 2 Satz 2 HGB)

>   Material**einzelkosten**
> + Fertigungs**einzelkosten**
> + Sonder**einzelkosten** der Fertigung
> = **Wertuntergrenze** der **Herstellungskosten**

Handelsrechtlich bilden die vorgenannten **Einzelkosten** die **Wertuntergrenze** der zu aktivierenden Herstellungskosten.

Einzelkosten sind Kosten, die den hergestellten Vermögensgegenständen **direkt** zugerechnet werden können.

Die **Materialeinzelkosten** umfassen den Verbrauch an Roh-, Hilfs- und Betriebsstoffen, sofern dieser Wertverzehr den hergestellten Vermögensgegenständen direkt zurechenbar ist.

Zu den **Fertigungseinzelkosten** gehören insbesondere die Fertigungslöhne, die im Rahmen der Produktion anfallen und den einzelnen Produkten unmittelbar zurechenbar sind.

Die **Sondereinzelkosten der Fertigung** umfassen u.a. Kosten für Modelle und Spezialwerkzeuge, Lizenzgebühren sowie Kosten für Materialprüfungen.

Handelsrechtlich dürfen (müssen aber nicht) darüber hinaus weitere im § 255 Abs. 2 Satz 3 HGB genannte Aufwendungen (z.B. angemessene Teile der Material- und Fertigungsgemeinkosten) in die aktivierten Herstellungskosten eingerechnet werden.

Steuerrechtlich müssen die Materialeinzelkosten, die **Fertigungseinzelkosten**, die **Sondereinzelkosten der Fertigung** sowie die **Materialgemeinkosten** und die **Fertigungsgemeinkosten** in die zu aktivierenden Herstellungskosten einbezogen werden (R 33 EStR 1999).

Steuerrechtlich gehören demnach zu den **Herstellungskosten:**

	DM	DM
Material**einzelkosten**	.....	
+ Material**gemeinkosten**	.....	
= **M a t e r i a l k o s t e n**		.....
Fertigungs**einzelkosten**	.....	
+ Fertigungs**gemeinkosten**	.....	
= **Fertigungskosten**		.....
+ Sonder**einzelkosten** der Fertigung		.....
= **H e r s t e l l u n g s k o s t e n**		.....

Gemeinkosten sind Kosten, die dem hergestellten Vermögensgegenstand nur **indirekt** mit Hilfe von Zuschlagsätzen (ausgedrückt in Prozenten, bezogen auf die Einzelkosten) zuzurechnen sind.

Zu den **Materialgemeinkosten** und den **Fertigungsgemeinkosten** gehören nach R 33 Abs. 2 EStR 1999 u.a. die Aufwendungen für folgende Kostenstellen:

- Lagerhaltung, Transport und Prüfung des Fertigungsmaterials,

- Vorbereitung und Kontrolle der Fertigung,

- Werkzeuglager,

- Betriebsleitung, Raumkosten, Sachversicherungen,

- Unfallstationen und Unfallverhütungseinrichtungen der Fertigungsstätten,

- Lohnbüro, soweit in ihm die Löhne und Gehälter der in der Fertigung tätigen Arbeitnehmer abgerechnet werden.

Kosten der **allgemeinen Verwaltung** (z.B. Aufwendungen für die Geschäftsleitung und das Rechnungswesen) **brauchen nicht** in die Herstellungskosten eingerechnet zu werden.

Werden sie eingerechnet, dann dürfen sie nur insoweit berücksichtigt werden, als sie auf den Zeitraum der Herstellung entfallen (§ 255 Abs. 2 Sätze 4 und 5 HGB; R 33 Abs. 4 EStR 1999).

Vertriebskosten dürfen nicht in die Herstellungskosten einbezogen werden (§ 255 Abs. 2 Satz 6 HGB).

Zinsen für Fremdkapital gehören nicht zu den **Herstellungskosten**. Dennoch **dürfen** Zinsen für Fremdkapital, das zur Finanzierung der Herstellung eines Vermögensgegenstandes verwendet wird, bei der Bewertung hergestellter Vermögensgegenstände **angesetzt werden, soweit sie auf den Zeitraum der Herstellung entfallen** (§ 255 Abs. 3 HGB; R 33 Abs. 4 EStR 1999).

In der Praxis aktivieren die meisten Unternehmen **handelsrechtlich wie steuerrechtlich** ihre **Herstellungskosten** in **gleicher Höhe**, weil in der Regel eine **Einheitsbilanz** erstellt wird, d.h. sie setzen die **steuerrechtlich** aktivierungspflichtigen Herstellungskosten auch **handelsrechtlich** an.

Die folgende **Übersicht** zeigt nochmals die **Pflicht- und Wahlbestandteile** der **Herstellungskosten**:

	Handels-bilanz	Steuer-bilanz	**Einheits-bilanz**
Material**einzelkosten** Fertigungs**einzelkosten** Sonder**einzelkosten** der Fertigung	Pflicht	Pflicht	**Pflicht**
Material**gemeinkosten** Fertigungs**gemeinkosten**	Wahlrecht	Pflicht	**Pflicht**
Verwaltungs**gemeinkosten** Fremdkapital**zinsen**	Wahlrecht	Wahlrecht	**Wahlrecht**
Vertriebs**gemeinkosten**	Verbot	Verbot	**Verbot**

Übung: 1. Wiederholungsfragen 28 bis 34 (Seite 125),
2. Fall 6 (Seite 130)

9.1.3.3 Fortgeführte Anschaffungs- oder Herstellungskosten

Unter den **fortgeführten Anschaffungs- oder Herstellungskosten** versteht man die um die Absetzungen für Abnutzung oder Substanzverringerung nach § 7 EStG verminderten AK/HK.

Beispiel:

Anschaffungskosten einer Maschine	20.000 DM
− AfA nach § 7 EStG	5.000 DM
= fortgeführte Anschaffungskosten	**15.000 DM**

Dieser Maßstab ist insbesondere von **Bedeutung für** die Bewertung von **abnutzbaren Anlagegütern** und **Einlagen**.

> **Übung**: Wiederholungsfrage 35 (Seite 125)

9.1.3.4 Börsenpreis, Marktpreis, beizulegender Wert

Der handelsrechtliche **Börsenpreis** ist der an einer amtlich anerkannten Börse amtlich oder im Freiverkehr für eine Ware oder ein Wertpapier festgestellte Preis (Kurs).

Der Ansatz des **Börsenpreises** setzt voraus, daß **tatsächlich Umsätze** zu diesem Preis stattgefunden haben. Ein reiner Geld- oder Briefkurs, zu dem keine Umsätze stattgefunden haben, genügt nicht.

Der handelsrechtliche **Marktpreis** ist der Preis, der an einem Handelsplatz für Waren einer bestimmten Gattung von durchschnittlicher Art und Güte zu einem bestimmten Zeitpunkt im Durchschnitt gewährt wurde.

Bei dem handelsrechtlichen **Wert**, der den Gegenständen am Abschlußstichtag **beizulegen** ist, handelt es sich um den **Wiederbeschaffungswert**, wenn für die Bewertung der Beschaffungsmarkt maßgeblich ist, und um den **Verkaufswert** abzüglich noch anfallender Aufwendungen, wenn sich die Bewertung nach dem Absatzmarkt richtet.

> **Übung**: Wiederholungsfragen 36 bis 38 (Seite 125)

9.1.3.5 Teilwert

Ein weiterer steuerlicher Bewertungsmaßstab ist der **Teilwert**.

Der **Teilwert** wird gesetzlich wie folgt beschrieben:

> **Teilwert** ist der Betrag, den ein Erwerber des ganzen Betriebs im Rahmen des Gesamtkaufpreises für das einzelne Wirtschaftsgut ansetzen würde; dabei ist davon auszugehen, daß der Erwerber den Betrieb fortführt (§ 6 Abs. 1 Nr. 1 Satz 3 EStG)

Dem Teilwertbegriff liegt die **Annahme** zugrunde, **daß der Betrieb als Ganzes** an einen Dritten **veräußert wird**.

Solange jedoch der Betrieb **nicht veräußert** wird, kann der Teilwert nur **geschätzt** werden.

Zur Erleichterung der Schätzung des Teilwerts hat die Rechtsprechung Vermutungen aufgestellt (sog. **Teilwertvermutungen**). Dabei handelt es sich um allgemeine Erfahrungssätze, die im Einzelfall vom Unternehmer widerlegt werden können.

Zur Ermittlung des Teilwerts gelten folgende <u>**Teilwertvermutungen**</u> (H 35a (Teilwertvermutungen) EStH 1999):

> 1. Im **Anschaffungszeitpunkt und kurze Zeit danach** entspricht der Teilwert den **Anschaffungskosten**.
>
> 2. **In einem späteren Zeitpunkt** entspricht der Teilwert bei
>   a) **nichtabnutzbaren** Anlagegütern den **Anschaffungskosten**,
>   b) **abnutzbaren** Anlagegütern **den um die lineare AfA verminderten Anschaffungskosten**.
>
>   Ändern sich die Preise, treten an die Stelle der Anschaffungskosten die **Wiederbeschaffungskosten**.
>
> 3. Bei Wirtschaftsgütern des **Umlaufvermögens** entspricht der Teilwert den **Wiederbeschaffungskosten**.

Ist das Wirtschaftsgut nicht angeschafft, sondern **hergestellt** worden, treten an die Stelle der Anschaffungskosten die **Herstellungskosten**.

Die **Wiederbeschaffungs- oder Wiederherstellungskosten** bilden die **obere Grenze** des Teilwerts.

Die **untere Grenze** des Teilwerts ist der **Nettoveräußerungspreis**, d.h. der Preis ohne USt, der bei einem Verkauf zu erzielen wäre. Er kommt z.B. bei Wirtschaftsgütern in Betracht, die nicht wiederbeschafft werden können.

Weitere Einzelheiten mit Beispielen zum Teilwert folgen in den folgenden Kapiteln.

> **Übung**: 1. Wiederholungsfragen 39 bis 41 (Seite 125 f.),
> 2. Übungsaufgaben 7 bis 9 (Seite 131)

9.2 Bewertung der Wirtschaftsgüter in der Bilanz

Im folgenden wird die **Bewertung** des Vermögens und der Verbindlichkeiten in der **Steuerbilanz** dargestellt.

Bewertungsbesonderheiten, die **nur** für die **Handelsbilanz** gelten (z.B. handelsrechtliche Bewertungswahlrechte, die steuerrechtlich verboten sind), werden **nicht** erläutert.

9.2.1 Bewertungsmäßige Einteilung der Bilanzposten

In § 6 sind die **Bilanzposten für Zwecke der Bewertung** in folgende Gruppen unterteilt:

---

1. **abnutzbare** Wirtschaftsgüter des Anlagevermögens (§ 6 Abs. 1 **Nr. 1**)

   immaterielle Wirtschaftsgüter (z.B. Software, Geschäfts- oder Firmenwert),
   Gebäude,
   Maschinen,
   maschinelle Anlagen,
   Kraftfahrzeuge,
   Betriebs- und Geschäftsausstattung.

2. **nichtabnutzbare** Wirtschaftsgüter des Anlagevermögens (§ 6 Abs. 1 **Nr. 2**)

   Grund und Boden,
   Beteiligungen.

   Wirtschaftsgüter des **Umlaufvermögens** (§ 6 Abs. 1 **Nr. 2**)

   Vorräte (z.B. Waren),
   Forderungen aus Lieferungen und Leistungen,
   Wertpapiere,
   Kassenbestand,
   Bank und Postgiroguthaben.

3. **Verbindlichkeiten** (§ 6 Abs. 1 **Nr. 3**)

   Verbindlichkeiten gegenüber Kreditinstituten,
   Verbindlichkeiten aus Lieferungen und Leistungen,
   sonstige Verbindlichkeiten.

Zum <u>Anlagevermögen</u> gehören die Wirtschaftsgüter, die am Bilanzstichtag dazu bestimmt sind, dem Betrieb **dauernd zu dienen** (R 32 Abs. 1 EStR 1999).

Wirtschaftsgüter des Anlagevermögens können **abnutzbar oder nichtabnutzbar** sein. <u>Abnutzbar</u> sind Anlagegüter in der Regel, wenn ihre Nutzung zeitlich begrenzt ist.

Zum <u>Umlaufvermögen</u> gehören die Wirtschaftsgüter, die zur Veräußerung, Verarbeitung oder zum Verbrauch angeschafft oder hergestellt worden sind (R 32 Abs. 2 EStR 1999).

> **Übung**: Wiederholungsfragen 42 bis 45 (Seite 126)

9.2.2 Bewertung des abnutzbaren Anlagevermögens

Wirtschaftsgüter des **abnutzbaren Anlagevermögens** sind mit den **Anschaffungs- oder Herstellungskosten** oder dem **an deren Stelle tretenden Wert** (z.B. Einlagewert), **vermindert um bestimmte Abzüge**, anzusetzen (§ 6 Abs. 1 **Nr. 1**):

Anschaffungs-oder Herstellungskosten oder dem an deren Stelle tretenden Wert
− **Absetzung für Abnutzung**, erhöhte Absetzungen, Sonderabschreibungen, Abzüge nach § 6b und ähnliche Abzüge
= **B i l a n z a n s a t z**

 Die Bewertungsmaßstäbe **Anschaffungskosten und Herstellungskosten** wurden bereits in den Abschnitten 9.1.3.1 und 9.1.3.2, Seite 81 ff., erläutert.

Bei **abnutzbaren** Wirtschaftsgütern, deren Nutzung sich erfahrungsgemäß auf einen Zeitraum von **mehr als einem Jahr** erstreckt, sind die **Anschaffungs- oder Herstellungskosten** auf die **betriebsgewöhnliche Nutzungsdauer** zu verteilen.

Der **Teil** der **AK/HK, der auf ein Jahr entfällt**, wird als Absetzung für Abnutzung (**AfA**) bezeichnet.

Wie die **Verteilung der AK/HK** auf die **betriebsgewöhnliche Nutzungsdauer** vorzunehmen ist, richtet sich nach der **AfA-Methode**, die der Steuerpflichtige anwendet.

Nach § 7 sind folgende **AfA-Methoden** zu unterscheiden:

> 1. AfA in **gleichen** Jahresbeträgen (**lineare AfA**)
>   bei Gebäuden und beweglichen Anlagegütern.
>
> 2. AfA in **fallenden** Jahresbeträgen (**degressive AfA**)
>   bei Gebäuden und beweglichen Anlagegütern,
>
> 3. AfA nach Maßgabe der Leistungen (**Leistungs-AfA**)
>   nur bei beweglichen Anlagegütern,
>
> 4. Absetzung für **au**ßergewöhnliche technische oder wirtschaftliche **A**bnutzung (**AfaA**)
>   bei Gebäuden und beweglichen Anlagegütern.

In den folgenden Abschnitten 9.2.4 und 9.2.6 werden nur die **lineare** und die **degressive AfA** bei **Gebäuden** und **beweglichen Anlagegütern** kurz erläutert.

Eine ausführliche Darstellung der **Bewertung des abnutzbaren Anlagevermögens** erfolgt in Abschnitt 1.5 der **Buchführung 2**, 11. Auflage 1999.

Ist der **Teilwert auf Grund einer voraussichtlich dauernden Wertminderung niedriger** als die **fortgeführten AK/HK, müssen** buchführende Gewerbetreibende den **niedrigeren Teilwert** ansetzen (§ 253 Abs. 2 HGB i.V.m. § 5 Abs. 1 Satz 1 EStG). **Ab** dem Veranlagungszeitraum **1999** ist nach § 6 Abs. 1 Nr. 1 **Satz 2** eine **Teilwertabschreibung nur** noch bei einer **voraussichtlich dauernden Wertminderung** zulässig.

Ein in der **Handelsbilanz** wegen einer **vorübergehenden** Wertminderung vorgenommene **außerplanmäßige Abschreibung** ist in der **Steuerbilanz** als **Teilwertabschreibung ab dem VZ 1999 nicht** mehr **möglich**.

Wurde eine **Teilwertabschreibung** zulässigerweise **vor** dem **VZ 1999** vorgenommen, ist der Steuerpflichtige **ab** dem **VZ 1999 verpflichtet**, das Wirtschaftsgut in der **nachfolgenden Bilanz** wieder mit dem sich nach § 6 Abs. 1 Nr. 1 **Satz 1** ergebenden Wert (i.d.R. mit den fortgeführten AK/HK) anzusetzen (**Wertaufholungsgebot**), es sei denn, der Steuerpflichtige weist nach, daß ein niedrigerer Teilwert angesetzt werden kann.

Beispiel:
Zum Betriebsvermögen der Klaus Kollmann KG gehört eine Maschine, die Anfang 1996 für **100.000 DM** angeschafft worden ist. Die Nutzungsdauer beträgt 5 Jahre. Am 31.12.1997 beträgt der Teilwert der Maschine **36.000 DM**.

Die Maschine wurde buchmäßig wie folgt behandelt:

Anschaffungskosten 1996	100.000 DM
− AfA 1996 (20 % von 100.000 DM)	20.000 DM
− AfA 1997 (20 % von 100.000 DM)	20.000 DM
= Buchwert 31.12.1997 lt. Abschreibungsplan	60.000 DM
− **Teilwertabschreibung 1997**	24.000 DM
= Buchwert 31.12.1997	36.000 DM
− AfA 1998 (36.000 DM : 3 Jahre Rest-ND)	12.000 DM
= Buchwert 31.12.1998	**24.000 DM**

In 1999 ist der Steuerpflichtige verpflichtet, die Teilwertabschreibung aufzulösen. Zum 31.12.1999 hat der Steuerpflichtige die fortgeführten AK in Höhe von **40.000 DM** (ohne die AfA 1999 lt. Abschreibungsplan) anzusetzen.

Buchwert 31.12.1997 lt. Abschreibungsplan	60.000 DM
− AfA 1998 (20 % von 100.000 DM)	20.000 DM
= Buchwert 31.12.1998 lt. Abschreibungsplan	**40.000 DM**

Somit ist eine **Zuschreibung** von **16.000 DM** (40.000 DM − 24.000 DM) vorzunehmen. Außerdem ist noch die normale AfA lt. Abschreibungsplan für 1999 zu berücksichtigen:

Buchwert 31.12.1998	24.000 DM
+ **Zuschreibung 1999**	**16.000 DM**
= Buchwert 31.12.1999 lt. Abschreibungsplan	40.000 DM
− AfA 1999 (20 % von 100.000 DM)	20.000 DM
= Buchwert 31.12.1999 lt. Abschreibungsplan	20.000 DM

Im Erstjahr (VZ 1999) kann für den aus der Zuschreibung entstehenden Gewinn in Höhe von 4/5 eine den steuerlichen Gewinn mindernde **Rücklage** gebildet werden, die in den vier folgenden Wirtschaftsjahren mit mindestens je 1/4 aufzulösen ist (§ 52 Abs. 16 Satz 3).

Der **Buchungssatz** für das Erstjahr würde für das vorangegangen Beispiel lauten:

2346 (6929) Einstellung in Sonderposten mit Rücklageanteil (§ 52 Abs. 16 EStG) **an**
0939 (2989) Sonderposten mit Rücklageanteil nach § 52 Abs. 16 EStG   **12.800 DM**

> **Übung:** 1. Wiederholungsfragen 46 bis 48 (Seite 126),
> 2. Fälle 10 und 11 (Seite 131)

9.2.3 Absetzungen für Abnutzung bei immateriellen Wirtschaftsgütern

Als **immaterielle (unkörperliche) Wirtschaftsgüter** kommen in Betracht: Rechte, rechtsähnliche Werte und sonstige Vorteile (R 31a Abs. 1 **Satz 1** EStR 1999).

9.2.3.1 Software

Unter **Software** versteht man das selbständig bewertbare Nutzungsrecht für ein Computerprogramm.

Die **Software** ist als **immaterielles Wirtschaftsgut** mit den Anschaffungskosten zu **aktivieren** und **linear** (nicht degressiv) abzuschreiben (R 42 Abs. 1 Satz 1 **Nr. 2** EStR 1999).

Beispiel:
Die J & M GmbH kauft am 4.1.1999 **nicht** standardisierte Software, die speziell nach ihren Anforderungen erstellt worden ist (siehe **Steuerlehre 1**, 20. Aufl., Seite 149 = **sonstige Leistung**), für **10.000 DM** + 1.600 DM USt = 11.600 DM auf Ziel. Die Nutzungsdauer der Software beträgt 5 Jahre.

Die **Abschreibung** beträgt jährlich **2.000 DM** (20 % von 10.000 DM).

Liegt am Abschlußstichtag der tatsächliche Wert der Software unter dem Buchwert, darf der **niedrigere Wert** angesetzt werden (R 42 Abs. 1 **Nr. 2** EStR 1999).

Keine Software im vorgenannten Sinne sind sog. **Trivialprogramme**.

Trivialprogramme sind abnutzbare **bewegliche** und selbständig abnutzbare Wirtschaftsgüter (R 31a Abs. 1 Satz 2 EStR 1999). Als **bewegliche** Wirtschaftsgüter dürfen sie auch **degressiv** abgeschrieben werden (R 42 Abs. 1 **Nr. 1** EStR 1999).

Computerprogramme, deren Anschaffungskosten **nicht mehr als 800 DM** betragen, sind stets als **Trivialprogramme** zu behandeln, d.h. sie dürfen **linear**, **degressiv oder** als GWG **in vollem Umfang** sofort abgeschrieben werden.

 Die umsatzsteuerrechtliche Behandlung der **Software** erfolgt in der **Steuerlehre 1**, 20. Auflage 1999, Seite 144 und Seite 149.

Übung: Wiederholungsfragen 49 bis 52 (Seite 126)

9.2.3.2 Geschäfts- oder Firmenwert

Unter dem **Geschäfts- oder Firmenwert** versteht man den **Unterschiedsbetrag** zwischen dem Wert der einzelnen Vermögensgegenständen nach Abzug der Schulden (= **Betriebsvermögen**) und dem **Kaufpreis** für ein gewerbliches Unternehmen (= **derivativer Firmenwert**; § 255 Abs. 4 Satz 1 HGB).

K a u f p r e i s   *KP*
– Betriebsvermögen (Vermögen – Schulden) /EK *lt. Bilanz*
= **Geschäfts- oder Firmenwert** *derivativer FW*

(Voraussetzung: positiv)

Die **Geschäftsveräußerung im ganzen** unterliegt **nicht** der **Umsatzsteuer** (§ 1 Abs. 1a UStG).

Als immaterielles Wirtschaftsgut ist der **derivative Firmenwert steuerrechtlich** mit den Anschaffungskosten **zu aktivieren und linear (nicht** degressiv) **abzuschreiben**.

Bei der Berechnung des linearen AfA-Satzes ist von einer betriebsgewöhnlichen **Nutzungsdauer** von **15 Jahren** auszugehen, so daß der **AfA-Satz**

> **6 2/3 %**

beträgt (§ 7 Abs. 1 **Satz 3** EStG).

Handelsrechtlich besteht für den entgeltlich erworbenen Geschäfts- oder Firmenwert ein Aktivierungs**wahlrecht** (§ 255 Abs. 4 HGB).

Wird der derivative Firmenwert aktiviert, hat der Unternehmer **handelsrechtlich zwei Möglichkeiten** (§ 255 Abs. 4 HGB):

> 1. den Firmenwert innerhalb von 5 Jahren abzuschreiben *handels- oder rechtl.* § 255 HGB
> 2. den Firmenwert planmäßig über die voraussichtliche Nutzungsdauer (z.B. **15 Jahren**) abzuschreiben. *derivativer Firmenwert*

Die **2. Möglichkeit** erlaubt es dem Unternehmer, eine **übereinstimmende Abschreibung** für **Handels- und Steuerbilanz (Einheitsbilanz)** vorzunehmen.

> Beispiel:
> Die Gewerbetreibende Gertrud Schaus hat am 4.1.1999 ein Unternehmen mit einem Firmenwert erworben Die Anschaffungskosten des Firmenwerts haben **300.000 DM** betragen.
> Die Gewerbetreibende will eine einheitliche Handels- und Steuerbilanz erstellen. Sie paßt die handelsrechtliche an die steuerrechtliche 15jährige Abschreibungsdauer an.
>
> Die **Abschreibung** beträgt jährlich **20.000 DM** (6 2/3 % von 300.000 DM).

Der von dem Unternehmer selbst geschaffene Firmenwert (**originäre Firmenwert**) darf **weder handels- noch steuerrechtlich** als Aktivposten **angesetzt werden** (§ 5 Abs. 2 EStG).

Kein Geschäfts- oder Firmenwert i.S. des § 7 Abs. 1 Satz 3 EStG ist der beim Kauf einer **freiberuflichen** Praxis erworbene **Praxiswert**.

§ 7 Abs. 1 Satz 3 EStG bezieht sich nur auf den Geschäfts- oder Firmenwert eines **gewerblichen oder land- und forstwirtschaftlichen** Unternehmens.

Der **Praxiswert** wurde schon bisher als **abnutzbar** angesehen. Die Abschreibungsdauer des Praxiswertes liegt in der Regel **zwischen 3 und 5 Jahren** (3 Jahre bei einer Arztpraxis).

Ebenso stellt der anläßlich der **Gründung einer Sozietät** aufgedeckte **Praxiswert** ein abnutzbares immaterielles Wirtschaftsgut dar. Die Abschreibungsdauer des bei einer Gründung einer Sozietät aufgedeckten Praxiswertes liegt **zwischen 6 und 10 Jahren** (BMF-Schreiben vom 15.1.1995 - IV B2 - S 2172 - 15/94, BStBl 1995 I S. 14).

> **Übung**: 1. Wiederholungsfragen 53 bis 57 (Seite 126),
> 2. Fälle 12 und 13 (Seite 132)

9.2.4 Absetzungen für Abnutzung bei Gebäuden

9.2.4.1 Lineare AfA bei Gebäuden

Bei **Gebäuden** ist hinsichtlich der **linearen** und **degressiven AfA** zu unterscheiden zwischen

> 1. **Wirtschaftsgebäuden**, für die die Abschreibungsdauer 25 Jahre beträgt und
> 2. **allen anderen Gebäuden**, für die die Abschreibungsdauer 50 bzw. 40 Jahre beträgt.

Wirtschaftsgebäude sind Gebäude, soweit sie zu einem **Betriebsvermögen** gehören **und nicht Wohnzwecken** dienen **und** für die der **Bauantrag nach dem 31.03.1985** gestellt worden ist (§ 7 Abs. 4 **Nr. 1**).

Alle anderen Gebäude sind Gebäude, die die Voraussetzungen des § 7 Abs. 4 **Nr. 1 nicht** erfüllen, d.h. **keine Wirtschaftsgebäude** sind.

Die **lineare Gebäude-AfA** beträgt:

> 1. bei **Wirtschaftsgebäuden** 4 %
>
> 2. bei **allen anderen Gebäuden**,
>   a) die **nach dem 31.12.1924** fertiggestellt worden sind 2 %
>   b) die **vor dem 01.01.1925** fertiggestellt worden sind 2,5 %

der **Anschaffungskosten/Herstellungskosten** bis zur vollen Absetzung.

Diese Regelung entspricht einer **Abschreibungsdauer** der Gebäude von **25, 50** bzw. **40 Jahren**.

> Beispiel:
> Die Steuerpflichtige Sharda Gottwald, Trier, besitzt eine Lagerhalle, die zum **Betriebsvermögen gehört** und für die der **Bauantrag nach dem 31.03.1985** gestellt worden ist. Die Lagerhalle ist ein **Wirtschaftsgebäude**. Ihre HK haben 400.000 DM betragen.
>
> Die Steuerpflichtige kann **linear** jährlich **4 %** von 400.000 DM = 16.000 DM bis zur vollen Absetzung abziehen.

Beträgt die tatsächliche **Nutzungsdauer** eines Gebäudes **weniger** als **25, 50** bzw. **40 Jahre**, können **höhere AfA-Sätze** angewendet werden (§ 7 Abs. 4 **Satz 2** EStG).

Die Anwendung **niedrigerer AfA-Sätze** ist hingegen **ausgeschlossen** (R 44 Abs. 4 Satz 2 EStR 1999).

Der **Wert des Grund und Bodens** gehört **nicht zur Bemessungsgrundlage** der **Gebäude-AfA**, weil der Grund und Boden nicht der Abnutzung unterliegt.

Beispiel:
Der Steuerpflichtige Anil Neuerburg hat am 04.01.1999 ein **bebautes Grundstück**, Anschaffungskosten **250.000 DM**, gekauft. Von den AK entfallen auf das **Gebäude, das 1950 fertiggestellt** worden ist, **200.000 DM**.

Der Steuerpflichtige kann jährlich **2 %** von 200.000 DM = 4.000 DM bis zur vollen Absetzung abziehen. Das Jahr der **Anschaffung** ist grundsätzlich für die AfA-Bemessung **unerheblich**. Entscheident ist in diesem Fall das **Jahr der Fertigstellung** des Gebäudes (**1950**).

Wird ein Gebäude **im Laufe eines Jahres** angeschafft oder hergestellt, kann die **lineare Gebäude-AfA** für das **Erstjahr nur zeitanteilig** vorgenommen werden. Für das Jahr der **Veräußerung** ist **entsprechend** zu verfahren (R 44 Abs. 2 und 9 EStR 1999).

Beispiel:
Der Steuerpflichtige Nicolas Müller hat am **15.04.1999** ein **bebautes Grundstück** erworben. Das Gebäude ist **1960 fertiggestellt** worden. Die **Anschaffungskosten** des **Gebäudes** haben **420.000DM** betragen.

Der Steuerpflichtige kann die **lineare AfA für 1999 nur zeitanteilig** in Höhe von **6.300DM** (2 % von 420.000 DM = 8.400 DM für 9 Monate = 6.300 DM) in Anspruch nehmen.

Die **lineare Gebäude-AfA** wird grundsätzlich nach den **Anschaffungskosten/Herstellungskosten** der Gebäude berechnet.

> **Übung:** 1. Wiederholungsfragen 58 bis 65 (Seite 126),
> 2. Fälle 14 und 15 (Seite 132)

9.2.4.2 Degressive AfA bei Gebäuden

Abweichend von der **linearen** AfA nach § 7 **Abs. 4** kann der Steuerpflichtige unter bestimmten Voraussetzungen auch die **degressive AfA** in Form fallender Staffelsätze nach § 7 **Abs. 5** vornehmen.

Bei der **degressiven Gebäude-AfA** sind die **jährlichen AfA-Beträge** nicht gleich hoch, sondern **fallen in bestimmten zeitlichen Abständen** (staffeldegressive AfA).

Seit 1996 sind fünf degressive **AfA-Staffeln** zu unterscheiden:

> 1. **Staffel 65/77**
> 2. **Staffel 81**
> 3. **Staffel 85**
> 4. **Staffel 89**
> 5. **Staffel 96**

Die Zahlen **65/77, 81, 85, 89 und 96** bezeichnen die **Jahre**, in denen diese Staffeln **erstmals** anwendbar bzw. **wieder anwendbar** waren.

Bei der **degressiven AfA** nach § 7 Abs. 5 ist die Anwendung **höherer oder niedrigerer** Staffelsätze ausgeschlossen (R 44 Abs. 6 EStR 1999).

Im Jahr der Fertigstellung des Gebäudes ist die **degressive AfA** nach § 7 Abs. 5 mit dem **vollen Jahresbetrag** abzuziehen.

Ein Gebäude ist <u>fertiggestellt</u>, wenn die wesentlichen Bauarbeiten abgeschlossen sind und der Bau so weit errichtet ist, daß der Bezug der Wohnung zumutbar ist. Ein Gebäude ist <u>**nicht fertiggestellt**</u>, wenn Türen, Böden und der Innenputz noch fehlen (H 44 (Fertigstellung) EStH 1999).

Bemessungsgrundlage der AfA sind die **HK/AK** des **Gebäudes**.

Die <u>**Staffel 96**</u> kann der Steuerpflichtige anwenden, wenn

- das Gebäude **Wohnzwecken** dient,
- der **Bauantrag nach dem 31.12.1995** gestellt worden ist **oder**
- die **Anschaffung** auf Grund eines **nach dem 31.12.1995** abgeschlossenen **Kaufvertrags** erfolgte.

Liegen die **Voraussetzungen** des neu eingefügten § 7 Abs. 5 **Nr. 3b** vor, können folgende Beträge abgezogen werden:

1. in den ersten	8 Jahren jeweils	5 %
2. in den darauffolgenden	6 Jahren jeweils	2,5 %
3. in den darauffolgenden	36 Jahren jeweils	1,25 %

der **Herstellungskosten** oder der **Anschaffungskosten**.

Die <u>**Staffel 89**</u> kann der Steuerpflichtige anwenden, wenn

- der **Bauantrag nach** dem **28.2.1989** und **vor** dem **1.1.96** gestellt worden ist,
- das Gebäude **Wohnzwecken** dient und
- er das Gebäude **herstellt oder** bis **zum Ende des Fertigstellungsjahrs** anschafft. Im Fall der **Anschaffung** darf die Staffel 89 nur angewendet werden, wenn der **Hersteller** für das veräußerte Gebäude **weder** die degressive AfA **noch** erhöhte Absetzungen oder Sonderabschreibungen in Anspruch genommen hat.

Liegen diese **Voraussetzungen** vor, können folgende Beträge abgezogen werden:

1. in den ersten	4 Jahren jeweils	7 %
2. in den darauffolgenden	6 Jahren jeweils	5 %
3. in den darauffolgenden	6 Jahren jeweils	2 %
4. in den darauffolgenden	24 Jahren jeweils	1,25 %

der **Herstellungskosten** oder der **Anschaffungskosten**.

Der Steuerpflichtige **kann** die AfA nach der **Staffel 89** oder nach der **Staffel 81** vornehmen; es besteht ein **Wahlrecht**.

Beispiel:
Die Steuerpflichtige Heike Utler hat in 1995 in Koblenz ein Mietwohngrundstück (Sechs-Familienhaus) bauen lassen. Der Bauantrag ist am 05.03.1994 gestellt worden. Die **Herstellungskosten des Gebäudes** haben **800.000 DM** betragen.

Die Steuerpflichtige kann für 1999 **40.000 DM** (5 % von 800.000 DM) **degressiv** abschreiben (Staffel 89, 5. Jahr). Sie kann aber auch die AfA nach der **Staffel 81** vornehmen (Wahlrecht).

Die **Staffel 85** kann der Steuerpflichtige anwenden, wenn

- das im Inland belegene Gebäude ein **Wirtschaftsgebäude** ist (= **Betriebsvermögensgebäude**, das **nicht Wohnzwecken** dient und bei dem der **Bauantrag nach dem 31.03.1985** gestellt worden ist) **und**

- er das Gebäude **herstellt** (Bauantrag **vor** dem **01.01.1994**) **oder** bis zum **Ende des Fertigstellungsjahrs anschafft** (obligatorischer Vertrag **vor** dem **01.01.1994**). Im Fall der **Anschaffung** darf die Staffel 85 nur angewendet werden, wenn der **Hersteller** für das veräußerte Gebäude **weder** die degressive AfA **noch** erhöhte Absetzungen oder Sonderabschreibungen in Anspruch genommen hat.

Liegen diese **Voraussetzungen** vor, können folgende Beträge abgezogen werden:

1. in den ersten	4 Jahren jeweils	10 %
2. in den darauffolgenden	3 Jahren jeweils	5 %
3. in den darauffolgenden	18 Jahren jeweils	2,5 %

der **Herstellungs-** oder **Anschaffungskosten**.

Beispiel:
Der Gewerbetreibende Dirk Kurtenbach hat in 1993 in Frankfurt ein Fabrikgebäude bauen lassen, das am 10.12.1993 fertiggestellt wurde. Der Bauantrag wurde am 10.04.1993 gestellt. Die **Herstellungskosten des Gebäudes** haben **350.000 DM** betragen.

Kurtenbach kann für 1999 eine **degressive AfA** von **17.500 DM** (5 % von 350.000 DM) vornehmen (Staffel 85, 7. Jahr).

Die **Staffel 81** kann der Steuerpflichtige anwenden, wenn

- die **Staffel 85 nicht anwendbar** ist,
- er das Gebäude **herstellt oder** bis zum **Ende des Fertigstellungsjahrs anschafft**. Im Fall der **Anschaffung** darf die Staffel 81 nur angewendet werden, wenn der **Hersteller** für das veräußerte Gebäude **weder** die degressive AfA **noch** erhöhte Absetzungen oder Sonderabschreibungen in Anspruch genommen hat **und**
- der **Bauantrag nach dem 29.07.1981** und **vor** dem **01.01.1995** gestellt worden ist **oder** die Anschaffung auf Grund eines innerhalb dieses Zeitraums abgeschlossenen **Kaufvertrags** erfolgte.

Liegen diese **Voraussetzungen** vor, können folgende Beträge abgezogen werden:

1. in den ersten	8 Jahren jeweils	**5 %**
2. in den darauffolgenden	6 Jahren jeweils	**2,5 %**
3. in den darauffolgenden	36 Jahren jeweils	**1,25 %**

der **Herstellungskosten oder Anschaffungskosten**.

Beispiel:
Der Gewerbetreibende Werner Grün hat in Mainz eine Werkstatthalle bauen lassen. Die Halle, für die der Bauantrag am 15.02.1985 gestellt worden ist, ist am 20.12.1987 fertiggestellt worden. Die **Herstellungskosten** der Halle haben **260.000 DM** betragen.

Der Steuerpflichtige kann für 1999 **6.500 DM** (2,5 % von 260.000 DM) **degressiv** abschreiben (Staffel 81, 13. Jahr).

Die **Staffel 65/77** kann der Steuerpflichtige anwenden, wenn

- die **Staffeln 96, 89, 85 und 81 nicht anwendbar** sind,
- das Gebäude **nach dem 31.08.1977** von ihm **hergestellt** worden ist **oder**
- das Gebäude **nach dem 31.12.1964** von ihm hergestellt und der Bauantrag **vor dem 09.05.1973 gestellt worden ist**.

Liegen diese **Voraussetzungen** vor, können folgende Beträge abgezogen werden:

1. in den ersten	12 Jahren	**3,5 %**
2. in den darauffolgenden	20 Jahren	**2 %**
3. in den darauffolgenden	18 Jahren	**1 %**

der **Herstellungskosten oder Anschaffungskosten**.

Für das **Jahr der Veräußerung** des Gebäudes darf die **degressive AfA** nach § 7 **Abs. 5 nur zeitanteilig** vorgenommen werden (R 44 Abs. 9 EStR 1999).

Der **Übergang** von der **degressiven** Absetzung nach § 7 **Abs. 5 zur linearen** Absetzung nach § 7 **Abs. 4 und umgekehrt** ist **nicht zulässig** (H 44 (Wechsel der AfA-Methode bei Gebäuden) EStH 1999).

In den Schaubildern auf den folgenden Seiten werden die wesentlichen Merkmale der Gebäude-AfA nach § 7 nochmals zusammengestellt (siehe auch **Anhang 0** EStH 1999).

> **Übung:** 1. Wiederholungsfragen 66 bis 81 (Seite 126 f.),
> 2. Fälle 16 bis 24 (Seite 133 f.)

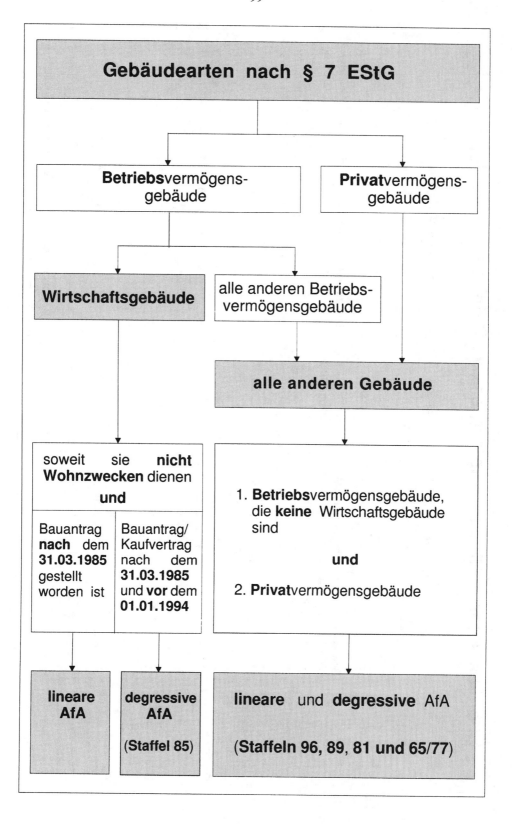

Übersicht über die lineare und degressive Gebäude-AfA nach § 7 EStG

Wirtschaftsgebäude

	linear	degressiv
		Staffel 85
Voraussetzungen	Betriebsvermögen; keine Wohnzwecke; Bauantrag **nach** dem **31.03.1985**	Betriebsvermögen; keine Wohnzwecke; Bauantrag / Kaufvertrag **nach** dem **31.03.1985** und **vor** dem **01.01.1994**
AfA-Satz	4 %	4 x 10 % 3 x 5 % 18 x 2,5 %
Bemessungsgrundlage	AK / HK	HK / AK
Personenkreis	Erwerber / Bauherr	Bauherr / ggf. Erwerber
AfA im Erstjahr	zeitanteilig	in voller Höhe

alle anderen Gebäude

	linear		degressiv			
	fertiggestellt		Staffel 65/77 *)	Staffel 81	Staffel 89	Staffel 96
	vor 1.1.1925	**nach** 31.12.1924	Bauantrag / Kaufvertrag **vor** dem 30.07.1981	Bauantrag / Kaufvertrag **nach** dem 29.07.1981 und **vor** dem 01.01.1995	Wohnzwecke; Bauantrag / Kaufvertrag **nach** dem 28.02.1989 und **vor** dem 01.01.1996	Wohnzwecke; Bauantrag / Kaufvertrag **nach** dem 31.12.1995
	2,5 %	2 %	12 x 3,5 % 20 x 2 % 18 x 1 %	8 x 5 % 6 x 2,5 % 36 x 1,25 %	4 x 7 % 6 x 5 % 6 x 2 % 24 x 1,25 %	8 x 5 % 6 x 2,5 % 36 x 1,25 %
	AK / HK		HK / AK			
	Erwerber / Bauherr		Bauherr / ggf. Erwerber			
	zeitanteilig		in voller Höhe			

*) Vom **08.05.1973 bis 01.09.1977** war die **degressive** Gebäude-AfA ausgeschlossen (**Anhang 0** EStH 1999).

9.2.5 Erhöhte Absetzungen bei Gebäuden

An Stelle der **linearen und degressiven AfA** können bei Gebäuden auch **erhöhte Absetzungen** nach § **7b** (Restwertabsetzungen) in Betracht kommen.

Diese **erhöhten Absetzungen** werden im Abschnitt 11.3.1.2.5, Seite 222, bei den Einkünften aus Vermietung und Verpachtung kurz erläutert.

Sie können jedoch auch im Rahmen des **Betriebsvermögens** in Anspruch genommen werden.

> **Übung**: Wiederholungsfragen 82 und 83 (Seite 127)

9.2.6 Absetzungen für Abnutzung bei beweglichen Anlagegütern

9.2.6.1 Lineare AfA bei beweglichen Anlagegütern

Bei der **linearen AfA** auf **bewegliche Anlagegüter** werden die AK/HK **gleichmäßig** auf die Zeit der betriebsgewöhnlichen **Nutzungsdauer** verteilt (§ 7 Abs. 1).

Der jährliche **lineare AfA-Betrag** ergibt sich, indem man die **AK/HK** durch die Anzahl der Jahre der betriebsgewöhnlichen **Nutzungsdauer** dividiert:

$$\text{linearer AfA-Betrag} = \frac{\text{AK/HK}}{\text{Nutzungsdauer}}$$

Beispiel:
Die AK einer Maschine betragen **50.000 DM**. Die betriebsgewöhnliche **Nutzungsdauer** beträgt **10 Jahre**.

Der **jährliche lineare AfA-Betrag** wird wie folgt ermittelt:

$$\text{jährlicher linearer AfA-Betrag} = \frac{50.000 \text{ DM}}{10} = \underline{5.000 \text{ DM}}$$

Der **lineare AfA-Satz** ergibt sich, indem man **100** durch die Anzahl der Jahre der betriebsgewöhnlichen **Nutzungsdauer** dividiert:

$$\text{linearer AfA-Satz} = \frac{100}{\text{Nutzungsdauer}}$$

Beispiel:
Sachverhalt wie zuvor

Der **lineare AfA-Satz** wird wie folgt ermittelt:

$$\text{linearer AfA-Satz} = \frac{100}{10} = 10\,\%$$

Die **Höhe der AfA** ist somit von den **AK** bzw. **HK** und der betriebsgewöhnlichen **Nutzungsdauer** des Anlageguts abhängig.

Auszug aus der **AfA-Tabelle** für allgemein verwendbare Anlagegüter (BMF-Schreiben vom 18.4.1997, BStBl 1997 I Seite 376 ff.):

Lfd. Nr.	Anlagegüter	Nutzungs-dauer (Jahre)	Linearer AfA-Satz (%)
1	2	3	4
6	**BETRIEBS- UND GESCHÄFTSAUSSTATTUNG**		
6.1	Wirtschaftsgüter der Werkstätten-, Labor- und Lagereinrichtungen	10	10
6.2	Wirtschaftsgüter der Ladeneinrichtungen	8	12
6.3	Kühleinrichtungen	5	20
6.4	Klimageräte (mobil)	8	12
6.5	Be- und Entlüftungsgeräte (mobil)	5	20
6.6	Fettabscheider	5	20
6.7	Magnetabscheider	6	17
6.8	Naßabscheider	5	20
6.9	Heiß-/Kaltluftgebläse (mobil)	8	12
6.10	Raumheizgeräte (mobil)	5	20
6.11	Arbeitszelte	6	17
6.12	Telekommunikationsanlagen		
6.12.1	Fernsprechnebenstellenanlagen	8	12
6.12.2	Kommunikationsendgeräte		
6.12.2.1	allgemein	6	17
6.12.2.2	Mobilfunkgeräte	4	25
6.12.3	Autotelefone	4	25
6.12.4	Textendeinrichtungen (Fernschreiber, Faxgeräte u.ä.)	5	20
6.12.5	Betriebsfunkanlagen	8	12
6.12.6	Antennenmasten		
6.12.6.1	stationär	10	10
6.12.6.2	mobil	5	20
6.13	Büromaschinen u. Organisationsmittel		
6.13.1	Adressier-, Kuvertier- und Frankiermaschinen	5	20
6.13.2	Pagniermaschinen	8	12
6.13.3	Datenverarbeitungsanlagen		
6.13.3.1	Großrechner	5	20
6.13.3.2	Workstations, Personalcomputer, Notebooks u.ä.	4	25
6.13.3.3	Peripheriegeräte (Drucker, Scanner u.ä.)	4	25

Die von der Rechtsprechung aufgestellten Grundsätze zur Ermittlung der **betriebsgewöhnlichen Nutzungsdauer** (BFH-Urteil vom 19.11.1997, BStBl 1998 II S. 59) erfordert eine grundlegende Überarbeitung der amtlichen AfA-Tabellen. Das Urteil sieht die **technische Nutzung** (technische Abnutzung) eines Wirtschaftsguts als maßgebendes Kriterium für die betriebsgewöhnliche Nutzungsdauer an.
Bis zur Veröffentlichung neuer amtlicher AfA-Tabellen können die **derzeitig gültigen AfA-Tabellen** weiterhin angewandt werden (BMF-Schreiben vom 15.6.1999, BStBl 1999 I S. 543).

Die **lineare AfA** kann bei **allen** abnutzbaren Wirtschaftsgütern und bei **allen** Einkunftsarten angewendet werden.

Die AfA **beginnt** bei der **Anschaffung** von abnutzbaren Anlagegütern mit dem **Zeitpunkt der Lieferung** und bei der **Herstellung** von abnutzbaren Anlagegütern mit dem **Zeitpunkt der Fertigstellung** (R 44 Abs. 1 EStR 1999).

> **Übung:** 1. Wiederholungsfragen 84 und 85 (Seite 127),
> 2. Fälle 25 und 26 (Seite 134 f.)

Werden bewegliche Anlagegüter **im Laufe** eines Wirtschaftsjahrs angeschafft oder hergestellt, so ist die AfA in diesem Wirtschaftsjahr grundsätzlich **zeitanteilig** (**pro-rata-temporis**) zu berechnen (R 44 Abs. 2 Satz 1 EStR 1999).

Das gilt **entsprechend beim Ausscheiden** eines Anlageguts **im Laufe** eines Wirtschaftsjahrs (R 44 Abs. 9 EStR 1999).

Beispiel:
Ein Gewerbetreibender, dessen Wirtschaftsjahr mit dem Kalenderjahr übereinstimmt, kauft am **01.03.1999** eine Maschine mit **AK** von **12.000 DM**. Die betriebsgewöhnliche **Nutzungsdauer** beträgt **5 Jahre**.

Nach der **Pro-rata-temporis-Regel** wird die AfA wie folgt berechnet:

$$\text{\textbf{Jahres}betrag der AfA:} \quad \frac{12.000 \text{ DM}}{5} = 2.400 \text{ DM}$$

$$\text{\textbf{zeitanteiliger} AfA-Betrag:} \quad \frac{2.400 \text{ DM}}{12} = 200 \text{ DM} \times 10 = \underline{\textbf{2.000 DM}}$$

Der **zeitanteilige** AfA-Betrag beträgt 1999 für **10 Monate 2.000 DM**.

Wird ein Anlagegut **im Laufe** eines **Monats** angeschafft oder hergestellt, so wird im allgemeinen eine **Aufrundung auf volle Monate** nicht zu beanstanden sein.

Beim **Ausscheiden** eines Anlagegutes erfolgt im allgemeinen eine **Abrundung auf volle Monate**.

Aus **Vereinfachungsgründen** kann der Steuerpflichtige für **bewegliche** Wirtschaftsgüter des abnutzbaren Anlagevermögens, die in der **ersten Hälfte** eines Wirtschaftsjahrs angeschafft oder hergestellt worden sind, den **vollen Jahresbetrag der AfA** und für solche, die in der **zweiten Hälfte** eines Wirtschaftsjahrs angeschafft oder hergestellt worden sind, den **halben Jahresbetrag der AfA** absetzen (R 44 Abs. 2 Satz 3 EStR 1999).

Beispiel:
Sachverhalt wie zuvor

Nach der **Vereinfachungsregel** kann der **volle Jahresbetrag der AfA** in Höhe von **2.400 DM** abgesetzt werden, weil die Maschine in der **ersten Hälfte** des Wirtschaftsjahrs (01.03.1999) angeschafft worden ist.

Bei Wirtschaftsgütern, die im Laufe eines Wirtschaftsjahrs in das Betriebsvermögen **eingelegt** worden sind, **gilt** die **Vereinfachungsregel** entsprechend (R 44 Abs. 2 Satz 6 EStR 1999).

Nach § 7 **Abs. 3** ist ein **Übergang** von der **linearen** AfA zur **degressiven** AfA **nicht möglich**.

> **Übung:** 1. Wiederholungsfragen 86 bis 89 (Seite 127),
> 2. Fälle 27 und 28 (Seite 135)

Zusammenfassung zu Abschnitt 9.2.6.1:

Lineare AfA bei beweglichen Anlagegütern
(§ 7 **Abs. 1** EStG)

1. Anwendungsbereich

   alle abnutzbaren Wirtschaftsgüter und
   alle Einkunftsarten

2. Bemessungsgrundlage

   Anschaffungs- oder Herstellungskosten

3. AfA-Satz

   $\dfrac{100}{ND}$

4. Besonderheiten

   4.1 **Vereinfachungsregel**
   4.2 **Übergang** von der linearen zur degressiven AfA **nicht möglich**

9.2.6.2 Degressive AfA bei beweglichen Anlagegütern

Bei der **degressiven AfA** auf **bewegliche** Anlagegüter werden im Gegensatz zur linearen AfA die **AfA-Beträge** von Jahr zu Jahr **niedriger** (§ 7 Abs. 2).

Das übliche Verfahren der **degressiven AfA** ist die **Buchwertabsetzung**. Bei der Buchwertabsetzung werden die jährlichen Absetzungsbeträge nach einem **gleichbleibenden Prozentsatz** vom jeweiligen Buchwert (Restwert) bemessen (**degressive AfA**).

Beispiel:
Die **Anschaffungskosten** eines beweglichen Anlagegutes betragen **10.000 DM**.
Der degressiver **AfA-Satz** beträgt **30 %**.

Die **jährlichen Absetzungsbeträge** werden wie folgt berechnet:

Anschaffungskosten	10.000,— DM
− AfA 1. Jahr: 30 % von 10.000 DM	**3.000,— DM**
Restbuchwert nach dem 1. Jahr	7.000,1 DM
− AfA 2. Jahr: 30 % von 7.000 DM	**2.100, 51 DM**
Restbuchwert nach dem 2. Jahr	4.900,1 DM
− AfA 3. Jahr: 30 % von 4.900 DM	**1.470,151 DM**
usw.	

Der anzuwendende **Prozentsatz** darf **höchstens das Dreifache des linearen AfA-Satzes** betragen und **30 % nicht übersteigen** (§ 7 Abs. 2 Satz 2).

Beispiel:
Die betriebsgewöhnliche **Nutzungsdauer** einer Maschine, die am 01.09.1999 angeschafft wurde, beträgt **8 Jahre**. Die Maschine soll **degressiv** abgeschrieben werden.

Der **degressive AfA-Satz** wird wie folgt berechnet:

linearer AfA-Satz	=	$\frac{100}{8}$	=		12,5 %
degressiver AfA-Satz	=	12,5 x 3 = 37,5 %, höchstens			**30 %**

Der **degressive AfA-Satz** von **30 %** gilt allerdings **nur** für bewegliche Wirtschaftsgüter des Anlagevermögens, die **nach dem 29.07.1981** angeschafft oder hergestellt worden sind.

Die **degressive AfA** nach § 7 **Abs. 2** kann **nur** bei ahnutzbaren **beweglichen** Wirtschaftsgütern des Anlagevermögens und **nur** im Rahmen der **Gewinnermittlung** angewendet werden und **nicht** bei der **Überschußermittlung**.

Sie ist ferner **nur** zulässig, wenn die betreffenden Anlagegüter in ein besonderes, laufend zu führendes **Verzeichnis** aufgenommen werden, aus dem die Grundlagen der AfA-Berechnung ersichtlich sind. Dieses **Verzeichnis braucht** jedoch **nicht** geführt

zu werden, wenn die geforderten Angaben aus der **Buchführung** ersichtlich sind (§ 7 Abs. 2 Satz 3 und § 7a Abs. 8).

Die **Vereinfachungsregel** nach R 44 **Abs. 2** Satz 3 EStR 1999 gilt auch für die **degressive AfA**.

> Übung: 1. Wiederholungsfragen 90 bis 93 (Seite 127),
> 2. Fälle 29 und 30 (Seite 136)

Ein **Übergang** von der **degressiven AfA** zur **linearen AfA** ist **möglich** (§ 7 Abs. 3). In diesem Fall ist der **Restbuchwert** auf die noch verbleibende Restnutzungsdauer **gleichmäßig zu verteilen**. Der sich dabei ergebende **lineare AfA-Betrag** wird wie folgt berechnet:

$$\text{linearer AfA-Betrag} = \frac{\text{Restbuchwert}}{\text{Restnutzungsdauer}}$$

Beispiel:
Ein Gewerbetreibender schafft am 11.06.1999 eine Maschine an für **100.000 DM** (netto). Die betriebsgewöhnliche **Nutzungdauer** beträgt **10 Jahre**. Die Maschine wird **sieben** Jahre lang **degressiv** abgeschrieben.

> Die AfA beträgt im 8. Jahr bei **degressiver AfA**:
> 30 % von 8.234 DM =   2.471 DM
>
> **beim Übergang zur linearen AfA**:
> 8.234 DM : 3 =   **2.745 DM**

Der Gewerbetreibende geht nach sieben Jahren von der degressiven zur linearen über.

> Übung: 1. Wiederholungsfragen 94 bis 96 (Seite 127),
> 2. Fälle 31 und 32 (Seite 136)

Zusammenfassung zu Abschnitt 9.2.6.2:

> **Degressive AfA bei bewegliche Anlagegütern**
> (§ 7 **Abs. 2** EStG)
>
> **1. Anwendungsbereich**
> **nur** abnutzbare **bewegliche** Wirtschaftsgüter des AV und
> **nur** im Rahmen der **Gewinneinkunftsarten**
> **2. Bemessungsgrundlage**
> im **1. Jahr**:   AK/HK
> in den **Folgejahren**:   Restbuchwert
> **3. AfA-Satz**
> $\frac{100}{\text{ND}}$ x 3, höchstens **30 %**
> **4. Besonderheiten**
> 4.1 **Vereinfachungsregel**,
> 4.2 **Übergang** von der degressiven zur linearen AfA **möglich**

Zusammenfassung zu Abschnitt 9.2.6.1 und 9.2.6.2:

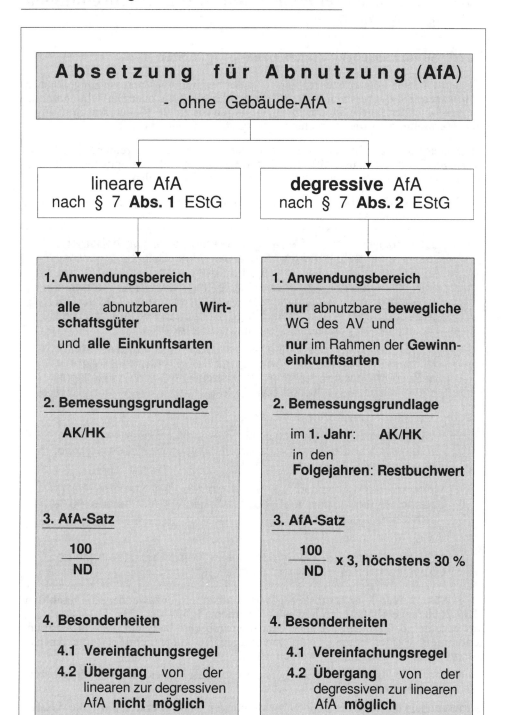

9.2.7 Sonderabschreibungen und Ansparabschreibungen nach § 7g EStG

9.2.7.1 Sonderabschreibungen nach § 7g EStG

Seit dem 1.1.1988 können Steuerpflichtige unter bestimmten Voraussetzungen neben der **linearen** und **degressiven** AfA im Jahr der Anschaffung oder Herstellung und in den vier folgenden Jahren **Sonderabschreibungen bis zu 20 %** der **Anschaffungs- oder Herstellungskosten** vornehmen (§ 7g **Abs. 1** und **Abs. 2**).

Die Steuerpflichtigen können **wählen**, ob sie die Sonderabschreibung von **20 %** bereits **im Jahr der Anschaffung oder Herstellung** voll beanspruchen **oder** auf **fünf Jahre** gleichmäßig oder ungleichmäßig **verteilen** wollen.

Seit dem VZ 1997 kann eine Sonderabschreibung nach § 7g nur in Anspruch genommen werden, wenn

1. a) das (ertragssteuerliche) **Betriebsvermögen** des **Gewerbebetriebs** oder des der **selbständigen Arbeit** dienenden Betriebs, zu dessen Anlagevermögen das Wirtschaftsgut gehört, zum Schluß des der Anschaffung oder Herstellung des Wirtschaftsguts vorangehenden Wirtschaftsjahrs **nicht mehr als 400.000 DM** beträgt; diese Voraussetzung gilt bei Betrieben, die den Gewinn nach § 4 Abs. 3 ermitteln, als erfüllt;

    b) der **Einheitswert** des Betriebs der **Land- und Forstwirtschaft**, zu dessen Anlagevermögen das Wirtschaftsgut gehört, im Zeitpunkt der Anschaffung oder Herstellung des Wirtschaftsguts **nicht mehr als 240.000 DM** beträgt

2. das **neue bewegliche** Wirtschaftsgut

    a) **mindestens ein Jahr** nach seiner Anschaffung oder Herstellung in einer **inländischen** Betriebsstätte dieses Betriebes verbleibt

    und

    b) im Jahr der Inanspruchnahme im Betrieb des Steuerpflichtigen **ausschließlich oder fast ausschließlich (mindestens 90 %) betrieblich genutzt** wird

    und

3. für die Anschaffung oder Herstellung eine Rücklage nach den Absätzen 3 bis 7 gebildet worden ist.

§ 7g Abs. 2 **Nr. 3** ist erstmals bei Wirtschaftsgütern anzuwenden, die **nach dem 31.12.2000** angeschafft oder hergestellt werden (§ 52 Abs. 23).
Das bedeutet, daß ab dem VZ 2001 eine Ansparabschreibung nur noch in Anspruch genommen werden kann, wenn zuvor eine Rücklage gebildet (eine Ansparabschreibung vorgenommen) worden ist.

Sonderabschreibungen nach § 7g können neben der **linearen** oder **degressiven** AfA vorgenommen werden (§ 7g Abs. 1).

Bemessungsgrundlage der Sonderabschreibungen sind im **ersten Jahr** die **AK/HK** des Wirtschaftsgutes.

Vom zweiten Jahr an ist die Bemessungsgrundlage davon **abhängig**, ob **neben** der Sonderabschreibung die **lineare** oder **degressive** AfA vorgenommen wird.

Sonderabschreibung und lineare AfA

Wird neben der Sonderabschreibung nach § 7g die **lineare AfA** vorgenommen, ist es von Bedeutung, ob der fünfjährige Begünstigungszeitraum **über- oder unterschritten** wird.

Beträgt die **Nutzungsdauer** eines Wirtschaftsgutes **mehr als sechs Jahre**, ändert sich **vom sechsten Jahr an** erstmals die Bemessungsgrundlage und der AfA-Satz.

Nach Ablauf des **fünfjährigen** Begünstigungszeitraums bemißt sich die lineare AfA nach dem **Restwert** und der **Restnutzungsdauer** (§ 7a Abs. 9 EStG).

Beispiel 1:
Eine am 22.03.1999 gekaufte Maschine für **80.000 DM** hat eine Nutzungsdauer von zwölf Jahren. Die Voraussetzungen für die Inanspruchnahme der Sonderabschreibung nach § 7g sind erfüllt.

Die Sonderabschreibungen nach § 7g werden von dem Steuerpflichtigen wie folgt auf den **fünfjährigen Begünstigungszeitraum** verteilt:

1999:	**0 %**	von 80.000 DM	=	0,— DM
2000:	**5 %**	von 80.000 DM	=	4.000,— DM
2001:	**7 %**	von 80.000 DM	=	5.600,— DM
2002:	**8 %**	von 80.000 DM	=	6.400,— DM
2003:	**0 %**	von 80.000 DM	=	0,— DM
insgesamt:	**20 %**	von 80.000 DM	=	**16.000,— DM**

Die **AfA** wird **im fünfjährigen Begünstigungszeitraum** wie folgt vorgenommen:

	AK 1999	80.000 DM
	lineare AfA (8,33 % von 80.000 DM)	6.667 DM
1. Jahr	**Sonder-AfA (0 % von 80.000 DM)**	**0 DM**
	Restwert 31.12.1999	73.333 DM
	lineare AfA (8,33 % von 80.000 DM)	6.667 DM
2. Jahr	**Sonder-AfA (5 % von 80.000 DM)**	**4.000 DM**
	Restwert 31.12.2000	62.666 DM
	lineare AfA (8,33 % von 80.000 DM)	6.667 DM
3. Jahr	**Sonder-AfA (7 % von 80.000 DM)**	**5.600 DM**
	Restwert 31.12.2001	50.399 DM
	lineare AfA (8,33 % von 80.000 DM)	6.667 DM
4. Jahr	**Sonder-AfA (8 % von 80.000 DM)**	**6.400 DM**
	Restwert 31.12.2002	37.332 DM
	lineare AfA (8,33 % von 80.000 DM)	6.667 DM
5. Jahr	**Sonder-AfA (0 % von 80.000 DM)**	**0 DM**
	Restwert 31.12.2003	30.665 DM

Nach Ablauf des **fünfjährigen Begünstigungszeitraums** bemißt sich die **lineare AfA** nach dem **Restwert** (30.665 DM) **und der Restnutzungsdauer** (7 Jahre):

6. Jahr	$\dfrac{\text{Restwert}}{\text{Restnutzungsdauer}}$	=	$\dfrac{30.665\ \text{DM}}{7}$	= **4.381 DM**

Beträgt die **Nutzungsdauer** eines Wirtschaftsgutes **bis zu sechs Jahren**, kann die **Abschreibungsdauer** durch die Inanspruchnahme der Sonderabschreibung nach **§ 7g verkürzt** werden.

Beispiel 2:
Sachverhalt wie im 1. Beispiel mit dem Unterschied, daß die **Nutzungsdauer nur 5 Jahre** beträgt und die Sonderabschreibung **im ersten Jahr** voll in Anspruch genommen wird.

	AK 1999	80.000 DM
	lineare AfA (20 % von 80.000 DM)	16.000 DM
1. Jahr	**Sonder-AfA (20 % von 80.000 DM)**	**16.000 DM**
	Restwert 31.12.1999	48.000 DM
2. Jahr	lineare AfA (20 % von 80.000 DM)	16.000 DM
	Restwert 31.12.2000	32.000 DM
3. Jahr	lineare AfA (20 % von 80.000 DM)	16.000 DM
	Restwert 31.12.2001	16.000 DM
4. Jahr	lineare AfA (20 % von 80.000 DM)	16.000 DM
	Restwert 31.12.2002	**0 DM**

Das Beispiel zeigt, daß das Wirtschaftsgut, obwohl es eine **Nutzungsdauer von 5 Jahren** hat, bereits nach **4 Jahren abgeschrieben** ist.

Übung: 1. Wiederholungsfragen 97 bis 100 (Seite 127),
2. Fälle 33 und 34 (Seite 137)

Sonderabschreibung und degressive AfA

Wird **neben** der **Sonderabschreibung nach § 7g** die **degressive AfA** vorgenommen, ist es **bedeutungslos**, ob der **fünfjährige Begünstigungszeitraum über- oder unterschritten** wird.

Die **Abschreibungsdauer verkürzt sich nicht**, weil die degressive AfA -im Gegensatz zur linearen AfA- vom jeweiligen Buchwert (Restwert) berechnet wird.

Die **Sonderabschreibung** wird auch neben der degressiven AfA **von den Anschaffungs- oder Herstellungskosten** vorgenommen (§ 7g EStG).

Beispiel 3:
Sachverhalt wie im 1. Beispiel mit dem Unterschied, daß die Maschine **degressiv** abgeschrieben wird.

Die AfA wird im **fünfjährigen Begünstigungszeitraum** wie folgt vorgenommen:

	AK 1999	80.000 DM
	degressive AfA (25 % von 80.000 DM)	20.000 DM
1. Jahr	Sonder-AfA (0 % von 80.000 DM)	**0 DM**
	Restwert 31.12.1999	60.000 DM
	degressive AfA (25 % von 60.000)	15.000 DM
2. Jahr	Sonder-AfA (5 % von 80.000 DM)	**4.000 DM**
	Restwert 31.12.2000	41.000 DM
	degressive AfA (25 % von 41.000 DM)	10.250 DM
3. Jahr	Sonder-AfA (7 % von 80.000 DM)	**5.600 DM**
	Restwert 31.12.2001	25.150 DM
	degressive AfA (25 % von 25.150 DM)	6.288 DM
4. Jahr	Sonder-AfA (8 % von 80.000 DM)	**6.400 DM**
	Restwert 31.12.2002	12.462 DM
	degressive AfA (25 % von 12.462 DM)	3.116 DM
5. Jahr	Sonder-AfA (0 % von 80.000 DM)	**0 DM**
	Restwert 31.12.2003	9.346 DM

Nach Ablauf des **fünfjährigen Begünstigungszeitraums** bemißt sich die **degressive** AfA nach dem **Restwert** und der **Restnutzungsdauer**.

Bei der **degressiven** AfA wird in den **folgenden Jahren** der entsprechende **AfA-Satz** (100 : 7 x 3 = 42,86 %, höchstens 30 %) auf den jeweiligen **Restwert (9.346 DM)** angewandt.

6. Jahr	degressive AfA (**30 % von 9.346 DM**)	2.804 DM
	Restwert 31.12.2004	6.542 DM
	usw.	

Im Jahr 2008 empfiehlt sich der **Übergang** von der **degressiven** zur **linearen** AfA, weil dann die **lineare AfA höher** ist.

Übung: Fälle 35 und 36 (Seite 138)

9.2.7.2 Ansparabschreibungen nach § 7g EStG

Seit 1995 dürfen kleine und mittlere Betriebe im Sinne des § 7g Abs. 2 Nr. 1 EStG **Ansparabschreibungen** vornehmen (**§ 7g Abs. 3 bis Abs. 7 EStG**).

Mit den **Ansparabschreibungen** erhalten **bilanzierende** kleine und mittlere Betriebe die Möglichkeit, für neue bewegliche Wirtschaftsgüter des Anlagevermögens, die sie voraussichtlich **in den nächsten zwei Jahren** anschaffen oder herstellen, eine **gewinnmindernde Rücklage** zu bilden.

Kleine und mittlere Betriebe, die ihren Gewinn nach **§ 4 Abs. 3 EStG** ermitteln, können **Ansparabschreibungen ebenfalls in Anspruch nehmen**.
Die **Ansparabschreibung** erfolgt in diesem Falle durch Ansatz einer **fiktiven Betriebsausgabe** (§ 7g Abs. 6 EStG).

Mit den **Ansparabschreibungen** soll kleinen und mittleren Betrieben die Bildung von **Rücklagen für zukünftige Investitionen** ermöglicht werden.

Die **Rücklage** darf **50 %** der AK/HK des begünstigten Wirtschaftsgutes **nicht übersteigen** und **seit 1996** nicht mehr als **300.000 DM** betragen (§ 7g Abs. 3 EStG).
Der **Höchstsatz** von **50 %** orientiert sich an der Höhe der höchstmöglichen AfA nach § 7 Abs. 2 EStG (**30 %**) und der Sonderabschreibung nach § 7g Abs. 1 EStG (**20 %**). Es wird nicht geprüft, welche Abschreibungen später tatsächlich in Anspruch genommen werden.

Für **Existenzgründer** erhöht sich seit dem **VZ 1997** der Höchstbetrag von 300.000 DM auf **600.000 DM** (§ 7g Abs. 7).

Mit der **Rücklagenbildung** üben kleine und mittlere Betriebe ein **steuerliches Wahlrecht** aus.
Bilanzierende Betriebe dürfen die Rücklage in der **Steuerbilanz nur** ausweisen, **wenn** sie auch in der **Handelsbilanz** einen entsprechenden Posten ausweisen (**umgekehrter Maßgeblichkeitsgrundsatz**).

In der **Handelsbilanz** kann in solchen Fällen ein **Sonderposten mit Rücklageanteil** gebildet werden (§ 247 Abs. 3 HGB).

Der **Sonderposten mit Rücklageanteil** ist auf der **Passivseite** der Bilanz **vor** den **Rückstellungen** auszuweisen (§ 273 HGB):

Aktivseite	Bilanz zum 31.12.1999	Passivseite
		A. Eigenkapital
		B. Sonderposten mit Rücklageanteil
		C. Rückstellungen

Die **Bildung** und die **Auflösung** der Rücklage müssen in der Buchführung verfolgt werden können (§ 7g Abs. 3 Nr. 3 EStG).

 Die **buchmäßige** Darstellung der Ansparabschreibung erfolgt in Abschnitt 1.5.7.2 der **Buchführung 2**, 11. Auflage 1999.

Durch die **Bildung der Rücklage** wird der **Gewinn gemindert**.

Beispiel:
Der Gewerbetreibende B, der zum Vorsteuerabzug berechtigt ist, und die Voraussetzungen für die Inanspruchnahme des § 7g EStG erfüllt, **plant 1999** die Anschaffung einer Maschine für das Jahr **2001**. Nach einem vorliegenden Angebot wird der **voraussichtliche** Kaufpreis der Maschine 100.000 DM + 16.000 DM USt betragen. Die Nutzungsdauer der Maschine beträgt 5 Jahre.
In **1999** bildet B eine Rücklage von **50.000 DM** (50 % von 100.000 DM).

Durch die Bildung der Rücklage wird der Gewinn des Jahres 1999 um 50.000 DM gemindert.

Sobald für das begünstigte Wirtschaftsgut **Abschreibungen vorgenommen werden dürfen** (bei Anschaffung/Herstellung eines Wirtschaftsgutes), ist die Rücklage in Höhe von 50 % der AK/HK **gewinnerhöhend aufzulösen** (§ 7g Abs. 4 EStG).

Bei Steuerpflichtigen, die ihren Gewinn nach **§ 4 Abs. 3 EStG** ermitteln, wird an Stelle der Rücklagenauflösung eine **Betriebseinnahme** fingiert.

Wird eine geplante Investition, für die eine Rücklage gebildet wurde, später **nicht** durchgeführt, ist die Rücklage zwangsweise **am Ende des zweiten auf ihre Bildung folgenden Wirtschaftsjahrs** gewinnerhöhend aufzulösen.

Die Rücklagenauflösung erfolgt in vollem Umfang nach § 7g Abs. 4 **Satz 2** EStG mit der Folge, daß ein entsprechender **Gewinnzuschlag** vorzunehmen ist.

Der **Gewinnzuschlag** ist vorzunehmen, soweit die Auflösung einer Rücklage **nicht** auf § 7g Abs. 4 **Satz 1** EStG beruht.

Existenzgründer brauchen **keinen Gewinnzuschlag** vorzunehmen (§ 7g Abs. 7).

Der **Gewinnzuschlag** beträgt für jedes **volle** Wirtschaftsjahr, in dem die Rücklage bestanden hat, **6 %** des Betrages, zu dem die Rücklage **nicht** nach § 7g Abs. 4 Satz 1 EStG aufgelöst wird (§ 7g Abs. 5 EStG).

Zur Ermittlung des **steuerlichen** Gewinns ist der **Gewinnzuschlag** außerhalb der Buchführung dem in der **handelsrechtlichen** Gewinn- und Verlustrechnung ausgewiesenen Gewinn **hinzuzurechnen**, so daß für den **Gewinnzuschlag** eine **Buchung entfällt**.

Nach dem Steuerentlastungsgesetz 1999/2000/2002 vom 24.3.1999 wird die **Ansparabschreibung** für kleine und mittlere Betriebe sowie Existenzgründer **beibehalten**.

Sie kann jedoch **ab dem VZ 2001** nur noch in Anspruch genommen werden, wenn **zuvor** eine **Ansparabschreibung** vorgenommen worden ist (§ 7 Abs. 2 **Nr. 3**).

Übung: Wiederholungsfragen 101 bis 103 (Seite 127)

9.2.8 Bewertungsfreiheit für geringwertige Wirtschaftsgüter

Geringwertige Wirtschaftsgüter (GWG) können im Jahr der Anschaffung oder Herstellung **in voller Höhe** als Betriebsausgaben **abgesetzt werden**, wenn folgende Voraussetzungen gegeben sind (§ 6 Abs. 2):

- Die Wirtschaftsgüter müssen zum **beweglichen** abnutzbaren Anlagevermögen gehören;
- die Wirtschaftsgüter müssen einer **selbständigen Nutzung** fähig sein;
- die **AK/HK**, vermindert um einen darin enthaltenen Vorsteuerbetrag, dürfen für das einzelne Wirtschaftsgut **800 DM nicht übersteigen**;
- die Wirtschaftsgüter müssen aus einem **besonderen Verzeichnis oder** aus der **Buchführung** ersichtlich sein.

Nur für **bewegliche** abnutzbare Wirtschaftsgüter des Anlagevermögens können die AK/HK sofort abgezogen werden. Zu den **beweglichen** Wirtschaftsgütern des abnutzbaren Anlagevermögens gehören **nicht** die **immateriellen Wirtschaftsgüter** (Ausnahme: Trivialprogramme) **sowie** die **Grundstücke und Gebäude** (R 31a Abs. 1 Satz 2 EStR 1999).

Eine weitere Voraussetzung des sofortigen Abzugs der AK/HK ist, daß das geringwertige Wirtschaftsgut einer **selbständigen Nutzung** fähig ist.
Ein Wirtschaftsgut ist einer selbständigen Nutzung **nicht** fähig, wenn es nach seiner betrieblichen Zweckbestimmung nur zusammen mit anderen Wirtschaftsgütern des Anlagevermögens genutzt werden kann (z.B. Computerteile wie Rechner, Maus, Tastatur und Monitor) und die in den Nutzungszusammenhang eingefügten Wirtschaftsgüter technisch aufeinander abgestimmt sind (§ 6 Abs. 2 Satz 2).

Für die Frage, ob bei einem GWG die Grenze von **800 DM** überschritten ist oder nicht, ist stets von den **AK/HK**, **abzüglich** eines darin enthaltenen **Vorsteuerbetrags**, auszugehen. Ob der Vorsteuerbetrag umsatzsteuerrechtlich **abziehbar** ist **oder nicht**, **spielt** in diesem Fall **keine Rolle** (R 86 Abs. 4 EStR 1999).

Beispiel:
Ein **Arzt**, der nur **steuerfreie** Umsätze tätigt, erwirbt für seine Praxis eine Schreibmaschine einschließlich Transportkosten. Die Rechnung lautet:

Schreibmaschine, netto	750,— DM
+ Transportkosten, netto	40,— DM
	790,— DM
+ 16 % USt	126,40 DM
= Rechnungsbetrag, brutto	916,40 DM

Die Schreibmaschine einschließlich der Transportkosten ist ein **GWG**, da ihr **Nettowert** den Betrag von **800 DM nicht übersteigt**. Dessen ungeachtet gehört der **nicht abziehbare Vorsteuerbetrag** (126,40 DM) zu den **Anschaffungskosten** (§ 9b Abs. 1), so daß die AK der Schreibmaschine 916,40 DM betragen. Der Arzt kann dennoch die Bewertungsfreiheit nach § 6 Abs. 2 in Anspruch nehmen und die AK von 916,40 DM im Jahr der Anschaffung **in voller Höhe** als **Betriebsausgaben** absetzen.

Nimmt ein Steuerpflichtiger die **Bewertungsfreiheit** nach § 6 **Abs. 2** in Anspruch, müssen die **gesamten** Aufwendungen für das geringwertige Wirtschaftsgut im Jahr der Anschaffung oder Herstellung **in voller Höhe** als Betriebsausgaben **abgesetzt** werden.

Es ist **nicht zulässig**, im Jahr der Anschaffung oder Herstellung **nur einen Teil** der Aufwendungen **abzusetzen** und den Restbetrag auf die betriebsgewöhnliche Nutzungsdauer zu verteilen (R 40 Abs. 4 EStR 1999).

Sind die **Voraussetzungen** für die Inanspruchnahme der Bewertungsfreiheit nach § 6 Abs. 2 **nicht** gegeben **oder** macht der Steuerpflichtige von der Bewertungsfreiheit **keinen Gebrauch**, müssen die Wirtschaftsgüter aktiviert und die **AK/HK** auf die betriebsgewöhnliche Nutzungsdauer **verteilt** werden.

Die **Bewertungsfreiheit** kann nicht nur für angeschaffte oder hergestellte Wirtschaftsgüter in Anspruch genommen werden, sondern **auch** für Wirtschaftsgüter, die aus dem Privatvermögen in das Betriebsvermögen **eingelegt** werden (§ 6 Abs. 2 Satz 1).

Bei der **Einlage** darf der an die Stelle der AK/HK tretende Wert den Betrag von **800 DM nicht übersteigen**.

Die **Bewertungsfreiheit** nach § 6 Abs. 2 war **bis 1989** nur im Rahmen der Ermittlung der **Gewinneinkünfte** zulässig.

Die Vorschrift galt bis 1989 nicht für die Ermittlung der Überschußeinkünfte.

Seit 1990 gilt § 6 Abs. 2 Satz 1 bis 3 für die **Überschußeinkünfte** entsprechend. Wird ein als Arbeitsmittel genutztes GWG **veräußert**, so ist ein sich eventuell ergebender Veräußerungserlös bei den Einkünften aus nichtselbständiger Arbeit **nicht** zu erfassen (Abschn. 44 LStR 1999).

Übung: 1. Wiederholungsfragen 104 und 105 (Seite 127),
2. Fälle 37 bis 39 (Seite 139)

9.2.9 Bewertung des nichtabnutzbaren Anlagevermögens

Wirtschaftsgüter des **nichtabnutzbaren Anlagevermögens** sind mit den **Anschaffungs-** oder Herstellungskosten oder dem an deren Stelle tretenden Wert, vermindert um Abzüge nach § 6b und ähnliche Abzüge, anzusetzen (§ 6 Abs. 1 **Nr. 2**).

Wirtschaftsgüter des **Anlagevermögens**, die **nicht der Abnutzung** unterliegen (Grund und Boden, Beteiligungen und andere Finanzanlagen), sind im Regelfall mit den

Anschaffungskosten

anzusetzen (§ 6 Abs. 1 **Nr. 2**; R 32 Abs. 1 Satz 6 EStR 1999).

Herstellungskosten werden praktisch **nicht** anfallen, da es sich in der Regel um **erworbene** Wirtschaftsgüter handelt.

Abzüge nach § 6b und ähnliche Abzüge (z.B. R 35 EStR 1999) werden im folgenden nicht erläutert.

Ist der **Teilwert auf Grund einer voraussichtlich dauernden Wertminderung niedriger**, müssen buchführende Gewerbetreibende den niedrigeren Teilwert ansetzen (§ 253 Abs. 2 HGB i.V.m. § 5 Abs. 1 Satz 1 EStG).

Ab dem Veranlagungszeitraum **1999** ist nach § 6 Abs. 1 Nr. 2 **Satz 2** auch bei nichtabnutzbaren Wirtschaftsgütern des Anlagevermögens eine **Teilwertabschreibung nur** noch bei einer **voraussichtlich dauernden Wertminderung** zulässig.

Eine in der **Handelsbilanz** wegen einer **vorübergehenden** Wertminderung vorgenommene **außerplanmäßige Abschreibung** ist in der **Steuerbilanz** als **Teilwertabschreibung nicht** mehr **möglich**.

Ist eine **Teilwertabschreibung** zulässigerweise **vor** dem VZ 1999 **vorgenommen** worden, ist der Steuerpflichtige **ab** dem Veranlagungszeitraum **1999 verpflichtet**, das Wirtschaftsgut in der **nachfolgenden Bilanz** wieder mit dem sich nach § 6 Abs. 1 Nr. 2 **Satz 1** ergebenden Wert (i.d.R. mit den **Anschaffungskosten**) anzusetzen (**Zuschreibungspflicht = Wertaufholungsgebot**).

> Beispiel:
> Ein buchführender Gewerbetreibender hat 1997 ein unbebautes Grundstück für **200.000 DM** erworben, das zu seinem Betriebsvermögen gehört.
> Ende 1998 beträgt der **Teilwert** dieses Grundstücks auf Grund einer voraussichtlich dauernden Wertminderung **180.000 DM**. Mit diesem Wert hat er das Grundstück in seiner Handels- und Steuerbilanz angesetzt.
> Ende 1999 beträgt der **Teilwert** dieses Grundstücks **210.000 DM**.
> Der Steuerpflichtige ist **verpflichtet**, das Grundstück zum 31.12.1999 mit den Anschaffungskosten von **200.000 DM** zu bilanzieren (**Zuschreibungspflicht**).

Von einer Zuschreibung kann nur dann abgesehen werden, wenn der **Steuerpflichtige nachweist**, daß der Teilwert niedriger ist. Der Steuerpflichtige hat die **Feststellungslast** für das Vorliegen eines niedrigeren Teilwerts (§ 6 Abs. 1 Nr. 1 Satz 4).

Übung: 1. Wiederholungsfragen 106 bis 109 (Seite 127 f.),
2. Fälle 40 und 41 (Seite 140)

9.2.10 Bewertung des Umlaufvermögens

Wirtschaftsgüter des **Umlaufvermögens** (UV) sind mit den **Anschaffungs- oder Herstellungskosten** oder dem an deren Stelle tretenden Wert, vermindert um Abzüge nach § 6b und ähnliche Abzüge, anzusetzen (§ 6 Abs. 1 **Nr. 2**).

Wirtschaftsgüter des **Umlaufvermögens** sind im Regelfall mit den

Anschaffungskosten bzw. **Herstellungskosten**

anzusetzen.

Handelsrechtlich müssen Steuerpflichtige den **niedrigeren Teilwert** ansetzen, auch wenn die **Wertminderung nicht von Dauer** ist (§ 253 Abs. 3 HGB).

> Beispiel:
> Der Steuerpflichtige Thomas Muster, der seinen Gewinn nach § 5 ermittelt, hat Waren mit **Anschaffungskosten** von **10.000 DM** erworben. Am Bilanzstichtag beträgt der **Teilwert** (Börsen oder Marktpreis, beizulegender Wert) **vorübergehend 9.000 DM**.
>
> Der Steuerpflichtige **muß** in seiner **Handelsbilanz** den niedrigeren Teilwert von **9.000 DM** ansetzen, weil für ihn das **strenge** Niederstwertprinzip gilt.

Steuerrechtlich ist ab dem Veranlagungszeitraum **1999** eine **Teilwertabschreibung** bei **vorübergehender Wertminderung unzulässig** (§ 6 Abs. 1 **Nr. 2**).

Ab dem Veranlagungszeitraum **1999** ist nach § 6 Abs. 1 Nr. 1 **Satz 2** eine **Teilwertabschreibung nur** noch bei einer **voraussichtlich dauernden Wertminderung** zulässig.

> Beispiel:
> Sachverhalt wie im Beispiel zuvor mit dem **Unterschied**, daß die **Wertminderung** nicht nur vorübergehend, sondern **von Dauer** ist.
>
> Der Steuerpflichtige **muß** in seiner **Handels- und Steuerbilanz** den niedrigeren Teilwert von **9.000 DM** ansetzen (§ 253 Abs. 3 HGB i.V.m. § 5 Abs. 1 Satz 1 EStG).

Merke: Wird bei Wirtschaftsgütern des **Anlage- oder Umlaufvermögens** die Frage der **dauernden Wertminderung** positiv beantwortet, ist eine **Teilwertabschreibung** weiterhin möglich.

Ab dem VZ 1999 ist eine in der **Handelsbilanz** wegen einer **vorübergehenden** Wertminderung vorgenommene **außerplanmäßige Abschreibung** in der **Steuerbilanz** als Teilwertabschreibung **nicht** mehr **möglich**.

Ist eine **Teilwertabschreibung** zulässigerweise **vor** dem VZ 1999 **vorgenommen** worden, ist der Steuerpflichtige **ab** dem Veranlagungszeitraum **1999** verpflichtet, das Wirtschaftsgut in der **nachfolgenden Bilanz** wieder mit dem sich nach § 6 Abs. 1 Nr. 1 **Satz 1** ergebenden Wert (i.d.R. mit den AK/HK) anzusetzen (**Wertaufholungsgebot**), es sei denn, der Steuerpflichtige weist nach, daß ein niedrigerer Teilwert angesetzt werden kann.

> <u>Übung</u>: 1. Wiederholungsfragen 110 bis 114 (Seite 128),
> 2. Fälle 42 und 43 (Seite 141)

9.2.11 Bewertung der Verbindlichkeiten

Verbindlichkeiten sind unter sinngemäßer Anwendung der Vorschrift des § 6 Abs. 1 Nr. 2 anzusetzen (§ 6 Abs. 1 **Nr. 3**). Das bedeutet, daß sie im Regelfall mit den

Anschaffungskosten bzw. dem höheren Teilwert

zu bewerten sind.

Als **Anschaffungskosten** einer **Verbindlichkeit** gilt der **Nennwert (Rückzahlungsbetrag bzw.** Erfüllungsbetrag) der Verbindlichkeit (H 37 (Anschaffungskosten) EStH 1999).

Bei der Bewertung von Verbindlichkeiten besteht für Wirtschaftsjahre, die nach dem 31.12.1998 enden, **grundsätzlich** ein **Abzinsungsgebot**; dabei ist ein Zinssatz von **5,5 %** zu berücksichtigen (§ 6 Abs. 1 Nr. 3 **Satz 1** i.V.m. § 52 Abs. 16 Satz 2). **Ausgenommen** von der Abzinsung sind Verbindlichkeiten, deren Laufzeit am Bilanzstichtag **weniger als zwölf Monate** beträgt, und Verbindlichkeiten, die **verzinslich** sind oder auf einer **Anzahlung** oder **Vorausleistung** beruhen (§ 6 Abs. 1 Nr. 3 **Satz 2**).

Eine **verzinsliche Verbindlichkeit** liegt vor, wenn ein Zinssatz von **mehr als 0 % vereinbart** ist. Eine Vereinbarung eines Zinssatzes nahe 0 % kann im Einzelfall als mißbräuchliche Gestaltung im Sinne des § 42 AO zu beurteilen sein (BMF-Schreiben vom 23.8.1999 BStBl I 1999 Seite 818).

Darlehnsschulden, bei denen der dem Schuldner zugeflossene Betrag (**Ausgabebetrag**) niedriger als der **Rückzahlungsbetrag** ist, sind mit dem **Rückzahlungsbetrag** anzusetzen; der **Unterschiedsbetrag (Damnum)** ist als Rechnungsabgrenzungsposten **auf die Laufzeit** des Darlehens **zu verteilen** (H 37 (Damnum) EStH 1999).

> Beispiel:
> Der Steuerpflichtige Alex Vogel, der seinen Gewinn nach § 5 ermittelt, nimmt zum 01.01.1999 bei seiner Bank ein betriebliches **Darlehen** in Höhe von **50.000 DM** (Rückzahlungsbetrag bzw. Nennwert) auf. Bei der Auszahlung des Darlehens wird ein **Damnum** in Höhe von **1.000 DM** einbehalten, so daß dem Steuerpflichtigen **49.000 DM** (Ausgabebetrag) ausgezahlt werden. Das Darlehen ist am 31.12.2008 zurückzuzahlen.
>
> Vogel **muß** die **Darlehensschuld** mit **50.000 DM** passivieren und das **Damnum** mit **1.000 DM** aktivieren. Das Damnum ist jährlich mit **100 DM** abzuschreiben.

Schulden in ausländischer Währung (Valutaverbindlichkeiten) sind mit den **Anschaffungskosten** (= Kurswert im Zeitpunkt ihres Entstehens) zu bewerten.

Ist der **Kurswert** am Bilanzstichtag **höher**, so **müssen** Steuerpflichtige, die nach § 5 bilanzieren, den höheren Teilwert (**Kurswert**) ansetzen, **wenn** die **Kurswerterhöhung voraussichtlich von Dauer** ist.

Für die **Bewertung der Verbindlichkeiten** gilt bei dauernder Werterhöhung das **Höchstwertprinzip**.

> **Übung**: 1. Wiederholungsfragen 115 bis 120 (Seite 128),
> 2. Fälle 44 und 45 (Seite 142)

9.3 Bewertung der Entnahmen und Einlagen

9.3.1 Bewertung der Entnahmen

Entnahmen sind alle Wirtschaftsgüter, die der Steuerpflichtige dem Betrieb für sich, für seinen Haushalt oder für andere betriebsfremde Zwecke im Laufe des Wirtschaftsjahrs entnommen hat (§ 4 Abs. 1 **Satz 2**).
Entnahmen sind nur bei **Einzelunternehmern** und bei **Personengesellschaften** (nicht bei **Kapitalgesellschaften**) möglich.

Entnahmen sind grundsätzlich mit dem

Teilwert

anzusetzen (§ 6 Abs. 1 **Nr. 4** Satz 1).

Neben Wirtschaftsgütern wie **Geld und Waren** können auch **Nutzungen und sonstige Leistungen** entnommen werden.

Bei **Geldentnahmen** (DM) ist die Ermittlung des **Teilwerts** einfach. Als **Teilwert** ist stets der **Nennwert des Geldbetrages** anzusetzen.

Schwierigkeiten können sich bei der Bewertung von **Sachentnahmen** ergeben. Es gelten die allgemeinen Grundsätze für die Bestimmung des **Teilwerts** auch bei **Sachentnahmen**.

Als **Besonderheit** muß jedoch berücksichtigt werden, daß **Sachentnahmen** -von Ausnahmen abgesehen- auch dann mit dem **Teilwert** zu bewerten sind, wenn der **Teilwert über den Anschaffungskosten bzw. Herstellungskosten** liegt.

> Beispiel:
> Ein Unternehmer entnimmt **Waren** für private Zwecke. **Die Anschaffungskosten** haben **1.000 DM** betragen. Der **Teilwert** beträgt im Zeitpunkt der Entnahme **1.200 DM**.
>
> Der Unternehmer muß die Entnahme mit dem **Teilwert** von **1.200 DM** ansetzen.

Bei **Nutzungsentnahmen** entspricht der **Teilwert** grundsätzlich den **anteiligen** auf die Nutzungsentnahme entfallenden **Kosten**.

> Beispiel:
> Ein Unternehmer benutzt den zu seinem Betriebsvermögen gehörenden Pkw **(Altfahrzeug) lt. Fahrtenbuch** zu 30 % für Privatfahrten. Die betrieblichen Gesamtkosten setzen sich wie folgt zusammen:
>
> | | |
> |---|---:|
> | Benzin | 4.500 DM |
> | Reparaturen | 1.500 DM |
> | Steuern und Versicherungen | 1.500 DM |
> | AfA | 2.500 DM |
> | | **10.000 DM** |
>
> Als Entnahme muß der Unternehmer **3.000 DM** (30 % von 10.000 DM) ansetzen.

Seit 1996 gilt für die private Pkw-Nutzung die sog. **1 %-Regelung**, wenn kein Fahrtenbuch geführt wird, siehe auch Seite 152 f.

Bei **Leistungsentnahmen** sind als **Teilwert** die **Selbstkosten**, die auf die entnommene Leistung entfallen, als Entnahme anzusetzen.

> Beispiel:
> Ein Bauunternehmer läßt durch einen Betriebsangehörigen während der Arbeitszeit Reparaturen an seinem Einfamilienhaus ausführen. Die auf die Reparaturarbeiten entfallenden **Selbstkosten** betragen **1.500 DM**.
>
> Der Bauunternehmer muß **1.500 DM** als Entnahme ansetzen, da sich der Wert der entnommenen Leistungen nach den Selbstkosten bemißt.

Ist die **Entnahme umsatzsteuerpflichtig**, muß dies bei der Buchung der Entnahme berücksichtigt werden.

 Die **buchmäßige** Darstellung der **Entnahmen** erfolgt im Abschnitt "3.9 Privatentnahmen" der **Buchführung 1**, 11. Auflage 1999, Seite 140 ff.

> **Übung**: 1. Wiederholungsfragen 121 bis 125 (Seite 128),
> 2. Fälle 46 und 47 (Seite 142 f.)

9.3.2 Bewertung der Einlagen

Einlagen sind alle Wirtschaftsgüter, die der Steuerpflichtige dem Betrieb im Laufe des Wirtschaftsjahrs zugeführt hat (§ 4 Abs. 1 Satz 5).

Einlagen sind grundsätzlich mit dem

Teilwert

im Zeitpunkt ihrer Zuführung anzusetzen (§ 6 Abs. 1 **Nr. 5** Satz 1).

Ist das Wirtschaftsgut **innerhalb der letzten drei Jahre** vor dem Zeitpunkt der Zuführung privat angeschafft oder hergestellt worden, ist die Einlage **höchstens mit den AK/HK** zu bewerten.

> Beispiel:
> Ein Unternehmer hat im **Mai 1997** Wertpapiere mit **Anschaffungskosten** von **10.000 DM** privat erworben. Der Unternehmer führt die Wertpapiere im **August 1999** dem Betriebsvermögen zu. Der **Teilwert** der Wertpapiere beträgt im Zeitpunkt der Zuführung **15.000 DM**.
>
> Da die **Wertpapiere innerhalb der letzten drei Jahre** vor ihrer Einlage angeschafft worden sind, dürfen **höchstens die Anschaffungskosten** von **10.000 DM** angesetzt werden.

Werden Wirtschaftsgüter eingelegt, die der **Abnutzung** unterliegen, so sind die **AK/HK** um die **AfA zu kürzen**, die auf die Zeit vor ihrer Einlage entfallen (§ 6 Abs. 1 Nr. 5 Satz 2).

Beispiel:
Ein Unternehmer hat am 04.01.1998 einen Pkw für 10.000 DM + 1.600 DM USt = **11.600 DM** privat angeschafft. Am 03.01.1999 legt er diesen Pkw in das Betriebsvermögen ein. Der Pkw hat eine betriebsgewöhnliche Nutzungsdauer von 5 Jahren. Der Teilwert beträgt im Zeitpunkt der Zuführung 9.500 DM. Sonderabschreibungen oder erhöhte Absetzungen wurden nicht vorgenommen.

Der Pkw ist mit den **fortgeführten Anschaffungskosten** anzusetzen:

Anschaffungskosten 04.01.1998 (brutto)	11.600 DM
− AfA: 20 % von 11.600 DM für 1998	2.320 DM
= **fortgeführte AK** im Zeitpunkt der Einlage	**9.280 DM**

Da die **fortgeführten AK** niedriger sind als der Teilwert, muß der Pkw mit **9.280 DM** angesetzt werden.

§ 6 Abs. 1 Nr. 5 wurde im Rahmen des StEntlG hinsichtlich der Bewertung von Einlagen nicht geändert. **Neu** geregelt wurde jedoch die **Bemessungsgrundlage** für die Absetzung für Abnutzung für bestimmte Einlagen. So sieht der neu eingefügte **Satz 4** des § 7 Abs. 1 vor, daß bei Wirtschaftsgütern, die nach einer Verwendung zur Erzielung von **Überschußeinkünften** in ein Betriebsvermögen eingelegt worden sind, sich die Anschaffungs- oder Herstellungskosten nicht nur um die AfA, sondern auch um die **Sonderabschreibung** oder **erhöhte Absetzungen** mindern, die bis zum Zeitpunkt der Einlage vorgenommen worden sind.

Die **buchmäßige** Darstellung der **Einlagen** erfolgt im Abschnitt "1.10.2 Einlagen" der **Buchführung 2**, 11. Auflage 1999.

Übung: 1. Wiederholungsfragen 126 bis 129 (Seite 128),
2. Fälle 48 und 49 (Seite 144)

9.4 Bilanzberichtigung und Bilanzänderung

Eine beim Finanzamt eingereichte **Bilanz** darf nur unter den in § 4 Abs. 2 genannten Voraussetzungen geändert werden. Dabei wird zwischen **Bilanzberichtigung** und **Bilanzänderung** unterschieden.

9.4.1 Bilanzberichtigung

Eine **Bilanzberichtigung** liegt vor, wenn ein **unrichtiger** Bilanzansatz durch einen **richtigen** Bilanzansatz korrigiert wird.

Ein Bilanzansatz ist **unrichtig**, wenn er unzulässig ist, d.h., wenn er gegen zwingende Vorschriften des Einkommensteuerrechts oder des Handelsrechts oder gegen die einkommensteuerrechtlich zu beachtenden handelsrechtlichen Grundsätze ordnungsmäßiger Buchführung verstößt (R 15 Abs. 1 Satz 2 EStR 1999).

Beispiel:
Ein Steuerpflichtiger, der seinen Gewinn nach § 5 ermittelt, hat in seiner Bilanz zum 31.12.1999 **Waren** mit den AK von 5.000 DM bewertet, obwohl der **Teilwert** der Waren bei einer voraussichtlich dauernden Wertminderung 4.000 DM beträgt.

Der Bilanzansatz ist **unrichtig**, weil er gegen das Niederstwertprinzip verstößt, das der nach § 5 bilanzierende Steuerpflichtige beachten muß.

Soweit die **Bestandskraft** eines Steuerbescheids mit einer Bilanz **noch nicht eingetreten** ist, **kann** der Steuerpflichtige die **Unrichtigkeit** durch eine entsprechende Mitteilung an das Finanzamt **beseitigen**.
Falls es durch den **unrichtigen** Bilanzansatz zu einer **Verkürzung von Steuern** kommt oder bereits gekommen ist, **muß** der Steuerpflichtige die **Bilanz berichtigen** (§ 153 Abs. 1 Nr. 1 AO).

Nach Bestandskraft des Steuerbescheids ist eine Bilanzberichtigung nur noch insoweit möglich, als die Veranlagung nach den Vorschriften der Abgabenordnung noch geändert werden kann, dies ist insbesondere im Zusammenhang mit einer **Außenprüfung** (§ 173 AO) oder bei einer Steuerfestsetzung unter dem Vorbehalt **der** Nachprüfung (§ 164 AO) möglich.

> **Übung**: Wiederholungsfragen 130 und 131 (Seite 128)

9.4.2 Bilanzänderung

Eine **Bilanzänderung** liegt vor, wenn ein **zulässiger** Bilanzansatz durch einen **anderen zulässigen** Bilanzansatz ersetzt wird (R 15 Abs. 2 EStR 1999).

In der Fassung des Steuerbereinigungsgesetzes vom 22.12.1999 darf der Steuerpflichtige nach § 4 Abs. 2 **Satz 1** die **Bilanz** auch **nach** ihrer Einreichung beim Finanzamt **ändern, soweit** sie den Grundsätzen ordnungsmäßiger Buchführung unter Befolgung des EStG **nicht** entspricht.
Darüber hinaus ist eine Änderung der Bilanz nach § 4 Abs. 2 **Satz 2 nur zulässig, wenn** sie in einem engen zeitlichen und sachlichen Zusammenhang mit einer Änderung nach § 4 Abs. 2 Satz 1 steht und soweit die Auswirkung der Änderung nach Satz 1 des § 4 Abs. 2 auf den Gewinn reicht.

Die **Neuregelung** ist nach § 52 Abs. 9 bereits für Veranlagungszeiträume **vor 1999** anzuwenden.

> **Übung**: Wiederholungsfragen 132 und 133 (Seite 128)

9.5 Zusammenfassung und Erfolgskontrolle

9.5.1 Zusammenfassung

In den Schaubildern auf den folgenden Seiten werden die wesentlichen Merkmale der **Bewertung** nochmals zusammengestellt.

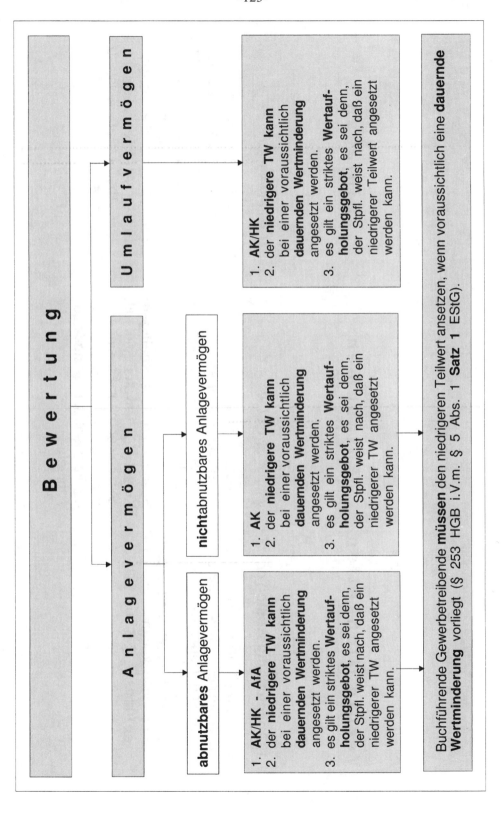

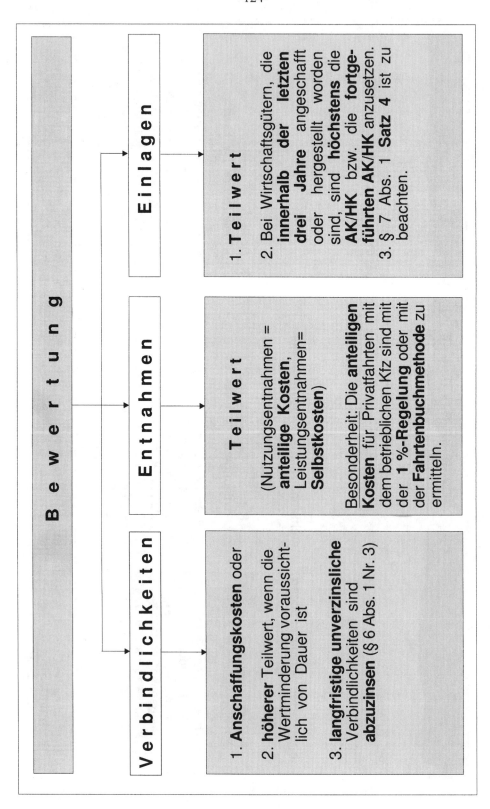

9.5.2 Erfolgskontrolle

WIEDERHOLUNGSFRAGEN

1. Welche Paragraphen des EStG regeln die Bewertung des Betriebsvermögens?
2. Was besagt der Grundsatz der Maßgeblichkeit?
3. Was besagt der Grundsatz der umgekehrten Maßgeblichkeit nach § 5 Abs. 1 Satz 2 EStG?
4. Welche sechs allgemeinen Bewertungsgrundsätze sind durch das BiRiLiG konkret in das HGB aufgenommen worden?
5. Was schreibt der Grundsatz der Bilanzidentität vor?
6. Welchem Zweck dient diese Vorschrift?
7. Was besagt der Grundsatz der Fortführung der Unternehmenstätigkeit?
8. Welche Erfahrungstatsache berücksichtigt dieses Prinzip?
9. Was besagt der Grundsatz der Einzelbewertung?
10. Welche Bewertungserleichterungen sind handelsrechtlich zugelassen?
11. Was besagt der Grundsatz der Vorsicht?
12. Wann dürfen Gewinne grundsätzlich erst ausgewiesen werden?
13. Wie sind zu erwartende Verluste (Wertminderungen) bei der Bilanzierung zu behandeln?
14. Was versteht man unter dem Imparitätsprinzip?
15. Dürfen Umstände, die nach dem Bilanzstichtag eintreten (wertbeeinflussende Tatsachen) bei der Bilanzierung berücksichtigt werden?
16. Dürfen wertaufhellende Tatsachen bei der Bilanzierung berücksichtigt werden?
17. Was besagt der Grundsatz der periodengerechten Aufwands- und Ertragsabgrenzung?
18. Was besagt der Grundsatz der Stetigkeit der Bewertungsmethoden?
19. Was bezweckt der Grundsatz der Bewertungsstetigkeit?
20. Welche Bewertungsmaßstäbe gibt es im Handelsrecht?
21. Welche Bewertungsmaßstäbe gibt es im Steuerrecht?
22. Wie werden die Anschaffungskosten im § 255 HGB definiert?
23. Wie werden die Anschaffungskosten ermittelt?
24. Was gehört z.B. zu den Anschaffungsnebenkosten?
25. Was sind z.B. Anschaffungspreisminderungen?
26. Wie wird die Vorsteuer bei der Ermittlung der Anschaffungskosten behandelt?
27. Wie werden die Finanzierungskosten einer Anschaffung behandelt?
28. Wie werden die Herstellungskosten im § 255 HGB definiert?
29. Welche Kosten bilden die handelsrechtliche Wertuntergrenze der Herstellungskosten?
30. Was versteht man unter Einzelkosten?
31. Welche Aufwendungen dürfen handelsrechtlich in die Herstellungskosten eingerechnet werden?
32. Welche Kosten gehören steuerrechtlich zu den Herstellungskosten?
33. Was versteht man unter Gemeinkosten?
34. Dürfen Vertriebskosten in die Herstellungskosten einbezogen werden?
35. Was versteht man unter den fortgeführten Anschaffungs- oder Herstellungskosten?
36. Was versteht man unter dem handelsrechtlichen Börsenpreis?
37. Was versteht man unter dem handelsrechtlichen Marktpreis?
38. Was versteht man unter dem beizulegenden Wert?
39. Was versteht man unter dem Teilwert?

40. Welcher Betrag bildet nach oben die Grenze des Teilwerts?
41. Welcher Betrag bildet nach unten die Grenze des Teilwerts?
42. Welche Wirtschaftsgüter gehören allgemein zum Anlagevermögen?
43. Welche Wirtschaftsgüter gehören im einzelnen zum Anlagevermögen?
44. Welche Wirtschaftsgüter gehören allgemein zum Umlaufvermögen?
45. Welche Wirtschaftsgüter gehören im einzelnen zum Umlaufvermögen?
46. Mit welchem Betrag sind Wirtschaftsgüter des abnutzbaren Anlagevermögens grundsätzlich in der Steuerbilanz anzusetzen?
47. In welchen Fällen muß der niedrigere Teilwert bei Wirtschaftsgütern des abnutzbaren Anlagevermögens angesetzt werden?
48. Was versteht man unter dem Wertaufholungsgebot?
49. Welche Wirtschaftsgüter kommen als immaterielle (unkörperliche) Wirtschaftsgüter in Betracht?
50. Was versteht man unter Software?
51. Wie ist die Software buchmäßig zu behandeln?
52. Was versteht man unter Trivialprogrammen?
53. Wie sind Trivialprogramme buchmäßig zu behandeln?
54. Was versteht man unter dem Geschäfts- oder Firmenwert?
55. Wie ist der Geschäfts- oder Firmenwert steuerrechtlich zu behandeln?
56. Wieviele Jahre beträgt die steuerliche Abschreibungsdauer für den Geschäfts- oder Firmenwert?
57. Wie kann der Geschäfts- oder Firmenwert handelsrechtlich behandelt werden?
58. Welche drei AfA-Sätze kommen seit 1985 bei der linearen Gebäude-AfA in Betracht?
59. Welche zwei Gruppen von Gebäuden sind seit 1985 bei der Gebäude-AfA zu unterscheiden?
60. Welche Gebäude gehören zu der ersten und welche Gebäude zu der zweiten Gruppe?
61. Für welche Gebäude beträgt die lineare AfA 4 %?
62. Für welche Gebäude beträgt die lineare AfA 2 %?
63. Für welche Gebäude beträgt die lineare AfA 2,5 %?
64. Wie ist die lineare Gebäude-AfA im Anschaffungsjahr bzw. Herstellungsjahr zu berechnen?
65. Wie ist die lineare Gebäude-AfA im Veräußerungsjahr zu berechnen?
66. Wie hoch ist der anfängliche AfA-Satz bei der Staffel 96 und wieviele Jahre kann dieser Satz angewendet werden?
67. Bei welchen Gebäuden kann die Staffel 96 angewendet werden?
68. Wie hoch ist der anfängliche AfA-Satz bei der Staffel 89 und wieviele Jahre kann dieser Satz angewendet werden?
69. Bei welchen Gebäuden kann die Staffel 89 angewendet werden?
70. Wie hoch ist der anfängliche AfA-Satz bei der Staffel 85 und wieviele Jahre kann dieser Satz angewendet werden?
71. Bei welchen Gebäuden kann die Staffel 85 angewendet werden?
72. Wie hoch ist der anfängliche AfA-Satz bei der Staffel 81 und wieviele Jahre kann dieser Satz angewendet werden?
73. Bei welchen Gebäuden kann die Staffel 81 angewendet werden?
74. Können bei der degressiven Gebäude-AfA höhere oder niedrigere Sätze angewendet werden als die, die in § 7 Abs. 5 EStG genannt sind?
75. Für welchen Zeitraum ist die degressive Gebäude-AfA im Jahr der Fertigstellung anzusetzen?
76. Unter welchen Voraussetzungen kann auch der Erwerber eines Gebäudes die AfA-Sätze der Staffeln 96, 89, 85 und 81 anwenden?

77. Wie hoch ist der anfängliche AfA-Satz bei der Staffel 65/77 und wieviele Jahre kann dieser Satz angewendet werden?
78. Bei welchen Gebäuden kann die Staffel 65/77 angewendet werden?
79. Auf welche AfA-Basis werden die degressiven AfA-Sätze bei Gebäuden angewendet?
80. Für welchen Zeitraum ist die degressive Gebäude-AfA im Jahr der Veräußerung anzusetzen?
81. Ist ein Übergang von der degressiven zur linearen Gebäude-AfA bzw. ein Übergang von der linearen zur degressiven Gebäude-AfA zulässig?
82. Welche Absetzungen für Abnutzung bei Gebäuden nach § 7 EStG kennen Sie?
83. Welche erhöhten Absetzungen bei Gebäuden kennen Sie?
84. Wie wird der jährliche AfA-Betrag bei der linearen AfA bei beweglichen Anlagegütern berechnet?
85. Wie berechnet man den AfA-Satz bei der linearen AfA?
86. Für welchen Zeitraum ist die AfA grundsätzlich im Anschaffungs- oder Herstellungsjahr zu berechnen?
87. Was besagt die Vereinfachungsregel?
88. Gilt die Vereinfachungsregel auch beim Ausscheiden eines beweglichen Anlagegutes?
89. Ist ein Übergang von der linearen AfA zur degressiven AfA möglich?
90. Das Wievielfache des linearen AfA-Satzes darf der degressive AfA-Satz höchstens betragen?
91. Welchen Prozentsatz darf der degressive AfA-Satz für Wirtschaftsgüter, die nach dem 29.07.1981 angeschafft oder hergestellt worden sind, nicht übersteigen?
92. Von welcher Bemessungsgrundlage wird die degressive AfA berechnet?
93. Gilt die Vereinfachungsregel auch für die degressive AfA?
94. Ist es zulässig von der degressiven AfA auf die lineare AfA überzugehen?
95. Wie wird beim Übergang von der degressiven AfA auf die lineare AfA die lineare AfA berechnet?
96. Wann ist es zweckmäßig von der degressiven AfA auf die lineare AfA überzugehen?
97. Welche Beträge dürfen seit 1997 das Betriebsvermögen des Gewerbebetriebs oder des der selbständigen Arbeit dienenden Betriebs nicht übersteigen, wenn man die Sonderabschreibung nach § 7g EStG beanspruchen will?
98. Wann muß das Anlagegut angeschafft oder hergestellt worden sein, damit die Sonderabschreibung nach § 7g EStG vorgenommen werden kann?
99. Wie hoch ist die Sonderabschreibung nach § 7g EStG?
100. In welchen Jahren kann die Sonderabschreibung nach § 7g EStG in Anspruch genommen werden?
101. Welche Voraussetzungen müssen erfüllt sein, um die Ansparabschreibungen nach § 7g EStG in Anspruch nehmen zu können?
102. Wie hoch ist die Ansparabschreibung nach § 7g EStG?
103. In welchen Fällen erfolgt ein Gewinnzuschlag nach § 7g Abs. 5 EStG?
104. Was versteht man unter einem GWG im Sinne des § 6 Abs. 2 EStG?
105. Wie können GWG bei der Gewinnermittlung behandelt werden?
106. Mit welchem Wert sind Wirtschaftsgüter des nichtabnutzbaren Anlagevermögens grundsätzlich zu bilanzieren?
107. Welcher Wert kommt bei der Bewertung nichtabnutzbarer Anlagegüter außerdem in Betracht?

108. Unter welcher Voraussetzung ist seit dem Veranlagunszeitraum 1999 steuerrechtlich eine Teilwertabschreibung möglich?

109. Ist der steuerrechtlich vorhergehende Bilanzansatz beizubehalten, wenn zuvor eine Teilwertabschreibung vorgenommen worden ist?

110. Mit welchem Wert sind Wirtschaftsgüter des Umlaufvermögens grundsätzlich zu bilanzieren?

111. Welcher Wert kommt bei der Bewertung des Umlaufvermögens außerdem in Betracht für Gewerbetreibende, die ihren Gewinn nach § 5 EStG ermitteln?

112. In welchem Fall ist dieser Wert anzusetzen?

113. In welchem Fall darf der letzte Bilanzansatz überschritten werden?

114. Bis zu welchem Betrag darf ein gestiegener Teilwert bei der Bilanzierung berücksichtigt werden?

115. Mit welchem Wert sind Verbindlichkeiten zu bilanzieren?

116. Was gilt bei der Verbindlichkeit als Anschaffungskosten?

117. Mit welchem Betrag sind Darlehnsschulden, die unter Abzug eines Damnums ausgezahlt wurden, zu passivieren?

118. Wie ist das Damnum buchmäßig zu behandeln?

119. Mit welchem Wert sind Schulden in ausländischer Währung zu bilanzieren?

120. Welche Verbindlichkeiten sind seit dem VZ 1999 abzuzinsen?

121. Was versteht man einkommensteuerlich unter Entnahmen?

122. Was kann außer Geld und Waren auch entnommen werden?

123. Mit welchem Wert sind Entnahmen grundsätzlich anzusetzen?

124. Was entspricht grundsätzlich dem Teilwert bei Nutzungsentnahmen?

125. Was entspricht dem Teilwert bei Leistungsentnahmen?

126. Was versteht man einkommensteuerlich unter Einlagen?

127. Mit welchem Wert sind Einlagen grundsätzlich anzusetzen?

128. In welchem Fall darf eine Einlage höchstens mit den AK/HK angesetzt werden?

129. In welchem Fall sind Einlagen mit den fortgeführten AK/HK anzusetzen?

130. Was versteht man steuerlich unter einer Bilanzberichtigung?

131. In welchen Fällen muß der Steuerpflichtige einen unrichtigen Bilanzansatz berichtigen?

132. Was versteht man steuerlich unter einer Bilanzänderung?

133. Ist eine Bilanzänderung noch zulässig?

FÄLLE

Fall 1:

Der Großhändler Steeb, der seinen Gewinn nach § 5 ermittelt, hat in 1999 **Waren** für **10.000 DM** (netto) gekauft, die er Anfang 2000 für **12.000 DM** (netto) verkauft.

Mit welchem Betrag sind die Waren in der Bilanz zum 31.12.1999 anzusetzen? Begründen Sie Ihre Antwort.

Fall 2:

Der Großhändler Stich, der seinen Gewinn nach § 5 ermittelt, hat in 1999 **Waren** für **10.000 DM** (netto) gekauft, die am 31.12.1999 einen Wert von **9.500 DM** (netto) haben. Die Waren werden in 2000 für **9.500 DM** (netto) verkauft.

Mit welchem Betrag sind die Waren in der Bilanz zum 31.12.1999 anzusetzen? Begründen Sie Ihre Antwort.

Fall 3:

Der Gewerbetreibende Becker, der zum Vorsteuerabzug berechtigt ist, hat 1999 ein Grundstück mit einem Geschäftsgebäude erworben. Von dem **Kaufpreis** entfallen **100.000 DM** auf den Grund und Boden und **400.000 DM** auf das Gebäude. Außerdem fielen an:

Grunderwerbsteuer		17.500,— DM
Grundbuchgebühren		500,— DM
Notargebühren, netto	1.000,— DM	
USt	160,— DM	1.160,— DM
Maklerprovision, netto	15.000,— DM	
USt	2.400,— DM	17.400,— DM
		36.560,— DM

Wie hoch sind die **Anschaffungskosten** des **Gebäudes** und des **Grund und Bodens**?

Fall 4:

Der Gewerbetreibende Kohler, der zum Vorsteuerabzug berechtigt ist, kaufte einen Pkw und erhielt folgende Rechnung (Auszug):

Preis ab Werk	20.000,— DM
+ Schiebedach	500,— DM
+ Überführungskosten	320,— DM
	20.820,— DM
- Nachlaß	820,— DM
	20.000,— DM
+ 16 % USt	3.200,— DM
	23.200,— DM

Außerdem hat er für den **Kfz-Brief** und das **Kennzeichen 20,— DM** gezahlt.

Wie hoch sind die **Anschaffungskosten** des Pkw?

Fall 5:

Der Gewerbetreibende Aumann, der zum Vorsteuerabzug berechtigt ist, kaufte am 08.06.1999 eine Maschine für 20.000 DM + 3.200 DM USt = 23.200 DM. Neben dem Kaufpreis fielen an:

Fracht, netto	800,— DM	
USt	128,— DM	928,— DM
Transportversicherung		200,— DM
Montagekosten, netto	1.500,— DM	
USt	240,— DM	1.740,— DM

Der **Kaufpreis** wurde vereinbarungsgemäß **unter Abzug von 2 % Skonto** beglichen.

Wie hoch sind die **Anschaffungskosten** der Maschine?

Fall 6:

Der buchführende Gewerbetreibende Reuter legt für ein selbsthergestelltes Erzeugnis folgende Kalkulation vor:

Materialeinzelkosten	400,— DM
Materialgemeinkosten	80,— DM
Fertigungseinzelkosten	800,— DM
Fertigungsgemeinkosten	960,— DM
Kosten für die allgemeine Verwaltung	60,— DM
Vertriebskosten (ohne USt)	150,— DM
Gewinn	350,— DM
Umsatzsteuer	440,— DM
Verkaufspreis	3.192,— DM

1. Berechnen Sie die **Wertuntergrenze** der **handelsrechtlich** zu bilanzierenden **Herstellungskosten**.
2. Wie hoch sind die **steuerrechtlich** zu bilanzierenden **Herstellungskosten**, wenn Reuter einen möglichst **niedrigen Gewinn** ermitteln will?

Fall 7:

Der buchführende Gewerbetreibende Oster hat in 1999 **Waren** für **800 DM** netto zuzüglich 128 DM USt gekauft. Die Waren befinden sich am 31.12.1999 noch in seinem Bestand.

Wie hoch ist der **Teilwert** am Bilanzstichtag 31.12.1999, wenn er die Waren am 31.12.1999 für **750 DM** netto zuzüglich USt wiederbeschaffen kann?

Fall 8:

Der buchführende Gewerbetreibende Kögl hat in 1999 **Waren** für **900 DM** netto zuzüglich 144 DM USt gekauft. Die Waren befinden sich am 31.12.1999 noch in seinem Bestand.

Wie hoch ist der **Teilwert** am Bilanzstichtag 31.12.1999, wenn er die Waren am 31.12.1999 für **950 DM** netto zuzüglich USt wiederbeschaffen kann?

Fall 9:

Der buchführende Gewerbetreibende Wohlfarth hat in 1999 **Waren** für **500 DM** netto zuzüglich 80 DM USt gekauft. Der Verkaufspreis der Waren beträgt **700 DM** netto zuzüglich 112 DM USt. Die Waren, deren Einkaufspreis sich inzwischen nicht verändert hat, befindet sich am 31.12.1999 noch auf Lager.

Wie hoch ist der **Teilwert** am Bilanzstichtag?

Fall 10:

Der Gewerbetreibende Bach, der seinen Gewinn nach § 5 ermittelt, hat am 02.01.1997 eine **Maschine** für **30.000 DM** (netto) angeschafft. Am 31.12.1999 betragen die fortgeführten AK **24.000 DM**. Der Teilwert der Maschine beträgt **15.000 DM**. Die Wertminderung ist voraussichtlich von Dauer.

Mit welchem **Betrag** ist die Maschine zum 31.12.1999 zu bilanzieren? Begründen Sie Ihre Antwort.

Fall 11:

Sachverhalt wie im Fall 10 mit dem Unterschied, daß die Wertminderung voraussichtlich **nicht** von Dauer ist.

Mit welchem **Betrag** muß bzw. kann die Maschine zum 31.12.1999 bilanziert werden? Begründen Sie Ihre Antwort.

Fall 12:

Der Steuerpflichtige Arno Lambrich hat am 2.1.1999 ein Unternehmen gekauft. Der Wert aller übernommenen Vermögensgegenstände hat **2.170.000 DM**, der Wert aller übernommener Schulden hat **1.840.000 DM** betragen. Der von Lambrich durch Banküberweisung gezahlte Kaufpreis belief sich auf **450.000 DM**.

1. Wieviel DM beträgt der derivative Firmenwert?
2. Wie ist dieser Wert in der Steuerbilanz zum 31.12.1999 zu behandeln?
3. Wie kann dieser Wert handelsrechtlich behandelt werden?

Fall 13

Der Steuerpflichtige Werner Winter ist seit 1981 Inhaber einer Metallwarenfabrik, die er selbst gegründet hat. Er hat den Wert seines Unternehmens zum 31.12.1999 von einem Wirtschaftsprüfer ermitteln lassen. Der Gesamtwert seines Unternehmens beträgt **3.750.000 DM**. In diesem Betrag ist der Firmenwert mit **250.000 DM** enthalten.

Wie ist dieser Firmenwert in der Handelsbilanz und der Steuerbilanz zu behandeln?

Fall 14:

Zum Betriebsvermögen der Gewerbetreibenden Jutta Boos gehören am 31.12.1999 folgende Gebäude

	Bauantrag gestellt am	fertiggestellt am
1. Fabrikgebäude A	21.04.1949	10.05.1950
2. Fabrikgebäude B	20.09.1983	10.06.1985
3. Bürogebäude C	04.04.1985	18.12.1985
4. Wohngebäude D	10.11.1984	10.04.1985
5. Wohngebäude E	10.06.1985	20.12.1985

Welche höchstzulässigen **AfA-Sätze** sind für diese Gebäude bei **linearer** AfA in 1999 anzusetzen?

Fall 15:

Wie hoch ist die höchstzulässige **lineare AfA** in 1999 für eine am 04.12.1999 angeschaffte Lagerhalle, für die der Bauantrag am 06.04.1998 gestellt worden ist? Die Anschaffungskosten der Halle, die zu einem Betriebsvermögen gehört, haben 450.000 DM betragen.

Fall 16 :

Der Unternehmer Boris Grimm, Bonn, hat für seinen Betrieb folgende Gebäude errichtet:

Gebäude	HK	Bauantrag gestellt	fertiggestellt
1. Bürogebäude	450.000 DM	am 18.02.1985	am 20.09.1987
2. Lkw-Garage	180.000 DM	am 02.04.1990	am 15.08.1991
3. Werkswohngebäude	270.000 DM	am 07.07.1994	am 15.11.1995

Die Wohnungen des Werkswohngebäudes sind an Mitarbeiter des Steuerpflichtigen vermietet.

Berechnen Sie die höchstzulässige **degressive** AfA für diese drei Gebäude für 1999.

Fall 17:

Ein Fabrikgebäude, Mainz, wurde am 15.08.1994 fertiggestellt. Der Bauantrag ist am 01.10.1993 gestellt worden. Die **HK** des Gebäudes haben **315.000 DM** betragen.

Berechnen Sie die **höchstzulässige AfA** für 1999.

Fall 18:

Ein Werksgebäude, Düsseldorf, wurde am 07.04.1982 fertiggestellt. Der Bauantrag ist am 07.04.1981 gestellt worden. Die **HK** des Gebäudes haben **460.000 DM** betragen.

Berechnen Sie die **höchstzulässige AfA** für 1999, wenn auch in den Vorjahren die höchstzulässige AfA vorgenommen wurde.

Fall 19:

Ein Bürogebäude, Bonn, wurde am 15.10.1982 fertiggestellt. Der Bauantrag ist am 15.08.1981 gestellt worden. Die **HK** des Gebäudes haben **250.000 DM** betragen.

Berechnen Sie die **höchstzulässige AfA** für 1999, wenn auch in den Vorjahren die höchstzulässige AfA vorgenommen wurde.

Fall 20:

Ein Fabrikgebäude, Köln, wurde am 01.03.1973 fertiggestellt. Der Bauantrag wurde 1972 gestellt. Die **HK** des Gebäudes haben **380.000 DM** betragen.

Berechnen Sie die **höchstzulässige AfA** für 1999. In den Vorjahren wurde ebenfalls die höchstzulässige AfA angesetzt.

Fall 21:

Ein Fabrikgebäude, Frankfurt, wurde am 17.07.1975 fertiggestellt. Der Bauantrag wurde in 1974 gestellt. Die **HK** des Gebäudes haben **320.000 DM** betragen.

Berechnen Sie die **höchstzulässige AfA** für 1999. In den Vorjahren wurde ebenfalls die höchstzulässige AfA angesetzt.

Fall 22:

Ein Bürogebäude, Wiesbaden, wurde in 1999 auf Grund eines am 15.09.1999 abgeschlossenen Kaufvertrags für **480.000 DM** angeschafft. Das Gebäude ist in 1999 vom Verkäufer fertiggestellt worden. Der Bauantrag wurde am 08.10.1998 gestellt. Der Verkäufer hat das veräußerte Gebäude bis zum Verkaufstag **linear** abgeschrieben.

Berechnen Sie die **höchstzulässige AfA** des Käufers für 1999.

Fall 23:

Ein Bürogebäude, Koblenz, wurde in 1999 auf Grund eines am 19.03.1999 abgeschlossenen Kaufvertrags für **345.000 DM** angeschafft. Das Gebäude ist in 1975 vom Verkäufer fertiggestellt worden.

Berechnen Sie die **höchstzulässige AfA** des Käufers für 1999.

Fall 24:

Ein Bürogebäude, Würzburg, für das der Bauantrag am 30.04.1973 gestellt worden ist, wurde im Januar 1974 fertiggestellt. Die **HK** des Gebäudes haben **385.000 DM** betragen.

Berechnen Sie die **höchstzulässige AfA** für 1999. In den Vorjahren wurde ebenfalls die höchstzulässige AfA angesetzt.

Fall 25:

Berechnen Sie den jährlichen Abschreibungs**betrag** bei der **linearen** Abschreibung für folgende **bewegliche** Anlagegüter:

Anlagegut	Anschaffungskosten	Nutzungsdauer
1	20.000,— DM	5 Jahre
2	10.000,— DM	4 Jahre
3	25.000,— DM	5 Jahre
4	8.000,— DM	12 Jahre
5	50.000,— DM	20 Jahre
6	18.000,— DM	4 Jahre
7	7.000,— DM	5 Jahre
8	4.800,— DM	10 Jahre
9	25.500,— DM	5 Jahre
10	24.000,— DM	4 Jahre

Fall 26:

Berechnen Sie den Abschreibungs**satz** bei der **linearen** Abschreibung für folgende bewegliche Anlagegüter:

Anlagegut	Nutzungsdauer
1	3 Jahre
2	4 Jahre
3	5 Jahre
4	6 Jahre
5	8 Jahre
6	10 Jahre
7	12 Jahre
8	15 Jahre
9	16 Jahre
10	20 Jahre

Fall 27:

Der Gewerbetreibende Flick, dessen Wirtschaftsjahr mit dem Kalenderjahr übereinstimmt, kaufte am 01.06.1999 eine Maschine mit **AK** von **24.000 DM**. Die betriebsgewöhnliche Nutzungsdauer der Maschine beträgt 6 Jahre.

1. Berechnen Sie den **linearen AfA-Betrag** für 1999 nach der **Pro-rata-temporis-Regel**.
2. Berechnen Sie den **linearen AfA-Betrag** für 1999 nach der **Vereinfachungsregel** nach R 44 Abs. 2 Satz 3 EStR 1999.

Fall 28:

Der Gewerbetreibende Hans-Jürgen Wagner, dessen Wirtschaftsjahr mit dem Kalenderjahr übereinstimmt, kaufte am 01.07.1999 eine Büromaschine zum Preis von

netto	8.000,— DM
+ 16 % USt	1.280,— DM
	9.280,— DM

Wagner ist zum Vorsteuerabzug berechtigt. Die betriebsgewöhnliche Nutzungsdauer der Büromaschine beträgt 5 Jahre. Vom Kaufpreis zieht Wagner vereinbarungsgemäß **2 % Skonto** ab.

1. Berechnen Sie den **linearen AfA-Betrag** für 1999 nach der **Pro-rata-temporis-Regel**.
2. Berechnen Sie den **linearen AfA-Betrag** für 1999 nach der **Vereinfachungsregel** nach R 44 Abs. 2 Satz 3 EStR 1999.

Fall 29:

Berechnen Sie den **degressiven AfA-Satz** für folgende **bewegliche** Anlagegüter, die nach dem 29.07.1981 angeschafft worden sind:

Anlagegut	Nutzungsdauer
1	3 Jahre
2	4 Jahre
3	5 Jahre
4	6 Jahre
5	8 Jahre
6	10 Jahre
7	11 Jahre
8	12 Jahre
9	16 Jahre
10	20 Jahre

Fall 30:

Der Gewerbetreibende Wegmann, der zum Vorsteuerabzug berechtigt ist, kauft am 16.03.1999 eine Maschine mit **AK** von **20.000 DM**. Die betriebsgewöhnliche Nutzungsdauer der Maschine beträgt 5 Jahre.

Berechnen Sie den **höchstzulässigen AfA-Betrag** für 1999.

Fall 31:

Der Gewerbetreibende Dorfner kaufte am 02.01.1994 eine Maschine mit **AK** von **40.000 DM**. Die betriebsgewöhnliche Nutzungsdauer der Maschine beträgt 8 Jahre. Die Maschine wurde in den ersten fünf Jahren **degressiv** abgeschrieben.

Sollte Dorfner, der die höchstzulässige AfA geltend machen will, in 1999 von der **deggressiven** zur **linearen** AfA übergehen?

Fall 32:

Der Gewerbetreibende Bach kaufte am 05.02.1993 eine Maschine mit **AK** von **80.000 DM**. Die betriebsgewöhnliche Nutzungsdauer der Maschine beträgt 10 Jahre. Die Maschine wird **degressiv** abgeschrieben.

In welchem Jahr sollte Bach, der die höchstzulässige AfA geltend machen will, von der **degressiven** zur **linearen** AfA übergehen?

Fall 33:

Der Steuerpflichtige Günther Berg, der zum Vorsteuerabzug berechtigt ist, hat am 17.08.1999 eine Maschine zum Preis von

Maschine, netto	48.000,— DM
+ 16 % USt	7.680,— DM
	55.680,— DM

angeschafft. Die betriebsgewöhnliche Nutzungsdauer der Maschine beträgt 15 Jahre. Die Voraussetzungen für die Inanspruchnahme der Sonderabschreibung nach § 7g sind erfüllt.

1. Berechnen Sie die höchstzulässige **lineare** AfA für 1999.

2. Berechnen Sie die Sonderabschreibung nach **§ 7g**, wenn Berg die Sonderabschreibung 1999 voll in Anspruch nimmt.

3. Berechnen Sie die **lineare** AfA für 2000 bis 2003.

4. Berechnen Sie die **lineare** AfA für 2004 bis 2013
   (Der jährliche AfA-Betrag ist auf volle DM aufzurunden.).

5. Berechnen Sie die **lineare** AfA für 2014.

Fall 34:

Sachverhalt wie im Fall 33 mit dem **Unterschied**, daß der Steuerpflichtige die Sonderabschreibung nach **§ 7g** im **letzten** Jahr des Begünstigungszeitraums voll in Anspruch nimmt.

1. Berechnen Sie die höchstzulässige **lineare** AfA für 1999.

2. In welchem Jahr nimmt der Steuerpflichtige die Sonderabschreibung nach § 7g in Anspruch und wieviel DM beträgt sie?

3. Berechnen Sie die **lineare** AfA für 2000 bis 2003.

4. Berechnen Sie die **lineare** AfA für 2004 bis 2013
   (Der jährliche AfA-Betrag ist auf volle DM aufzurunden.).

5. Berechnen Sie die **lineare** AfA für 2014.

Fall 35:

Der Steuerpflichtige Förster, der zum Vorsteuerabzug berechtigt ist, hat am 18.05.1999 eine Maschine zum Preis von

Maschine, netto	75.000,— DM
+ 16 % USt	12.000,— DM
	87.000,— DM

angeschafft. Die Maschine hat eine betriebsgewöhnliche Nutzungsdauer von 12 Jahren. Die Voraussetzungen für die Inanspruchnahme der Sonderabschreibung nach § 7g sind erfüllt.

1. Berechnen Sie die **höchstzulässige degressive AfA** für 1999.

2. Berechnen Sie die Sonderabschreibung nach § 7g, wenn Förster die Sonderabschreibung **1999** voll beansprucht.

3. Berechnen Sie die **degressive AfA** für 2000
   (Der AfA-Betrag ist auf volle DM aufzurunden.).

Fall 36:

Sachverhalt wie im Fall 35 mit dem Unterschied, daß der Steuerpflichtige die Sonderabschreibung nach § 7g erst **2003** voll in Anspruch nimmt.

1. Berechnen Sie die **höchstzulässige degressive AfA** für 1999.

2. Berechnen Sie die Sonderabschreibung nach § 7g für **2003**.

3. Berechnen Sie die **degressive AfA** für 2000
   (Der AfA-Betrag ist auf volle DM aufzurunden.).

4. Wie hoch ist die **degressive AfA insgesamt** im Begünstigungszeitraum
   a) im Fall 36,
   b) im Fall 35?

5. Wieviel **Prozent** beträgt der AfA-Satz nach Ablauf des Begünstigungszeitraums
   a) beim Übergang zur **linearen AfA**,
   b) bei **degressiver AfA**?

Fall 37:

Der Gewerbetreibende Puhl, der zum Vorsteuerabzug berechtigt ist, kaufte am 17.08.1999 einen elektronischen Tischrechner. Die Rechnung lautet: 900 DM + 144 DM USt = 1.044 DM. Der Lieferer gewährt Puhl einen **Rabatt** von **10 %**. Puhl begleicht den Rest der Rechnung unter Abzug von **2 % Skonto**. Alle Vorgänge werden auf Konten gebucht.

Kann Puhl die **Bewertungsfreiheit nach § 6 Abs. 2** in Anspruch nehmen? Begründen Sie Ihre Antwort.

Fall 38:

Der Kleinunternehmer Kaiser, der Gewerbetreibender und **nicht** zum Vorsteuerabzug berechtigt ist, erwarb in 1999 für seinen Betrieb eine Schreibmaschine. Die Rechnung lautet: 800 DM + 128 DM USt = 928 DM.
Kaiser ermittelt seinen Gewinn durch Überschußrechnung nach § 4 Abs. 3. Er führt die Schreibmaschine unter Angabe des Tages der Anschaffung in einem besonderen Verzeichnis auf.

Kann Kaiser die **Bewertungsfreiheit nach § 6 Abs. 2** in Anspruch nehmen? Begründen Sie Ihre Antwort.

Fall 39:

Der Gewerbetreibende Hans Pflügler, der zum Vorsteuerabzug berechtigt ist, hat im Juli 1998 **zwei** Schreibtische für je 800 DM + 16 % USt angeschafft und in 1998 mit 10 % abgeschrieben.
In 1999 hat Pflügler die Schreibtische als GWG behandelt und in voller Höhe abgeschrieben.

Kann Pflügler in 1999 die **Bewertungsfreiheit nach § 6 Abs. 2** in Anspruch nehmen? Begründen Sie Ihre Antwort.

Fall 40:

Der buchführende Gewerbetreibende Beltz betreibt in Wiesbaden ein Großhandelsgeschäft. Für das Wirtschaftsjahr 1999 hat er einen **Gewinn** von **51.000 DM** ermittelt. Aus seinen Unterlagen ergibt sich folgendes:

1. Beltz hat am 03.08.1999 das unbebaute Grundstück B für **50.000 DM** erworben. Beim Erwerb des Grundstücks sind folgende Kosten angefallen:

    Grunderwerbsteuer **1.750,— DM**
    Notariats- und Gerichtskosten **250,— DM**

    Die Grunderwerbsteuer wurde dem Konto "**Sonstige Betriebssteuern**" und die Notariats- und Gerichtskosten wurden dem Konto "**Rechts- und Beratungskosten**" belastet. Das Grundstück hat am 31.12.1999 einen Teilwert von **53.000 DM**. Die Wertminderung des Grundstücks ist voraussichtlich von Dauer.

2. Beltz hat das **unbebaute Grundstück A**, das mit **40.000 DM** bilanziert ist, bisher als betrieblichen Abstellplatz genutzt. Bei einer amtlichen Schätzung zum Bilanzstichtag (31.12.1999) wurde der Wert des Abstellplatzes mit **20.000 DM** festgestellt. Mit einer Erhöhung dieses Wertes ist in absehbarer Zeit nicht zu rechnen.

Berichtigen Sie den Gewinn 1999 des Steuerpflichtigen Beltz.

Fall 41:

Der buchführende Gewerbetreibende May hat im Wirtschaftsjahr 1996 eine **Beteiligung** für **100.000 DM** erworben, die zu seinem Betriebsvermögen gehört.

Am Ende des Wirtschaftsjahres 1996 betrug der Teilwert **100.000 DM**.

Am Ende des Wirtschaftsjahres 1997 belief sich der Teilwert auf **90.000 DM**. Es war damals nicht damit zu rechnen, daß die Wertminderung von Dauer sein wird.

Am Ende des Wirtschaftsjahres 1998 betrug der Teilwert wieder **100.000 DM**.

Am Ende des Wirtschaftsjahres 1999 war der Teilwert auf **102.000 DM** gestiegen. Die Wertsteigerung ist voraussichtlich von Dauer.

Mit welchem Wert **ist bzw. kann** die Beteiligung in der Bilanz des Wirtschaftsjahres 1999 angesetzt werden? Begründen Sie Ihre Antwort.

Fall 42:

Der buchführende Steuerpflichtige Hofrath betreibt in Bonn eine Spirituosengroßhandlung. Für das Wirtschaftsjahr 1999 hat er einen **Gewinn** von **60.000 DM** ermittelt. Aus den Unterlagen ergibt sich folgendes:

1. Hofrath hat am 12.10.1999 einen Posten **Waren** zum Netto-Preis von **10.000 DM** erworben, den er in seiner Bilanz zum 31.12.1999 mit diesem Betrag angesetzt hat. Am Bilanzstichtag beträgt der Teilwert dieser Waren **8.378 DM**. Die Wertminderung ist voraussichtlich von Dauer.

2. Hofrath hat am 11.09.1999 eine Registrierkasse für 5.000 DM + 800 DM USt = 5.800 DM auf Ziel gekauft. Die Rechnung ist erst in 2000 zu begleichen. Die Neuanschaffung wurde bisher nicht gebucht. Die Registrierkasse hat eine betriebsgewöhnliche Nutzungsdauer von 5 Jahren. Hofrath wünscht, daß die höchstzulässige AfA geltend gemacht wird. Die Voraussetzungen für die Inanspruchnahme des § 7g liegen **nicht** vor.

Berichtigen Sie den Gewinn 1999 des Steuerpflichtigen Hofrath.

Fall 43:

Der Uhrmachermeister Colombo, der ein großes Uhrengeschäft besitzt und seinen Gewinn nach § 5 ermittelt, hat am 31.12.1999 in seinem Geschäft eine Uhr, deren Anschaffungskosten **1.200 DM** betragen haben.

Ihr ursprünglicher Verkaufspreis einschließlich USt betrug **1.840 DM**.

Da die Uhr schwer verkäuflich ist, hat er sie auf **1.596 DM** herabgesetzt.

Der Teilwert der Uhr beläuft sich am Bilanzstichtag auf **1.000 DM**. Die Wertminderung der Uhr ist voraussichtlich von Dauer.

In der Vorjahresbilanz stand die Uhr mit **1.100 DM** zu Buch.

Mit welchem Betrag ist die **Uhr** in der Bilanz zum 31.12.1999 **anzusetzen?**

Fall 44:

Der Steuerpflichtige Stein, der seinen Gewinn nach § 5 ermittelt, hat am 04.01.1999 bei seiner Bank ein **Darlehen** mit einem Rückzahlungsbetrag von **50.000 DM** aufgenommen. Das Darlehen hat eine Laufzeit von **zehn Jahren**. 95 % des Rückzahlungsbetrags wurden Stein durch die Bank ausgezahlt.

1. Mit welchem Betrag ist das Darlehen zum 31.12.1999 zu passivieren?
2. Mit welchem Betrag ist der Unterschiedsbetrag zwischen Rückzahlungs- und Ausgabebetrag zum 31.12.1999 zu aktivieren?
3. Wie hoch ist die Abschreibung, die zum 31.12.1999 auf den Unterschiedsbetrag vorzunehmen ist?

Fall 45:

Der buchführende Importkaufmann Fütterer hat im Dezember 1999 **Waren** aus den USA für **20.000 Dollar ($)** eingeführt. Bei der Lieferung betrug der Dollarkurs für **1 $ = 1,80 DM**. Die Verbindlichkeit wurde im Februar des folgenden Jahres beglichen.

1. Am Bilanzstichtag (31.12.1999) war der Dollarkurs auf **1,85 DM** gestiegen. Mit welchem **Betrag** muß die Verbindlichkeit ausgewiesen werden, wenn die Kurswerterhöhung nicht von Dauer ist?

2. Mit welchem **Betrag** müßte die Verbindlichkeit bei einem Dollarkurs von **1,75 DM** am 31.12.1999 bilanziert werden, wenn die Kurswerterhöhung nicht von Dauer ist?

Fall 46:

Der buchführende Steuerpflichtige Jung betreibt in Mannheim ein Großhandelsgeschäft. Für das Wirtschaftsjahr 1999 hat er einen **Gewinn** von **50.000 DM** ermittelt. Aus seinen Unterlagen ergibt sich folgendes:

1. Jung hat am 13.12.1999 einen Pkw für **10.000 DM + 1.600 DM USt = 11.600 DM** erworben. Er hat diesen Vorgang wie folgt gebucht:

    Pkw   10.800 DM
    und abziehbare Vorsteuer   800 DM
    an Bank   11.600 DM

Der Pkw hat eine betriebsgewöhnliche Nutzungsdauer von 5 Jahren. Er wird lt. Fahrtenbuch zu **30 %** privat und 70 % betrieblich genutzt. Die Nutzungsentnahme wurde noch nicht gebucht. Die betrieblichen Kfz-Kosten, die in voller Höhe über die entsprechenden Aufwandskonten gebucht wurden, setzen sich wie folgt zusammen:

Benzin	**100 DM**
Kfz-Steuer, Kfz-Versicherung	**100 DM**
AfA 30 % von 10.800 DM für 1/2 Jahr	**1.620 DM**

Die Vorsteuer auf die Kfz-Kosten wurde ordnungsgemäß gebucht.

2. Jung hat aus seinem Geschäft Waren zum Preis von **1.000 DM + 160 DM USt** für private Zwecke entnommen. Der Teilwert der Waren betrug im Zeitpunkt der Entnahme 1.200 DM. Jung hat diesen Vorgang wie folgt gebucht:

```
Privat                1.160 DM
   an Wareneingang                 1.000 DM
   und USt                           160 DM
```

Berichtigen Sie den Gewinn 1999 des Steuerpflichtigen Jung.

Fall 47:

Der Textilgroßhändler Arenz entnahm im August 1999 seinem Betrieb folgende Wirtschaftsgüter:

1. einen Mantel für seine Tochter. Den Mantel hat er für **250 DM** netto eingekauft. Der Wiederbeschaffungspreis belief sich im Zeitpunkt der Entnahme auf **230 DM** netto.

2. einen Pkw für seinen Sohn. Es betrugen im Zeitpunkt der Entnahme

der **Buchwert** des Pkw	**1.000 DM**
der **Verkaufswert** des Pkw netto	**2.500 DM**

Der Pkw wurde seinerzeit für **10.000 DM** angeschafft.

Mit welchem Betrag sind die Entnahmen zu bewerten?

Fall 48:

Der buchführende Steuerpflichtige Merkel betreibt in Köln ein Großhandelsgeschäft. Für das Wirtschaftsjahr 1999 hat er einen **Gewinn** von **70.000 DM** ermittelt. Aus seinen Unterlagen ergibt sich folgendes:

1. Merkel hat am 12.01.1998 einen Schreibtisch für **1.600 DM + 240 DM USt = 1.840 DM privat** erworben. Am 04.01.1999 läßt Merkel diesen Schreibtisch in seinem Büro aufstellen, weil er ihn dort benötigt. Der Schreibtisch hat eine betriebsgewöhnliche Nutzungsdauer von zehn Jahren. Der Teilwert beträgt im Zeitpunkt der Zuführung **1.700 DM**. Merkel hat bisher keine Buchung vorgenommen.

2. Merkel hat seinen zum Betriebsvermögen gehörenden Pkw (**Altfahrzeug**) 1999 lt. Fahrtenbuch zu **30 % privat** und zu 70 % betrieblich genutzt. Die gesamten Pkw-Kosten betrugen 1999 **5.703 DM**. Merkel versteuert seine Umsätze nach den allgemeinen Vorschriften des UStG. Er hat den Eigenverbrauch noch nicht gebucht.

Berichtigen Sie den Gewinn 1999 des Steuerpflichtigen Merkel. Merkel will einen möglichst **niedrigen Gewinn** ermitteln. Die Beträge sind auf volle DM aufzurunden.

Fall 49:

Der buchführende Gewerbetreibende Groß hat am 15.02.1996 einen Teppich für seine Wohnung für **4.000 DM** netto zuzüglich 15 % USt gekauft. Den Teppich legte er am 01.09.1999 in sein Büro. Dort soll er in Zukunft bleiben. Der Teppich, der eine Nutzungsdauer von **zehn Jahren** hat, hatte im Zeitpunkt der Einlage einen Teilwert von **4.500 DM**.
Den Teppich, der bisher in seinem Büro lag, hat Groß für sein Wohnzimmer entnommen. Er hat ihn am 17.07.1997 für **5.000 DM** netto zuzüglich 15 % USt für sein Büro gekauft. Der Teppich, der ebenfalls eine Nutzungsdauer von **zehn Jahren** hat und bisher **degressiv** abgeschrieben wurde, hatte im Zeitpunkt der Entnahme einen Teilwert von **4.800 DM**.

1. **Mit welchem Betrag** sind der **eingelegte** Teppich **und** der **entnommene** Teppich zu bewerten?

2. Welche **Auswirkungen** haben die Einlage und die Entnahme **auf den Gewinn?**

Zusammenfassende Erfolgskontrolle zum 1. bis 9. Kapitel

Fall 1:

Der Buchhalter der Bauunternehmung Modernbau, München, hat zum 31.12.1999 folgende **Steuerbilanz** aufgestellt:

Bilanz zum 31.12.1999

Aktiva		Passiva	
A. Anlagevermögen		**A. Eigenkapital**	
I. Sachanlagen		1. Anfangskapital	2.000.000
1. Grundstücke und Bauten	1.500.000	2. Gewinn	100.000
2. Maschinen	350.000		
3. Betriebs- und Geschäftsausstattung	120.000	**B. Rückstellungen**	50.000
B. Umlaufvermögen		**C. Verbindlichkeiten**	850.000
I. Vorräte			
1. Roh- Hilfs- und Betriebsstoffe	580.000		
II. Forderungen			
1. Forderungen aLuL	400.000		
III. Wertpapiere			
1. Sonstige Wertpapiere	50.000		
	3.000.000		3.000.000

Die folgenden Vorgänge sind hinsichtlich ihrer **Auswirkungen auf** den **Gewinn** in Höhe von **100.000 DM** zu prüfen. Falls erforderlich, ist der Gewinn zu berichtigen. Die Firma will einen möglichst **niedrigen Gewinn** ermitteln.

1. Es wurde in 1999 ein **unbebautes Grundstück** für **150.000 DM** erworben. Beim Erwerb des Grundstückes sind folgende Kosten angefallen:

   AK 6.500,- AV

Grunderwerbsteuer	5.250 DM
Notariats- und Gerichtskosten	1.250 DM

   Die Grunderwerbsteuer wurde dem Konto "**Sonstige Betriebssteuern**" und die Notariats- und Gerichtskosten wurden dem Konto "**Rechts- und Beratungskosten**" belastet. Die Vorsteuer wurde ordnungsgemäß erfaßt.

2. Am 1.9.1999 wurde ein **bebautes Grundstück** mit einem Bürohaus für **450.000 DM** (Gebäude 300.000 DM, Grund und Boden 150.000 DM) erworben. Die Absetzung für Abnutzung für das 1971 fertiggestellte Bürohaus wurde noch nicht vorgenommen. *2% 6.000*

3. Es wurde im Mai 1999 eine **Maschine**, die im Juni 1997 für **40.000 DM** angeschafft worden ist, für **20.000 DM** (netto) verkauft. Die Maschine, die eine Nutzungsdauer von 10 Jahren hat, wurde am 1.1.1999 mit **19.600 DM** ausgewiesen. Die AfA für 1999 wurde noch nicht vorgenommen. Der Verkauf der Maschine wurde wie folgt gebucht: *5/12 = 2.450,-*

   degressiv
   97 12.000
   98 8.400
   99 5.88

   Restwert 17.150
   + 400

Bank	23.200 DM	
an Maschinen		20.000 DM
und USt		3.200 DM

4. Im Oktober 1999 wurde ein **Lkw** für **30.000 DM + 16 % USt** angeschafft. Der Lkw, der eine Nutzungsdauer von 4 Jahren hat, wurde gegen Wechsel gekauft, die in 1999 fällig werden. Eine Buchung wurde noch nicht vorgenommen.

   degressiv x 30% = 9.000,- : 2 = 4.500,-

5. Im Dezember 1999 wurde ein **Stahlschrank** für **800 DM + 16 % USt** gekauft. Die **Frachtkosten** in Höhe von **30 DM + 16 % USt** sind bei Anlieferung des Stahlschrankes am 28.12.1999 bar gezahlt und wie folgt gebucht worden:

   800,-
   30,-

   830,-

3800 (5800) Anschaffungsnebenkosten	30,— DM	
1575 (1405) Vorsteuer	4,80 DM	
an 1000 (1600) Kasse		34,80 DM

   kein GWG mehr x 30% degressiv 249 : 2 = 125,-

   Der Rechnungsbetrag in Höhe von **928 DM** ist noch nicht gebucht worden, weil die Rechnung erst am 11.1.2000 überwiesen wurde. Der Stahlschrank hat eine betriebsgewöhnliche Nutzungsdauer von 5 Jahren.

6. Im **Umlaufvermögen** sind **Wertpapiere** mit ihren Anschaffungskosten in Höhe von **50.000 DM** enthalten. Die Wertpapiere wurden im Mai 1999 erworben. Am 31.12.1999 betrug der Teilwert der Wertpapiere **45.000 DM**. Die Wertminderung ist voraussichtlich von Dauer. *abschreiben 5.000,-*

7. Am 4.1.1999 wurde bei einer Bank ein **Darlehen** aufgenommen. Die Tilgung soll in zehn gleichen Raten zahlbar jeweils zum 1.1. erfolgen. Das Darlehen wurde mit seinem Rückzahlungsbetrag in Höhe von **500.000 DM** passiviert. **96 %** des Rückzahlungsbetrags wurden ausgezahlt. *20.000,- Damnum*

   Der Unterschiedsbetrag zwischen Ausgabebetrag und Nennbetrag wurde 1999 in voller Höhe auf das Konto "**Zinsaufwendungen für langfristige Verbindlichkeiten**" gebucht. *+ 18.000*

   auf 10 Jahre verteilen

Fall 2:

Frank Sander ist mit Britta geb. Mülow seit 1994 verheiratet. Ihre gemeinsame Wohnung befindet sich in Freiburg.

Herr Sander bewirtschaftet in seiner Freizeit am Stadtrand von Freiburg ein Erdbeerfeld, aus dem er folgende Gewinne erzielte (Wirtschaftsjahr 1.7. bis 30.6.):

L+F §13

Wirtschaftsjahr 1998/1999	**5.270 DM**
Wirtschaftsjahr 1999/2000	**7.730 DM**

Herr Sander ist an einer Freiburger Großhandlung, die in der Rechtsform einer OHG betrieben wird, mit 50 % beteiligt. Das Wirtschaftsjahr der Gesellschaft umfaßt die Zeit vom 01.04. bis 31.03. Die Gesellschaft erzielte folgende Gewinne:

§4a (2) 2

Wirtschaftsjahr 1998/1999	**120.000 DM**
Wirtschaftsjahr 1999/2000	**144.000 DM**

Herr Sander erhält für seine Geschäftsführertätigkeit bei der OHG ein jährliches **Gehalt** von **60.000 DM** und für die Hingabe eines Darlehens an die OHG **Zinsen** von jährlich **18.000 DM**. Gehalt und Zinsen haben als Aufwand die oben genannten Gewinne gemindert.

Frau Sander betreibt in der Freiburger Innenstadt ein Modegeschäft. Sie ermittelt ihren Gewinn durch Betriebsvermögensvergleich nach § 5. Ihre Umsätze unterliegen dem allgemeinen Steuersatz. Es haben betragen am

	31.12.1998	31.12.1999
Betriebs- und Geschäftsausstattung	40.000 DM	37.000 DM
Warenbestand	60.000 DM	70.000 DM
Forderungen aus Lieferungen und Leistungen	12.000 DM	6.000 DM
Kassenbestand und Bankguthaben	60.000 DM	12.000 DM
Darlehnsverbindlichkeiten	./. 45.000 DM	./. 12.000 DM
Verbindlichkeiten aus Lieferungen u. Leistungen	./. 17.000 DM	0 DM

In Laufe des Jahres 1999 hat Frau Sander dem Geschäft entnommen:

Waren	**+ 3.000 DM**
Bargeld	**+ 24.000 DM**

1. Nehmen Sie Stellung zur **persönlichen Steuerpflicht** und zur **Veranlagungsart** der Eheleute Sander.

2. Ermitteln Sie die **Einkünfte** der Eheleute Sander für den VZ 1999.

10 Gewinnermittlung ohne Betriebsvermögensvergleich

Die Gewinnermittlung ohne Betriebsvermögensvergleich kann erfolgen durch

> 1. **Überschußrechnung** nach § 4 Abs. 3 EStG oder
>
> 2. nach **Durchschnittssätzen** gemäß § 13a EStG.

10.1 Überschußrechnung nach § 4 Abs. 3 EStG

10.1.1 Berechtigter Personenkreis

Steuerpflichtige, die **nicht** auf Grund gesetzlicher Vorschriften verpflichtet sind, Bücher zu führen und regelmäßig Abschlüsse zu machen, und die auch freiwillig **keine Bücher führen** und keine Abschlüsse machen und ihren Gewinn auch **nicht** nach Durchschnittssätzen (§ 13a) ermitteln, können als **Gewinn** den **Überschuß der Betriebseinnahmen über die Betriebsausgaben** ansetzen (§ 4 Abs. 3 Satz 1).

Die **Gewinnermittlung nach § 4 Abs. 3** kommt insbesondere für **kleine Gewerbetreibende** (z.B. Handwerker, Einzelhändler) **und** für **freiberuflich Tätige** (z.B. Steuerberater, Ärzte, Rechtsanwälte, Notare) in Betracht.

Land- und Forstwirte, die weder zur Buchführung verpflichtet sind, noch die Voraussetzungen des § 13a Abs. 1 Nr. 2 **bis 4** erfüllen, können den **Gewinn** entweder nach § 4 Abs. 1 EStG oder nach § 4 Abs. 3 EStG ermitteln (R 127 Abs. 1 Satz 2 EStR 1999).

Die Gewinnermittlung nach **§ 4 Abs. 3 EStG setzt voraus**, daß der Steuerpflichtige seine **Betriebseinnahmen** und seine **Betriebsausgaben aufzeichnet**.

Fehlen solche Aufzeichnungen, muß der Gewinn nach den Grundsätzen des § 4 Abs. 1 EStG **geschätzt** werden (R 127 Abs. 1 Satz 3 EStR 1999).

10.1.2 Umfang der Betriebseinnahmen

Der Begriff **Betriebseinnahmen** ist im EStG **nicht** definiert. In Anlehnung an die Definition des Begriffs **Einnahmen** (§ 8 Abs.1) sind **Betriebseinnahmen** alle Güter, die in Geld oder Geldeswert bestehen und dem Steuerpflichtigen im Rahmen der Einkunftsarten 1 bis 3 zufließen.

Betriebseinnahmen der Überschußrechnung nach § 4 Abs. 3 EStG sind z.B.:

- **Einnahmen** aus der Veräußerung von Wirtschaftsgütern des **Umlaufvermögens**, z.B. Waren, Erzeugnisse;
- **Einnahmen** aus der Veräußerung von Wirtschaftsgütern des **abnutzbaren Anlagevermögens**, z.B. Pkw, Büroeinrichtungsgegenstände.
  In diesem Fall wird der **empfangene Gegenwert** (die Einnahme) voll als **Betriebseinnahme** angesetzt, während der noch vorhandene **Restbuchwert** als **Betriebsausgabe** abgesetzt wird;
- **Einnahmen** aus der Veräußerung von Wirtschaftsgütern des **nichtabnutzbaren** Anlagevermögens, z.B. Grund und Boden, Beteiligungen.
  In diesem Fall wird der **empfangene Gegenwert** (die Einnahme) voll als **Betriebseinnahme** angesetzt, während die **früheren Anschaffungskosten** als **Betriebsausgaben** abgesetzt werden;
- **Einnahmen aus freiberuflicher Tätigkeit**;
- **vereinnahmte Umsatzsteuer**;
- **private Sachentnahmen** des Steuerpflichtigen, z.B. Entnahmen von Waren für private Zwecke.
  Warenentnahmen sind, da sich der Wareneinkauf als Betriebsausgabe ausgewirkt hat, als Betriebseinnahmen zu behandeln. Nach § 6 Abs. 1 Nr. 4 sind Warenentnahmen mit dem **Teilwert** anzusetzen;
- **private Nutzungsentnahmen** des Steuerpflichtigen, z.B. die Benutzung des betrieblichen Pkw für private Zwecke.
  Damit werden frühere Betriebsausgaben entsprechend berichtigt. Nutzungsentnahmen sind mit dem **Teilwert** (= den **anteiligen tatsächlichen Kosten**). Zur Ermittlung dieser Kosten hat der Steuerpflichtige bei **Altfahrzeugen** die Wahl zwischen drei Methoden: **1 %-Regelung**, **Fahrtenbuchregelung** und **Schätzung** (BMF-Schreiben vom 8.6.1999);
- **Umsatzsteuer auf den Eigenverbrauch**.
  Nach § 12 darf sich die USt auf den Eigenverbrauch nicht gewinnmindernd auswirken. Da aber die USt auf den Eigenverbrauch in der Zahllast, die als Betriebsausgabe behandelt wird, enthalten ist, wird die USt auf den Eigenverbrauch zum Ausgleich als Betriebseinnahme angesetzt;
- **vereinnahmte Zinsen**, z.B. Zinsen aus einer Darlehnsforderung;
- **Vorschüsse, Teil- und Abschlagzahlungen** im Zeitpunkt des Zufließens;
- **Sach- und Geldgeschenke**, die der Steuerpflichtige mit Rücksicht auf die geschäftlichen Beziehungen erhält.

Keine Betriebseinnahmen der Überschußrechnung nach § 4 Abs. 3 EStG sind z.B.:

- **Geldbeträge**, die dem Betrieb durch die **Aufnahme von Darlehen** zufließen;
- Geldbeträge, die im Namen und Rechnung eines anderen vereinnahmt werden (**durchlaufende Posten**). Die USt ist kein durchlaufender Posten und deshalb Betriebseinnahme (siehe oben);
- **Geldeinlagen** des Steuerpflichtigen;
- im Geschäftsleben übliche **Aufmerksamkeiten**, z.B. Blumen, Pralinen, Bücher (**bis 60 DM**; Freigrenze).

10.1.3 Umfang der Betriebsausgaben

Der Begriff **Betriebsausgaben** ist im EStG definiert. Nach § 4 Abs. 4 EStG sind **Betriebsausgaben** Aufwendungen, die durch den Betrieb veranlaßt sind.

Der Begriff der **Betriebsausgaben** umfaßt bei der Überschußrechnung nach § 4 Abs. 3 EStG grundsätzlich **alle Ausgaben** eines Betriebes, ohne Rücksicht darauf, ob sie im Veranlagungszeitraum **Aufwand** geworden sind oder nicht.

> Beispiel:
> Der Steuerpflichtige Wagner kauft und **bezahlt** am 16.12.1999 Waren für 1.000,— DM, die er am **21.01.2000 verkauft**.
>
> Bei den 1.000,— DM handelt es sich um **Betriebsausgaben**, die den Gewinn des Jahres 1999 schmälern, obwohl betriebswirtschaftlich gesehen die 1.000,— DM **Aufwand** des Jahres 2000 sind.

Der **Grundsatz**, daß im Rahmen der Überschußrechnung nach § 4 Abs. 3 EStG die **Betriebsausgaben** alle **Ausgaben** eines Betriebes umfassen, gilt nicht für Wirtschaftsgüter des **Anlagevermögens**.

Die Anschaffungs- bzw. Herstellungskosten **abnutzbarer Anlagegüter** (z.B. Maschinen, Pkw) sind - wie beim Betriebsvermögensvergleich - als **AfA** auf die Nutzungsdauer der Anlagegüter **zu verteilen, sofern** es sich **nicht** um geringwertige Wirtschaftsgüter (**GWG**) handelt (§ 4 Abs. 3 **Satz 3** EStG).

GWG sofort voll absetzbar

> Beispiel:
> Der Steuerpflichtige Müller, der zum Vorsteuerabzug berechtigt ist, hat am 14.04.1999 einen Pkw für 20.000,— DM + 3.200,— DM USt = 23.200,— DM gekauft und **bezahlt**. Die betriebsgewöhnliche Nutzungsdauer des Pkw beträgt 4 Jahre. Müller will einen möglichst **niedrigen Gewinn** ermitteln.
>
> Der Steuerpflichtige kann in 1999 die gezahlte Vorsteuer von 3.200 DM als **Betriebsausgabe** absetzen. Von den Anschaffungskosten in Höhe von 20.000 DM kann er nur den AfA-Betrag von **6 000 DM** (30 % von 20.000 DM) als **Betriebsausgabe** absetzen.

Die Anschaffungskosten **nichtabnutzbarer Anlagegüter** (z.B. Grund und Boden, Beteiligungen) sind erst im Zeitpunkt der **Veräußerung oder Entnahme** dieser Wirtschaftsgüter als **Betriebsausgaben** zu berücksichtigen (§ 4 Abs .3 **Satz 4** EStG).

> Beispiel:
> Der Steuerpflichtige Meyer verkauft am 15.06.1999 gegen **Bankscheck** ein unbebautes Grundstück für 100.000 DM. Die Anschaffungskosten des Grundstücks haben 50.000 DM betragen.
>
> Meyer hat die 100.000 DM als **Betriebseinnahme** anzusetzen und die AK von 50.000 DM als **Betriebsausgabe**, so daß der Gewinn von 50.000 DM - wie beim Betriebsvermögensvergleich- versteuert wird.

Wirtschaftsgüter des **Anlagevermögens** sind bei der **Anschaffung** in besondere, laufend zu führende **Verzeichnisse** aufzunehmen (§ 4 Abs. 3 **Satz 5** EStG).

Betriebsausgaben der Überschußrechnung nach § 4 Abs. 3 EStG sind z.B.:

- **Ausgaben** für die Anschaffung von Wirtschaftsgütern des **Umlaufvermögens**;

- **Ausgaben** für die Anschaffung von geringwertigen Wirtschaftsgütern (**GWG**);

- **AfA-Beträge** für Wirtschaftsgüter des **abnutzbaren Anlagevermögens** ab dem Zeitpunkt der **Anschaffung** (Der Zeitpunkt der **Bezahlung** ist **unerheblich**.);

- **Restbuchwerte** der verkauften Wirtschaftsgüter des **abnutzbaren** Anlagevermögens;

- **gezahlte Zinsen** (z.B. für ein aufgenommenes Darlehen);

- **private Sacheinlagen** des Steuerpflichtigen. Bei Wirtschaftsgütern des **abnutzbaren** Anlagevermögens kann der Wert der Sacheinlage nicht sofort in voller Höhe als Betriebsausgabe abgezogen werden. Die Bewertung der Sacheinlagen erfolgt nach den Vorschriften des § 6 Abs. 1 Nr. 5;

- **verausgabte Umsatzsteuerbeträge** (gezahlte **Vorsteuer** einschließlich der Einfuhrumsatzsteuer und die an das Finanzamt abgeführte USt-Zahllast), ausgenommen die Vorsteuerbeträge, die den AK/HK eines Wirtschaftsgutes zuzurechnen und diese nicht sofort abzugsfähig sind;

- **Vorschüsse, Teil- und Abschlagzahlungen** im Zeitpunkt der Zahlung;

- **Bearbeitungsgebühren** (Damnum, Disagio), die für die Aufnahme eines Darlehens gezahlt werden.

Nicht sofort abzugsfähige bzw. **keine Betriebsausgaben** sind z.B.:

- **Ausgaben** für die Anschaffung von Wirtschaftsgütern des **nichtabnutzbaren Anlagevermögens** im Jahr der Anschaffung. Die Absetzung als Betriebsausgabe erfolgt erst im Zeitpunkt der **Veräußerung oder Entnahme**;

- **Ausgaben** für die Anschaffung von Wirtschaftsgütern des **abnutzbaren Anlagevermögens** im Jahr der Anschaffung, sofern es sich nicht um geringwertige Wirtschaftsgüter (GWG) handelt. Als Betriebsausgaben sind nur die jährlichen AfA-Beträge abzusetzen;

- **Geldbeträge**, die zur **Tilgung von Darlehen** geleistet werden;

- **uneinbringliche Forderungen**;

- **Verluste**, die durch Diebstahl, Unterschlagung oder Verderb bzw. Schwund von Waren entstehen;

- **Geldstrafen**, die wegen eines Verbrechens oder Vergehens von den Gerichten verhängt werden;

- **Geldentnahmen**.

Das **Abzugsverbot des § 4 Abs. 5**, nach dem bestimmte Betriebsausgaben den **Gewinn nicht mindern dürfen**, gilt auch bei der Gewinnermittlung durch **Überschußrechnung** nach § 4 Abs. 3.

Zu den **nichtabzugsfähigen Betriebsausgaben** i.S.d. § 4 Abs. 5 EStG gehören:

> 1. **Aufwendungen für Geschenke** an Nichtarbeitnehmer, **ausgenommen Werbegeschenke bis zu 75 DM** pro Person pro Jahr,
>
> 2. **20 %** der als **angemessen** anzusehenden **Bewirtungsaufwendungen und** die **unangemessenen Bewirtungsaufwendungen**,
>
> 3. **Mehraufwendungen für Verpflegung**, soweit bestimmte Pauschbeträge (46 DM, 20 DM, 10 DM) überschritten werden,
>
> 4. **Aufwendungen für Fahrten zwischen Wohnung und Betriebsstätte**, soweit bestimmte Pauschbeträge überschritten werden,
>
> 5. **Schmiergelder und Bestechungsgelder**.

Seit 1.1.1996 ist die ertragsteuerliche Behandlung der Nutzung von betrieblichen Kraftfahrzeugen für **Privatfahrten und** für **Fahrten zwischen Wohnung und Betriebsstätte neu geregelt** worden (§ 4 Abs. 5 Nr. 6; § 6 Abs. 1 Nr. 4 **Satz 2**).

Abweichend von der Kostenaufteilung mit Hilfe eines **Fahrtenbuches** nach § 6 Abs. 1 Nr. 4 **Satz 3** kann der **private Nutzungsanteil** von Kraftfahrzeugen auch vereinfacht nach der sog. **1 % - Regelung** vorgenommen werden (§ 6 Abs. 1 Nr. 4 **Satz 2**; Abschn. 31 Abs. 7 Nr. 1 LStR 1999).

Nach § 6 Abs. 1 Nr. 4 Satz 2 EStG ist die private Nutzung eines betrieblichen Kraftfahrzeugs für jeden Kalender**monat** mit **1 %** des inländischen **Listenpreises** - also mit 12 % pro Jahr - im Zeitpunkt der **Erstzulassung** zuzüglich der Kosten für Sonderausstattungen **einschließlich** der **Umsatzsteuer** anzusetzen.

Der **Brutto-Listenpreis** ist **auf volle 100 DM abzurunden** (Abschn. 31 Abs. 7 Nr. 1 Satz 6 LStR 1999).

> Beispiel:
> Zum Betriebsvermögen des selbständigen Rechtsanwalts Kastor Sabel, Stuttgart, der zum Vorsteuerabzug berechtigt ist, gehört ein Pkw (**Altfahrzeug**), der auch für **private Fahrten** genutzt wird.
> Der **Brutto-Listenpreis** des Kraftfahrzeugs hat im Zeitpunkt der **Erstzulassung** (September 1997) **96.058 DM** (83.528,70 DM + 12.529,30 DM USt) betragen.
>
> Rechtsanwalt Sabel pauschaliert den privaten Nutzungsanteil des Pkw nach der **1 % - Regelung** für 1999 wie folgt:

> | | |
> |---|---:|
> | **Brutto**-Listenpreis des Pkw | **96.058 DM** |
> | abgerundet auf volle 100 DM | 96.000 DM |
> | davon **1 %** = Privatanteil für **einen Monat** | **960 DM** |
> | Privatanteil für **ein Jahr** (960 DM x 12) | **11.520 DM** |

Nach § 4 Abs. 5 **Nr. 6** 1. **Halbsatz** EStG kann der Unternehmer den nicht als Betriebsausgaben abziehbaren Teil der Aufwendungen für **Fahrten zwischen Wohnung und Betriebsstätte** pauschal berechnen.

Nach § 4 Abs. 5 **Nr. 6** 1. **Halbsatz** EStG sind die Aufwendungen für Fahrten zwischen Wohnung und Betriebsstätte **monatlich pauschal** wie folgt anzusetzen:

0,03 % des Listenpreises *) des Kraftfahrzeugs x Entfernungskilometer − Tage x Entfernungskilometer x 0,70 DM
= **nichtabzugsfähige Betriebsausgaben** (positiver Überschuß)

*) **Listenpreis** des Kraftfahrzeugs ist - auch bei gebraucht erworbenen oder geleasten Fahrzeugen - die auf volle 100 DM abgerundete unverbindliche Preisempfehlung des Herstellers für das genutzte Kraftfahrzeug im **Zeitpunkt seiner Erstzulassung** einschließlich der Zuschläge für Sonderausstattungen und der Umsatzsteuer; der Wert eines Autotelefons bleibt außer Ansatz (Abschn. 31 Abs. 7 Nr. 1 Satz 6 LStR 1999).

Beispiel:
Sachverhalt wie im Beispiel zuvor mit der **Ergänzung**, daß Kastor Sabel 1999 das Kraftfahrzeug an **250 Tagen** im Jahr für **Fahrten zwischen Wohnung und** der 10 km entfernten **Betriebsstätte** genutzt hat. Davon entfallen **50 Tage** auf die Zeit vom 1.1. bis 31.3.1999.

Die **nichtabzugsfähigen Betriebsausgaben** nach § 4 Abs. 5 **Nr. 6** 1. **Halbsatz** EStG werden für 1999 wie folgt **pauschal** ermittelt:

0,03 % von 96.000 DM = 28,80 DM x 10 km x 12 Monate =	3.456,— DM
− 250 Tage x 10 km x 0,70 DM =	1.750,— DM
= **nichtabzugsfähige Betriebsausgaben** (positiver Überschuß)	**1.706,— DM**

Der Pkw wird im Rahmen der Überschußrechnung nach § 4 Abs. 3 des Steuerpflichtigen Sabel für den VZ 1999 wie folgt behandelt:

Tz.	Vorgang		BE	BA
1.	Pkw: AK 1997/09	83.528,70 DM		
	AfA 1997			
	(30 % von 83.528 DM für 1/2 Jahr)	12.529,30 DM		
	Wert 1.1.1998	70.999,40 DM		
	AfA 1998 (30 % von 70.999,40)	21.299,82 DM		
	Wert 1.1.1999	49.699,58 DM		
	AfA 1999 (30 % von 49.699,58)	14.909,87 DM		14.909,87
	Die Vorsteuer wurde 1997 als BA abgesetzt.			
2.	Nutzungsentnahme nach § 6 Abs. 1 Nr. 4 Satz 2 EStG 1 % von 96.000 DM = 960 DM x 12 = USt: (Berechnung siehe Seite 154)		11.520,— 1.474,56 *)	
3.	Nichtabzugsfähige BA nach § 4 Abs. 5 Nr. 6 1. Halbsatz EStG (Berechnung siehe oben) 16 % USt von 341,20 (1.706 : 250 Tage x 50 Tage)		1.706,— 54,59	
4.	Laufende Kfz-Kosten (Benzin usw.)			6.150,—

*) Zu Tz. 2

Ermittelt der Unternehmer für Ertragsteuerzwecke den Wert der Nutzung nach der sog. **1 % - Regelung**, so kann er von diesem Wert aus Vereinfachungsgründen bei der **Bemessungsgrundlage** für die **unentgeltliche sonstige Leistung** nach § 1 Abs. 1 Nr. 1 i.V.m. § 3 Abs. 9a Nr. 1 UStG ausgehen.
Für die nicht mit Vorsteuer belasteten Kosten kann er abweichend von Abschn. 155 Abs. 3 Satz 6 UStR 1996 einen **pauschalen Abschlag** von **20 %** vornehmen. Der so ermittelte Betrag ist ein sog. Nettowert, auf den die USt mit dem allgemeinen Steuersatz aufzuschlagen ist (BMF-Schreiben vom 8.6.1999).

Die **Umsatzsteuer** für Tz. 2 kann demnach für 1999 wie folgt berechnet werden:

1 % von 96.000 DM = 960 DM x 12 =	11.520,— DM
− 20 % von 11.520 DM =	2.304,— DM
= Jahres-Bemessungsgrundlage	9.216,— DM
16 % USt von 9.216 DM =	**1.474,56 DM**

 Zur **buchmäßigen** Darstellung der **Fahrtenbuchmethode** und der **1 %-Regelung** siehe **Buchführung 1**, 11. Auflage 1999, Seite 144 ff.

Übung: Wiederholungsfragen 1 bis 10 (Seite 160)

10.1.4 Zeitliche Zurechnung

Die Frage, **wann** Betriebseinnahmen anzusetzen und Betriebsausgaben abzusetzen sind, ist in **§ 11** geregelt. Die Grundsätze des § 11 gelten nicht nur für die Ermittlung der Überschußeinkünfte, sondern auch für die Gewinnermittlung nach **§ 4 Abs. 3** (R 16 **Abs. 2 Satz 1** EStR 1999).

Nach § 11 sind die **Betriebseinnahmen** grundsätzlich in dem **Wirtschaftsjahr anzusetzen**, in dem sie **zugeflossen**, und die **Betriebsausgaben** in dem Wirtschaftsjahr **abzusetzen**, in dem sie **geleistet** worden sind.

Regelmäßig wiederkehrende Betriebseinnahmen und Betriebsausgaben, die dem Steuerpflichtigen **kurze Zeit** vor Beginn oder **kurze Zeit** nach Beendigung des Kalenderjahrs, zu dem sie wirtschaftlich gehören, zugeflossen bzw. von ihm geleistet worden sind, sind dem Jahr **zuzurechnen**, zu dem sie wirtschaftlich gehören (§ 11).

Als **kurze Zeit** in diesem Sinne ist in der Regel ein Zeitraum von **zehn Tagen** anzusehen (H 116 (Allgemeines) EStH 1999).

Bei **Überweisung** von einem Konto des Steuerpflichtigen ist die **Ausgabe** grundsätzlich im Zeitpunkt des **Eingangs** des Überweisungsauftrags **bei der Überweisungsbank** abgeflossen und damit geleistet, wenn das Konto die nötige Deckung aufweist oder ein entsprechender Kreditrahmen vorhanden ist.

Bei Zahlung durch **Scheck** oder Verrechnungsscheck ist die Ausgabe grundsätzlich mit der **Hingabe des Schecks** abgeflossen (H 116 (Scheck, Scheckkarte) EStH 1999).

Übung: Wiederholungsfragen 11 bis 14 (Seite 160)

Beispiele für **Überschußrechnungen** nach **§ 4 Abs. 3** für Steuerpflichtige, die zum Vorsteuerabzug berechtigt sind

Beispiel 1 (für die Zeit vom 1.7. bis 31.12.1999):

Nr.	Vorgänge	Betriebs-einnahmen DM	Betriebs-ausgaben DM
1.	Barverkauf von Waren **100.000 DM + 16.000 DM** USt	116.000,—	
2.	Der betrieblich genutzte Pkw, der einen **Restbuchwert** von **5.000 DM** hat, wird für **6.000 DM + 960 DM** USt bar verkauft	6.960,—	5.000,—
3.	Ein unbebautes Grundstück, das für **10.000 DM** angeschafft worden ist, wird für **15 000 DM bar** verkauft	15.000,—	10.000,—
4.	**Zinsgutschrift** der Bank **200 DM**	200,—	
5.	**Anzahlung** eines Kunden **1.160 DM bar**	1.160,—	
6.	**Waren**entnahme **500 DM + 80 DM** USt	580,—	
7.	Barkauf von Waren **60.000 DM + 9.600 DM** USt		69.600,—
8.	Barkauf einer Schreibmaschine (**GWG**) **800 DM + 128 DM** USt		928,—
9.	Anschaffung eines Pkw (**Neufahrzeug**) gegen Barzahlung **15.000 DM + 2.400 DM** USt (50 % von 2.400 DM)		1.200,—
10.	AfA nach § 7 für den Pkw (Nr. 9) (20 % von 16.200 DM für 1/2 Jahr)		1.620,—
11.	Barzahlung von Kfz-Kosten (Benzin) (Nr. 9) **2.500 DM + 400 DM** USt (50 % von 400 DM) (2.500 DM + 200 DM)		2.700,—
12.	**Privatnutzung** des betrieblichen Pkw durch Tz. 9 und Tz. 10 abgegolten		
13.	Betriebssteuern werden durch Bank-**überweisung** beglichen **3.000 DM**		3.000,—
14.	Personalkosten bar **12.000 DM**		12.000,—
15.	Bei der Aufnahme eines betrieblichen Darlehens wird ein Damnum von **500 DM** einbehalten		500,—
	Betriebs**einnahmen**	139.900,—	106.548,—
	− Betriebs**ausgaben**	106.548,—	
	= **Gewinn**	33.352,—	

Beispiel 2:

Gemüsehändler Heinrich Lauer, Bremen, ermittelt seinen Gewinn nach **§ 4 Abs. 3**. Im VZ 1999 betrugen seine aufgezeichneten **Betriebseinnahmen 199.029,49 DM** und seine aufgezeichneten **Betriebsausgaben 100.000 DM**. Seine Umsätze versteuert er nach den allgemeinen Vorschriften des UStG. Er will einen möglichst **niedrigen Gewinn** ermitteln.

Prüfen Sie die folgenden Sachverhalte und ermitteln Sie den **berichtigten Gewinn** nach **§ 4 Abs. 3 EStG**.

1. Der Steuerpflichtige nahm im Monat Januar 1999 ein **Darlehen** in Höhe von **10.000 DM** zur Anschaffung eines betrieblichen Pkw auf. Die Bank hielt **300 DM Bearbeitungsgebühren** ein. Lauer hat **9.700 DM** als Betriebseinnahmen angesetzt.

2. Bei einem Einbruch wurde eine Schreibmaschine (**GWG**), die zum Betriebsvermögen gehörte, im Wert von **700 DM** gestohlen. Lauer hat **700 DM** als Betriebsausgaben abgesetzt.

3. Der Steuerpflichtige erhielt von einem Geschäftsfreund einen Blumenstrauß im Wert von **30 DM** geschenkt. Lauer hat **30 DM** als Betriebseinnahmen angesetzt.

4. Der Steuerpflichtige hat am 13.01.1999 einen Pkw (**Altfahrzeug**) für seinen Betrieb gegen Barzahlung angeschafft. Der Rechnungsbetrag lautet über **10.000 DM + 1.600 DM** USt = **11.600 DM**. Die in Rechnung gestellte USt hat er als Betriebsausgabe abgesetzt. Die Anschaffungskosten wurden nicht berücksichtigt. Die betriebsgewöhnliche Nutzungsdauer des Pkw beträgt 4 Jahre.

5. In den Betriebsausgaben sind die folgenden Aufwendungen für den Pkw, der lt. **Fahrtenbuch** zu **30 % privat** genutzt wird, enthalten:

Benzin (brutto)		3.299,— DM
darin enthaltene Vorsteuer	455,— DM	
Reparatur (brutto)		348,— DM
darin enthaltene Vorsteuer	48,— DM	
Kfz-Steuer		553,— DM
Kfz-Haftpflichtversicherung		1.300,— DM
		5.500,— DM

   Die **Privatnutzung** wurde noch **nicht** berücksichtigt.

6. Der Steuerpflichtige hat am 28.12.1999 eine Schreibmaschine für seinen Betrieb erworben. Die Rechnung lautet:

Schreibmaschine (netto)	800,— DM
+ 16 % USt	128,— DM
	928,— DM

   Die Rechnung wurde am 29.01.2000 durch Banküberweisung beglichen. Der Steuerpflichtige hat diesen Vorgang nicht berücksichtigt, weil die Zahlung erst im nächsten Jahr erfolgte. Die Schreibmaschine hat eine betriebsgewöhnliche Nutzungsdauer von 5 Jahren.

Nr.	Vorgänge	Betriebs-einnahmen + DM	Betriebs-einnahmen − DM	Betriebs-ausgaben + DM	Betriebs-ausgaben − DM
	Ausgangswerte	**199.029,49**		**100.000**	
1.	Darlehnsaufnahme stellt **keine** Betriebseinnahme dar Bearbeitungsgebühren sind BA		9.700	300	
2.	Wert der gestohlenen Schreibmaschine ist keine Betriebsausgabe, da sich die Anschaffung der Schreibmaschine bereits als Betriebsausgabe ausgewirkt hat				700
3.	Blumenstrauß gehört zu den im Geschäftsleben üblichen **Aufmerksamkeiten**, die wegen ihres geringen Werts **nicht** als BE zu behandeln sind		30		
4.	Vorsteuer wurde richtig als Betriebsausgabe abgesetzt. Jahres-AfA beträgt 3.000 DM (30 % von 10.000 DM). Lauer kann die volle Jahres-AfA absetzen, da der Pkw in der ersten Hälfte des Wj angeschafft wurde. § 7g ist **nicht** möglich, weil die Privatnutzung 30 % beträgt (**Altfahrzeug**).			3.000	
5.	Nutzungsentnahme und USt auf die unentgeltl. Leistung sind als Betriebs-**einnahmen** anzusetzen (**Altfahrzeug**): Kfz-Kosten (netto) 3.144,— DM + AfA 3.000,— DM 6.144,— DM davon 30 % = 1.843,20 DM + 16 % USt 294,91 DM 30 % von 1.853 DM	2.138,11 555,90			
6.	Schreibmaschine ist ein GWG, da die AK (ohne Vorsteuer) nicht mehr als 800 DM betragen. Als GWG kann die Schreibmaschine im Jahr der **Anschaffung** in voller Höhe als **BA** abgesetzt werden. Die abziehbare **Vorsteuer** ist im Jahr der **Zahlung** (2000) als **BA** abzugsfähig (§ 11).			800	
		201.723,50 − 9.730,—	9.730	104.100 700	700
	Betriebseinnahmen − Betriebsausgaben	191.993,50 103.400,—		103.400	
=	**berichtigter Gewinn**	**88.593,50**			

10.1.5 Unterschiede zwischen Betriebsvermögensvergleich und Überschußrechnung nach § 4 Abs. 3 EStG

Im folgenden werden die wesentlichen **Unterschiede zwischen Betriebsvermögensvergleich** und **Überschußrechnung nach § 4 Abs. 3** aufgezeigt:

1. Beim Betriebsvermögensvergleich werden grundsätzlich die **Wertänderungen** des Betriebsvermögens erfaßt.
   Die vereinfachte Gewinnermittlung nach § 4 Abs. 3 berücksichtigt nur die Betriebs**einnahmen** und die Betriebs**ausgaben**. Allerdings sind auch bei der Überschußrechnung nach § 4 Abs. 3 die Vorschriften über die **AfA** zu befolgen.

2. Auch Steuerpflichtige, die ihren Gewinn nach § 4 Abs. 3 ermitteln, haben **Betriebsvermögen**. Allerdings tritt das Betriebsvermögen bei der Überschußrechnung nach § 4 Abs. 3 unmittelbar **nicht** in Erscheinung. Wertänderungen des Betriebsvermögens, z.B. Änderung des Teilwerts, bleiben ohne Einfluß auf den Gewinn. Eine **Teilwertabschreibung** nach § 6 ist bei der Überschußrechnung nach § 4 Abs. 3 nicht möglich.

3. **Kreditverkäufe** werden beim Betriebsvermögensvergleich bereits im Zeitpunkt der **Lieferung** gewinnwirksam erfaßt,
   während sie bei der Überschußrechnung nach § 4 Abs. 3 erst im Zeitpunkt der **Bezahlung** gewinnwirksam sind.

4. **Krediteinkäufe** wirken sich beim Betriebsvermögensvergleich gewinnmäßig im Zeitpunkt des **Verkaufs** (z.B. als Wareneinsatz) aus,
   während sie bei der Überschußrechnung nach § 4 Abs. 3 im Zeitpunkt der **Bezahlung** der Liefererrechnung gewinnwirksam sind.

5. **Betriebsausgaben für Waren**, die am Ende eines Jahres noch als **Bestand** vorhanden sind, mindern beim Betriebsvermögensvergleich **nicht** den Gewinn, während sie bei der Überschußrechnung nach § 4 Abs. 3 den Gewinn mindern.

6. **USt-Einnahmen und USt-Ausgaben** beeinflussen beim Betriebsvermögensvergleich grundsätzlich **nicht** den Gewinn,
   während sie bei der Überschußrechnung nach § 4 Abs. 3 den Gewinn ändern.

7. **Erfolgsabgrenzungen** werden bei der Überschußrechnung nach § 4 Abs. 3 grundsätzlich nicht berücksichtigt. Die Überschußrechnung nach § 4 Abs. 3 kennt deshalb **keine Rechnungsabgrenzungsposten und keine Rückstellungen**.

Übung: 1. Wiederholungsfrage 15 (Seite 160),
2. Fälle 1 bis 3 (Seite 160 ff.)

10.2 Gewinnermittlung nach Durchschnittssätzen

Eine Gewinnermittlung nach **Durchschnittssätzen** kommt **nur** für Einkünfte aus **Land- und Forstwirtschaft** in Betracht (§ 13a).

Steuerpflichtige, die **nicht** auf Grund gesetzlicher Vorschriften **verpflichtet sind, Bücher zu führen** und regelmäßig Abschlüsse zu machen, **können**, wenn ihr Betrieb über eine im § 13a genau beschriebene Größe nicht hinausgeht, ihren **Gewinn als Durchschnittssatzgewinn** ermitteln.

Durchschnittssatzgewinn ist die Summe aus dem Grundbetrag (§ 13a Abs. 4), den Zuschlägen für Sondernutzungen (§ 13a Abs. 5), den nach § 13a Abs. 6 gesondert zu ermittelnden Gewinnen und den vereinnahmten Miet- und Pachtzinsen (§ 13a Abs. 3).

> **Übung:** Wiederholungsfragen 16 und 17 (Seite 160)

10.3 Zusammenfassung und Erfolgskontrolle

10.3.1 Zusammenfassung

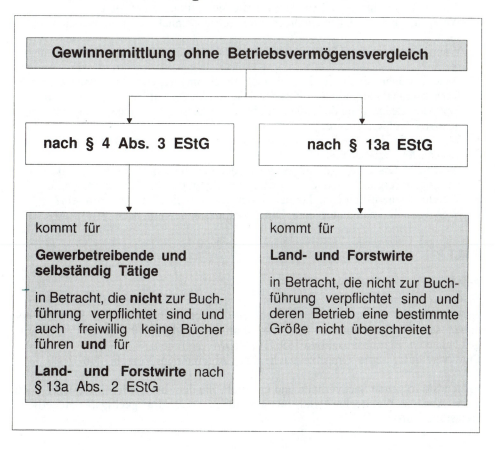

10.3.2 Erfolgskontrolle

WIEDERHOLUNGSFRAGEN

1. Welche Steuerpflichtigen können ihren Gewinn nach § 4 Abs. 3 ermitteln?
2. Für welche Steuerpflichtigen kommt insbesondere die Gewinnermittlung nach § 4 Abs. 3 in Betracht?
3. Was versteht man unter dem Gewinn im Sinne des § 4 Abs. 3?
4. Was versteht man unter Betriebseinnahmen? Nennen Sie drei Beispiele im Rahmen der Überschußrechnung.
5. Welche Beträge sind z.B. keine Betriebseinnahmen im Sinne der Überschußrechnung?
6. Was versteht man unter Betriebsausgaben? Nennen Sie drei Beispiele im Rahmen der Überschußrechnung.
7. Welche Beträge sind z.B. keine Betriebsausgaben im Sinne der Überschußrechnung?
8. Wie sind die Anschaffungskosten für Wirtschaftsgüter des abnutzbaren Anlagevermögens, die keine GWG sind, bei der Überschußrechnung zu behandeln?
9. Wie können die Ausgaben für geringwertige Wirtschaftsgüter in der Überschußrechnung behandelt werden?
10. Sind alle Betriebsausgaben bei der Gewinnermittlung abzugsfähig? Begründen Sie Ihre Antwort mit dem Hinweis auf die gesetzliche Vorschrift.
11. Wann sind bei der Überschußrechnung Betriebseinnahmen grundsätzlich anzusetzen?
12. Wann sind bei der Überschußrechnung Betriebsausgaben grundsätzlich abzusetzen?
13. Welchem Jahr sind bei der Überschußrechnung regelmäßig wiederkehrende Betriebseinnahmen und Betriebsausgaben, die kurze Zeit vor Beginn oder kurze Zeit nach Beendigung des Kalenderjahres, zu dem sie wirtschaftlich gehören, geleistet werden, zuzurechnen?
14. Wie ist die USt auf den Eigenverbrauch in der Überschußrechnung (am einfachsten) zu behandeln?
15. Welche Unterschiede gibt es zwischen der Gewinnermittlung durch Betriebsvermögensvergleich und der Gewinnermittlung durch Überschußrechnung?
16. Welche Steuerpflichtigen können ihren Gewinn nach § 13a ermitteln?
17. Was versteht man unter dem Durchschnittssatzgewinn nach § 13a Abs. 3?

FÄLLE

Fall 1:

Baustoffhändler Pütz, Kiel, ermittelt seinen Gewinn nach § 4 Abs. 3. Im VZ 1999 haben seine aufgezeichneten Betrieb**seinnahmen 150.029,40 DM** und seine aufgezeichneten Betrieb**sausgaben 99.910,— DM** betragen.
Pütz versteuert seine Umsätze nach den allgemeinen Vorschriften des UStG.

Prüfen Sie folgende Sachverhalte und ermitteln Sie den **berichtigten Gewinn** nach § 4 Abs. 3. Wahlrechte sind so auszuüben, daß die **geringste** steuerliche Belastung entsteht.

1. In den Betriebsausgaben sind **770,— DM** für die Anschaffung einer Schreibmaschine von einem Kleinunternehmer, bei dem keine USt erhoben wird, enthalten. Die Anschaffung erfolgte am 20.12.1999, die Bezahlung erst am 04.01.2000. Die Schreibmaschine hat eine betriebsgewöhnliche Nutzungsdauer von 5 Jahren.

2. In den Betriebsausgaben sind die folgenden Beträge für den betrieblichen Pkw (**Altfahrzeug**), der lt. **Fahrtenbuch** zu **30 %** **privat** genutzt wird, enthalten:

Benzin (brutto)	**2.030,— DM**
darin enthaltene Vorsteuer 280,— DM	
Kfz-Steuer	**300,— DM**
Kfz-Haftpflichtversicherung	**700,— DM**
AfA	**2.000,— DM**

   Die private Nutzung wurde noch nicht berücksichtigt.

3. Ebenfalls nicht berücksichtigt ist der Kauf eines gebrauchten Gabelstaplers. Der Gabelstapler wurde am 04.06.1999 für netto **3.000 DM** zuzüglich 16 % USt angeschafft und sofort bar bezahlt. Der Gabelstapler hat eine betriebsgewöhnliche Nutzungsdauer von 4 Jahren.

4. Pütz machte am 28.12.1999 seinem Lieferer eine Anzahlung für Waren in Höhe von **2.000 DM**. Er hat diesen Betrag nicht als Betriebsausgabe abgesetzt, weil die Lieferung erst 2000 erfolgte.

5. Der Steuerpflichtige erhielt am 10.02.1999 von einem Geschäftsfreund mit Rücksicht auf die geschäftlichen Beziehungen einen gebrauchten Pkw im Wert von **10.000 DM** geschenkt. Den Wert des Pkw hat Pütz nicht als Betriebseinnahme und die AfA nicht als Betriebsausgabe angesetzt. Der Pkw hat eine betriebsgewöhnliche Nutzungsdauer von 4 Jahren.

6. Der Steuerpflichtige zahlt jeweils am Monatsletzten seine Lagerraummiete für den kommenden Monat. Am 31.12.1999 hat er die Miete für den Monat Januar 2000 in Höhe von **1.500 DM** gezahlt. Pütz hat **1.500 DM** als Betriebsausgaben abgesetzt.

7. Pütz hat die Gewerbesteuerabschlußzahlung in Höhe von **2.331 DM**, fällig am 21.12.1999, erst am 06.01.2000 geleistet. Der Steuerpflichtige hat den Betrag als Betriebsausgabe abgesetzt.

Fall 2:

Schreinermeister Wirtz, Köln, ermittelt seinen Gewinn nach § 4 Abs. 3. Im Veranlagungszeitraum 1999 haben seine aufgezeichneten Betriebs**einnahmen 99.990 DM** und seine aufgezeichneten Betriebs**ausgaben 40.030 DM** betragen. Wirtz versteuert seine Umsätze nach den allgemeinen Vorschriften des UStG.

Prüfen Sie die folgenden Sachverhalte und ermitteln Sie den **berichtigten Gewinn** nach **§ 4 Abs. 3**. Wahlrechte sind so auszuüben, daß die **geringste** steuerliche Belastung entsteht.

1. Wirtz hat am 18.10.1999 Waren zum Nettoeinkaufspreis (Teilwert) von **500 DM** entnommen. Er hat **500 DM** als Betriebseinnahme angesetzt.

2. Wirtz hat am 16.10.1999 einem Geschäftsfreund einen Blumenstrauß geschenkt. Die Rechnung über **32,10 DM** (einschl. 7 % USt) hat er bar bezahlt, jedoch nicht als Betriebsausgabe abgesetzt.

3. Im Veranlagungszeitraum 1999 sind Forderungsausfälle in Höhe von **1.160 DM** eingetreten. Wirtz hat **1.160 DM** als Betriebsausgabe abgesetzt.

4. Wirtz hat am 31.12.1999 seiner Bank den Auftrag erteilt, eine Fachbuchrechnung über **141,65 DM** zu überweisen. Die Bank führt am 3.1.2000 den Auftrag aus. Wirtz hat **141,65 DM** als Betriebsausgabe abgesetzt.

5. Wirtz hat am 12.1.1999 ein Grundstück, das ausschließlich betrieblich genutzt wird, für **20.000 DM** erworben. Da er den Kaufpreis im Jahre 1999 bar gezahlt hat, hat er **20.000 DM** als Betriebsausgabe abgesetzt.

6. Wirtz hat im Monat Januar 1999 ein Darlehen in Höhe von **20.000 DM** zur Finanzierung des Grundstücks aufgenommen. Die Bank hat **1.000 DM** Bearbeitungsgebühren einbehalten. Wirtz hat **19.000 DM** als Betriebseinnahme angesetzt.

7. Wirtz hat am 31.12.1999 Zinsen für das aufgenommene Darlehen in Höhe von **1.500 DM** gezahlt. Da **100 DM** wirtschaftlich dem Jahr 2000 zuzurechnen sind, hat er nur **1.400 DM** als Betriebsausgabe abgesetzt.

Fall 3:

Der Steuerpflichtige Fink, Mainz, ermittelt seinen Gewinn nach § **4 Abs. 3**. Im Veranlagungszeitraum 1999 haben seine aufgezeichneten Betriebs**einnahmen** 34.985 DM und seine aufgezeichneten Betriebs**ausgaben** 29.700 DM betragen. Fink versteuert seine Umsätze nach den allgemeinen Vorschriften des UStG.

Prüfen Sie die folgenden Sachverhalte und ermitteln Sie den **berichtigten Gewinn** nach § **4 Abs. 3**. Wahlrechte sind so auszuüben, daß die **geringste** steuerliche Belastung entsteht.

1. Fink hat am 21.12.1999 eine Anzahlung für Waren an seinen Lieferer in Höhe von **1.000 DM** bar geleistet. Er hat diesen Betrag nicht als Betriebsausgabe abgesetzt, weil die Lieferung erst 2000 erfolgen wird.

2. Bei einem Warenposten ist der Teilwert um **500 DM** gesunken. Fink hat **500 DM** als Betriebsausgabe abgesetzt. Die Wertminderung ist voraussichtlich von Dauer.

3. Für eine Gewerbesteuer-Restzahlung bildet Fink eine Rückstellung in Höhe von **300 DM**. Fink hat **300 DM** als Betriebsausgabe abgesetzt.

4. Fink hat am 12.10.1999 einen Genossenschaftsanteil in Höhe von **1.000 DM** erworben. Er hat **1.000 DM** als Betriebsausgabe abgesetzt, weil der Anteil zu seinem Betriebsvermögen gehört.

5. Bei einem Einbruch sind Waren, die zum Betriebsvermögen des Steuerpflichtigen gehörten, im Werte von **870 DM** gestohlen worden. Fink hat **870 DM** als Betriebsausgabe abgesetzt.

6. Fink hat am 11.05.1999 eine Maschine für **10.000 DM + 1.600 DM** USt erworben. Am 04.05.1999 hat er eine Anzahlung in Höhe von **5.000 DM** bar geleistet. Der Rest wurde am 12.10.1999 gezahlt. Die betriebsgewöhnliche Nutzungsdauer der Maschine beträgt 4 Jahre. Der gesamte Vorgang wurde noch nicht berücksichtigt. In 1997 wurde für diese Maschine eine **Ansparabschreibung** von **5.000 DM** (50 % von 10.000 DM) vorgenommen. Eine Auflösung ist noch nicht erfolgt.

7. Am 12.10.1999 hat Fink **1.000 DM** bar bezahlt. Es handelt sich um eine Annuität, die aus **900 DM** Tilgung und **100 DM** Zinszahlung besteht. Er hat **1.000 DM** als Betriebsausgabe abgesetzt.

8. Fink hat am 1.5.1999 Waren zum Teilwert von **500 DM** entnommen. Die Anschaffungskosten haben **600 DM** betragen. Außerdem hat er am 1.5.1999 Bargeld in Höhe von **1.000 DM** aus der Geschäftskasse entnommen. Er hat **1.600 DM** als Betriebsausgabe abgesetzt.

9. Am 21.10.1999 hat Fink Grund und Boden erworben, der ausschließlich betrieblich genutzt wird. Er zahlte **10.000 DM** bar und setzte diesen Betrag als Betriebsausgabe ab.

10. Fink wurden 1999 vom Finanzamt folgende Beträge zurückerstattet: Einkommensteuer **500 DM**, Umsatzsteuer **500 DM**, Vermögensteuer **300 DM**. Er hat **1.300 DM** als Betriebseinnahmen angesetzt.

Zusammenfassende Erfolgskontrolle zum 1. bis 10. Kapitel

Fall 1:

Der praktische Arzt Dr. Christoph Sabel, der seinen Gewinn nach § 4 Abs. 3 ermittelt, ist seit 1954 mit Lotte geb. Müller verheiratet. Beide wohnen im Zweifamilienhaus der Ehefrau in Wiesbaden. Die Eheleute werden zusammen veranlagt.

Aus den Unterlagen, die sie ihrem Steuerberater vorlegen, ergibt sich für den VZ 1999 folgendes:

1. Der Ehemann betreibt in Mainz in gemieteten Räumen eine Arztpraxis für Allgemeinmedizin. Außerdem ist er Verfasser eines Fachbuches.

   In 1999 haben seine Honorareinnahmen aus ärztlicher Tätigkeit **260.000 DM** und sein Gewinn aus schriftstellerischer Tätigkeit **40.000 DM** betragen.

2. In 1999 hat Christoph Sabel Betriebsausgaben für seine Arztpraxis von **125.160 DM** aufgezeichnet. In den Betriebsausgaben sind enthalten:

   2.1 **2.400 DM** für die Anschaffung eines gebrauchten medizinischen Gerätes von einem Nichtunternehmer. Die Anschaffung erfolgte am 18.5.1999, die Rechnung wurde am 8.6.1999 bar bezahlt. Das Gerät hat eine betriebsgewöhnliche Nutzungsdauer von 5 Jahren.

   2.2 **780 DM** für die Anschaffung einer Schreibmaschine von einem Kleinunternehmer, von dem keine USt erhoben wird (§ 19 Abs. 1 UStG). Die Anschaffung erfolgte am 21.12.1999, die Rechnung wurde am 15.2.2000 durch Banküberweisung beglichen.

   2.3 In den Betriebsausgaben ist außerdem ein Betrag in Höhe von **4.000 DM** Rückzahlung eines Darlehens für die Finanzierung der Praxiseinrichtung enthalten.

Die **Einkünfte** aus dem Zweifamilienhaus in Wiesbaden betragen in 1999 **18.500 DM**.

Ermitteln Sie die **Einkünfte** der Eheleute Sabel für den VZ 1999.
Bei der Ermittlung der Einkünfte sind alle steuerlichen Vergünstigungen in Anspruch zu nehmen.

Fall 2:

Der Architekt Willi Schröder, München, ist seit 1954 mit Elke geb. Schmidt verheiratet. Die Eheleute werden zusammen veranlagt.

Aus den Unterlagen, die sie ihrem Steuerberater vorlegen, ergibt sich für den VZ 1999 folgendes:

1. Willi Schröder ermittelt als freischaffender Architekt seinen Gewinn nach § 4 Abs. 3. Im VZ 1999 haben seine aufgezeichneten Betriebs**einnahmen 123.100 DM** und seine aufgezeichneten Betriebs**ausgaben 50.000 DM** betragen.

2. In den Betriebsausgaben sind **1.000 DM + 160 DM USt = 1.160 DM** für die Anschaffung einer Schreibmaschine enthalten. Die Anschaffung erfolgte am 12.10.1999, die Rechnung wurde am 11.11.1999 durch Banküberweisung beglichen. Die Schreibmaschine hat eine betriebsgewöhnliche Nutzungsdauer von 5 Jahren.

3. In den Betriebsausgaben sind **20.000 DM + 3.200 DM USt = 23.200 DM** für die Anschaffung eines neuen Pkw enthalten, der ausschließlich betrieblich genutzt wird. Die Anschaffung erfolgte am 12.4.1999, die Rechnung wurde im Mai 1999 durch Bankscheck beglichen. Der Pkw hat eine betriebsgewöhnliche Nutzungsdauer von 4 Jahren.

4. Elke Schröder ermittelt als Alleininhaber eines Modehauses ihren Gewinn nach § 5. Das Betriebsvermögen hat am 31.12.1998 **85.000 DM** und am 31.12.1999 **105.000 DM** betragen.

5. Elke Schröder erzielte im Mai 1999 einen Lottogewinn in Höhe von **30.000 DM**, den sie auf das Geschäftskonto bei ihrer Bank einzahlte.

6. Elke Schröder hat im VZ 1999 für private Zwecke aus der Geschäftskasse **20.000 DM** entnommen.

7. Elke Schröder hat zu Weihnachten 1999 ihrer Schwester Waren im Wert von **1.000 DM** (Teilwert) geschenkt. Der Vorgang ist noch nicht gebucht.

Ermitteln Sie die **Einkünfte** der Eheleute Schröder für den VZ 1999.
Bei der Ermittlung der Einkünfte sind alle steuerlichen Vergünstigungen in Anspruch zu nehmen.

11 Umfang und Ermittlung der einzelnen Überschußeinkünfte

11.1 Einkünfte aus nichtselbständiger Arbeit

Einkünfte aus nichtselbständiger Arbeit können nur **Arbeitnehmer** im Rahmen eines **Dienstverhältnisses** beziehen.

11.1.1 Arbeitnehmer

Arbeitnehmer sind Personen, die in öffentlichem oder privatem Dienst angestellt oder beschäftigt sind oder waren und die aus diesem **Dienstverhältnis** oder einem früheren Dienstverhältnis **Arbeitslohn** beziehen.
Arbeitnehmer sind **auch Rechtsnachfolger** dieser Personen, soweit sie Arbeitslohn aus dem früheren Dienstverhältnis ihres Rechtsvorgängers beziehen (§ 1 Abs. 1 LStDV).

Es lassen sich demnach **zwei Gruppen von Arbeitnehmern** unterscheiden:

> 1. **Arbeitnehmer**, die aus einem **gegenwärtigen** Dienstverhältnis Arbeitslohn beziehen (z.B. eine Steuerfachangestellte);
>
> 2. **Arbeitnehmer**, die aus einem **früheren** Dienstverhältnis Arbeitslohn beziehen (z.B. ein pensionierter Finanzbeamter)

Ein **Dienstverhältnis** liegt vor, wenn der Beschäftigte dem **Arbeitgeber** seine **Arbeitskraft schuldet** (§ 1 Abs. 2 **Satz 1** LStDV).

Dies ist der Fall, wenn die tätige Person in der Betätigung ihres geschäftlichen Willens unter der Leitung des **Arbeitgebers** steht oder im geschäftlichen Organismus des Arbeitgebers dessen Weisungen zu folgen verpflichtet ist (§ 1 Abs. 2 **Satz 2** LStDV).

Mit dem Merkmal der **Weisungsgebundenheit** kann in der Regel die **nichtselbständige** Tätigkeit leicht **abgegrenzt** werden gegenüber der Tätigkeit als Land- und Forstwirt, der Tätigkeit als Gewerbetreibender und der selbständigen Tätigkeit.

Arbeitnehmer ist <u>nicht</u>, wer Lieferungen und sonstige Leistungen innerhalb der von ihm selbständig ausgeübten gewerblichen oder beruflichen Tätigkeit im Inland gegen Entgelt ausführt (§ 1 Abs. 3 LStDV). **Arbeitnehmer** ist demnach <u>nicht</u>, wer sich **unternehmerisch** im Sinne des § 2 UStG **betätigt**.

> **Übung:** 1. Wiederholungsfragen 1 bis 3 (Seite 182),
> 2. Fall 1 (Seite 182 f.)

11.1.2 Arbeitslohn

Ausgangsgröße für die Ermittlung der **Einkünfte aus nichtselbständiger Arbeit** ist der **Bruttoarbeitslohn**, d.h. der Arbeitslohn **vor** Kürzung der **Abzüge**.

Arbeitslohn sind alle **Einnahmen** in Geld oder Geldeswert, die dem **Arbeitnehmer** aus dem **Dienstverhältnis** zufließen. Dabei ist es gleichgültig, ob es sich um einmalige oder laufende Einnahmen handelt, ob ein Rechtsanspruch auf sie besteht und unter welcher Bezeichnung oder welcher Form sie gewährt werden (§ 2 Abs. 1 LStDV).

Kein Arbeitslohn sind Einnahmen, die **nicht** im Zusammenhang mit einem **Dienstverhältnis** stehen.

Zum **Arbeitslohn** gehören nach **§ 19 Abs. 1**:

> 1. Gehälter, Löhne, Gratifikationen, Tantiemen und andere Bezüge und Vorteile aus einem **gegenwärtigen** Dienstverhältnis;
>
> 2. Wartegelder, Ruhegelder, Witwen- und Waisengelder und andere Bezüge und Vorteile aus **früheren** Dienstleistungen.

Zu 1. Arbeitslohn aus einem gegenwärtigen Dienstverhältnis

Nach § 19 Abs. 1 **Nr. 1** gehören zum **Arbeitslohn** aus einem **gegenwärtigen** Dienstverhältnis:

> - **Gehälter** (Vergütungen bzw. Besoldungen für Angestellte bzw. Beamte),
> - **Löhne** (Vergütungen für Arbeiter),
> - **Gratifikationen** (zusätzliche Vergütungen für Arbeitnehmer aus besonderem Anlaß, z.B. Weihnachtsgratifikation),
> - **Tantiemen** (einmalige Sondervergütungen für Arbeitnehmer, die nach dem Umsatz oder Gewinn bemessen werden),
> - **Bezüge und Vorteile** (Güter, die dem Arbeitnehmer in Geld oder Geldeswert (z.B. Waren, freie Kost, freie Wohnung) zufließen).

Zu 2. Arbeitslohn aus einem früheren Dienstverhältnis

Nach § 19 Abs. 1 **Nr. 2** gehören zum **Arbeitslohn** aus einem **früheren** Dienstverhältnis:

> - **Wartegelder** (Einnahmen aus einem Dienstverhältnis, dessen normale Lohnzahlung eingestellt ist, das aber fortgesetzt werden soll),
> - **Ruhegelder** (Beträge, die zur Versorgung des Arbeitnehmers für die Zeit nach Auflösung seines Dienstverhältnisses gezahlt werden, z.B. das Ruhegehalt des pensionierten Beamten),
> - **Witwen- und Waisengelder** (Einnahmen aus einem früheren Dienstverhältnis des Rechtsvorgängers).

Zum **Arbeitslohn** gehören **auch** (Abschn. 70 Abs. 2 LStR 1999):

- **Sachbezüge** (vgl. Abschn. 31 und 32 LStR 1999);
- **Lohnzuschläge** für Mehrarbeit und Erschwerniszuschläge, wie Hitzezuschläge, Wasserzuschläge, Gefahrenzuschläge, Schmutzzulagen usw.;
- **Trinkgelder** (vgl. § 3 Nr. 51 EStG);
- **Entschädigungen**, die für **nicht gewährten Urlaub** gezahlt werden;
- pauschale **Fehlgeldentschädigungen**, die Arbeitnehmern im Kassen- und Zähldienst gezahlt werden, soweit sie **30 DM im Monat (Freibetrag)** übersteigen;
- **Vergütungen** des Arbeitgebers zum Ersatz der dem Arbeitnehmer berechneten **Kontoführungsgebühren**;
- **Vergütungen** des Arbeitgebers zu den Aufwendungen des Arbeitnehmers für Fahrten **zwischen Wohnung und Arbeitsstätte** mit **eigenem Kraftfahrzeug**, soweit die Aufwendungen **nicht** zu den **Reisekosten oder** die Vergütungen nach § 3 Nr. 34 EStG **steuerfrei** sind.

Vergütungen des Arbeitgebers für Fahrten zwischen Wohnung und Arbeitsstätte (Fahrtkostenzuschüsse) können vom Arbeitgeber mit einem **Pauschalsteuersatz von 15 % der Fahrtkostenzuschüsse bis zu einem Betrag** erhoben werden, **der** nach § 9 Abs. 1 Satz 3 Nr. 4 und Abs. 2 **als Werbungskosten angesetzt werden könnte**, wenn die Bezüge nicht pauschal erhoben würden (§ 40 Abs. 2 Satz 2).

Beispiel:
Der **Arbeitgeber** ersetzt in 1999 dem mit eigenem Pkw zur Arbeitsstätte fahrenden Arbeitnehmer pro Arbeitstag und Entfernungskilometer **0,80 DM**. Der Arbeitgeber macht von der **Pauschalbesteuerung** Gebrauch.

In diesem Falle werden **0,70 DM** pro Entfernungskilometer **pauschal** mit **15 %** versteuert. Der übersteigende Betrag von **0,10 DM** pro Entfernungskilometer unterliegt der **Regelbesteuerung** (Lohnsteuertabelle).

Die **pauschal besteuerten Bezüge mindern** die nach § 9 Abs. 1 Satz 3 Nr. 4 und Abs. 2 abziehbaren **Werbungskosten** (§ 40 Abs. 2 Satz 3).

<u>Nicht</u> zum **Arbeitslohn** gehören unter anderem (Abschn. 70 Abs. 3 LStR 1999):

- Leistungen zur **Verbesserung der Arbeitsbedingungen**, z.B. die Bereitstellung von Aufenthalts- und Erholungsräumen sowie von betriebseigenen Dusch- und Badeanlagen;
- übliche Zuwendungen bei **Betriebsveranstaltungen** bis zu einem Höchstbetrag von **200 DM (Freigrenze)** je teilnehmender Arbeitnehmer (Abschn. 72 LStR);
- übliche **Aufmerksamkeiten** (Blumen, Pralinen, Bücher, Tonträger) bis **60 DM** (Freigrenze), die dem Arbeitnehmer aus besonderem Anlaß (z.B. Geburtstag) gewährt werden. **Geldzuwendungen** gehören stets zum **Arbeitslohn**, auch wenn ihr Wert gering ist (Abschn. 73 LStR);
- betriebliche **Fort- oder Weiterbildungsleistungen** (Abschn. 74 LStR).

Nicht zum **Arbeitslohn** gehören auch **Renten** aus der gesetzlichen **Rentenversicherung** der Arbeiter und Angestellten sowie die aus **juristisch selbständigen betrieblichen Pensionskassen** gezahlten Renten, weil sie dem Rentner **nicht** aus einem **Dienstverhältnis** zufließen.

Diese Renten gehören zu den **sonstigen Einkünften im Sinne des § 22**.

> **Übung:** 1. Wiederholungsfragen 4 bis 12 (Seite 182),
> 2. Fälle 2 und 3 (Seite 183)

Nicht alle Einnahmen aus einem Dienstverhältnis **sind** auch **steuerpflichtig**. Bestimmte Einnahmen hat der Gesetzgeber für **steuerfrei erklärt**.

Zu den steuerfreien Einnahmen gehören z.B.:

- Reisekostenvergütungen, Umzugskostenvergütungen und Trennungskostenvergütungen (§ 3 **Nr. 13** und **Nr. 16**);

- Zuschüsse des Arbeitgebers zu den Aufwendungen des Arbeitnehmers für Fahrten zwischen Wohnung und Arbeitsstätte mit **öffentlichen Verkehrsmitteln im Linienverkehr** (§ 3 **Nr. 34**);

- **Abfindungen** wegen Auflösung des Dienstverhältnisses bis zur Höhe von **16.000 DM**, bei Vollendung des 50. Lebensjahres und 15jähriger Betriebszugehörigkeit bis **20.000 DM** und bei Vollendung des 55. Lebensjahres und 20jähriger Betriebszugehörigkeit bis **24.000 DM** steuerfrei (§ 3 **Nr. 9**);

- **Heiratsbeihilfen und Geburtsbeihilfen**, soweit sie **700 DM (Freibetrag)** nicht übersteigen (§ 3 **Nr. 15**);

- **Trinkgelder**, die dem Arbeitnehmer von Dritten gezahlt werden, ohne daß ein Rechtsanspruch darauf besteht, soweit sie **2.400 DM (Freibetrag)** im Kalenderjahr nicht übersteigen (§ 3 **Nr. 51**);

- **Jubiläumszuwendungen** (Zuwendungen an Arbeitnehmer anläßlich bestimmter Arbeitnehmer- und Geschäftsjubiläen) sind seit dem VZ 1999 **nicht mehr steuerfrei** (§ 3 **Nr. 52**);

- **Sachbezüge** (§ 8 **Abs. 2** EStG; Abschn. 31 Abs. 2 LStR 1999)
  Sachbezüge i.S.d. § 8 Abs. 2 bleiben grundsätzlich **außer Ansatz**, wenn sie insgesamt **50 DM** im Kalender**monat (Freigrenze)** nicht übersteigen;

- **Sachbezüge** (§ 8 **Abs. 3** EStG; Abschn. 32 LStR 1999)
  Erhält ein Arbeitnehmer auf Grund seines Dienstverhältnisses Waren oder Dienstleistungen (Sachbezüge), die vom Arbeitgeber nicht überwiegend für den Bedarf seiner Arbeitnehmer hergestellt, vertrieben oder erbracht werden und deren Bezug **nicht** nach § 40 **pauschal versteuert** wird, so gelten als deren Wert die um **4 %** geminderten Endpreise, zu denen der Arbeitgeber die Sachbezüge fremden Letztverbrauchern anbietet.
  Arbeitslöhne dieser Art bleiben steuerfrei, soweit sie insgesamt den **Rabatt-Freibetrag** von **2.400 DM** im Kalender**jahr** nicht übersteigen.

Fließt dem Arbeitnehmer **Arbeitslohn** in Form von **Sachbezügen** zu, so sind diese ebenso wie Barlohnzahlungen dem **laufenden Arbeitslohn** oder den **sonstigen Bezügen** zuzuordnen (Abschn. 31 Abs. 1 LStR 1999).

Sachbezüge i.S.d. § 8 **Abs. 2** Satz 1 bleiben grundsätzlich außer Ansatz, wenn sie insgesamt **50 DM** im Kalender**monat (Freigrenze)** nicht übersteigen (§ 8 Abs. 2 **Satz 9**).

Im folgenden werden die in der Praxis **wichtigsten Sachbezüge** beispielhaft dargestellt.

Wohnung und Unterkunft

Wird einem Arbeit**nehmer** die Möglichkeit gegeben, eine **Wohnung oder Unterkunft** des Arbeit**gebers kostenlos oder verbilligt** zu nutzen, so handelt es sich um einen **geldwerten Vorteil**, der als **Arbeitslohn** steuerbar ist.

Für die **Höhe** des **geldwerten Vorteils** ist zunächst zu unterscheiden, ob es sich um eine **Wohnung oder** um eine **Unterkunft** handelt.

Eine **Wohnung** ist eine in sich geschlossene Einheit von Räumen, in denen ein selbständiger Haushalt geführt werden kann. Wesentlich ist, daß eine **Wasserversorgung und -entsorgung**, zumindest eine einer Küche vergleichbare **Kochgelegenheit** sowie eine **Toilette** vorhanden sind. Danach stellt z.B. ein Einzimmerappartement mit Küchenzeile und WC als Nebenraum eine Wohnung dar.

Soweit diese **Voraussetzungen nicht** vorhanden sind, handelt es sich um eine **Unterkunft**. Danach stellt z.B. ein Einzimmerappartement bei Mitbenutzung von Bad, Toilette und Küche eine Unterkunft dar (Abschn. 31 Abs. 5 LStR 1999).

Wird einem Arbeitnehmer eine **Wohnung des Arbeitgebers kostenlos** zur Verfügung gestellt, so ist als **geldwerter Vorteil** die **ortsübliche Miete** anzusetzen. Für Energie, Wasser und sonstige **Nebenkosten** ist der **übliche Preis am Abgabeort** anzusetzen.

Bei **verbilligter** Überlassung einer **Wohnung** ist als **geldwerter Vorteil** der **Unterschiedsbetrag** zwischen dem **vereinbarten Preis** und der **ortsüblichen Miete** einschließlich Nebenkosten anzusetzen.

Beispiel:
Der Arbeitnehmer A, Bochum, der ein Bruttogehalt von **5.000 DM** bezieht, hat 1999 von seinem Arbeitgeber eine Wohnung verbilligt zur Verfügung gestellt bekommen. An Miete zahlt A monatlich **750 DM**. Der ortsübliche Mietpreis einschl. Nebenkosten beträgt monatlich **1.000 DM**.

Der **steuerpflichtige Arbeitslohn** des A wird für einen Monat wie folgt ermittelt:

Bruttogehalt		5.000 DM
gezahlte Miete der Wohnung	750 DM	
ortsüblicher Mietpreis einschl. Nebenkosten	1.000 DM	
+ **geldwerter Vorteil**		**250 DM**
= **steuerpflichtiger Arbeitslohn**		5.250 DM

Die **50 DM-Grenze** nach § 8 **Abs. 2** kann der Steuerpflichtige nicht nutzen, weil es sich um eine **Freigrenze** handelt. Wird diese - wie im obigen Beispiel - in einem Kalender**monat** überschritten, ist der geldwerte Vorteil insgesamt zu versteuern. Da sich die Freigrenze auf einen Kalender**monat** bezieht, ist eine Übertragung von nicht ausgeschöpften Beträgen in andere Kalendermonate **nicht** möglich (OFD Erfurt, Vfg. vom 30.1.1996 - S 2334 A - 37 - St 332 (T)).

Wird einem Arbeitnehmer eine **Unterkunft** des Arbeitgebers **kostenlos** oder **verbilligt** zur Verfügung gestellt, wird der **geldwerte Vorteil** nach **amtlichen Sachbezugswerten** festgelegt. Die monatliche Geringfügigkeitsgrenze von **50 DM** nach § 8 Abs. 2 **Satz 9** bleibt dabei **außer Ansatz** (BMF-Schreiben vom 9.7.1997).

Für **1999** gelten nach der **SachBezV 1999** folgende Sachbezugswerte:

Art des Sachbezugs	alte Bundesländer	neue Bundesländer
Unterkunft	**328 DM**	**221 DM**
Heizung	**24 DM**	**24 DM**
insgesamt	**352 DM**	**245 DM**

Für Jugendliche unter 18 Jahren und Auszubildende vermindert sich der Wert um 15 %.

Zur **buchmäßigen** Behandlung dieser Vorgänge siehe **Buchführung 1**, 11. Auflage 1999, Seite 272 ff.

Verpflegung

Ebenso wie für die Unterkunft wird der **geldwerte Vorteil** auch für **Verpflegung** nach **amtlichen Sachbezugswerten** festgelegt. Dabei bleibt die monatliche Geringfügigkeitsgrenze von **50 DM** nach § 8 Abs. 2 **Satz 9** ebenfalls **außer Ansatz**.

Nach der **SachBezV 1999** beträgt der **Sachbezugswert** von unentgeltlichen oder verbilligten Mahlzeiten **für alle Länder** 1999:

Art des Sachbezugs	Sachbezugswert monatlich	täglich
Frühstück	**79,— DM**	**2,63 DM**
für Jugendliche unter 18 Jahren und Auszubildende	**79,— DM**	**2,63 DM**
Mittag- oder Abendessen	**141,— DM**	**4,70 DM**
für Jugendliche unter 18 Jahren und Auszubildende	**141,— DM**	**4,70 DM**

Die **Ermäßigung** für Jugendliche unter 18 Jahren und Auszubildende ist ab 1999 **entfallen**.

Beispiel:
Die Auszubildende A, Leipzig, ißt arbeitstäglich in einer Gaststätte zu Mittag. Der Preis der Mahlzeit beträgt **7 DM**. A zahlt für das Mittagessen nur **3 DM**. Der Unterschiedsbetrag wird von ihrem Arbeitgeber beglichen.

Der **geldwerte Vorteil** für A wird für **einen Tag** 1999 wie folgt ermittelt:

Sachbezugswert der Mahlzeit	4,70 DM
− Zahlung der Arbeitnehmerin A	3,— DM
= **geldwerter Vorteil**	**1,70 DM**

Der **geldwerte Vorteil** ergibt sich aus dem **Unterschiedsbetrag** zwischen dem **Sachbezugswert** der Mahlzeit **und** der **Zahlung** der Arbeitnehmerin A.
Hieraus ergibt sich, daß die steuerliche Erfassung der Mahlzeiten entfällt, wenn gewährleistet ist, daß der Arbeitnehmer für jede Mahlzeit mindestens ein Preis in Höhe des amtlichen Sachbezugswerts zahlt (Abschn. 31 Abs. 6 LStR 1999).
Der amtliche Sachbezugswert enthält **16 % Umsatzsteuer**, die vom Arbeit**geber** anzumelden und abzuführen ist. Entrichtet der Arbeit**nehmer** ein **höheres** Entgelt als der Sachbezugswert, so ist die **Umsatzsteuer daraus zu errechnen**.

Gestellung von Kraftfahrzeugen

Überläßt der Arbeitgeber dem Arbeitnehmer ein **Kraftfahrzeug** für eine **gewisse Dauer** (mehr als fünf Tage im Monat) zur privaten Nutzung, so ist der **geldwerte Vorteil** entweder nach der **1 %-Regelung** anzusetzen **oder** mit Hilfe eines **Fahrtenbuches** zu ermitteln. Dabei bleibt die monatliche Geringfügigkeitsgrenze von **50 DM** nach § 8 Abs. 2 Satz 9 **außer Betracht**.

1 %-Regelung

Der Arbeitgeber hat den **privaten Nutzungsanteil** mit monatlich **1 % des Bruttolistenpreises** anzusetzen, der im **Zeitpunkt der Erstzulassung** für das Kraftfahrzeug festgelegt ist. Dies gilt **auch** bei **gebraucht erworbenen** oder **geleasten** Fahrzeugen. Der **Bruttolistenpreis** ist **auf volle 100 DM abzurunden** (Abschn. 31 Abs. 7 Nr. 1 Satz 6 LStR 1999)
Dieser **prozentuale Ansatz** des privaten Nutzungsanteils umfaßt die eigentlichen **Privatfahrten** (Freizeitfahrten).
Kann das Kraftfahrzeug **auch** zu **Fahrten zwischen Wohnung und Arbeitsstätte** genutzt werden, **erhöht sich der Wert um jeden Kilometer der Entfernung** zwischen Wohnung und Arbeitsstätte **um 0,03 % des Bruttolistenpreises** (§ 8 Abs. 2 EStG; Abschn. 31 Abs. 7 Nr. 1 LStR 1999).

Beispiel:
Der ledige Arbeitnehmer A, Erfurt, erhält ab 1999 einen gebraucht angeschafften Firmenwagen auch zur Privatnutzung. Der **Bruttolistenpreis** im Zeitpunkt der Erstzulassung hat 1998 **40.050 DM** betragen.
Die **Entfernung zwischen Wohnung und Arbeitsstätte** beträgt **30 km**. A fuhr 1999 an 225 Tagen mit dem Firmenwagen von seiner Wohnung zu seiner Arbeitsstätte.
Der **geldwerte Vorteil** für A wird 1999 wie folgt ermittelt:

geldwerte Vorteile für Privatfahrten (1 % von 40.000 DM = 400 DM x 12 Monate)	4.800,— DM
Zuschlag für Fahrten zwischen Wohnung und Arbeitsstätte (0,03 % von 40.000 DM x 30 km = 360 DM x 12 Monate)	4.320,— DM
= **geldwerter Vorteil 1999**	**9.120,— DM**

Aus dem ermittelten Betrag von 9.120 DM ist die **Umsatzsteuer herauszurechnen**. Die **Lohnsteuer** kann für den geldwerten Vorteil nach § 40 Abs. 2 Satz 2 **pauschal mit 15 %** wie folgt versteuert werden:

15 % von 4.725 DM (225 Tage x 30 km x 0,70 DM) =	**708,75 DM**

Der **übersteigende Betrag** von **4.395 DM** (9.120 DM -4.725 DM) ist zusammen mit dem übrigen Arbeitslohn nach der **Lohnsteuerkarte** des Arbeitnehmers zu versteuern.

Ein **pauschaler Abschlag von 20 %** für nicht mit Vorsteuern belastete Kosten ist in diesen Fällen **unzulässig** (BMF-Schreiben vom 8.6.1999, BStBl 1999 I S. 581 ff.).

Fahrtenbuchmethode

Der **geldwerte Vorteil** für die private Nutzung des betrieblichen Kraftfahrzeugs kann auch mit den **tatsächlichen Aufwendungen** für das Kraftfahrzeug angesetzt werden, **wenn** die für das Kraftfahrzeug insgesamt entstehenden Aufwendungen durch Belege und das Verhältnis der privaten zu den übrigen Fahrten durch ein ordnungsgemäßes **Fahrtenbuch** nachgewiesen werden (Abschn. 31 Abs. 7 Nr. 2 LStR 1999).
Aus den Gesamtkosten dürfen **keine Kosten ausgeschieden** werden, bei denen ein **Vorsteuerabzug nicht möglich** ist.

Bezug von Waren

Die steuerliche Bewertung der Sachbezüge, die die Voraussetzungen des Abschn. 32 **Abs. 1** LStR 1999 erfüllen, sind die **Endpreise** (einschließlich der USt) zugrunde zu legen, zu denen der Arbeitgeber die **Waren** fremden Letztverbrauchern im allgemeinen Geschäftsverkehr anbietet (Abschn. 32 **Abs. 2** Satz 1 LStR1999).

Der um **4 %** geminderte Endpreis ist der **Geldwert** des Sachbezugs; als **Arbeitslohn** ist der **Unterschiedsbetrag** zwischen diesem **Geldwert und** dem vom Arbeitnehmer **gezahlten Entgelt** anzusetzen (Abschn. 32 Abs. 2 Satz 12 LStR 1999).

Arbeitslöhne dieser Art aus demselben Dienstverhältnis bleiben **steuerfrei**, soweit sie insgesamt den **Rabatt-Freibetrag** von **2.400 DM** im Kalenderjahr nicht übersteigen (§ **8 Abs. 3** Satz 2; Abschn. 32 Abs. 2 Satz 13 LStR 1999).

Beispiel:
Ein Möbelunternehmen verkauft 1999 einem Arbeit**nehmer** einen Wohnzimmerschrank zu einem Vorzugspreis von **20.000,— DM**. Der Endpreis dieses Schrankes beträgt für fremde Letztverbraucher **25.000,— DM**.

Der **steuerpflichtige Arbeitslohn** wird 1999 wie folgt berechnet:

Schrank-Endpreis	25.000,— DM
− 4 % vom Endpreis (4 % von 25.000 DM)	1.000,— DM
geminderter Endpreis	24.000,— DM
− bezahlter Preis des Arbeitnehmers	20.000,— DM
Arbeitslohn	4.000,— DM
− **Rabatt-Freibetrag** (§ 8 **Abs. 3** EStG	2.400,— DM
= **steuerpflichtige Arbeitslohn**	**1.600,— DM**

Der **Rabatt-Freibetrag** von 2.400 DM gilt grundsätzlich **nicht** bei Preisvorteilen, die dem Arbeitnehmer von **dritter Seite** eingeräumt werden (Abschn. 32 Abs. 1 Nr. 1 LStR 1999).

> Übung: 1. Wiederholungsfrage 13 bis 16 (Seite 182),
> 2. Fälle 4 bis 6 (Seite 184)

11.1.3 Zeitlicher Ansatz des Arbeitslohns

Der **Zufluß** des Arbeitslohns richtet sich nach der **Sonderregelung** des § **38a Abs. 1 Satz 2 und Satz 3** (§ 11 Abs. 1 Satz 3).

Nach § 38a Abs. 1 Satz 2 und Satz 3 ist zwischen **laufendem Arbeitslohn** und **sonstigen Bezügen** zu unterscheiden.

Laufender Arbeitslohn ist der Arbeitslohn, der dem Arbeitnehmer regelmäßig fortlaufend zufließt, z.B. (Abschn. 115 Abs. 1 LStR 1999):

1. **Monatsgehälter**,
2. Wochen- und Tagelöhne,
3. Mehrarbeitsvergütungen,
4. Zuschläge und Zulagen,
5. geldwerte Vorteile aus der ständigen Überlassung von Dienstwagen zur privaten Nutzung,
6. Nachzahlungen und Vorauszahlungen, wenn sich diese ausschließlich auf Lohnzahlungszeiträume beziehen, die im Kalenderjahr der Zahlung enden,
7. Arbeitslohn für Lohnzahlungszeiträume des abgelaufenen Kalenderjahrs, der innerhalb der ersten drei Wochen des nachfolgenden Kalenderjahrs zufließt.

Der **laufende Arbeitslohn** gilt in dem Kalenderjahr als **bezogen**, in dem der Lohnzahlungszeitraum **endet** (§ 11 Abs. 1 i.V.m. § 38a Abs. 1 **Satz 2**).

Beispiel:
Der Aushilfskellner Fritz erhält seinen **Wochenlohn** nachträglich. Der Lohn für die Woche vom 28.12.1998 bis 03.01.1999 wurde ihm am 03.01.1999 ausgezahlt.

Der **Lohn** gilt als in **1999 bezogen**, weil der Lohnzahlungszeitraum in 1999 endet.

Ein **sonstiger Bezug** ist der Arbeitslohn, der **nicht** als laufender Arbeitslohn gezahlt wird. Zu den **sonstigen Bezügen** gehören insbesondere einmalige Arbeitslohnzahlungen, die neben dem laufenden Arbeitslohn gezahlt werden, z.B. (Abschn. 115 Abs. 2 LStR 1999):

1. **dreizehnte und vierzehnte Monatsgehälter**,
2. einmalige Abfindungen und Entschädigungen,
3. Gratifikationen und Tantiemen, die nicht fortlaufend gezahlt werden,
4. Jubiläumszuwendungen,
5. Urlaubsgelder, die nicht fortlaufend gezahlt werden, und Entschädigungen zur Abgeltung nicht genommenen Urlaubs,
6. Vergütungen für Erfindungen,
7. **Weihnachtszuwendungen.**

Ein **sonstiger Bezug** wird in dem Kalenderjahr **bezogen**, in dem er dem Arbeitnehmer **zufließt** (§ 11 Abs. 1 i.V.m. § 38a Abs. 1 **Satz 3**).

Beispiel:
Die Steuerpflichtige Kerstin Hummel erhielt für 1998 ein **vierzehntes Monatsgehalt**, das im März 1999 ausgezahlt wurde.

Das vierzehnte Monatsgehalt ist in **1999 bezogen**, weil es ihr in 1999 zugeflossen ist.

Übung: 1. Wiederholungsfragen 17 und 18 (Seite 182),
2. Fall 7 (Seite 185)

Zusammenfassung zu Abschnitt 11.1.3:

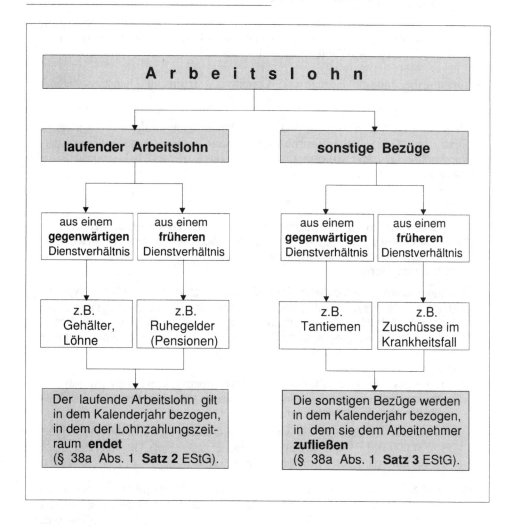

11.1.4 Vom Arbeitslohn abziehbare Beträge

Vom **steuerpflichtigen Arbeitslohn** können zur Ermittlung der Einkünfte unter bestimmten Voraussetzungen folgende **Beträge abgezogen** werden:

1. **Versorgungs-Freibetrag** (§ 19 Abs. 2),

2. **Werbungskosten** (§ 9)   **oder**
   Arbeitnehmer-Pauschbetrag (§ 9a **Nr. 1**).

11.1.4.1 Versorgungs-Freibetrag

Von den **Versorgungsbezügen** bleibt ein Betrag in Höhe von **40 % der Versorgungsbezüge, höchstens** jedoch ein Betrag von **6.000 DM** im Veranlagungszeitraum **steuerfrei** (**Versorgungs-Freibetrag**; § 19 Abs. 2).

Versorgungsbezüge sind Bezüge und Vorteile aus **früheren** Dienstleistungen, die

> 1. als Ruhegehalt, Witwen- oder Waisengeld, Unterhaltsbeitrag oder gleichartiger Bezug auf Grund **beamtenrechtlicher** oder entsprechender gesetzlicher Vorschriften gewährt werden (**Beamtenpensionen**)
>
> **oder**
>
> 2. in anderen Fällen (bei Arbeitnehmern aus der **Privatwirtschaft**) wegen **Erreichen einer Altersgrenze**, wegen **Berufsunfähigkeit, Erwerbsunfähigkeit** oder als **Hinterbliebenenbezüge** gewährt werden (**Betriebspensionen**).
>
> Bezüge, die wegen **Erreichen einer Altersgrenze** gewährt werden, gelten erst dann als **Versorgungsbezüge, wenn** der Steuerpflichtige das **62. Lebensjahr** (ab 2000: **63.** Lebensjahr) oder, wenn er **Schwerbehinderter** (Grad der Behinderung wenigstens 50 %) ist, das 60. Lebensjahr vollendet hat.

Beispiele:
Zu 1. Hugo Boos, **58 Jahre alt,** war als **Beamter** Steuerrat beim Finanzamt Nürnberg-Ost. Er erhielt im VZ 1999 Ruhegehälter von insgesamt 24.000 DM. Die Ruhegehälter sind **Beamtenpensionen**.

Boos steht im VZ 1999 ein **Versorgungs-Freibetrag** von **6.000 DM** zu (40 % von 24.000 DM = 9.600 DM, höchstens jedoch 6.000 DM). Das **Alter** des Steuerpflichtigen spielt bei **Beamtenpensionen** keine Rolle.

Zu 2. Andrea Herz, **61 Jahre alt,** war in der Privatwirtschaft **Buchhalterin**. Sie ist seit ihrem 60. Lebensjahr im Ruhestand und erhielt im VZ 1999 Betriebspensionen in Höhe von insgesamt 7.200 DM, die nicht auf frühere Beitragsleistungen der Steuerpflichtigen beruhen.

Herz steht der **Versorgungs-Freibetrag noch nicht** zu, da sie die **Altersgrenze** (62. Lebensjahr) noch nicht erreicht hat. Mit Vollendung des 62. Lebensjahrs hat sie Anspruch auf den Versorgungs-Freibetrag.

> Übung: 1. Wiederholungsfragen 19 bis 21 (Seite 182),
> 2. Fälle 8 bis 10 (Seite 185 f.)

11.1.4.2 Werbungskosten oder Arbeitnehmer-Pauschbetrag

Werbungskosten

Werbungskosten sind bei einem Arbeitnehmer alle Aufwendungen, die ihm zur Erwerbung, Sicherung oder Erhaltung seiner **Einnahmen** aus nichtselbständiger Arbeit erwachsen (§ 9).

Keine Werbungskosten sind **Aufwendungen für die Lebensführung** (Aufwendungen für Ernährung, Kleidung, Wohnung sowie Repräsentationsaufwendungen) im Sinne des § 12 Nr. 1 (Abschn. 33 Abs. 2 Satz 1 LStR 1999).

Werbungskosten bei den Einkünften aus nichtselbständiger Arbeit sind z.B. (§ 9 **Abs. 1** und **Abs. 5**):

- **Beiträge zu Berufsverbänden** (z.B. Gewerkschaftsbeiträge);
- **Aufwendungen** des Arbeitnehmers **für Fahrten zwischen Wohnung und Arbeitsstätte.**
  Bei Fahrten mit einem eigenen oder zur Nutzung überlassenen Kraftfahrzeug sind die Aufwendungen mit den folgenden **Pauschbeträgen** anzusetzen:
  a) bei Benutzung eines **Kraftwagens**   0,70 DM
  b) bei Benutzung eines **Motorrads** oder **Motorrollers**   0,33 DM
  für jeden Kilometer der Entfernung zwischen Wohnung und Arbeitsstätte (**Entfernungskilometer**);
- **Aufwendungen für Arbeitsmittel** (= Gegenstände, die unmittelbar der Erledigung der beruflichen Aufgaben dienen), zum Beispiel für Werkzeuge und typische Berufskleidung;
- **Absetzungen für Abnutzung (AfA)**. § 6 Abs. 2 Satz 1 bis 3 ist in Fällen der Anschaffung oder Herstellung von Wirtschaftsgütern entsprechend anzuwenden;
- Seit 1996 werden **Aufwendungen für ein häusliches Arbeitszimmer** anerkannt
  1. in **unbegrenzter Höhe**, wenn das Arbeitszimmer Mittelpunkt der gesamten beruflichen (betrieblichen) Betätigung bildet;
  2. bis zu einem **Höchstbetrag von 2.400 DM** im Kalenderjahr, wenn
     a) die berufliche (betriebliche) Nutzung des Arbeitszimmers **mehr als 50 %** der gesamten beruflichen (betrieblichen) Tätigkeit beträgt **oder**
     b) für die berufliche (betriebliche) Tätigkeit **kein anderer Arbeitsplatz** zur Verfügung steht (§ 9 **Abs. 5** i.V.m. § 4 Abs. 5 **Nr. 6b**).
  Der Betrag von **2.400 DM** ist **kein Pauschbetrag**. Die **Aufwendungen** müssen **nachgewiesen oder glaubhaft** gemacht werden.

Bis einschließlich 1995 waren Ausgaben für Schreibtisch, Bücherregale, Schreibtischlampen **Ausgaben für Arbeitsmittel** und ohne Rücksicht auf die steuerliche Anerkennung des häuslichen Arbeitszimmers als Werbungskosten (BA) abziehbar.

Seit 1996 sind **Aufwendungen für die Einrichtung** eines häuslichen Arbeitszimmers nur dann noch - ggf. ohne Rücksicht auf die Anerkennung eines häuslichen Arbeitszimmers - als Werbungskosten (BA) abziehbar, wenn es sich um **typische Arbeitsmittel** handelt (z.B. Klavier eines Musiklehrers).
Für **typische Arbeitsmittel** gilt § 4 Abs. 5 **Nr. 6b nicht** (§ 9 Abs. 1 **Nr. 6**).
Zur Abzugsfähigkeit von Aufwendungen für ein häusliches Arbeitszimmer wird im BMF-Schreiben vom 16.6.1998 (Anhang 16 (VII) EStH 1999) eingehend Stellung genommen.

Die Anschaffungs- oder Herstellungskosten von **Arbeitsmitteln** einschließlich der Umsatzsteuer können **im Jahr der Anschaffung oder Herstellung** in voller Höhe als Werbungskosten abgesetzt werden, wenn sie **ausschließlich** der Umsatzsteuer für das einzelne Arbeitsmittel **800 DM nicht übersteigen** (Abschn. 44 **Satz 1** LStR 1999).

> Beispiel:
> Der Steuerpflichtige Kurt Leiner hat sich 1999 einen Computer für **800 DM + 128 DM USt = 928 DM** angeschafft. Der Computer ist ein steuerlich anerkanntes **Arbeitsmittel**.
>
> Der Steuerpflichtige kann für den VZ 1999 **928 DM** als **Werbungskosten** absetzen.

Aufwendungen von mehr als 800 DM sind auf die Kalenderjahre der voraussichtlichen **Nutzungsdauer des Arbeitsmittels** zu verteilen und in jedem dieser Jahre **anteilig als Werbungskosten** zu berücksichtigen.

Aus **Vereinfachungsgründen** kann bei Anschaffung oder Herstellung eines Arbeitsmittels **vor dem 1.7. eines Jahres** der **volle** und **nach dem 30.6. eines Jahres** der **halbe** Jahresbetrag der **AfA als Werbungskosten** abgesetzt werden (Abschn. 44 Sätze 2 und 3 LStR 1999).

Beispiel:
Der Steuerpflichtige Friedhelm Rengel hat sich am **12.11.1999** einen Computer für 2.000 DM + 320 DM USt = **2.320 DM** angeschafft. Der Computer, der ein steuerlich anerkanntes Arbeitsmittel ist, hat eine **Nutzungsdauer** von **4 Jahren** (siehe Seite 102).

Der Steuerpflichtige kann für den VZ 1999 nur den **halben Jahresbetrag** der **AfA**, nämlich **290 DM** (25 % von 2.320 DM für 1/2 Jahr), als **Werbungskosten** absetzen.

Aufwendungen des Arbeitnehmers **für Fahrten zwischen Wohnung und Arbeitsstätte** mit **anderen Fahrzeugen** (z.B. Moped, Mofa, Fahrrad) sind - da nicht gesetzlich begrenzt - in **tatsächlicher Höhe** abziehbar.

Ohne Einzelnachweis können die Fahrtkosten bei Benutzung eines

Mopeds oder Mofas mit	**0,28 DM** und
Fahrrads mit	**0,14 DM**

je Entfernungskilometer zwischen Wohnung und Arbeitsstätte angesetzt werden.

Durch den gesetzlichen **Kilometer-Pauschbetrag** nach § 9 Abs. 1 Nr. 4 sind die **gewöhnlichen Kosten des Kraftfahrzeugs** (z.B. Benzin, AfA, Reparaturen, Versicherungen, Steuern, Parkgebühren, Zinsen) **abgegolten**.

Außergewöhnliche Kosten eines Kraftfahrzeugs (z.B. Kosten eines Autounfalls) können **neben** dem gesetzlichen **Kilometer-Pauschbetrag** berücksichtigt werden.

Die **Aufzählung** der in § 9 Abs. 1 Nr. 1 bis 7 als **Werbungskosten** anerkannten Aufwendungen ist **nicht erschöpfend**.

Zu weiteren Aufwendungen, die als **Werbungskosten** abziehbar sind, gehören z.B.:

- **Bewerbungskosten** (Abschn. 33 Abs. 3 LStR 1999),
- **Aufwendungen für die Aus- und Fortbildung** (Abschn. 34 LStR 1999),
- **Reisekosten** (Abschn. 37 LStR 1999),
- **Umzugskosten** (Abschn. 41 LStR 1999),
- **Kontoführungsgebühren**.

Kontoführungsgebühren sind Werbungskosten, soweit sie auf die Gutschrift von Arbeitslohn und auf beruflich veranlaßte Überweisungen entfallen.

Ohne Nachweis erkennt die Finanzverwaltung **30 DM jährlich** als Werbungskosten an (gleichlautender Erlaß der Länderfinanzbehörden vom 21.12.1984).

Beispiel:
Der ledige Angestellte Jörg Dohler, Koblenz, hat 1999 einen **Bruttoarbeitslohn** von **25.600 DM** erzielt. Der Nettolohn wird durch Bank überwiesen.
1999 fuhr er an 215 Tagen mit einem öffentlichen Verkehrsmittel von seiner Wohnung zu seiner Arbeitsstätte. Die selbstgetragenen **Fahrtkosten** haben 1999 **480 DM** betragen.
In 1999 hat Jörg Dohler für **Fachliteratur 1.607 DM** ausgegeben.

In der **Anlage N** sind der Arbeitslohn und die Werbungskosten 1999 wie folgt einzutragen:

Einkünfte aus nichtselbständiger Arbeit

Zeile	Angaben zum Arbeitslohn	DM	Pf	DM	Pf
1					
2	Bruttoarbeitslohn	25.600	—		—

-2-

Zeile	Werbungskosten	DM	steuerfrei ersetzt DM	DM
38	Aufwendungen für Fahrten mit öffentl. Verkehrsmitteln	480	——— ➤	480
41	Aufwendungen für Arbeitsmittel (Fachliteratur)			1.607
45	Weitere Werbungskosten (Kontoführungsgebühren)			30

Behinderte Arbeitnehmer können **anstelle** des gesetzlichen **Kilometer-Pauschbetrags** die **tatsächlichen Aufwendungen** für die Benutzung des eigenen Kraftfahrzeugs zu Fahrten zwischen Wohnung und Arbeitsstätte als **Werbungskosten** geltend machen (§ 9 **Abs. 2**).

Welche tatsächlichen Aufwendungen im einzelnen angesetzt werden können, ergeben sich aus den Vorschriften der Lohnsteuer-Richtlinien (Abschn. 42 Abs. 7 i.V.m. Abschn. 38 Abs. 1 Satz 6 LStR 1999).

Beispiel:
Ein Behinderter im Sinne des § 9 Abs. 2 ist in 1999 mit dem eigenen Pkw an 226 Arbeitstagen von seiner Wohnung zu seiner Arbeitsstätte gefahren. Die einfache Entfernung beträgt 23 km.
Die gesamten Pkw-Kosten beliefen sich bei einer Gesamtleistung von 18.500 km auf 15.650,— DM.

Der Steuerpflichtige kann für den VZ 1999 folgende Fahrtkosten als Werbungskosten geltend machen:

$$\text{Fahrtkosten} = \frac{15.650 \text{ DM} \times 46 \times 226}{18.500} = 8.794{,}45 \text{ DM}$$

Ohne Einzelnachweis der tatsächlichen Aufwendungen können die Fahrtkosten nach den Regeln des **Abschnitts 38 Abs. 1 Satz 6 LStR 1999** angesetzt werden, d.h. **z.B.** bei einer Pkw-Benutzung **0,52 DM je Fahrtkilometer** (Reisekostenregelung).

Beispiel:
Sachverhalt wie zuvor mit dem Unterschied, daß der Behinderte die Fahrtkosten nach den Regeln des Abschnitts 38 Abs. 1 Satz 1 LStR 1999 ansetzt.
Der Steuerpflichtige kann für den VZ 1999 folgende Fahrtkosten als Werbungskosten geltend machen:

$$\text{Fahrtkosten} = 46 \times 0{,}52 \times 226 = 5.405{,}92 \text{ DM}$$

Arbeitnehmer-Pauschbetrag

Seit dem VZ 1990 ist von den Einnahmen aus nichtselbständiger Arbeit ein Arbeitnehmer-Pauschbetrag von 2.000 DM im Kalenderjahr abzuziehen, **wenn nicht höhere Werbungskosten nachgewiesen werden** (§ 9a Satz 1 **Nr. 1**).

Beispiel:
Der ledige Steuerpflichtige Volker Beringer hat im VZ 1999 einen steuerpflichtigen Bruttoarbeitslohn (keine Versorgungsbezüge) in Höhe von **16.000 DM** bezogen. Er macht im einzelnen **keine Werbungskosten** geltend.

Die **Einkünfte aus nichtselbständiger Arbeit** werden für 1999 wie folgt ermittelt:

steuerpflichtiger Bruttoarbeitslohn	16.000,— DM
− **Arbeitnehmer-Pauschbetrag** (§ 9a Nr. 1)	**2.000,— DM**
= Einkünfte aus nichtselbständiger Arbeit	14.000,— DM

Der **Arbeitnehmer-Pauschbetrag** darf nur bis zur Höhe der um den Versorgungs-Freibetrag (§ 19 Abs. 2) geminderten Einnahmen abgezogen werden (§ 9a Satz 2). Durch den Ansatz des **Arbeitnehmer-Pauschbetrags** dürfen also **keine negativen Einkünfte** entstehen.

Werden **Ehegatten zusammen veranlagt** und haben **beide** Ehegatten Einnahmen aus nichtselbständiger Arbeit, so kann **jeder** Ehegatte ebenso wie bei der **getrennten Veranlagung** den **Arbeitnehmer-Pauschbetrag** bis zur Höhe seiner jeweiligen Einnahmen bzw. bis zur Höhe seiner jeweiligen um den Versorgungs-Freibetrag geminderten Einnahmen **absetzen**.

Beispiel:
Ein verheirateter Steuerpflichtiger, der mit seiner Ehefrau **zusammen veranlagt** wird, hat im VZ 1999 **Versorgungsbezüge** im Sinne des § 19 Abs. 2 in Höhe von **16.800 DM** bezogen.
Seine Ehefrau bezog im VZ 1999 einen **Bruttoarbeitslohn** (keine Versorgungsbezüge) von **1.100 DM**. Beide machen im einzelnen **keine Werbungskosten** geltend.

Die **Einkünfte aus nichtselbständiger Arbeit** werden für 1999 wie folgt ermittelt:

	Ehemann DM	Ehefrau DM
steuerpflichtiger Bruttoarbeitslohn	16.800,—	1.100,—
− **Versorgungs-Freibetrag** (§ 19 Abs. 2) (40 % von 16.800 DM = 6.720 DM, höchstens)	**6.000,—**	
− **Arbeitnehmer-Pauschbetrag** (§ 9a Nr. 1)	**2.000,—**	1.100,—
= **Einkünfte** aus nichtselbständiger Arbeit	8.800,—	0,—

Der **Arbeitnehmer-Pauschbetrag** ist nicht zu ermäßigen, wenn die unbeschränkte Steuerpflicht lediglich während eines Teils des Kalenderjahrs bestanden hat (R 85 Abs. 2 EStR 1999).

Seit dem VZ 1990 können Arbeitnehmer **bestimmter Berufsgruppen** neben dem **Arbeitnehmer-Pauschbetrag** folgende **Pauschbeträge** geltend machen (Abschn. 47 Abs. 1 LStR 1999):

1. bei **Artisten**   265 DM monatlich
2. bei **darstellenden Künstlern**
   a) soweit sie **solistische** Leistungen erbringen   365 DM monatlich
   b) soweit sie **Gruppenleistungen** erbringen   265 DM monatlich
3. bei **Journalisten**   115 DM monatlich

Die **Pauschbeträge** sind **ab dem 1.1.2000** mit den neuen Lohnsteuer-Richtlinien 2000 **aufgehoben** worden (R 47 LStR 2000).

Zusammenfassung zu Abschnitt 11.1:

Übung: 1. Wiederholungsfragen 22 und 23 (Seite 182),
          2. Fälle 11 bis 17 (Seite 186 ff.)

11.1.5 Erfolgskontrolle

WIEDERHOLUNGSFRAGEN

1. Welche Personen beziehen Einkünfte aus nichtselbständiger Arbeit?
2. Wer ist Arbeitnehmer?
3. In welche Gruppen lassen sich die Arbeitnehmer steuerlich unterteilen?
4. Was ist die Ausgangsgröße für die Ermittlung der Einkünfte aus nichtselbständiger Arbeit?
5. Was versteht man unter Arbeitslohn?
6. Welche Erscheinungsformen des Arbeitslohns aus einem gegenwärtigen Dienstverhältnis werden im § 19 Abs. 1 Nr. 1 aufgeführt?
7. Welche Erscheinungsformen des Arbeitslohns aus einem früheren Dienstverhältnis werden im § 19 Abs. 1 Nr. 2 genannt?
8. Welche Einnahmen gehören nach Abschn. 70 Abs. 2 LStR auch zum Arbeitslohn?
9. Welche steuerrechtlichen Möglichkeiten hat ein Arbeitgeber, wenn er einem Arbeitnehmer die Aufwendungen für Fahrten zwischen Wohnung und Arbeitsstätte ersetzen will?
10. Welche Zuwendungen des Arbeitgebers sind nach Abschn. 70 Abs. 3 LStR nicht als Arbeitslohn anzusehen?
11. Gehören Renten aus der gesetzlichen Rentenversicherung zum Arbeitslohn?
12. Gehören Renten aus juristisch selbständigen betrieblichen Pensionskassen zum Arbeitslohn?
13. Welche Einnahmen aus nichtselbständiger Arbeit sind steuerfrei?
14. Wie hoch ist der Freibetrag für Heirats- oder Geburtsbeihilfen?
15. Wie hoch ist der Freibetrag für Trinkgelder?
16. Wie werden die in der Praxis wichtigsten Sachbezüge steuerlich behandelt?
17. Wann gilt der laufend gezahlte Arbeitslohn als bezogen?
18. Wann wird der sonstige Bezug (der nicht laufend gezahlte Arbeitslohn) bezogen?
19. Welche Beträge können unter bestimmten Voraussetzungen bei der Ermittlung der Einkünfte vom Arbeitslohn abgezogen werden?
20. Was versteht man unter Versorgungsbezügen?
21. Bis zu welchem Betrag sind Versorgungsbezüge steuerfrei?
22. Was versteht man unter Werbungskosten bei den Einkünften aus nichtselbständiger Arbeit? Nennen Sie drei Beispiele.
23. Was wissen Sie über den Arbeitnehmer-Pauschbetrag, der von den Einnahmen aus nichtselbständiger Arbeit abgezogen werden kann, wenn nicht höhere Werbungskosten nachgewiesen werden?

FÄLLE

Fall 1:

Entscheiden Sie, ob es sich in den folgenden Fällen um **Arbeitnehmer** handelt.

1. Die Auszubildende A ist bei einem Steuerberater tätig und bezieht für ihre Tätigkeit eine Ausbildungsvergütung.

2. Studienrat B ist als Beamter beim Land Rheinland-Pfalz tätig und bezieht für seine Tätigkeit ein Gehalt.

3. C erhält als Ruhestandsbeamter vom Land Nordrhein-Westfalen eine Pension.
4. D erhält als Rentner eine Altersrente aus der gesetzlichen Rentenversicherung.
5. E erhält seit Vollendung seines 65. Lebensjahres aus der betrieblichen Pensionskasse e.V. der X-AG aufgrund seiner früheren Beitragsleistungen eine Rente.
6. F bezieht als ehemaliger leitender Angestellter von seinem früheren Arbeitgeber eine Pension. Die Pension beruht nicht auf früheren Beitragsleistungen des F.
7. Witwe G bezieht nach dem Tode ihres Ehemannes, der beim Finanzamt als Beamter tätig war, eine Witwenpension.
8. Witwe H bezieht nach dem Tode ihres Ehemannes, der beim Finanzamt als Angestellter tätig war, eine Witwenrente.
9. Frau Dr. I bezieht als angestellte Ärztin bei der Universitätsklinik ein Gehalt.

Fall 2:

Entscheiden Sie, ob es sich in den folgenden Fällen um **Arbeitslohn** handelt.

1. Ein Steuerberater überreicht seiner Angestellten Sonja Link zwei Goldmünzen im Wert von 2.000,— DM für ihre treuen Dienste. Ihre Betriebszugehörigkeit beträgt fünf Jahre.
2. Ein Steuerberater stellt allen Arbeitnehmern seines Betriebes kostenlos einen Tischtennisraum zur Verfügung.
3. Die Steuerfachangestellte Susanne Schunk erhält von ihrem Chef zum 21. Geburtstag einen Blumenstrauß im Wert von 50 DM.
4. Metzgermeister Karl Flach gewährt seinem Gesellen Kurt Metzler neben dem Barlohn freie Kost.
5. Patrick Eisinger, Ministerialrat a.D., erhält vom Land Rheinland-Pfalz eine Pension in Höhe von 48.000 DM.
6. Die Auszubildende Bettina Stacklies erhält eine monatliche Ausbildungsvergütung von 1.000 DM.
7. Die Steuerfachangestellte Marion Lenz ist in ihrer Freizeit als selbständige Kosmetikvertreterin tätig. Für die Vermittlung von Vertragsabschlüssen erhält sie eine Provision.
8. Schulhausmeister Vöge erhält neben dem Barlohn freie Wohnung.
9. Die Auszubildende Mabel Mann besucht das Seminar "PC REWE" für Berufsanfänger. Die Bildungsmaßnahme wird für Rechnung des Arbeitgebers erbracht.

Fall 3:

Die ledige Angestellte Andrea Haberstock hat im Kalenderjahr 1999 an insgesamt 180 Arbeitstagen Fahrten mit ihrem eigenen Pkw zwischen Wohnung und Arbeitsstätte durchgeführt. Die einfache Entfernung zwischen Wohnung und Arbeitsstätte beträgt 30 km. Der Arbeit**geber** will die Fahrtkosten bis zur Höhe der Werbungskosten ersetzen, die nach § 9 Abs. 1 Nr. 4 EStG abgesetzt werden könnten.

Welche **steuerrechtlichen Möglichkeiten** hat der Arbeitgeber, wenn er die Fahrtkosten für das Kalenderjahr 1999 ersetzen will?

Fall 4:

Helga Müller ist 1999 Haushälterin bei Familie Herzog in Bonn. Neben ihrem monatlichen Bruttoentgelt von 1.500 DM erhält Helga Müller volle Verpflegung (Frühstück, Mittag- und Abendessen) und bewohnt kostenlos ein möbliertes Zimmer mit Heizung (ohne Bad und WC) in der Nähe von Familie Herzog in Bonn.

Wie hoch ist der **steuerpflichtige Arbeitslohn** der Steuerpflichtigen Helga Müller für einen Monat (30 Tage)?

Fall 5:

Der Arbeitnehmer Dieter Knopp erhält ab 1999 einen Firmenwagen auch zur Privatnutzung. Der Bruttolistenpreis im Zeitpunkt der Erstzulassung des Pkw hat 60.000 DM betragen. Die Entfernung zwischen Wohnung und Arbeitsstätte beträgt 20 km. Dieter Knopp führt kein Fahrtenbuch.

Wie hoch ist der **geldwerte Vorteil** des Steuerpflichtigen Dieter Knopp für einen Monat?

Fall 6:

Arbeitnehmer Frank Hein erhält von seinem Arbeitgeber, dem Möbelhändler Lindner, einen Wohnzimmerschrank für **10.000,— DM**.
Der Endpreis dieses Schrankes beträgt für fremde Letztverbraucher **15.000,— DM**.

Wie hoch ist der **steuerpflichtige Arbeitslohn** des Steuerpflichtigen Frank Hein?

Fall 7:

1. Die Steuerfachgehilfin Heidi Schomisch bezieht ihr **Gehalt** jeweils im voraus für einen Lohnzahlungszeitraum vom 15. eines Monats bis zum 15. des folgenden Monats. Das letzte Gehalt in 1999 erhielt sie am **15.12.1999** für die Zeit vom **15.12.1999 bis 15.01.2000**.

   In welchem Kalenderjahr ist das **Gehalt bezogen?**

2. Neben dem laufenden Arbeitslohn hat Heidi Schomisch am **15.01.2000** ein **13. Gehalt für 1999** erhalten.

   In welchem Kalenderjahr ist das **13. Gehalt bezogen?**

3. Der Beamte Torsten Erbar erhält sein **Gehalt** für den Monat **Januar 2000** (Lohnzahlungszeitraum = ein Monat) am **30.12.1999**.

   In welchem Kalenderjahr ist das **Gehalt bezogen?**

Fall 8:

Diana Zorn, 66 Jahre alt, war Prokuristin bei den Castor-Werken, Stuttgart. Mit 62 Jahren ist sie wegen **Erreichen der Altersgrenze** in den Ruhestand getreten. In 1999 erhielt sie von den Castor-Werken ein monatliches Ruhegehalt von **1.200 DM** und **2.200 DM** Weihnachtsgeld. Das von den Castor-Werken gezahlte Ruhegehalt beruht **nicht** auf früheren Beitragsleistungen der Steuerpflichtigen.

Wie hoch ist der **Versorgungs-Freibetrag** für den VZ 1999?

Fall 9:

Jochen Niedersberg vollendete am 15.10.1999 sein 65. Lebensjahr. Er war Angestellter der Ferri-Werke, Hannover, und trat am 30.09.1999 wegen **Erreichen der Altersgrenze** in den Ruhestand. Die Ferri-Werke zahlen ihm seit 01.10.1999 ein monatliches Ruhegehalt von **2.000 DM**. Das von den Ferri-Werken gezahlte Ruhegehalt beruht **nicht** auf früheren Beitragsleistungen des Steuerpflichtigen.

Wie hoch ist der **Versorgungs-Freibetrag** für den VZ 1999? Niedersberg ist **nicht** schwerbehindert.

Fall 10:

Manfred Schneider, 67 Jahre alt, war Geschäftsführer der Tip-Werke, Frankfurt. Er ist mit 65 Jahren wegen **Erreichen der Altersgrenze** in den Ruhestand getreten. Er erhält von den Tip-Werken ein monatliches Ruhegehalt von **800 DM**. Das von den Tip-Werken gezahlte Ruhegehalt beruht **nicht** auf Beitragsleistungen des Steuerpflichtigen.
Außerdem erhält er aufgrund früherer Beitragsleistungen vom "Unterstützungsverein der Tip-Werke eV" eine monatliche Rente von **400 DM** und von der gesetzlichen Rentenversicherung der Angestellten eine Monatsrente von **2.000 DM**.

Wie hoch ist der **Versorgungs-Freibetrag** für den VZ 1999?

Fall 11:

Josef Müller ist seit 1977 mit Gisela geb. Maier verheiratet. Beide wohnen seit 1977 in Essen. Die Eheleute wählen die **Zusammenveranlagung**.

Josef Müller war 1999 als Lagerarbeiter bei einer Speditionsfirma beschäftigt. Sein Bruttoarbeitslohn betrug **29.387,— DM**.

Seine Frau erzielte im Kalenderjahr 1999 als angestellte Friseuse einen Bruttoarbeitslohn von **16.411,— DM**.

Bei der Ermittlung der Einkünfte ist folgendes zu berücksichtigen:

1. Die Ehefrau erhält als Friseuse regelmäßig Trinkgelder. Sie hat durch ihre Unterschrift dem Arbeitgeber bestätigt, daß ihre Trinkgelder im Kalenderjahr 1999 insgesamt **1.550,— DM** betragen haben. Dieser Betrag ist im Bruttolohn **nicht** enthalten.

2. Der Ehemann fuhr an **216 Tagen** mit seinem eigenen **Pkw** von seiner Wohnung zu seiner Arbeitsstätte. Die einfache Entfernung beträgt **15 km**.

3. Die Ehefrau fuhr mit einem öffentlichen Verkehrsmittel von ihrer Wohnung zu ihrer Arbeitsstätte. Die Fahrtkosten haben im VZ 1999 **591 DM** betragen.

4. Beim Ehemann wurden bisher jährlich **300 DM** und bei der Ehefrau jährlich **340 DM** für typische Berufskleidung als Werbungskosten anerkannt.

5. Der Nettolohn des Herrn Müller wird monatlich durch Bank überwiesen, während der Nettolohn der Frau Müller bar ausgezahlt wird.

Wie hoch sind die **Einkünfte** der Eheleute Müller **aus nichtselbständiger Arbeit** im VZ 1999?

Fall 12:

Dieter Bux ist seit 1977 mit Nicole geb. Schupp verheiratet. Beide wohnen seit 1977 in Bonn. Die Eheleute wählen die **Zusammenveranlagung**.

Dieter Bux war 1999 als kaufmännischer Angestellter bei einer Lebensmittelgroßhandlung beschäftigt. Sein **Bruttogehalt** betrug **32.684,— DM**.

Seine Frau erzielte im Kalenderjahr 1999 als angestellte Friseuse ein **Bruttolohn von 18.612,— DM**.

Bei der Ermittlung der Einkünfte ist folgendes zu berücksichtigen:

1. Die Ehefrau erhält als Friseuse regelmäßig Trinkgelder. Sie hat durch ihre Unterschrift dem Arbeitgeber bestätigt, daß ihre Trinkgelder im Kalenderjahr 1999 insgesamt **2.650,— DM** betragen haben. Dieser Betrag ist im Bruttolohn **nicht** enthalten.

2. Der Ehemann fuhr an **220 Tagen** mit seinem eigenen **Pkw** von seiner Wohnung zu seiner Arbeitsstätte. Die einfache Entfernung beträgt **4 km**.

3. Die Ehefrau fuhr mit einem öffentlichen Verkehrsmittel von ihrer Wohnung zu ihrer Arbeitsstätte. Die Fahrtkosten haben im VZ 1999 **480 DM** betragen.

4. Beim Ehemann wurden bisher jährlich **300 DM** und bei der Ehefrau bisher jährlich **300 DM** für typische Berufskleidung als Werbungskosten anerkannt.

5. Das Nettogehalt des Herrn Bux wird monatlich durch Bank überwiesen, während der Nettolohn der Frau Bux bar ausgezahlt wird.

Wie hoch sind die **Einkünfte** der Eheleute Bux **aus nichtselbständiger Arbeit** im VZ 1999?

Fall 13:

Castor Sabel ist seit 1977 mit Barbara geb. Schneider verheiratet. Beide wohnen seit 1977 in Würzburg. Die Eheleute wählen die **Zusammenveranlagung**.

Castor Sabel war 1999 als Referendar in Würzburg beschäftigt. Sein **Bruttoarbeitslohn** betrug **18.165,— DM**.

Seine Ehefrau erzielte 1999 als angestellte Ärztin bei der Universitätsklinik Würzburg einen **Bruttoarbeitslohn** von **38.541,— DM**.

Bei der Ermittlung der Einkünfte ist folgendes zu berücksichtigen:

1. Der Ehemann fuhr an **240 Tagen** mit dem Fahrrad von seiner Wohnung zu seiner Arbeitsstätte. Die einfache Entfernung beträgt **3 km**.

2. Der Ehemann hat im Kalenderjahr 1999 **1.502 DM** für Fachliteratur ausgegeben.

3. Der Ehemann verfügt in der Wohnung über ein Zimmer, das die Voraussetzungen des § 4 Abs. 5 **Nr. 6b Satz 2** erfüllt. Die steuerlich anzuerkennenden Aufwendungen (ohne Nr. 4) betragen **1.527 DM**.

4. Der Ehemann hat im Januar 1999 einen Computer für **582 DM** (einschließlich USt) angeschafft. Er möchte die Anschaffungskosten des Computers in voller Höhe absetzen. Die Nutzungsdauer des Computers beträgt 4 Jahre. Der Computer ist ein steuerlich anerkanntes Arbeitsmittel.

5. Die Ehefrau fuhr an **286 Tagen** mit ihrem eigenen **Pkw** von ihrer Wohnung zu ihrer Arbeitsstätte. Die einfache Entfernung beträgt **7 km**.

6. Die Ehefrau hat im Kalenderjahr 1999 an die Landesärztekammer einen Betrag von **324 DM** gezahlt.

7. Die Nettogehälter der Eheleute Sabel werden monatlich auf deren Bankkonten überwiesen.

Wie hoch sind die **Einkünfte** der Eheleute Sabel **aus nichtselbständiger Arbeit** im VZ 1999?

Fall 14:

Rudolf Bach ist seit 1977 mit Barbara geb. Schneider verheiratet. Beide wohnen seit 1977 in Freiburg. Die Eheleute wählen die **Zusammenveranlagung**.

Rudolf Bach war 1999 als Referendar in Freiburg beschäftigt. Sein **Bruttoarbeitslohn** betrug **20.162,— DM**.

Seine Ehefrau erzielte 1999 als angestellte Ärztin einen **Bruttoarbeitslohn** von **36.594,— DM**.

Bei der Ermittlung der Einkünfte ist folgendes zu berücksichtigen:

1. Der Ehemann fuhr an **220 Tagen** mit dem **Motorroller** von seiner Wohnung zu seiner Arbeitsstätte. Die einfache Entfernung beträgt **6 km**.

2. Der Ehemann hat im Kalenderjahr 1999 **550 DM** für Fachliteratur ausgegeben.

3. Der Ehemann verfügt in der Wohnung über ein Zimmer, das die Voraussetzungen des § 4 Abs. 5 **Nr. 6b Satz 2** erfüllt. Die steuerlich anzuerkennenden Aufwendungen (ohne Nr. 4) betragen **1.550 DM**.

4. Der Ehemann hat im Januar 1999 einen Computer für **850 DM** (einschließlich USt) angeschafft. Er möchte die Anschaffungskosten des Computers in voller Höhe absetzen. Die Nutzungsdauer des Computers beträgt 4 Jahre.

5. Die Ehefrau fuhr an **235 Tagen** mit ihrem eigenen **Pkw** von ihrer Wohnung zu ihrer Arbeitsstätte. Die einfache Entfernung beträgt **6 km**.

6. Die Ehefrau hat im Kalenderjahr 1999 an die Landesärztekammer einen Betrag von **384,— DM** gezahlt.

7. Die Ehefrau hat für Fachliteratur **300,— DM** aufgewendet.

8. Die Nettogehälter der Eheleute Bach werden monatlich auf deren Bankkonten überwiesen.

Wie hoch sind die **Einkünfte** der Eheleute Bach **aus nichtselbständiger Arbeit** im VZ 1999?

Fall 15:

a) Ermitteln Sie die **Einkünfte aus nichtselbständiger Arbeit** des Steuerpflichtigen Zerwas für den VZ 1999.
b) Besorgen Sie sich den Vordruck "**Anlage N**" zur Einkommensteuererklärung 1999 und füllen Sie diesen nach den folgenden Angaben aus:

Der Buchhalter Georg Zerwas, Bergstadt, Steuernummer 27/192/ 2770/5, Steuerklasse III, keine Kinder, wird mit seiner Ehefrau Anneliese geb.Lang zusammen veranlagt. Für die Ehefrau wurde keine Lohnsteuerkarte ausgestellt.

Aus der Lohnsteuerkarte 1999 des Ehemannes entnehmen Sie folgendes:

Beschäftigungsdauer	01.01. - 31.12.
Bruttoarbeitslohn	46.224,— DM
einbehaltene Lohnsteuer	2.194,— DM
Solidaritätszuschlag	0,00 DM
einbehaltene rk Kirchensteuer	197,46 DM

Das Nettogehalt wurde monatlich auf das Girokonto des Steuerpflichtigen überwiesen.

Der Steuerpflichtige ist in 1999 mit dem eigenen Pkw, amtliches Kennzeichen BER TN 3, an 226 Arbeitstagen von seiner Wohnung zur Arbeitsstätte in Wegweiler, Mühlenstr. 18, gefahren. Die Fahrstrecke hin und zurück beträgt 46 km.

Die gesamten Pkw-Kosten beliefen sich bei einer Gesamtleistung von 18.750 km auf **10.267,80 DM**.

Der Steuerpflichtige ist Mitglied der Gewerkschaft HBV. Er hat 1999 einen Gewerkschaftsjahresbeitrag von **120 DM** gezahlt.

Außerdem hat er in 1999 **536 DM** für Fachliteratur und Fachzeitschriften ausgegeben.

Fall 16:

Sachverhalt wie im Fall 15 mit dem Unterschied, daß Georg Zerwas **körperbehindert** und **erheblich gehbehindert** ist. Der Grad der Behinderung beträgt **50 %**.

Wie hoch sind die **Einkünfte aus nichtselbständiger Arbeit**?

Fall 17:

a) Ermitteln Sie die **Einkünfte aus nichtselbständiger Arbeit** der Steuerpflichtigen Fichtner für den VZ 1999.
b) Besorgen Sie sich den Vordruck "**Anlage N**" zur Einkommensteuererklärung 1999 und füllen Sie diesen nach den folgenden Angaben aus:

Der Möbelschreiner Gunther Fichtner, 30 Jahre alt, Sulzweiler, Steuernummer 33/532/0062/3, Steuerklasse III, 1 Kind, wird mit seiner Ehefrau Susanne geb. Sauerborn, zusammen veranlagt. Frau Fichtner arbeitet halbtags als Verkäuferin in Sulzweiler (Steuerklasse V).

Es haben für Herrn Fichtner betragen in 1999:

Bruttoarbeitslohn	**29.986,— DM**
Lohnsteuer	0,00 DM
Solidaritätszuschlag	0,00 DM
Kirchensteuer rk	0,00 DM

Der Nettoarbeitslohn wurde monatlich auf das Girokonto des Steuerpflichtigen überwiesen.

Herr Fichtner war vom 01.06. bis 24.06.1999 **arbeitslos** und erhielt für diese Zeit Arbeitslosengeld lt. Bescheinigung des Arbeitsamtes von **1.670 DM**.

Im Oktober 1999 bezog der Steuerpflichtige wegen **Kurzarbeit** in seinem Betrieb Kurzarbeitergeld in Höhe von **1.020 DM**.

Herr Fichtner hat ein eigenes Motorrad. Mit diesem fuhr er an fünf Tagen in der Woche nach Guldental, Albert-Schweitzer-Str. 45. Er benutzte das Fahrzeug in 1999 an 195 Tagen. Die einfache Entfernung beträgt 22 km.

Herr Fichtner hat in 1999 **300 DM** für typische Berufskleidung ausgegeben.

Frau Fichtner hat in 1999 einen Bruttoarbeitslohn von **18.712 DM** bezogen.

Ihr Nettogehalt wird monatlich auf ihr Postgirokonto überwiesen.

Frau Fichtner besuchte in 1999 einen Kochkurs der Volkshochschule Sulzweiler. Die Kosten für diesen Kurs haben **120 DM** betragen.

Ihre Aufwendungen für Arbeitsmittel beliefen sich in 1999 auf **300 DM**.

An Gewerkschaftsbeitrag hat sie in 1999 **288 DM** gezahlt.

Sonst weist sie im einzelnen keine Werbungskosten nach.

11.2 Einkünfte aus Kapitalvermögen

Bei der **Ermittlung der Einkünfte aus Kapitalvermögen** ist streng zwischen dem **Ertrag** und dem eingesetzten **Kapital** zu unterscheiden.

Nur die Erträge als Früchte des eingesetzten Kapitals, nicht das Kapital selbst, gehören zu den **Einnahmen aus Kapitalvermögen**.

Fallen die **Erträge** aus Kapitalvermögen im Rahmen eines **land- und forstwirtschaftlichen Betriebs**, eines **Gewerbebetriebs** oder eines der **selbständigen Arbeit** dienenden Betriebs oder im Zusammenhang mit Einkünften aus **Vermietung und Verpachtung** an, so sind sie **diesen Einkunftsarten zuzurechnen** (§ 20 Abs. 3).

Nur die **Erträge** während der Dauer **der Kapitalanlage** gehören zu den **Einnahmen aus Kapitalvermögen**;
Gewinne aus der **Veräußerung von Kapitalvermögen** gehören **nicht zu dieser Einkunftsart**.
Sie sind **nicht steuerbar, soweit** es sich **nicht** um Gewinne aus privaten Veräußerungsgeschäften (Spekulationsgewinne) im Sinne des § 23 handelt.

Einzelheiten zu den Einkünften aus **privaten Veräußerungsgeschäften** erfolgen im Abschnitt 11.4.2, Seite 247 ff.

Ebenso gehören rein rechnerische **Wertsteigerungen** während der Dauer der Kapitalanlage **nicht** zu den **Einnahmen aus Kapitalvermögen**, weil durch bloße Wertsteigerungen keine Einnahmen im Sinne des § 8 zufließen.

11.2.1 Hauptarten der Einkünfte aus Kapitalvermögen

Folgende **Erträge** gehören insbesondere zu den **Einnahmen aus Kapitalvermögen** (§ 20 Abs. 1):

1. **Erträge** aus Beteiligungen an bestimmten juristischen Personen (§ 20 Abs. 1 **Nr. 1** und **Nr. 3**),
2. **Einnahmen** aus der Beteiligung als stiller Gesellschafter und aus **partiarischen Darlehen** (§ 20 Abs. 1 **Nr. 4**),
3. **Zinsen** aus Kapitalforderungen (§ 20 Abs. 1 **Nr. 5 bis 8**).

11.2.1.1 Erträge aus Beteiligungen an bestimmten juristischen Personen

Zu den **Einkünften aus Kapitalvermögen** gehören **Gewinnanteile** aus Beteiligungen an bestimmten **juristischen Personen** (§ 20 Abs. 1 **Nr. 1**).

Das sind vor allem **Gewinnanteile** aus Beteiligungen an **Aktiengesellschaften (AG)**, **Kommanditgesellschaften auf Aktien (KGaA)**, Gesellschaften mit beschränkter **Haftung (GmbH)** sowie **Erwerbs- und Wirtschaftsgenossenschaften**.

Die **Gewinnanteile** der juristischen Personen unterliegen bei der ausschüttenden **Gesellschaft** mit **30 % der Körperschaftsteuer** und beim **Empfänger** (Gesellschafter) grundsätzlich der **Einkommensteuer**.

Diese steuerliche **Doppelbelastung** wird durch das sogenannte **Anrechnungsverfahren** beseitigt. Nach § 36 Abs. 2 **Nr. 3** wird die **Körperschaftsteuer** beim **Empfänger** mit **3/7** der Einnahmen (**Bar-Dividenden**) auf die **Einkommensteuer** als Vorauszahlung **angerechnet**.

Der **ausgeschüttete Gewinnanteil** (§ 20 Abs. 1 **Nr. 1**) **und** die darauf entfallende **Körperschaftsteuer** (§ 20 Abs. 1 **Nr. 3**) unterliegen beim **Empfänger** der **Einkommensteuer**.

Dadurch wird der **Gewinnanteil und** die auf die Ausschüttung entfallende Körperschaftsteuer beim **Empfänger** mit dem **Einkommensteuer-Satz** belastet, der den **persönlichen** Verhältnissen des Empfängers entspricht.

Der einkommensteuerliche **Ertrag** des **Empfängers** setzt sich demnach aus **zwei Teilen** zusammen:

> 1. aus der **Bar-Dividende** und
>
> 2. aus der anrechenbaren **Körperschaftsteuer** (= 3 / 7 der Bar-Dividende).

100 DM einkommensteuerlicher **Ertrag** des **Empfängers** setzen sich aus **70 DM Bar-Dividende** und **30 DM** anrechenbarer **Körperschaftsteuer** zusammen. Die anrechenbare **Körperschaftsteuer** beträgt somit 30/70 oder 3/7 der Bar-Dividende (3/7 von 70 DM = 30 DM).

Beispiel:

juristische Person (z.B. X- AG)	
Gewinn **vor** Abzug der **KSt** (**Brutto**-Dividende)	100,— DM
− 30 % Körperschaftsteuer	30,— DM
= **Bar**-Dividende	**70,— DM**

↓

natürliche Person (z.B. Werner Will)	
Bar-Dividende (§ 20 Abs. 1 **Nr. 1**)	70,— DM
+ 3 / 7 der Bar-Dividende (§ 20 Abs. 1 **Nr. 3**)	30,— DM
= **steuerpflichtige Einnahme**	**100,— DM**

Siehe auch Abschnitt 6.1 und 6.2 Körperschaftsteuer.

Die anzurechnende **Körperschaftsteuer** wird **wie** eine **Einkommensteuer-Vorauszahlung** auf die Einkommensteuerschuld des Steuerpflichtigen angerechnet (gutgeschrieben). Deshalb wird sie auch als "**Steuergutschrift**" bezeichnet.

Zum **Nachweis** der Steuergutschrift muß dem Finanzamt eine **Steuerbescheinigung** nach amtlich vorgeschriebenem Muster vorgelegt werden (§ 44 KStG).

Die **Steuerbescheinigung** wird z.B. bei Dividenden aus Aktien von dem **Kreditinstitut** ausgestellt, bei dem die Dividenden ausgezahlt oder gutgeschrieben werden (§ 45 KStG).

Einzelheiten zur **Steuerbescheinigung** erfolgen im Abschnitt "11.2.2 Kapitalertragsteuer und Solidaritätszuschlag", Seite 195 f.

11.2.1.2 Einnahmen aus der Beteiligung als stiller Gesellschafter und aus partiarischen Darlehen

Einnahmen aus der Beteiligung an einem Handelsgewerbe als **stiller Gesellschafter** gehören zu den **Einkünften aus Kapitalvermögen** (§ 20 Abs. 1 **Nr. 4**).

Voraussetzung ist, daß es sich um einen **echten (typischen) stillen Gesellschafter** handelt.

Ein **echter (typischer) stiller Gesellschafter** ist lediglich am **Erfolg** (Gewinn und ggf. auch am Verlust) der Gesellschaft beteiligt, **nicht** jedoch am Betriebsvermögen einschließlich der stillen Reserven und des Geschäftswertes, d.h. keine Vermögens-, sondern nur Erfolgsbeteiligung (§ 230 Abs. 1 HGB).

Ist der Gesellschafter auch am **Betriebsvermögen** einschließlich der **stillen Reserven** beteiligt, ist er ein **unechter (atypischer) stiller Gesellschafter** und hat **Einkünfte aus Gewerbebetrieb**.

Bei den Einnahmen aus der Beteiligung als stiller Gesellschafter gibt es **keine** anrechenbare **Körperschaftsteuer**.

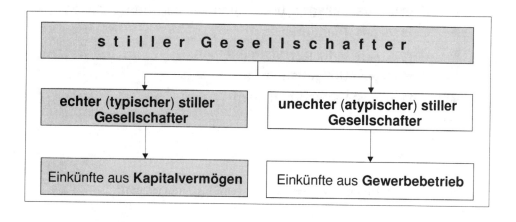

Auch die Einnahmen aus **partiarischen Darlehen** gehören zu den Einkünften aus Kapitalvermögen (§ 20 Abs. 1 **Nr. 4**).

Ein **partiarisches Darlehen** ist ein Darlehen, bei dem der Darlehnsgeber (Gläubiger) an Stelle von Zinsen einen bestimmten Anteil am Gewinn oder Umsatz erhält.

Bei einem **partiarischen Darlehen** werden ebenso die Einnahmen aus diesem Darlehen **nur** dann als **Einnahmen aus Kapitalvermögen** behandelt, **wenn** der Darlehens**geber nicht** als **Mitunternehmer** angesehen werden muß.

Ist der Darlehensgeber als **Mitunternehmer** anzusehen, erzielt er **Einnahmen aus Gewerbebetrieb** im Sinne des § 15 Abs. 1 **Nr. 2**.

Das **partiarische Darlehen ähnelt** der **stillen Gesellschaft**, Gläubiger und Schuldner sind jedoch **nicht** zu einer **wirklichen Gesellschaft** zusammengeschlossen.

11.2.1.3 Zinsen aus Kapitalforderungen

Zinsen aus Kapitalforderungen gehören ebenfalls zu den **Einkünften aus Kapitalvermögen** (§ 20 Abs. 1 **Nr. 7**).

Zu den **Zinsen aus Kapitalforderungen** gehören insbesondere die

- **Zinsen** aus **Darlehen** bei Kreditinstituten,
- **Zinsen** aus **Einlagen und Guthaben** bei Kreditinstituten,
- **Zinsen** aus **Pfandbriefen**,
- **Zinsen** aus **Schuldverschreibungen**,
- **Zinsen** aus **Obligationen**,
- **Zinsen** aus **Bausparguthaben**.

Übung: Wiederholungsfragen 1 bis 7 (Seite 205)

11.2.2 Kapitalertragsteuer und Solidaritätszuschlag

Bei den folgenden inländischen **Kapitalerträgen** wird die Einkommensteuer durch den Abzug vom Kapitalertrag (**Kapitalertragsteuer**) erhoben (§ 43 Abs. 1):

> 1. **Erträge** aus Beteiligungen an **bestimmten juristischen Personen** (§ 20 Abs. 1 **Nr. 1**),
> 2. **Einnahmen** aus der Beteiligung an einem Handelsgewerbe als **(echter) stiller Gesellschafter** und **Zinsen** aus **partiarischen Darlehen** (§ 20 Abs. 1 **Nr. 4**) und
> 3. **Zinsen** aus **Kapitalforderungen** (§ 20 Abs. 1 **Nr. 7**).

Seit 1.1.1998 beträgt der **Solidaritätszuschlag** (**SolZ**) 5,5 % der Kapitalertragsteuer (§ 3 Abs. 1 Nr. 5 i.V.m. § 4 SolZG).

Zu 1. Erträge aus Beteiligungen an bestimmten juristischen Personen

Die **Kapitalertragsteuer** beträgt für **Erträge** aus Beteiligungen an **bestimmten juristischen Personen** i.S.d. § 20 Abs. 1 **Nr. 1** in der Regel

> **25 %** der Kapitalerträge

(§ 43 Abs. 1 **Nr. 1** i.V.m. § 43a Abs. 1 **Nr. 1**).

Die **Auszahlung oder Gutschrift der Erträge** aus Beteiligungen an **bestimmten juristischen Personen** erfolgt **nicht brutto** (**vor** Abzug der Kapitalertragsteuer und des SolZ), sondern **netto** (**nach** Abzug der Kapitalertragsteuer und des SolZ).

Beispiel:
Der Steuerpflichtige Willi Reich, Wiesbaden, erhält 1999 **nach** Abzug der Kapitalertragsteuer und des Solidaritätszuschlags **Dividenden** in Höhe von **2.945,— DM** (Netto-Dividende) auf seinem Bankkonto gutgeschrieben.
Mit der Dividendengutschrift der Bank wird ihm gleichzeitig die anrechenbare **Körperschaftsteuer** und der **Solidaritätszuschlag** bescheinigt:

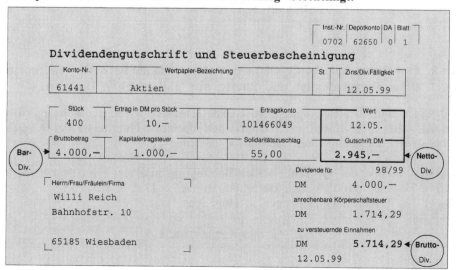

Die **steuerpflichtigen Einnahmen** betragen 1999:

	DM
Bar-Dividende	
Netto-Dividende (73,625 % der Bar-Dividende) 2.945,— DM	
+ 25 % Kapitalertragsteuer 1.000,— DM	
+ 5,5 % Solidaritätszuschlag 55,— DM	4.000,—
+ **anrechenbare Körperschaftsteuer**	
(3 / 7 von 4.000 DM)	1.714,29
= **steuerpflichtige Einnahmen** aus Kapitalvermögen	5.714,29

In der **Anlage KSO** zur **Einkommensteuererklärung 1999** sind die **steuerpflichtigen Einnahmen** aus Kapitalvermögen wie folgt einzutragen:

Zeile	**Inländische Kapitalerträge**	Einnahmen (einschließl. freigestellter Einnahmen, anzurechnender/vergüteter Kapitalertragsteuer/Zinsabschlag, Solidaritätszuschlag, Körperschaftsteuer)		in Spalten 2 und 3 enthaltene Einnahmen ohne Steuerabzug aufgrund von **Freistellungsaufträgen**	Anzurechnen sind: **inländische:** lt. beigefügter Steuerbescheinigungen	
1		Steuerpfl. Person Ehemann / Gemeinschaft	Ehefrau		Kapitalertragsteuer / Zinsabschlag	Körperschaftsteuer
2	Zinsen und andere Erträge	DM	DM	DM	DM Pf	DM PF
3		2	3	4	5	6
9	aus Aktien und anderen Anteilen (auch bei Tafelgeschäften)	5.714			1.000,—	1.714,29

Die anrechenbare **Körperschaftsteuer** wird einem unbeschränkt Einkommensteuerpflichtigen nach § 36b Abs. 1 vergütet und die **Kapitalertragsteuer** nach § 44b Abs. 1 erstattet, wenn anzunehmen ist, daß für ihn eine Veranlagung zur Einkommensteuer nicht in Betracht kommt oder ein Freistellungsauftrag im Sinne des § 44a Abs. 2 Satz 1 vorliegt. Entsprechend wird der **Solidaritätszuschlag** behandelt.

> **Übung:** Fall 1 (Seite 205)

Zu 2. Einnahmen aus der Beteiligung an einem Handelsgewerbe als (echter) stiller Gesellschafter und Zinsen aus partiarischen Darlehen

Einnahmen aus der Beteiligung an einem Handelsgewerbe als (**echter**) **stiller Gesellschafter** und Zinsen aus **partiarischen Darlehen** unterliegen der **Kapitalertragsteuer** und damit dem Solidaritätszuschlag (§ 3 Abs. 1 Nr. 5 SolZG).

Sowohl im Falle der **typischen stillen Beteiligung** an einem Handelsgewerbe als auch im Falle des **partiarischen Darlehens** ist nach § 43 Abs. 1 Nr. 3 i.V.m. § 43a Abs. 1 Nr. 1 **Kapitalertragsteuer** in Höhe von

25 % des Kapitalertrags

einzubehalten.

Beispiel:
Die Steuerfachangestellte Anne Mehlem, Bonn, ist an einem Einzelhandelsbetrieb in Koblenz mit **10 %** als **stille Gesellschafterin** beteiligt. Nach den getroffenen Vereinbarungen ist sie lediglich am Gewinn beteiligt.
In 1998 hat der Einzelhandelsbetrieb einen Gewinn von 100.000 DM erzielt. Bei Auszahlung des Gewinnanteils (10 % von 100.000 DM = **10.000 DM**) in 1999 sind **25 % Kapitalertragsteuer** und **5,5 % Solidaritätszuschlag** einbehalten worden, so daß Anne Mehlem **7.362,50 DM** auf ihrem Konto gutgeschrieben bekam.

Die Einnahmen aus Kapitalvermögen der Anne Mehlem betragen 1999:

Bankgutschrift (Nettobetrag)	7.362,50 DM
+ 25 % Kapitalertragsteuer (25 % von 10.000 DM)	2.500,— DM
+ 5,5 % Solidaritätszuschlag (5,5 % von 2.500 DM)	137,50 DM
= **steuerpflichtige Einnahme** aus Kapitalvermögen	**10.000,— DM**

In der **Anlage KSO** zur **Einkommensteuererklärung 1999** sind die **steuerpflichtigen Einnahmen** aus Kapitalvermögen wie folgt einzutragen:

Einkünfte aus Kapitalvermögen, Anrechnung von Steuern

Zeile	Inländische Kapitalerträge	Einnahmen (einschließl. freigestellter Einnahmen, anzurechnender/vergüteter Kapitalertragsteuer/Zinsabschlag, Solidaritätszuschlag, Körperschaftsteuer)			In Spalten 2 und 3 enthaltene Einnahmen ohne Steuerabzug aufgrund von Freistellungsaufträgen	Anzurechnen sind inländische: Kapitalertragsteuer/ Zinsabschlag lt. beigefügter Steuerbescheinigungen	Körperschaftsteuer
1		Steuerpfl. Person					
2	Zinsen und andere Erträge	Ehemann	Ehefrau				
		Gemeinschaft					
3		DM	DM	DM	DM	DM | Pf	DM | PF
		2	3		4	5	6
12	aus stiller Gesellschaft/ bei partiarischen Darlehen	10.000			2.500,—		

> **Übung:** Fall 2 (Seite 205)

Zu 3. Zinsen aus Kapitalforderungen

Seit 1.1.1993 unterliegen auch **Zinsen aus Kapitalforderungen** (§ 20 Abs. 1 **Nr. 7**) und **zinsähnliche Erträge** (§ 20 **Abs. 2** Nr. 1) der **Kapitalertragsteuer** bzw. dem **Zinsabschlag** (§ 43 Abs. 1 **Nr. 7**) und seit 1.1.1995 dem **Solidaritätszuschlag**.

Der **Abzug der Kapitalertragsteuer** (Zinsabschlagsteuer) ist von der **auszahlenden Stelle** (dem **Kreditinstitut**) für Rechnung des Gläubigers der Kapitalerträge **vorzunehmen** und **anonym** an das Finanzamt **abzuführen**.

Die Kapitalertragsteuer **entsteht** in dem Zeitpunkt, in dem die Kapitalerträge dem Gläubiger **zufließen** (§ 44 Abs. 1 Satz 2).

Die **Kapitalertragsteuer** beträgt für **Zinsen aus Kapitalforderungen** (§ 20 Abs. 1 Nr. 7) und **zinsähnliche Erträge** (§ 20 Abs. 2 Nr. 1) grundsätzlich

> **30 % des Kapitalertrags**

(§ 43a Abs. 1 Nr. 4).

Bei **Tafelgeschäften** (Erlösen von Zins-, Dividenden- und Erträgnisscheinen am Bankschalter) beträgt der **Zinsabschlag 35 %** (§ 43a Abs. 1 Nr. 7).

Der **Steuerabzug** muß **nicht** vorgenommen werden, **wenn** (§ 43 Abs. 1 Nr. 7 Buchstabe b):

- ein **Interbankengeschäft** (z.B. ein Geschäft zwischen der Sparkasse und der Deutschen Bundesbank) vorliegt,
- es sich um **Kapitalerträge aus Sichteinlagen** handelt, für die kein höherer Zins oder Bonus als **1 %** gewährt wird,
- es sich um **Kapitalerträge aus Bausparguthaben** handelt, für die kein höherer Zins oder Bonus als **1 %** gezahlt wird **oder** um **Bausparguthaben** handelt, für die eine **Arbeitnehmer-Sparzulage oder Wohnungsbauprämie** festgesetzt oder ermittelt worden ist,
- die Kapitalerträge bei den einzelnen Guthaben im Kalenderjahr nur einmal gutgeschrieben werden und **20 DM** nicht übersteigen.

Der **Steuerabzug** ist **nicht** vorzunehmen,

1. soweit die gesamten Kapitalerträge den Betrag von **6.100 DM** (ab 2000: 3.100 DM) für Alleinstehende bzw. **12.200 DM** (ab 2000: 6.200 DM) für zusammenveranlagte Ehegatten nicht übersteigen (§ 44a Abs. 1 Nr. 1) und der auszahlenden Stelle (dem Kreditinstitut) ein **Freistellungsauftrag** nach amtlich vorgeschriebenem Vordruck vorliegt (§ 44a Abs. 2 **Nr. 1**),
2. wenn anzunehmen ist, daß für den Steuerpflichtigen eine **Veranlagung** zur Einkommensteuer **nicht in Betracht kommt** (§ 44a Abs. 1 Nr. 2) **und** der auszahlenden Stelle (dem Kreditinstitut) eine **Nicht-Veranlagungsbescheinigung** (NV-Bescheinigung) des Finanzamtes vorliegt (§ 44a Abs. 2 **Nr. 2**).

Beispiel 1:
Die ledige Steuerpflichtige Sabine Ernst, Koblenz, die zur Einkommensteuer veranlagt wird, hat der Sparkasse Koblenz einen **Freistellungsauftrag** (siehe Seite 199) über **6.100 DM** erteilt.
In 1999 werden der Steuerpflichtigen **Zinsen ohne** Abzug der Kapitalertragsteuer und des SolZ in Höhe von **5.600 DM** auf ihrem Bankkonto gutgeschrieben.

Sabine Ernst werden die Zinsen in **voller Höhe** (**ohne** KapESt und SolZ) gutgeschrieben, weil die Kapitalerträge den Betrag von **6.100 DM nicht übersteigen und** der Sparkasse ein entsprechender **Freistellungsauftrag** vorliegt. Sabine Ernst muß in ihrer Einkommensteuererklärung **5.600 DM** als **Einnahmen** aus Kapitalvermögen angeben.

Freistellungsauftrag für Kapitalerträge

(Gilt nicht für Betriebseinnahmen und Einnahmen aus Vermietung und Verpachtung)

Name, abweichender Geburtsname, Vorname des Gläubigers der Kapitalerträge: Ernst, Sabine
Geburtsdatum: 15.08.1972

ggf. Name, abweichender Geburtsname, Vorname des Ehegatten:
Geburtsdatum des Ehegatten:

Straße, Haus-Nr., PLZ, Wohnort: Emil-Schüller-Straße 2, 56068 Koblenz

An Kreditinstitut, Bausparkasse, Lebensversicherungsunternehmen, Bundes-/Landesschuldenverwaltung

Sparkasse Koblenz
Bahnhofstraße 11
56068 Koblenz

Datum: 15.12.1993

[x] Erstmaliger Auftrag
[ ] Änderungsauftrag (früherer Auftrag wird damit ungültig)

Hiermit erteile ich/~~erteilen wir~~¹ Ihnen den Auftrag, meine/~~unsere~~¹ bei Ihrem Institut anfallenden Zinseinnahmen vom Steuerabzug freizustellen und/oder bei Dividenden und ähnlichen Kapitalerträgen die Erstattung von Kapitalertragsteuer und die Vergütung von Körperschaftsteuer beim Bundesamt für Finanzen zu beantragen, und zwar

[ ] bis zu einem Betrag von _____ DM (bei Verteilung des Freibetrages auf mehrere Kreditinstitute).

[x] bis zur Höhe des für mich/~~uns~~¹ geltenden Sparer-Freibetrages und Werbungskosten-Pauschbetrages von insgesamt 6.100 DM/~~12.200 DM~~¹.

Dieser Auftrag gilt ab dem _____

[ ] so lange, bis Sie einen anderen Auftrag von mir/~~uns~~¹ erhalten.

[ ] bis zum _____

Dieser Auftrag steht den zuständigen Finanzbehörden zu Prüfungszwecken zur Verfügung.

Ich versichere/~~Wir versichern~~¹, daß mein/~~unser~~¹ Freistellungsauftrag zusammen mit Freistellungsaufträgen an andere Kreditinstitute, Bausparkassen, das Bundesamt für Finanzen usw. den für mich/~~uns~~¹ geltenden Höchstbetrag von insgesamt 6.100 DM/~~12.200 DM~~¹ nicht übersteigt. Ich versichere/~~Wir versichern~~¹ außerdem, daß ich/~~wir~~¹ mit allen für das Kalenderjahr erteilten Freistellungsaufträgen für keine höheren Kapitalerträge als insgesamt 6.100 DM/~~12.200 DM~~ im Kalenderjahr die Freistellung oder Erstattung von Kapitalertragsteuer in Anspruch nehme(n)¹.
Die mit dem Freistellungsauftrag angeforderten Daten werden auf Grund von § 36 b Abs. 2, § 44 a Abs. 2, § 44 b Abs. 1 und § 45 d Abs. 1 EStG erhoben.

Unterschrift: Sabine Ernst

ggf. Unterschrift Ehegatte/gesetzliche(r) Vertreter:

[ ] Zutreffendes bitte ankreuzen
¹ Nichtzutreffendes bitte streichen
Der Höchstbetrag von 12.200 DM gilt nur bei Zusammenveranlagung. Der Freistellungsauftrag ist z. B. nach Auflösung der Ehe oder bei dauerndem Getrenntleben zu ändern.

Beispiel 2:
Der ledige Steuerpflichtige Martin Borne, Koblenz, der **nicht** zur Einkommensteuer **veranlagt** wird, hat 1997 seiner Bank, der Sparkasse Koblenz, die folgende **NV-Bescheinigung** vorgelegt.
In 1999 werden dem Steuerpflichtigen **Zinsen ohne** Abzug der Kapitalertragsteuer und des Solidaritätszuschlags in Höhe von **7.000 DM** auf seinem Bankkonto gutgeschrieben.

Martin Borne werden die **Zinsen in voller Höhe (ohne** Zinsabschlag und **ohne** Abzug des Solidaritätszuschlags) gutgeschrieben, weil er **nicht** zur Einkommensteuer **veranlagt** wird **und** der Bank eine entsprechende **NV-Bescheinigung** vorliegt.

FINANZAMT Koblenz

Ordnungs-Nr.: 2/22/698/4282/6

Rheinland**P**falz

Koblenz, 05.11.1997
Ferdinand-Sauerbruch-Str. 19
Telefon: 0261/493-0

FINANZAMT Koblenz
56060 Koblenz

HERRN
MARTIN BORNE
KARTHÄUSERHOFWEG 15c

56075 KOBLENZ

Eintragungen des Kreditinstituts
_____
_____

Diese NV-Bescheinigung ist dem Finanzamt nach § 36 b Abs. 2 Satz 4, § 44 a Abs. 2 Satz 2 EStG zurückzugeben,
1. wenn das Finanzamt sie zurückfordert,
2. wenn Sie erkennen, daß die Voraussetzungen für die Erteilung weggefallen sind (vgl. Erläuterung 1).

---

(1)   N V - B e s c h e i n i g u n g
(Nichtveranlagungs-Bescheinigung - NV 1 B)
gem. § 36 b Abs. 2, § 44 a Abs. 2 Nr. 2 und § 44 b Abs. 1 des
Einkommensteuergesetzes (EStG)

Diese Bescheinigung gilt für Kapitalerträge, die zufließen in der Zeit vom 01.01.1997 bis 31.12.1999.

HERRN
BORNE
MARTIN
GEBURTSDATUM: 07.08.73
KARTHÄUSERHOFWEG 15 C
56075 KOBLENZ

wird hiermit bescheinigt, daß voraussichtlich in dem o. a. Zeitraum eine Veranlagung zur Einkommensteuer nicht in Betracht kommt.
Der Widerruf dieser Bescheinigung bleibt vorbehalten.

Im Auftrag

_____
(NIEL)

Diese Bescheinigung ist maschinell erstellt und ohne Dienststempelaufdruck gültig.

Übung: 1. Wiederholungsfragen 8 bis 13 (Seite 205),
2. Fälle 3 und 4 (Seite 206)

11.2.3 Werbungskosten oder Werbungskosten-Pauschbetrag

Die **Einkünfte** aus Kapitalvermögen werden als **Überschuß der Einnahmen über die Werbungskosten** ermittelt.

Werbungskosten sind bei den **Einkünften aus Kapitalvermögen** alle Aufwendungen, die zur Erwerbung, Sicherung und Erhaltung der Kapitaleinnahmen dienen (R 153 Abs. 1 EStR 1999).

Zu den <u>Werbungskosten</u> nach § 9 zählen insbesondere (R 153 Abs. 2 EStR 1999)

- **Depotgebühren,**
- **Safemieten,**
- **Fachliteratur,**
- **Buchführungs- und Steuerberatungskosten,**
- **Prozeßkosten** (für das Einklagen von Kapitalerträgen),
- **Reisekosten eines Aktionärs** für den Besuch einer Hauptversammlung.

<u>Schuldzinsen</u>, die für einen zum Erwerb von Wertpapieren aufgenommenen Kredit gezahlt werden, sind in vollem Umfang **Werbungskosten, wenn auf Dauer gesehen ein Überschuß** der Einnahmen über die Ausgaben **erwartet werden kann** (H 153 (Schuldzinsen) EStH 1999).

Nicht zu den **Werbungskosten** gehören **Anschaffungskosten und Anschaffungsnebenkosten** sowie die durch die Veräußerung von Wertpapieren veranlaßten **Veräußerungskosten** (H 153 (Anschaffungs- und Veräußerungskosten) EStH 1999).

Überschreiten die Werbungskosten die Einnahmen, so **kann** der **Verlust** mit anderen Einkunftsarten **verrechnet werden**.

Werden **keine** oder nur **geringe Werbungskosten nachgewiesen**, kann von den Einnahmen ein <u>Werbungskosten-Pauschbetrag</u> in Höhe von <u>100 DM</u> abgezogen werden.
Bei **Zusammenveranlagung** von Ehegatten erhöht sich der <u>Werbungskosten-Pauschbetrag auf 200 DM</u> (§ 9a Satz 1 **Nr. 2**).

Der **Werbungskosten-Pauschbetrag** von 200 DM kann auch dann abgesetzt werden, wenn nur **einer** der beiden Zusammenveranlagten **Einnahmen aus Kapitalvermögen** hat.

Macht **ein** Ehegatte seine **tatsächlichen** Werbungskosten geltend, dann ist es **nicht zulässig**, daß der **andere** Ehegatte den **Werbungskosten-Pauschbetrag** von **100 DM** ansetzt (R 85 Abs. 1 Satz 3 EStR 1999).

<u>Beispiel:</u>
Ein verheirateter Steuerpflichtiger, der mit seiner Ehefrau **zusammen veranlagt** wird, hat im VZ 1999 Einnahmen aus Kapitalvermögen in Höhe **500 DM**. Seine **nachgewiesenen Werbungskosten** betragen **150 DM**. Seine Ehefrau hat Einnahmen aus Kapitalvermögen in Höhe von **1.000 DM**. Ihre **nachgewiesenen Werbungskosten** betragen **20 DM**.

Die Ehegatten können von den Einnahmen die folgenden **Werbungskosten-Pauschbeträge** 1999 abziehen:

	Ehemann DM	Ehefrau DM
Einnahmen aus Kapitalvermögen	500,—	1.000,—
– **Werbungskosten-Pauschbetrag** (§ 9a **Nr. 2**)	**100,—**	**100,—**
verbleiben	400,—	900,—

Es ist **nicht zulässig**, daß der **Ehemann die tatsächlichen** Werbungskosten (150 DM) geltend macht und seine **Ehefrau** den **Werbungskosten-Pauschbetrag** von 100 DM.

Der **Werbungskosten-Pauschbetrag** wird **nur bis zur Höhe der Einnahmen** aus Kapitalvermögen **berücksichtigt**. Er darf **nicht zu negativen Einkünften** führen.

Der Pauschbetrag ist nicht zu ermäßigen, wenn die unbeschränkte Steuerpflicht nur während eines Teils des Kalenderjahrs bestanden hat (R 85 Abs. 2 EStR 1999).

> **Übung:** 1. Wiederholungsfragen 14 bis 17 (Seite 205),
> 2. Fall 5 (Seite 206)

11.2.4 Sparer-Freibetrag

Von den Einnahmen, die nach Abzug der Werbungskosten bzw. des Werbungskosten-Pauschbetrags verbleiben, ist nach § 20 Abs. 4 der **Sparer-Freibetrag** abzuziehen.

Der **Sparer-Freibetrag** beträgt seit 1.1.1993 **6.000 DM** (ab 2000: 3.000 DM). Ehegatten, die **zusammen veranlagt** werden, wird ein **gemeinsamer Sparer-Freibetrag** von **12.000 DM** (ab 2000: 6.000 DM) gewährt.

Der "**Sparer**"-Freibetrag gilt nicht nur für Sparerträge (Zinsen), sondern für alle Arten von Einnahmen aus Kapitalvermögen.

Der **Sparer-Freibetrag** darf **nicht höher** sein als die um die Werbungskosten geminderten **Kapitalerträge**, d.h. er darf **nicht** zu **negativen Einkünften** führen (§ 20 Abs. 4)

> Beispiel:
> Ein **lediger** Steuerpflichtiger erzielte im VZ 1999 **Einnahmen** aus Kapitalvermögen in Höhe von **5.500 DM**. Die **tatsächlichen** Werbungskosten (Depotgebühren) betrugen **50 DM**.
>
> Die **Einkünfte** aus Kapitalvermögen werden 1999 wie folgt ermittelt:

	DM
Einnahmen aus Kapitalvermögen	5.500,—
– Werbungskosten-Pauschbetrag	100,—
– **Sparer-Freibetrag** (6.000 DM, höchstens 5.400 DM)	**5.400,—**
= **Einkünfte** aus Kapitalvermögen	0,—

Der **gemeinsame Sparer-Freibetrag** von **12.000 DM** (ab 2000: 6.000 DM) ist bei der Einkunftsermittlung bei **jedem** Ehegatten **je zur Hälfte** abzuziehen. Sind die um die Werbungskosten geminderten Kapitalerträge **eines** Ehegatten geringer als **6.000 DM** (ab 2000: 3.000 DM), so ist der anteilige Sparer-Freibetrag **insoweit**, als er die um die Werbungskosten geminderten Kapitalerträge dieses Ehegatten übersteigt, beim **anderen** Ehegatten abzuziehen (§ 20 Abs. 4 Satz 3).

Beispiel:
Ein zusammenveranlagtes Ehepaar erzielte im VZ 1999 Einnahmen aus Kapitalvermögen. Die **Einnahmen** beim Ehemann betrugen **1.500 DM**, bei der Ehefrau **14.600 DM**. Werbungskosten werden im einzelnen nicht geltend gemacht.

Die **Einkünfte** aus Kapitalvermögen werden 1999 wie folgt ermittelt:

	Ehemann DM	Ehefrau DM
Einnahmen aus Kapitalvermögen	1.500,—	14.600,—
– Werbungskosten-Pauschbetrag (§ 9a Nr. 2)	100,—	100,—
– **Sparer-Freibetrag** (§ 20 Abs. 4)	**1.400,—**	**10.600,—**
= **Einkünfte** aus Kapitalvermögen	0,—	3.900,—

Der von dem Ehemann nicht ausgenutzte Sparer-Freibetrag (**4.600 DM**) kann auf die Ehefrau übertragen werden (4.600 DM + 6.000 DM = 10.600 DM).

Der **Sparer-Freibetrag darf** auch im Fall der **Zusammenveranlagung** von Ehegatten bei den Einkünften aus Kapitalvermögen nicht zu negativen Einkünften **führen** oder diese erhöhen (R 156 Abs. 1 Satz 2 EStR 1999).

11.2.5 Zeitliche Zurechnung

Die **zeitliche Zurechnung** der Kapitalerträge richtet sich grundsätzlich nach § 11.

Einnahmen aus Kapitalvermögen sind **zugeflossen**, sobald der Steuerpflichtige über sie **wirtschaftlich verfügen** kann.

Ausschüttungen an **Alleingesellschafter** einer Kapitalgesellschaft sind diesem in der Regel bereits im Zeitpunkt der **Beschlußfassung** zugeflossen (H 154 (Zuflußzeitpunkt bei Gewinnausschüttungen) EStH 1999).

> Übung: 1. Wiederholungsfragen 18 bis 20 (Seite 205),
> 2. Fälle 6 bis 11 (Seite 207 ff.)

11.2.6 Zusammenfassung und Erfolgskontrolle

11.2.6.1 Zusammenfassung

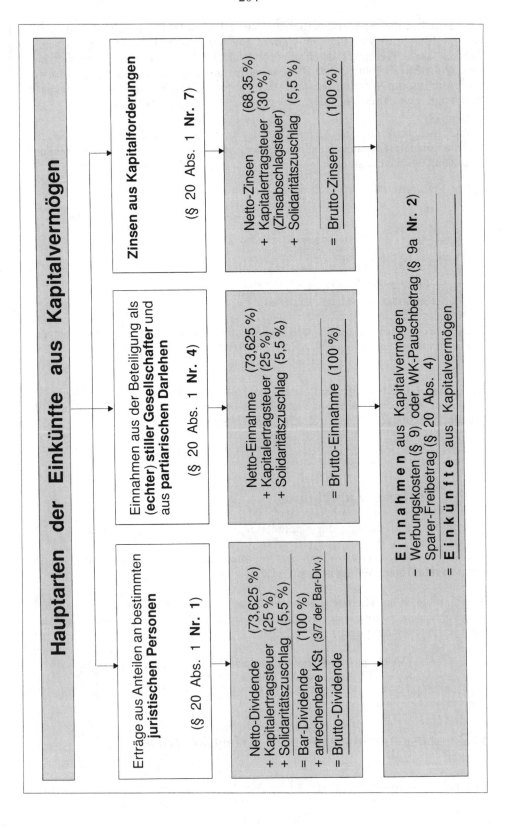

11.2.6.2 Erfolgskontrolle

WIEDERHOLUNGSFRAGEN

1. Welche Erträge gehören insbesondere zu den Einkünften aus Kapitalvermögen? Nennen Sie drei Beispiele.
2. Aus welchen Teilbeträgen setzen sich die steuerpflichtigen Einnahmen aus Kapitalvermögen für eine Aktie zusammen?
3. Was wissen Sie über die "Steuergutschrift"?
4. Zu welcher Einkunftsart gehören die Einnahmen des echten (typischen) stillen Gesellschafters?
5. Zu welcher Einkunftsart gehören die Einnahmen des unechten (atypischen) stillen Gesellschafters?
6. Was versteht man unter einem partiarischen Darlehen?
7. Zu welcher Einkunftsart gehören die Einnahmen aus einem partiarischen Darlehen?
8. Wie hoch ist die Kapitalertragsteuer für Erträge aus Beteiligungen an bestimmten juristischen Personen?
9. Wie hoch ist die Kapitalertragsteuer für Einnahmen aus der Beteiligung als echter stiller Gesellschafter?
10. Wie hoch ist die Kapitalertragsteuer für Zinsen aus Kapitalforderungen?
11. Für welche Kapitalerträge muß der Zinsabschlag nicht vorgenommen werden?
12. Was wissen Sie über den Freistellungsauftrag?
13. Was wissen Sie über die NV-Bescheinigung?
14. Wie werden die Einkünfte aus Kapitalvermögen ermittelt?
15. Welche typischen Werbungskosten kommen bei der Ermittlung der Einkünfte aus Kapitalvermögen in Betracht?
16. Können Schuldzinsen, die für einen zum Erwerb von Wertpapieren aufgenommenen Kredit gezahlt werden, als Werbungskosten abgezogen werden?
17. Was wissen Sie über den Werbungskosten-Pauschbetrag nach § 9a Nr. 1b?
18. Was wissen Sie über den Sparer-Freibetrag nach § 20 Abs. 4?
19. Wann sind Kapitalerträge grundsätzlich zu versteuern?
20. Wann ist ein Zufluß von Gewinnanteilen (Dividenden) für Alleingesellschafter anzunehmen?

FÄLLE

Fall 1:

Die Steuerpflichtige Sonja Hopmeier, Köln, die zur Einkommensteuer veranlagt wird, erhält in 1999 nach der Steuerbescheinigung einen Gewinnanteil aus einem GmbH-Anteil in Höhe von **883,50 DM** (**nach** Abzug der Kapitalertragsteuer und des Solidaritätszuschlag) auf ihrem Bankkonto gutgeschrieben.

Wie hoch sind die steuerpflichtigen **Einnahmen** aus Kapitalvermögen?

Fall 2:

Der Steuerpflichtige Heiko Silbernagel, Berlin, der zur Einkommensteuer veranlagt wird, ist an einem Einzelhandelsbetrieb als echter stiller Gesellschafter beteiligt. Silbernagel erhält in 1999 **nach** Abzug der Kapitalertragsteuer und des Solidaritätszuschlags einen Gewinnanteil in Höhe von **4.417,50 DM** auf seinem Bankkonto gutgeschrieben.

Wie hoch sind die steuerpflichtigen **Einnahmen** aus Kapitalvermögen?

Fall 3:

Die Steuerpflichtige Ino Wolfs, Bonn, die zur Einkommensteuer veranlagt wird, erhält in 1999 Zinsen in Höhe von **5.468 DM** (**nach** Abzug der Kapitalertragsteuer und des Solidaritätszuschlags) auf ihrem Bankkonto gutgeschrieben.

Wie hoch sind die steuerpflichtigen **Einnahmen** aus Kapitalvermögen?

Fall 4:

Die Steuerpflichtige Inge Sauerborn, Köln, die zur Einkommensteuer veranlagt wird, erhält in 1999 nach der Steuerbescheinigung Dividenden in Höhe von **1.030,75 DM** (**nach** Abzug der Kapitalertragsteuer und des Solidaritätszuschlags) auf ihrem Bankkonto gutgeschrieben.

Wie hoch sind die steuerpflichtigen **Einnahmen** aus Kapitalvermögen?

Fall 5:

Die Steuerpflichtigen A bis LL weisen die folgenden **Werbungskosten** nach:

A. Einzelveranlagung

Steuerpflichtige	nachgewiesene Werbungskosten
A	1.000,— DM
B	100,— DM
C	0,— DM
D	130,— DM

B. Zusammenveranlagung

Steuerpflichtigen	nachgewiesene Werbungskosten EM	EF
FF	0,— DM	0,— DM
GG	300,— DM	400,— DM
HH	1.000,— DM	0,— DM
II	300,— DM	50,— DM
KK	80,— DM	0,— DM
LL	200,— DM	180,— DM

Welche **Werbungskosten** oder **Werbungskosten-Pauschbeträge** sind bei der Ermittlung der Einkünfte aus Kapitalvermögen zu berücksichtigen?

Fall 6:

Ermitteln Sie für die folgenden Steuerpflichtigen die **Einkünfte** aus Kapitalvermögen:

A. Einzelveranlagung

Stpfl.	Einnahmen	nachgewiesene WK
A	9.900 DM	1.000 DM
B	8.400 DM	100 DM
C	12.000 DM	0 DM
D	210 DM	130 DM
E	80 DM	100 DM

B. Zusammenveranlagung

Stpfl.	Einnahmen		nachgewiesene WK	
	EM	EF	EM	EF
FF	15.000 DM	0 DM	0 DM	0 DM
GG	13.000 DM	2.000 DM	300 DM	400 DM
HH	18.000 DM	6.800 DM	1.000 DM	0 DM
II	200 DM	500 DM	300 DM	50 DM
KK	90 DM	130 DM	0 DM	0 DM
LL	150 DM	170 DM	200 DM	180 DM
MM	130 DM	50 DM	0 DM	0 DM

Fall 7:

Ermitteln Sie anhand der folgenden "Dividendengutschrift und Steuerbescheinigung" die **Einkünfte** aus Kapitalvermögen des ledigen Steuerpflichtigen Willi Müller für den VZ 1999.

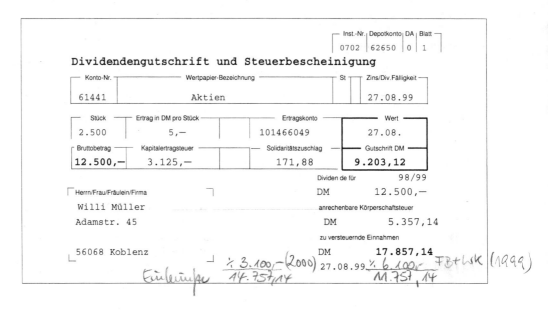

Fall 8:

Franz Alt ist seit 1975 mit Helga geb. Jung verheiratet. Beide wohnen seit 1975 in Essen. Die Eheleute wählen die **Zusammenveranlagung**.

1. Franz Alt hat 1999 als Angestellter einen **Bruttojahresarbeitslohn** (keine Versorgungsbezüge) von **26.504 DM** bezogen.

2. Der Ehemann nahm zum Erwerb von Aktien einen Kredit in Höhe von 20.000 DM auf, für den er im VZ 1999 **2.000 DM** Zinsen zahlte. Nach Abzug der Kapitalertragsteuer und des Solidaritätszuschlags wurden ihm im VZ 1999 Dividenden aus diesen Aktien in Höhe von **1.767 DM** auf seinem Bankkonto gutgeschrieben.

3. Die Ehefrau ist seit 1.1.1998 mit einem Geschäftsanteil von 10.000 DM an einer GmbH beteiligt. Für das Wirtschaftsjahr 01.01. bis 31.12.1998 schüttete die GmbH eine Dividende (**nach** Abzug der KSt und **vor** Abzug der Kapitalertragsteuer und des Solidaritätszuschlags) von **10 %** aus. Die GmbH hat am 30.06.1999 die Gewinnausschüttung für 1998 beschlossen. Am 07.07.1999 wurde Frau Alt ihr Gewinnanteil auf dem privaten Bankkonto gutgeschrieben. Die entsprechenden Steuerbescheinigungen liegen Frau Alt vor.

4. Helga Alt wurden in 1999 auf ihrem Sparbuch Zinsen in Höhe von **500 DM** (**vor** Abzug der Kapitalertragsteuer und des Solidaritätszuschlags) gutgeschrieben. Die tatsächlichen Werbungskosten haben **50 DM** betragen.

Ermitteln Sie die **Einkünfte** der Eheleute Alt für den VZ 1999.

Fall 9:

Josef Bach, 44 Jahre alt, ist seit 1975, mit Marion geb. Müller, 40 Jahre alt, verheiratet. Beide wohnen seit 1975 in München. Die Eheleute wählen die **Zusammenveranlagung**.

1. Josef Bach hat 1999 als Bankangestellter einen **Bruttojahresarbeitslohn** von **27.000 DM** bezogen.

2. Marion Bach hat 1999 als kaufmännische Angestellte einen **Bruttojahresarbeitslohn** von **26.982 DM** erhalten.

3. Der Ehemann hat 1999 für **20.000 DM** Aktien der X-AG verkauft, die er 1994 für **10.000 DM** erworben hat.

4. Der Ehemann ist an einem Einzelhandelsbetrieb in Ulm als **stiller Gesellschafter** beteiligt. Nach den getroffenen Vereinbarungen ist er lediglich am Gewinn beteiligt. In 1999 ist Bach aus der stillen Beteiligung ein Gewinnanteil von **5.300 DM** (Brutto-Einnahme) zugeflossen.

5. Marion Bach wurden auf ihrem Sparkonto Zinsen für das Kalenderjahr 1999 in Höhe von **8.000 DM** gutgeschrieben. Die Kapitalertragsteuer und der Solidaritätszuschlag wurden nicht einbehalten, weil die Eheleute der Bank einen Freistellungsauftrag in Höhe von **12.200 DM** erteilt hatten. Werbungskosten werden im einzelnen nicht geltend gemacht.

Ermitteln Sie die **Einkünfte** der Eheleute Bach für den VZ 1999.

Fall 10:

Der ledige Fritz Müller hat 1000 Stück XY-Aktien in seinem Depot. Die AG zahlt eine Bar-Dividende von 8,00 DM pro Stück.

1. Wieviel DM bekommt Fritz Müller gutgeschrieben? (Kein Freistellungsauftrag)
2. Bestimmen Sie die Einkunftsart und deren Höhe.

Fall 11:

Jürgen Vohrer, 44 Jahre alt, ist seit 1988 mit Angelika geb. Jäger, 42 Jahre alt, verheiratet. Beide wohnen in Koblenz. Die Eheleute wählen die **Zusammenveranlagung**.

Jürgen Vohrer arbeitet als Kfz.-Meister. Sein Monatsgehalt betrug in 1999 **brutto 2.700 DM**. Außerdem erhielt er in 1999 von seinem Arbeitgeber eine Weihnachtsgratifikation von **2.394 DM** und anläßlich der Geburt seines Sohnes Johannes eine Beihilfe von **700 DM**.

Jürgen Vohrer fuhr in 1999 an 210 Tagen mit dem eigenen Pkw zur Arbeit. Dabei legte er täglich für die Hin- und Rückfahrt insgesamt 40 km zurück.

Angelika Vohrer arbeitet in 1999 halbtags als Kellnerin. Ihr Bruttoarbeitslohn einschließlich eines Weihnachtsgeldes von **500 DM** und Trinkgelder von **3.000 DM** beliefen sich auf insgesamt **17.900 DM**.

Die Nettogehälter der Eheleute werden auf deren Bankkonten überwiesen.

Die Aufwendungen für Arbeitskleidung betrugen in 1999 beim Ehemann **300 DM** und bei der Ehefrau **450 DM**.

Der Steuerpflichtige hat in 1998 Wertpapiere geerbt. Aus diesen Papieren sind ihm in 1999 zugeflossen:

Zinsen aus festverzinslichen Wertpapieren
(**vor** Abzug der KapESt und des SolZ) **2.200,— DM**
Dividenden aus Aktien (**nach** Abzug der KapESt und des SolZ) **1.472,50 DM**

Jürgen Vohrer ist beim Arbeitgeber seiner Frau als **echter** stiller Gesellschafter beteiligt. Sein in 1999 zugeflossener Gewinnanteil betrug **nach** Abzug der Kapitalertragsteuer und des Solidaritätszuschlags **1.767 DM**.

Die Eheleute Vohrer haben 1996 einen Ratensparvertrag abgeschlossen. Die Sparkasse hat ihnen auf ihrem Sparkonto am 31.12.1999 **1.050 DM** (**vor** Abzug der Kapitalertragsteuer und des Solidaritätszuschlags) Zinsen gutgeschrieben.

Ermitteln Sie die **Einkünfte** der Eheleute Vohrer für den VZ 1999.

Fall 12:

a) Ermitteln Sie die **Einkünfte aus Kapitalvermögen** der Eheleute Kraus für den VZ 1999. Die Eheleute wählen die **Zusammenveranlagung**.

b) Besorgen Sie sich eine **Anlage KSO** zur Einkommensteuererklärung 1999 und füllen Sie diese anhand der folgenden Angaben aus:

Die Eheleute Ralf und Anne Kraus, Steuernummer 38/101/0372/4, haben in 1999 folgende **Kapitalerträge** erzielt:

1. Netto-Dividende der Eheleute aus VW-Aktien **589,— DM**
   Eine entsprechende Steuerbescheinigung liegt vor.
2. Netto-Ertrag aus der Beteiligung des Ehemannes als
   echter stiller Gesellschafter bei der Sategro-KG, Großstadt
   (**nach** Abzug der KapESt und des SolZ) **3.681,25 DM**
3. Zinsen der Eheleute aus festverzinslichen Wertpapieren
   (**vor** Abzug der KapESt und des SolZ) **6.580,— DM**
4. Zinsen aus Sparguthaben (**vor** Abzug der KapESt und des SolZ)
   Ehemann **270,— DM**
   Ehefrau **360,— DM**
5. Zinsen aus Bausparguthaben der Eheleute (**vor** Abzug der KapESt und des SolZ) **1.530,— DM**
   Die Zinsen stehen nicht im Zusammenhang mit Einkünften aus Vermietung und Verpachtung.

Den Erträgen stehen folgende **Ausgaben** der Eheleute gegenüber:
1. Reisekosten des Ehemannes zur Hauptversammlung der VW-AG **120,— DM**
2. Depotkosten für die Hinterlegung und Verwaltung der Wertpapiere
   bei der Hausbank **90,— DM**
3. Zinsen eines Kredites, der zur Finanzierung der stillen Beteiligung
   des Ehemannes bei der Hausbank aufgenommen wurde **830,— DM**

11.3 Einkünfte aus Vermietung und Verpachtung

Zu den **Einnahmen aus Vermietung und Verpachtung** gehören insbesondere die **Erträge**, die der Steuerpflichtige aus der **Nutzungsüberlassung** von **Grundstücken** des **Privatvermögens** erzielt (§ 21 **Abs. 1 Nr. 1**).

Gehört das Grundstück zum **Betriebsvermögen**, so sind die Einnahmen den Einkunftsarten 1 bis 3 (**Gewinneinkunftsarten**) zuzurechnen (§ 21 **Abs. 3**).

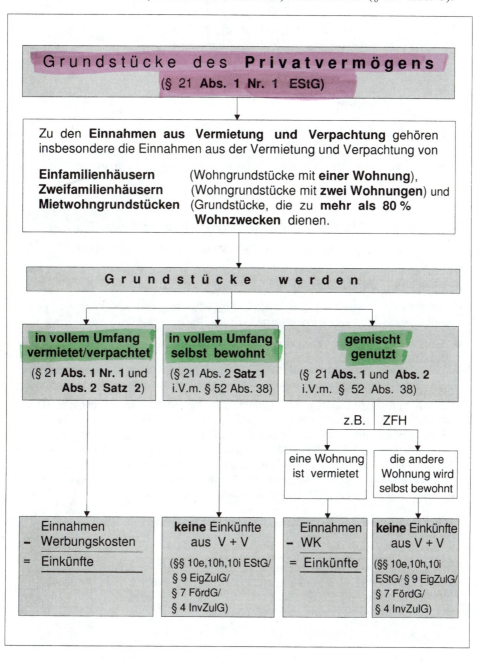

11.3.1 Grundstücke, die in vollem Umfang vermietet/verpachtet sind

Die **Einkünfte** für Grundstücke, die in **vollem Umfang vermietet bzw. verpachtet** sind, werden durch Überschußrechnung nach § **21** ermittelt:

> **E i n n a h m e n**
> **− W e r b u n g s k o s t e n**
> **= E i n k ü n f t e**

11.3.1.1 Einnahmen

Ausgangsgröße für die Ermittlung der Einkünfte sind die Einnahmen.
Einnahmen aus Vermietung und Verpachtung sind alle Einnahmen, die dem Vermieter bzw. Verpächter aus der Nutzungsüberlassung des Grundstücks zufließen.

Zu den **Einnahmen** gehören nach der Anlage V 1999:

- vereinnahmte Mieten bei **ortsüblicher** Überlassung (Zeile 3),
- Mieteinnahmen für **andere** (nicht Wohnzwecken dienender) **Räume** (Zeile 5),
- Einnahmen aus **Umlagen**, z.B. Wassergeld, Flur- und Kellerbeleuchtung, Müllabfuhr, Zentralheizung usw. (Zeilen 7 und 8),
- vereinnahmte Mieten für **frühere** Jahre bzw. auf das Kalenderjahr (1999) entfallende **Mietvorauszahlungen** (Zeile 9),
- Einnahmen aus der Vermietung von Garagen, Werbeflächen, Grund und Boden für Kioske usw. (Zeile 10).

Beispiel:
Die Steuerpflichtige Ute Henn ist Eigentümerin eines **Mietwohngrundstücks** (Dreifamilienhauses). Das Haus ist in vollem Umfang zur ortsüblichen Marktmiete vermietet. Die in 1999 vereinnahmten Mieten haben für das Erdgeschoß, das 1. Obergeschoß und das 2. Obergeschoß je **12.000 DM** betragen. Die Wohnfläche beträgt pro Geschoß 100 qm. Die Einnahmen aus **Umlagen,** die nicht in den Mieten enthalten sind, haben in 1999 insgesamt **4.500 DM** betragen. Aus der Vermietung von drei **Garagen** hat die Steuerpflichtige in 1999 insgesamt **1.800 DM** vereinnahmt.

Die **Einnahmen** aus Vermietung und Verpachtung betragen 1999:

	DM
1. vereinnahmte **Mieten** bei ortsüblicher Überlassung EG 12.000 DM + 1.OG 12.000 DM + 2. OG 12.000 DM	36.000,—
2. Einnahmen aus **Umlagen**	4.500,—
3. Einnahmen aus Vermietung von **Garagen**	1.800,—
= **Summe der Einnahmen**	**42.300,—**

Die **Einnahmen** aus Vermietung und Verpachtung werden in der **Anlage V** 1999 wie folgt eingetragen:

Zeile	Einkünfte aus dem bebauten Grundstück					Angeschafft am	Fertig gestellt am	Bitte nur volle DM-Beträge eintragen.
1	Lage des Grundstücks / der Eigentumswohnung (Ort, Straße, Hausnummer)							DM
2	Eigengenutzter oder unentgeltlich an Dritte überlassener Wohnraum							m²
3	Mieteinnahmen für Wohnungen (ohne Umlagen)	Erdgeschoß 12.000 DM	1. Obergeschoß 12.000 DM	2. Obergeschoß 12.000 DM	3. Obergeschoß DM	weitere Geschosse DM		36.000
4		Anzahl 1 Wohnfläche 100 m²	Anzahl 1 Wohnfläche 100 m²	Anzahl 1 Wohnfläche 100 m²	Anzahl Wohnfläche m²	Anzahl Wohnfläche m²		—
5	für andere Räume (ohne Umlagen)	DM	DM	DM	DM			
6	Einnahmen für an Angehörige vermietete Wohnungen (ohne Umlagen)						Anzahl	Wohnfläche m²
7	Umlagen, verrechnet mit Erstattungen (z. B. Wassergeld, Flur- und Kellerbeleuchtung, Müllabfuhr, Zentralheizung usw.) auf die Zeilen 3 und 5 entfallen							4.500
8	auf die Zeile 6 entfallen							
9	Vereinnahmte Mieten für frühere Jahre/auf das Kalenderjahr entfallende Mietvorauszahlungen aus Baukostenzuschüssen							
10	Einnahmen aus Vermietung von Garagen, Werbeflächen, Grund und Boden für Kioske usw. sowie erstattete Umsatzsteuer							1.800
11	Öffentliche Zuschüsse nach § 88 d II. WoBauG oder zu Erhaltungsaufwendungen, Aufwendungszuschüsse, Guthabenzinsen aus Bausparverträgen und sonstige Einnahmen	Gesamtbetrag DM		davon entfallen auf Wohnungen lt. Zeile 2		DM =		
12	Summe der Einnahmen							42.300

Beträgt die **vereinnahmte Miete** für die Überlassung einer Wohnung zu Wohnzwecken **weniger als 50 % der ortsüblichen Marktmiete**, so ist als **Einnahme** die **vereinnahmte Miete** anzusetzen, während die **Werbungskosten anteilig zu kürzen** sind.

Der Zusammenhang zwischen der **ortsüblichen Miete** und den **Werbungskosten** wird in "Abschnitt 11.3.1.2 Werbungskosten", Seite 213 f. näher erläutert.

Für die **zeitliche Zuordnung** der **Einnahmen** ist **§ 11** maßgebend.

> **Übung:** 1. Wiederholungsfragen 1 bis 3 (Seite 232),
> 2. Fall 1 (Seite 233)

11.3.1.2 Werbungskosten

Werbungskosten sind Aufwendungen zur Erwerbung, Sicherung und Erhaltung der Einnahmen (§ 9 Abs. 1 Satz 1).

Die auf die **Vermietung/Verpachtung** entfallenden **Grundstücksaufwendungen** können deshalb **grundsätzlich** als **Werbungskosten** abgezogen werden.

Eine **Ausnahme** von dieser Regelung gilt für die Fälle, in denen die **Miete** für die Überlassung der Wohnung zu Wohnzwecken **weniger als 50 %** der ortsüblichen **Marktmiete** beträgt.

Beträgt das **Entgelt**, d.h. die **Miete** einschließlich der **umlagefähigen Kosten** für die Überlassung einer Wohnung zu Wohnzwecken **weniger als 50 % der ortsüblichen Marktmiete**, so ist die Nutzungsüberlassung in einen **entgeltlichen** und einen **unentgeltlichen Teil** aufzuteilen (§ 21 Abs. 2 **Satz 2**).

In diesem Fall werden nur für den **entgeltlichen Teil** der Nutzungsüberlassung die **Einkünfte** aus Vermietung und Verpachtung ermittelt. Die **Grundstücksaufwendungen** können nur in dem Verhältnis als **Werbungskosten** abgezogen werden, wie die Überlassung **entgeltlich** erfolgt ist (R 162 Satz 3 EStR 1999).

Beispiele:

1. Der Steuerpflichtige Martin Sabel hat eine Wohnung an seinen Neffen Willi Klein für **monatlich 300 DM** vermietet. Die **ortsübliche Marktmiete** beträgt **monatlich 800 DM**. Die **Grundstücksaufwendungen,** die auf die Wohnung des Neffen entfallen, haben im VZ 1999 **5.000 DM** betragen.

Die **Einkünfte** für die Wohnung des Neffen werden wie folgt ermittelt:

tatsächliche Einnahmen (300 DM x 12 = **37,5 %** v. 9.600 DM)	3.600,— DM
− anteilige WK (**37,5 %** v. 5.000 DM)	1.875,— DM
= **E i n k ü n f t e**	**1.725,— DM**

Martin Sabel kann von den Grundstücksaufwendungen von 5.000 DM nur **1.875 DM** als Werbungskosten abziehen, weil die Miete **weniger als 50 %** der ortsüblichen Marktmiete beträgt (300 DM x 100 : 800 DM = 37,5 %).

2. Sachverhalt wie zuvor mit dem Unterschied, daß die **monatliche Mieteinnahme** nicht 300 DM, sondern **400 DM** beträgt.

Die **Einkünfte** für die Wohnung des Neffen werden wie folgt ermittelt:

Einnahmen (400 DM x 12 = **50 %** v. 9.600 DM)	4.800,— DM
− Werbungskosten (**100 %** v. 5.000 DM)	5.000,— DM
= **E i n k ü n f t e**	**− 200,— DM**

Martin Sabel kann die Grundstücksaufwendungen in voller Höhe als Werbungskosten abziehen, weil die Miete **nicht weniger als 50 %** beträgt (R 162 Satz 2 EStR 1999).

> **Übung:** 1. Wiederholungsfragen 4 und 5 (Seite 232),
> 2. Fall 2 (Seite 233)

In den Veranlagungszeiträumen **1996 bis 1998** konnten **Werbungskosten** bei Vermietung und Verpachtung **entweder** in **tatsächlicher Höhe** abgezogen **oder** als **pauschaler Werbungskostenabzug** nach § 9a Satz 1 Nr. 2 EStG a.F. geltend gemacht werden (**Wahlrecht**).

Ab dem Veranlagungszeitraum 1999 ist die **Werbungskostenpauschale abgeschafft** worden, weil sie "sich in der Praxis nicht als Vereinfachung, sondern als erhebliche Verkomplizierung erwiesen" haben soll (BT-Drucksache 14/265).

Zu den **Werbungskosten**, die üblicherweise bei Vermietung und Verpachtung anfallen, gehören insbesondere:

- **Schuldzinsen** nach § 9 Abs. 1 Satz 3 Nr. 1 EStG,
- **Erhaltungsaufwand** (R 157 EStR 1999),
- **sonstige Werbungskosten** nach § 9 EStG,
- **Absetzung für Abnutzung** (AfA) nach § 7 **Abs. 4** und **Abs. 5** EStG,
- **erhöhte Absetzungen** nach § 7b EStG (Restwertabsetzung),
- **Sonderabschreibungen** (z.B. nach § 4 FördG).

11.3.1.2.1 Schuldzinsen

Schuldzinsen sind **Werbungskosten**, soweit sie mit einer **Überschußeinkunftsart** in **wirtschaftlichem Zusammenhang** stehen (§ 9 Abs. 1 Satz 3 **Nr. 1**).

Bei der Einkunftsart **Vermietung und Verpachtung** sind **Schuldzinsen Werbungskosten**, wenn sie der Erwerbung, Sicherung oder Erhaltung der **Einnahmen aus Vermietung und Verpachtung** dienen.

> Beispiel:
> Ein Hauseigentümer nimmt ein **Darlehen** zur **Renovierung** eines zum Privatvermögen gehörenden **Mietwohngrundstückes** auf. Das Haus ist ganz zur ortsüblichen Marktmiete vermietet.
>
> Die **Schuldzinsen** sind ohne Beschränkung als **Werbungskosten abzugsfähig**, weil ein **wirtschaftlicher Zusammenhang** zwischen den Schuldzinsen und den Einnahmen aus Vermietung und Verpachtung besteht.

Zu den **Werbungskosten** im Sinne des § 9 Abs.1 Satz 3 **Nr. 1** gehören **nicht nur Schuldzinsen im engeren Sinne** (= Entgelt für die Überlassung des Kapitals), sondern **auch Geldbeschaffungs- und Finanzierungsnebenkosten** (z.B. Maklerprovision, Bereitstellungszinsen, Grundbuch- und Notariatsgebühren im Zusammenhang mit der Eintragung einer Grundschuld oder Hypothek im Grundbuch, Damnum, Disagio).

Ein **Darlehnsabgeld** (Damnum, Disagio), das bei der Auszahlung eines Darlehens einbehalten wird, ist **im Jahr der Einbehaltung voll** als **Werbungskosten** abzugsfähig.

> Beispiel:
> Ein Steuerpflichtiger hat 1999 zum Bau seines Miethauses bei der Bank ein Darlehen von **500.000 DM** aufgenommen. Bei der Auszahlung des Darlehens kürzt die Bank den Betrag von 500.000 DM um ein **Damnum** von **50.000 DM**, so daß dem Steuerpflichtigen **450.000 DM** ausgezahlt werden. Das Haus ist ganz zu ortsüblicher Marktmiete vermietet.
>
> Das Damnum von **50.000 DM** ist im Einbehaltungsjahr (1999) voll als **Werbungskosten** abzugsfähig.
>
> Das **Damnum** wird in der **Anlage V** 1999 wie folgt eingetragen:
>
> | Zeile | | Werbungskosten DM |
> |---|---|---|
> | | Schuldzinsen (ohne Tilgungsbeträge) | |
> | 34 | Damnum | 50.000,— |

Schuldzinsen, die in **keinem wirtschaftlichen Zusammenhang** mit einer Überschußeinkunftsart stehen, sind **keine Werbungskosten**.

Ab dem VZ 1999 ist darauf zu achten, daß der Kredit bei einer Bank auf einem **Sonderkonto** geführt wird, über das nur Vorgänge abgewickelt werden, die im wirtschaftlichen Zusammenhang mit den Einnahmen aus Vermietung und Verpachtung stehen (§ 9 Abs. 5 i.V.m. § 4 Abs. 4a).

> **Übung:** 1. Wiederholungsfragen 6 und 7 (Seite 232),
> 2. Fälle 3 und 4 (Seite 233 f.)

11.3.1.2.2 Erhaltungsaufwand / Herstellungskosten

Grundstücksaufwendungen, die der Erhaltung eines Gebäudes dienen (**Erhaltungsaufwendungen**), können im Jahr der Verausgabung (§ 11) **sofort** als **Werbungskosten** abgezogen werden.

Grundstücksaufwendungen, die als **Herstellungsaufwand** gelten, gehören zu den **Herstellungskosten** eines Gebäudes und können **nur** über die Nutzungsdauer **im Rahmen der AfA** als **Werbungskosten** abgezogen werden (§ 7 Abs. 4 und Abs. 5 i.V.m. § 9 Abs. 1 Satz 3 Nr. 7).

Die **Unterscheidung** zwischen Erhaltungsaufwand und Herstellungsaufwand hat **nur Bedeutung**, wenn die Grundstücksaufwendungen **nach** der Fertigstellung eines Gebäudes anfallen.
Bis zur Fertigstellung eines Gebäudes gehören die Aufwendungen zu den **Herstellungskosten**.

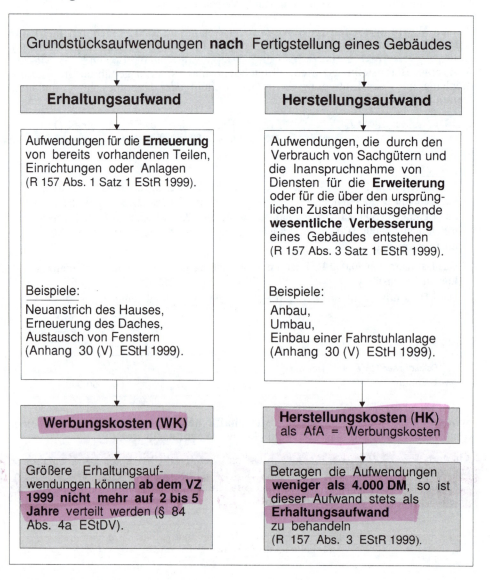

Nach bisherigem Recht konnten größere Erhaltungsaufwendungen statt im Jahr der Zahlung gleichmäßig auf bis zu 5 Jahre verteilt werden (§ 82b EStDV a.F.). Mit dem Steuerentlastungsgesetz ist diese Verteilungsregelung entfallen. Damit kommt wieder die Grundregel des § 11 zur Anwendung, wonach Erhaltungsaufwendungen in voller Höhe im Jahr der **Zahlung** abzuziehen sind.

> **Übung:** 1. Wiederholungsfragen 8 und 9 (Seite 232),
> 2. Fall 5 (Seite 234)

Als Herstellungskosten sind Aufwendungen anzusehen, die im Regelfall bis zu drei Jahren nach der Anschaffung eines Gebäudes anfallen, um das Gebäude in seinem Zustand zu verbessern oder grundlegend zu modernisieren (**anschaffungsnahe Herstellungskosten**), wenn sie im Verhältnis zum Kaufpreis hoch sind (R 157 Abs. 4 EStR 1999).

Ob **anschaffungsnahe Herstellungskosten** vorliegen, ist für die ersten drei Jahre **nach** der Anschaffung des Gebäudes in der Regel **nicht** zu prüfen, wenn die Aufwendungen für Instandsetzung (Rechnungsbetrag ohne Umsatzsteuer) in diesem Zeitraum insgesamt **15 %** der Anschaffungskosten des Gebäudes **nicht übersteigen** (R 157 Abs. 4 **Satz 2** EStR 1999).

Beispiel:
Die Steuerpflichtige Daniela Daheim hat **1995** in Bremen ein Zweifamilienhaus, das 1960 fertiggestellt wurde, gekauft. Das Haus ist in vollem Umfang zu ortsüblicher Marktmiete vermietet. Die **Anschaffungskosten des Gebäudes** haben **450.000 DM** betragen. In den **ersten drei Jahren** nach der Anschaffung des Gebäudes hat die Steuerpflichtige insgesamt **60.000 DM** für die Instandsetzung aufgewendet.

Daniela Daheim kann die **60.000 DM** sofort in voller Höhe als **Werbungskosten** abziehen, weil der Betrag **15 % der AK** des Gebäudes **nicht** übersteigt (15 % von 450.000 DM = 67.500 DM).

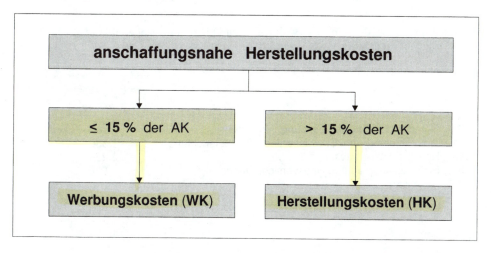

> **Übung:** 1. Wiederholungsfragen 10 bis 12 (Seite 232),
> 2. Fall 6 (Seite 234)

11.3.1.2.3 Sonstige Werbungskosten

Zu den **sonstigen Werbungskosten** gehören z.B.:

- **Grundsteuer**,
- Gebühren für **Müllabfuhr**, **Wasser**, **Kanalbenutzung** und **Straßenreinigung**,
- Kosten für **Zentralheizung**, **Warmwasserversorgung**, **Fahrstuhlbetrieb** und **Hausbeleuchtung**,
- **Schornsteinfegergebühren**,
- Beiträge zu den **Hausversicherungen** (z.B. Brand-, Haftpflicht-, Glas-, Wasserschadenversicherung),
- Ausgaben für **Hausbesitzerverein** und für **Hausmeister**.

Die Beiträge für die Haus**rat**versicherung gehören grundsätzlich **nicht** zu den **Werbungskosten**.

Beispiel:
Die Steuerpflichtige Tina Hülse ist Eigentümerin eines Zweifamilienhauses in Koblenz. Das Haus ist in vollem Umfang zu ortsüblicher Marktmiete vermietet. Für den VZ 1999 hat die Steuerpflichtige folgende **Ausgaben** belegt:

Grundsteuer, Straßenreinigung, Abfallentsorgung	960,—DM
Wasser, Abwasserbeseitigung	1.350,—DM
Strom, Gas	3.254,—DM
Schornsteinreinigung, Hausversicherungen	970,—DM

Diese Beträge werden in der **Anlage V** zur Einkommensteuererklärung 1999 wie folgt als **Werbungskosten** geltend gemacht:

		Werbungskosten DM
50	Grundsteuer, Straßenreinigung, Müllabfuhr	**960**
51	Wasserversorgung, Entwässerung, Hausbeleuchtung	**1.350**
52	Heizung, Warmwasser	**3.254**
53	Schornsteinreinigung, Hausversicherungen	**970**

Übung: 1. Wiederholungsfrage 13 (Seite 232),
2. Fälle 7 und 8 (Seite 234 f.)

11.3.1.2.4 Lineare und degressive AfA nach § 7 EStG

Die **Absetzungen für Abnutzung (AfA)** gehören ebenfalls zu den **Werbungskosten** aus Vermietung und Verpachtung.

Bei der **Absetzung für Abnutzung** ist zu unterscheiden zwischen

- der **linearen AfA**, die für **alle Gebäude** in Betracht kommt, die vom Steuerpflichtigen angeschafft oder hergestellt worden sind (§ 7 **Abs. 4**), und
- der **degressiven AfA**, die für Gebäude in Betracht kommt, die vom Steuerpflichtigen **hergestellt** oder bis zum **Ende des Fertigstellungsjahrs angeschafft** worden sind (§ 7 **Abs. 5**).

Die **lineare** und **degressive Gebäude-AfA** wurde bereits im Abschnitt "9.2.4 Absetzungen für Abnutzung bei Gebäuden", Seite 94 ff., erläutert.

Für Gebäude, die zum **Privatvermögen** gehören, kommen nur die **lineare** und die **degressive AfA** nach § 7 Abs. 4 Nr. 2 und Abs. 5 Nr. 2 und Nr. 3 in Betracht:

Voraussetzungen	linear		degressiv			
			Staffel 65/77 *)	Staffel 81	Staffel 89	Staffel 96
	fertiggestellt		Bauantrag / Kaufvertrag	Bauantrag / Kaufvertrag	Wohnzwecke Bauantrag / Kaufvertrag	Wohnzwecke; Bauantrag/ Kaufvertrag
	vor 01.01. 1925	nach 31.12. 1924	vor dem 30.07.1981	nach dem 29.07.1981 und vor dem 01.01.1995	nach dem 28.02.1989 und vor dem 01.01.1996	nach dem 31.12.1995
AfA-Satz	2,5 %	2 %	12 x 3,5 % 20 x 2 % 18 x 1 %	8 x 5 % 6 x 2,5 % 36 x 1,25 %	4 x 7 % 6 x 5 % 6 x 2 % 24 x 1,25 %	8 x 5 % 6 x 2,5 % 36 x 1,25 %
Bemessungsgrundlage	AK / HK		HK / AK			
Personenkreis	Erwerber/ Bauherr		Bauherr ggf. Erwerber			
AfA im Erstjahr	zeitanteilig		in voller Höhe			

*) Vom **08.05.1973 bis 01.09.1977** war die degressive Gebäude-AfA ausgeschlossen (**Anhang 0 EStH 1999**).

Die **Gebäude-AfA** wird grundsätzlich nach den **Anschaffungskosten** oder **Herstellungskosten** des Gebäudes berechnet.

> 📖 S 2 Der Begriff **Anschaffungskosten** wurde bereits im Abschnitt "9.1.3.1 Anschaffungskosten", Seite 81 ff., erläutert.

Zu den <u>**Herstellungskosten eines Gebäudes**</u> gehören neben den reinen Baukosten z.B. (H 33a (Zu den HK eines Gebäudes rechnen u.a.) EStH 1999):

- die **Kosten des Anschlusses** an das **Strom**versorgungsnetz, das **Gas**netz und die **Wasser**versorgung und **Wärme**versorgung,
- die **Kosten für Anlagen zur Ableitung von Abwässern**, soweit sie auf die Hausanschlußkosten einschließlich der Kanalstichgebühr entfallen, die der Hauseigentümer für die Zuleitungsanlagen vom Gebäude zum öffentlichen Kanal aufwendet (**Kanalanschlußkosten**),
- **Aufwendungen für Fahrstuhlanlagen**,
- **Aufwendungen für Heizungsanlagen** einschließlich der dazugehörenden Heizkörper, auch in Form von Elektrospeicherheizungen oder Gaseinzelheizungen,
- **Aufwendungen für Küchenspülen**,
- **Aufwendungen für "lebende Umzäunungen"** (z.B. Hecken) in angemessenem Umfang.

<u>**Nicht zu den Herstellungskosten**</u> eines Gebäudes gehören z.B. (H 33a (Nicht zu den Herstellungskosten eines Gebäudes rechnen u.a.) EStH 1999):

- Straßenanlieger**beiträge** und Erschließungs**beiträge**, Kanalanschluß**gebühren** (Kanal- oder Sielbaubeiträge), die für den erstmaligen Anschluß an die gemeindliche Abwasserbeseitigungsanlage entrichtet werden,
- der **Wert der eigenen Arbeitsleistung**,
- die Aufwendungen für **Waschmaschinen**, auch wenn sie mit Schrauben an einem Zementsockel befestigt sind.

Angeschaffte Gebäude werden ab dem Zeitpunkt der **Anschaffung**, **hergestellte Gebäude** ab dem Zeitpunkt der **Fertigstellung** abgeschrieben.

Ein Gebäude ist **fertiggestellt**, wenn die wesentlichen Bauarbeiten abgeschlossen sind und der Bau so weit errichtet ist, daß der **Bezug der Wohnung zumutbar** ist.

Ein Gebäude ist **nicht fertiggestellt**, wenn Türen, Böden und der Innenputz noch fehlen (H 44 (Fertigstellung) EStH 1999).

<u>Beispiel:</u>
Der Steuerpflichtige Matthias Neumann hat in Köln ein Zweifamilienhaus gebaut. Das Gebäude war am **01.12.1999 fertiggestellt**. Die Mieter zogen jedoch erst am **01.01.2000** ein.

Das Gebäude ist in 1999 fertiggestellt, so daß Neumann bereits 1999 die AfA als Werbungskosten abziehen kann.

Werden für ein Gebäude **nachträglich Herstellungskosten** aufgewendet, so sind diese so zu berücksichtigen, als wären sie zu Beginn des Jahres aufgewendet worden. Die weitere **lineare oder degressive AfA** bemißt sich nach der **bisherigen Bemessungsgrundlage zuzüglich der nachträglichen** Herstellungskosten (R 44 Abs. 11 EStR 1999).

Beispiel:
Die Steuerpflichtige Birgit Feuerpeil hat 1991 ein Zweifamilienhaus in Bonn gekauft. Die **Anschaffungskosten** des Gebäudes, das 1965 fertiggestellt worden ist, haben **200.000 DM** betragen. In 1999 sind ihr **nachträglich Herstellungskosten** in Höhe von **50.000 DM** entstanden. Die **degressive** AfA kann **nicht** vorgenommen werden, weil das Haus 1965 fertiggestellt worden ist.

Die **lineare** AfA für 1999 beträgt (H 44 (Beispiel Nr. 2) EStH 1999):

Anschaffungskosten des Gebäudes in 1991	200.000 DM
+ nachträgliche Herstellungskosten in 1999	50.000 DM
= Bemessungsgrundlage ab 1999	250.000 DM
2 % von 250.000 DM =	**5.000 DM**

In der **Anlage V** zur **Einkommensteuererklärung 1999** ist die **lineare AfA** nach § 7 **Abs. 4** wie folgt einzutragen:

Zeile		Werbungskosten DM
35	Absetzung für Abnutzung nach §§ 7, 7b Abs. 1 S. 2 EStG [X] linear [ ] degressiv 2 % [ ] wie 1998 [ ] lt.bes. Blatt	5.000

Ein **Übergang** von der **linearen zur degressiven** **Gebäude-AfA oder umgekehrt** ist unzulässig (H 44 (Wechsel der AfA-Methode bei Gebäuden) EStH 1999).

Übung: 1. Wiederholungsfragen 14 bis 21 (Seite 232),
2. Fälle 9 bis 13 (Seite 235 f.)

11.3.1.2.5 Erhöhte Absetzungen nach § 7b EStG

Für **vor dem 1.1.1987** hergestellte oder angeschaffte **Einfamilienhäuser** bzw. **Eigentumswohnungen** konnten erhöhte Absetzungen nach § **7b** bis zu **10.000 DM** (5 % von **200.000 DM**) und für **Zweifamilienhäuser** bis zu **12.500 DM** (5 % von **250.000 DM**) acht Jahre lang (**Begünstigungszeitraum**) abgesetzt werden.

Überstiegen die AK/HK den Betrag von 200.000 DM/250.000 DM, so war auf den **übersteigenden Betrag** die **lineare** Gebäude-AfA mit **2 %** anzuwenden.

Für **Einfamilienhäuser, Eigentumswohnungen** und **Zweifamilienhäuser**, die **vor dem 1.1.1987** hergestellt oder angeschafft worden sind, ist **nach Ablauf des Begünstigungszeitraums (1993)** nur noch die **AfA nach dem Restwert** möglich.

Seit dem Veranlagungszeitraum 1994 können für diese Objekte **nur noch**

2,5 % vom Restwert

abgesetzt werden (§ 7b Abs. 1 **Satz 2**).

Restwert ist der **Betrag**, der **nach Abzug** aller im Begünstigungszeitraum bei den Gebäuden vorgenommenen **erhöhten Absetzungen nach § 7b und der AfA nach § 7 Abs. 4** von den **Anschaffungskosten oder Herstellungskosten** verbleibt.

Beispiel:
Der Steuerpflichtige Ernst Beltz hat am **07.01.1986** in Mainz ein **Zweifamilienhaus** gekauft, das 1970 fertiggestellt wurde. Das Haus ist ganz zu Wohnzwecken **vermietet**. Die **Anschaffungskosten** des Gebäudes haben **300.000 DM** betragen.

Die erhöhte Absetzung nach § **7b** und die **lineare** AfA nach § 7 **Abs. 4** betrugen für **1993** (letztes Jahr des Begünstigungszeitraums):

erhöhte Absetzung nach § 7b (5 % von 250.000 DM)	12.500 DM
lineare AfA nach § 7 **Abs. 4** (2 % von 50.000 DM)	1.000 DM
insgesamt	**13.500 DM**

Nach Ablauf des Begünstigungszeitraums (**seit 1994**) kann Beltz folgende **Restwert-AfA** jährlich (40 Jahre lang) abziehen:

AK des Gebäudes	300.000 DM
− erhöhte Absetzung nach § **7b** (8 x 12.500 DM)	100.000 DM
− **lineare** AfA nach § 7 **Abs. 4** (8 x 1.000 DM)	8.000 DM
= Restwert	192.000 DM
2,5 % von 192.000 DM (Restwert) =	**4.800 DM**

Für **nach dem 31.12.1986** hergestellte oder angeschaffte Gebäude (**Objekte**) **entfällt** die **erhöhte Absetzung nach** § **7b**.

> **Übung:** 1. Wiederholungsfragen 22 bis 25 (Seite 232),
> 2. Fall 14 (Seite 237)

11.3.1.2.6 Sonderabschreibungen

Praktisch bedeutsam sind insbesondere die **Sonderabschreibungen** nach § 4 des **Fördergebietsgesetzes (FördG)**. Siehe **Anhang 15 (I) EStH 1999**.

Mit dem Fördergebietsgesetz wird das **Ziel** verfolgt, durch eine rasche Verbesserung der steuerlichen Bedingungen private Investitionen im **Fördergebiet** (neue Bundesländer einschließlich Berlin) anzuregen und Arbeitsplätze zu sichern.

Bemessungsgrundlage für die Sonderabschreibung sind die **Herstellungskosten** oder **Anschaffungskosten** der hergestellten oder angeschafften Gebäude sowie die **Herstellungskosten**, die für die **nachträglichen Herstellungsarbeiten** aufgewendet worden sind (§ 4 Abs. 1 **Satz 1** FördG).

Die **Sonderabschreibungen** können im **Jahr der Herstellung** oder **Anschaffung** bzw. **Beendigung der nachträglichen Herstellungsarbeiten und in den folgenden vier Jahren** bei Investitionen, die nach dem 31.12.1990 und **vor dem 1.1.1997** abgeschlossen wurden, bis zur Höhe von insgesamt **50 %** der Bemessungsgrundlage in Anspruch genommen werden (§ 4 Abs. 1 Satz 2 i.V.m. § 4 Abs. 2 Nr. 1 FördG).

Die **Sonderabschreibungen** sind bereits für **Anzahlungen** auf Anschaffungskosten und für Teilherstellungskosten **zulässig** (§ 4 Abs. 1 **Satz 5** FördG).

Bei **Anschaffung oder Fertigstellung ab 1.1.1997 bis 31.12.1998** gelten unterschiedliche, **gekürzte AfA-Sätze** (z.B. für den Neubau von Wohnungen **25 %**).

Neben den **Sonderabschreibungen** nach dem Fördergebietsgesetz **ist stets** die **lineare** Gebäude-AfA **zusätzlich** vorzunehmen (§ 7a Abs. 4 EStG).

Die **Sonderabschreibungen** nach dem Fördergebietsgesetz laufen **Ende 1998** aus. Für **nach** dem **31.12.1998** abgeschlossene Investitionen werden die Hilfen ausschließlich in Form von **Investitionszulagen** gewährt (InvZulG 1999, BStBl 1997 I S. 790 ff.).

Beispiel:
Der Steuerpflichtige A, Hamburg, schließt Ende 1998 einen Kaufvertrag über eine noch zu errichtende Eigentumswohnung in Leipzig ab.
Der **Kaufpreis** für die Eigentumswohnung beträgt **500.000 DM**, davon entfallen **100.000 DM** auf **Grund und Boden**. Als Fertigstellungstermin (Bezugsfertigkeit) wird der **01.07.2000** genannt. Der Rohbau soll bis Ende **1999 fertiggestellt** sein. Entsprechend dem Baufortschritt leistet A **1998** eine **Anzahlung** in Höhe von 290.000 DM (58 % von 500.000 DM), davon entfallen auf das Gebäude 232.000 DM (58 % von 400.000 DM).
Der Restkaufpreis von 210.000 DM wird in 1999 gezahlt.
Die Sonderabschreibung nach dem FördG und die lineare AfA nach § 7 Abs. 4 EStG werden wie folgt berechnet:

1998	Sonderabschreibung	25 % von 232.000 DM	58.000 DM
1999	Sonderabschreibung ist nicht möglich. Lineare AfA ist ebenfalls nicht möglich.		
2000-2004	Lineare AfA	2 % von 400.000 DM x 4,5 Jahre	36.000 DM
Summe der Abschreibungen in den ersten fünf Jahren			94.000 DM
ab 2005	Restwert-AfA (für 45 Jahre)	1/45 von 306.000 DM (400.000 DM − 94.000 DM)	6.800 DM

Ab 1999 wird erstmals eine **Investitionszulage** für **Mietwohngebäude** eingeführt.

Gefördert werden die bis Ende 2001 fertiggestellten **Neubauten** im sog. **innerörtlichen Bereich**, d.h. in förmlich festgelegten Sanierungs- und Erhaltungsgebieten sowie in Kerngebieten i.S.d . § 7 Baunutzungsverordnung.

Die **Investitionszulage** beträgt je qm Wohnfläche

> **10 % der Bemessungsgrundlage**

und ist mit **4.000 DM** Anschaffungs- oder Herstellungskosten **je qm Wohnfläche begrenzt (Förderungshöchstbetrag)**.

Zur Kostenbegrenzung ist ein Bagatellbetrag **(Selbstbehalt)** von **5.000 DM** eingeführt worden, für den keine Investitionszulage gewährt wird. Das bedeutet, daß die Bemessungsgrundlage für die Investitionszulage um 5.000 DM zu kürzen ist.

Beispiel:
Der Steuerpflichtige A, Hamburg, stellt **1999** in Leipzig ein **Mietwohngebäude** mit einer Wohnfläche von 300 qm fertig. Die Herstellungskosten des Gebäudes betragen **1,5 Millionen DM**.

Die **Investitionszulage** wird für 1999 wie folgt berechnet:

Förderungshöchstbetrag (**4.000 DM** x 300 qm)	1.200.000 DM
− Selbstbehalt (§ 3 Abs. 3 InvZulG)	5.000 DM
= Bemessungsgrundlage für Investitionszulage	1.195.000 DM
Investitionszulage (10 % von 1.195.000 DM)	**119.500 DM**

Die **Investitionszulage** wird nicht nur für Neubauten, sondern **auch für** die in den Jahren 1999 bis 2004 beendeten **Erhaltungs- und Herstellungsarbeiten** gewährt.

Dabei gilt ein **Förderungshöchstbetrag** von **1.200 DM je qm Wohnfläche** und ein **Fördersatz** von

> **15 % der Bemessungsgrundlgage.**

Beispiel:
Der Steuerpflichtige A, München, führt 1999 Erhaltungsarbeiten und nachträgliche Herstellungsarbeiten an einem Mietwohngebäude in Weimar, das 1980 fertiggestellt worden ist, durch. Die Wohnfläche beträgt 150 qm. Die Summe der Erhaltungsaufwendungen und nachträglichen Herstellungskosten beträgt **250.000 DM**.

Die **Investitionszulage** wird für 1999 wie folgt berechnet:

Förderungshöchstbetrag (**1.200 DM** x 150 qm)	180.000 DM
− Selbstbehalt (§ 3 Abs. 3 InvZulG)	5.000 DM
= Bemessungsgrundlage für Investitionszulage	175.000 DM
Investitionszulage (15 % von 175.000 DM)	**26.250 DM**

[S 2] Weitere Hinweise zur **Investitionszulage** erfolgen im Kapitel "C. Investitionszulage", Seite 513 ff.

> Übung: 1. Wiederholungsfragen 26 bis 28 (Seite 232),
> 2. Fall 15 (Seite 237)

Zusammenfassung zu 11.3.1:

Grundstücke, die in vollem Umfang vermietet/verpachtet sind

Die **Einkünfte** werden durch Überschußrechnung nach **§ 21** ermittelt:

Einnahmen

- Mieteinnahmen für Wohnungen
- Mieteinnahmen für andere Räume
- Einnahmen aus Umlagen
- Vereinnahmte Mieten für frühere Jahre / Mietvorauszahlungen
- Einnahmen aus Vermietung von Garagen, Werbeflächen

− **Werbungskosten**

1. Schuldzinsen nach § 9 Abs. 1 Satz 3 Nr. 1 EStG
2. Erhaltungsaufwand (R 157 EStR 1999)
3. sonstige Werbungskosten nach § 9 EStG
4. Absetzungen für Abnutzung nach § 7 Abs. 4 und Abs. 5 EStG
5. erhöhte Absetzungen nach § 7b EStG (Restwert-AfA)
6. Sonderabschreibungen (z.B. nach § 4 FördG)

= **E i n k ü n f t e**

Besonderheit:

Beträgt die Miete **weniger als 50 %** der ortsüblichen Marktmiete, so ist die Nutzungsüberlassung **aufzuteilen** in:

entgeltlicher Teil	**un**entgeltlicher Teil
tatsächliche Einnahmen − **anteilige** Werbungskosten = **E i n k ü n f t e**	keine Einnahmen − keine Werbungskosten = **keine** E i n k ü n f t e

11.3.2 Grundstücke, die in vollem Umfang eigenen Wohnzwecken dienen

Dient das Grundstück in vollem Umfang eigenen Wohnzwecken, liegen ab dem VZ 1999 **keine Einkünfte aus Vermietung und Verpachtung** mehr vor.

Bei Grundstücken, die **in vollem Umfang eigenen Wohnzwecken dienen**, ist zu unterscheiden zwischen **begünstigten Objekten i.S.d. EStG** (§ 10e EStG) und **begünstigten Objekten i.S.d. EigZulG** (§ 2 EigZulG).

Darüber hinaus werden ab dem VZ 1999 noch bestimmte **Baumaßnahmen** am **selbstgenutzten Wohneigentum** durch das **Investitionszulagengesetz** gefördert (§ 4 InvZulG).

 Einzelheiten zum **Investitionszulagengesetz** erfolgen im Kapitel "C. Investitionszulage", Seite 513 ff.

11.3.2.1 Begünstigte Objekte i.S.d. EStG

Unter einem **begünstigte Objekt i.S.d. EStG** wird eine **Wohnung** verstanden, die **nach** dem **31.12.1986 und vor dem 1.1.1996** hergestellt oder angeschafft wurde **und** die der **Eigentümer selbst bewohnt**.

Auf die **Art des Gebäudes**, in der sich die **Wohnung** befindet, kommt es **nicht** an. Es kann sich um ein **Einfamilienhaus, Eigentumswohnung, Zweifamilienhaus** oder **Mehrfamilienhaus** handeln.

Im Fall der **Anschaffung nach dem 31.12.1986 und vor dem 1.1.1996** ist es **unerheblich**, wann die Wohnung **hergestellt** worden ist.

> Beispiel:
> Die Steuerpflichtige Vera Unkel hat **1995** ein in 1970 hergestelltes Einfamilienhaus in Köln **angeschafft**, das sie **selbst bewohnt**.
>
> Das Haus ist ein **begünstigtes Objekt i.S.d. EStG**, weil eine **Wohnung nach dem 31.12.1986 und vor dem 1.1.1996** angeschafft wurde, die von der **Eigentümerin selbst bewohnt** wird.

Begünstigte Objekte i.S.d. EStG werden steuerlich **nicht** bei der Ermittlung der **Einkünfte**, sondern nach § 10e EStG bei der Ermittlung des **Einkommens** gefördert.

 Einzelheiten zum **§ 10e EStG** werden im Abschnitt "14.4 Sonstige Abzugsbeträge", Seite 406 ff., dargestellt und erläutert.

> Übung: 1. Wiederholungsfragen 29 und 30 (Seite 232),
> 2. Fälle 16 und 17 (Seite 237)

11.3.2.2 Begünstigte Objekte i.S.d. EigZulG

Mit dem "Gesetz zur Neuordnung der steuerrechtlichen Wohneigentumsförderung" vom 15.12.1995 (BStBl 1995 I S. 775 ff.) wird die **Förderung der selbstgenutzten Wohnung im eigenen Haus und** der **unentgeltlich überlassenen Wohnung im eigenen Haus** grundsätzlich mit Wirkung **ab 1996 neu geregelt.**

Die **bisherige Grundförderung** nach § **10e EStG** und die Förderung der unentgeltlichen Wohnung im eigenen Haus nach § **10h EStG wird durch die im** eigenen Gesetz, dem **Eigenheimzulagengesetz (EigZulG),** geregelte **Eigenheimzulage ersetzt (Anhang 34** (IV) EStH 1999).

Die neue progressionsunabhängige **Eigenheimzulage** wird in einem von der Einkommensteuer-Veranlagung **unabhängigen Verfahren festgesetzt** (§§ 11 ff. EigZulG).

Die **Eigenheimzulage** setzt sich aus

- dem **Förderungsgrundbetrag** (§ 9 Abs. 2 bis 4 EigZulG) und
- der **Kinderzulage** (§ 9 Abs. 5 EigZulG)

zusammen, so daß auch die Regelung für das **Baukindergeld** nach § **34f EStG entfällt.**

Der **bisherige Vorkostenabzug** nach § 10e **Abs. 6 EStG** ist mit Einschränkungen übernommen worden und ist seit 1996 in § **10i EStG** geregelt.

Der **Abzugsbetrag** in den neuen Bundesländern **nach § 7 FördG bleibt bestehen.**

Ein **begünstigtes Objekt i.S.d. EigZulG** ist eine **Wohnung**, die **nach dem 31.12.1995** hergestellt oder angeschafft wurde **und** die der **Eigentümer selbst bewohnt**.

Beispiel:
Die **ledige** Steuerpflichtige A ist Eigentümerin eines **Einfamilienhauses** in **Bonn**.
Das Haus wurde **1999 hergestellt und** seitdem **von A bewohnt**.
Die Herstellungskosten des Einfamilienhauses haben 400.000 DM betragen.
Die Voraussetzungen für die Gewährung der Eigenheimzulage liegen vor.

Für den Zeitraum von **1999 bis 2006** kann A einen **jährlichen** Förderungsgrundbetrag von **5.000 DM**, für den **gesamten** Förderungszeitraum **40.000 DM** (8 x 5.000 DM) geltend machen (§ 9 Abs. 2 EigZulG).

Einzelheiten des Eigenheimzulagengesetzes werden im Kapitel "**B. Eigenheimzulage**", Seite 492 ff., dargestellt und erläutert.

Übung: 1. Wiederholungsfragen 31 und 32 (Seite 232),
2. Fall 18 (Seite 237)

11.3.3 Grundstücke, die gemischt genutzt werden

Grundstücke, die gemischt genutzt werden, werden im folgenden in zwei Fallgruppen unterteilt:

> 1. Gebäude, die **teilweise vermietet** sind und **teilweise eigenen Wohnzwecken** dienen bzw. **teilweise unentgeltlich überlassen** werden,
> 2. Gebäude, die **teilweise vermietet** sind und **teilweise eigenen Wohnzwecken** dienen und **teilweise eigenbetrieblich genutzt** werden.

Einkünfte aus Vermietung und Verpachtung liegen **nur** für die genutzten Gebäudeteile vor, die **vermietet** sind. Die **Einkünfte** der vermieteten Gebäudeteile sind durch **Überschußrechnung** nach § **21** zu ermitteln (Einnahmen - Werbungskosten).

11.3.3.1 Gebäude, die teilweise vermietet sind und teilweise eigenen Wohnzwecken dienen bzw. teilweise unentgeltlich überlassen werden

Einnahmen

Bei den Gebäuden, die **teilweise vermietet** sind, bestehen die **Einnahmen** aus den **Mieten** und den **Umlagen**, die die Mieter zahlen.

Bei den Gebäuden, die **teilweise eigenen Wohnzwecken** dienen **bzw. teilweise unentgeltlich überlassen** werden, liegen ab dem VZ 1999 **keine Einnahmen** (kein Mietwert) mehr vor.

Beispiel:
Die Steuerpflichtige Tanja Rieger ist Eigentümerin eines **Dreifamilienhauses** in Koblenz. Das Haus ist am 28.02.1995 fertiggestellt worden. **Eine Wohnung** ist seit dem 01.03.1995 zu einer ortsüblichen Marktmiete für monatlich **1.000 DM vermietet**, die **zweite Wohnung** bewohnt Tanja Rieger **selbst** (= begünstigtes Objekt i.S.d. EStG) und die **dritte** Wohnung hat sie ihrer Mutter **unentgeltlich** überlassen.

Die steuerpflichtigen **Einnahmen aus Vermietung und Verpachtung** betragen für den VZ 1999 **12.000 DM** (1.000 DM x 12).
Der **Mietwert** der eigenen Wohnung und der unentgeltlich überlassen Wohnung gehören **nicht** zu den **Einnahmen aus Vermietung und Verpachtung**.

Werbungskosten

Bei den Gebäuden, die **teilweise vermietet** sind und **teilweise selbst genutzt** bzw. **teilweise unentgeltlich überlassen** werden, müssen die auf die Gebäudeteile entfallenden **Aufwendungen** der Nutzung entsprechend **aufgeteilt** werden.

Aufwendungen, die auschließlich nur auf **einen** Gebäudeteil entfallen, sind **nur** diesem **Teil** zuzuordnen.

Beispiel:
Sachverhalt wie zuvor. 1999 läßt Tanja Rieger in der **vermieteten** Wohnung eine kleine **Reparatur** für 250 DM durchführen.

Die **Reparaturkosten** sind ausschließlich der **vermieteten Wohnung zuzurechnen** und in **voller Höhe** als **Werbungskosten** abziehbar.

Soweit eine **unmittelbare Zuordnung** von Aufwendungen zu einem bestimmten Grundstücksteil **nicht möglich ist**, sind bei gemischter Nutzung die Aufwendungen im **Verhältnis der Nutzflächen aufzuteilen**. Das gilt auch für die AfA (R 157 Abs. 7 EStR 1999).

Aufwendungen, die auf **vermietete Wohnungen** entfallen, sind **Werbungskosten**.

Aufwendungen, die auf den zu **eigenen Wohnzwecken** genutzten Teil des Gebäudes bzw. auf den **unentgeltlich überlassenen** Teil entfallen, sind **keine Werbungskosten**.

Beispiel:
Die Steuerpflichtige Bianca Braun hat 1994 auf eigenem Grund und Boden ein **Zweifamilienhaus** hergestellt. Der Antrag auf Baugenehmigung wurde 1993 gestellt. Die **Herstellungskosten** des Hauses haben **400.000 DM** betragen. Das Erdgeschoß hat sie für **1.200 DM** monatlich zu einer ortsüblichen Marktmiete **vermietet**. Das Obergeschoß nutzt sie für **eigene Wohnzwecke** (= **begünstiges Objekt i.S.d. EStG**). Beide Geschosse haben gleichgroße Nutzflächen. An Grundstücksaufwendungen sind in 1999 - ohne die AfA - **12.000 DM** angefallen.

Als **Werbungskosten** sind 1999 abziehbar:

die **Hälfte** der **Grundstücksaufwendungen** (12.000 DM : 2)	6.000 DM
die **Hälfte** der degressiven **Gebäude-AfA** (Staffel 81, 6. Jahr) (5 % von 400.000 DM = 20.000 DM : 2)	10.000 DM
insgesamt	**16.000 DM**

Für die **selbstgenutzte Wohnung** kann Bianca Braun **keine Werbungskosten** absetzen.

Sie kann jedoch für das **begünstigte Objekt** i.S.d. EStG die Vergünstigung des **§ 10e EStG** beanspruchen (siehe Abschnitt 14.4.1, Seite 407 ff.).

Übung: 1. Wiederholungsfragen 33 bis 35 (Seite 232 f.),
2. Fälle 19 bis 22 (Seite 238 f.)

11.3.3.2 Gebäude, die teilweise vermietet sind und teilweise eigenen Wohnzwecken dienen und teilweise eigenbetrieblich genutzt werden

Einnahmen

Bei Gebäuden, die **teilweise vermietet** sind, bestehen die **Einnahmen** aus den **Mieten** und **Umlagen**, die die Mieter zahlen.

Bei Gebäuden, die **teilweise eigenen Wohnzwecken** dienen oder **teilweise eigenbetrieblich genutzt** werden, fallen **weder Einnahmen noch Betriebseinnahmen** an.

Beispiel:
Die Steuerberaterin Anette Vogel hat 1990 ein **Zweifamilienhaus** für **300.000 DM** gekauft, das 1975 hergestellt worden ist. Das Haus ist **teilweise vermietet** und dient **teilweise eigenen Wohnzwecken** und **teilweise eigenen beruflichen Zwecken**. Das Zweifamilienhaus hat insgesamt eine Nutzfläche von **350 qm**, davon entfallen auf die beiden **Wohnungen je 150 qm** und auf die **Praxisräume 50 qm**. Anette Vogel hat die **eine Wohnung** zu einer ortsüblichen Marktmiete von jährlich **12.000 DM** vermietet. Für die **eigengenutzte Wohnung** (= begünstigtes Objekt i.S.d. EStG) hat sie die steuerrechtliche Förderung nach § 10e EStG bis zum Ende des Begünstigungszeitraums (1997) in Anspruch genommen.

Ihre steuerpflichtigen **Einnahmen** aus Vermietung und Verpachtung betragen für den VZ 1999:

Mieteinnahmen	12.000 DM
Mietwert der **eigengenutzten Wohnung**	0 DM
Mietwert der **Praxisräume**	0 DM
insgesamt	**12.000 DM**

Werbungskosten bzw. Betriebsausgaben

Wird ein Gebäude im Rahmen der gemischten Nutzung **teilweise vermietet**, so sind die Grundstücksaufwendungen als **Werbungskosten** abzuziehen.

Bei Gebäuden, die **teilweise eigenen Wohnzwecken** dienen, sind die Grundstücksaufwendungen **keine Werbungskosten**.

Bei Gebäuden, die **teilweise eigenbetrieblich** genutzt werden (z.B. als Büroräume, Praxisräume, häusliches Arbeitszimmer), sind die **Grundstücksaufwendungen aufzuteilen**.

Grundstücksaufwendungen, die auf den **eigenbetrieblich genutzten Teil** entfallen, sind grundsätzlich **Betriebsausgaben**.

Stehen sie im wirtschaftlichen Zusammenhang mit einem **häuslichen Arbeitszimmer**, sind sie **Werbungskosten** aus nichtselbständiger Arbeit.

Beispiel:
Sachverhalt wie im Beispiel zuvor. 1999 sind folgende **Aufwendungen** für das Zweifamilienhaus entstanden:

Schuldzinsen	5.000 DM
Erhaltungsaufwand für das gesamte Haus	2.100 DM
Erhaltungsaufwand nur für die Praxisräume	500 DM
sonstige Grundstücksaufwendungen	1.000 DM
AfA (2 % von 300.000 DM)	6.000 DM

Die **Aufwendungen**, die **anteilig** auf die **vermietete** Wohnung entfallen, sind **Werbungskosten**, die bei den Einkünften aus Vermietung und Verpachtung berücksichtigt werden. Das sind **42,86 %** der **Aufwendungen** (150 qm x 100 : 350 qm = 42,86 %):

42,86 % von 5.000 DM =	2.143,— DM
42,86 % von 2.100 DM =	900,06 DM
42,86 % von 1.000 DM =	428,60 DM
42,86 % von 6.000 DM =	2.571,60 DM
Werbungskosten insgesamt	**6.043,26 DM**

Die **Aufwendungen**, die **anteilig auf die betrieblich genutzten Räume** entfallen, sind **Betriebsausgaben**, die bei den Einkünften aus selbständiger Arbeit berücksichtigt werden. Das sind **14,29 % der Aufwendungen** (50 qm x 100 : 350 qm = 14,29 %). Dazu kommen die Aufwendungen, die **ausschließlich** für die **Praxisräume** angefallen sind:

14,29 % von 5.000 DM =	714,50 DM
14,29 % von 2.100 DM =	300,09 DM
100 % von 500 DM =	**500,— DM**
14,29 % von 1.000 DM =	142,90 DM
14,29 % von 6.000 DM =	857,40 DM
Betriebsausgaben insgesamt	**2.514,89 DM**

Die **restlichen Grundstücksaufwendungen**, die auf die **eigengenutzte Wohnung** (= **begünstigtes Objekt** i.S.d. **EStG**) entfallen, sind keine **Werbungskosten**.

Übung: 1. Wiederholungsfragen 36 und 37 (Seite 233),
2. Fälle 23 bis 26 (Seite 239 ff.)

11.3.4 Erfolgskontrolle

WIEDERHOLUNGSFRAGEN

1. Nach welcher Methode werden Einkünfte aus Vermietung und Verpachtung ermittelt?
2. Was gehört zu den Einnahmen aus Vermietung und Verpachtung? Nennen Sie Beispiele.
3. Welcher Paragraph ist für die zeitliche Zuordnung der Einnahmen aus Vermietung und Verpachtung maßgebend?
4. In welchem Fall ist die Überlassung einer Wohnung zu Wohnzwecken in einen entgeltlichen und einen unentgeltlichen Teil aufzuteilen?
5. Welche Folgen hat diese Aufteilung auf die Ermittlung der Einkünfte aus Vermietung und Verpachtung?
6. Wie lassen sich die Werbungskosten, die üblicherweise bei der Ermittlung der Einkünfte aus Vermietung und Verpachtung anfallen, gruppieren?
7. Welche Voraussetzung muß gegeben sein, damit Schuldzinsen Werbungskosten bei den Einkünften aus Vermietung und Verpachtung sind?
8. Welche Aufwendungen zählen grundsätzlich zum Erhaltungsaufwand?
9. Wie wird der Erhaltungsaufwand ab dem VZ 1999 behandelt?
10. Wann ist Herstellungsaufwand bei Gebäuden im allgemeinen anzusehen?
11. Was versteht man unter anschaffungsnahen Herstellungskosten?
12. In welchem Falle sind anschaffungsnahe Herstellungskosten (wie Erhaltungsaufwand) abzugsfähig?
13. Welche Werbungskosten gehören zu den sonstigen Werbungskosten?
14. Was wissen Sie über die lineare Gebäude-AfA nach § 7 Abs. 4 bei Gebäuden, die zum Privatvermögen des Steuerpflichtigen gehören?
15. Was wissen Sie über die degressive Gebäude-AfA nach § 7 Abs. 5 bei Gebäuden, die zum Privatvermögen des Steuerpflichtigen gehören?
16. Welche Kosten gehören zu den Herstellungskosten eines Gebäudes?
17. Welche Aufwendungen gehören nicht zu den Herstellungskosten eines Gebäudes?
18. Welche Besonderheit ist bei der degressiven Gebäude-AfA im Jahr der Fertigstellung zu beachten?
19. Wann sind Wohngebäude als fertiggestellt anzusehen?
20. Ist ein Übergang von der degressiven zur linearen Gebäude-AfA möglich?
21. Ist ein Übergang von der linearen zur degressiven Gebäude-AfA möglich?
22. Für welche Gebäude konnte die erhöhte Absetzung nach § 7b in Anspruch genommen werden?
23. Wer konnte die erhöhte Absetzung nach § 7b in Anspruch nehmen?
24. Wie hoch war die erhöhte Absetzung nach § 7b?
25. Für welche Gebäude wird die Restwert-AfA nach § 7b Abs. 1 Satz 2 noch vorgenommen?
26. In welcher Höhe können Sonderabschreibungen für Gebäude nach § 4 Abs. 2 FördG in Anspruch genommen werden?
27. Wann laufen die Sonderabschreibungen nach dem FördG aus?
28. In welcher Form werden ab 1999 die Hilfen für Mietwohngebäude gefördert?
29. Was versteht man unter einem begünstigten Objekt i.S.d. EStG?
30. Wird ein begünstigtes Objekt i.S.d. EStG bei der Ermittlung der Einkünfte aus Vermietung und Verpachtung berücksichtigt?
31. Durch welche Regelung wird seit 1996 die bisherige Förderung der begünstigten Objekte i.S.d. EStG ersetzt?
32. Was versteht man unter einem begünstigten Objekt i.S.d. EigZulG?
33. Was gehört bei Gebäuden, die teilweise vermietet und teilweise eigenen Wohnzwecken dienen bzw. teilweise unentgeltlich überlassen werden, zu den Einnahmen?

34. Wie sind Grundstücksaufwendungen steuerlich zu behandeln, wenn das Gebäude teilweise vermietet und teilweise eigenen Wohnzwecken dient bzw. teilweise unentgeltlich überlassen wird?
35. Wie sind Grundstücksaufwendungen zu behandeln, die ausschließlich auf einen Gebäudeteil entfallen?
36. Wird ein Mietwert bei Gebäuden angesetzt, die teilweise eigenenbetrieblich genutzt werden?
37. Wie sind Grundstücksaufwendungen zu behandeln, die auf den eigenbetrieblich genutzten Teil des Gebäudes entfallen?

FÄLLE

Fall 1:

Der Steuerpflichtige Michael Mörsch ist Eigentümer eines **Dreifamilienhauses in Duisburg**. Das Haus ist in vollem Umfang zu einer ortsüblichen Marktmiete vermietet.
1. Die in 1999 für 1999 vereinnahmten Mieten betragen **36.000 DM**.
2. Im Februar 1999 hat ein säumiger Mieter für die Monate Oktober und November 1998 = **2.000 DM** gezahlt.
3. Aus der Vermietung einer Garage wurden 1999 **600 DM** vereinnahmt.
4. Aus der Vermietung einer Werbefläche wurden 1999 **120 DM** vereinnahmt.
5. Die umlagefähigen Hauskosten betragen 1999 **3.500 DM**. Davon wurden den Mietern in 1999 **2.700 DM** und in 2000 **800 DM** berechnet. Die 1999 berechneten Umlagen wurden von den Mietern auch 1999 gezahlt.
Außerdem haben die Mieter 1999 restliche Umlagen für 1998 von **1.100 DM** gezahlt.

Wie hoch sind die **Einnahmen** aus Vermietung und Verpachtung für den VZ 1999?

Fall 2:

Der Steuerpflichtige Josef Eimuth ist Eigentümer eines **Dreifamilienhauses** in Hannover. Das Haus ist in vollem Umfang vermietet. Es betragen 1999 die

	ortsübliche Marktmiete	tatsächliche Miete	Grundstücksaufwendungen
Erdgeschoß	12.000 DM	5.000 DM	5.000 DM
1. Obergeschoß	12.000 DM	12.000 DM	5.000 DM
2. Obergeschoß	12.000 DM	6.000 DM	5.000 DM

Umlagen für Nebenleistungen wurden nicht erhoben.

Wie hoch sind die **Einkünfte** des Herrn Eimuth aus Vermietung und Verpachtung für den VZ 1999?

Fall 3:

Der Steuerpflichtige Klaus Kollmann hat zum Bau eines **Zweifamilienhauses** ein Darlehen von **150.000 DM** aufgenommen. Das Haus ist in vollem Umfang zu ortsüblicher Marktmiete vermietet. Das Darlehen wurde am **30.4.1999** unter Einbehaltung eines **Damnums** von **2 %** ausgezahlt. Der **Zinssatz** beträgt **8 %**. Die Zinsen für 1999 wurden am 30.12.1999 gezahlt. Für die Eintragung einer Hypothek wurden am 16.04.1999 **800 DM** an das Grundbuchamt und **700 DM** an den Notar gezahlt.

Wie hoch sind die **tatsächlichen Werbungskosten** für den VZ 1999?

Fall 4:

Die Steuerpflichtige Gaby Jahner hat 1999 folgende Beträge gezahlt, die mit ihrem **Mietwohngrundstück** in wirtschaftlichem Zusammenhang stehen:

Darlehnstilgung	7.500,— DM
Darlehnszinsen	10.500,— DM
Geldbeschaffungskosten	2.000,— DM

Welche Beträge sind **Werbungskosten?**

Fall 5:

Entscheiden Sie in den folgenden Fällen, ob **Erhaltungsaufwand** oder **Herstellungsaufwand** vorliegt.

1. Aufwendungen für den Austausch von Fenster- und Türschlössern gegen Sicherheitsschlösser,
2. Aufwendungen für die Umstellung einer funktionsfähigen Zentralheizung von Koks- auf Ölfeuerung,
3. Aufwendungen für den Ausbau des Dachgeschosses,
4. Aufwendungen für eine fest an der Außenmauer angebrachte Markise nach Fertigstellung des Gebäudes,
5. Aufwendungen für den Einbau einer Alarmanlage nach Fertigstellung des Gebäudes,
6. Aufwendungen für den Anbau eines Wintergartens,
7. Aufwendungen für den Austausch eines leck gewordenen Öltanks.

Fall 6:

Die Steuerpflichtige Meike Böttger hat 1995 in München ein **Mietwohngrundstück**, das 1965 hergestellt worden ist, für **570.000 DM** gekauft. Von dem Kaufpreis entfallen **480.000 DM** auf das Gebäude. In den **ersten drei Jahren** nach der Anschaffung des Gebäudes hat die Steuerpflichtige insgesamt **120.000 DM** für Instandsetzungen aufgewendet.

Kann die Steuerpflichtige den Betrag von **120.000 DM** wie Erhaltungsaufwand behandeln und sofort als **Werbungskosten** abziehen? Begründen Sie Ihre Antwort.

Fall 7:

Iris Dahlhoff ist seit 1980 Eigentümerin eines **Dreifamilienhauses** in Hamburg. Das Haus ist in vollem Umfang zu ortsüblicher Marktmiete vermietet. Zu dem Dreifamilienhaus liegen für das Kalenderjahr 1999 folgende Angaben vor:

1. **vereinnahmte Mieten** für das EG, 1. OG und 2. OG	36.000,— DM
2. **Einnahmen aus Umlagen** (nicht in den Mieten enthalten)	600,— DM
3. **Darlehnszinsen**	15.000,— DM
4. verschiedene Aufwendungen für **Instandhaltungen und Instandsetzungen** lt. Einzelaufstellung	5.300,— DM
5. **Grundsteuer, Straßenreinigung, Müllabfuhr**	1.150,— DM
6. **Schornsteinreinigung**	200,— DM
7. **Brandversicherung**	350,— DM
8. **Hausratversicherung**	300,— DM
9. **Haushaftpflichtversicherung**	400,— DM
10. Absetzung für Abnutzung (**AfA**)	10.500,— DM

Ermitteln Sie die **Einkünfte** aus Vermietung und Verpachtung für den VZ 1999.

Fall 8:

Bernd Weber ist Eigentümer eines **Mietwohngrundstückes** in Bonn. Das Haus hat er vor vier Jahren erworben. Es ist ganz zu ortsüblicher Miete vermietet.

Für den VZ 1999 werden folgende Einnahmen und Ausgaben belegt:

1. **Mieteinnahmen**   42.300 DM
   a) In den Mieteinnahmen ist die fällige Januarmiete 2000 in Höhe von **1.500 DM** enthalten. Sie wurde am **28.12.1999** vereinnahmt.

   b) Ein säumiger Mieter hat die fällige Novembermiete 1998, Dezembermiete 1998 und Januarmiete 1999 von insgesamt **1.500 DM** erst am **06.02.1999** gezahlt. Dieser Betrag ist ebenfalls in den Mieteinnahmen enthalten.

2. **Einnahmen aus Umlagen** für Wasser, Strom, Müllabfuhr, Heizung u.ä.   4.700 DM

3. **Grundsteuer, Hausversicherungen**   900 DM

4. **nachträglicher Einbau von Rolläden**   3.700 DM

5. **Kosten des Außenanstrichs**   15.000 DM

6. **sonstige Reparaturkosten**   800 DM

7. Gebühren der Stadtwerke für **Wasser, Müllabfuhr, Fernwärme, Strom**   4.700 DM

8. Absetzung für Abnutzung (**AfA**)   6.300 DM

Ermitteln Sie die **Einkünfte** aus Vermietung und Verpachtung des Bernd Weber für den VZ 1999.
Weber wünscht, die Kosten für den **Außenanstrich auf drei Jahre** zu verteilen.

Fall 9:

Wie hoch ist die **lineare AfA** 1999 für ein am 06.10.1999 fertiggestelltes Haus?

Die **Herstellungskosten** des Gebäudes haben **450.000 DM** betragen. Das Haus ist ganz zur ortsüblichen Miete zu Wohnzwecken vermietet.

Fall 10:

Kerstin Michel ist Eigentümerin eines **Zweifamilienhauses** in München. Das Zweifamilienhaus ist ganz zu ortsüblicher Marktmiete vermietet.

Zu dem Zweifamilienhaus liegen für das Kalenderjahr 1999 folgende Angaben vor:

1. **Vereinnahmte Mieten** für beide Wohnungen In den vereinnahmten Mieten sind die Einnahmen aus Umlagen enthalten.	21.600 DM
2. **Einnahmen** aus der Vermietung von **Garagen**	960 DM
3. Kerstin Michel hat das Zweifamilienhaus, das 1970 hergestellt worden ist, am 20.12.1981 erworben. Die Anschaffungskosten haben betragen Davon entfallen auf Grund und Boden Das Haus wird **linear** nach § 7 **Abs. 4** abgeschrieben.	400.000 DM 100.000 DM
4. Im Kalenderjahr 1999 sind im Zusammenhang mit dem Haus folgende Ausgaben angefallen:	
4.1 **Schuldzinsen**	3.600 DM
4.2 Kosten für **Dachreparatur**, netto	10.000 DM
+ USt	1.600 DM
4.3 **Grundsteuer, Straßenreinigung, Müllabfuhr**	1.300 DM
4.4 **Schornsteinreinigung, Hausversicherungen,** **Heizung**	2.400 DM
4.5 **Hausratversicherung**	400 DM

Ermitteln Sie die **Einkünfte** der Kerstin Michel aus Vermietung und Verpachtung für den VZ 1999.

Fall 11:

Wie hoch ist die höchstzulässige **degressive AfA** für 1999 für ein am 06.10.1995 fertiggestelltes Zweifamilienhaus?

Die **Herstellungskosten** des Gebäudes betragen **250.000 DM**. Der Bauantrag wurde am 16.05.1995 gestellt. Das Haus ist ganz zu ortsüblicher Marktmiete vermietet.

Fall 12:

Ein Zweifamilienhaus wurde am 19.03.1988 fertiggestellt. Der Bauantrag wurde am 12.02.1987 gestellt. Die **Herstellungskosten** betragen **200.000 DM**. Das Haus ist ganz zu ortsüblicher Marktmiete vermietet.

Wie hoch ist die **degressive AfA** für 1999?

Fall 13:

Sachverhalt wie im Fall 12 mit dem **Unterschied**, daß das Gebäude **linear** abgeschrieben werden soll.

Fall 14:

Heike Becker ist Eigentümerin eines in Köln gelegenen Einfamilienhauses. Das Haus wurde im Januar 1986 fertiggestellt und seitdem ganz zu Wohnzwecken vermietet. Die Herstellungskosten des Gebäudes haben **250.000 DM** betragen. Heike Becker hat bisher die erhöhte Absetzung nach § 7b in Anspruch genommen.

Wie hoch ist die **AfA nach § 7b Abs. 1 Satz 2** für 1999?

Fall 15:

Ein Steuerpflichtiger hat **1996** einen **Kaufpreis** für eine zu Wohnzwecken zu vermietende Immobilie mit Fertigstellungstermin **1.7.1997** abgeschlossen. Die Gesamtkosten betragen **1 Mio. DM**; hiervon entfallen auf das **Gebäude 800.000 DM**. Der Steuerpflichtige leistete im **Dezember 1996** eine (anzuerkennende) **Anzahlung** in Höhe des **gesamten Kaufpreises**. Der Steuerpflichtige will die **Sonderabschreibung 1996** zu **30 %** und **1997** zu **20 %** in Anspruch nehmen.

Wie werden die **Sonderabschreibungen** nach dem **FördG und** die **linerare AfA** nach § 7 Abs. 4 EStG ab 1996 berechnet?

Fall 16:

Der Steuerpflichtige Oliver Stadtfeld hat am **30.04.1995** in Frankfurt ein **Einfamilienhaus** fertiggestellt. Das Haus bewohnt er selbst.

Die ortsübliche Monatsmiete beträgt **2.500 DM**. An Hausaufwendungen sind in 1999 **12.700 DM** angefallen.

Wie hoch sind die **Einkünfte** des Herrn Stadtfeld aus diesem Haus für den VZ 1999? Begründen Sie Ihre Antwort.

Fall 17:

Der Steuerpflichtige Bernd Baumgarten hat am **30.06.1995** in Kassel eine **Eigentumswohnung** gekauft, die 1986 hergestellt worden ist. Herr Baumgarten bewohnt die Wohnung selbst. Der Nutzungswert der Wohnung betrug in 1999 **12.000 DM**.

Wie hoch sind die **Einkünfte** des Herrn Baumgarten aus dieser Wohnung für 1999? Begründen Sie Ihre Antwort.

Fall 18:

Martin Becker ist seit 1982 mit Ursula geb. Laux verheiratet. Beide wohnen seit 1998 in Essen.

Die Eheleute kauften am **1.7.1999** ein **Einfamilienhaus** in Oberhausen für **374.000 DM** einschließlich Erwerbsnebenkosten.

Die Eheleute bezogen das in 1980 hergestellte Einfamilienhaus am **1.7.1999**.

Ermitteln Sie die **Einkünfte aus Vermietung und Verpachtung** der Eheleute Becker für den VZ 1999.

Fall 19:

Wolfgang Zorn ist Eigentümer eines in Mainz belegenen **Zweifamilienhauses**. Das Gebäude wurde am 19.03.1986 bezugsfertig und am 01.04.1986 von ihm und den Mietern bezogen.

Im VZ 1999 ist das Zweifamilienhaus wie folgt genutzt worden:

Die **Erdgeschoßwohnung** ist 110 qm groß und zu einem ortsüblichen monatlichen Mietpreis von 11 DM pro qm **vermietet**.

Die Wohnung im **1. Obergeschoß** bewohnt Herr Zorn **selbst**.

Beide Wohnungen sind gleichartig und gleichwertig.

Wie hoch sind die zu versteuernden **Einnahmen** des Wolfgang Zorn aus Vermietung (ohne Umlagen) für den VZ 1999?

Fall 20:

Die Steuerpflichtige Andrea Liegl hat am 01.01.1987 ein in Westerburg (WW) belegenes **Zweifamilienhaus** erworben. Die Wohnung im **Erdgeschoß** bewohnt sie seit dem 01.01.1987 **selbst**. Die Wohnung im **1. Obergeschoß** hat sie seit 01.01.1987 zu einer ortsüblichen Marktmiete für monatlich 500 DM **vermietet**.

Wie hoch sind die zu versteuernden **Einnahmen** der Andrea Liegl aus Vermietung für den VZ 1999?

Fall 21:

Die Eheleute Karina und Torsten Scheidt sind Eigentümer eines in München belegenen **Zweifamilienhauses**. Das Haus wurde am 01.07.1999 fertiggestellt. Der Bauantrag ist am 05.01.1999 gestellt worden.

Die Wohnung im **Erdgeschoß** bewohnen die Eheleute Scheidt seit dem Tag der Fertigstellung **selbst**.

Die Wohnung im **1. Obergeschoß** haben sie seit dem 01.07.1999 an ihren Sohn Michael **vermietet**.

Beide Wohnungen sind gleichwertig. Michael zahlt aufgrund der verwandtschaftlichen Beziehung monatlich nur **350 DM** Miete; die ortsübliche Miete für diese Wohnung beträgt **650 DM**. Über die Gebrauchsüberlassung wurde keine schriftliche Vereinbarung getroffen.

Wie hoch sind die zu versteuernden **Einnahmen** der Eheleute Scheidt (ohne Umlagen) für den VZ 1999?

Fall 22:

Dr. med. Christoph Sabel gehört seit **1986** ein **Zweifamilienhaus** in Mainz. Die **Herstellungskosten** des Hauses, das am 10.12.1986 von ihm und den Mietern bezogen wurde, haben **360.000 DM** betragen. Die Anschaffungskosten des Grund und Bodens haben **64.000 DM** betragen.

Im VZ 1999 wurde das Zweifamilienhaus wie folgt genutzt:

1. Die **Erdgeschoßwohnung** ist 120 qm groß und ist zu einem ortsüblichen monatlichen Mietpreis von 10 DM pro qm **vermietet**.

2. Die Wohnung im **1. Obergeschoß** bewohnt Dr. Sabel **selbst**.
   Beide Wohnungen sind gleichartig und gleichwertig.

3. Im VZ 1999 sind noch folgende Aufwendungen angefallen:

Schuldzinsen	13.831 DM
Haushaftpflichtversicherungsbeitrag	1.200 DM
Brandversicherungsbeitrag	200 DM
Beitrag zur Hausratversicherung	520 DM
An umlagefähigen Hauskosten hat Dr. Sabel	5.100 DM
verausgabt. Davon entfallen auf seine Wohnung	2.550 DM
Den Rest hat er in 1999 den Mietern berechnet	
und vereinnahmt.	

Ermitteln Sie die **Einkünfte aus Vermietung und Verpachtung** des Herrn Dr. Sabel für den VZ 1999.

Fall 23:

Der Architekt Maurer bewohnte bis 30.09.1999 mit seiner Ehefrau und seinem 15jährigen Sohn die Erdgeschoßwohnung seines **Mehrfamilienhauses**.
Er hat das Gebäude, das 1957 hergestellt worden ist, 1972 mit Grund und Boden für **680.000 DM** erworben. Davon entfallen **120.000 DM** auf Grund und Boden.

Da ihm seine Wohnung zu klein geworden war, baute er ein **Einfamilienhaus**, das am 01.10.1999 bezugsfertig war und das er auch an diesem Tag mit seiner Familie bezog. Der Bauantrag wurde am 12.02.1999 gestellt.

Nach notwendigen Renovierungsarbeiten wurde seine bisherige Wohnung **ab 01.12.1999** für monatlich **1.000 DM vermietet**.

Im Jahr 1999 sind für die Häuser folgende Ausgaben und Einnahmen angefallen:

1. Mehrfamilienhaus

Die Mieteinnahmen betrugen für die vermieteten Wohnungen 1999 insgesamt	49.000 DM
Hypothekenzinsen	8.000 DM
Hypothekentilgung	2.000 DM
Grundbesitzabgaben	2.200 DM
Gebäudeversicherungen	1.100 DM
sonstige Grundstücksaufwendungen	1.000 DM

Renovierung der Erdgeschoßwohnung in den
Monaten **Oktober und November 1999**
a) Erneuerung der Fußbodenbeläge, die durch
  langjährige Nutzung verschlissen waren   6.000 DM
b) Überprüfung und Verstärkung der
  Elektroinstallation   1.000 DM
c) Anstreicherarbeiten   1.400 DM

2. Einfamilienhaus

Notarkosten gezahlt am 15.01.1999
a) für die Beurkundung des Grundstückkaufvertrags   800 DM
b) für die Bestellung der Grundschuld   500 DM
Disagio, bei Auszahlung im Januar 1999   12.500 DM
Darlehenszinsen bis zum 30.09.1999   13.500 DM
              vom 01.10. bis 31.12.1999   10.500 DM
Gebäudeversicherung vom 01.10.1999 bis
30.09.1999 lt. Rechnung vom 10.10.1999   500 DM
Herstellungskosten   350.000 DM

Ermitteln Sie die **Einkünfte aus Vermietung und Verpachtung** für 1999 aus beiden Häusern. Die AfA soll so hoch wie möglich angesetzt werden.

Fall 24:

a) Ermitteln Sie die **Einkünfte aus Vermietung und Verpachtung** für den VZ 1999.
b) Besorgen Sie sich, nachdem Sie die Einkünfte ermittelt haben, die **Anlage V** zur Einkommensteuererklärung 1999 und füllen Sie diese aus.

1. Die Eheleute Jürgen und Petra Seebald, Stadthausen, Steuernummer 27/191/2770/4, sind Eigentümer eines in Stadthausen, Mühlenstr. 25, gelegenen **Einfamilienhauses**. Das Anwesen hat eine Gesamtfläche von 925 qm; davon sind 180 qm bebaut. Das Haus wurde am 15.05.1985 fertiggestellt und am 20.05.1985 von den Eheleuten bezogen. Die **Herstellungskosten** des Hauses haben **245.700 DM** betragen. Der Einheitswert wurde auf den 01.01.1986 mit 87.200 DM festgestellt (Aktenzeichen: 8904 III 13225).

  Das Haus wurde im vergangenen Jahr ganz zu eigenen Wohnzwecken selbst genutzt. Die Eheleute Seebald haben im abgelaufenen Jahr **Schuldzinsen** in Höhe von **8.750 DM** gezahlt. An **sonstigen Werbungskosten** haben sie **2.120 DM** ausgegeben.

2. Außerdem sind die Eheleute Seebald Eigentümer eines in Stadthausen, Burgstr. 7, gelegenen **Zweifamilienhauses** (Baujahr 1965). Das Anwesen wurde am 30.08.1986 von den Eheleuten für **320.850 DM** erworben. Von den Anschaffungskosten entfallen **75.140 DM** auf Grund und Boden.
  Das Haus ist ganz zu Wohnzwecken vermietet. Die vereinnahmten **Mieten** für das Kalenderjahr 1999 haben für das **Erdgeschoß 12.000 DM** und für das **1. Obergeschoß 12.680 DM** betragen.

  Die **Einnahmen** aus **Umlagen** haben **4.154 DM** betragen.

  Die Eheleute wollen - wie im Vorjahr - **§ 7b** in Anspruch nehmen.

An **Ausgaben** wurden im abgelaufenen Jahr geleistet:

Schuldzinsen	4.350 DM
Darlehnstilgung	2.100 DM
kleinere Reparaturen	269 DM
Grundsteuer, Straßenreinigung, Müllabfuhr	330 DM
Wasserversorgung, Entwässerung (Kanalgebühren)	400 DM
Heizung, Warmwasser	3.374 DM
Schornsteinreinigung, Hausversicherungen	1.000 DM
Verwaltungskosten	152 DM

Fall 25:

Die Wohnung und die Praxisräume des Steuerberaters Christoph Klein, Bonn, befinden sich in einem **Einfamilienhaus**, das am 01.01.1999 fertiggestellt worden ist.
Der Antrag auf Baugenehmigung wurde am 15.05.1998 gestellt. Das Einfamilienhaus wird nach dem Einheitswertbescheid zu **25 %** für **eigenberufliche Zwecke** und zu **75 %** für **Wohnzwecke** genutzt. Der eigenberuflich genutzte Grundstücksteil befindet sich im **Betriebsvermögen**, während der zu Wohnzwecken genutzte Grundstücksteil zum **Privatvermögen** gehört.
Die Herstellungskosten des Gebäudes haben **350.000 DM** betragen.
1999 sind folgende Aufwendungen für das Einfamilienhaus entstanden:

Schuldzinsen	5.000 DM
Erhaltungsaufwand für das gesamte Haus	1.600 DM
Erhaltungsaufwand nur für die Praxisräume	500 DM
sonstige Grundstücksaufwendungen ohne AfA	400 DM

1. Ermitteln Sie die **Einkünfte aus Vermietung und Verpachtung** für den VZ 1999.
2. Wie hoch sind die **Betriebsausgaben**, die auf die Praxisräume entfallen, (Hinweis: Übersicht auf Seite 100 dieses Buches)?

Fall 26:

Leo und Grete Steinert wohnen seit 1993 in dem **Einfamilienhaus** des Ehemannes in Dortmund. Aus den Unterlagen, die sie ihrem Steuerberater vorlegen, ergibt sich für den VZ 1999 folgendes:

1. Leo Steinert ist Rechtsanwalt und nutzt sein als Einfamilienhaus bewertetes Haus zu 20 % der Nutzfläche als Kanzlei und zu 80 % zu Wohnzwecken. Der freiberuflich genutzte Grundstücksteil gehört zu seinem **Betriebsvermögen**, der zu Wohnzwecken genutzte Teil gehört zu seinem **Privatvermögen**. Die Herstellungskosten des Gebäudes haben **300.000 DM** betragen.
2. An Grundsteuer und sonstigen Grundstücksaufwendungen ohne AfA und Schuldzinsen sind 1999 insgesamt **1.600 DM** angefallen.
3. Die Schuldzinsen für die Errichtung des Gebäudes haben 1999 **5.000 DM** betragen.
4. Leo Steinert nahm für das am 1.1.1993 fertiggestellte Einfamilienhaus für den privatgenutzten Teil § 10e in Anspruch und für den betrieblich genutzten Teil die höchstzulässige AfA nach § 7 Abs. 5. Der Antrag auf Baugenehmigung wurde am 13.06.1992 gestellt.
5. Leo Steinert hat aus seiner Anwaltspraxis in 1999 Betriebseinnahmen in Höhe von **50 000 DM** und Betriebsausgaben in Höhe von **26.225 DM** aufgezeichnet. In den Betriebsausgaben sind die Beträge, die auf den beruflich genutzten Teil des Einfamilienhauses entfallen, nicht enthalten.

Ermitteln Sie die **Einkünfte** der Eheleute Steinert für den VZ 1999.

11.4 Sonstige Einkünfte im Sinne des § 22 EStG

Zu den **sonstigen Einkünften** gehören nur die Einkünfte, die in § 22 genau bezeichnet sind. Die **Aufzählung** des § 22 ist **erschöpfend**.

Die **sonstigen Einkünfte** werden als **Überschuß der Einnahmen** über die **Werbungskosten** ermittelt.

Für die **zeitliche Zurechnung** der Einnahmen und Werbungskosten ist § 11 maßgebend.

§ 22 unterscheidet folgende **sonstigen Einkünfte**:

1. Einkünfte aus **wiederkehrenden Bezügen**
2. Einkünfte aus Unterhaltsleistungen
3. Einkünfte aus **privaten Veräußerungsgeschäften i.S.d. § 23**
4. Einkünfte aus **bestimmten Leistungen**
5. Einkünfte aus der Ausübung eines Mandats (Abgeordnetenbezüge)

Im folgenden werden nur die unter **Nr. 1, 3 und 4** fallenden Einkünfte erläutert.

Die Einkünfte aus **Unterhaltsleistungen** (Nr. 2) werden im Rahmen der **Sonderausgaben** im Abschnitt 14.2.3.1, Seite 313 f., dargestellt.

11.4.1 Einkünfte aus wiederkehrenden Bezügen

Zu den wiederkehrenden Bezügen i.S.d. § 22 **Nr. 1** gehören insbesondere die **Leibrenten**, und zwar

1. das **Altersruhegeld** (die **Altersrente**) und
2. die **Berufs- und Erwerbsunfähigkeitsrenten**.

11.4.1.1 Altersruhegeld

Versicherte, die aufgrund ihrer Beitragsleistungen zu den Rentenversicherungen der Arbeiter und Angestellten einen Anspruch erworben haben, erhalten vom Erreichen der Altersgrenze an ein **Altersruhegeld** (eine **Altersrente**), die nach § 22 Nr. 1 **Satz 3 Buchstabe a** zu versteuern ist.

Zu den nach § 22 Nr. 1 Satz Buchstabe a zu versteuernden **Renten** gehören insbesondere die (echten) **Leibrenten**, deren Dauer nur von der **Lebenszeit einer Person** abhängt (H 167 (Allgemeines) EStH 1999).

Leibrenten im Sinne des § 22 Nr. 1 Satz 3 Buchstabe a sind insbesondere (H 167 (Leibrente) EStH 1999):

- die lebenslänglichen Renten aus den **gesetzlichen Rentenversicherungen** der Arbeiter und Angestellten,
- die von **juristisch** selbständigen **Pensionskassen** gezahlten Renten sowie
- die lebenslänglichen Renten aus den **privaten Lebensversicherungen**.

Nicht zu den **Leibrenten** im Sinne des § 22 Nr. 1 Satz 3 Buchstabe a gehören die Renten aus der **gesetzlichen Unfallversicherung**. Sie sind nach § 3 Nr. 1a **steuerfrei**.

Die **Leibrenten** im Sinne des § 22 Nr. 1 Satz 3 Buchstabe a werden **nicht in voller Höhe**, sondern **lediglich** mit dem **Ertragsanteil** besteuert. **Ertragsanteil** ist der Ertrag (Zinsertrag) aus dem Rentenrecht.

Bemessungsgrundlage für die Berechnung des Ertragsanteils ist die **Brutto-Rente**, nicht der ausgezahlte Rentenbetrag (die **Netto-Rente**).

Der **Beitragssatz zur Krankenversicherung der Rentner** beträgt seit 1.7.1998 einheitlich in den **alten** und **neuen** Bundesländern **13,9 %** (BEK) der Rente.

Der **Zuschuß** zur **Krankenversicherung der Rentner** beträgt seit **1.7.1998** in den **alten** und **neuen** Bundesländern **6,95%** (BEK).

Außerdem werden die Rentner in den alten und neuen Bundesländern **seit 1.7.1996** mit einem **Eigenanteil** von **0,85 %** am **Beitrag zur Pflegeversicherung** belastet.

Beispiel:
Der 65jährige Steuerpflichtige Willi Schneider, Köln, geb. am 20.07.1934, erhält seit **1.7.1999** von der gesetzlichen Rentenversicherung die folgende Rente. Der Steuerpflichtige hat zu **Beginn der Rente** das 65. Lebensjahr vollendet (R 167 Abs. 5 EStR 1999).

eine **Altersrente** (eine **Brutto-Rente**) von monatlich	**2.200,— DM**
− **Krankenversicherungsbeitrag** (BEK) insgesamt (**13,9 %**)	305,80 DM
− **Pflegeversicherungsbeitrag** insgesamt (**1,7 %**)	37,40 DM
	1.856,80 DM
+ **Zuschuß** zum Krankenversicherungsbeitrag (**6,95 %**)	152,90 DM
+ **Zuschuß** zum Pflegeversicherungsbeitrag (**0,85 %**)	18,70 DM
= Zahlbetrag (**Netto-Rente**)	**2.028,40 DM**

Die **Bemessungsgrundlage** für die Berechnung des Ertragsanteils ist die **Brutto-Rente** von monatlich **2.200 DM**. Für den VZ 1999 beträgt die **Bemessungsgrundlage 13.200 DM** (2.200 DM x 6 Monate).

Der **Prozentsatz** für die **Berechnung des Ertragsanteils** der Leibrente im Sinne des § 22 Nr. 1 Satz 3 Buchstabe a ist aus einer **Tabelle** zu entnehmen, die **seit 1994 neu gefaßt** worden ist.

Der **Grund** für die **Neuregelung** liegt in einer **gestiegenen Lebenserwartung**. Wegen der zu erwartenden **längeren Rentenlaufzeit** ergibt sich ein **höherer Zinsanteil** und damit ein **höherer Ertragsanteil**.

Die **Tabelle** in § 22 Nr. 1 Satz 3 Buchstabe a ist wie folgt gefaßt (Auszug):

Bei **Beginn** der Rente **vollendetes Lebensjahr** des Rentenberechtigten	Ertragsanteil in %
55	38
56	37
57	36
58	35
59	34
60	32
61	31
62	30
63	29
64	28
65	**27**
66	26
67	25
68	23
69	22
70	21

Maßgebend für die **Höhe des Prozentsatzes** ist das bei **Beginn** der Rente **vollendete Lebensjahr** des Rentenberechtigten.
Unter **Beginn der Rente** ist der Zeitpunkt zu verstehen, von dem an versicherungsrechtlich die Rente zu laufen beginnt; auch bei Rentennachzahlungen ist unter **Beginn der Rente** der Zeitpunkt zu verstehen, in dem der Rentenanspruch entstanden ist.
Auf den Zeitpunkt des **Rentenantrags** oder der **Zahlung** kommt es **nicht** an (H 167 (Beginn der Rente) EStH 1999).

Beispiel:
Der Steuerpflichtige Willi Schneider, Köln, bezieht seit **1. 7. 1999** eine **Altersrente** von monatlich **2.200 DM** (Sachverhalt wie im Beispiel zuvor).
Bei **Beginn** der Rente hatte der Steuerpflichtige das **65. Lebensjahr vollendet**.
Nach der Tabelle des § 22 beträgt der **Prozentsatz** für die Berechnung des Ertragsanteils **27**.
Der **Ertragsanteil** (die steuerpflichtige **Einnahme**) wird wie folgt berechnet:

Brutto-Rente (2.200 DM x 6 Monate) = 13.200 DM
Ertragsanteil (**27 %** von 13.200 DM) = stpfl. **Einnahme** **3.564 DM**

Der **Prozentsatz**, mit dem der Ertragsanteil berechnet wird, **bleibt** während der gesamten Dauer des Rentenbezugs **gleich, ausgenommen** bei **gesetzlichen Änderungen des Prozentsatzes**, wie z.B. **seit dem VZ 1994**.

Beispiel:
Ein Steuerpflichtiger, geb. am **20.10.1935**, bezieht seit dem **01.01.1999** eine Altersrente.

Der **Prozentsatz** beträgt in 1999 und in den folgenden Jahren **29**, weil der Steuerpflichtige zu **Beginn** der Rente (am **01.01.1999**) das **63. Lebensjahr vollendet** hatte.

> **Übung:** 1. Wiederholungsfragen 1 bis 3 (Seite 255),
> 2. Fall 1 (Seite 255)

11.4.1.2 Berufs- und Erwerbsunfähigkeitsrenten

Wird der Versicherte **vor** Erreichen der **Altersgrenze** berufs- oder erwerbsunfähig, hat er nach §§ 43, 44 SGB VI einen Anspruch auf eine **Berufs- oder Erwerbsunfähigkeitsrente**.

Dieser Anspruch **erlischt**, sobald der Rentenberechtigte ein **Altersruhegeld** erhält, **spätestens** aber mit Vollendung des **65. Lebensjahres** (§§ 43 Abs. 1, 44 Abs. 1 SGB VI).

Wegen dieser Beschränkung der Laufzeit sind Berufs- und Erwerbsunfähigkeitsrenten stets als **abgekürzte Leibrenten** anzusehen, deren **Ertragsanteil** nach **§ 55 Abs. 2 EStDV** zu bestimmen ist. In diesen Fällen ist die Laufzeit der abgekürzten Rente auf **volle Jahre abzurunden** (R 167 Abs. 6 EStR 1999).

Beispiel:
Der am 10.5.1941 geborene A erhält nach einem Unfall seit dem 1.4.1996 eine **Erwerbsunfähigkeitsrente**. Die Rente wird ab 1.5.2006 in ein Altersruhegeld umgewandelt.
Die Laufzeit der Erwerbsunfähigkeitsrente beträgt bis zur Vollendung des 65. Lebensjahrs 10 Jahre und 1 Monat (abgerundet **10 Jahre**).

Der **Ertragsanteil** der abgekürzten Rente beträgt **19 %** (§ 55 Abs. 2 EStDV).

> **Übung:** 1. Wiederholungsfrage 4 (Seite 255),
> 2. Fall 2 (Seite 255)

Bei der **Ermittlung der Einkünfte** aus **wiederkehrenden Bezügen** kann nach § 9a Satz 1 **Nr. 3** ein **Werbungskosten-Pauschbetrag** in Höhe von **200 DM** abgezogen werden, wenn keine höheren Werbungskosten nachgewiesen werden.

Beispiel:
Der Steuerpflichtige B, der zur Einkommensteuer veranlagt wird, bezieht seit dem **01.09.1999** eine **Brutto-Rente** von monatlich **800 DM**. Bei Beginn der Rente hatte er das **65. Lebensjahr** vollendet. Werbungskosten werden im einzelnen nicht nachgewiesen.

Die **sonstigen Einkünfte i.S. des § 22** werden für den VZ 1999 wie folgt berechnet:

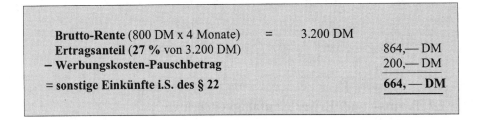

Brutto-Rente (800 DM x 4 Monate) = 3.200 DM	
Ertragsanteil (**27 %** von 3.200 DM)	864,— DM
− Werbungskosten-Pauschbetrag	200,— DM
= sonstige Einkünfte i.S. des § 22	**664,— DM**

In der **Anlage KSO** zur **Einkommensteuererklärung 1999** hat B folgende Eintragungen vorzunehmen:

Sonstige Einkünfte

Zeile	**Leibrenten**	Steuerpflichtige Person Ehemann					
30	Einnahmen Altersrente	☒ 1. Rente			☐ 2. Rente		
37	Die Rente läuft seit	Tag 0 1	Monat 0 9	Jahr 9 9	Tag	Monat	Jahr
40	Rentenbetrag	3.200		DM			DM
41	Ertragsanteil der Rente	27		%			%

Übung: 1. Wiederholungsfrage 5 (Seite 255),
2. Fälle 3 und 4 (Seite 256)

11.4.2 Einkünfte aus privaten Veräußerungsgeschäften i.S.d. § 23 EStG

Zu den **sonstigen Einkünften** gehören auch die Einkünfte aus **privaten Veräußerungsgeschäften** im Sinne des § 23 EStG.

Während die Tatbestände des § 23 im Gesetz **bis** zum **VZ 1998** unter dem Begriff "Spekulationsgeschäfte" zusammengefaßt wurden, sieht die gesetzliche Neuregelung **ab** dem **VZ 1999** nunmehr die Bezeichnung "**Private Veräußerungsgeschäfte**" vor.

Neben der Verlängerung der steuerschädlichen Fristen erfolgt ab dem VZ 1999 auch eine **Ausdehnung** des Begriffs der privaten Veräußerungsgeschäfte gegenüber dem bisherigen Spekulationsbegriff.

Kern der Neuregelung ist die **Verlängerung der steuerschädlichen Fristen**. Private Veräußerungsgeschäfte (§ 23 Abs. 1 **Nr. 1** und **Nr. 2**) sind Veräußerungsgeschäfte, bei denen der Zeitpunkt zwischen Anschaffung und Veräußerung beträgt

- bei **Grundstücken** - einschließlich innerhalb dieser Frist fertiggestellten Gebäuden - **nicht mehr als zehn Jahre**,
- bei **anderen Wirtschaftsgütern nicht mehr als ein Jahr.**

Zudem unterliegen jetzt auch Veräußerungsvorgänge der Besteuerung, bei denen die **Veräußerung früher erfolgt als der Erwerb** (§ 23 Abs. 1 **Nr. 3**). Durch diese Regelung wird gesetzlich ausgeschlossen, daß die steuerschädlichen Fristen nach § 23 Abs. 1 Nr. 1 und Nr. 2 dadurch umgangen werden, daß ein Wirtschaftsgut bereits **vor** dem Erwerb weiterverkauft wird.

Nach § 23 Abs. 1 **Nr. 4** will der Gesetzgeber schließlich auch **Gewinne aus Termingeschäften** grundsätzlich steuerlich erfassen.

Im Rahmen der steuerpflichtigen privaten Veräußerungsgeschäfte werden nach § 23 Abs. 1 **Satz 2** auch die Wirtschaftsgüter erfaßt, die durch **Entnahmen** oder eine **Betriebsaufgabe** in das Privatvermögen überführt und innerhalb der steuerschädlichen Frist nach § 23 Abs. 1 Nr. 1 und Nr. 2 veräußert werden.
Darüber hinaus sieht § 23 Abs. 1 **Satz 2** eine Besteuerung vor, wenn **einbringungsgeborene Anteile** veräußert werden, die innerhalb der letzten fünf Jahre auf Antrag nach § 21 Abs. 2 Satz 1 Nr. 1 UmwStG entrichtet worden sind.

Da sich die Änderungen der Besteuerung nach § 23 vor allem im Bereich **privater Grundstücksveräußerungen** auswirken, werden im folgenden nur die privaten Veräußerungsgeschäfte nach § 23 Abs. 1 **Nr. 1** dargestellt und erläutert.

Einen Veräußerungsgewinn nach § 23 Abs. 1 **Nr. 1** muß künftig **versteuern, wer innerhalb von zehn Jahren ein Grundstück kauft und wieder verkauft.**

Für die **Berechnung der steuerschädlichen Frist** nach § 23 Abs. 1 **Nr. 1** ist wie bisher grundsätzlich das der Anschaffung oder Veräußerung zugrunde liegende **obligatorische** (schuldrechtliche) **Geschäft** (z.B. Abschluß des Kaufvertrags) **maßgebend** und **nicht das dingliche Geschäft** (z.B. Eintragung im Grundbuch).

Beispiel:
Ein Beamter kauft am 01.08.1989 durch notariellen Vertrag ein unbebautes **Grundstück**. Die Eintragung im Grundbuch erfolgt am 15.10.1989.
Am 02.06.1999 verkauft er das Grundstück durch notariellen Vertrag.
Die Eintragung im Grundbuch erfolgt am 21.10.1999.

Es liegt ein **privates Veräußerungsgeschäft** vor, weil der maßgebende Zeitraum zwischen Anschaffung und Veräußerung (01.08.1989 bis 02.06.1999) **nicht mehr als zehn Jahre** beträgt. Es ist unerheblich, daß der Zeitraum zwischen den beiden Eintragungen im Grundbuch (15.10.1989 bis 21.10. 1999) mehr als zehn Jahre beträgt, weil die Berechnung der steuerschädlichen Frist lediglich auf die Zeitpunkte der Vertragsabschlüsse abstellt.

In § 23 Abs. 1 **Nr. 1** wird der folgende **Satz 2** eingefügt:

> "Ein innerhalb dieses Zeitraums fertiggestelltes **Gebäude** ist einzubeziehen."

Damit unterliegt auch der für das **Gebäude** anfallende Veräußerungsgewinn der Besteuerung.

Beispiel:
Der Beamte A hat am **2.1.1995** in Erfurt einen Bauplatz für 45.000 DM erworben. 1998 errichtet er für 400.000 DM auf diesem Bauplatz ein Einfamilienhaus, das am 1.7.1998 fertiggestellt ist. Das Haus wird ab diesem Zeitpunkt zu einer ortsüblichen Marktmiete **vermietet**. Am **4.1.1999** verkauft A das bebaute Grundstück für 700.000 DM.

Es liegt ein **privates Veräußerungsgeschäft** i.S.d. § 23 Abs. 1 Nr. 1 vor, weil der maßgebende Zeitraum zwischen Anschaffung und Veräußerung (2.1.1995 bis 4.1.1999) **nicht mehr als zehn Jahre** beträgt.

Eigentümer einer **selbstgenutzten** Immobilie sollen nach dem Steuerentlastungsgesetz künftig grundsätzlich **von der Besteuerung** nach § 23 **ausgenommen** werden, um insbesondere die Mobilität von Arbeitnehmern nicht zu behindern.

Nach § 23 Abs. 1 Satz 1 Nr. 1 **Satz 3** ist der Verkauf von Grundstücken **nicht steuerschädlich, wenn** das Grundstück

> - im Zeitraum zwischen **Anschaffung oder Fertigstellung und Veräußerung** ausschließlich zu **eigenen Wohnzwecken** verwendet wurde
>   **oder**
> - ein Grundstück im Jahr der **Veräußerung** und in den **beiden vorangegangenen Jahren** zu **eigenen Wohnzwecken** genutzt worden ist.

Beispiel:
Der Beamte A erwirbt **1998** ein **Einfamilienhaus** in Bonn **für sich und seine Familie**. Bereits **1999** muß A das Haus umzugsbedingt wieder verkaufen. Er erzielt dabei einen Veräußerungsgewinn von 13.000 DM.

Der **Veräußerungsgewinn** von 13.000 DM unterliegt **nicht** der **Besteuerung**, weil im Zeitraum zwischen **Anschaffung und Veräußerung** das Haus ausschließlich zu **eigenen Wohnzwecken** genutzt wurde.

Die Freistellung der Besteuerung nach § 23 Abs. 1 Satz 1 Nr. 1 **Satz 3** gilt lediglich für Wohnungen, die zu **eigenen Wohnzwecken** genutzt werden. Wohnungen, die **nicht** zu **eigenen Wohnzwecken** genutzt werden, sind von der **Freistellung** der Besteuerung **ausgenommen**.

Beispiel:
Sachverhalt wie im Beispiel zuvor mit dem **Unterschied**, daß es sich nicht um ein Einfamilienhaus, sondern um ein **Zweifamilienhaus** mit zwei gleich großen Wohnungen handelt, von denen A eine Wohnung mit seiner Familie **selbst bewohnt** und die andere Wohnung **vermietet** ist. A erzielt einen Veräußerungsgewinn von 26.000 DM.

Der Veräußerungsgewinn von 13.000 DM, der auf die **selbstgenutzte** Wohnung entfällt unterliegt **nicht** der Besteuerung. Der auf die **vermietete** Wohnung entfallende Gewinn von 13.000 DM muß A **versteuern**.

Der zweite Ausnahmetatbestand des § 23 Abs. 1 Satz 1 Nr. 1 **Satz 3** betrifft die Fälle, in denen der Steuerpflichtige die Immobilie **zunächst vermietet** hat.

Beispiel:
Der Beamte B ist Eigentümer einer in 1995 angeschafften Eigentumswohnung in Köln, die er bis einschließlich Oktober 1998 **vermietet** hat. Ab **1.11.1998** bezieht er die Wohnung **selbst**.
Im **März 2000** veräußert er die Wohnung und erzielt dabei einen Veräußerungsgewinn von 25.000 DM.

Der **Veräußerungsgewinn** von 25.000 DM unterliegt **nicht** der Besteuerung, weil die Wohnung von B im Veräußerungsjahr und den beiden vorangegangen Jahren (1998 und 1999) zu eigenen Wohnzwecken genutzt hat.

> **Übung:** 1. Wiederholungsfragen 6 bis 9 (Seite 255),
> 2. Fälle 5 bis 9 (Seite 256 f.)

Bei der **Ermittlung des Gewinns oder Verlusts** haben sich im Bereich der privaten Grundstücksveräußerungen durch das Steuerentlastungsgesetz 1999/2000/2002 keine Änderungen ergeben.

Die **Einkünfte aus privaten Veräußerungsgeschäften** werden als **Überschuß** der **Einnahmen** über die **Werbungskosten** ermittelt. In § 23 Abs. 3 wird zwar von **Gewinn** aus privaten Veräußerungsgeschäften gesprochen, trotzdem handelt es sich **nicht um Gewinneinkünfte**, sondern um **Überschußeinkünfte**.

Der **Gewinn oder Verlust aus Veräußerungsgeschäften** wird nach § 23 **Abs. 3** wie folgt ermittelt:

```
  Veräußerungspreis
- Anschaffungs- oder Herstellungskosten
- Werbungskosten
= Gewinn/ Verlust aus privaten Veräußerungsgeschäften
```

Beispiel:
Der Beamte A hat hat am 2.1.1995 in Erfurt einen Bauplatz für **45.000 DM** erworben. 1998 errichtet er für **400.000 DM** auf diesem Bauplatz ein Einfamilienhaus, das am 1.7.1998 fertiggestellt ist. Das Haus wird ab diesem Zeitpunkt zu einer ortsüblichen Marktmiete vermietet. A hat die höchstmögliche Abschreibung für das vermietete Haus vorgenommen.
Am 4.1.1999 verkauft er das bebaute Grundstück für **700.000 DM** durch notariellen Vertrag. Beim Verkauf fallen Veräußerungskosten (Werbungskosten) in Höhe von 5.000 DM an.

Es liegt ein **privates Veräußerungsgeschäft** i.S.d. § 23 Abs. 1 **Nr. 1** vor, weil der maßgebende Zeitraum zwischen Anschaffung und Veräußerung (2.1.1995 bis 4.1.1999) **nicht mehr als zehn Jahre** beträgt. Die höchstmögliche Abschreibung mindert nicht die HK des Gebäudes, weil der Erwerb des Bauplatzes **vor** dem **1.8.1995** erfolgte.
Der **Gewinn aus dem privaten Veräußerungsgeschäft** wird wie folgt ermittelt:

```
  Veräußerungspreis                          700.000 DM
- Anschaffungskosten des Grund und Bodens     45.000 DM
- Herstellungskosten des Gebäudes            400.000 DM
- Werbungskosten                               5.000 DM
= Gewinn aus privatem Veräußerungsgeschäft   250.000 DM
```

Für **nach** dem **31.07.1995** angeschaffte oder hergestellte **Wirtschaftsgüter** ist § 23 Abs. 3 **Satz 3** zu beachten (§ 52 Abs. 39 Satz 3).
Nach § 23 Abs. 3 **Satz 3 mindern** sich die **Anschaffungs- oder Herstellungskosten** noch um

- **Absetzungen für Abnutzung** (AfA),
- **erhöhte Absetzungen** und
- **Sonderabschreibungen**,

soweit sie bei der Ermittlung der Einkünfte im Sinne des § 2 Abs. 1 Satz 1 **Nr. 4 bis 6** abgezogen worden sind.
Mit der **Fertigstellung des Gebäudes** beginnt jedoch **keine neue 10-Jahresfrist** zu laufen. **Maßgebend** für die Berechnung der steuerschädlichen Frist ist der **Anschaffungszeitpunkt des Grund und Bodens**.

Beispiel:
Sachverhalt wie zuvor mit dem **Unterschied**, daß A den Bauplatz nicht am 2.1.1995, sondern am **1.8.1995** erworben hat.

Es liegt ein **privates Veräußerungsgeschäft** i.S.d. § 23 Abs. 1 **Nr. 1** vor, weil der maßgebende Zeitraum zwischen Anschaffung und Veräußerung (1.8.1995 bis 4.1.1999) **nicht mehr als zehn Jahre** beträgt.
§ 23 Abs. 3 **Satz 3** ist zu beachten, weil für die steuerschädliche **Fristberechnung** die **Anschaffung des Grund und Bodens** (1.8.1995) **maßgebend** ist.

Der **Gewinn aus dem privaten Veräußerungsgeschäft** wird wie folgt ermittelt:

Veräußerungspreis		700.000 DM
− Anschaffungskosten des Grund und Bodens		45.000 DM
− fortgeführte HK des Gebäudes		
HK des Gebäudes 1998	400.000 DM	
Sonderabschreibung nach § 4 FördG (25 % von 400.000 DM)	100.000 DM	
lineare AfA nach § 7 Abs. 4 EStG (2 % von 400.000 DM = 8.000 DM x 6/12)	4.000 DM	
Restwert am 31.12.1998	296.000 DM	
lineare AfA 1999 (2 % von 400.000 DM = 8.000 DM x 1/12)	667 DM	
Restwert 31.1.1999	295.333 DM	295.333 DM
− Werbungskosten		5.000 DM
= Gewinn aus privatem Veräußerungsgeschäft		354.667 DM

Werbungskosten sind im Zusammenhang mit privaten Veräußerungsgeschäften Aufwendungen, die dem Steuerpflichtigen zur Herbeiführung der Veräußerung entstehen. Hierzu gehören z.B. Gerichtsgebühren, Maklergebühren, Werbekosten.
Nicht zu den **Werbungskosten** gehören alle Aufwendungen, die mit der **laufenden Nutzung** des veräußerten Wirtschaftsgutes zwischen dessen Anschaffung und Veräußerung zusammenhängen (z.B. Schuldzinsen, Grundsteuer).

> **Übung:** 1. Wiederholungsfrage 10 (Seite 255),
> 2. Fall 10 (Seite 258)

Durch das Steuerbereinigungsgesetz vom 22.12.1999 ist der Begriff der privaten Veräußerungsgeschäfte nochmals **ausgedehnt** worden. Nach § 23 Abs. 1 Nr. 1 Satz 2 n.F. sind nunmehr auch **Außenanlagen** neben den Gebäuden einzubeziehen. Außerdem gilt als Veräußerung auch die **Einlage** eines Wirtschaftsguts in das Betriebsvermögen, **wenn** die Veräußerung aus dem Betriebsvermögen innerhalb eines Zeitraums von zehn Jahren seit Anschaffung des Wirtschaftsguts erfolgt.

Freigrenze

Gewinne bleiben **steuerfrei**, wenn der aus dem privaten Veräußerungsgeschäft erzielte Gesamtgewinn im Kalenderjahr weniger als 1.000 DM **(Freigrenze 999,99 DM)** betragen hat (§ 23 Abs. 3 **Satz 5**).

Haben beide **zusammenveranlagten Ehegatten** Gewinne aus privaten Veräußerungsgeschäften erzielt, so steht **jedem** Ehegatten die **Freigrenze** im Sinne des § 23 Abs. 3, höchstens jedoch bis zur Höhe seines Gesamtgewinns aus privaten Veräußerungsgeschäften zu (R 169 Abs. 3 EStR 1999).

Bei **Zusammenveranlagung** von Ehegatten **verdoppelt sich** die **Freigrenze** von 999,99 DM **nicht**. Da die Einkünfte der Ehegatten zunächst für jeden Ehegatten **gesondert** ermittelt und dann **zusammengerechnet** werden, kann ein von einem Ehegatten nicht voll ausgenutzter Teil der **Freigrenze nicht** auf den anderen Ehegatten **übertragen** werden.

Die Ermittlung der Einkünfte im Rahmen der Zusammenveranlagung wurden bereits im Abschnitt "5.2.1 Zusammenveranlagung", Seite 39 f. dargestellt.

Beispiel:
Die Eheleute Müller, Berlin, haben im VZ 1999 Einnahmen aus privaten Veräußerungsgeschäften i.S.d. § 23 erzielt. Der Gewinn des Ehemannes hat dabei **1.500 DM** und der der Ehefrau **500 DM** betragen. Werbungskosten werden im einzelnen nicht nachgewiesen.

Die **steuerpflichtigen Einkünfte** nach § 23 werden wie folgt ermittelt:

	Ehemann DM	Ehefrau DM	Gesamt DM
Ehemann Gewinn aus Veräußerungsgeschäften 1.300 DM. Freigrenze von 999,99 DM ist überschritten, so daß der volle Betrag angesetzt wird.	1.300		
Ehefrau 500 DM sind steuerfrei, weil die Freigrenze von 999,99 DM nicht überschritten ist.		0	1.300

Der nicht ausgenutzte Teil der Freigrenze bei der Ehefrau darf nicht auf den Ehemann übertragen werden.

Übung: 1. Wiederholungsfrage 11 (Seite 255),
2. Fall 11 (Seite 258)

Verlustausgleich und Verlustabzug

Bis zum VZ 1998 konnten Verluste aus Spekulationsgeschäften nur mit Spekulationsgewinnen **desselben** Veranlagungszeitraums verrechnet werden (**Verlustausgleich**).

Ab dem VZ 1999 können Verluste aus privaten Veräußerungsgeschäften **auch** weiterhin mit Gewinnen **desselben** Veranlagungszeitraums verrechnet werden (§ 23 Abs. 3 **Satz 6**).

Darüber hinaus können **ab dem VZ 1999** Verluste aus privaten Veräußerungsgeschäften mit Gewinnen aus privaten Veräußerungsgeschäften des **unmittelbar vorangegangenen** Veranlagungszeitraums und der **folgenden** Veranlagungszeiträume verrechnet werden (**Verlustabzug**; § 23 Abs. 3 **Satz 7**).
Diese Verluste können **erstmals** zunächst mit privaten Veräußerungsgewinnen des Jahres **1998** (**Verlustrücktrag**) und anschließend mit Veräußerungsgewinnen der Jahre **2000 ff.** (**Verlustvortrag**) verrechnet werden.

Ein **Verlustausgleich** mit positiven Einkünften aus **anderen** Einkunftsarten bleibt weiterhin **ausgeschlossen**.

Beispiel:
Der Angestellte A, Bonn, hat mit Kaufvertrag vom 15.10.1994 ein unbebautes Grundstück für **200.000 DM** erworben.
Am 8.2.1999 verkauft er dieses Grundstück für **175.000 DM**. Weitere private Veräußerungsgeschäfte hat er in den Jahren 1998 und 1999 nicht getätigt.
Im Jahre 2000 erzielt er einen Gewinn aus einem privaten Veräußerungsgeschäft in Höhe von 30.000 DM.

Der **Verlust aus dem privaten Veräußerungsgeschäft** wird wie folgt ermittelt:

Anschaffungskosten	200.000 DM
− Veräußerungspreis	175.000 DM
= **Verlust aus privatem Veräußerungsgeschäft**	**25.000 DM**

Ein **Verlustausgleich** ist in 1999 **nicht möglich**, weil A 1999 keinen Gewinn aus privaten Veräußerungsgeschäften erzielt hat (§ 23 Abs. 3 **Satz 6**).
Ein **Ausgleich** mit **anderen** Einkunftsarten ist **unzulässig**.
Nach § 23 Abs. 3 **Satz 7** kann A jedoch im Jahre 2000 den Verlust von 25.000 DM mit dem Gewinn von 30.000 DM verrechnen, so daß er von den 30.000 DM nur noch 5.000 DM (30.000 DM 25.000 DM) zu versteuern hat (**Verlustvortrag**).

Einzelheiten zum **Verlustabzug** (Verlustrücktrag und Verlustvortrag) **nach § 10d EStG** erfolgen im Abschnitt 14.1, Seite 303 ff.

Übung: 1. Wiederholungsfrage 12 (Seite 255),
2. Fälle 12 und 13 (Seite 258)

11.4.3 Einkünfte aus bestimmten Leistungen

Nach § 22 Nr. 3 gehören zu den sonstigen Einkünften schließlich noch **bestimmte Leistungen**, soweit sie **weder** zu **anderen** Einkunftsarten Nr. 1 bis 6 **noch** zu den Einkünften aus **wiederkehrenden Bezügen, Unterhaltsleistungen, privaten Veräußerungsgeschäften** bzw. **Abgeordnetenbezügen** gehören.

Leistung im Sinne des § 22 Nr. 3 ist jedes Tun, Dulden oder Unterlassen, das Gegenstand eines entgeltlichen Vertrags sein kann und um des Entgelts willen erbracht wird (H 168a (Leistungen) EStH 1999).

Zu den **Leistungseinkünften** gehören z.B. Einkünfte aus **gelegentlichen Vermittlungen** und aus der **Vermietung** einzelner **beweglicher** Gegenstände.

> Beispiel:
> Ein Steuerpflichtiger vermietet seinen privaten Pkw für eine Urlaubsreise an einen Bekannten.
>
> Es liegt eine **Leistung i.S.d.** § 22 Nr. 3 vor, weil ein **beweglicher** Gegenstand **vermietet** wurde.

Bei der **Vermietung von Sachinbegriffen** (z.B. Praxiseinrichtung eines Arztes) liegen jedoch Einkünfte aus Vermietung und Verpachtung vor.

Freigrenze

Die **Einkünfte aus bestimmten Leistungen**, die durch den **Überschuß der Einnahmen** über die **Werbungskosten** ermittelt werden, sind **nicht steuerpflichtig**, wenn sie **weniger als 500 DM (Freigrenze = 499,99 DM)** im Kalenderjahr betragen.

Haben beide **zusammenveranlagten Ehegatten** Einkünfte aus **bestimmten Leistungen** i.S.d. § 22 Nr. 3 bezogen, so ist bei **jedem** Ehegatten die **Freigrenze** zu beachten (R 168a EStR 1999).

Verlustausgleich und Verlustabzug

Bis zum VZ 1998 konnten Verluste i.S.d. § 22 Nr. 3 nur mit Gewinnen i.S.d. § 22 Nr. 3 **desselben** Veranlagungszeitraums verrechnet werden (**Verlustausgleich**).

Ab dem VZ 1999 können Verluste i.S.d. § 22 Nr. 3 auch weiterhin mit Gewinnen i.S.d. § 22 Nr. 3 **desselben** Veranlagungszeitraums verrechnet werden (§ 22 Nr. 3 **Satz 3**).

Darüber hinaus können **ab dem VZ 1999** - wie bei den privaten Veräußerungsgeschäften - Verluste i.S.d. 22 Nr. 3 mit Gewinnen i.S.d. § 22 Nr. 3 des **unmittelbar vorangegangenen** Veranlagungszeitraums und der **folgenden** Veranlagungszeiträume verrechnet werden (**Verlustabzug**; § 22 Nr. 3 **Satz 4**).

> Übung: 1. Wiederholungsfragen 13 und 14 (Seite 255),
> 2. Fälle 14 und 15 (Seite 259)

11.4.4 Zusammenfassung und Erfolgskontrolle

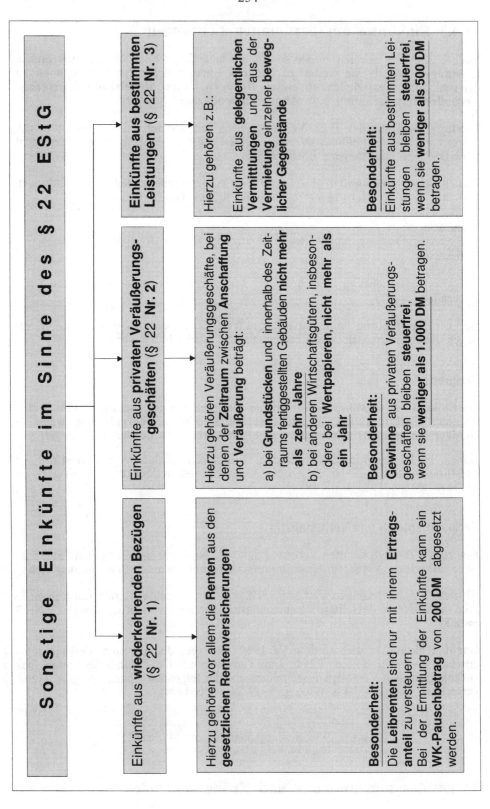

11.4.4.2 Erfolgskontrolle

WIEDERHOLUNGSFRAGEN

1. Welche sonstigen Einkünfte werden in § 22 genannt?
2. Welche Renten gehören insbesondere zu den Leibrenten i.S.d. § 22 Nr. 1 Satz 3 Buchstabe a?
3. Mit welchem Wert werden Leibrenten i.S.d. des § 22 Nr. 1 Satz 3 Buchstabe a bei der Einkunftsermittlung angesetzt?
4. Mit welchem Wert werden Berufs- und Erwerbsunfähigkeitsrenten bei der Einkunftsermittlung angesetzt?
5. Wie hoch ist der Werbungskosten-Pauschbetrag bei den Einkünften aus wiederkehrenden Bezügen?
6. In welchen Fällen liegen private Veräußerungsgeschäfte i.S.d. § 23 Abs. 1 Nr. 1 und Nr. 2 vor?
7. Wie wird die steuerschädliche Frist nach § 23 Abs. 1 Nr. 1 berechnet?
8. Welche Gebäude unterliegen nach § 23 Abs. 1 Nr. 1 der Besteuerung?
9. Welche Gebäude unterliegen nach § 23 Abs. 1 Nr. 1 nicht der Besteuerung?
10. Wie wird der Gewinn oder Verlust aus privaten Veräußerungsgeschäften ermittelt?
11. In welchem Falle bleiben private Veräußerungsgeschäfte steuerfrei?
12. Wie können ab dem VZ 1999 Verluste aus privaten Veräußerungsgeschäften verrechnet werden?
13. Was sind Einkünfte aus bestimmten Leistungen i.S.d. § 22 Nr. 3? Nennen Sie zwei Beispiele.
14. In welchem Falle bleiben Einkünfte aus bestimmten Leistungen steuerfrei?

FÄLLE

Fall 1:

Welcher **Prozentsatz** kommt für die Berechnung des Ertragsanteils nach § 22 in den folgenden Fällen in Betracht:

Steuerpflichtiger	Geburtsdatum	Rentenbeginn
A	15.05.1938	01.01.1999
B	02.02.1936	01.01.1999
C *)	15.07.1935	01.07.1999
D	13.08.1933	01.07.1999
E	15.10.1943	01.07.1999

*) Hinweis auf R 167 Abs. 5 EStR 1999

Fall 2:

Der am 10.05.1963 geborene A erhält nach einem Unfall seit dem 1.4.1993 eine Erwerbsunfähigkeitsrente. Er ist nach den Angaben im Rentenbescheid voraussichtlich bis zum 31.10.1999 erwerbsunfähig. Mit Bescheid vom 30.6.1999 wird die Erwerbsunfähigkeit für drei Jahre bis zum 31.12.2002 festgestellt.

Wie hoch ist der Prozentsatz, mit dem der Ertragsanteil nach § 55 Abs. 2 EStDV ab dem 30.6.1999 aufgrund der verlängerten Laufzeit berechnet wird?

Handwritten notes at top:
- Wenn Einzahlung durch Stpfl. selbst erfolgt ist → sonst. EK
- Wenn Einzahlung durch Betrieb → nichtselbst. Tätigkeit

Handwritten in left margin:
- 2.300,-
- 6.719,-
- ─────
- 9.019,-

Fall 3:

Dirk Heyer, Stuttgart, 70 Jahre alt, verwitwet, bezieht seit Vollendung seines 65. Lebensjahres eine Altersrente aus der gesetzlichen Rentenversicherung. Die Brutto-Rente betrug in 1999 insgesamt **19.626 DM**. Außerdem erhält er seit Vollendung seines 65. Lebensjahres aus der betrieblichen Pensionskasse e.V. der Hoppe GmbH aufgrund seiner früheren Beitragsleistungen eine Monatsrente von **500 DM**. Aus seinem Besitz an festverzinslichen Wertpapieren sind ihm im VZ 1999 Zinsen in Höhe von **8.400 DM** (**vor** Abzug der KapESt und des SolZ) zugeflossen. Andere Einkünfte hatte Herr Heyer in 1999 nicht.

Ermitteln Sie die **Einkünfte** für den VZ 1999.

Handwritten calculations:
- 8.400,- / ./. 100,- WK / 8.300,-
- 6.000,- FB / = 2.300
- 19.626,- × 27% = 5.299,-
- 6.000,- × 27% = 1.620,-
- § 22   6.919,-
- ./. 200,- WK

Fall 4:

Herbert Klug, Mainz, 65 Jahre alt, verheiratet, ist seit Vollendung seines 63. Lebensjahres im Ruhestand. Er bekommt von seinem früheren Arbeitgeber als ehemaliger leitender Angestellter eine Pension von monatlich **3.000 DM**. Die vom Arbeitgeber gezahlte Pension beruht **nicht** auf früheren Beitragsleistungen des Steuerpflichtigen. Außerdem bezieht er seit Vollendung seines 63. Lebensjahrs aus der gesetzlichen Rentenversicherung eine Altersrente. In 1999 betrug die Brutto-Rente insgesamt **22.800 DM**. Seine Einkünfte aus Kapitalvermögen betrugen in 1999 **11.600 DM**. Die Ehefrau hat keine eigenen Einkünfte.

Ermitteln Sie die **Einkünfte** der Eheleute Klug für den VZ 1999.

Fall 5:

Der ledige Steuerpflichtige Bruno Klein, geb. am 01.01.1934, trat mit Erreichen der Altersgrenze von 65 Jahren in den Ruhestand. Aus den Unterlagen, die er seinem Steuerberater vorlegt, ergibt sich für den VZ 1999 folgendes:

1. Bruno Klein bezieht seit 01.01.1999 aus der gesetzlichen Rentenversicherung eine Altersrente. Die Brutto-Rente betrug in 1999 insgesamt 15.228 DM.

2. Bruno Klein kaufte am 01.06.1991 durch notariellen Vertrag ein unbebautes Grundstück für **50.000 DM**. Die Eintragung im Grundbuch erfolgte am 15.08.1991.
   Am 01.04.1999 verkaufte er das Grundstück durch notariellen Vertrag für **70.000 DM**. Die Eintragung im Grundbuch erfolgte am 20.08.1999.
   Die Veräußerungskosten haben **2.000 DM** betragen.

Ermitteln Sie die **sonstigen Einkünfte i.S.d. § 22** für den VZ 1999.

Fall 6:

Der ledige Steuerpflichtige Albert Haas, geb. am 01.01.1934, beendete mit Erreichen der Altersgrenze von 65 Jahren sein Dienstverhältnis. Aus den Unterlagen, die er seinem Steuerberater vorlegt, ergibt sich folgendes:

1. Albert Haas bezieht seit dem 01.01.1999 eine Altersrente aus der gesetzlichen Rentenversicherung. Die Brutto-Rente betrug in 1999 insgesamt **9.600 DM**.

2. Albert Haas hat in 1999 ein unbebautes Grundstück für **90.000 DM** veräußert, das er in 1991 angeschafft hat. Die Anschaffungskosten des Grundstücks haben **80.000 DM** betragen. Der Erwerber entrichtete den Kaufpreis in Höhe von **90.000 DM** vereinbarungsgemäß wie folgt:

01.05.1999	**50.000 DM**
01.10.1999	**30.800 DM**
01.03.2000	**9.200 DM**

3. Albert Haas hat am 14.05.1999 20 Stück X-Aktien, Nennwert 50 DM, Kurs 55,27 €, gekauft. Die Bankabrechnung lautet:

Kurswert (55,27 € x 1,95583 x 20)		2.162,— DM
+ Provision und Spesen	29,56 DM	
+ Maklergebühr	2,20 DM	31,76 DM
		2.193,76 DM

Am 03.11.1999 verkaufte er diese Aktien zu einem Kurs von 62,38 €. Die Bankabrechnung lautet:

Kurswert (62,38 € x 1,95583 x 20)		2.440,— DM
Provision und Spesen	33,— DM	
Maklergebühr	2,45 DM	35,45 DM
		2.404,55 DM

Ermitteln Sie die **sonstigen Einkünfte i.S. des § 22** des Albert Haas für den VZ 1999. Die Einkünfte sind auf volle DM abzurunden.

Fall 7:

Der Privatmann A hat 1995 einen Bauplatz erworben, auf dem er 1996 ein zur Vermietung bestimmtes Einfamilienhaus errichtet hat. Das Einfamilienhaus wurde im Dezember 1996 fertiggestellt. A verkauft 1999 das bebaute Grundstück und erzielt dabei einen Veräußerungsgewinn von 10.000 DM.

Liegt ein **privates Veräußerungsgeschäft** i.S.d. § 23 Abs. 1 Nr. 1 vor?

Fall 8:

Der Privatmann B hat am 31.3.1994 ein unbebautes Grundstück für 150.000 DM erworben. 1999 stellt er auf diesem Grundstück ein zur Vermietung bestimmtes Zweifamilienhaus her.

Ab wann kann B das bebaute Grundstück **steuerfrei** veräußern?

Fall 9:

Der Privatmann C erwirbt am 1.7.1997 ein Einfamilienhaus in Bonn, das er zu eigenen Wohnzwecken nutzt. Am 31.12.1999 verkauft das ausschließlich bis zu diesem Zeitpunkt zu eigenen Wohnzwecken verwendete Einfamilienhaus. Er erzielt dabei einen Veräußerungsgewinn von 20.000 DM.

Liegt ein **privates Veräußerungsgeschäft** i.S.d. § 23 Abs. 1 Nr. 1 vor?

Fall 10:

Der Privatmann D hat am 2.9.1995 in München einen Bauplatz für 100.000 DM erworben, auf dem er 1996 ein zur Vermietung bestimmtes Einfamilienhaus errichtet hat. Das Haus wurde im Dezember 1996 fertiggestellt und von den Mietern bezogen. Die Herstellungskosten des Hauses haben 400.000 DM betragen.

Am 29.12.1999 verkauft D das bebaute Grundstück für 650.000 DM. Im Rahmen der Einkünfte aus Vermietung und Verpachtung hat D das Gebäude degressiv nach § 7 Abs. 5 Satz 1 Nr. 3b EStG (Staffel 96) abgeschrieben. Beim Verkauf des Hauses sind Veräußerungskosten in Höhe von 10.220 DM angefallen.

1. Liegt ein privates Veräußerungsgeschäft i.S.d. § 23 Abs. 1 Nr. 1 vor?
2. Wenn ja, wie hoch ist der Gewinn aus dem privaten Veräußerungsgeschäft?
3. Unterläge der Veräußerungsgewinn der Besteuerung, wenn D das Einfamilienhaus seit Fertigstellung bis zum Zeitpunkt der Veräußerung selbst bewohnt hätte?

Fall 11:

Der ledige Bankangestellte Bruno Kaminski, Bochum, hat Wertpapiere, die er am 5.1.1998 für 10.000 DM erworben hat, am 23.8.1999 für 10.800 DM verkauft. Werbungskosten werden im einzelnen nicht nachgewiesen.

Wie hoch sind die steuerpflichtigen Einkünfte i.S.d. § 22?

Fall 12:

Sachverhalt wie im Fall 11 mit dem Unterschied, daß Kaminski ferner noch ein unbebautes Grundstück, das er am 4.5.1990 für 130.000 DM angeschafft hat, am 23.8.1999 für 129.500 DM verkauft hat.

Wie hoch sind die steuerpflichtigen Einkünfte i.S.d. § 22?

Fall 13:

Der Angestellte Willi Maier, Dortmund, hat 1998 einen Spekulationsgewinn i.S.d. § 23 EStG a.F. von 30.000 DM erzielt.
In 1999 erzielt er einen Verlust aus privaten Veräußerungsgeschäften i.S.d. § 23 EStG n.F. in Höhe von 50.000 DM.

Wie kann Maier den Verlust aus privaten Veräußerungsgeschäften steuerlich berücksichtigen?

Fall 14:

Gerhard Lang, Wiesbaden, verheiratet, hat im VZ 1999 sein Auto für zwei Wochen einem Bekannten vermietet. Der Bekannte hat ihm für die Überlassung des Pkw **490 DM** gegeben.

Judith Lang, die mit ihrem Ehemann **zusammen veranlagt** wird, hat in 1999 den Abschluß eines Bausparvertrags vermittelt und dafür **600 DM** bekommen. Werbungskosten sind nicht angefallen.

Wie hoch sind die **sonstigen Einkünfte i.S.d. § 22** der Eheleute Lang im VZ 1999?

Fall 15:

Der Steuerpflichtige Reinhold Schneider, 65 Jahre alt, ist mit Andrea geb. Kirch, 62 Jahre alt, verheiratet. Die Ehegatten werden **zusammen veranlagt**.

Reinhold Schneider erhält als Beamter a.D. seit Vollendung seines 65. Lebensjahrs eine Pension. Die Pension betrug in 1999 insgesamt **48.000 DM**.

Außerdem bezieht er seit Vollendung seines 65. Lebensjahrs eine Rente aus einer privaten Lebensversicherung. Die Brutto-Rente betrug in 1999 insgesamt **6.000 DM**.

Andrea Schneider erhält seit Vollendung ihres 62. Lebensjahrs eine Rente aus der gesetzlichen Rentenversicherung. Die Brutto-Rente betrug in 1999 insgesamt **18.000 DM**.

Die Eheleute spekulierten in 1999 mit Aktien und Gold. Sie erzielten dabei:

	Ehemann DM	Ehefrau DM
Gewinne aus Aktiengeschäften	1.400,—	700,—
Verluste aus Goldgeschäften	400,—	800,—

Für die Vermittlung eines Versicherungsvertrags erhielt Frau Schneider in 1999 eine Provision von **600 DM**. Ihre Aufwendungen für diese Vermittlung beliefen sich auf **50 DM**.

Ermitteln Sie die **Einkünfte** der Eheleute Schneider für den VZ 1999.

Zusammenfassende Erfolgskontrolle zum 1. bis 11. Kapitel

1 Sachverhalt

1.1 Allgemeines

Willi Weyer ist seit 1959 mit Helga geb. Bremm verheiratet. Beide wohnen in Koblenz-Metternich. Die Eheleute haben keine Kinder. Sie haben keine getrennte Veranlagung beantragt.

1.2 Einkünfte

1.2.1 Arbeitslohn

Herr Weyer war 1999 bei einer Verlagsdruckerei in Neuwied als Buchdruckermeister beschäftigt. Die Lohnsteuerkarte 1999 enthält folgende Eintragungen:

Bruttolohn	44.204,— DM
Lohnsteuer (III)	1.792,— DM
Kirchensteuer	161,28 DM
Solidaritätszuschlag	0,00 DM

Der Nettolohn wird monatlich durch Banküberweisung gezahlt.

Willi Weyer fuhr an 220 Tagen mit seinem eigenen Pkw von seiner Wohnung zu seiner Arbeitsstätte (einfache Entfernung = 20 km).
Der Steuerpflichtige hatte in 1999 Aufwendungen für typische Berufskleidung in Höhe von 300 DM.

Herr Weyer hat an die Gewerkschaft 1999 einen monatlichen Beitrag in Höhe von 30 DM gezahlt.

1.2.2 Dividende

Frau Weyer ist seit 1998 mit einem Geschäftsanteil von 48.000 DM an einer GmbH beteiligt. Die GmbH schüttete in 1999 für 1998 eine Dividende (**nach** Abzug der KSt und **vor** Abzug der Kapitalertragsteuer und des Solidaritätszuschlages) von 10 % aus. Die entsprechenden Steuerbescheinigungen liegen Frau Weyer vor.

1.2.3 Grundbesitz

Die Eheleute Weyer wohnen seit 1964 im eigenen **Einfamilienhaus** in Koblenz. Das Haus hat Herr Weyer 1964 von seinen Eltern geerbt. Die Herstellungskosten des Hauses haben 180.000 DM betragen.
Im August 1991 hat Herr Weyer für den Einbau einer **Wärmepumpenanlage** **11.500 DM** aufgewendet. Von der Stadt Koblenz hat er hierfür eine Investitionszulage von **2.500 DM** erhalten. Für die Restfinanzierung der Anlage hat Herr Weyer ein Darlehen aufgenommen. Die Zinsen hierfür betrugen in 1999 **500 DM**. An Grundstücksaufwendungen sind in 1999 - außer der AfA - **1.750 DM** angefallen.

Am 01.10.1999 wurde ein den Eheleuten gemeinsam gehörendes **Zweifamilienhaus** in Neuwied fertiggestellt, das in vollem Umfang vermietet werden soll. Der Bauantrag wurde am 11.08.1998 gestellt. Die Herstellungskosten des Gebäudes haben **486.000 DM** betragen. Die Eheleute wollen für das Zweifamilienhaus die höchstzulässige AfA in Anspruch nehmen.

Zur Finanzierung des Hauses wurde ein Darlehen bei der Sparkasse Neuwied aufgenommen. Die Zinsen betrugen für die Zeit vom 01.01. bis 30.09.1999 **8.000 DM** und vom 1.10. bis 31.12.1999 **4.500 DM**. Weitere Kosten sind nicht angefallen.

Während das **Erdgeschoß** 1999 noch **leerstand**, ist die Wohnung im **Obergeschoß** seit 01.10.1999 **vermietet**. Die monatliche Miete beträgt **1.500 DM**. Sie wurde im voraus gezahlt und ist ortsüblich.

Außerdem sind die Eheleute Eigentümer eines in Bonn gelegenen **Einfamilienhauses**. Das Haus wurde im **September 1998** für **1 Mio. DM** (Anteil Grund und Boden 25 %) erworben und seitdem ganz zu Wohnzwecken **vermietet**.
Die monatliche Miete beträgt 2.500 DM und wird im voraus gezahlt. Die Miete ist ortsüblich.

Das Einfamilienhaus, das 1980 hergestellt worden ist, wird nach § 7 **Abs. 4** abgeschrieben. An laufenden Werbungskosten sind 1999 **2.000 DM** angefallen, die in der Miete enthalten sind.

Anfang 1999 entschließen sich die Eheleute, das Einfamilienhaus in Bonn wieder zu verkaufen. Mit Wirkung vom **31.12.1999** wird das Haus zu einem Verkaufspreis von **1, 3 Mio DM** veräußert.
Beim Verkauf des Hauses sind noch Veräußerungskosten in Höhe von **5.000 DM** angefallen.

2 Aufgabe

1. Nehmen Sie Stellung zur **persönlichen Steuerpflicht**, zur **Veranlagungsart** und zum **Steuertarif**.

2. Ermitteln Sie die **Einkünfte** der Eheleute Weyer für den VZ 1999.

12 Summe der Einkünfte

Der Begriff "**Summe der Einkünfte**" ist ein gesetzlich definiertes **Zwischenergebnis** im Schema zur Ermittlung des zu versteuernden Einkommens:

```
      1. Einkünfte aus Land- und Forstwirtschaft (§ 13)
   +  2. Einkünfte aus Gewerbebetrieb (§ 15)
   +  3. Einkünfte aus selbständiger Arbeit (§ 18)
   +  4. Einkünfte aus nichtselbständiger Arbeit (§ 19)
   +  5. Einkünfte aus Kapitalvermögen (§ 20)
   +  6. Einkünfte aus Vermietung und Verpachtung (§ 21)
   +  7. sonstige Einkünfte im Sinne des § 22
   = Summe der Einkünfte (§ 2 Abs. 3 Satz 2)
```

Die **Summe der Einkünfte** nach § 2 Abs. 3 ist **grundsätzlich positiv** oder beträgt **mindestens 0 DM** (R 3 Abs. 2 Satz 1 EStR 1999).

Bei der **Ermittlung** der Summe der Einkünfte werden sowohl positive als auch negative Ergebnisse der einzelnen Einkunftsarten berücksichtigt. Bei der Verrechnung von **Verlusten** unterscheidet man folgende Begriffe:

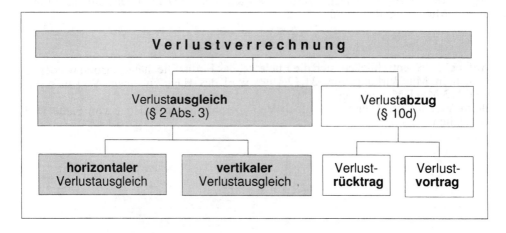

Der Verlust**ausgleich** wird im folgenden Kapitel dargestellt und erläutert. Dabei wird **zunächst** auf die Behandlung bei **Einzelveranlagung**, anschließend auf die bei **Zusammenveranlagung** von Ehegatten eingegangen.

 Der Verlust**abzug** nach § 10d wird entsprechend dem neuen Berechnungsschema (R 3 Abs. 1 EStR 1999) im Abschnitt 14.1, Seite 303 ff., behandelt.

12.1 Verlustausgleich bei Einzelveranlagung

12.1.1 Horizontaler Verlustausgleich

Unter einem **horizontalen Verlustausgleich** versteht man die **Verrechnung der positiven und negativen** Salden innerhalb **einer** Einkunftsart.

Überschreiten die **positiven** die negativen Salden innerhalb **einer** Einkunftsart, entstehen **positive Einkünfte** dieser Einkunftsart.

Beispiel:
Der Gewerbetreibende Martin Stoffel hat im VZ 1999 folgende positive und negative Salden bei seinen beiden Gewerbebetrieben erzielt:

    positive Salden (Gewinn) aus seiner Metzgerei   50.000 DM
    negative Salden (Verlust) aus seiner Gastwirtschaft   - 10.000 DM

Die **Einkünfte aus Gewerbebetrieb** werden für den VZ 1999 wie folgt ermittelt (**horizontaler Verlustausgleich**):

	positive Salden DM	negative Salden DM	Summe DM
Einkünfte aus Gewerbebetrieb (§ 15)	50.000	- 10.000	40.000

Stoffel erzielt im VZ 1999 **positive Einkünfte aus Gewerbebetrieb** in Höhe von **40.000 DM**.

Überschreiten die **negativen** die positiven Salden innerhalb **einer** Einkunftsart, entstehen **negative Einkünfte** dieser Einkunftsart.

Beispiel:
Stoffel hat im VZ 1999 folgende positive und negative Salden bei seinen beiden Mietobjekten erzielt:

    positive Salden (Gewinn) aus Mietobjekt 1   40.000 DM
    negative Salden (Verlust) aus Mietobjekt 2   - 60.000 DM

Die **Einkünfte aus Vermietung und Verpachtung** werden für den VZ 1999 wie folgt ermittelt (**horizontaler Verlustausgleich**):

	positive Salden DM	negative Salden DM	Summe DM
Einkünfte aus V + V (§ 21)	40.000	- 60.000	**- 20.000**

Stoffel erzielt im VZ 1999 **negative Einkünfte aus Vermietung und Verpachtung** in Höhe von **- 20.000 DM**.

Nach Durchführung des **horizontalen** Verlustausgleichs ist zu prüfen, ob und in welcher Höhe darüber hinaus noch ein **vertikaler** Verlustausgleich durchzuführen ist.

12.1.2 Vertikaler Verlustausgleich

Unter einem **vertikalen Verlustausgleich** versteht man die Verrechnung der positiven Einkünfte einzelner Einkunftsarten mit negativen Einkünften **anderer** Einkunftsarten.

Ob der vertikale Verlustausgleich zum tragen kommt, richtet sich nach der Art der Einkünfte des Steuerpflichtigen. Für die Ermittlung der Summe der Einkünfte werden daher **drei Fallgruppen** unterschieden:

> 1. der Steuerpflichtige hat **nur positive** Einkünfte erzielt,
> 2. der Steuerpflichtige hat **nur negative** Einkünfte erzielt und
> 3. der Steuerpflichtige hat **sowohl negative als auch positive** Einkünfte erzielt.

12.1.2.1 Nur positive Einkünfte

Verbleiben dem Steuerpflichtigen **nach** dem **horizontalen** Verlustausgleich **nur positive Einkünfte**, sind diese zur Summe der Einkünfte zu addieren.
Mangels eines Verlustes ist ein vertikaler Verlustausgleich nicht möglich.

Beispiel:
Nach horizontalem Verlustausgleich erzielte Marc Strigel im VZ 1999 folgende Einkünfte:

Einkünfte aus selbständiger Arbeit (§ 19)   250.000 DM
Einkünfte aus Vermietung und Verpachtung (§ 21)   100.000 DM.

Die **Summe der Einkünfte** wird für den VZ 1999 wie folgt ermittelt:

	positive Einkünfte DM	negative Einkünfte DM	Summe der Einkünfte DM
Einkünfte aus § 19	250.000		
§ 21	100.000		
Summe	350.000		**350.000**

Für Marc Strigel beträgt die **Summe der Einkünfte** im VZ 1999 **350.000 DM**.
Die Summe der Einkünfte ist identisch mit der Summe der positiven Einkünfte.
Das Ergebnis entspricht der bisherigen Rechtslage.

12.1.2.2 Nur negative Einkünfte

Verbleiben dem Steuerpflichtigen **nach** dem **horizontalen** Verlustausgleich **nur negative Einkünfte**, ist ein vertikaler Verlustausgleich mangels positiver Einkünfte nicht möglich. Erzielt der Steuerpflichtige dabei nur Einkünfte aus **einer** Einkunftsart, ergibt sich eine **negative** Summe der Einkünfte, die der Summe der **negativen** Einkünfte entspricht (R 3 Abs. 2 Satz 2 EStR 1999).

Die **negativen** Einkünfte stehen für den Verlustabzug nach § 10d zur Verfügung.

Einzelheiten zum Verlustabzug nach **§ 10d EStG** werden im Abschnitt "**14.1 Verlustabzug**", Seite 303 ff., dargestellt und erläutert.

12.1.2.3 Sowohl positive als auch negative Einkünfte

Verbleiben dem Steuerpflichtigen **nach** dem horizontalen Verlustausgleich **sowohl positive als auch negative Einkünfte**, ist ein **vertikaler Verlustausgleich** durchzuführen.

Die **Systematik** des vertikalen Verlustausgleichs ist durch das Steuerentlastungsgesetz 1999/2000/2002 vom 24.3.1999 **grundlegend geändert** worden. Die Summe der Einkünfte ist seitdem **schrittweise** zu ermitteln.

Nach § 2 Abs. 3 ist in einem ersten Schritt jeweils die Summe der positiven und der negativen Einkünfte zu bilden. Der sich anschließende **vertikale Verlustausgleich** ist im Rahmen der **Mindestbesteuerung** erheblich **eingeschränkt** worden. Die **Summe der positiven** Einkünfte ist nach § 2 Abs. 3 **Satz 3** zunächst bis **100.000 DM** unbegrenzt durch **negative** Einkünfte aus anderen Einkunftsarten auszugleichen; der **verbleibende Betrag** der positiven Einkünfte kann nur noch bis zur **Hälfte** ausgeglichen werden.

Für die spätere Berücksichtigung des ebenfalls durch das Steuerentlastungsgesetz 1999/2000/2002 geänderten **Verlustabzugs** nach § 10d sind abschließend nach dem vertikalen Verlustausgleich die **Summe der Einkünfte** und/oder die **nicht ausgleichbaren negativen Einkünfte** verhältnismäßig auf die einzelnen Einkunftsarten zu **verteilen**.

Die Neuregelung gilt erstmals **ab dem VZ 1999** (§ 52 Abs. 1).

Um den **vertikalen** Verlustausgleich verständlich darstellen zu können, werden im folgenden **vier Fallgruppen** unterschieden:

a) Summe der **positive** Einkünfte **bis** 100.000 DM **und**
   Summe der **negative** Einkünfte **bis** 100.000 DM

b) Summe der **positive** Einkünfte **bis** 100.000 DM **und**
   Summe der **negative** Einkünfte **größer** 100.000 DM

c) Summe der **positive** Einkünfte **größer** 100.000 DM **und**
   Summe der **negative** Einkünfte **bis** 100.000 DM

d) Summe der **positive** Einkünfte **größer** 100.000 DM **und**
   Summe der **negative** Einkünfte **größer** 100.000 DM

Fallgruppe a)

Bei positiven **und** negativen Einkünften bis **jeweils 100.000 DM** erfolgt ein **unbegrenzter Ausgleich** der positiven mit den negativen Einkünften **bis zur Höhe der positiven Einkünfte**.

Beispiel 1:
A erzielte im VZ 1999 folgende Einkünfte:

Einkünfte aus Gewerbebetrieb (§ 15)	80.000 DM
Einkünfte aus Vermietung und Verpachtung (§ 21)	– 60.000 DM

Die Summe der Einkünfte und deren Verteilung für Zwecke des § 10d werden wie folgt ermittelt:

	positive Einkünfte DM	negative Einkünfte DM	Summe der Einkünfte DM
Einkünfte aus § 15	80.000		
§ 21		– 60.000	
Summe	80.000	– 60.000	20.000

Nachrichtlich für Zwecke des Verlustabzugs nach § 10d:

Einkünfte aus § 15 im VZ 1999: **20.000 DM**

Überschreiten in dieser Fallgruppe **die negativen Einkünfte** die positiven, entsteht eine **negative Summe der Einkünfte** (R 3 Abs. 2 **Satz 3** EStR 1999). Die überschreitenden negativen Einkünfte werden als **nicht ausgleichbare negative Einkünfte (Verluste)** bezeichnet. Sie stehen für den **Verlustabzug nach § 10d** zur Verfügung.

Beispiel 2:
B erzielte im VZ 1999 folgende Einkünfte:
  Einkünfte aus Gewerbebetrieb (§ 15)   60.000 DM
  Einkünfte aus Vermietung und Verpachtung (§ 21)   − 80.000 DM

Die Summe der Einkünfte und die Verteilung für Zwecke des § 10d werden wie folgt ermittelt:

	positive Einkünfte DM	negative Einkünfte DM	Summe der Einkünfte DM
Einkünfte aus § 15	60.000		
§ 21		− 80.000	
Summe	60.000	− 80.000	− 20.000

Nachrichtlich für Zwecke des Verlustabzugs nach § 10d:

Nicht ausgleichbare negative Einkünfte aus § 21 im VZ 1999:   **−20.000 DM**

Ergeben sich positive und/oder negative Einkünfte **nicht nur** aus **einer** Einkunftsart, sondern aus **mehreren** Einkunftsarten, wird die **verhältnismäßige Verteilung** der **Summe der Einkünfte** oder der **nicht ausgleichbaren negativen Einkünfte** für Zwecke des Verlustabzuges nach § 10d erforderlich.

Ergibt sich nach dem vertikalen Verlustausgleich eine **positive** Summe der Einkünfte, ist diese entsprechend dem Verhältnis der einzelnen positiven Einkünfte zur Summe der positiven Einkünfte auf die positiven Einkunftsarten zu verteilen.

Die verhältnismäßige Verteilung der Summe der Einkünfte erfolgt anhand folgender Formel:

$$\text{Anteilige positive Einkünfte nach Verlustausgleich} = \frac{\text{Einkünfte einer positiven Einkunftsart}}{\text{Summe der positiven Einkünfte}} \times \text{Summe der Einkünfte}$$

Beispiel 3:
C erzielte im VZ 1999 folgende Einkünfte:
  Einkünfte aus Gewerbebetrieb (§ 15)   60.000 DM
  Einkünfte aus Kapitalvermögen (§ 20)   40.000 DM
  Einkünfte aus Vermietung und Verpachtung (§ 21)   − 80.000 DM

Die Summe der Einkünfte und deren Verteilung für Zwecke des § 10d werden wie folgt ermittelt:

	positive Einkünfte DM	negative Einkünfte DM	Summe der Einkünfte DM
Einkünfte aus § 15	60.000		
§ 20	40.000		
§ 21		− 80.000	
Summe	100.000	− 80.000	20.000

Nachrichtlich für Zwecke des Verlustabzugs nach § 10d:

Einkünfte aus **§ 15** im VZ 1999: 60.000 DM/100.000 DM x 20.000 DM = **12.000 DM**
          § 20 im VZ 1999: 40.000 DM/100.000 DM x 20.000 DM = **8.000 DM**
                                                          20.000 DM

Ergeben sich **nach** dem vertikalen Verlustausgleich **nicht ausgleichbare negative Einkünfte** aus **mehreren** Einkunftsarten, sind diese ebenfalls für Zwecke des § 10d entsprechend dem Verhältnis der einzelnen negativen Einkünfte zur Summe der negativen Einkünfte auf die negativen Einkunftsarten zu verteilen.

Die verhältnismäßige Verteilung der **nicht ausgleichbaren negativen Einkünfte** erfolgt anhand folgender **Formel:**

$$\text{Anteilige nicht ausgleichbare negative Einkünfte nach Verlustausgleich} = \frac{\text{Einkünfte einer negativen Einkunftsart}}{\text{Summe der negativen Einkünfte}} \times \text{Summe der nicht ausgleichbaren negativen Einkünfte}$$

Beispiel 4:
D erzielte im VZ 1999 folgende Einkünfte:

Einkünfte aus Gewerbebetrieb (§ 15)	– 50.000 DM
Einkünfte aus selbständiger Arbeit (§ 18)	60.000 DM
Einkünfte aus Kapitalvermögen (§ 20)	20.000 DM
Einkünfte aus Vermietung und Verpachtung (§ 21)	– 50.000 DM

Die Summe der Einkünfte und die Verteilung für Zwecke des § 10d werden wie folgt ermittelt:

	positive Einkünfte DM	negative Einkünfte DM	Summe der Einkünfte DM
Einkünfte aus § 15		–50.000	
§ 18	60.000		
§ 20	20.000		
§ 21		–50.000	
Summe	80.000	–100.000	**–20.000**

Nachrichtlich für Zwecke des Verlustabzugs nach § 10d:

Nicht ausgleichbare negative Einkünfte aus
§ 15 im VZ 1999:   – 50.000DM / –100.000DM x –20.000 DM = **–10.000 DM**
§ 21 im VZ 1999:   – 50.000DM / –100.000DM x –20.000 DM = **–10.000 DM**

–20.000 DM

> **Übung:** 1. Wiederholungsfragen 1 bis 7 (Seite 285 f.),
> 2. Fälle 1 und 2 (Seite 286 f.)

Fallgruppe b)

Überschreitet die Summe der **positiven** Einkünfte **nicht** 100.000 DM und ist die Summe der **negativen** Einkünfte **größer** 100.000 DM, sind die positiven Einkünfte in vollem Umfang auszugleichen. Es ergibt sich in diesem Fall eine **negative Summe der Einkünfte** (R 3 Abs. 2 **Satz 3** EStR 1999).
Die verbleibenden **nicht ausgleichbaren negativen Einkünfte** stehen für den Verlustabzug nach **§ 10d** zur Verfügung.
Zu unterscheiden ist wieder, ob sich die Summe der negativen Einkünfte aus **einer** oder aus **mehreren** Einkunftsarten ergibt.
Im Falle, daß sich die Summe der negativen Einkünfte aus **mehreren** Einkunftsarten zusammensetzt, ist eine **verhältnismäßige Verteilung** der nicht ausgleichbaren negativen Einkünfte **notwendig**.

Beispiel 5:
F erzielte im VZ 1999 folgende Einkünfte:

Einkünfte aus Gewerbebetrieb (§ 15)	- 8.000 DM
Einkünfte aus selbständiger Arbeit (§ 19)	10.000 DM
Einkünfte aus Kapitalvermögen (§ 20)	40.000 DM
Einkünfte aus Vermietung und Verpachtung (§ 21)	- 192.000 DM

Die Summe der Einkünfte und die Verteilung für Zwecke des § 10d werden wie folgt ermittelt:

	positive Einkünfte DM	negative Einkünfte DM	Summe der Einkünfte DM
Einkünfte aus § 15		- 8.000	
§ 19	10.000		
§ 20	40.000		
§ 21		- 192.000	
Summe	50.000	- 200.000	- 150.000

Nachrichtlich für Zwecke des Verlustabzugs nach § 10d:

Nicht ausgleichbare negative Einkünfte aus
§ 15 im VZ 1999: - 8.000DM / - 200.000DM x - 150.000 DM = **- 6.000 DM**
§ 21 im VZ 1999: -192.000DM / - 200.000DM x - 150.000 DM = **- 144.000 DM**
- 150.000 DM

Die **verhältnismässige Verteilung** der nicht ausgleichbaren negativen Einkünfte **entfällt**, wenn die negativen Einkünfte lediglich aus **einer** Einkunftsart stammen.

Beispiel 6:
E erzielte im VZ 1999 folgende Einkünfte:

Einkünfte aus Gewerbebetrieb (§ 15)	80.000 DM
Einkünfte aus Vermietung und Verpachtung (§ 21)	- 150.000 DM.

Die Summe der Einkünfte und die Verteilung für Zwecke des § 10d werden wie folgt ermittelt:

	positive Einkünfte DM	negative Einkünfte DM	Summe der Einkünfte DM
Einkünfte aus § 15	80.000		
§ 21		- 150.000	
Summe	80.000	- 150.000	- 70.000

Nachrichtlich für Zwecke des Verlustabzugs nach § 10d:

Nicht ausgleichbare negative Einkünfte aus **§ 21** im VZ 1999: **- 70.000 DM**

> **Übung:** 1. Wiederholungsfrage 8 (Seite 286),
> 2. Fälle 3 und 4 (Seite 287)

Fallgruppe c)

Ist die Summe der **positiven** Einkünfte **größer** 100.000 DM und überschreitet die Summe der **negativen** Einkünfte **nicht** 100.000 DM, sind die negativen Einkünfte (wie bisher) in **vollem Umfang ausgleichsfähig**.

Ergibt sich die Summe der positiven Einkünfte aus **mehreren** Einkunftsarten, ist die Summe der Einkünfte entsprechend dem **Verhältnis** der einzelnen positiven Einkünfte zur Summe der positiven Einkünfte auf die einzelnen positiven Einkunftsarten zu verteilen.

Beispiel 7:
G erzielte im VZ 1999 folgende Einkünfte:

    Einkünfte aus Gewerbebetrieb (§ 15)   90.000 DM
    Einkünfte aus Kapitalvermögen (§ 20)   60.000 DM
    Einkünfte aus Vermietung und Verpachtung (§ 21) – 50.000 DM

Die Summe der Einkünfte und deren Verteilung für Zwecke des § 10d werden wie folgt ermittelt:

	positive Einkünfte DM	negative Einkünfte DM	Summe der Einkünfte DM
Einkünfte aus § 15	90.000		
§ 20	60.000		
§ 21		– 50.000	
Summe	150.000	– 50.000	100.000

Nachrichtlich für Zwecke des Verlustabzugs nach § 10d:

Einkünfte aus **§ 15** im VZ 1999: 90.000 DM/150.000 DM x 100.000 DM = **60.000 DM**
         § 20 im VZ 1999: 60.000 DM/150.000 DM x 100.000 DM = **40.000 DM**
                                                          100.000 DM

Die **verhältnismäßige Verteilung entfällt**, wenn die positiven Einkünfte lediglich aus **einer** Einkunftsart stammen.

Beispiel 8:
H erzielte im VZ 1999 folgende Einkünfte:

    Einkünfte aus Gewerbebetrieb (§ 15)   150.000 DM
    Einkünfte aus Vermietung und Verpachtung (§ 21) – 50.000 DM

Die Summe der Einkünfte und deren Verteilung für Zwecke des § 10d werden wie folgt ermittelt:

	positive Einkünfte DM	negative Einkünfte DM	Summe der Einkünfte DM
Einkünfte aus § 15	150.000		
§ 21		– 50.000	
Summe	150.000	– 50.000	100.000

Nachrichtlich für Zwecke des Verlustabzugs nach § 10d:

Einkünfte aus **§ 15** im VZ 1999:   **100.000 DM**

Übung: 1. Wiederholungsfrage 9 (Seite 286),
           2. Fälle 5 und 6 (Seite 287)

Fallgruppe d)

Überschreiten sowohl die Summe der **positiven** als auch die Summe der **negativen** Einkünfte **100.000 DM**, greift die neu eingeführte Einschränkung des vertikalen Verlustausgleichs. Durch die Begrenzung der Ausgleichsfähigkeit negativer Einkünfte kommt es zu einer sogenannten **Mindestbesteuerung**.

Unbegrenzt ausgleichsfähig bleiben **100.000 DM** positive Einkünfte. Die nach diesem unbegrenztem Ausgleich **verbleibenden positiven Einkünfte** können anschließend nur noch **bis zur Hälfte** mit negativen Einkünften ausgeglichen werden (**begrenzter Ausgleich**). Liegen die negativen Einkünfte unter diesem **maximal ausgleichbaren Betrag**, so bleiben sie auch weiterhin in vollem Umfang ausgleichsfähig.

Beispiel 9:
I erzielte im VZ 1999 folgende Einkünfte:

Einkünfte aus Gewerbebetrieb (§ 15)	180.000 DM
Einkünfte aus selbständiger Arbeit (§ 18)	120.000 DM
Einkünfte aus Kapitalvermögen (§ 20)	60.000 DM
Einkünfte aus Vermietung und Verpachtung (§ 21)	– 150.000 DM

Die Summe der Einkünfte und die Verteilung für Zwecke des § 10d werden wie folgt ermittelt:

	positive Einkünfte DM	negative Einkünfte DM	**Summe der Einkünfte DM**
Einkünfte aus § 15	180.000		
§ 18	120.000		
§ 20	60.000		
§ 21		– 150.000	
Summe	360.000	– 150.000	
Berechnung des ausgleichbaren Verlustes:			
unbegrenzter Ausgleich bis 100.000 DM	– 100.000	100.000	
verbleiben	260.000	– 50.000	
begrenzter Ausgleich bis maximal: 260.000 DM / 2 = **130.000 DM**, **höchstens** verbleibende negative Einkünfte	– 50.000	50.000	
Summe	210.000	0	210.000

Nachrichtlich für Zwecke des Verlustabzugs nach § 10d:

Einkünfte aus
§ 15 im VZ 1999: 180.000DM / 360.000DM x 210.000 DM =	**105.000 DM**
§ 18 im VZ 1999: 120.000DM / 360.000DM x 210.000 DM =	**70.000 DM**
§ 20 im VZ 1999: 60.000DM / 360.000DM x 210.000 DM =	**35.000 DM**
	210.000 DM

Die **negativen Einkünfte** in Höhe von – 150.000 DM liegen **unter** dem **maximal ausgleichbaren Betrag** von 230.000 DM (100.000 DM + 130.000 DM) und sind daher in vollem Umfang ausgleichsfähig.

Die Summe der Einkünfte kann **vereinfacht** ermittelt werden, in dem der **maximal ausgleichbare Betrag** direkt berechnet und in einem Schritt abgezogen wird. Die Berechnung des **maximal ausgleichbaren Betrages** erfolgt nach folgender **Formel**:

$$\text{maximal ausgleichbarer Betrag} = 100.000 \text{ DM} + \frac{\text{Summe der positiven Einkünfte} - 100.000 \text{ DM}}{2}$$

Beispiel 10:
Sachverhalt wie im Beispiel zuvor

Die Summe der Einkünfte und die Verteilung für Zwecke des § 10d werden wie folgt ermittelt:

	positive Einkünfte DM	negative Einkünfte DM	**Summe der Einkünfte** DM
Einkünfte aus § 15	180.000		
§ 18	120.000		
§ 20	60.000		
§ 21		−150.000	
Summe	360.000	−150.000	
Berechnung des max. ausgleichbaren Verlustes:			
100.000 DM + (360.000 - 100.000) / 2 = **230.000 DM**, **höchstens** verbleibende negative Einkünfte	−150.000	150.000	
Summe	210.000	0	**210.000**

Die **Verteilung** der Summe der Einkünfte erfolgt wie im Beispiel 9.

Überschreiten die negativen Einkünfte den maximal ausgleichsfähigen Betrag, so verbleiben **nichtausgleichbare negative Einkünfte**. Die **Summe der Einkünfte entspricht** dann den **verbleibenden positiven Einkünften**.

Setzen sich positive und negative Einkünfte aus **mehreren** Einkunftsarten zusammen, so sind die **Summe der Einkünfte und** die **nicht ausgeglichenen negativen Einkünfte** auf die jeweiligen Einkunftsarten für Zwecke des § 10d **zu verteilen**.

Beispiel 11:
J erzielte im VZ 1999 folgende Einkünfte:

Einkünfte aus Gewerbebetrieb (§ 15)	80.000 DM
Einkünfte aus selbständiger Arbeit (§ 18)	− 120.000 DM
Einkünfte aus nichtselbständiger Arbeit (§ 19)	120.000 DM
Einkünfte aus Vermietung und Verpachtung (§ 21)	− 360.000 DM

Die Summe der Einkünfte und die Verteilung für Zwecke des § 10d werden wie folgt ermittelt:

	positive Einkünfte DM	negative Einkünfte DM	Summe der Einkünfte DM
Einkünfte aus § 15	80.000		
§ 18		− 120.000	
§ 19	120.000		
§ 21		− 360.000	
Summe	200.000	− 480.000	
Berechnung des max. ausgleichbaren Verlustes:			
100.000 DM + (200.000 − 100.000) / 2 = **150.000 DM**	− 150.000	150.000	
Summe	50.000	− 330.000	**50.000**

Nachrichtlich für Zwecke des Verlustabzugs nach § 10d:

Einkünfte aus
§ 15 im VZ 1999:   80.000DM /   200.000DM x   50.000 DM =   **20.000 DM**
§ 19 im VZ 1999: 120.000DM /   200.000DM x   50.000 DM =   **30.000 DM**
                                                                                       50.000 DM

nicht ausgleichbare Verluste aus
§ 18 im VZ 1999: −120.000DM / −480.000DM x −330.000 DM =   **−82.500 DM**
§ 21 im VZ 1999: −360.000DM / −480.000DM x −330.000 DM = **−247.500 DM**
                                                                                       −330.000 DM

> **Übung:** 1. Wiederholungsfrage 10 (Seite 286),
> 2. Fälle 7 bis 9 (Seite 288)

Zusammenfassung zu Abschnitt 12.1.2.3:

12.2 Verlustausgleich bei Zusammenveranlagung

Bei Ehegatten, die **zusammen veranlagt** werden, ist **zunächst für jeden Ehegatten getrennt** ein Verlustausgleich vorzunehmen. Diese **getrennte Ermittlung** erfolgt nach den für die Einzelveranlagung geltenden Regeln (§ 2 Abs. 3 Sätze 2 bis 5). Wie bei der Einzelveranlagung ist auch bei der Zusammenveranlagung **für jeden Ehegatten** zunächst jeweils ein **horizontaler** und anschließend ein **vertikaler** Verlustausgleich durchzuführen. **Verbleiben** im Rahmen dieser getrennten Ermittlung **keine negativen Einkünfte** bei einem oder beiden Ehegatten, findet **kein vertikaler Verlustausgleich** statt. Dennoch sind die **Einkünfte** für jeden Ehegatten nach Einkunftsarten für Zwecke des § 10d **zu verteilen**.

Beispiel:
Die Eheleute Inge und Hans Sauerborn, die **zusammen veranlagt** werden, erzielten im VZ 1999 folgende Einkünfte:

Ehemann:
Einkünfte aus Gewerbebetrieb (§ 15)	60.000 DM
Einkünfte aus Kapitalvermögen (§ 20)	40.000 DM
Einkünfte aus Vermietung und Verpachtung (§ 21)	− 80.000 DM

Ehefrau:
Einkünfte aus nichtselbständiger Arbeit (§ 19)	70.000 DM
Einkünfte aus Kapitalvermögen (§ 20)	30.000 DM
Einkünfte aus Vermietung und Verpachtung (§ 21)	− 60.000 DM

Lösung:

		Ehemann positive Einkünfte DM	Ehemann negative Einkünfte DM	Ehefrau positive Einkünfte DM	Ehefrau negative Einkünfte DM	Gesamt Summe der Einkünfte DM
getrennte Ermittlung	Einkünfte aus § 15	60.000				
	§ 19			70.000		
	§ 20	40.000		30.000		
	§ 21		− 80.000		− 60.000	
	Summe	100.000	− 80.000	100.000	− 60.000	
	vert. Verlustausgleich:					
	Ehemann (Fallgruppe a): bis zur Höhe neg. Einkünfte	− 80.000	80.000			
	verbleiben pos. Einkünfte	20.000	0			
	Ehefrau (Fallgruppe a): bis zur Höhe neg. Einkünfte			− 60.000	60.000	
	verbleiben pos. Einkünfte			40.000	0	
	Summe nach getr. Ermittlung	20.000	0	40.000	0	**60.000**

Nachrichtlich für Zwecke des § 10d:

Ehemann: Einkünfte aus § 15: 60.000/100.000 x 20.000 = 12.000
  Einkünfte aus § 20: 40.000/100.000 x 20.000 = 8.000   20.000 DM

Ehefrau: Einkünfte aus § 19: 70.000/100.000 x 40.000 = 28.000
  Einkünfte aus § 20: 30.000/100.000 x 40.000 = 12.000   40.000 DM
                                                          60.000 DM

Verbleiben bei einem oder beiden Ehegatten nach der getrennten Ermittlung **negative Einkünfte**, erfolgt anschließend der **Ehegattenverlustausgleich (EVA)**. Dieser ist analog zur Einzelveranlagung ebenfalls in einen **horizontalen** und einen **vertikalen** Ehegattenverlustausgleich aufgeteilt.

> **Übung:** 1. Wiederholungsfragen 11 und 12 (Seite 286),
> 2. Fälle 10 bis 12 (Seite 288 f.)

12.2.1 Horizontaler Ehegattenverlustausgleich

Verbleiben bei einem oder beiden Ehegatten **nach** der getrennten Ermittlung **negative Einkünfte**, ist zunächst zu prüfen, ob ein **horizontaler Ehegattenverlustausgleich** durchzuführen ist.

Unter dem **horizontalen Ehegattenausgleich** versteht man die Verrechnung der positiven und negativen Einkünfte der Ehegatten innerhalb **einer** Einkunftsart. Diese Verrechnung bleibt auch nach dem Steuerentlastungsgesetz 1999/2000/2002 **grundsätzlich in unbeschränkter Höhe** zwischen den Ehegatten möglich. Einschränkungen erfolgen lediglich bei Verlusten aus der Beteiligung an **Verlustzuweisungsgesellschaften** und ähnlichen Modellen nach § 2b EStG und Verlusten aus **Termingeschäften** nach § 15 Abs. 4 Satz 3 EStG.

Im Anschluß an den horizontalen Ehegattenverlustausgleich sind die **Einkünfte** für Zwecke des Verlustabzugs nach **§ 10d** nach Ehegatten und Einkunftarten **auszuweisen**, wenn kein vertikaler Ehegattenverlustausgleich erfolgt.

Beispiel:
Eheleute Helga und Michael Klein, die **zusammen veranlagt** werden, erzielten im VZ 1999 folgende Einkünfte:

Ehemann:
Einkünfte aus Gewerbebetrieb (§ 15)   600.000 DM

Ehefrau:
Einkünfte aus Gewerbebetrieb (§ 15)   - 400.000 DM

Lösung:

		Ehemann		Ehefrau		Gesamt
		positive Einkünfte DM	negative Einkünfte DM	positive Einkünfte DM	negative Einkünfte DM	Summe der Einkünfte DM
getrennte Ermittlung	Einkünfte aus § 15	600.000			- 400.000	
	Summe nach getr. Ermittlung	600.000			- 400.000	
hor. EVA	Verrechnung der Einkünfte aus § 15	-400.000		400.000		
	Summe nach hor. EVA :	200.000		0		**200.000**

Nachrichtlich für Zwecke des § 10d:
Ehemann: Einkünfte aus § 15:   200.000 DM

Erzielen die Ehegatten Einkünfte aus **mehreren** Einkunftsarten, so ist nach dem horizontalen und/oder vertikalen Verlustausgleich bei getrennter Ermittlung der Ehegatten eine **Verhältnisrechnung notwendig**, um die für den horizontalen Ehegattenverlustausgleich zur Verfügung stehenden Beträge zu ermitteln. Die Verhältnisrechnung erfolgt nach den im Rahmen der Einzelveranlagung dargestellten Regeln.

Beispiel:
Eheleute Helga und Michael Groß, die **zusammen veranlagt** werden, erzielten im VZ 1999 folgende Einkünfte:

Ehemann:
Einkünfte aus Gewerbebetrieb (§ 15) (Betrieb 1)	200.000 DM
Einkünfte aus Gewerbebetrieb (§ 15) (Betrieb 2)	- 120.000 DM
Einkünfte aus Vermietung und Verpachtung (§ 21)	- 120.000 DM

Ehefrau:
Einkünfte aus nichtselbständiger Arbeit (§ 19)	90.000 DM
Einkünfte aus Kapitalvermögen (§ 20)	- 60.000 DM
Einkünfte aus Vermietung und Verpachtung (§ 21)	90.000 DM

Lösung:

		Ehemann		Ehefrau		Gesamt
		positive Einkünfte DM	negative Einkünfte DM	positive Einkünfte DM	negative Einkünfte DM	Summe der Einkünfte DM
getrennte Ermittlung	Einkünfte aus § 15 § 19 § 20 § 21	200.000	-120.000 -120.000	90.000 90.000	 -60.000 	
	Summe	200.000	-240.000	180.000	-60.000	
	hor. Verlustausgleich **Ehemann (§ 15):** verbleiben	-120.000 80.000	120.000 -120.000			
	vert. Verlustausgleich: **Ehemann (Fallgruppe b):** bis zur Höhe pos. Einkünfte verbleiben neg. Einkünfte	- 80.000 0	80.000 - 40.000			
	Verteilung der Einkünfte: § 21: - 40.000					
	Ehefrau (Fallgruppe c): Ausgleich in vollem Umfang verbleiben pos. Einkünfte			- 60.000 120.000	60.000 0	
	Verteilung der Einkünfte: § 19: 90.000/180.000 x 120.000 = 60.000 § 21: 90.000/180.000 x 120.000 = **60.000**					

		Ehemann		Ehefrau		Gesamt
		positive Einkünfte DM	negative Einkünfte DM	positive Einkünfte DM	negative Einkünfte DM	Summe der Einkünfte DM
	Summe n. getr. Ermittlung	0	- 40.000	120.000	0	
hor. EVA	Verrechnung der Einkünfte aus § 21			40.000	- 40.000	
	Summe nach hor. EVA	0	0	80.000	0	**80.000**

Nachrichtlich für Zwecke des § 10d:

Ehefrau: Einkünfte aus § 19:   60.000 DM
                § 21: (60.000 – 40.000)   20.000 DM   80.000 DM

12.2.2 Vertikaler Ehegattenverlustausgleich

Verbleiben nach dem horizontalen Ehegattenverlustausgleich noch **negative Einkünfte**, können diese unter bestimmten Voraussetzungen im Rahmen des vertikalen Ehegattenverlustausgleichs ausgeglichen werden. Unter dem **vertikalen Ehegattenverlustausgleich** ist die Verrechnung von positiven mit negativen Einkünften aus unterschiedlichen Einkunftsarten zwischen Ehegatten zu verstehen.

Der **vertikale Ehegattenverlustausgleich** erfolgt in **drei Stufen**, die wie folgt bezeichnet werden:

1. Stufe: Persönliches Ausgleichspotential (§ 2 Abs. 3 **Satz 6, 1. Halbsatz**)

2. Stufe: Übertragene negative Einkünfte (§ 2 Abs. 3 **Satz 6, 2. Halbsatz**)

3. Stufe: Persönlicher Verlustausgleich   (§ 2 Abs. 3 **Satz 7**)

Im Anschluß an den vertikalen Verlustausgleich zwischen Ehegatten sind die verbleibenden positiven bzw. negativen Einkünfte für Zecke des § 10d einkunftsartspezifisch aufzuteilen. Die Aufteilung erfolgt nach folgenden Formeln:

$$\text{Positive Einkünfte} = \frac{\text{Einkunftsbetrag nach hor. EVA}}{\text{Summe der pos. Einkünfte nach hor. EVA}} \times \text{Summe der Einkünfte des jeweiligen Ehegatten nach vert. EVA}$$

$$\text{Negative Einkünfte} = \frac{\text{Einkunftsbetrag nach hor. EVA}}{\text{Summe der neg. Einkünfte nach hor. EVA}} \times \text{nicht ausgleichbare negative Einkünfte des jeweiligen Ehegatten nach vert. EVA}$$

Zur 1. Stufe: Persönliches Ausgleichspotential

Auf der **ersten Stufe** ist zu überprüfen, ob jeder Ehegatte sein persönliches Verlustausgleichspotential (§ 2 Abs. 3 Satz 3) vollständig ausnutzt. Unter dem **persönlichen Verlustausgleichspotential** versteht man den Betrag, den **ein** Ehegatte maximal als Verlust ausgleichen kann.
Ist ein Ehegatte der Fallgruppe **a) oder b)** zuzuordnen, ist dieses Potential die Summe der positiven Einkünfte. Eine **Berechnung** wird **nur** für Ehegatten erforderlich, die der **Fallgruppe c) oder d)** angehören.
Die Ermittlung dieses Potentials orientiert sich an der Berechnung des maximal ausgleichbaren Verlustes bei Einzelveranlagung. Die Formel für die Berechnung des **persönlichen Ausgleichspotentials für jeden Ehegatten** lautet:

$$\text{Persönliches Ausgleichspotential} = 100.000 \text{ DM} + \frac{\text{Summe der positiven Einkünfte} - 100.000 \text{ DM}}{2}$$

Von diesem Potential sind die bereits bei der getrennten Ermittlung des jeweiligen Ehegatten bei ihm vertikal ausgeglichenen Beträge **abzuziehen**:

$$\begin{aligned}&\text{persönliches Ausgleichspotential}\\ - \ &\text{vertikaler Verlustausgleich bei getrennter Ermittlung}\\ = \ &\textbf{Unterschiedsbetrag erste Stufe}\end{aligned}$$

Verbleibt ein **positiver** Betrag, so kann dieser **Unterschiedsbetrag** auf der ersten Stufe durch **Übertragung** von verbleibenden negativen Einkünften des **anderen** Ehegatten ausgeglichen werden (§ 2 Abs. 3 Satz 6, **1. Halbsatz**).

Beispiel:
Eheleute Helga und Michael Kurz, die **zusammen veranlagt** werden, erzielten im VZ 1999 folgende Einkünfte:

Ehemann:
Einkünfte aus Gewerbebetrieb (§ 15)	135.000 DM
Einkünfte aus nichtselbständiger Arbeit (§ 19)	120.000 DM
Einkünfte aus Vermietung und Verpachtung (§ 21)	− 130.000 DM

Ehefrau:
Einkünfte aus Gewerbebetrieb (§ 15)	− 50.000 DM
Einkünfte aus selbständiger Arbeit (§ 18)	− 25.000 DM
Einkünfte aus nichtselbständiger Arbeit (§ 19)	50.000 DM
Einkünfte aus Vermietung und Verpachtung (§ 21)	− 20.000 DM

Lösung:

		Ehemann		Ehefrau		Gesamt
		positive Einkünfte DM	negative Einkünfte DM	positive Einkünfte DM	negative Einkünfte DM	Summe der Einkünfte DM
getrennte Ermittlung	Einkünfte aus § 15	135.000			−50.000	
	§ 18				−25.000	
	§ 19	120.000		50.000		
	§ 21		−130.000		−20.000	
	Summe	255.000	−130.000	50.000	−95.000	

		Ehemann		Ehefrau		Gesamt
		positive Einkünfte DM	negative Einkünfte DM	positive Einkünfte DM	negative Einkünfte DM	Summe der Einkünfte DM
getrennte Ermittlung	Summe	255.000	-130.000	50.000	-95.000	
	vert. Verlustausgleich: **Ehemann** (Fallgruppe d): Ausgleich bis maximal: 100.000+(255.000-100.000)/2 = 177.500, hier 130.000	-130.000	130.000			
	verbleiben pos. Einkünfte	125.000	0			

	Verteilung der Einkünfte:
	§ 15: 135.000/255.000
	     x 125.000 = **66.176**
	§ 19: 120.000/255.000
	     x 125.000 = 58.824					

	Ehefrau (Fallgruppe a): bis zur Höhe pos. Einkünfte			-50.000	50.000	
	verbleiben neg. Einkünfte			0	-45.000	

	Verteilung der Einkünfte:
	§ 15: -50.000/-95.000
	     x -45.000 = **-23.684**
	§ 18: -25.000/-95.000
	     x -45.000 = -11.842
	§ 21: -20.000/-95.000
	     x -45.000 = -9.474					

	Summe nach getr. Ermittlung	125.000	0	0	-45.000	
hor. EVA	Verrechnung der Einkünfte aus § 15 (**66.176** - **23.684**) verbleiben (§ 15): **42.492**	-23.684			23.684	
	Summe **nach hor.** EVA	101.316	0	0	-21.316	
vert. EVA	**1. Stufe:** persönl. Ausgleichspotential **Ehefrau**:ausgeschöpft, da Fallgruppe a) **Ehemann**: 100.000 + (255.000 - 100.000) / 2 = 177.500 - 130.000 (vert. Ausgleich) = 47.500, hier 21.316	-21.316			21.316	
	Summe **nach vert.** EVA	80.000	0	0	0	**80.000**

Nachrichtlich für Zwecke des § 10d:
Ehemann: Eink. aus § 15: 42.492 DM / 101.316 DM x 80.000 DM = 33.552 DM
              § 19: 58.824 DM / 101.316 DM x 80.000 DM = <u>46.448 DM</u>   <u>80.000 DM</u>

Zur 2. Stufe: Übertragene negative Einkünfte

Auf der **zweiten** Stufe ist zu überprüfen, ob der Verlustübertrag auf der **ersten** Stufe bei **einem** Ehegatten **100.000 DM unter**schreitet.

Unterschreitet er diese Grenze, so sind verbliebene positive Einkünfte des **übertragenden** Ehegatten **bis zur Höhe des unterschreitenden Betrages** (Unterschiedsbetrag zweite Stufe) zu mindern, **soweit** der maximal von beiden Ehegatten insgesamt ausgleichbare Betrag **nicht überschritten** wird (§ 2 Abs. 3 Satz 6 2. Halbsatz).

Der **maximal von beiden Ehegatten ausgleichbare Betrag** berechnet sich wie folgt:

$$\text{Maximal ausgleichbarer Betrag beider Ehegatten} = 200.000 + \frac{\text{Summe der pos. Einkünfte beider Ehegatten} - 200.000}{2}$$

Von diesem maximal ausgleichbaren Betrag sind **bereits** im Rahmen der getrennten Ermittlung und der 1. Stufe **vertikal** ausgeglichene Beträge beider Ehegatten **abzuziehen**.

```
  maximal ausgleichbarer Betrag beider Ehegatten
- vertikaler Verlustausgleich bei getrennter Ermittlung
- vertikaler Ehegattenverlustausgleich auf der 1. Stufe
= verbleibendes gemeinsames Ausgleichspotential
```

Verbleibt ein **positiver** Betrag, so ist der Ausgleich in Höhe des Unterschiedsbetrages im Rahmen der **zweiten Stufe** beim **übertragenden** Ehegatten durchzuführen, soweit der maximal von beiden Ehegatten insgesamt ausgleichbare Betrag nicht überschritten wird. Der **Unterschiedsbetrag auf der zweiten Stufe** wird wie folgt berechnet:

```
  100.000 DM
- Verlustübertrag auf der 1. Stufe
= Unterschiedsbetrag zweite Stufe
```

Stehen **keine positiven Einkünfte** des **übertragenden** Ehegatten zur Verfügung, kann **keine Minderung** der Einkünfte erfolgen. Es ist unmittelbar zur **dritten Stufe** überzugehen.
Erfolgt eine **Minderung** auf der zweiten Stufe bis zur Höhe des zusammen maximal ausgleichbaren Betrages, ist der **Prüfvorgang** nach der zweiten Stufe **beendet**.

Beispiel:
Eheleute Helga und Michael Lang, die **zusammen veranlagt** werden, erzielten im VZ 1999 folgende Einkünfte:

Ehemann:
Einkünfte aus Gewerbebetrieb (§ 15)	300.000 DM
Einkünfte aus Vermietung und Verpachtung (§ 21)	− 600.000 DM

Ehefrau:
Einkünfte aus selbständiger Arbeit (§ 18)	45.000 DM
Einkünfte aus Vermietung und Verpachtung (§ 21)	135.000 DM
sonstige Einkünfte i.S.d. § 22	− 80.000 DM

Lösung:

		Ehemann		Ehefrau		Gesamt
		positive Einkünfte DM	negative Einkünfte DM	positive Einkünfte DM	negative Einkünfte DM	Summe der Einkünfte DM
getrennte Ermittlung	Einkünfte aus § 15	300.000				
	§ 18			45.000		
	§ 21		-600.000	135.000		
	§ 22				-80.000	
	Summe	300.000	-600.000	180.000	-80.000	
	vert. Verlustausgleich:					
	Ehemann (Fallgruppe d): Ausgleich bis maximal: 100.000+(300.000-100.000)/2 = 200.000	-200.000	200.000			
	verbleiben pos./neg. Einkünfte	100.000	-400.000			
	Verteilung der Einkünfte: § 15: 100.000 **§ 21: -400.000**					
	Ehefrau (Fallgruppe c): bis zur Höhe neg. Einkünfte			-80.000	80.000	
	verbleiben pos. Einkünfte			100.000	0	
	Verteilung der Einkünfte: § 18: 45.000/180.000 x 100.000 = 25.000 **§ 21**: 135.000/180.000 x 100.000 = **75.000**					
	Summe nach getr. Ermittlung	100.000	-400.000	100.000	0	
hor. EVA	Verrechnung der Einkünfte aus § 21 (-400.00 + 75.000) verbleiben (§ 21): -325.000		75.000	-75.000		
	Summe **nach hor.** EVA	100.000	-325.000	25.000	0	
vert. EVA	**1. Stufe:** persönl. Ausgleichspotential					
	Ehemann: ausgeschöpft (200.000)					
	Ehefrau: 100.000+(180.000-100.000)/2 = 140.000 − 80.000 (vert. Ausgleich) = 60.000, hier 25.000		25.000	-25.000		
	Summe **nach 1. Stufe**	100.000	-300.000	0	0	

		Ehemann		Ehefrau		Gesamt
		positive Einkünfte DM	negative Einkünfte DM	positive Einkünfte DM	negative Einkünfte DM	Summe der Einkünfte DM
vert. EVA	**2. Stufe:** Übertragene neg. Einkünfte Übertrag auf erster Stufe (25.000) unterschreitet 100.000 DM. Berechnung des **maximal ausgleichbaren Betrages** beider Ehegatten: 200.000+(480.000-200.000) /2 = 340.000 − 280.000 (vert. Ausgleich) − 25.000 (1. Stufe) = 35.000 Berechnung des **Unterschiedsbetrages**: 100.000 − 25.000 (1. Stufe) = 75.000, hier 35.000	100.000 -35.000	-300.000	0 35.000	0	
	Summe	65.000	-265.000	0	0	**65.000**

Nachrichtlich für Zwecke des § 10d:

Ehemann: Einkünfte aus § 15: 65.000 DM
      Nicht ausgleichbare negative Einkünfte aus § 19: -265.000 DM

Wird der maximal ausgleichbare Betrag **nicht** ausgeschöpft, so ist auch die dritte Stufe zu prüfen.

Zur 3. Stufe: Persönlicher Verlustausgleich:

Auf der **dritten Stufe** ist zu prüfen, ob die persönliche Verlustnutzung eines Ehegatten bei **getrennter Ermittlung 100.000 DM unterschreitet**.
Ist dies bei **einem** Ehegatten der Fall, sind verbliebene positive Einkünfte des **anderen** Ehegatten um verbliebene negative Einkünfte **bis zur Höhe des unterschreitenden Betrages** zu mindern, **soweit** der maximal ausgleichbare Betrag beider Ehegatten **nicht überschritten** wird.
Neben den bereits bei jedem Ehegatten **vertikal** ausgeglichenen Beträgen bei getrennter Ermittlung sind auch die im Rahmen des vertikalen Ehegattenverlustausgleichs auf der **ersten und zweiten Stufe** ausgeglichenen Beträge **abzuziehen**.

>   maximal ausgleichbarer Betrag beider Ehegatten
> − vertikaler Verlustausgleich bei getrennter Ermittlung
> − vertikaler Ehegattenverlustausgleich auf der 1. und 2. Stufe
> = **verbleibendes gemeinsames Ausgleichspotential**

Verbleibt ein **positiver** Betrag, so ist der Verlustausgleich durchzuführen.

Der **Unterschiedsbetrag der dritten Stufe** wird für den **einzelnen** Ehegatten wie folgt berechnet:

> 100.000 DM
> − vertikaler Verlustausgleich bei getrennter Ermittlung
> = **Unterschiedsbetrag dritte Stufe**

Beispiel:
Eheleute Helga und Michael Kurz, die **zusammen veranlagt** werden, erzielten im VZ 1999 folgende Einkünfte:

Ehemann:
Einkünfte aus Gewerbebetrieb (§ 15)   − 310.000 DM
Einkünfte aus Kapitalvermögen (§ 20)   540.000 DM
Einkünfte aus Vermietung und Verpachtung (§ 21)   60.000 DM

Ehefrau:
Einkünfte aus nichtselbständiger Arbeit (§ 19)   30.000 DM
Einkünfte aus Kapitalvermögen (§ 20)   20.000 DM
Einkünfte aus Vermietung und Verpachtung (§ 21)   − 200.000 DM

Lösung:

		Ehemann		Ehefrau		Gesamt
		positive Einkünfte DM	negative Einkünfte DM	positive Einkünfte DM	negative Einkünfte DM	Summe der Einkünfte DM
getrennte Ermittlung	Einkünfte aus § 15 § 19 § 20 § 21	540.000 60.000	− 310.000	30.000 20.000	− 200.000	
	Summe	600.000	− 310.000	50.000	− 200.000	
	vert. Verlustausgleich:					
	Ehemann (Fallgruppe d): Ausgleich bis maximal: 100.000+(600.000-100.000)/2 = 350.000, hier 310.000	−310.000	310.000			
	verbleiben pos. Einkünfte	290.000	0			
	Verteilung der Einkünfte: § 20: 540.000/600.000 x 290.000 = 261.000 § 21: 60.000/600.000 x 290.000 = **29.000**					

		Ehemann		Ehefrau		Gesamt
		positive Einkünfte DM	negative Einkünfte DM	positive Einkünfte DM	negative Einkünfte DM	Summe der Einkünfte DM
getrennte Ermittlung	**Ehefrau** (Fallgruppe b): bis zur Höhe pos. Einkünfte verbleiben neg. Einkünfte	290.000	0	50.000 - 50.000 0	- 200.000 50.000 - 150.000	
	Verteilung der Einkünfte: **§ 21: - 150.000**					
	Summe n. getr. Ermittlung	290.000	0	0	- 150.000	
hor. EVA	Verrechnung der Einkünfte aus § 21 (**-150.000+29.000**) verbleiben (§ 21): -121.000	- 29.000			29.000	
	Summe **nach hor.** EVA	261.000	0	0	- 121.000	
vert. EVA	**1. Stufe:** persönl. Ausgleichspotential					
	Ehefrau: ausgeschöpft, da Fallgruppe b)					
	Ehemann: 100.000+(600.000-100.000)/2 = 330.000 $-$ 310.000 (vert. Ausgleich) = 40.000	-40.000			40.000	
	Summe **nach 1. Stufe**	221.000	0	0	- 81.000	
	2. Stufe: Übertragene neg. Einkünfte					
	entfällt, da übertragende Ehefrau nicht mehr über pos. Einkünfte verfügt					
	Summe **nach 2. Stufe**	221.000	0	0	- 81.000	
	3. Stufe: persönl. Verlust-Ausgleich					
	Ehefrau: persönl. Verlustausgleich unterschreitet 100.000 (50.000)					
	Berechnung des maximal ausgleichbaren Betrages beider Ehegatten: 200.000+(650.000-200.000)/2 = 425.000 $-$ 360.000 (vert. Ausgleich) $-$ 40.000 (1. Stufe) = 25.000					

		Ehemann		Ehefrau		Gesamt
		positive Einkünfte DM	negative Einkünfte DM	positive Einkünfte DM	negative Einkünfte DM	Summe der Einkünfte DM
vert. EVA	Berechnung des Unterschiedsbetrages: 100.000 − 50.000 (vert. Ausgleich) = 50.000	221.000	0	0	− 81.000	
	maximal ausgleichbar: 25.000	− 25.000			25.000	
	Summe	196.000	0	0	− 56.000	**196.000**

Nachrichtlich für Zwecke des § 10d:

Ehemann: Einkünfte aus § 20:   196.000 DM
             nicht ausgeglichene negative Einkünfte aus § 21: − 56.000 DM

> **Übung:** 1. Wiederholungsfrage 13 bis 25 (Seite 286),
> 2. Fälle 13 bis 15 (Seite 289 f.)

Zusammenfassung zu Abschnitt 12.2:

Ehegattenverlustausgleich (EVA)

getrennte Ermittlung: **horizontaler** und **vertikaler** Verlustausgleich beim **einzelnen** Ehegatten nach **Regeln der Einzelveranlagung** (§ 2 Abs. 3)

horizontaler EVA: Verlustausgleich zwischen den Ehegatten bei Einkünften **einer** Einkunftsart **in unbegrenzter Höhe**

vertikaler EVA:

- **1. Stufe**: Übertrag des bei der getrennten Ermittlung nicht genutzten **persönlichen Ausgleichspotentials** auf den anderen Ehegatten zum Verlustausgleich
- **2. Stufe**: Minderung verbleibender **positiver** Einkünfte beim **übertragenden** Ehegatten, **wenn** die übertragenen negativen Einkünfte **auf der 1. Stufe 100.000 DM unterschritten** haben
- **3. Stufe**: Minderung verbleibender positiver Einkünfte, **wenn** der persönliche Verlustausgleich **bei getrennter Ermittlung 100.000 DM unterschritten** hat

$$\text{maximal vertikal ausgleichb. Betrag beider Ehegatten} = 200.000 + \frac{\text{Summe der pos. Einkünfte} - 200.000}{2}$$

12.3 Nichtausgleichbare Verluste

Nicht alle Verluste eines Steuerpflichtigen **können** mit positiven Einkünften **aus**geglichen werden.

Vom Verlustausgleich ausgeschlossen sind z.B.

- negative Einkünfte aus Beteiligungen an Verlustzuweisungsgesellschaften und ähnlichen Modellen (§ 2b),
- Verlust aus gewerblicher Tierzucht oder gewerblicher Tierhaltung (§ 15 Abs. 4 Satz 1),
- Verluste aus bestimmten Leistungen (§ 22 Nr. 3) und
- Verluste aus privaten Veräußerungsgeschäften, soweit sie Gewinne, die der Steuerpflichtige im selben Kalenderjahr erzielt hat, übersteigen (§ 23 Abs. 3 Satz 6).

Beispiel:
Die Steuerpflichtige Annette Vogel erzielte im VZ 1999 folgende Einkünfte:

Einkünfte aus Gewerbebetrieb	60.000 DM
Gewinn aus privaten Veräußerungsgeschäften	5.000 DM
Verlust aus privaten Veräußerungsgeschäften	- 6.000 DM

Die **Summe der Einkünfte** wird wie folgt ermittelt (**horizontaler Verlustausgleich**):

		DM
Einkünfte aus Gewerbebetrieb (§ 15)		60.000,—
sonstige Einkünfte im Sinne des § 22 i.V.m. § 23		
Gewinn	5.000 DM	
Verlust	**- 6.000 DM**	**0,—**
= **Summe der Einkünfte**		**60.000,—**

Der in 1999 nicht ausgeglichene Verlust von 1.000 DM ist nach den Grundsätzen des § 10d einkunftsartspezifisch zurück- oder vorzutragen.

Übung: Wiederholungsfrage 27 (Seite 286)

12.4 Erfolgskontrolle

WIEDERHOLUNGSFRAGEN

1. Wie untergliedert man den Begriff Verlustverrechnung?
2. Was versteht man unter dem horizontalen Verlustausgleich?
3. Was versteht man unter dem vertikalen Verlustausgleich?

4. Wie wird die Summe der Einkünfte ermittelt, wenn der Steuerpflichtige nur positive Einkünfte erzielt?
5. Wie wird die Summe der Einkünfte ermittelt, wenn der Steuerpflichtige nur negative Einkünfte erzielt?
6. Wie wird die Summe der Einkünfte ermittelt, wenn der Steuerpflichtige sowohl positive als auch negative Einkünfte erzielt?
7. Wie wird die Summe der Einkünfte ermittelt, wenn der Steuerpflichtige positive und negative Einkünfte bis 100.000 DM erzielt?
8. Wie wird die Summe der Einkünfte ermittelt, wenn der Steuerpflichtige positive Einkünfte bis 100.000 DM und negative Einkünfte größer 100.000 DM erzielt?
9. Wie wird die Summe der Einkünfte ermittelt, wenn der Steuerpflichtige positive Einkünfte größer 100.000 DM und negative Einkünfte bis 100.000 DM erzielt?
10. Wie wird die Summe der Einkünfte ermittelt, wenn der Steuerpflichtige positive und negative Einkünfte größer 100.000 DM erzielt?
11. Wie ist der Verlustausgleich bei Zusammenveranlagung zunächst zu ermitteln?
12. Nach welchen Regeln erfolgt die getrennte Ermittlung im Rahmen der Zusammenveranlagung von Ehegatten?
13. Was versteht man unter dem horizontalen Ehegattenverlustausgleich?
14. Was versteht man unter dem vertikalen Ehegattenverlustausgleich?
15. In wieviel Stufen wird der vertikale Ehegattenverlustausgleich maximal durchgeführt?
16. Was ist auf der 1. Stufe des vertikalen Ehegattenverlustausgleichs zunächst zu prüfen?
17. Was versteht man unter dem persönlichen Verlustausgleichspotential?
18. Welche Beträge sind von dem persönlichen Verlustausgleichspotential abzuziehen, um den Unterschiedsbetrag der ersten Stufe zu erhalten?
19. Wie erfolgt der Verlustausgleich, wenn der Unterschiedsbetrag auf der ersten Stufe positiv ist?
20. Was ist auf der 2. Stufe des vertikalen Ehegattenverlustausgleichs zunächst zu prüfen?
21. Wie hoch ist der maximal ausgleichbare Betrag beider Ehegatten nach § 2 Abs. 3?
22. Welche Beträge sind von dem maximal ausgleichbaren Betrag beider Ehegatten abzuziehen, um das verbleibende gemeinsame Ausgleichspotential zu erhalten?
23. Wie erfolgt der Verlustausgleich, wenn der Betrag des verbleibenden gemeinsamen Ausgleichspotentials positiv ist?
24. Wie wird der Unterschiedsbetrag auf der zweiten Stufe berechnet?
25. Was ist auf der 3. Stufe des vertikalen Ehegattenverlustausgleichs zunächst zu prüfen?
26. Unter welchen Voraussetzungen ist auf der 3. Stufe ein Verlustausgleich durchzuführen?
27. Welche Verluste können nicht ausgeglichen werden? Nennen Sie zwei Beispiele.

FÄLLE

Fall 1:

Der Steuerpflichtige Erich Groß erzielte im VZ 1999 folgende Einkünfte:

Einkünfte aus Gewerbebetrieb (§ 15)	60.000 DM
Einkünfte aus Vermietung und Verpachtung (§ 21)	− 100.000 DM

Ermitteln Sie die **Summe der Einkünfte** und deren **Verteilung** für Zwecke des Verlustabzugs nach § 10d EStG für den VZ 1999.

Fall 2:

Der Steuerpflichtige Alfred Dacol erzielte im VZ 1999 folgende Einkünfte:

Einkünfte aus Gewerbebetrieb (§ 15)	60.000 DM
Einkünfte aus Kapitalvermögen (§ 20)	- 10.000 DM
Einkünfte aus Vermietung und Verpachtung (§ 21)	- 70.000 DM

Ermitteln Sie die **Summe der Einkünfte** und deren **Verteilung** für Zwecke des Verlustabzugs nach § 10d EStG für den VZ 1999.

Fall 3:

Der Steuerpflichtige Curt Seemann erzielte im VZ 1999 folgende Einkünfte:

Einkünfte aus Gewerbebetrieb (§ 15)	100.000 DM
Einkünfte aus Vermietung und Verpachtung (§ 21)	- 160.000 DM

Ermitteln Sie die **Summe der Einkünfte** und deren **Verteilung** für Zwecke des Verlustabzugs nach § 10d EStG für den VZ 1999.

Fall 4:

Der Steuerpflichtige Ulrich Dürr erzielte im VZ 1999 folgende Einkünfte:

Einkünfte aus Gewerbebetrieb (§ 15)	100.000 DM
Einkünfte aus Kapitalvermögen (§ 20)	- 40.000 DM
Einkünfte aus Vermietung und Verpachtung (§ 21)	- 120.000 DM

Ermitteln Sie die **Summe der Einkünfte** und deren **Verteilung** für Zwecke des Verlustabzugs nach § 10d EStG für den VZ 1999.

Fall 5:

Der Steuerpflichtige Willi Wirz erzielte im VZ 1999 folgende Einkünfte:

Einkünfte aus Gewerbebetrieb (§ 15)	120.000 DM
Einkünfte aus Vermietung und Verpachtung (§ 21)	- 80.000 DM

Ermitteln Sie die **Summe der Einkünfte** und deren **Verteilung** für Zwecke des Verlustabzugs nach § 10d EStG für den VZ 1999.

Fall 6:

Der Steuerpflichtige Klaus Lindberg erzielte im VZ 1999 folgende Einkünfte:

Einkünfte aus Gewerbebetrieb (§ 15)	140.000 DM
Einkünfte aus Kapitalvermögen (§ 20)	20.000 DM
Einkünfte aus Vermietung und Verpachtung (§ 21)	- 80.000 DM

Ermitteln Sie die **Summe der Einkünfte** und deren **Verteilung** für Zwecke des Verlustabzugs nach § 10d EStG für den VZ 1999.

Fall 7:

Der Steuerpflichtige Walter Kauffmann erzielte im VZ 1999 folgende Einkünfte:

Einkünfte aus Gewerbebetrieb (§ 15)	120.000 DM
Einkünfte aus Vermietung und Verpachtung (§ 21)	- 140.000 DM

Ermitteln Sie die **Summe der Einkünfte** und deren **Verteilung** für Zwecke des Verlustabzugs nach § 10d EStG für den VZ 1999.

Fall 8:

Der Steuerpflichtige Martin Kuhlmann erzielte im VZ 1999 folgende Einkünfte:

Einkünfte aus Gewerbebetrieb (§ 15)	- 100.000 DM
Einkünfte aus selbständiger Arbeit (§ 18)	300.000 DM
Einkünfte aus Kapitalvermögen (§ 20)	50.000 DM
Einkünfte aus Vermietung und Verpachtung (§ 21)	- 200.000 DM

Ermitteln Sie die **Summe der Einkünfte** und deren **Verteilung** für Zwecke des Verlustabzugs nach § 10d EStG für den VZ 1999.

Fall 9:

Der Steuerpflichtige Walter Kuhr erzielte im VZ 1999 folgende Einkünfte:

Einkünfte aus Land- und Forstwirtschaft (§ 13)	50.000 DM
Einkünfte aus Gewerbebetrieb (§ 15)	70.000 DM
Einkünfte aus selbständiger Arbeit (§ 18)	- 20.000 DM
Einkünfte aus nichtselbständiger Arbeit (§ 19)	120.000 DM
Einkünfte aus Kapitalvermögen (§ 20)	75.000 DM
Einkünfte aus Vermietung und Verpachtung (§ 21)	- 130.000 DM
sonstige Einkünfte i.S.d. § 22	50.000 DM

Ermitteln Sie die **Summe der Einkünfte** und deren **Verteilung** für Zwecke des Verlustabzugs nach § 10d EStG für den VZ 1999.

Fall 10:

Die Eheleute Barbara und Kastor Sabel, die **zusammen veranlagt** werden, erzielten im VZ 1999 folgende Einkünfte:

Ehemann:

Einkünfte aus selbständiger Arbeit (§ 18)	70.000 DM
Einkünfte aus nichtselbständiger Arbeit (§ 19)	- 20.000 DM

Ehefrau:

Einkünfte aus nichtselbständiger Arbeit (§ 19)	60.000 DM
Einkünfte aus Vermietung und Verpachtung (§ 21)	- 30.000 DM

Ermitteln Sie die **Summe der Einkünfte** und deren **Verteilung** für Zwecke des Verlustabzugs nach § 10d EStG der Eheleute Sabel für den VZ 1999.

Fall 11:

Die Eheleute Barbara und André Kabel, die **zusammen veranlagt** werden, erzielten im VZ 1999 folgende Einkünfte:

Ehemann:

Einkünfte aus selbständiger Arbeit (§ 18)	60.000 DM
Einkünfte aus Vermietung und Verpachtung (§ 21)	− 10.000 DM

Ehefrau:

Einkünfte aus nichtselbständiger Arbeit (§ 19)	70.000 DM
Einkünfte aus Vermietung und Verpachtung (§ 21)	− 20.000 DM

Ermitteln Sie die **Summe der Einkünfte** und deren **Verteilung** für Zwecke des Verlustabzugs nach § 10d EStG der Eheleute Kabel für den VZ 1999.

Fall 12:

Die Eheleute Andrea und Willi Klein, die **zusammen veranlagt** werden, erzielten im VZ 1999 folgende Einkünfte:

Ehemann:

Einkünfte aus Gewerbebetrieb (§ 15)	200.000 DM
Einkünfte aus Vermietung und Verpachtung (§ 21)	− 60.000 DM

Ehefrau:

Einkünfte aus nichtselbständiger Arbeit (§ 19)	150.000 DM
Einkünfte aus Vermietung und Verpachtung (§ 21)	− 50.000 DM

Ermitteln Sie die **Summe der Einkünfte** und deren **Verteilung** für Zwecke des Verlustabzugs nach § 10d EStG der Eheleute Klein für den VZ 1999.

Fall 13:

Die Eheleute Andrea und Sascha Herzig, die **zusammen veranlagt** werden, erzielten im VZ 1999 folgende Einkünfte:

Ehemann:

Einkünfte aus Gewerbebetrieb (§ 15)	− 500.000 DM
Einkünfte aus Kapitalvermögen (§ 20)	150.000 DM
Einkünfte aus Vermietung und Verpachtung (§ 21)	450.000 DM

Ehefrau:

Einkünfte aus nichtselbständiger Arbeit (§ 19)	200.000 DM
Einkünfte aus Kapitalvermögen (§ 20)	50.000 DM
Einkünfte aus Vermietung und Verpachtung (§ 21)	− 150.000 DM

Ermitteln Sie die **Summe der Einkünfte** und deren **Verteilung** für Zwecke des Verlustabzugs nach § 10d EStG der Eheleute Herzig für den VZ 1999.

Fall 14:

Die Eheleute Helga und Hans Bauer, die **zusammen veranlagt** werden, erzielten im VZ 1999 folgende Einkünfte:

Ehemann:

Einkünfte aus Gewerbebetrieb (§ 15)	– 30.000 DM
Einkünfte aus selbständiger Arbeit (§ 18)	120.000 DM
Einkünfte aus Kapitalvermögen (§ 20)	60.000 DM
Einkünfte aus Vermietung und Verpachtung (§ 21)	– 180.000 DM

Ehefrau:

Einkünfte aus Gewerbebetrieb (§ 15)	– 20.000 DM
Einkünfte aus nichtselbständiger Arbeit (§ 19)	50.000 DM
Einkünfte aus Vermietung und Verpachtung (§ 21)	20.000 DM

Ermitteln Sie die **Summe der Einkünfte** und deren **Verteilung** für Zwecke des Verlustabzugs nach § 10d EStG der Eheleute Bauer für den VZ 1999.

Fall 15:

Die Eheleute Helga und Herbert Frank, die **zusammen veranlagt** werden, erzielten im VZ 1999 folgende Einkünfte:

Ehemann:

Einkünfte aus selbständiger Arbeit (§ 18)	480.000 DM
Einkünfte aus Kapitalvermögen (§ 20)	120.000 DM
Einkünfte aus Vermietung und Verpachtung (§ 21)	– 300.000 DM

Ehefrau:

Einkünfte aus Kapitalvermögen (§ 20)	65.000 DM
Einkünfte aus Vermietung und Verpachtung (§ 21)	– 180.000 DM

Ermitteln Sie die **Summe der Einkünfte** und deren **Verteilung** für Zwecke des Verlustabzugs nach § 10d EStG der Eheleute Bauer für den VZ 1999.

Zusammenfassende Erfolgskontrolle zum 1. bis 12. Kapitel

Der ledige Steuerpflichtige Anton Stein, geb. am 15.10.1939, wohnt in Ludwigshafen. Für den VZ 1999 legt er Ihnen folgende Zahlen vor:

1 Sachverhalt

1. Herr Stein war bis Ende Oktober 1999 bei der Firma X-AG als Buchhalter tätig. Sein Monatsgehalt betrug brutto **3.000 DM**. Ab November 1999 bezog er von seinem Arbeitgeber ein Ruhegehalt von monatlich **600 DM**. Er ist nicht schwerbehindert.

2. Herr Stein hat sich am 10.01.1993 eine **Eigentumswohnung** in Ludwigshafen gekauft, die er seit diesem Zeitpunkt selbst nutzt. Die Anschaffungskosten der Wohnung haben **210.000 DM** betragen. Davon entfallen **30.000 DM** auf den Grund und Boden.
Herr Stein zahlt seit 1993 jährlich **12.000 DM** Schuldzinsen für die auf der Eigentumswohnung lastende Grundschuld. Er will - wie bisher - alle steuerlichen Vergünstigungen für die Wohnung in Anspruch nehmen.

3. Am 10.03.1999 erwarb Herr Stein 100 Stück Aktien der X-AG zu einem Kurs von umgerechnet je 120 DM. Für Bankspesen und Courtage wurden ihm 160 DM berechnet. Um den Kauf der Aktien zu finanzieren, nahm Herr Stein einen Kredit auf, für den er in 1999 **900 DM** Zinsen zahlte. Die X-AG schüttete 1999 eine Dividende (**nach** Abzug der KSt) von 4,50 DM je Aktie aus. Bei Auszahlung der Dividende wurde die Kapitalertragsteuer und der Solidaritätszuschlag ordnungsgemäß einbehalten. Die Steuerbescheinigungen liegen vor.

4. Seit 01.11.1999 erhält Herr Stein eine **Brutto-Rente** von der BfA in Höhe von **1.800 DM** monatlich.

5. Am 25.09.1999 konnte Herr Stein einem Kollegen eine Lebensversicherung vermitteln und erhielt dafür eine einmalige Provision in Höhe von **700 DM** von der Versicherungsgesellschaft. Herr Stein kann für diese Tätigkeit **144 DM** Werbungskosten nachweisen.

2 Aufgabe

1. Nehmen Sie Stellung zur **persönlichen Steuerpflicht**, zur **Veranlagungsart** und zum **Steuertarif**.
2. Ermitteln Sie die **Summe der Einkünfte** für den VZ 1999.

13 Gesamtbetrag der Einkünfte

Die **Summe der Einkünfte**, vermindert um den **Altersentlastungsbetrag** und den **Abzug für Land- und Forstwirte**, ist der **Gesamtbetrag der** Einkünfte (§ 2 Abs. 3):

---

1. Einkünfte aus Land- und Forstwirtschaft (§ 13)
2. Einkünfte aus Gewerbebetrieb (§ 15)
3. Einkünfte aus selbständiger Arbeit (§ 18)
4. Einkünfte aus nichtselbständiger Arbeit (§ 19)
5. Einkünfte aus Kapitalvermögen (§ 20)
6. Einkünfte aus Vermietung und Verpachtung (§ 21)
7. sonstige Einkünfte im Sinne des § 22

= Summe der Einkünfte (§ 2 Abs. 3 **Satz 2**)

− **Altersentlastungsbetrag** (§ 24a)

− **Abzug für Land- und Forstwirte** (§ 13 Abs. 3)

= **Gesamtbetrag der Einkünfte** (§ 2 Abs. 3 **Satz 1**)

Der **Gesamtbetrag der Einkünfte** dient später der Berechnung der **zumutbaren Belastung** im Rahmen der **außergewöhnlichen Belastung** und der Höhe der abzugsfähigen **Spenden**.

Die **zumutbare Belastung** wird im Abschnitt 14.3.1.2, Seite 366 f., und die abzugsfähigen **Spenden** im Abschnitt 14.2.3.5, Seite 317 ff., dargestellt.

13.1 Altersentlastungsbetrag

13.1.1 Persönliche und sachliche Voraussetzungen

Steuerpflichtige, die **vor** Beginn des Veranlagungszeitraums das **64. Lebensjahr vollendet** haben, erhalten einen **Altersentlastungsbetrag**, wenn sie bestimmte Einkünfte beziehen (§ 24a).

Persönliche Voraussetzung für die Gewährung des **Altersentlastungsbetrags** ist, daß der Steuerpflichtige **vor** Beginn des Veranlagungszeitraums (des Kalenderjahrs), in dem er sein Einkommen bezogen hat, das **64. Lebensjahr vollendet** hatte (§ 24a **Satz 3**).

Für die **Lebensaltersberechnung** gelten die §§ 187 Abs. 2 Satz 2 und 188 Abs. 2 **BGB**. Ein Lebensjahr wird jeweils **mit Ablauf des Tages vollendet**, der dem Tag der Wiederkehr des **Geburtstages vorangeht**. Demnach können Steuerpflichtige für das Kalenderjahr **1999** den Altersentlastungsbetrag erhalten, wenn sie **vor dem 2.1.1935** geboren sind (H 171a (Vollendung des 64. Lebensjahres) EStH 1999).

> Beispiel:
> Ein am 01.01.1935 geborener Steuerpflichtiger vollendete mit Ablauf des **31.12.1998** (24°° Uhr) sein **64. Lebensjahr, also mit Ablauf des Tages**, der seinem sog. **64. Geburtstag vorangeht**.
>
> Er hat demnach das **64. Lebensjahr vor** Beginn des VZ 1999 **vollendet**, so daß er erstmals für **1999** die **altersmäßige Voraussetzung** für die Gewährung des **Altersentlastungsbetrags** erfüllt.

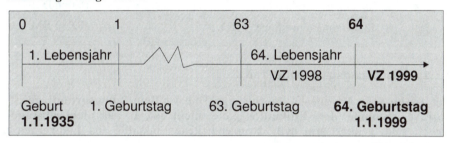

Ein Steuerpflichtiger, der **nach dem 01.01.1935** (z.B. am 02.01.1935) geboren ist, kann den **Altersentlastungsbetrag** für den **VZ 1999 nicht** beanspruchen.

Sachlich wird für die Berücksichtigung des **Altersentlastungsbetrags** vorausgesetzt, daß der Steuerpflichtige im Veranlagungszeitraum **andere Einkünfte als Versorgungsbezüge** (§ 19 Abs. 2), als **Abgeordneten-Versorgungsbezüge** (§ 22 Nr. 4) und als **Leibrenten** (§ 22 Nr. 1 Satz 3 Buchstabe a) bezogen hat.

Versorgungsbezüge und Leibrenten bleiben für die Bemessung des Altersentlastungsbetrags **unberücksichtigt**, weil die **Versorgungsbezüge** bereits durch den **Freibetrag** nach § 19 Abs. 2 und die **Leibrenten** durch die Besteuerung lediglich des **Ertragsanteils** nach § 22 Nr. 1 Satz 3 Buchstabe a) **entlastet** sind.

13.1.2 Berechnung des Altersentlastungsbetrags

Um den **Altersentlastungsbetrag** berechnen zu können, muß zunächst die **Bemessungsgrundlage** ermittelt werden.

Bemessungsgrundlage für den Altersentlastungsbetrag sind

> 1. der **Arbeitslohn** ohne Versorgungsbezüge (§ 19 Abs. 2) **(Bemessungsgrundlage Teil 1) und**
> 2. die **positive "Summe der Einkünfte"**, die **nicht** solche aus nichtselbständiger Arbeit sind, ohne Einkünfte aus Leibrenten und ohne Abgeordneten-Versorgungsbezüge **(Bemessungsgrundlage Teil 2)**

Zu 1. Bemessungsgrundlage Teil 1

Bezieht ein Steuerpflichtiger **Einkünfte aus nichtselbständiger Arbeit**, so sind **nicht** die **Einkünfte, sondern** der **Bruttoarbeitslohn** Teil der Bemessungsgrundlage. Ferner ist zu beachten, daß **Versorgungsbezüge**, obwohl sie **Arbeitslohn** sind, **nicht** zur **Bemessungsgrundlage** gehören.

Beispiel:
Ein **66jähriger** Steuerpflichtiger hat im VZ 1999 **Arbeitslohn** von 50.000 DM einschließlich **10.000 DM Versorgungsbezüge** bezogen.

Die **Bemessungsgrundlage Teil 1** beträgt:

Arbeitslohn insgesamt	50.000 DM
− Versorgungsbezüge	10.000 DM
= **Bemessungsgrundlage Teil 1**	**40.000 DM**

Zu 2. Bemessungsgrundlage Teil 2

Der **zweite** vom Arbeitslohn unabhängige Teil der **Bemessungsgrundlage** ist die **positive "Summe der Einkünfte"**, die **nicht** solche aus **nichtselbständiger Arbeit** sind, **gekürzt um** evtl. darin enthaltene Einkünfte aus **Leibrenten und Abgeordnetenversorgungsbezüge**.

Beispiel:
Ein **66jähriger** Steuerpflichtiger erzielte im VZ 1999 folgende Einkünfte:

Einkünfte aus Gewerbebetrieb (§ 15)	− 50.000 DM
Einkünfte aus selbständiger Arbeit (§ 18)	30.000 DM

Die **Bemessungsgrundlage Teil 2** beträgt:

Einkünfte aus Gewerbebetrieb (§ 15)	**− 50.000 DM**
Einkünfte aus selbständiger Arbeit (§ 18)	30.000 DM
= **Bemessungsgrundlage Teil 2**	**0 DM**

Die **Bemessungsgrundlage Teil 2** beträgt 0 DM, weil nach § 24a Satz 1 **nur** die **positive** Summe der nicht aus Arbeitslohn bestehenden Einkünfte zur Bemessungsgrundlage gehört.

Ein nicht berücksichtigter **Verlust** (im vorangegangenen Beispiel **20.000 DM**) wird **nicht** mit dem Betrag des **Arbeitslohns** (Bemessungsgrundlage **Teil 1**) verrechnet.

Der **Altersentlastungsbetrag** beträgt **40 %** der **Bemessungsgrundlage, höchstens** jedoch insgesamt ein Betrag von **3.720 DM** im Kalenderjahr (§ 24a Satz 1). Der **Altersentlastungsbetrag** ist auf den nächsten **vollen DM-Betrag aufzurunden** (R 171a Abs. 1 Satz 3 EStR 1999).

Beispiel:
Der ledige **66jährige** Steuerpflichtige Tumbi Schmidt hat im VZ 1999 folgende Einnahmen bzw. Einkünfte bezogen:

1. Arbeitslohn	50.000 DM
darin enthaltene Versorgungsbezüge	10.000 DM
2. Einkünfte aus Kapitalvermögen (§ 20)	8.000 DM
3. Einkünfte aus Vermietung und Verpachtung (§ 21)	− 10.000 DM

Der **Gesamtbetrag der Einkünfte** wird wie folgt ermittelt {(**Fallgruppe a**)}:

			positive Einkünfte DM	negative Einkünfte DM	Gesamt DM
Einkünfte aus § 19					
Einnahmen: aus aktiver Tätigkeit	**40.000 DM**				
+ Versorgungsbezüge	10.000 DM				
= Brutto-Arbeitslohn	50.000 DM				
− Versorgungs-Freibetrag (40 % von 10.000 DM)	4.000 DM				
− Arbeitnehmer-Pauschb.	2.000 DM		44.000		
Einkünfte aus § 20			8.000		
Einkünfte aus § 21				− 10.000	
Summe der Einkünfte			52.000	− 10.000	42.000
− **Altersentlastungsbetrag** (§ 24a) 40 % von 40.000 DM (40.000 DM + 0 DM) = 16.000 DM, höchstens					3.720
Gesamtbetrag der Einkünfte (§ 2 Abs. 3 Satz 1)					38.280

Die Einkünfte aus Kapitalvermögen und Vermietung und Verpachtung werden nicht berücksichtigt, weil ihre Summe **negativ** ist (8.000 DM − 10.000 DM = − 2.000 DM).

Im Fall der Zusammenveranlagung von Ehegatten ist der Altersentlastungsbetrag **jedem** Ehegatten, der das **64. Lebensjahr** vollendet hat, nach Maßgabe **seiner** Einkünfte zu gewähren (§ 24a Satz 4).

Beispiel:
Ehegatten, die **zusammen veranlagt** werden, **beide 66 Jahre alt**, haben im VZ 1999 folgende Einnahmen bzw. Einkünfte erzielt:

Ehemann: Bruttojahresarbeitslohn (keine Versorgungsbezüge)   10.000,— DM
          Einkünfte aus Gewerbebetrieb (§ 15)   − 5.000,— DM
Ehefrau: Bruttojahresarbeitslohn (keine Versorgungsbezüge)   8.000,— DM
         Einkünfte aus Vermietung und Verpachtung (§ 21)   7.000,— DM

Der **Gesamtbetrag der Einkünfte** wird wie folgt ermittelt {(**Fallgruppe a**)}:

		Ehemann		Ehefrau		Gesamt
		positive Einkünfte DM	negative Einkünfte DM	positive Einkünfte DM	negative Einkünfte DM	DM
getrennte Ermittlung	Einkünfte aus § 15		− 5.000			
	Einkünfte aus § 19					
	Ehemann:					
	Einnahmen: **10.000 DM**					
	ANP −2.000 DM	8.000				
	Ehefrau:					
	Einnahmen: **8.000 DM**					
	ANP −2.000 DM			6.000		
	Einkünfte aus § 21			**7.000**		
	Summe der Einkünfte	8.000	− 5.000	13.000		16.000

		Ehemann		Ehefrau		Gesamt
		positive Einkünfte DM	negative Einkünfte DM	positive Einkünfte DM	negative Einkünfte DM	DM
getrennte Ermittlung	Übertrag:					
	Summe der Einkünfte	8.000	-5.000	13.000		16.000

- **Altersentlastungsbetrag** (§ 24a)

    EM: 40 % von 10.000 DM (10.000 DM + 0 DM) = 4.000 DM, höchstens   3.720

    EF: 40 % von 15.000 DM (8.000 DM + 7.000 DM) = 6.000 DM, höchstens   3.720

    Gesamtbetrag der Einkünfte (§ 2 Abs. 3 Satz 1)   8.560

> **Übung:** 1. Wiederholungsfragen 1 bis 5 (Seite 298),
> 2. Fälle 1 bis 5 (Seite 298 f.)

Zusammenfassung zu Abschnitt 13.1:

Altersentlastungsbetrag (§ 24a EStG)

Voraussetzungen

1. Vollendung des **64. Lebensjahres vor** Beginn des Kalenderjahres (VZ)
2. **andere Einkünfte** als **Versorgungsbezüge**, als **Leibrenten** und als **Abgeordneten-Versorgungsbezüge**

↓

Ermittlung der Bemessungsgrundlage

1. Bemessungsgrundlage **Teil 1: Arbeitslohn**
        ohne Versorgungsbezüge
2. Bemessungsgrundlage **Teil 2: positive "Summe der Einkünfte"**
        ohne Einkünfte aus nichtselbständiger Arbeit
        ohne Einkünfte aus Leibrenten
        ohne Einkünfte aus Abgeordneten-Versorgungsbezüge

↓

Berechnung des Altersentlastungsbetrags

    Bemessungsgrundlage **Teil 1**
+ Bemessungsgrundlage **Teil 2**
= **Bemessungsgrundlage gesamt**

davon **40%**, **höchstens** jedoch ein Betrag von **3.720 DM** im Kalenderjahr

13.2 Abzug für Land- und Forstwirte

Die **Einkünfte aus Land- und Forstwirtschaft** werden bei der Ermittlung des Gesamtbetrags der Einkünfte **nur berücksichtigt, soweit** sie den Betrag von **1.300 DM** bzw. bei **zusammenveranlagten Ehegatten** den Betrag von **2.600 DM** übersteigen (§ 13 Abs. 3).

Dieser Abzugsbetrag ist **nicht** bei der **Ermittlung der Einkünfte** aus Land- und Forstwirtschaft, sondern erst bei der **Ermittlung** des **Gesamtbetrags der Einkünfte** zu berücksichtigen.

Der **erhöhte** Abzugsbetrag für **zusammenveranlagte Ehegatten** von **2.600 DM** ist **auch dann** zu gewähren, **wenn nur einer** der Ehegatten **Einkünfte aus Land- und Forstwirtschaft** hat.

Der Abzugsbetrag für Land- und Forstwirte darf jedoch **nicht höher** sein als die **Einkünfte** aus Land- und Forstwirtschaft.

Beispiel:
Der **ledige** Steuerpflichtige A, 30 Jahre alt, hat im VZ 1999 folgende Einkünfte erzielt:

      Einkünfte aus Land- und Forstwirtschaft   1.000,— DM
      Einkünfte aus nichtselbständiger Arbeit   47.000,— DM

Der **Gesamtbetrag der Einkünfte** wird wie folgt ermittelt:

	DM
Einkünfte aus Land- und Forstwirtschaft (§ 13)	1.000,—
Einkünfte aus nichtselbständiger Arbeit (§ 19)	47.000,—
= Summe der Einkünfte	48.000,—
– **Abzug für Land- und Forstwirte** (höchstens Einkünfte aus LuF)	1.000,—
= Gesamtbetrag der Einkünfte	47.000,—

Seit dem VZ 1999 ist der **Abzugsbetrag** für Land- und Forstwirte von 1.300 DM bzw. 2.600 DM **nur** dann **abzuziehen, wenn** die "**Summe der Einkünfte**" **60.000 DM** bzw. bei **zusammenveranlagten Ehegatten 120.000 DM nicht übersteigt** (§ 13 Abs. 3 Satz 2).

Beispiel:
Der **ledige** Steuerpflichtige Alexander Vogel, 30 Jahre alt, hat im VZ 1999 Einkünfte aus Land- und Forstwirtschaft in Höhe von 40.000 DM erzielt. Andere Einkünfte hat der Steuerpflichtige in 1999 nicht bezogen.

Der **Gesamtbetrag der Einkünfte** wird wie folgt ermittelt:

	DM
Einkünfte aus Land- und Forstwirtschaft (§ 13)	40.000,—
= Summe der Einkünfte	40.000,—
– **Abzug für Land- und Forstwirte**	1.300,—
= Gesamtbetrag der Einkünfte	38.700,—

Der Abzug für Land- und Forstwirte kann berücksichtigt werden, weil die Summe der Einkünfte 60.000 DM nicht übersteigt.

> **Übung:** 1. Wiederholungsfragen 6 und 7 (Seite 298),
> 2. Fall 6 (Seite 299)

13.3 Erfolgskontrolle

WIEDERHOLUNGSFRAGEN

1. Was versteht man unter dem "Gesamtbetrag der Einkünfte"?
2. Welche persönliche Voraussetzung wird für die Gewährung des Altersentlastungsbetrags nach § 24a gefordert?
3. Welche sachliche Voraussetzung ist für die Gewährung des Altersentlastungsbetrags nach § 24a erforderlich?
4. Wie wird die Bemessungsgrundlage für den Altersentlastungsbetrag ermittelt?
5. Wie wird der Altersentlastungsbetrag berechnet?
6. Wie hoch ist der Abzugsbetrag für Land- und Forstwirte nach § 13 Abs. 3?
7. Kann der Abzugsbetrag für Land- und Forstwirte höher sein als die Einkünfte aus Land- und Forstwirtschaft?

FÄLLE

Fall 1 :

Ein verheirateter Steuerpflichtiger, geb. am 01.01.1935, bezieht nur Einkünfte aus nichtselbständiger Arbeit (§ 19). Er hat im VZ 1999 einen **Bruttojahresarbeitslohn** (keine Versorgungsbezüge) von **14.000 DM** erzielt. Seine Frau, geb. am 02.01.1935, bezieht ebenfalls nur Einkünfte aus nichtselbständiger Arbeit. Sie hat im VZ 1999 einen **Bruttojahresarbeitslohn** (keine Versorgungsbezüge) von **10.000 DM** erhalten.

Berechnen Sie für **jeden** der **zusammenveranlagten Ehegatten** den **Altersentlastungsbetrag** für den VZ 1999.

Fall 2:

Ein lediger Steuerpflichtiger, geb. am 15.10.1934, legt Ihnen für den VZ 1999 folgende Zahlen vor:

    Bruttojahresarbeitslohn (keine Versorgungsbezüge)   **5.000 DM**

    Rente aus der Angestelltenversicherung im Sinne des
    § 22 Nr. 1 Satz 3 Buchstabe a   **6.000 DM**

Berechnen Sie den **Altersentlastungsbetrag** für den VZ 1999.

Fall 3:

Ein lediger Steuerpflichtiger, geb. am 10.12.1934, hat im VZ 1999 nur **Einkünfte** aus nichtselbständiger Arbeit in Höhe von **12.700 DM**.

Die im Arbeitslohn enthaltenen **Versorgungsbezüge** im Sinne des § 19 Abs. 2 Satz 2 betragen **6.000 DM**.

Der Steuerpflichtige weist für den VZ 1999 **keine Werbungskosten** nach.

Ermitteln Sie den **Gesamtbetrag der Einkünfte** für den VZ 1999.

Fall 4:

Ein lediger Steuerpflichtiger, geb. am 02.01.1934, hat im VZ 1999 folgende Einkünfte erzielt:

Einkünfte aus nichtselbständiger Arbeit (keine Versorgungsbezüge)	**4.500 DM**
Die nachgewiesenen Werbungskosten haben betragen.	1.300 DM
Einkünfte aus Kapitalvermögen	**400 DM**
Dieser Betrag ist gekürzt um den Sparer-Freibetrag (§ 20 Abs. 4) und den Werbungskosten-Pauschbetrag (§ 9a Nr. 2).	

Ermitteln Sie den **Gesamtbetrag der Einkünfte** für den VZ 1999.

Fall 5:

Der verwitwete Ulrich Winter, geb. am 28.12.1934, hat im VZ 1999 einen **Bruttojahresarbeitslohn** von **16.156 DM** bezogen; darin sind **9.600 DM Versorgungsbezüge** enthalten.

Weiterhin erzielte er **Einkünfte aus Kapitalvermögen** in Höhe von **6.400 DM** und aus seiner **schriftstellerischen Tätigkeit Einkünfte** in Höhe von **4.900 DM**.

Negative Einkünfte erzielte er aus seinem Mietwohngrundstück in Höhe von **10.500 DM**.

Ermitteln Sie den **Gesamtbetrag der Einkünfte** für den VZ 1999.

Fall 6:

Der Steuerpflichtige Josef Bach, geb. am 01.05.1948, ist seit 1971 mit Marion geb. Müller, geb. am 10.12.1951, verheiratet. Die Eheleute werden **zusammen veranlagt**. Im VZ 1999 haben sie folgende Einkünfte erzielt:

1. Die Ehefrau erzielte aus einer Baumschule in Koblenz folgende Gewinne:

im Wirtschaftsjahr 1998/99	**40.000 DM**
im Wirtschaftsjahr 1999/00	**60.000 DM**

2. Der Ehemann ist an einem Einzelhandelsbetrieb in Köln als **stiller Gesellschafter** beteiligt. Nach den getroffenen Vereinbarungen ist er nicht nur am Gesellschaftserfolg, sondern auch am Betriebsvermögen einschließlich der stillen Reserven beteiligt. In 1999 hat die stille Gesellschaft einen Gewinn von **130.000 DM** erzielt. Davon entfallen auf Josef Bach **60.000 DM**.

Ermitteln Sie den **Gesamtbetrag der Einkünfte** der Eheleute Bach für den VZ 1999.

Zusammenfassende Erfolgskontrolle zum 1. bis 13. Kapitel

1 Sachverhalt

1.1 Allgemeines

Herbert Altmann, geb. am 15.10.1933, ist mit Lydia geb. Weber, geb. am 13.03.1934, verheiratet. Die Eheleute wohnen in Hamburg. Sie haben nicht die getrennte Veranlagung beantragt.

1.2 Einkünfte

1.2.1 Tapetengeschäft

Herbert Altmann betreibt in Hamburg in gemieteten Räumen ein Tapetengeschäft. Sein nach § 5 ermittelter **vorläufiger Gewinn** beträgt im VZ 1999 **65.000 DM**.

Sein Betriebsvermögen hat 1999 **450.000 DM** betragen.

Herbert Altmann hat am 02.08.1999 einen Pkw, der ausschließlich betrieblich genutzt wird, für 20.000 DM + 3.200 DM USt = 23.200 DM erworben. Er hat diesen Vorgang wie folgt gebucht:

```
        Pkw         20.000 DM
        Vorsteuer    3.200 DM
   an Bank                        23.200 DM
```

Der Pkw hat eine betriebsgewöhnliche Nutzungsdauer von 4 Jahren. Der Steuerpflichtige, der einen möglichst **niedrigen** Gewinn ausweisen möchte, hat die Absetzung des Pkw noch nicht gebucht.

Der alte Pkw - Buchwert 1 DM - ist am 02.08.1999 für 1.000 DM + 160 DM USt = 1.160 DM verkauft worden. Der Vorgang ist wie folgt gebucht worden:

```
        Bank         1.160 DM
   an Pkw                         1.000 DM
      USt                           160 DM
```

1.2.2 Sparguthaben

Den Eheleuten wurden im VZ 1999 auf ihrem gemeinsamen Sparkonto Zinsen in Höhe von **1.500 DM** (**vor** Abzug der Kapitalertragsteuer und des SolZ) gutgeschrieben.

1.2.3 Aktienbesitz

Die Ehefrau besitzt Aktien. Nach Abzug der KSt, der Kapitalertragsteuer und des SolZ sind ihr in 1999 Dividenden in Höhe von **883,50 DM** ausgezahlt worden. Frau Altmann verfügt über eine entsprechende Steuergutschrift.

1.2.4 Grundbesitz

Die Eheleute haben am 15.09.1999 in Hamburg ein **Einfamilienhaus** fertiggestellt und bezogen. Die Herstellungskosten des Gebäudes haben **435.000 DM** betragen.

Auf dem Haus lastet eine **1. Hypothek** von 225.000 DM zu **5 %** und eine **2. Hypothek** von **140.000 DM** zu **6 %**.

1.2.5 Rente

Wegen einer im Betrieb erlittenen Körperverletzung bezieht Herbert Altmann seit seinem **60. Lebensjahr** eine **Rente** von der Berufsgenossenschaft in Höhe von **2.400 DM** jährlich.

2 Aufgabe

1. Nehmen Sie Stellung zur **persönlichen Steuerpflicht**, zur **Veranlagungsart** und zum **Steuertarif**.

2. Ermitteln Sie den **Gesamtbetrag der Einkünfte** der Eheleute Altmann für den VZ 1999.

14 Einkommen

Das **Einkommen** wird nach § 2 **Abs. 4** dadurch ermittelt, daß der **Gesamtbetrag der Einkünfte** festgestellt und um die **Sonderausgaben** und **außergewöhnlichen Belastungen** gemindert wird.

Vom Gesamtbetrag der Einkünfte sind außerdem der **Verlustabzug nach § 10d** und **sonstige Abzugsbeträge** abzuziehen (R 3 Abs. 1 EStR 1999).

Der **Verlustabzug nach § 10d** ist vorrangig **vor** den **Sonderausgaben**, den **außergewöhnlichen Belastungen** und den **sonstigen Abzugsbeträgen** abzuziehen (§ 10d Abs. 1 Satz 1).

Ausgangspunkt für die Ermittlung des Einkommens bilden die in § 2 **Abs. 1** genannten **sieben Einkunftsarten**:

---

1. Einkünfte aus Land- und Forstwirtschaft (§ 13)
2. Einkünfte aus Gewerbebetrieb (§ 15)
3. Einkünfte aus selbständiger Arbeit (§ 18)
4. Einkünfte aus nichtselbständiger Arbeit (§ 19)
5. Einkünfte aus Kapitalvermögen (§ 20)
6. Einkünfte aus Vermietung und Verpachtung (§ 21)
7. sonstige Einkünfte im Sinne des § 22

= **Summe der Einkünfte** (§ 2 Abs. 3 Satz 2)
− Altersentlastungsbetrag (§ 24a)
− Abzug für Land- und Forstwirte (§ 13 Abs. 3)

= **Gesamtbetrag der Einkünfte** (§ 2 Abs. 3 Satz 1)
− **Verlustabzug nach § 10d**
− **Sonderausgaben** (§§ 10, 10b, 10c)
− **außergewöhnliche Belastungen** (§§ 33, 33a, 33b, 33c)
− **sonstige Abzugsbeträge** (z.B. §§ 10e bis 10i EStG und § 7 FördG)

= **E i n k o m m e n** (§ 2 Abs. 4)

14.1 Verlustabzug nach § 10d EStG

Können Verluste durch den Verlustausgleich nach § 2 Abs. 3 **nicht ausgeglichen** werden, stehen sie für den **Verlustabzug nach § 10d** zur Verfügung.
Während der Verlust**ausgleich** die Verlustverrechnung innerhalb **eines** Veranlagungszeitraumes bezeichnet, versteht man unter **Verlustabzug** die **Verlustverrechnung zwischen verschiedenen Veranlagungszeiträumen**. Der Verlustabzug wird unterteilt in den Verlust**rücktrag** und den Verlust**vortrag**.

Die Rechtslage hat sich durch das Steuerentlastungsgesetz 1999/2000/2002 vom 24.3.1999 **ab dem VZ 1999 erheblich geändert**.
Die folgende Übersicht zeigt, an welcher Stelle im Schema zur Ermittlung des Einkommens der **Verlustabzug nach § 10d EStG** ab dem **VZ 1999** abgezogen wird:

1. Einkünfte aus Land- und Forstwirtschaft (§ 13)
2. Einkünfte aus Gewerbebetrieb (§ 15)
3. Einkünfte aus selbständiger Arbeit (§ 18)
4. Einkünfte aus nichtselbständiger Arbeit (§ 19)
5. Einkünfte aus Kapitalvermögen (§ 20)
6. Einkünfte aus Vermietung und Verpachtung (§ 21)
7. sonstige Einkünfte im Sinne des § 22

= **Summe der Einkünfte** (§ 2 Abs. 3 Satz 2)
− Altersentlastungsbetrag (§ 24a)
− Abzug für Land- und Forstwirte (§ 13 Abs. 3)

= **Gesamtbetrag der Einkünfte** (§ 2 Abs. 3 Satz 1)
− **Verlustabzug nach § 10d**
− Sonderausgaben (§§ 10, 10b, 10c)
− außergewöhnliche Belastungen (§§ 33, 33a, 33b, 33c)
− sonstige Abzugsbeträge (z.B. §§ 10e bis 10i EStG und § 7 FördG)

= **E i n k o m m e n** (§ 2 Abs. 4)

Für den Verlustabzug spielt die **Aufteilung der Einkünfte auf** die einzelnen **Einkunftsarten** ebenfalls eine bedeutende Rolle. Der Verlustabzug wird aber nicht von der Summe der Einkünfte, sondern vom **Gesamtbetrag der Einkünfte** abgezogen. Daher ist im Falle eines Verlustabzugs ein vorhandener **Altersentlastungbetrag** und/oder ein **Abzug für Land- und Forstwirte**, die im Schema zur Berechnung des Einkommens dem Verlustabzug vorangehen, auf die einzelnen Einkunftsarten entsprechend deren Verhältnis zur Summe der Einkünfte **zu verteilen**. Somit wird in solchen Situationen eine Zerlegung des Gesamtbetrages der Einkünfte in die Summen der Einkünfte aus den einzelnen Einkunftsarten notwendig.

Beim Zusammentreffen von § 10d a.F. und § 10d n.F. in einem VZ wird auf R 115 Abs. 3 EStR 1999 verwiesen. Im folgenden wird vor allem § 10d **n.F.** dargestellt und erläutert.

Verbleiben nach dem Verlustausgleich noch nicht ausgeglichene negative Einkünfte, ist nach § 10d **zunächst** der Verlust**rücktrag** und **danach** der Verlust**vortrag** zu berücksichtigen.

14.1.1 Verlustrücktrag

Der Verlustrücktrag wurde sowohl zeitlich als auch in seiner Höhe eingeschränkt. Negative Einkünfte (Verluste), die bei der Ermittlung des Gesamtbetrags der Einkünfte im laufenden Jahr nicht ausgeglichen werden, sind bis zu einem Betrag von **2 Millionen DM** vom **Gesamtbetrag der Einkünfte** des unmittelbar **vorangegangenen** Veranlagungszeitraums abzuziehen (**Verlustrücktrag**; § 10d Abs. 1 Satz 1). Verluste des Jahres 1999 dürfen also nur noch in das Jahr 1998 zurückgetragen werden.

Die Begrenzung in Höhe von 2 Millionen DM gilt **sowohl für** einen **horizontalen als auch** für einen **vertikalen** Verlustrücktrag. Daneben ist eine Verlustverrechnung **zwischen verschiedenen** Einkünften (vertikale Verlustverrechnung) **nur** möglich, wenn die im § 2 Abs. 3 EStG n.F. vorgegebenen **Höchstgrenzen** im **vorangegangenen** Veranlagungszeitraum **nicht bereits ausgeschöpft** wurden (§ 10d Abs. 1 Satz 1 i.V.m. § 62d Abs. 2 Satz 2 EStDV). Wurden sie **nicht vollständig** ausgenutzt, kann ein vertikaler Verlustrücktrag in Höhe des im Rücktragsjahr **verbleibenden Ausgleichspotentials** erfolgen.

Bei **zusammenveranlagten Ehegatten** kann ein Ehegatte den vom anderen Ehegatten nicht ausgeschöpften Höchstbetrag in Anspruch nehmen, soweit das gemeinsam verbliebene Ausgleichspotential im Rücktragsjahr nicht ausgenutzt wurde (R 115 Abs. 4 Satz 5 EStR 1999 i.V.m. § 10d Abs. 1 Satz 4).

Die Begrenzung auf **2 Millionen DM**, ab dem VZ 2001 auf 1 Million DM, bezieht sich auf den **einzelnen Steuerpflichtigen**, der die negativen Einkünfte erzielt hat.

Ferner gilt die Begrenzung für **alle Einkunftsarten zusammengefaßt** und **nicht pro Einkunftsart** (R 115 Abs. 4 Satz 1 und 2 EStR 1999).

Beispiel:
Dem Steuerpflichtigen A verbleiben nach der Ermittlung des Gesamtbetrages der Einkünfte für die Veranlagungszeiträme 1999 und 2000 folgende Einkünfte:

	VZ 1999 DM	VZ 2000 DM
Einkünfte aus Gewerbebetrieb (§ 15)	150.000	− 12.000
Einkünfte aus Kapitalvermögen (§ 20)	30.000	− 8.000
Einkünfte aus Vermietung und Verpachtung (§ 21)	100.000	

Den Verlust**ausgleich** nutzte A im Veranlagungszeitraum 1999 in voller Höhe aus. Der in 2000 nicht ausgeglichene Verlust von **20.000 DM** wird wie folgt in das Jahr 1999 zurückgetragen:

		VZ 1999 DM
Verlustrücktrag ins Vorjahr (1999):		
Horizontaler Verlust**abzug**		
Einkünfte aus § 15	150.000 DM	
− Verlustabzug	**− 12.000 DM**	138.000
Einkünfte aus § 20	30.000 DM	
− Verlustabzug	**− 8.000 DM**	22.000
Einkünfte aus § 21		100.000
= Summe der Einkünfte = Gesamtbetrag der Einkünfte 1999		**260.000**

Obwohl A im Rücktragszeitraum (VZ 1999) sein Verlustausgleichspotential ausgeschöpft hat, kann er seine nicht ausgeglichenen Einkünfte in Höhe von 20.000 DM aus dem VZ 2000 nach 1999 zurücktragen, da es sich um einen **horizontalen** Verlustrücktrag handelt.

Die Verrechnung des Verlustrücktrages mit dem Gesamtbetrag der Einkünfte kann dazu führen, daß im Rücktragsjahr die sich **anschließenden Abzüge** in Form von Sonderausgaben, außergewöhnlichen Belastungen und sonstigen Abzugsbeträgen **nicht mehr** zu einer **Steuerentlastung** führen.
Nach § 10d Abs. 1 **Satz 7** ist auf **Antrag** des Steuerpflichtigen ganz oder teilweise von der Durchführung des **Verlustrücktrags abzusehen (Wahlrecht).** Der **Antrag** kann der **Höhe** nach **und/oder** bezogen auf **negative Einkünfte** aus **einzelnen Einkunftsarten** beschränkt werden (R 115 Abs. 5 Satz 3 EStR 1999). Der **Antrag** wird durch Ausfüllen der **Anlage VA**, die erstmals für den VZ 1999 zur Verfügung steht, gestellt.

Anlage VA   **1999**

zur Einkommensteuererklärung

Verlustabzug

Antrag auf Beschränkung des Verlustrücktrags nach 1998

Die nicht ausgeglichenen negativen Einkünfte 1999 sollen in folgender Höhe nach 1998 zurückgetragen werden:

Liegt **kein Antrag** vor, oder beschränkt sich der Antrag auf die betragsmäßige Begrenzung des Verlustrücktrags, ist der **Verlustrücktrag nach Bruchteilen anteilig** vorzunehmen (R 115 Abs. 5 **Satz 4** EStR 1999).

Verlustrücktrag in den VZ 1998

Bei dem **VZ 1999** handelt es sich um einen **Übergangszeitraum** zwischen den alten und neuen Regelungen des Verlustabzugs.
Beim Verlustrücktrag nach 1998 greifen bereits die **Verlustabzugsbeschränkungen** der Mindestbesteuerung des **§ 2 Abs. 3** n.F. auch für den VZ 1998.
Zunächst sind die im **Gesamtbetrag der Einkünfte** im **VZ 1998** enthaltenen **positiven** Einkünfte zu ermitteln (R 115 Abs. 6 Satz 1 EStR 1999). Bei dieser Ermittlung sind die **Verrechnungsbeschränkungen** des **§ 2 Abs. 3** n.F. zugrunde zu legen (R 115 Abs. 6 Satz 2 EStR 1999).
Anschließend kann ein horizontaler Verlustrücktrag bis zu 2 Millionen DM erfolgen. Vertikal kann ein Verlustrücktrag nach 1998 nur erfolgen, wenn das Verlustausgleichspotential nach § 10d Abs. 1 Sätze 2 bis 4 i.V.m. § 2 Abs. 3 n.F. nicht bereits ausgenutzt wurde (R 115 Abs. 6 Satz 3 EStR 1999).

Beispiel:
Der ledige A hat im **VZ 1998** folgende Einkünfte erzielt:

Einkünfte aus Gewerbebetrieb (§ 15)	- 400.000 DM
Einkünfte aus nichtselbständiger Arbeit (§ 19)	600.000 DM

Seine Summe der Einkünfte betrug im VZ 1998 ebenso wie der Gesamtbetrag der Einkünfte (nach § 2 Abs. 3 **a.F.**) 200.000 DM.
Im **VZ 1999** verbleiben A für Zwecke des Verlustabzugs nach § 10d **nicht ausgeglichene negative Einkünfte** aus § 21 in Höhe von -50.000 DM.

A hätte nach § 2 Abs. 3 n.F. sein Verlustausgleichspotential im Rücktragszeitraum (VZ 1998) **ausgeschöpft**:

$$\text{Verlustausgleichspotential} = 100.000 \text{ DM} + \frac{600.000 \text{ DM} - 100.000 \text{ DM}}{2} = 350.000 \text{ DM}$$

Er kann daher seine nicht ausgeglichenen Einkünfte aus dem VZ 1999 **nicht** nach 1998 im Rahmen des **vertikalen** Verlustabzugs zurücktragen. Die nicht ausgeglichenen negativen Einkünfte stehen lediglich für den Verlust**vortrag** nach § 10d zur Verfügung.

14.1.2 Verlustvortrag

Können **negative Einkünfte** (Verluste) **nicht** oder **nicht in vollem Umfang** durch Verlustrücktrag berücksichtigt werden, **oder** macht der Steuerpflichtige von seinem **Wahlrecht** Gebrauch und trägt nicht oder nur eingeschränkt seine Verluste zurück, sind die Verluste in den folgenden Veranlagungszeiträumen (VZ 2000 ff.) vom Gesamtbetrag der Einkünfte abzuziehen (**Verlustvortrag**; § 10d Abs. 2 Satz 1).

Einzig der Verlust**vortrag innerhalb einer Einkunftsart** (horizontaler Verlustvortrag) unterliegt dabei **keinen Beschränkungen**. Der **vertikale** Verlustvortrag kann **nur** noch erfolgen, **soweit** die im Rahmen der Mindestbesteuerung durch § 2 Abs. 3 EStG n.F. vorgegebene **Höchstgrenze im Vortragszeitraum nicht** bereits durch einen Verlustausgleich **erreicht** wird (§ 10d Abs. 2 Satz 3).

Bei **zusammenveranlagten Ehegatten** kann ein Ehegatte den vom anderen Ehegatten nicht ausgeschöpften Höchstbetrag in Anspruch nehmen, soweit das gemeinsam verbliebene Ausgleichspotential im Vortragsjahr nicht ausgenutzt wurde (§ 10d Abs. 2 Satz 4).

Beispiel:
Die zusammenveranlagten Steuerpflichtigen A und B haben im **VZ 2000** einen Gesamtbetrag der Einkünfte in Höhe von **200.000 DM**. Die Einkünfte wurden ausschließlich von A erwirtschaftet und stammen aus § 15. A hat im VZ 2000 ein verbleibendes Verlustausgleichspotential in Höhe von **150.000 DM**.
Aus dem **VZ 1999** stehen A nicht ausgeglichene Einkünfte aus § 21 in Höhe von **100.000 DM** als Verlustvortrag zur Verfügung.

A kann die nicht ausgeglichenen negativen Einkünfte in Höhe von **100.000 DM** aus dem VZ 1999 im Rahmen des vertikalen Verlustvortrages im Rahmen des Verlustabzugs im Berechnungssschema des zuversteuernden Einkommen für den VZ 2000 abziehen. Er mindert damit den Gesamtbetrag der Einkünfte der Eheleute A und B für den VZ 2000 um 100.000 DM. Für einen Verlustrücktrag aus dem VZ 2001 verbleibt ihm ein persönliches Verlustausgleichspotential ihn Höhe von **50.000 DM**.

Verlustvortrag aus dem VZ 1998 und früher

Für aus dem VZ 1998 und früher stammende Verlustvorträge gilt **weiterhin** die Abziehbarkeit nach **altem Recht** (R 115 Abs. 1 EStR). Diese unter den alten Regelungen der Verlustverrechnung aufgelaufenen Verlustvorträge können **wie Sonderausgaben vom Gesamtbetrag der Einkünfte** ohne Aufteilung auf die einzelnen Einkunftsarten abgezogen werden. Ob ein verbliebenes Verlustausgleichspotential besteht, bleibt unberücksichtigt.

Zusammenfasung zum Abschnitt 14.1:

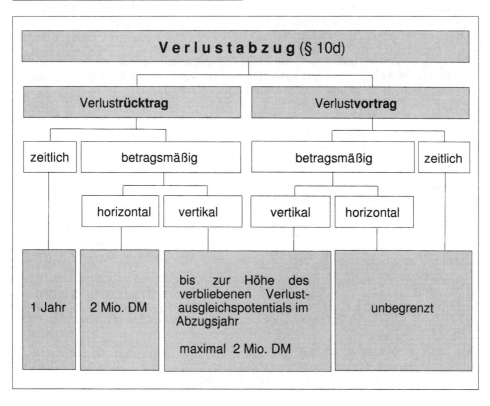

14.1.3 Erfolgskontrolle

WIEDERHOLUNGSFRAGEN

1. Was versteht man unter einem Verlustabzug nach § 10d EStG?
2. Was versteht man unter einem Verlustrücktrag nach § 10d EStG?
3. Was versteht man unter einem Verlustvortrag nach § 10d EStG?
4. Worin besteht der Unterschied zwischen Verlustausgleich und Verlustabzug?

FÄLLE

Fall 1:

Der ledige Steuerpflichtige Emil Knecht, Stuttgart, 40 Jahre alt, erklärt für die Veranlagungszeiträume 1999 und 2000 folgende Einkünfte:

	VZ 1999 DM	VZ 2000 DM
Einkünfte aus Gewerbebetrieb (§ 15)	110.000	- 300.000
Einkünfte aus Kapitalvermögen (§ 20)	200.000	

Wie ist die Verlustverrechnung für den VZ 2000 vorzunehmen?
Knecht hat die Anlage VA nicht ausgefüllt und im VZ 1999 keinen Verlustausgleich vorgenommen, weil er nur positive Einkünfte erzielt hat.

Fall 2:

Der ledige Steuerpflichtige Hans Eibel, München, 35 Jahre alt, erklärt für die Veranlagungszeiträume 1998 und 1999 folgende Einkünfte:

	VZ 1998 DM	VZ 1999 DM
Einkünfte aus Gewerbebetrieb (§ 15)	- 300.000	- 600.000
Einkünfte aus Kapitalvermögen (§ 20)	400.000	500.000

Wie ist die Verlustverrechnung für den VZ 1999 vorzunehmen?
Eibel hat die Anlage VA nicht ausgefüllt. Die Summe der Einkünfte (= Gesamtbetrag der Einkünfte) beträgt 1998 100.000 DM.

14.2 Sonderausgaben

Im Einkommensteuerrecht gilt der Grundsatz, daß **Aufwendungen für die private Lebensführung** bei der Ermittlung des Einkommens **nicht** abgezogen werden dürfen (§ 12).

Dieser Grundsatz wird u.a. durch den Abzug von **Sonderausgaben** durchbrochen.

Als **Sonderausgaben** im Sinne des § 10 Abs. 1 können **nur** Aufwendungen abgezogen werden, die auf einer **eigenen** Verpflichtung des Steuerpflichtigen beruhen und von ihm **selbst** entrichtet worden sind (H 86a (Abzugsberechtigte Person) EStH 1999).

> Beispiel:
> Die 19jährige Auszubildende A zieht in ihrer Steuererklärung Kfz-Haftpflichtversicherungsbeiträge ab. Sie benötigt den Pkw, deren Halter und Versicherungsnehmer ihr Bruder ist, für tägliche Fahrten von ihrer Wohnung zur Ausbildungsstätte. Der Bruder zahlt die Beiträge, erhält diese aber von seiner Schwester zurück.
>
> Die **Beiträge** können von A **nicht** als **Sonderausgaben** berücksichtigt werden, weil A die Leistung nicht als Versicherungsnehmerin erbracht hat.

Nur bei Ehegatten, die nach § 26b **zusammen veranlagt werden,** ist es für den Abzug von Sonderausgaben gleichgültig, ob sie der **Ehemann oder die Ehefrau geleistet hat** (R 86a EStR 1999).

Für den **Zeitpunkt** des Abzugs der Sonderausgaben ist **§ 11 Abs. 2** maßgebend (**Abflußprinzip**).

Aufwendungen sind für das Kalenderjahr **als Sonderausgaben abzuziehen**, in dem sie **geleistet** worden sind (H 86a (Abzugszeitpunkt) EStH 1999).

14.2.1 Begriff und Einteilung der Sonderausgaben

Der Begriff **Sonderausgaben** wird im EStG **nicht** definiert. In den §§ 10 und 10b werden jedoch **Aufwendungen,** die im einzelnen als Sonderausgaben abgezogen werden dürfen, **erschöpfend aufgezählt (Enumerationsprinzip)**. Die in den §§ 10 und 10b genannten Aufwendungen dürfen **nicht** in wirtschaftlichem Zusammenhang mit den sieben Einkunftsarten stehen und daher weder **Betriebsausgaben noch Werbungskosten** darstellen.

> **Sonderausgaben** sind demnach Aufwendungen, die nach den §§ 10 und 10b vom Gesamtbetrag der Einkünfte abgezogen werden können und weder Betriebsausgaben noch Werbungskosten sind.

Neben diesen Sonderausgaben im eigentlichen Sinne werden die **Steuerbegünstigung der zu eigenen Wohnzwecken genutzten Wohnung im eigenen Haus** (z.B. §§ 10e bis 10i EStG und § 7 FördG) **wie** Sonderausgaben behandelt.

Nach ihrer **Art** und **betragsmäßigen Auswirkung** auf das Einkommen können die **Sonderausgaben** nach den §§ 10 und 10b wie folgt eingeteilt werden:

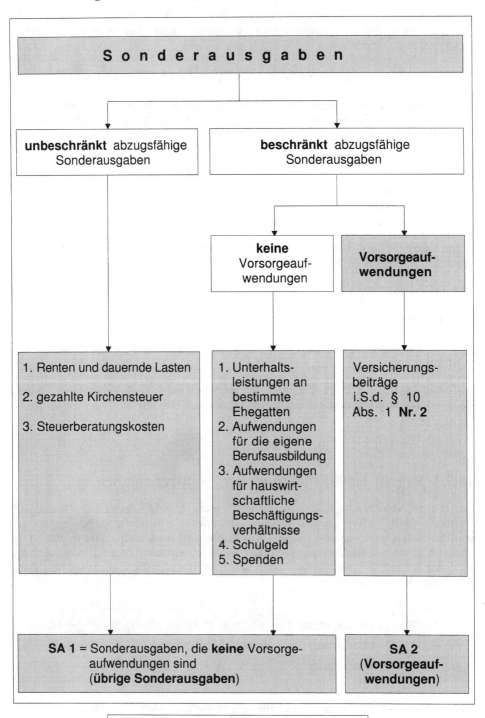

Übung: Wiederholungsfragen 1 bis 8 (Seite 349)

14.2.2 Unbeschränkt abzugsfähige Sonderausgaben

14.2.2.1 Renten und dauernde Lasten

Renten (ausgenommen Leibrenten), die **nicht** mit Einkünften in wirtschaftlichem Zusammenhang stehen, können grundsätzlich mit dem **vollen Betrag** abgezogen werden.

Der Abzug einer **Leibrente** als Sonderausgabe ist nur in Höhe ihres **Ertragsanteils** möglich, weil der **Rentenempfänger** ebenfalls nur den **Ertragsanteil zu versteuern** hat (§ 10 Abs. 1 **Nr. 1a**).

Beispiel:
Der Steuerpflichtige Hans Joachim Michels zahlt in 1999 eine **Leibrente** von **12.000 DM**, die die Voraussetzungen des § 10 Abs. 1 Nr. 1a erfüllt. Der **Rentenberechtigte** hatte im Zeitpunkt des **Rentenbeginns** das **65. Lebensjahr vollendet**.

Michels kann von der gezahlten Leibrente den **Ertragsanteil** in Höhe von **3.240 DM** (27 % von 12.000 DM) als **Sonderausgaben** abziehen.

14.2.2.2 Gezahlte Kirchensteuer

Kirchensteuern im Sinne des § 10 Abs. 1 **Nr. 4** sind Geldleistungen, die von den als Körperschaften des öffentlichen Rechts anerkannten Religionsgemeinschaften von ihren Mitgliedern auf Grund gesetzlicher Vorschriften erhoben werden (H 101 (Kirchensteuer im Sinne des § 10 Abs. 1 Nr. 4 EStG) EStH 1999).

Kirchensteuern können nur in der **Höhe** abgezogen werden, in der sie **erstattete oder gutgeschriebene Beträge übersteigen** (H 86a (Abzugshöhe) EStH 1999).

Beispiel:
Der Steuerpflichtige Walter Scharrenbach hat im VZ 1999 Kirchensteuer in Höhe von **500 DM** entrichtet. Im März 1999 wurde ihm der Einkommensteuerbescheid 1997 zugestellt. Danach ergibt sich eine **Erstattung** an Kirchensteuer für 1997 in Höhe von **200 DM**. Das Finanzamt hat diesen Betrag im März 1999 auf das Konto des Steuerpflichtigen Walter Scharrenbach überwiesen.

Die in 1999 als **Sonderausgabe** abziehbare **Kirchensteuer** errechnet sich wie folgt:

im VZ 1999 **gezahlte** Kirchensteuer	500 DM
− im VZ 1999 **erstattete** Kirchensteuer	200 DM
Sonderausgaben im VZ 1999	**300 DM**

Keine Kirchensteuer sind **freiwillige Beiträge** die an öffentlich-rechtliche Religionsgemeinschaften entrichtet werden. Der Abzug freiwilliger Beträge richtet sich nach **§ 10b** (**Spenden**) (R 101 Abs. 2 EStR 1999).

> **Übung**: 1. Wiederholungsfragen 9 bis 11 (Seite 349),
> 2. Fall 1 (Seite 351)

14.2.2.3 Steuerberatungskosten

Steuerberatungskosten können als **Sonderausgaben** nur abgezogen werden, soweit sie **weder** Betriebsausgaben **noch** Werbungskosten sind (§ 10 Abs. 1 **Nr. 6**).

Stellen Steuerberatungskosten **teils Betriebsausgaben oder Werbungskosten und teils Sonderausgaben** dar, so müssen die Kosten grundsätzlich aufgeteilt werden.

Ist eine einwandfreie Abgrenzung **nicht** möglich, so müssen die Kosten im **Schätzungswege** aufgeteilt werden.

Dabei kann eine vom Steuerpflichtigen vorgenommene Aufteilung aus Vereinfachungsgründen ohne nähere Prüfung anerkannt werden, wenn der Gesamtbetrag der Steuerberatungskosten im Kalenderjahr **nicht mehr als 1.000 DM** beträgt (R 102 **Satz 2** EStR 1999).

Der Betrag von **1.000 DM** gilt **auch** bei **Ehegatten**, die nach § 26b zusammen zur Einkommensteuer veranlagt werden, d.h. der Betrag von **1.000 DM verdoppelt sich nicht** bei **zusammenveranlagten Ehegatten** (R 102 **Satz 3** EStR 1999).

Zu den Steuerberatungskosten (§ 10 Abs. 1 **Nr. 6**) gehören nicht nur die Kosten für die Beratung durch einen Steuerberater, sondern **auch Aufwendungen für Steuerfachliteratur, Beiträge zu Lohnsteuerhilfevereinen und Unfallkosten auf der Fahrt zum Steuerberater** (H 102 EStH 1999).

Nicht zu den **Steuerberatungskosten** gehören Aufwendungen für die Verteidigung **in einem Steuerstrafverfahren** (H 102 (Steuerstrafverfahren) EStH 1999).

Übung: 1. Wiederholungsfragen 12 bis 14 (Seite 349),
2. Fall 2 (Seite 351)

14.2.3 Beschränkt abzugsfähige Sonderausgaben, die keine Vorsorgeaufwendungen sind

14.2.3.1 Bestimmte Unterhaltsleistungen

Für die einkommensteuerliche Berücksichtigung von **Unterhaltsleistungen** an den geschiedenen oder dauernd getrennt lebenden Ehegatten kommen **zwei Möglichkeiten** in Betracht:

> 1. entweder der Abzug als **Sonderausgabe** (Realsplitting)
>   **oder**
> 2. der Abzug als **außergewöhnliche Belastung**

Im Rahmen des **Realsplittings** kann der **Unterhaltsverpflichtete (Geber)** die Unterhaltsleistungen an den **geschiedenen oder dauernd getrennt lebenden Ehegatten (Empfänger) bis zu 27.000 DM** im Kalenderjahr als **Sonderausgaben** abziehen (§ 10 Abs. 1 **Nr. 1**).

Voraussetzungen für den Sonderausgabenabzug von Unterhaltsleistungen an den geschiedenen oder dauernd getrennt lebenden Ehegatten **sind,** daß

> - der **Empfänger unbeschränkt** einkommensteuerpflichtig ist,
> - der **Geber** den Sonderausgabenabzug **beantragt** und
> - der **Empfänger** diesem Antrag **zustimmt (Anlage U)**.

Der **Antrag** kann jeweils nur **für ein Kalenderjahr** gestellt und nicht zurückgenommen werden (§ 10 Abs. 1 Nr. 1 Satz 2).

Soweit Unterhaltsleistungen den Betrag von **27.000 DM** im Kalenderjahr **übersteigen**, sind sie **vom Abzug ausgeschlossen**. Sie können auch **nicht** als außergewöhnliche Belastung berücksichtigt werden.

Beim **Empfänger** werden die **Unterhaltsleistungen** als **sonstige Einkünfte i.S.d.** § 22 (Nr. 1a) behandelt.

Von seinen **Einnahmen** kann der **Empfänger** eventuell entstandene **Werbungskosten** abziehen, **mindestens** jedoch ein **Werbungskosten-Pauschbetrag** in Höhe von **200 DM** (§ 9a Satz 1 **Nr. 3**).

> Beispiel:
> Ein Steuerpflichtiger erbringt an seine **geschiedene** Ehefrau, die unbeschränkt einkommensteuerpflichtig ist, in 1999 Unterhaltsleistungen von monatlich 2.500 DM. Er beantragt mit Zustimmung seiner geschiedenen Ehefrau den Abzug als Sonderausgaben.
>
> Von den **gesamten** Unterhaltsleistungen des Steuerpflichtigen (**30.000 DM**) wird der Höchstbetrag von **27.000 DM** als **Sonderausgabe** vom Gesamtbetrag der Einkünfte abgezogen. Der **übersteigende Betrag** von 3.000 DM kann **weder als Sonderausgabe noch als außergewöhnliche Belastung** geltend gemacht werden. Bei der geschiedenen Ehefrau stellen die empfangenen Unterhalts**leistungen sonstige Einkünfte i.S.d.** § 22 dar, und zwar bis zur Höhe des Betrags, der beim geschiedenen Ehemann als Sonderausgabe abgezogen wird. Die Ehefrau kann von den stpfl. **Einnahmen** in Höhe von 27.000 DM den **Werbungskosten-Pauschbetrag** von **200 DM** abziehen.

Wird der **Antrag** auf Sonderausgabenabzug **nicht** gestellt **oder stimmt** der unterhaltsberechtigte Empfänger dem Antrag **nicht zu**, so können die Unterhaltsleistungen nur als **außergewöhnliche Belastung** geltend gemacht werden. Das gleiche gilt, wenn der unterhaltsberechtigte **Empfänger nicht unbeschränkt** einkommensteuerpflichtig ist.

> [S 2] Einzelheiten zur Unterhaltsaufwendungen als **außergewöhnliche Belastung** erfolgen im Abschnitt "14.3.2.1 Unterhaltsaufwendungen", Seite 374 ff.

Seit 1996 sind **Unterhaltsleistungen** an den geschiedenen oder dauernd getrennt lebenden Ehegatten **auch** dann als Sonderausgaben **abzugsfähig, wenn** der **Empfänger nicht unbeschränkt** einkommensteuerpflichtig ist (H 86b (Nicht unbeschränkt einkommensteuerpflichtiger Empfänger) EStH 1999).
Voraussetzung ist, daß der nicht unbeschränkt einkommensteuerpflichtige **Empfänger** seinen Wohnsitz oder gewöhnlichen Aufenthalt in einem **EU/EWR-Staat** hat.
Weitere Voraussetzung für den Abzug ist, daß die Besteuerung der Unterhaltsleistung beim Empfänger durch eine **Bescheinigung** der zuständigen ausländischen Steuerbehörde nachgewiesen wird (§ 1a Abs. 1 Nr. 1).

> **Übung:** 1. Wiederholungsfragen 15 bis 18 (Seite 349),
> 2. Fälle 3 und 4 (Seite 351)

14.2.3.2 Aufwendungen für die Berufsausbildung oder Weiterbildung in einem nicht ausgeübten Beruf

Aufwendungen des Steuerpflichtigen für **seine Berufsausbildung oder seine Weiterbildung** in einem **nicht** ausgeübten Beruf sind bis zu **1.800 DM** im Kalenderjahr als **Sonderausgaben** abzugsfähig (§ 10 Abs. 1 **Nr. 7**).

Dieser Betrag erhöht sich auf **2.400 DM**, wenn der Steuerpflichtige wegen der Ausbildung oder Weiterbildung **außerhalb des Orts untergebracht** ist, in dem er einen eigenen Hausstand unterhält. Dies gilt entsprechend, wenn dem Steuerpflichtigen Aufwendungen für eine Berufsausbildung oder Weiterbildung seines **Ehegatten** erwachsen und die Ehegatten die Voraussetzungen des § 26 Abs. 1 Satz 1 erfüllen.

Die **Berufsausbildung** soll die für die Ausbildung eines ersten oder weiteren Berufs notwendigen fachlichen Fertigkeiten und Kenntnisse in einem geordneten Ausbildungsgang vermitteln. Darunter fällt z.B. der Besuch von Allgemeinwissen vermittelnden Schulen, von Fachschulen und Hochschulen, da der Schulbesuch die notwendige Grundlage für die Ausübung der verschiedensten Berufe schafft.

Weiterbildung in einem **nicht** ausgeübten Beruf setzt den **Berufsabschluß** voraus. Die Weiterbildung soll dem **nicht berufstätigen Steuerpflichtigen** ermöglichen, seine beruflichen Kenntnisse und Fertigkeiten zu erhalten, zu erweitern oder der Entwicklung der Verhältnisse anzupassen.

Aufwendungen für eine **hauswirtschaftliche** Aus- oder Weiterbildung (z.B. für den Besuch eines Kochkurses) für den eigenen (privaten) Bedarf können seit dem VZ 1990 **nicht** mehr als **Sonderausgaben** abgezogen werden (Art. 1 Nr. 13a dd StRefG 1990).

Zu den abziehbaren Aufwendungen gehören **nicht nur** die unmittelbaren **Ausbildungs- und Weiterbildungskosten**, z.B. Schul-, Lehrgangs- und Studiengebühren, Aufwendungen für Lernmaterial, Fachbücher usw., **sondern auch Aufwendungen für Fahrten zwischen Wohnung und Ausbildungs- oder Weiterbildungsstätte**.

Seit 1997 gilt für **Fahrten zwischen Wohnung und Ausbildungs- oder Weiterbildungsort** § 9 Abs. 1 Satz 3 **Nr. 4** (§ 10 Abs. 1 Nr. 7 **Satz 5**).

Nach § 9 Abs. 1 Satz 3 **Nr. 4** sind bei **Fahrten mit einem** eigenen oder zur Nutzung überlassenen **Fahrzeug** die Aufwendungen mit den folgenden **Pauschbeträgen** anzusetzen:

a) bei Benutzung eines **Kraftwagens**	**0,70 DM**
b) bei Benutzung eines **Motorrads oder Motorrollers**	**0,33 DM**

für jeden gefahrenen Kilometer der Entfernung (**Entfernungskilometer**).

Einzelheiten zu den **Fahrtkosten** erfolgten bereits im Abschnitt 11.1.4.2, Seite 177 ff.

Die Regelung gilt **nicht**, wenn der Auszubildende **Behinderter** i.S.d. § 9 Abs. 2 ist.

Nach § 10 Abs. 1 Nr. 7 sind nur **Ausbildungs- oder Weiterbildungskosten** in einem **nicht** ausgeübten Beruf **als Sonderausgaben abzugsfähig**.

Dagegen sind **Fortbildungskosten** (Weiterbildungskosten in einem **erlernten und ausgeübten Beruf**) stets **Werbungskosten oder Betriebsausgaben** (Abschn. 34 LStR 1999).

> Übung: 1. Wiederholungsfragen 19 und 20 (Seite 349),
> 2. Fälle 5 und 6 (Seite 352)

14.2.3.3 Aufwendungen für hauswirtschaftliche Beschäftigungsverhältnisse

Seit 1997 können **Aufwendungen** des Steuerpflichtigen, die **nicht** in unmittelbarem wirtschaftlichen Zusammenhang mit **steuerfreien** Einnahmen (z.B. Pflegegeld nach § 3 Nr. 1a) stehen, **für hauswirtschaftliche Beschäftigungsverhältnisse**

bis zu 18.000 DM

im Kalenderjahr als Sonderausgaben geltend gemacht werden, **wenn** auf Grund der Beschäftigungsverhältnisse **Pflichtbeiträge** zur inländischen **gesetzlichen Rentenversicherung** entrichtet werden und es sich **nicht** um eine **geringfügige Beschäftigung** handelt (§ 10 Abs. 1 **Nr. 8**).

Keine Pflichtbeiträge sind der pauschale Arbeitgeberbeitrag zur gesetzlichen Rentenversicherung in Höhe von **12 % für geringfügig Beschäftigte** (R 103a Satz 4 EStR 1999).

Die **weiteren Voraussetzungen** (Kind oder Hilflos) sind seit 1997 **entfallen**.

> Beispiel:
> Die **alleinstehende** Steuerpflichtige Tatjana Thau weist im VZ 1999 Aufwendungen in Höhe von **19.800 DM** für ein hauswirtschaftliches, sozialversicherungspflichtiges Beschäftigungsverhältnis nach.
>
> Die Steuerpflichtige kann für den VZ 1999 **18.000 DM** als Sonderausgaben abziehen (§ 10 Abs. 1 Nr. 8).
> Es ist nicht mehr erforderlich, daß zum Haushalt der Alleinstehenden ein Kind unter zehn Jahren gehört.

Leben **zwei Alleinstehende in einem Haushalt zusammen**, können sie den Höchstbetrag von **18.000 DM** insgesamt **nur einmal** in Anspruch nehmen (§ 10 Abs. 1 Nr. 8 **Satz 2**).

Für jeden **vollen Kalendermonat**, in dem die **Voraussetzungen** des § 10 Abs. 1 **Nr. 8 nicht** vorgelegen haben, **ermäßigt sich** der Höchstbetrag von **18.000 DM** um **ein Zwölftel** (§ 10 Abs. 1 Nr. 8 **Satz 3**).

> Beispiel:
> Die **alleinstehende** Steuerpflichtige Tanja Bill mit einem **6jährigen Kind** weist ab **1.6.1999** Aufwendungen in Höhe von **13.800 DM** für ein hauswirtschaftliches sozialversicherungspflichtiges Beschäftigungsverhältnis nach.
>
> Die Steuerpflichtige kann für den VZ 1999 **10.500 DM** (7/12 x 18.000 DM) als Sonderausgaben abziehen (§ 10 Abs. 1 Nr. 8 Satz 3).
> Der **übersteigende Betrag** von **3.300 DM** kann als **außergewöhnliche Belastung** nach § 33c geltend gemacht werden (§ 33 Abs. 2 Satz 2; siehe Abschnitt "14.3.1.4 Kinderbetreuungskosten").

> Übung: Wiederholungsfragen 21 und 22 (Seite 349)

14.2.3.4 Schulgeld

Schickt ein Steuerpflichtiger sein Kind nicht auf eine öffentliche Schule, sondern auf eine **Privatschule**, muß er dafür in der Regel **Schulgeld** zahlen.

Seit 1992 sind **30 % des gezahlten Schulgeldes** für den Besuch einer **Privatschule** als **Sonderausgaben** abzugsfähig (§ 10 Abs. 1 **Nr. 9**).

Für die Inanspruchnahme des Sonderausgabenabzugs müssen folgende **Voraussetzungen** vorliegen:

> - Für das Kind, das die Privatschule besucht, muß der Steuerpflichtige einen (halben) **Kinderfreibetrag oder Kindergeld** erhalten **und**
> - die **Privatschule** muß eine staatlich genehmigte oder erlaubte **Ersatzschule** (z.B. eine Waldorfschule) **oder** eine nach Landesrecht anerkannte allgemeinbildende **Ergänzungsschule** sein.

Nicht abzugsfähig sind **Internatskosten**, d.h. Aufwendungen für Beherbergung, Betreuung und Verpflegung des Kindes (§ 10 Abs. 1 **Nr. 9**).

Schulgeldzahlungen für den Besuch **deutscher Schulen** im **Ausland** fallen **nicht** unter § 10 Abs. 1 Nr. 9 (R 104 EStR 1999).

14.2.3.5 Spenden

Spenden sind als Sonderausgaben abzugsfähig, wenn folgende **Voraussetzungen** vorliegen (**§ 10b**):

1. Der Steuerpflichtige muß **Ausgaben** tätigen.
2. Die Ausgaben müssen für **begünstigte Zwecke** erfolgen.
3. Die Ausgaben für begünstigte Zwecke müssen an einen **begünstigten Empfänger** geleistet werden.
4. Der Steuerpflichtige muß **nachweisen**, daß die Voraussetzungen 1 bis 3 erfüllt sind.

Fehlt eine dieser Voraussetzungen, dann ist die Spende **nicht** nach § 10b abzugsfähig.

Zu 1. Ausgaben

Spenden dürfen als Sonderausgaben nur abgezogen werden, wenn der Steuerpflichtige **Ausgaben** tätigt.

Ausgaben im Sinne des § 10b müssen **Leistungen ohne Gegenleistung** sein. Sie brauchen jedoch **nicht in Geld** zu bestehen. Als **Ausgabe** gilt **auch** die Zuwendung von Wirtschaftsgütern (**Sachspenden**) mit **Ausnahme** von **Nutzungen und (sonstigen) Leistungen** (§ 10b Abs. 3).

Zu 2. Begünstigte Zwecke

Die **Spenden** müssen für bestimmte **begünstigte Zwecke** erbracht werden.

Begünstigte Zwecke sind Ausgaben zur Förderung

- mildtätiger Zwecke (§ 53 AO),
- kirchlicher Zwecke (§ 54 AO),
- religiöser Zwecke (§ 52 Abs. 2 Nr. 1 AO),
- wissenschaftlicher Zwecke (§ 52 Abs. 2 Nr. 1 AO) und
- gemeinnütziger Zwecke (§ 52 AO).

Ausgaben zur Förderung **gemeinnütziger** Zwecke bedürfen der **allgemeinen Anerkennung**.

Die in der **Anlage 7** zu R 111 Abs. 1 EStR 1999 aufgeführten **gemeinnützigen** Zwecke sind **allgemein** als besonders förderungswürdig **anerkannt**.

Hierzu gehören z.B.:

- **die Förderung des Sports**, **wenn** der Empfänger der Zuwendung eine juristische Person des **öffentlichen** Rechts oder eine **öffentliche** Dienststelle ist;
- **die Förderung der Erziehung, Volks- und Berufsbildung**;
- die Zwecke der Spitzenverbände der freien Wohlfahrtspflege (z.B. **Deutscher Caritasverband, Innere Mission, Arbeiterwohlfahrt, Deutsches Rotes Kreuz**).

In den Katalog der **gemeinnützigen** Zwecke sind seit 1990 einbezogen (§ 52 Abs. 2 Nr. 4 AO):

> die Förderung der Tierzucht, der Pflanzenzucht, der Kleingärtnerei, des traditionellen Brauchtums einschließlich des Karnevals, der Fastnacht und des Faschings, der Soldaten- und der Reservistenbetreuung, des Amateurfunkens, des Modellflugs und des Hundesports.

Begünstigt sind außerdem **Mitgliedsbeiträge und Spenden** an **politische Parteien**.

Zu 3. Begünstigte Empfänger

Die Ausgaben für begünstigte Zwecke müssen an **begünstigte Empfänger** geleistet werden.

Begünstigte Empfänger sind (§ 48 Abs. 3 und Abs. 4 EStDV):

> - **juristische Personen des öffentlichen Rechts** (z.B. Universitäten) oder öffentliche Dienststellen (z.B. Schulen);
> - **Körperschaften im Sinne des § 5 Abs. 1 Nr. 9 KStG** (z.B. Vereine);
>   Beispiel:
>   Der Steuerpflichtige Konrad Braunöhler leistet eine Spende an den Sportverein TuS Koblenz.
>   Die Spende erfolgt zwar an eine Körperschaft, die nach § 5 Abs. 1 Nr. 9 KStG von der KSt befreit ist, sie ist aber trotzdem **nicht abzugsfähig**, weil in der Anlage 7 Nr. 3 für die Abzugsfähigkeit von Spenden zusätzlich gefordert wird, daß Ausgaben zur **Förderung des Sports** an juristische Personen des **öffentlichen** Rechts erfolgen müssen.
> - **Vereinigungen im Sinne des R 111 Abs. 2 EStR 1999** (z.B. Deutscher Alpenverein e.V., München, Deutsche Olympische Gesellschaft e.V., Frankfurt a.M.);
> - **politische Parteien im Sinne des § 2 des Parteiengesetzes**.

Ab dem VZ 2000 wird das Spendenrecht neu geregelt. Zentrale Neuerung ist der **Wegfall** des sog. **Durchlaufspendenverfahrens**.

Zu 4. Nachweis

Der Steuerpflichtige hat dem zuständigen Finanzamt **nachzuweisen**, daß die erforderlichen Voraussetzungen für den Abzug der Ausgaben als Sonderausgaben erfüllt sind.

Für den Nachweis können die in der **Anlage 4** enthaltenen **Muster von Bestätigungen** des Empfängers der Zuwendung als Anhalt dienen (R 111 Abs. 4 EStR 1999).

Bei **Sachspenden** müssen aus der Spendenbestätigung der **Wert** und die **genaue Bezeichnung** der gespendeten Sachen ersichtlich sein (H 112 (Sachspenden) EStH 1999).

Wie ein **Nachweis** bei einer **Sachspende** in der Praxis geführt werden kann, wird auf der folgenden Seite (**Seite 319**) gezeigt.

Für den Nachweis bestimmter Spenden (z.B. Zuwendungen zur Linderung der Not in Katastrophenfällen) genügt der **Zahlungsbeleg** der Post oder eines Kreditinstituts (R 111 **Abs. 6** EStR 1999).

Beispiel:
Familie Sauerborn, Im Palmenstück 23, 56072 Koblenz, hat 1999 an die Arbeiterwohlfahrt, Koblenz, **2 Sessel und 1 Gesundheitsbett** im Wert von **500 DM** gespendet.

Die Arbeiterwohlfahrt (**AWO**) gibt der Familie Sauerborn für die Sachspende die folgende **Spendenbestätigung**:

AWO Kreisverband Koblenz-Stadt e.V. · Dreikaiserweg 4 · 56068 Koblenz

Arbeiterwohlfahrt
Kreisverband Koblenz-Stadt e.V
Dreikaiserweg 4
56068 Koblenz

Tel. 02 61/1 25 91
Fax 02 61/3 40 41

Ihr Zeichen   Ihr Schreiben vom   Akt.-Zeichen   Diktat-Zeichen   Datum
30.06.1999

Bestätigung

Über Zuwendung an eine der in § 5 Abs. 1 Nr. 9 des Körperschaftssteuergesetzes bezeichneten Körperschaften, Personenvereinigungen oder Vermögensmassen
Name und Wohnort des Zuwendenden:
Familie Sauerborn, Im Palmenstück 23, 56072 Koblenz
Betrag / Wert der Zuwendung in Ziffern: **500,00 DM**
(in Worten) **fünfhundert*****
Tag der Zuwendung: **23. Juni 1999**
Bei Sachzuwendungen genaue Bezeichnung des Gegenstandes:

2 Sessel und 1 Gesundheitsbett

Wir sind wegen Förderung, durch Bescheinigung des Finanzamtes, vorläufig als mildtätigen Zwecken dienend und zu den in § 5 Abs. 1 Nr. 9 des Körperschaften, Personenvereinigungen oder Vermögensmasse gehörig anerkannt worden.
Bezeichnung des Finanzamtes : **Koblenz**
Steuernummer   : **22/Gem 959 XI / 4**
Datum des Bescheides   : **12.05.1992**

Es wird bestätigt, daß die Zuwendung nur zu folgenden Zwecken verwendet wird:
mildtätigen Zwecken § 53 Abgabenordnung
Der zugewendete Betrag wird entsprechend den Angaben des Zuwendenden an die folgende Körperschaften, Personenvereinigungen oder Vermögensmasse im Sinne des § 5 Abs. 1 Nr. 9 des Körperschaftssteuergesetzes weitergeleitet, die vom Finanzamt als begünstigte Empfängerin anerkannt ist.

Arbeiterwohlfahrt
Kreisverband Koblenz-Stadt e.V.

Siegfried Speh
Geschäftsführer

Übung: 1. Wiederholungsfragen 23 bis 26 (Seite 349),
2. Fälle 7 bis 10 (Seite 352 f.)

Spenden für mildtätige, kirchliche, religiöse, wissenschaftliche und gemeinnützige Zwecke

Spenden i.S. des § **10b Abs. 1 Satz 1** können nur bis zur Höhe von insgesamt

> 1. **5 % des Gesamtbetrags der Einkünfte** = **allgemeiner** Höchstbetrag (**Berechnungsmethode 1**)
>
> oder
>
> 2. **2 v.T.** der **Summe aus Umsätzen, Löhnen und** Gehältern (**Berechnungsmethode 2**)

abgezogen werden.

<u>Beispiel:</u>
Ein Steuerpflichtiger wendet im VZ 1999 **2.000 DM** für **kirchliche** Zwecke auf. Der **Gesamtbetrag der Einkünfte** des Steuerpflichtigen beträgt **20.000 DM**, die **Summe seiner Umsätze, Löhne und Gehälter 900.000 DM**.

Die **abzugsfähige Spende** wird wie folgt berechnet:

> **Berechnungsmethode 1:** 5 % von 20.000 DM = 1.000 DM
>
> **Berechnungsmethode 2:** 2 v.T. von 900.000 DM = **1.800 DM**

Die **Berechnungsmethode 2** führt in diesem Fall zu einem günstigeren Ergebnis. Von seinen Ausgaben in Höhe von 2.000 DM kann er **1.800 DM** als **Sonderausgaben** absetzen.
Nach der **Berechnungsmethode 1** könnte er nur **1.000 DM** als **Sonderausgaben** absetzen.

Bei **Spenden** für

> - **wissenschaftliche** Zwecke,
> - **mildtätige** Zwecke und
> - **kulturelle** Zwecke (Anlage 7 **Nr. 4**)

erhöht sich die **Abzugsfähigkeit** um

> **weitere 5 %** = **zusätzlicher** Höchstbetrag

(§ 10b Abs. 1 **Satz 2**).

Bei den Ausgaben für **wissenschaftliche, mildtätige** und als besonders förderungswürdig anerkannte **kulturelle** Zwecke wird der **Satz von 2 v.T. nicht erhöht**, d.h. der **zusätzliche** Höchstbetrag **entfällt**, wenn der Steuerpflichtige die **Berechnungsmethode 2** wählt (R 113 Abs. 1 Satz 2 EStR 1999).

Beispiel:
Ein **lediger** Steuerpflichtiger wendet im VZ 1999 **1.500 DM** für **wissenschaftliche** Zwecke und **2.000 DM** für **kirchliche** Zwecke auf.
Der **Gesamtbetrag der Einkünfte** des Steuerpflichtigen beträgt **20.000 DM**, die **Summe seiner Umsätze, Löhne und Gehälter 700.000 DM**.

Die **abzugsfähigen Spenden** werden wie folgt berechnet:

Berechnungsmethode 1:	gezahlt	abziehbar
Spenden für **wissenschaftliche** Zwecke	1.500,— DM	
abzugsfähig bis zur Höhe des **zusätzlichen** Höchstbetrags (5 % von 20.000 DM)	1.000,— DM	1.000,— DM
Restbetrag	500,— DM	
übrige Spenden (für **kirchliche** Zwecke)	2.000,— DM	
zusammen	2.500,— DM	
abzugsfähig bis zur Höhe des **allgemeinen** Höchstbetrags (5 % von 20.000 DM)	1.000,— DM	1.000,— DM
nicht abzugsfähig	1.500,— DM	
abzugsfähige Spenden		**2.000,— DM**

Berechnungsmethode 2:	gezahlt	abziehbar
Spenden für kirchliche und **wissenschaftliche** Zwecke	3.500,— DM	
abzugsfähig (2 v.T. von 700.000 DM)	1.400,— DM	1.400,— DM
nicht abzugsfähig	2.100,— DM	
abzugsfähige Spende		**1.400,— DM**

In diesem Fall führt die **Berechnungsmethode 1** für den Steuerpflichtigen zum **günstigeren** Ergebnis.

In der **Einkommensteuererklärung 1999** werden die **Spenden** in **Zeile 85 und 86** des Mantelbogens als **Sonderausgaben** wie folgt eingetragen:

	Spenden und Beiträge	
85	für wissenschaftliche, mildtätige und kulturelle Zwecke	1.500
86	für kirchliche, religiöse und gemeinnützige Zwecke	2.000

Überschreitet eine Einzelspende für **wissenschaftliche**, **mildtätige** oder **kulturelle** Zwecke von mindestens **50.000 DM** (**Großspende**) die Höchstsätze des § 10b Abs. 1, so kann diese Spende auf **7 Jahre** aufgeteilt werden (§ 10b Abs. 1 Sätze 3 und 4).

Übung: Fall 11 (Seite 353)

Mitgliedsbeiträge und Spenden an politische Parteien

Bei **Mitgliedsbeiträgen und Spenden an politische Parteien** gilt **vorrangig** die Steuerermäßigung nach § **34g** (§ 10b Abs. 2 **Satz 2**). Das bedeutet, daß bei Parteienspenden **zuerst** § **34g** und **dann** § **10b Abs. 2 Satz 1** zu berücksichtigen ist.

Ein **Wahlrecht zwischen** dem Abzug der Zuwendungen von der Steuer nach § **34g und** dem Sonderausgabenabzug nach § **10b Abs. 2** besteht nicht (H 112 (Steuerermäßigung nach § 34g EStG) EStH 1999).

Nach § 34g Satz 2 können Mitgliedsbeiträge und Spenden an politische Parteien bis zu **50 % der Ausgaben**, höchstens **1.500 DM** und im Fall der Zusammenveranlagung von Ehegatten bis zu **50 % der Ausgaben**, höchstens **3.000 DM** von der **tariflichen Einkommensteuer** abgezogen werden.

 Der Abzug von der **tariflichen** Einkommensteuer erfolgt unter **Nr. 9** im Schema zur Ermittlung der **festzusetzenden** Einkommensteuer im Abschnitt 16.1, Seite 458.

Um die Höchstbeträge von 1.500 DM bzw. 3.000 DM von der tariflichen Einkommensteuer absetzen zu können, muß das **Doppelte an Ausgaben** gespendet werden, d.h. bei Ledigen **3.000 DM** und bei zusammenveranlagten Ehegatten **6.000 DM**.

Beispiele:
1. Die **ledige** Steuerpflichtige Melanie Huber, Bonn, spendete im VZ 1999 einer **politischen Partei 3.000 DM**.

   Ihre **Einkommensteuerschuld** vermindert sich nach § 34g Satz 2 um **1.500 DM** (50 % von 3.000 DM = 1.500 DM). Die Ausgabe übersteigt nicht den Höchstbetrag von 3.000 DM.

2. Die Eheleute Mischke, Berlin, die **zusammen veranlagt** werden, spendeten im VZ 1999 einer **politischen Partei 6.000 DM**.

   Ihre **Einkommensteuerschuld** vermindert sich nach § 34g Satz 2 um **3.000 DM** (50 % von 6.000 DM = 3.000 DM). Die Ausgabe übersteigt nicht den Höchstbetrag von 6.000 DM.

Soweit die Mitgliedsbeiträge und Spenden an politische Parteien **3.000 DM**, im Falle der Zusammenveranlagung von Ehegatten **6.000 DM übersteigen**, sind sie **als Sonderausgaben bis zu 3.000 DM/6.000 DM** nach § 10b Abs. 2 **Satz 1 abzugsfähig**.

Beispiele:
1. Die **ledige** Steuerpflichtige Karin Bollmann, Köln, spendete im VZ 1999 einer **politischen Partei 4.000 DM**.

   Ihre **Einkommensteuerschuld** vermindert sich nach § 34g Satz 2 um **1.500 DM** (50 % von höchstens **3.000 DM**).
   Der **übersteigende Betrag** von **1.000 DM** kann als **Sonderausgabe** nach § 10b Abs. 2 Satz 1 berücksichtigt werden.

2. Die Eheleute Müller, Bonn, die **zusammen veranlagt** werden, spendeten im VZ 1999 einer **politischen Partei 8.000 DM**.

   Ihre **Einkommensteuerschuld** vermindert sich nach § 34g Satz 2 um **3.000 DM** (50 % von höchstens **6.000 DM**).
   Der **übersteigende Betrag** von **2.000 DM** kann als **Sonderausgabe** nach § 10b Abs. 2 Satz 1 berücksichtigt werden.

> **Übung:** 1. Wiederholungsfragen 27 und 28 (Seite 349 f.),
> 2. Fälle 12 und 13 (Seite 353)

Zusammenfassendes Beispiel:
Die **ledige** Steuerpflichtige Katja Hoffend wendet im VZ 1999 **3.000 DM** für **wissenschaftliche** Zwecke, **2.000 DM** für **kirchliche** Zwecke und **4.500 DM** für eine **politische Partei** auf.

Der **Gesamtbetrag der Einkünfte** der Steuerpflichtigen beträgt **40.000 DM**, die **Summe ihrer Umsätze, Löhne und Gehälter 900.000 DM**.

Die **abzugsfähigen Spenden** werden wie folgt berechnet:

Berechnungsmethode 1:	**gezahlt**	**abziehbar**
Spenden für **wissenschaftliche** Zwecke	3.000,— DM	
abzugsfähig bis zur Höhe des **zusätzlichen Höchstbetrags** (5 % von 40.000 DM)	2.000,— DM →	2.000,— DM
Restbetrag	1.000,— DM	
Spenden für **kirchliche** Zwecke	2.000,— DM	
zusammen	3.000,— DM	
abzugsfähig bis zur Höhe des **allgemeinen Höchstbetrags** (5 % von 40.000 DM)	2.000,— DM →	2.000,— DM
nicht abzugsfähig	1.000,— DM	
Spende an eine **politische Partei** (4.500 DM - **3.000 DM**) *)	→	1.500,— DM
abzugsfähige Spenden		5.500,— DM
*) **3.000 DM** werden **vorrangig** nach § 34g gefördert (**50 %** von **3.000 DM**)		1.500,— DM

Berechnungsmethode 2:	**gezahlt**	**abziehbar**
Spenden i.S. des § 10b Abs. 1	5.000,— DM	
abzugsfähig (2 v.T. von 900.000 DM)	1.800,— DM →	1.800,— DM
nicht abzugsfähig	3.200,— DM	
Spende an eine **politische Partei** (4.500 DM - **3.000 DM**) *)	→	1.500,— DM
abzugsfähige Spenden		3.300,— DM
*) **3.000 DM** werden **vorrangig** nach § 34g gefördert (**50 %** von **3.000 DM**)		1.500,— DM

In diesem Fall führt die **Berechnungsmethode 1** für die Steuerpflichtige zum **günstigeren Ergebnis**.

Übung: Fälle 14 bis 17 (Seite 354)

14.2.4 Vorsorgeaufwendungen

Zu den **Vorsorgeaufwendungen** gehören seit dem VZ 1996 nur noch

> **Versicherungsbeiträge** im Sinne des § 10 Abs. 1 **Nr. 2**.

Voraussetzungen für den Abzug der Vorsorgeaufwendungen sind (§ 10 Abs. 2), daß sie

- **nicht** in unmittelbarem wirtschaftlichen Zusammenhang mit **steuerfreien Einnahmen** stehen,

- an **Versicherungsunternehmen** mit Sitz oder Geschäftsleitung oder Geschäftsbetriebserlaubnis in einem **EU-Staat** oder an einen **Sozialversicherungsträger** geleistet werden und

- **nicht** vermögenswirksame Leistungen darstellen, für die Anspruch auf eine Arbeitnehmer-Sparzulage nach § 13 des 5. VermBG besteht.

14.2.4.1 Versicherungsbeiträge

Zu den **Versicherungsbeiträgen** im Sinne des § 10 Abs. 1 **Nr. 2** gehören

a) Beiträge zu **Kranken-, Pflege-, Unfall- und Haftpflichtversicherungen**, zu den **gesetzlichen Rentenversicherungen** und an die **Bundesanstalt für Arbeit**,

b) Beiträge zu **bestimmten Versicherungen auf den** Erlebens- oder Todesfall,

c) Beiträge zu einer **zusätzlichen freiwilligen** Pflegeversicherung.

Versicherungsbeiträge nach § 10 Abs. 1 Nr. 2a

Zu den berücksichtigungsfähigen Versicherungsbeiträgen i.S.d. § 10 Abs. 1 **Nr. 2a** gehören insbesondere die **Arbeitnehmeranteile zur Kranken-, Pflege-, Renten- und Arbeitslosenversicherung**.
Zu den Krankenversicherungen gehört **auch** die **Krankentagegeldversicherung**.

Für die Kranken**haus**tagegeldversicherung, die **Krankheitskosten** ersetzt, gilt das **gleiche** wie für die Kranken**tage**geldversicherung gegen den **Arbeitsausfall** (H 88 (Krankentagegeldversicherung) EStH 1999).

Der Arbeitnehmeranteil zum **Gesamtsozialversicherungsbeitrag** ist im **Mantelbogen** der **Einkommensteuererklärung 1999** in Zeile 64 einzutragen.

Beispiel:
Der ledige Steuerpflichtige Hans Klein hat auf seiner **Lohnsteuerkarte 1999** in **Zeile 23** "Arbeitnehmeranteil am Gesamtsozialversicherungsbeitrag" von seinem Arbeitgeber einen Betrag in Höhe von **5.600 DM** bescheinigt bekommen.

Hans Klein trägt die 5.600 DM in seiner **Einkommensteuererklärung 1999** im **Mantelbogen**, Seite 3, in **Zeile 64** wie folgt ein:

Zeile	Sonderausgaben		DM	DM
63	**Arbeitnehmeranteil am Gesamtsozialversicherungsbeitrag** und/oder befreiende Lebensversicherung sowie andere gleichgestellte Aufwendungen (ohne steuerfreie Zuschüsse des Arbeitgebers)		30 Stpf./Ehemann	31 Ehefrau
64	- in der Regel auf der Lohnsteuerkarte bescheinigt -		**5.600**	

Zu den berücksichtigungsfähigen Versicherungsbeiträgen im Sinne des § 10 Abs. 1 Nr. 2a gehören auch die **freiwilligen Krankenversicherungsbeiträge** und die **freiwilligen oder Pflicht-Beiträge zur (gesetzlichen) Pflegeversicherung** der **nicht versicherungspflichtigen Personen** (z.B. **Beamte**).
Diese Beiträge sind im **Mantelbogen** der **Einkommensteuererklärung 1999** in **Zeile 68** einzutragen:

	Kranken- und Pflegeversicherung		
68	(abzüglich steuerfreie Zuschüsse, z.B. des Arbeitgebers; ohne Beträge in den Zeilen 64 und 65)		

Unter **Haftpflicht** versteht man die Verpflichtung zum Schadenersatz gegenüber Dritten nach zivilrechtlichen Bestimmungen.

Zu den **begünstigten Haftpflichtversicherungen** gehören z.B. **Kfz-Haftpflichtversicherung** (R 88 Abs. 2 EStR 1999), **Jagdhaftpflichtversicherung, Hundehaftpflichtversicherung, Haftpflichtversicherung für Wasserfahrzeuge**.

Werden **Haftpflichtversicherungen** mit einer **Sachversicherung** verbunden (z.B. **Kfz-Haftpflichtversicherung** mit Fahrzeug**teilkaskoversicherung** oder Kfz-**Vollkaskoversicherung**), handelt es sich rechtlich um **zwei** selbständige Versicherungen. **Begünstigt** ist **nur** der Prämienanteil, der auf die **Haftpflichtversicherung** entfällt.

Die **Beiträge zu Haftpflichtversicherungen** sind im **Mantelbogen** der **Einkommensteuererklärung 1999** in **Zeile 71** einzutragen:

Beispiel:
Der Steuerfachangestellte A, Bonn, hat im VZ 1999 **578 DM** an Kfz-Haftpflichtversicherungsbeiträgen gezahlt. Aus der Kfz-Haftpflichtversicherung hat er 1999 eine Beitragserstattung von **35 DM** erhalten.

A trägt die Beträge im **Mantelbogen** der **Einkommensteuererklärung 1999** in **Zeile 71** wie folgt ein:

	Haftpflichtversicherung			
71	(**ohne** Kasko-, Hausrat- und Rechtsschutzversicherung)	578	- 35	543

Versicherungsbeiträge nach § 10 Abs. 1 Nr. 2b

Zu den berücksichtigungsfähigen Versicherungsbeiträgen i.S.d. § 10 Abs. 1 Nr. 2b gehören insbesondere die **Versicherungsbeiträge auf den Erlebens- oder Todesfall**.

Zu den berücksichtigungsfähigen Versicherungsbeiträgen gehören **auch Pensionsversicherungen, Versorgungsversicherungen** und **Sterbekassen** sowie **Berufsunfähigkeitsversicherungen, Aussteuerversicherungen** und **Erbschaftsteuerversicherungen** (H 88 (Lebensversicherung) EStH 1999).

Zu den berücksichtigungsfähigen Versicherungsbeiträgen im Sinne des § 10 Abs. 1 **Nr. 2b** gehören **auch die Ausfertigungsgebühr** und die **Versicherungsteuer** (H 88 (Versicherungsbeiträge) EStH 1999).

Zu den berücksichtigungsfähigen Versicherungsbeiträgen gehören **auch die Lebensversicherungsbeiträge**, die der **Bausparer nach** Erlangung des Bauspardarlehens entrichtet.

Seit dem 14.2.1992 dürfen Versicherungsbeiträge, die zur Sicherung oder Tilgung von Darlehen verwendet werden, als Sonderausgaben nur noch abgezogen werden, wenn das Darlehen der Finanzierung betrieblicher oder privater Anlagegüter (z.B. eines Mietwohngrundstückes) dient (§ 10 Abs. 2 **Satz 2**).

Die **Versicherungsbeiträge auf den Erlebens- oder Todesfall** sind im **Mantelbogen** der **Einkommensteuererklärung 1999** in **Zeile 70** einzutragen.

70	**Lebensversicherung** -nicht in der Anlage VL enthalten- (einschl. Sterbekasse u. Zusatzversorgung; **ohne** Beträge in **Zeile 64**)		

Versicherungsbeiträge nach § 10 Abs. 1 Nr. 2c

Seit dem 1.1.1995 gehören zu den berücksichtigungsfähigen Versicherungsbeiträgen **nicht nur** die Beiträge zur **gesetzlichen** Pflegeversicherung nach § 10 Abs. 1 **Nr. 2a**, **sondern auch** die Beiträge zur zusätzlichen **freiwilligen** Pflegeversicherung nach § 10 Abs. 1 **Nr. 2c**.

In Ergänzung hierzu wurde in § 10 Abs. 3 Nr. 4 für solche Beiträge ein **zusätzlicher Höchstbetrag** von **360 DM** für solche Beträge geschaffen, allerdings nur für Personen, die **nach** dem **31.12.1957 geboren** sind.

Nach der Verfügung der OFD Frankfurt/M. v. 27.6.1996 (S2221A -79-StII22) ist zu beachten, daß in den vermutlich wenigen Fällen des § 10 Abs. 1 **Nr. 2c** eine Eintragung im **Mantelbogen** in **Zeile 65** erfolgt.

Beispiel:
Die ledige Angestellte A, geb. am 7.8.1973, weist u.a. Versicherungsbeiträge i.S.d. § 10 Abs. 1 **Nr. 2c** in Höhe von **400 DM** nach.

A trägt die 400 DM im **Mantelbogen** der **Einkommensteuererklärung 1999** in **Zeile 65** wie folgt ein:

65	Nur bei steuerpflichtigen Personen, die nach dem 31.12.1957 geboren sind: **Zusätzliche freiwillige Pflegeversicherung** (nicht in Zeile 64 und 68 enthalten)	**400**	

Keine Sonderausgaben sind insbesondere Beiträge zu folgenden Versicherungen:

- Kapitalversicherungen gegen Einmalbeitrag,
- Kapitalversicherungen gegen laufende Beitragsleistungen, die Sparanteile enthalten, mit einer Vertragsdauer von **weniger als zwölf Jahren**,
- Rentenversicherungen mit Kapitalwahlrecht gegen Einmalbeitrag,
- Rentenversicherungen mit Kapitalwahlrecht gegen laufende Beitragsleistung, bei denen die Auszahlung des Kapitals zu einem Zeitpunkt **vor Ablauf von zwölf Jahren** seit Vertragsabschluß verlangt werden kann,
- fondsgebundene Lebensversicherungen,
- **Sachversicherungen**, z.B. Hausratversicherung, Kfz-Kaskoversicherung, Einbruch- und Diebstahlversicherung, Feuer- und Hagelversicherung,
- **Rechtsschutzversicherungen**.

Keine Sonderausgaben sind **auch** Versicherungen, die in unmittelbarem wirtschaftlichen Zusammenhang mit **steuerfreien Einnahmen** stehen, z.B. **steuerfreie Zuchüsse zur Krankenversicherung der Rentner** (H 87a (Nichtabziehbare Vorsorgeaufwendungen) EStH 1999).

> **Übung:** 1. Wiederholungsfragen 29 bis 34 (Seite 350),
> 2. Fall 18 (Seite 355)

14.2.4.2 Höchstbetragsberechnung

Vorsorgeaufwendungen (Versicherungsbeiträge im Sinne des § 10 Abs. 1 **Nr. 2**) sind Sonderausgaben, die nach § 10 **Abs. 3 nur bis** zu bestimmten **Höchstbeträgen** abgezogen werden dürfen.

Die **Sonderausgaben-Höchstbeträge** setzen sich wie folgt zusammen:

1. **Vorwegabzug**   (§ 10 Abs. 3 **Nr. 2**),
2. **Grundhöchstbetrag**   (§ 10 Abs. 3 **Nr. 1**),
3. **zusätzlicher Höchstbetrag** (§ 10 Abs. 3 **Nr. 3**),
4. **hälftiger Höchstbetrag**   (§ 10 Abs. 3 **Nr. 4**).

Die Prüfung der **abziehbaren Höchstbeträge** ist in **der Reihenfolge 1. bis 4.** vorzunehmen, siehe Berechnungsbeispiel Seite 330.

Zu 1. Vorwegabzug

Bei der Berechnung der Höchstbeträge können für **Versicherungsbeiträge** im Sinne des § 10 Abs. 1 **Nr. 2 vorab 6.000 DM**, im Fall der **Zusammenveranlagung** von Ehegatten bis **12.000 DM** abgezogen werden (§ 10 **Abs. 3 Nr. 2**).

Der **Vorwegabzug begünstigt vor allem** Steuerpflichtige, die für ihr Alter **allein vorsorgen** müssen, z.B. **Selbständige** und **Gewerbetreibende**.

Bei Steuerpflichtigen, die für ihr Alter **nicht allein vorsorgen** müssen, z.B. **Arbeitnehmer**, ist der **Vorwegabzug** pauschal **zu kürzen**.

Die **Kürzung** beträgt einheitlich **16 %** (§ 10 Abs. 3 Nr. 2 Satz 2).

Bemessungsgrundlage für die Berechnung des Kürzungsbetrags sind

> - Einnahmen aus nichtselbständiger Arbeit im Sinne des § 19, wenn für die Zukunftssicherung des Steuerpflichtigen Leistungen i.S. des § 3 Nr. 62 erbracht werden (z.B. **rentenversicherungspflichtige Arbeitnehmer**) oder
>
> - Einnahmen aus nichtselbständiger Arbeit im Sinne des § 19, wenn der Steuerpflichtige zum Personenkreis des § 10c Abs. 3 **Nr. 1** (z.B. **Beamte**) oder **Nr. 2** (z.B. **Vorstandsmitglieder einer AG**) gehört, und
>
> - Einnahmen aus der Ausübung eines Mandats im Sinne des § 22 Nr. 4 (z.B. **Abgeordnete** des Deutschen Bundestages).

Beispiel:
Die **ledige** Steuerfachangestellte Julia Siegismund hat im VZ 1999 aus **aktiver** Beschäftigung einen **Bruttoarbeitslohn** von **30.000 DM** bezogen.

Der **Vorwegabzug** wird wie folgt **gekürzt**:

Vorwegabzug	6.000 DM
− **Kürzungsbetrag** (16 % von 30.000 DM)	4.800 DM
= verbleibender Vorwegabzug	**1.200 DM**

Nicht zur Bemessungsgrundlage gehören **Versorgungsbezüge** im Sinne des § 19 **Abs. 2** (z.B. **Beamtenpensionen**).

Beispiel:
Der **ledige** Finanzbeamte Franz Josef Pink ist am 1.7.1999 pensioniert worden. Sein Bruttoarbeitslohn aus **aktiver** Beschäftigung hat in der Zeit vom 1.1.1999 bis 30.06.1999 **36.000 DM** betragen.
Die **Versorgungsbezüge** i.S.d. § 19 Abs. 2 haben in der Zeit vom 1.7.1999 bis 31.12.1999 **30.000 DM** betragen.

Der **Vorwegabzug** wird wie folgt **gekürzt**:

Vorwegabzug	6.000 DM
− **Kürzungsbetrag** (16 % von 36.000 DM)	5.760 DM
= verbleibender Vorwegabzug	**240 DM**

Im Fall der **Zusammenveranlagung** steht den Ehegatten der **verdoppelte Vorwegabzug** in Höhe von **12.000 DM** als **gemeinsamer** (einheitlicher) **Vorwegabzug** zu. Eine **Kürzung** des verdoppelten Vorwegabzugs um **16 %** wird **auch dann** vorgenommen, wenn die Voraussetzungen für die Kürzung in der Person **eines** Ehegatten erfüllt sind.

Beispiel:
Zusammenzuveranlagende Ehegatten weisen für den VZ 1999 Versicherungsbeiträge von insgesamt 38.000 DM nach. Der **Ehemann** hat als sozialversicherungspflichtiger **Arbeitnehmer** einen Bruttoarbeitslohn von 80.000 DM bezogen. Die **Ehefrau** hat als **Gewerbetreibende** einen Gewinn von 24.000 DM erzielt.

Der **Vorwegabzug** wird wie folgt **gekürzt**:

Vorwegabzug	12.000 DM
− **Kürzungsbetrag (16 % von 80.000 DM)**	**12.800 DM**
= **verbleibender Vorwegabzug**	**0 DM**

In solchen Fällen ist zu prüfen, ob nicht die **getrennte Veranlagung** zu einer niedrigeren ESt-Belastung führt.

Zu 2. Grundhöchstbetrag

Die **verbleibenden Versicherungsbeiträge** können bis zu **2.610 DM**, im Fall der **Zusammenveranlagung** von Ehegatten bis zu **5.220 DM** abgezogen werden (§ 10 **Abs. 3 Nr. 1**).

Zu 3. Zusätzlicher Höchstbetrag

Seit dem VZ 1995 können **jüngere Steuerpflichtige** (Steuerpflichtige, die **nach** dem **31.12.1957** geboren sind) für Beiträge zur **zusätzlichen freiwilligen** Pflegeversicherung einen **zusätzlichen Höchstbetrag** von 360 DM geltend machen (§ 10 **Abs. 3 Nr. 3**)

Zu 4. Hälftiger Höchstbetrag

Übersteigen die berücksichtigungsfähigen Vorsorgeaufwendungen den **Vorwegabzug**, **den zusätzlichen Höchstbetrag** und **den Grundhöchstbetrag**, so kann der **übersteigende Betrag zur Hälfte**, höchstens bis zu **50 %** des **Grundhöchstbetrags** abgezogen werden (§ 10 **Abs. 3 Nr. 4**).

Schema zur Berechnung der abzugsfähigen Vorsorgeaufwendungen nach § 10 **Abs. 3** (**Höchstbetragsberechnung**):

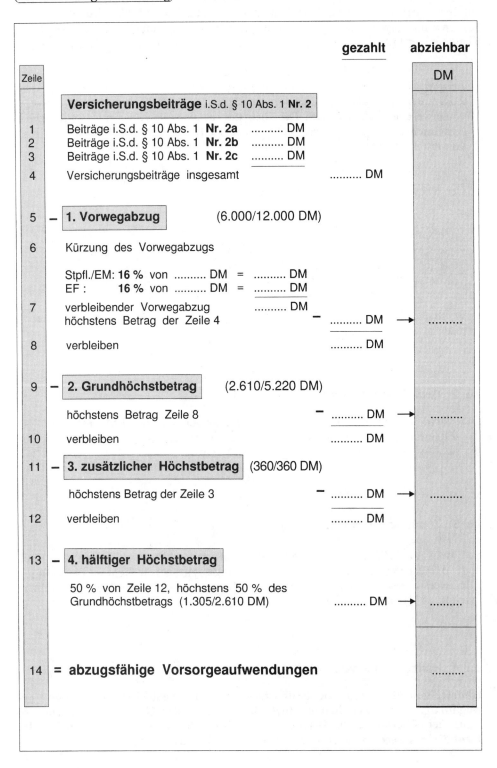

BEISPIELE

1. Beispiel:

Ein **lediger** Angestellter, geboren am 07.08.1977, mit einem **Bruttojahresarbeitslohn** von **24.000 DM** weist für den VZ 1999 folgende **Vorsorgeaufwendungen** nach:

Versicherungsbeiträge i.S. d. § 10 Abs. 1 **Nr. 2a**	4.540,— DM
Versicherungsbeiträge i.S.d. § 10 Abs. 1 **Nr. 2b**	3.160,— DM
Versicherungsbeiträge i.S.d. § 10 Abs. 1 **Nr. 2c**	400,— DM

Seine **abzugsfähigen Vorsorgeaufwendungen** werden für VZ 1999 wie folgt berechnet:

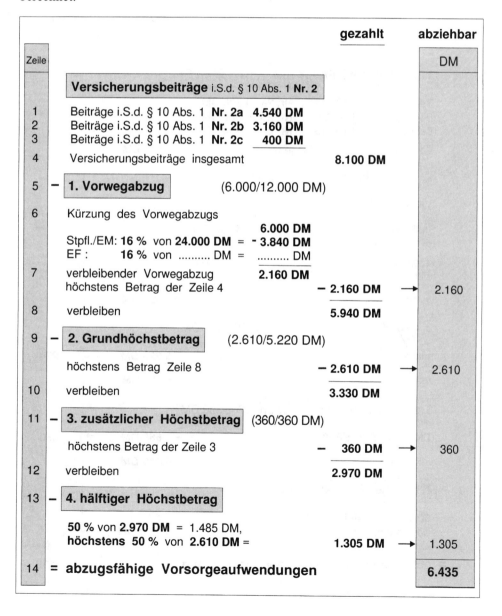

2. Beispiel:

Zusammenzuveranlagende Ehegatten, **beide Beamte**, mit einem Kind, Einnahmen des Ehemannes, 30 Jahre alt, **90.000 DM** (keine Versorgungsbezüge), Einnahmen der Ehefrau, 28 Jahre alt, **25.200 DM** (keine Versorgungsbezüge), weisen für den VZ 1999 folgende **Vorsorgeaufwendungen** nach:

Versicherungsbeiträge i.S.d. § 10 Abs. 1 **Nr. 2a**	4.620,— DM
Versicherungsbeiträge i.S.d. § 10 Abs. 1 **Nr. 2b**	6.000,— DM
Beiträge zur zusätzlichen **freiwilligen** Pflegeversicherung (Ehemann)	400,— DM
Beiträge zur zusätzlichen **freiwilligen** Pflegeversicherung (Ehefrau)	300,— DM

Ihre **abzugsfähigen Vorsorgeaufwendungen** werden für VZ 1999 wie folgt berechnet:

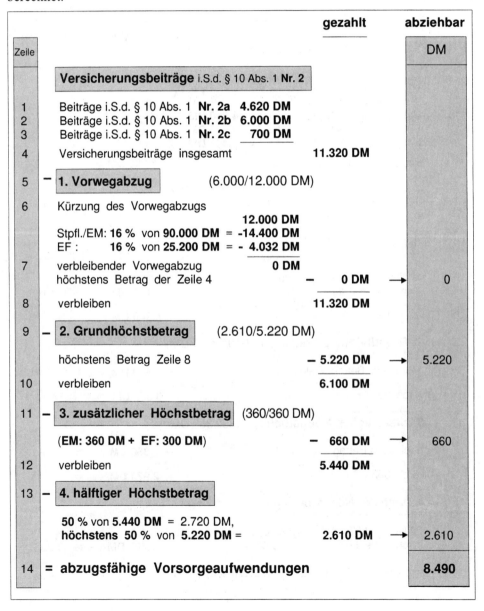

3. Beispiel:

Ein **lediger** Gewerbetreibender (**Einzelhändler**) weist für den VZ 1999 folgende **Vorsorgeaufwendungen** nach:

Versicherungsbeiträge i.S.d. § 10 Abs. 1 **Nr. 2a**	**6.620,— DM**
Versicherungsbeiträge i.S.d. § 10 Abs. 1 **Nr. 2b**	**3.000,— DM**

Seine **abzugsfähigen Vorsorgeaufwendungen** werden für VZ 1999 wie folgt berechnet:

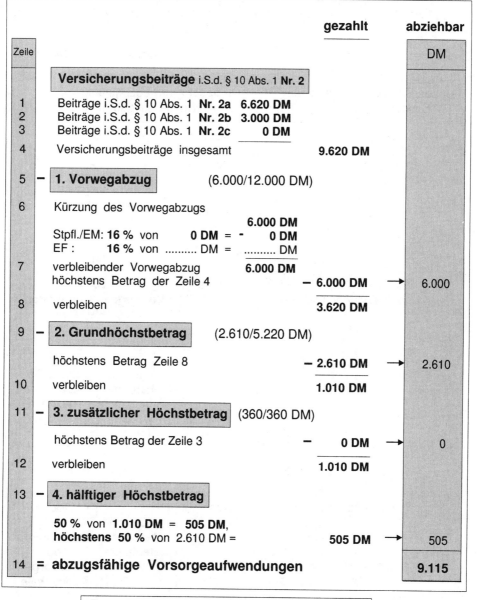

Übung: 1. Wiederholungsfragen 35 bis 40 (Seite 350),
2. Fälle 19 bis 25 (Seite 355 f.)

14.2.5 Sonderausgaben-Pauschbetrag, Vorsorgepauschale

Wenn der Steuerpflichtige bzw. die zusammenveranlagten Ehegatten **keine höheren** Sonderausgaben nachweisen, werden **mindestens** der **Sonderausgaben-Pauschbetrag** bzw. die **Vorsorgepauschale** abgezogen:

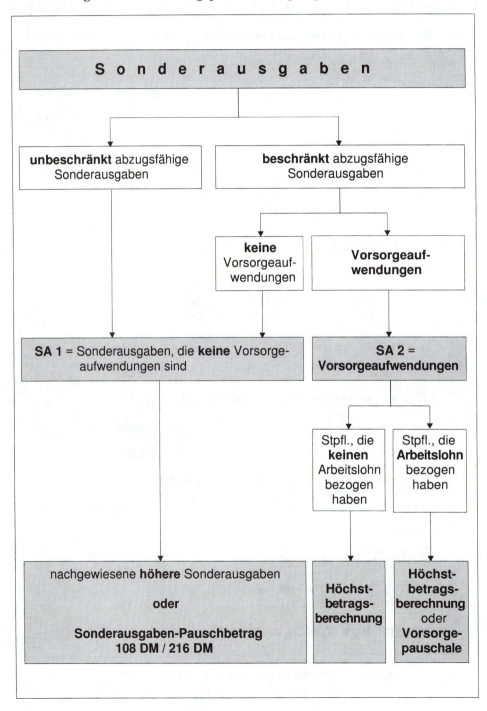

14.2.5.1 Sonderausgaben-Pauschbetrag

Für Sonderausgaben, die **keine** Vorsorgeaufwendungen sind (Sonderausgaben 1 = **SA 1**), wird ein **Sonderausgaben-Pauschbetrag** von **108 DM** abgezogen, wenn der Steuerpflichtige **keine höheren** Aufwendungen **nachweist** (§ 10c Abs. 1).

Im Fall der **Zusammenveranlagung** von Ehegatten erhöht sich dieser Betrag auf **216 DM** (§ 10c **Abs. 4** Nr. 1).

> **Übung**: 1. Wiederholungsfrage 41 (Seite 350),
> 2. Fall 26 (Seite 356)

14.2.5.2 Vorsorgepauschale

Bei Steuerpflichtigen, die **Arbeitslohn** bezogen haben, wird die **Vorsorgepauschale** abgezogen, wenn der Steuerpflichtige nicht Aufwendungen **nachweist**, die zu einem **höheren** Abzug führen (§ 10c Abs. 2 Satz 1).

Weist der Steuerpflichtige **höhere** Vorsorgeaufwendungen nach, können sie im Rahmen der **Höchstbetragsberechnung** nach § 10 Abs. 3 berücksichtigt werden.

Die **Vorsorgepauschale** wird nur dem Steuerpflichtigen gewährt, der **Arbeitslohn** bezogen hat.

Bei **zusammenveranlagten Ehegatten** wird die Vorsorgepauschale **auch** dann gewährt, **wenn nur einer** der Ehegatten **Arbeitslohn** bezogen hat.

Für die **Ermittlung der Vorsorgepauschale** ist zu unterscheiden zwischen

> 1. der **ungekürzten** (allgemeinen) **Vorsorgepauschale**
>   für **Personenkreis A** (**A**rbeiter und **A**ngestellte)
>   und
>
> 2. der **gekürzten** (besonderen) **Vorsorgepauschale**
>   für **Personenkreis B** (**B**eamte und gleichgestellte Personen)

14.2.5.2.1 Ungekürzte Vorsorgepauschale

Die **ungekürzte** (allgemeine) **Vorsorgepauschale** steht allen **Arbeitnehmern** (= **rentenversicherungspflichtigen AN**) zu, die **nicht** zu dem Personenkreis des § 10c **Abs. 3** gehören. Diese Arbeitnehmer werden im folgenden kurz als **Personenkreis A** (= Arbeiter und Angestellte) bezeichnet.

Bemessungsgrundlage für die Berechnung der Vorsorgepauschale ist der **Bruttoarbeitslohn abzüglich** des **Versorgungs-Freibetrags** (§ 19 Abs. 2) und des **Altersentlastungsbetrags** (§ 24a), soweit er 40 % des Arbeitslohns mit Ausnahme der Versorgungsbezüge (§ 19 Abs. 2) nicht übersteigt. **Steuerfreie** Einnahmen bleiben bei der Ermittlung der Bemessungsgrundlage außer Ansatz.

Schema zur **Ermittlung der Bemessungsgrundlage für Alleinstehende** des **Personenkreises A und B** (Arbeiter, Angestellte und Beamte)

Zeile		DM
1	Arbeitslohn aus **aktiver** Tätigkeit	......
2	zuzüglich Versorgungsbezüge	+ ......
3	Bruttoarbeitslohn insgesamt	= ......
4	abzüglich Versorgungs-Freibetrag (40 % von Zeile 2, höchstens 6.000 DM)	− ......
5	abzüglich Altersentlastungsbetrag (40 % von Zeile 1, höchstens 3.720 DM)	− ......
6	verminderter Arbeitslohn = **Bemessungsgrundlage**	= ......

Beispiel:
Der **ledige** rentenversicherungspflichtige **Arbeitnehmer A**, 65 Jahre alt, erzielt im VZ 1999 einen **Bruttoarbeitslohn** von 54.000 DM. In diesem Betrag sind **Versorgungsbezüge** in Höhe von **8.000 DM** enthalten.

Die **Bemessungsgrundlage** wird wie folgt ermittelt:

Zeile		DM
1	Arbeitslohn aus **aktiver** Tätigkeit	46.000,—
2	zuzüglich Versorgungsbezüge	+ 8.000,—
3	Bruttoarbeitslohn insgesamt	= 54.000,—
4	abzüglich Versorgungs-Freibetrag (40 % von 8.000 DM)	− 3.200,—
5	abzüglich Altersentlastungsbetrag (40 % von 46.000 DM = 18.400 DM, höchstens 3.720 DM)	− 3.720,—
6	verminderter Arbeitslohn = **Bemessungsgrundlage**	= 47.080,—

Die **Berechnung** der **ungekürzten** (allgemeinen) **Vorsorgepauschale** nach § 10c **Abs. 2** erfolgt in **mehreren Schritten**.

Zunächst ist der **Ausgangsbetrag**, das sind **20 %** der **Bemessungsgrundlage**, zu ermitteln.

Unter Berücksichtigung dieses Ausgangsbetrags ist dann -wie beim Einzelnachweis der Vorsorgeaufwendungen- eine "**Höchstbetragsberechnung**" in drei Schritten durchzuführen.

Die **Vorsorgepauschale** ist **auf den nächsten durch 54 ohne Rest teilbaren vollen DM-Betrag abzurunden**, wenn sie nicht bereits durch 54 ohne Rest teilbar ist (§ 10c Abs. 2 Satz 3).

Schema zur **Berechnung der ungekürzten Vorsorgepauschale** nach § 10c für **Alleinstehende** des **Personenkreises A**:

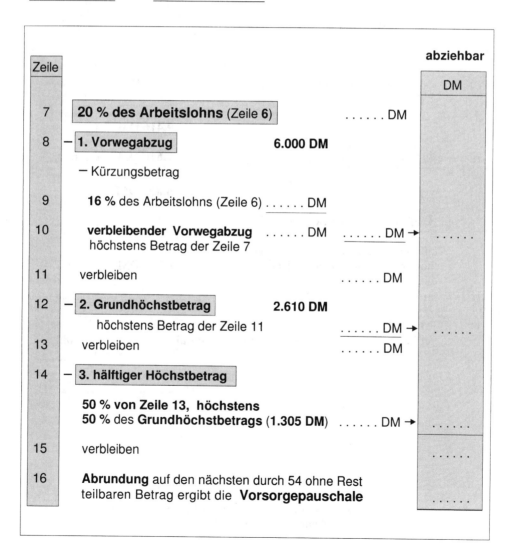

Beispiel:
Sachverhalt wie im Beispiel zuvor (Seite 336)

Die **ungekürzte Vorsorgepauschale** für den **ledigen** Arbeitnehmer A wird für den VZ 1999 wie folgt berechnet:

Zeile			abziehbar DM
7	**20 % von 47.080 DM**	9.416 DM	
8	– **1. Vorwegabzug**	6.000 DM	
	– Kürzungsbetrag		
9	16 % von **47.080 DM**	7.537 DM	
10	verbleibender Vorwegabzug (kein negativer Betrag)	0 DM →	0,—
11	verbleiben	9.416 DM	
12	– **2. Grundhöchstbetrag**	2.610 DM →	2.610,—
13	verbleiben	6.806 DM	
14	– **3. hälftiger Höchstbetrag**		
	50 % von **6.806 DM = 3.403 DM** **höchstens** 50 % von 2.610 DM	1.305 DM →	1.305,—
15	insgesamt		3.915,—
16	**Abrundung** auf den nächsten durch 54 ohne Rest teilbaren Betrag ergibt die **Vorsorgepauschale**		**3.888,—**

Übung: 1. Wiederholungsfragen 42 bis 45 (Seite 350),
2. Fälle 27 bis 29 (Seite 356 f.)

Bei **Ehegatten**, die **beide Arbeitslohn bezogen** haben **und beide** zu dem **Personenkreis A** gehören, ist bei Zusammenveranlagung die **Bemessungsgrundlage** jeweils **gesondert** zu ermitteln.
Durch **Addition** der gesondert ermittelten Beträge ergibt sich die **gemeinsame Bemessungsgrundlage** (R 114 Abs. 1 EStR 1999).

Auf Grund dieser **gemeinsamen Bemessungsgrundlage** ist die **Vorsorgepauschale** unter **Verdoppelung der Höchstbeträge** zu ermitteln (R 114 Abs. 2 EStR 1999).

Schema zur **Ermittlung der Bemessungsgrundlage** für **zusammenzuveranlagende Ehegatten** des **Personenkreises A und B** (Arbeiter, Angestellte und Beamte):

Zeile		Ehemann DM	Ehefrau DM
1	Arbeitslohn aus **aktiver** Tätigkeit	......	......
2	zuzüglich Versorgungsbezüge	+	+ ......
3	Bruttoarbeitslohn insgesamt	=	= ......
4	abzüglich Versorgungs-Freibetrag (40 % von **Zeile 2**, höchstens 6.000 DM)	−	− ......
5	abzüglich Altersentlastungsbetrag (40 % von **Zeile 1**, höchstens 3.720 DM)	−	− ......
6	verminderter Arbeitslohn	=	= ......
7	Addition		
8	**gemeinsame Bemessungsgrundlage**	......	

Beispiel:
Zusammenzuveranlagende Ehegatten des **Personenkreises A** (= rentenversicherungspflichtige AN) haben im VZ 1999 folgende **Arbeitslöhne** bezogen:

Ehemann: 65 Jahre alt, **Arbeitslohn 54.000 DM**, darin enthaltene **Versorgungs-**
bezüge im Sinne des § 19 Abs. 2 **8.000 DM**,

Ehefrau: 60 Jahre alt, **Arbeitslohn 10.000 DM** (keine Versorgungsbezüge).

Die **Bemessungsgrundlage** wird wie folgt ermittelt:

Zeile		Ehemann DM	Ehefrau DM
1	Arbeitslohn aus **aktiver** Tätigkeit	46.000,—	10.000,—
2	zuzüglich Versorgungsbezüge	+ 8.000,—	0,—
3	Bruttoarbeitslohn insgesamt	54.000,—	10.000,—
4	abzüglich Versorgungs-Freibetrag	− 3.200,—	0,—
5	abzüglich Altersentlastungsbetrag	− 3.720,—	0,—
6	verminderter Arbeitslohn	47.080,—	10.000,—
7	Addition		
8	**gemeinsame Bemessungsgrundlage**	57.080,—	

Die **Verdoppelung** der Höchstbeträge tritt auch dann ein, wenn nur **ein** Ehegatte **Arbeitslohn** bezogen hat, da einzige **Voraussetzung** hierfür der Fall "**Zusammenveranlagung**" ist (§ 10c Abs. 4 Satz 1).

Die **Berechnung der ungekürzten Vorsorgepauschale** nach § 10c für zusammenzuveranlagende <u>Ehegatten</u> des <u>Personenkreises A</u> erfolgt nach folgendem Schema:

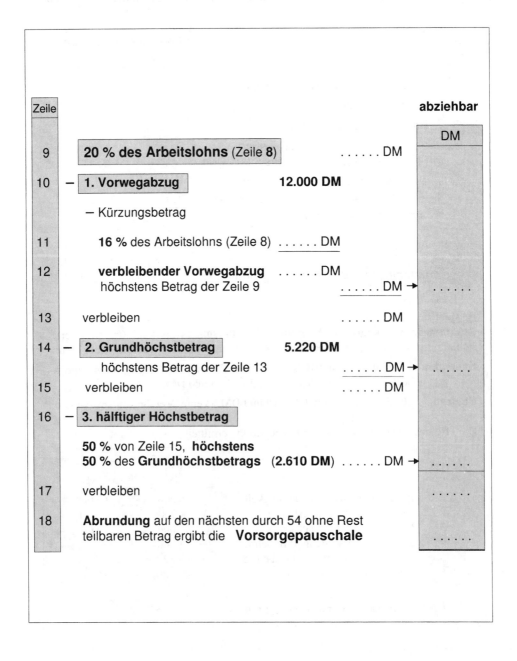

Beispiel:
Sachverhalt wie im Beispiel zuvor (Seite 339)

Die **ungekürzte Vorsorgepauschale** für die **zusammenzuveranlagenden Ehegatten** wird für den VZ 1999 wie folgt berechnet:

Zeile			abziehbar DM
9	**20 % von 57.080 DM**	11.416 DM	
10	− **1. Vorwegabzug** 12.000 DM		
	− Kürzungsbetrag		
11	16 % von **57.080 DM**	− **9.132 DM**	
12	**verbleibender Vorwegabzug**	**2.868 DM** →	2.868,—
13	verbleiben	**8.548 DM**	
14	− **2. Grundhöchstbetrag**	**5.220 DM** →	5.220,—
15	verbleiben	**3.328 DM**	
16	− **3. hälftiger Höchstbetrag**		
	50 % von **3.328 DM** =	**1.664 DM** →	1.664,—
17	verbleiben		9.752,—
18	**Abrundung** auf den nächsten durch 54 ohne Rest teilbaren Betrag ergibt die **Vorsorgepauschale**		**9.720,—**

Übung: 1. Wiederholungsfragen 46 und 47 (Seite 350),
2. Fälle 30 bis 32 (Seite 357)

14.2.5.2.2 Gekürzte Vorsorgepauschale

Die **gekürzte** (besondere) **Vorsorgepauschale** steht allen Arbeitnehmern (= **nicht-rentenversicherungspflichtigen** AN) zu, die in § 10c **Abs. 3** genannt werden. Diese Arbeitnehmer werden im folgenden kurz als **Personenkreis B** (= Beamte und gleichgestellte Personen) bezeichnet.
Der **Personenkreis B** umfaßt die **Arbeitnehmer**, die während des ganzen oder **eines Teils** des Kalenderjahrs (§ 10c **Abs. 3**):

> 1. in der gesetzlichen Rentenversicherung **versicherungsfrei** waren, z.B. **Beamte**, Richter, Berufssoldaten u.ä.
> **oder**
>
> 2. nicht der gesetzlichen **Rentenversicherungspflicht unterliegen**, eine Berufstätigkeit ausgeübt und im Zusammenhang damit auf Grund vertraglicher Vereinbarungen Anwartschaftsrechte auf eine Altersvorsorge ganz oder teilweise ohne eigene Beitragsleistungen erworben haben, z.B. **Vorstandsmitglieder einer AG**
> **oder**
>
> 3. **Versorgungsbezüge** im Sinne des § 19 Abs. 2 **Nr. 1 erhalten** haben, z.B. **Beamtenpensionäre**
> **oder**
>
> 4. **Altersrente** aus der gesetzlichen Rentenversicherung **erhalten** haben, z.B. **weiterbeschäftigte Altersrentner**.

Die **gekürzte Vorsorgepauschale** ist **auch** bei Arbeitnehmern anzuwenden, die lediglich für **einen Teil** des Kalenderjahrs zum **Personenkreis B** gehört haben.

> Beispiel:
> Der Steuerpflichtige B war bis zum **31.07.1999** als **Angestellter** im öffentlichen Dienst beschäftigt. Vom **01.08.1999** an wird er in das **Beamtenverhältnis** übernommen.
>
> Im Rahmen der Veranlagung ist die **gekürzte Vorsorgepauschale** zu berücksichtigen. Weist B **höhere** Vorsorgeaufwendungen nach, kann er sie im Rahmen der **Höchstbetragsberechnung** nach § 10 Abs. 3 geltend machen.

Die **Ermittlung der Bemessungsgrundlage** für die Berechnung der **gekürzten und** ungekürzten Vorsorgepauschale erfolgt **einheitlich** nach § 10c Abs. 2. Es besteht kein Unterschied.

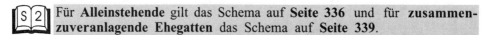 Für **Alleinstehende** gilt das Schema auf **Seite 336** und für **zusammenzuveranlagende Ehegatten** das Schema auf **Seite 339**.

Bei der **Berechnung der gekürzten Vorsorgepauschale** wird jedoch der dem **Grundhöchstbetrag** entsprechende Betrag und der dem **hälftigen Höchstbetrag** entsprechende Betrag **gekürzt**, weil Arbeitnehmer des **Personenkreises B** in der Regel **geringere** Vorsorgeaufwendungen haben als die des Personenkreises A.

Die **gekürzte** Vorsorgepauschale beträgt für **Alleinstehende 20 % des Arbeitslohns** (**der Bemessungsgrundlage**), jedoch **höchstens 2.214 DM** (§ 10c Abs. 3). Sie ist ebenfalls auf den nächsten durch **54** ohne Rest teilbaren DM-Betrag **abzurunden**.

Für die **Berechnung der gekürzten Vorsorgepauschale** nach § 10c für **Alleinstehende** des **Personenkreises B** gilt das folgende Schema:

Zeile		DM	DM
7	**20 %** des Betrags der Zeile 6	......	
8	höchstens	**2.214,—**	
9	der **niedrigere** Betrag der **Zeile 7** oder der **Zeile 8** ist anzusetzen		......
10	Abrundung ergibt die **Vorsorgepauschale**		......

Beispiel:
Der **ledige** Beamte B, 28 Jahre alt, erzielt im VZ 1999 einen **Bruttoarbeitslohn** von **25.000 DM**.

Die **gekürzte Vorsorgepauschale** wird für den Beamten B wie folgt berechnet:

1. Ermittlung der Bemessungsgrundlage

Zeile		DM
1	Arbeitslohn aus **aktiver** Tätigkeit	25.000,—
2	zuzüglich Versorgungsbezüge	0,—
3	Bruttoarbeitslohn insgesamt	25.000,—
4	abzüglich Versorgungs-Freibetrag	0,—
5	abzüglich Altersentlastungsbetrag	0,—
6	verminderter Arbeitslohn = **Bemessungsgrundlage**	**25.000,—**

2. Berechnung der gekürzten Vorsorgepauschale

Zeile		DM	DM
7	20 % von 25.000 DM =	5.000,—	
8	höchstens	2.214,—	
9	der **niedrigere** Betrag der **Zeile 7** oder der **Zeile 8** ist anzusetzen		2.214,—
10	Abrundung ergibt die **Vorsorgepauschale**		2.214,—

Übung: 1. Wiederholungsfragen 48 bis 50 (Seite 350),
2. Fälle 33 und 34 (Seite 358)

Bei **Ehegatten, die beide Arbeitslohn** bezogen haben und **beide** zu dem **Personenkreis B** (§ 10c **Abs. 3**) gehören, ist bei **Zusammenveranlagung** die **Bemessungsgrundlage** jeweils **gesondert** zu ermitteln. Durch **Addition** der gesondert ermittelten Beträge ergibt sich die **gemeinsame Bemessungsgrundlage**.

Auf Grund dieser gemeinsamen Bemessungsgrundlage ist die **Vorsorgepauschale** nach § 10c **Abs. 3** unter **Verdoppelung des Höchstbetrags** nach § 10c **Abs. 4** zu ermitteln (R 114 Abs. 2 EStR 1999).

Schema zur **Berechnung der gekürzten Vorsorgepauschale** nach § 10c für **zusammenzuveranlagende** <u>**Ehegatten**</u> des <u>**Personenkreises B**</u>:

Zeile		DM	DM
9	**20 %** des Betrags der Zeile 8	......	
10	höchstens	4.428,—	
11	der **niedrigere** Betrag der **Zeile 9** oder der **Zeile 10** ist anzusetzen		......
12	Abrundung ergibt die **Vorsorgepauschale**		......

<u>Beispiel:</u>
Die **zusammenzuveranlagenden** Eheleute B (**beide Beamte**) erzielen Einkünfte aus nichtselbständiger Arbeit. Der **Ehemann** erzielt im VZ 1999 einen **Arbeitslohn** von **31.000 DM** (keine Versorgungsbezüge). Seine **Ehefrau** hat im VZ 1999 einen **Arbeitslohn** von **18.000 DM** (keine Versorgungsbezüge) bezogen.

Die **gekürzte Vorsorgepauschale** wird wie folgt berechnet:

<u>1. Ermittlung der **Bemessungsgrundlage**</u>

Zeile		Ehemann DM	Ehefrau DM
1	Arbeitslohn aus **aktiver** Tätigkeit	31.000,—	18.000,—
2	zuzüglich Versorgungsbezüge	0,—	0,—
3	Bruttoarbeitslohn insgesamt	31.000,—	18.000,—
4	abzüglich Versorgungs-Freibetrag	0,—	0,—
5	abzüglich Altersentlastungsbetrag	0,—	0,—
6	verminderter Arbeitslohn	31.000,—	18.000,—
7	Addition		
8	gemeinsame Bemessungsgrundlage	49.000,—	

2. Berechnung der **gekürzten Vorsorgepauschale**

Zeile		DM	DM
9	20 % von 49.000 DM =	9.800,—	
10	höchstens	**4.428,—**	
11	der **niedrigere** Betrag der **Zeile 9** oder **Zeile 10** ist anzusetzen		4.428,—
12	Abrundung ergibt die **Vorsorgepauschale**		4.428,—

Übung: 1. Wiederholungsfrage 51 (Seite 350),
2. Fälle 35 bis 38 (Seite 358 f.)

14.2.5.2.3 Vorsorgepauschale in Mischfällen

Beziehen im Fall der **Zusammenveranlagung beide** Ehegatten **Arbeitslohn** und gehört **ein** Ehegatte dem **Personenkreis A** und der **andere** Ehegatte dem **Personenkreis B** an (**Mischfall**), so ist die **Vorsorgepauschale** nach § **10c Abs. 4 Satz 2** zu ermitteln.

Dabei ist die **Bemessungsgrundlage** für **jeden** Ehegatten **gesondert** zu ermitteln.

Auf Grund der einzelnen Bemessungsgrundlagen sind sodann für **jeden** Ehegatten die **Ausgangsbeträge** für die Vorsorgepauschale (**20 %** der jeweiligen Bemessungsgrundlage) **zu berechnen.**

Die Ausgangsbeträge sind **alternativ** den Höchstbetragsbegrenzungen des § 10c Abs. 2 oder Abs. 3 zu unterwerfen, wobei für die Anwendung des § 10c Abs. 2 der **Ausgangsbetrag** für den Ehegatten, der zum **Personenkreis B** gehört, **höchstens** mit **2.214 DM** anzusetzen ist und für die Anwendung des § 10c Abs. 3 der **Ausgangsbetrag** für den Ehegatten, der dem **Personenkreis A** angehört, **außer Ansatz** bleibt.

Der sich nach diesen **Alternativen** ergebende **höhere Betrag**, abgerundet auf den nächsten durch **54** ohne Rest teilbaren vollen DM-Betrag, ist die **Vorsorgepauschale** (R 114 Abs. 3 EStR 1999).

Schema zur **Berrechnung der Vorsorgepauschale** in **Mischfällen**:

Zeile		DM	DM
	1. Alternative		
	Ehegatte **B**		
7	20 % des Betrags der Zeile 6	......	
8	höchstens	2.214,—	
9	der **niedrigere** Betrag der **Zeile 7** oder **Zeile 8** ist anzusetzen	......	
	Ehegatte **A**		
10	20 % des Betrags der Zeile 6	......	
11	Addition Zeilen 9, 10	......	
12	höchstens abziehbar **Vorwegabzug** 12.000 DM		
13	abzüglich 16 % der **gemeinsamen** Bemessungsgrundlage	......	
14	verbleibender Vorwegabzug (kein Negativergebnis)		......
15	verbleiben	......	
16	höchstens abziehbar Grundhöchstbetrag 5.220 DM	......	
17	verbleiben	......	
18	abziehbar 50 % der Zeile 17, höchstens 2.610 DM	......	
19	Addition Zeilen 14,16,18 = **Summe 1. Alternative**		......
	2. Alternative		
	Ehegatte **B**		
20	20 % des Betrags der Zeile 6	......	
21	höchstens	4.428,—	
22	der **niedrigere** Betrag der **Zeile 20** oder **Zeile 21** ist anzusetzen		......
	Vergleich der Alternativen		
23	der **höhere** Betrag der **Zeile 19** oder **Zeile 22** ist anzusetzen		......
24	Abrundung ergibt die **Vorsorgepauschale**		......

Beispiel:
Zusammenzuveranlagende noch nicht 64 Jahre alte Ehegatten haben im VZ 1999 folgende **Einnahmen** aus nichtselbständiger Arbeit bezogen:

Ehemann (**Beamter**)	**50.400,— DM**
Ehefrau (**Angestellte**)	**40.400,— DM**

Die **Vorsorgepauschale in Mischfällen** wird wie folgt berechnet:

1. Ermittlung der Bemessungsgrundlage

Zeile		Ehemann (B) DM	Ehefrau (A) DM
1	Arbeitslohn aus **aktiver** Tätigkeit	50.400,—	40.400,—
2	zuzüglich Versorgungsbezüge	0,—	0,—
3	Bruttoarbeitslohn insgesamt	50.400,—	40.400,—
4	abzüglich Versorgungs-Freibetrag	0,—	0,—
5	abzüglich Altersentlastungsbetrag	0,—	0,—
6	verminderter Arbeitslohn = **gesonderte Bemessungsgrundlage**	50.400,—	40.400,—

2. Berechnung der Vorsorgepauschale in Mischfällen

Zeile		DM	DM
	1. Alternative		
	Ehegatte **B**		
7	20 % von 50.400 DM =	10.080,—	
8	höchstens	**2.214,—**	
9	der **niedrigere** Betrag der **Zeile 7** oder **Zeile 8** ist anzusetzen	2.214,—	
	Ehegatte **A**		
10	20 % von 40.400 DM =	8.080,—	
11	Addition Zeile 9, 10	10.294,—	
12	höchstens **Vorwegabzug** 12.000 DM		
13	abzüglich 16 % v. 90.800 DM = 14.528 DM	0,—	
14	verbleibender Vorwegabzug		0,—
15	verbleiben	10.294,—	
16	höchstens **Grundhöchstbetrag**	5.220,—	5.220,—
17	verbleiben	5.074,—	
18	davon 1/2, (höchstens 2.610 DM)	2.537,—	2.537,—
19	Addition = **Summe 1. Alternative**		**7.757,—**
	2. Alternative		
	Ehegatte **B**		
20	20 % von 50.400 DM =	10.080,—	
21	höchstens	**4.428,—**	
22	der **niedrigere** Betrag der **Zeile 20** oder **Zeile 21** ist anzusetzen		4.428,—
	Vergleich der Alternativen		
23	der **höhere** Betrag der **Zeile 19** oder **Zeile 22** ist anzusetzen		7.757,—
24	Abrundung ergibt die **Vorsorgepauschale**		**7.722,—**

Sonderausgaben	1997 DM	1998 DM	1999 DM
Realsplitting (Höchstbetrag)	27.000	27.000	27.000
Berufsausbildung in einem *nicht* ausgeübten Beruf (Höchstbetrag)	1.800/ 1.200	1.800/ 2.400	1.800/ 2.400
hauswirtschaftliches Beschäftigungsverhältnis (Höchstbetrag)	18.000	18.000	18.000
Höchstbeträge für Vorsorgeaufwendungen			
1. Vorwegabzug	6.000/ 12.000	6.000/ 12.000	6.000/ 12.000
Kürzung Vorwegabzug	16 %	16 %	16 %
2. Grundhöchstbetrag	2.610/ 5.220	2.610/ 5.220	2.610/ 5.220
3. zusätzlicher Höchstbetrag	360	360	360
4. hälftiger Höchstbetrag, höchstens	1.305/ 2.610	1.305/ 2.610	1.305/ 2.610
Sonderausgaben-Pauschbetrag	108/216	108/216	108/216
ungekürzte Vorsorgepauschale			
Prozentsatz vom Arbeitslohn höchstens	20 %	20 %	20 %
1. Vorwegabzug	6.000/ 12.000	6.000/ 12.000	6.000/ 12.000
Kürzung Vorwegabzug	16 %	16 %	16 %
2. Grundhöchstbetrag	2.610/ 5.220	2.610/ 5.220	2.610/ 5.220
3. hälftiger Höchstbetrag, höchstens	1.305/ 2.610	1.305/ 2.610	1.305/ 2.610
gekürzte Vorsorgepauschale	4.000	4.000	4.000
Prozentsatz vom Arbeitslohn	20 %	20 %	20 %
höchstens	2.214/ 4.418	2.214/ 4.418	2.214/ 4.418

14.2.6 Erfolgskontrolle

WIEDERHOLUNGSFRAGEN

1. Zu welcher Ausgabengruppe gehören die Sonderausgaben?
2. In welchen §§ sind die Sonderausgaben gesetzlich geregelt?
3. Ist die Aufzählung der Sonderausgaben in den genannten §§ erschöpfend?
4. Wo werden die Sonderausgaben, die Betriebsausgaben und die Werbungskosten bei der Ermittlung des Einkommens abgesetzt?
5. In welche zwei Hauptgruppen lassen sich die Sonderausgaben hinsichtlich ihrer Abzugsfähigkeit einordnen?
6. Welche Aufwendungen gehören zu der ersten Hauptgruppe?
7. In welche zwei Gruppen kann man die beschränkt abzugsfähigen Sonderausgaben einteilen?
8. Welche Aufwendungen gehören zu den beschränkt abzugsfähigen Sonderausgaben, die nicht Vorsorgeaufwendungen sind?
9. In welcher Höhe können Leibrenten als Sonderausgaben abgezogen werden?
10. In welcher Höhe können Renten, die keine Leibrenten sind, als Sonderausgaben abgezogen werden?
11. In welcher Höhe können Kirchensteuern als Sonderausgaben abgezogen werden?
12. Welche Aufwendungen gehören auch zu den Steuerberatungskosten?
13. Welche Aufwendungen gehören nach H 102 EStH 1999 nicht zu den Steuerberatungskosten?
14. Inwieweit können Steuerberatungskosten als Sonderausgaben abgezogen werden?
15. Wie können Unterhaltsleistungen an bestimmte Ehegatten bei der Einkommensermittlung berücksichtigt werden?
16. Welche Voraussetzungen müssen erfüllt sein, um die Unterhaltsleistungen als Sonderausgaben abziehen zu können?
17. Bis zu welchem Betrag können die Unterhaltsleistungen als Sonderausgaben berücksichtigt werden?
18. Wie werden die Unterhaltsleistungen beim Empfänger steuerlich behandelt?
19. Bis zu welchem Höchstbetrag können Aufwendungen für die eigene oder des Ehegatten Berufsausbildung oder Weiterbildung in einem nicht ausgeübten Beruf im Kalenderjahr als Sonderausgaben abgezogen werden?
20. Welche Aufwendungen gehören z.B. im einzelnen zu den Aus- oder Weiterbildungskosten im Sinne des § 10 Abs. 1 Nr. 7?
21. Welche Voraussetzungen müssen vorliegen, um Aufwendungen für hauswirtschaftliche Beschäftigungsverhältnisse als Sonderausgaben abzuziehen?
22. Bis zu welchem Betrag können Aufwendungen für hauswirtschaftliche Beschäftigungsverhältnisse als Sonderausgaben abgezogen werden?
23. Unter welchen Voraussetzungen können Spenden als Sonderausgaben abgezogen werden?
24. Was versteht man unter "Ausgaben" im Sinne des § 10b?
25. Was versteht man unter "begünstigte Zwecke" im Sinne des § 10b?
26. An welche "begünstigte Empfänger" müssen Ausgaben im Sinne des § 10b geleistet werden, wenn sie steuerlich abzugsfähig sein sollen?
27. Wie werden Mitgliedsbeiträge und Spenden an politische Parteien einkommensteuerlich behandelt?

28. Wie werden Mitgliedsbeiträge und Spenden an politische Parteien, die nicht unter § 34g fallen, einkommensteuerlich behandelt? Beschreiben Sie kurz die Berechnungsmethode.
29. Welche Beiträge gehören allgemein zu den Vorsorgeaufwendungen?
30. Welche Voraussetzungen sind für den Abzug der Vorsorgeaufwendungen zu erfüllen?
31. Welche Beiträge gehören insbesondere zu den Versicherungsbeiträgen im Sinne des § 10 Abs. 1 Nr. 2a?
32. Welche Beiträge gehören insbesondere zu den Versicherungsbeiträgen im Sinne des § 10 Abs. 1 Nr. 2b?
33. Welche Beiträge gehören zu den Versicherungsbeiträgen im Sinne des § 10 Abs. 1 Nr. 2c?
34. Welche Versicherungsbeiträge können als Sonderausgaben nicht berücksichtigt werden?
35. Welche vier Stufen (Betragsarten) sind bei der Berechnung der abzugsfähigen Höchstbeträge für Vorsorgeaufwendungen zu unterscheiden?
36. Wieviel DM beträgt der ungekürzte Vorwegabzug?
37. Um welche Beträge ist der Vorwegabzug ggf. zu kürzen?
38. Wieviel DM beträgt der Grundhöchstbetrag?
39. Wieviel DM beträgt der zusätzliche Höchstbetrag?
40. Wie hoch ist der hälftige Höchstbetrag?
41. Was wissen Sie über den Sonderausgaben-Pauschbetrag?
42. Welche zwei Vorsorgepauschalen sind zu unterscheiden?
43. Welchem Personenkreis steht die ungekürzte (allgemeine) Vorsorgepauschale zu?
44. Wie wird die Bemessungsgrundlage für die Berechnung der ungekürzten Vorsorgepauschale für Alleinstehende des Personenkreises A ermittelt?
45. Wie wird die Vorsorgepauschale für Alleinstehende des Personenkreises A berechnet?
46. Wie wird die Bemessungsgrundlage für die Berechnung der ungekürzten Vorsorgepauschale für zusammenzuveranlagende Ehegatten des Personenkreises A ermittelt?
47. Wie wird die Vorsorgepauschale für zusammenzuveranlagende Ehegatten des Personenkreises A berechnet?
48. Welcher Personenkreis kann nach § 10c Abs. 3 die gekürzte Vorsorgepauschale geltend machen?
49. Was ist die Bemessungsgrundlage für die Berechnung der Vorsorgepauschale des Personenkreises B?
50. Wie wird die gekürzte Vorsorgepauschale bei einem Alleinstehenden berechnet?
51. Wie wird die gekürzte Vorsorgepauschale bei zusammenzuveranlagenden Ehegatten berechnet?
52. Was wissen Sie über die Berechnung der Vorsorgepauschale in Mischfällen?

FÄLLE

Fall 1:

Ein Steuerpflichtiger zahlt in 1999 eine **Leibrente** von **6.000 DM**, die die Voraussetzungen des § 10 Abs.1 Nr. 1a erfüllt. Der Rentenberechtigte war im Zeitpunkt des Rentenbeginns 70 Jahre alt. Außerdem zahlte er an **Kirchensteuern** in 1999

      als Vorauszahlungen   **800 DM**
      als Lohnkirchensteuer   **1.950 DM**

An **Kirchensteuer** wurden ihm in 1999 für 1997 **370 DM erstattet**.

Wie hoch sind die unbeschränkt abzugsfähigen **Sonderausgaben** des Steuerpflichtigen in 1999?

Fall 2:

Friedrich Huber zahlte in 1999 eine **Leibrente** von **12.000 DM** für ein Zweifamilienhaus, das er in 1987 auf Rentenbasis gekauft hat. Der Hausverkäufer war im Zeitpunkt des Rentenbeginns 72 Jahre alt.

Huber hat in 1999 **1.600 DM Kirchensteuer** gezahlt, während ihm im selben Jahr für 1997 und 1998 **2.100 DM Kirchensteuer erstattet** wurden.

Huber zahlte in 1999 **2.700 DM Steuerberatungskosten**. Davon entfallen auf seine Einkünfte aus selbständiger Arbeit **1.500 DM** und **700 DM** auf seine Einkünfte aus Vermietung und Verpachtung.

Wie hoch sind die unbeschränkt abzugsfähigen **Sonderausgaben** Hubers in 1999?

Fall 3:

Daniel Kühn hat im VZ 1999 **20.800 DM Unterhaltsleistungen** an seine geschiedene, in Basel (Schweiz) lebende Ehefrau erbracht. Seine Frau hat die nach § 10 Abs. 1 Nr. 1 erforderliche Zustimmung gegeben.

Wieviel DM der Unterhaltsleistungen sind als **Sonderausgaben** abzugsfähig?

Fall 4:

Ein Steuerpflichtiger hat für die Zeit vom 01.03. bis 31.12. 1999 **Unterhaltsleistungen** von **36.000** DM an seine geschiedene in Berlin lebende Frau erbracht. Die Frau hat die nach § 10 Abs. 1 Nr. 1 erforderliche Zustimmung gegeben.

1. Wieviel DM der Unterhaltsleistungen sind als **Sonderausgaben** abzugsfähig?
2. Wie hoch ist die steuerpflichtige **sonstige Einkunft** der Frau aus diesen Unterhaltsleistungen?

Fall 5:

Die Steuerfachangestellte Gabi Aller hat in 1999 folgende Aufwendungen, die sie als Sonderausgaben absetzen will:
1. Gabi Aller erwarb in 1999 den Führerschein der Klasse III. Für den Erwerb des Führerscheins hat sie **1.850 DM** aufgewendet.
2. Gabi Aller fuhr an 36 Abenden mit dem eigenen Pkw von ihrer Wohnung zur Volkshochschule (einfache Entfernung 15 km) und besuchte einen Kochkurs, einen Nähkurs und einen Kurs für Säuglingspflege. Für Kursgebühren und Lernmaterial hat sie insgesamt **420 DM** ausgegeben.

Wie hoch sind die abzugsfähigen **Sonderausgaben** im Sinne des § 10 Abs. 1 **Nr. 7** in 1999?

Fall 6:

Der Steuerpflichtige Gerd Müller ist als Bilanzbuchhalter tätig. Seine Aufwendungen für Fachliteratur betrugen in 1999 **740 DM**. Seine Frau war früher Chefsekretärin. Sie will diesen Beruf wieder ausüben, sobald das Alter des Kindes der Eheleute Müller dies zuläßt. Frau Müller bezieht deshalb ihre Fachzeitschrift "Die ideale Chefsekretärin" weiter. Das Monatsabonnement kostete in 1999 **25 DM**. Außerdem besuchte sie im Oktober und November 1999 bei DATEV das Seminar PC-REWE und PC-Bilanz. Frau Müller fuhr mit ihrem eigenen Pkw an 36 Abenden zur Weiterbildungsstätte (einfache Entfernung 15 km). Für den Besuch der Seminare zahlte sie **580 DM**. Für Zwecke der Weiterbildung kaufte sie sich am 5.4.1999 eine Computeranlage für 2.000 DM + 320 DM USt = **2.320 DM**. Die Anlage hat eine betriebsgewöhnliche Nutzungsdauer von 4 Jahren.

Wie hoch sind die abzugsfähigen **Sonderausgaben** i.S. des § 10 Abs. 1 **Nr. 7** in 1999?

Fall 7:

Der Steuerpflichtige Jörg Grings zahlt 1999 bei einer Bank **36 DM** ein für ein Jahreslos der ZDF-Lotterie "Der Große Preis" zu Gunsten der Aktion Sorgenkind. Die Zahlung wird durch einen Zahlungsbeleg bestätigt.

Hat Jörg Grings eine abzugsfähige **Spende** i.S.d. § 10b geleistet?

Fall 8:

Der Steuerpflichtige Dr. Simon Sabel spendet 1999 dem Sportverein seiner Heimatgemeinde Damscheid (Hunsrück) einen Fußball. Der Sportverein ist nach § 5 Abs. 1 Nr. 9 KStG von der Körperschaftsteuer befreit. Der Verein bestätigt diese Zuwendung.

Hat Dr. Sabel eine abzugsfähige **Spende** i.S.d. § 10b geleistet?

Fall 9:

Der Steuerpflichtige Herbert Mertin zahlt 1999 **500 DM** an den Verein der Freunde und Förderer der Berufsbildenden Schule Wirtschaft Koblenz e.V. zur Förderung der Berufsbildung. Der Verein bestätigt diese Zuwendung.

Hat Mertin eine dem Grunde nach abzugsfähige **Spende** i.S. des § 10b geleistet?

Fall 10:

Die Steuerpflichtige Inge Neis zahlt 1999 an die Universität Münster **1.000 DM** zur Förderung wissenschaftlicher Zwecke. Sie erhält für ihre Zahlung eine Bestätigung von der Universität Münster.

Hat Inge Neis eine dem Grunde nach abzugsfähige **Spende** i.S. des § 10b geleistet?

Fall 11:

Die ledige Steuerpflichtige Christine Luckhaupt, deren Gesamtbetrag der Einkünfte **60.000 DM** beträgt, weist für den VZ 1999 folgende Spenden nach:

Spenden für **kulturelle** Zwecke	**4.000 DM**
Spenden für **kirchliche** Zwecke	**3.000 DM**

Wie hoch sind die abzugsfähigen **Spenden** nach § 10b?

Fall 12:

Die **ledigen** Steuerpflichtigen A bis D weisen 1999 die folgenden Spenden an **politische Parteien** nach:

A	**2.000 DM**
B	**3.000 DM**
C	**4.000 DM**
D	**8.000 DM**

und die Ehegatten AA bis DD, die **zusammen veranlagt** werden, weisen 1999 die folgenden Spenden an **politische Parteien** nach:

AA	**4.000 DM**
BB	**5.000 DM**
CC	**6.000 DM**
DD	**15.000 DM**

1. Wie hoch sind die **Steuerermäßigungen** nach § 34g?
2. Wie hoch sind die abzugsfähigen **Spenden** nach § 10b?

Fall 13:

Die **ledige** Steuerpflichtige Sabine Müller, deren **Gesamtbetrag der** Einkünfte **30.000 DM** beträgt, wendet im VZ 1999 **3.000 DM** für eine **politische Partei** auf.

1. Wie hoch ist die **Steuerermäßigung** nach § 34g?
2. Wie hoch sind die abzugsfähigen **Spenden** nach § 10b?

Fall 14:

Der **ledige** Angestellte Kuhn, dessen **Gesamtbetrag der Einkünfte** 60.000DM beträgt, weist für den VZ 1999 folgende **Spenden** nach:

Spenden für **wissenschaftliche** Zwecke	3.500 DM
Spenden für **kirchliche** Zwecke	2.800 DM
Spende an eine **politische Partei**	5.000 DM

1. Wie hoch ist die **Steuerermäßigung** nach § 34g?
2. Wie hoch sind die abzugsfähigen **Spenden** nach § 10b?

Fall 15:

Der **ledige** Angestellte Maier, dessen **Gesamtbetrag der Einkünfte** 80.000 DM beträgt, weist für den VZ 1999 folgende **Spenden** nach:

Spende an eine **politische Partei**	4.000 DM
Spende an die Stiftung "**Wald in Not**" (gemeinnützige Zwecke)	800 DM
Spende an das **Deutsche Rote Kreuz** (gemeinnützige Zwecke)	500 DM
Spende für das **Stadttheater Koblenz**, gezahlt an die Stadt Koblenz	3.000 DM
Spende an den **Deutschen Caritasverband** (gemeinnützige Zwecke)	2.200 DM

1. Wie hoch ist die **Steuerermäßigung** nach § 34g?
2. Wie hoch sind die abzugsfähigen **Spenden** nach § 10b?

Fall 16:

Ein **lediger** Steuerpflichtiger ist Inhaber eines Einzelunternehmens in Koblenz. Der **Gesamtbetrag der Einkünfte** des Steuerpflichtigen beträgt im VZ 1999 **100.000 DM**, die **Summe seiner Umsätze, Löhne und Gehälter 2 Mio. DM**. Für den VZ 1999 weist er folgende **Spenden** nach:

Mitgliedsbeitrag an eine **politische Partei**	600 DM
Spende an den **Deutschen Alpenverein** (gemeinnützige Zwecke)	5.000 DM
Spende an eine **politische Partei**	2.600 DM
Spende an das **Deutsche Rote Kreuz** (gemeinnützige Zwecke)	1.800 DM

1. Wie hoch ist die **Steuerermäßigung** nach § 34g?
2. Wie hoch sind die abzugsfähigen **Spenden** nach § 10b?

Fall 17:

Die **zusammen veranlagten** Ehegatten Stegemann, deren **Gesamtbetrag der Einkünfte** 100.000 DM beträgt, weisen für den VZ 1999 folgende **Spenden** nach:

Spende an das **Deutsche Rote Kreuz** (gemeinnützige Zwecke)	2.500 DM
Spende an eine **politische Partei**	7.000 DM

1. Wie hoch ist die **Steuerermäßigung** nach § 34g?
2. Wie hoch sind die abzugsfähigen **Spenden** nach § 10b?

Fall 18:

Entscheiden Sie, ob die folgenden **Versicherungsbeiträge** der Eheleute Müller, Bonn, als **Sonderausgaben** berücksichtigt werden können. Begründen Sie Ihre Antwort unter Hinweis auf die entsprechende Rechtsgrundlage.

1. Beiträge zur gesetzlichen Krankenversicherung
2. Beiträge zur freiwilligen Krankenversicherung
3. Beiträge zur gesetzlichen Pflegeversicherung
4. Beiträge zur Hundehaftpflichtversicherung
5. Beiträge zur Kfz-Haftpflichtversicherung
6. Beiträge zur Krankenhaustagegeldversicherung
7. Beiträge zur Kfz-Kaskoversicherung
8. Beiträge zur Rechtsschutzversicherung
9. Beiträge zur Krankentagegeldversicherung
10. Beiträge zur Hausratversicherung

Fall 19:

Ein **lediger** Angestellter mit einem Bruttojahresarbeitslohn von **45.000 DM** weist 1999 folgende Beiträge nach:

Versicherungsbeiträge i.S. des § 10 Abs. 1 **Nr. 2a**	**9.000 DM**
Versicherungsbeiträge i.S. des § 10 Abs. 1 **Nr. 2b**	**8.000 DM**

Wie hoch sind die abzugsfähigen **Vorsorgeaufwendungen** nach § 10?

Fall 20:

Ein **lediger** Beamter, 45 Jahre alt, hat im VZ 1999 Lebensversicherungsbeiträge i.S. des § 10 Abs. 1 **Nr. 2b** in Höhe von **6.500 DM** gezahlt. Seine Einnahmen als Beamter haben im VZ 1999 **61.200 DM** betragen.

Wie hoch sind die abzugsfähigen **Vorsorgeaufwendungen** nach § 10?

Fall 21:

Ein **verheirateter** selbständiger Gewerbetreibender (Einzelhändler), der mit seiner Ehefrau **zusammen veranlagt** wird, weist 1999 folgende Beiträge nach:

Krankenversicherungsbeiträge	**6.800 DM**
gesetzliche Pflegeversicherung	**680 DM**
Lebensversicherungsbeiträge	**9.920 DM**
Sein Gewinn aus Gewerbebetrieb hat im VZ 1999 betragen.	**80.000 DM**

Wie hoch sind die abzugsfähigen **Vorsorgeaufwendungen** nach § 10?

Fall 22:

Zusammenzuveranlagende Ehegatten, er Beamter, sie Angestellte, mit zwei Kindern, Einnahmen des Ehemannes **92.000 DM** (keine Versorgungsbezüge), Einnahmen der Ehefrau **35.000 DM** (keine Versorgungsbezüge), weisen 1999 Beiträge zur Lebens- und gesetzlichen Sozialversicherung in Höhe von **12.000 DM** nach.

Wie hoch sind die abzugsfähigen **Vorsorgeaufwendungen** nach § 10?

Fall 23:

Der **ledige** Angestellte A, 45 Jahre alt, mit einem Bruttojahresarbeitslohn von **50.000 DM** weist im VZ 1999 Versicherungsbeiträge i.S. des § 10 Abs. 1 **Nr. 2a** in Höhe von **6.000 DM** nach.

Wie hoch sind die abzugsfähigen **Vorsorgeaufwendungen** nach § 10?

Fall 24:

Der **verheiratete** Beamte B tritt zum 31.01.1999 mit Vollendung seines 65. Lebensjahres in den Ruhestand. Sein Arbeitslohn aus **aktiver** Tätigkeit haben **4.000 DM**, seine Versorgungsbezüge **33.000 DM** betragen. Die Ehefrau hat **keine** Einkünfte erzielt. Die Eheleute, die zusammen veranlagt werden, weisen 1999 Versicherungsbeiträge i.S. des § 10 Abs. 1 **Nr. 2a** in Höhe von **12.000 DM** nach.

Wie hoch sind die abzugsfähigen **Vorsorgeaufwendungen** nach § 10?

Fall 25:

Sachverhalt wie im Fall 24 mit dem Unterschied, daß die Ehefrau, 55 Jahre alt ist, als kaufmännische Angestellte einen Bruttojahresarbeitslohn von **30.000 DM** erzielt und der Arbeitnehmeranteil zur Sozialversicherung **7.000 DM** beträgt.

Wie hoch sind die abzugsfähigen **Vorsorgeaufwendungen** nach § 10?

Fall 26:

Ein **verheirateter** Steuerpflichtiger bezieht im VZ 1999 nur Einkünfte aus Gewerbebetrieb. Seine Frau erzielt im VZ 1999 lediglich Einkünfte aus Vermietung und Verpachtung. Sie weisen **keine** Sonderausgaben nach. Die Eheleute werden zusammen veranlagt.

Welchen **Pauschbetrag** können die Eheleute nach § 10c geltend machen?

Fall 27:

Ein **lediger** Steuerpflichtiger des Personenkreises A, 45 Jahre alt, bezieht im VZ 1999 einen Bruttojahresarbeitslohn (keine Versorgungsbezüge) von **24.000 DM**.

Wie hoch ist die **Vorsorgepauschale** nach § 10c?

Fall 28:

Der **ledige** kaufmännische Angestellte Ernst Albach, 45 Jahre alt, erzielt im VZ 1999 einen Bruttoarbeitslohn von **28.933 DM**.

Wie hoch ist die **Vorsorgepauschale** nach § 10c?

Fall 29:

Der **ledige** rentenversicherungspflichtige Arbeitnehmer Willi Weyer, 67 Jahre alt, hat im VZ 1999 einen Bruttoarbeitslohn von **56.200 DM** bezogen. In dem Betrag sind Versorgungsbezüge von **30.000 DM** enthalten.

Wie hoch ist die **Vorsorgepauschale** nach § 10c?

Fall 30:

Zusammenzuveranlagende noch nicht 64 Jahre alte Ehegatten des **Personenkreises A** haben im VZ 1999 beide Arbeitslohn i.S. des § 19 (keine Versorgungsbezüge) bezogen. Der Arbeitslohn des Ehemannes hat im VZ 1999 **40.000 DM** betragen. Der Arbeitslohn der Ehefrau hat im VZ 1999 **17.866 DM** betragen.

Wie hoch ist die **Vorsorgepauschale** nach § 10c?

Fall 31:

Ein **verheirateter** Steuerpflichtiger, 66 Jahre alt, der dem **Personenkreis A** angehört, hat im VZ 1999 einen Bruttoarbeitslohn (Versorgungsbezüge) von **55.500 DM** und Einkünfte aus Vermietung und Verpachtung von **10.000 DM** bezogen. Seine Frau, 60 Jahre alt, hat keine Einkünfte. Die Eheleute werden **zusammen** veranlagt.
Wie hoch ist die **Vorsorgepauschale** nach § 10c?

Fall 32:

Zusammenzuveranlagende Ehegatten des **Personenkreises A** haben im VZ 1999 folgende Einnahmen bzw. Einkünfte bezogen:

Ehemann: 35 Jahre alt, Arbeitslohn **30.000 DM** (keine Versorgungsbezüge).
Ehefrau: 30 Jahre alt, Einkünfte aus selbständiger Arbeit **80.000 DM**.

Die Eheleute weisen 1999 folgende Ausgaben nach:

Versicherungsbeiträge i.S. des § 10 Abs. 1 **Nr. 2a**	**9.315 DM**
Versicherungsbeiträge i.S. des § 10 Abs. 1 **Nr. 2b**	**958 DM**

1. Wie hoch ist die **Vorsorgepauschale** nach § 10c?
2. Wie hoch ist der Höchstbetrag der abzugsfähigen Vorsorgeaufwendungen nach § 10 Abs. 3 (**Höchstbetragsberechnung**)?

Fall 33:

Der weiterbeschäftigte Altersrentner B, 68 Jahre alt, hat im VZ 1999 eine Jahresrente von **25.000 DM** und einen Bruttojahresarbeitslohn von **4.000 DM** bezogen.

Wie hoch ist die **Vorsorgepauschale** nach § 10c?

Fall 34:

Der Beamtenpensionär B, 66 Jahre alt, hat im VZ 1999 Versorgungsbezüge i.S. des § 19 Abs. 2 Nr. 1 in Höhe von **30.000 DM** und einen Bruttojahresarbeitslohn von **5.000 DM** bezogen.

Wie hoch ist die **Vorsorgepauschale** nach § 10c?

Fall 35:

Der **verheiratete** Beamte B tritt zum 31.01.1999 mit Vollendung des 65. Lebensjahres in den Ruhestand. Sein Arbeitslohn aus aktiver Tätigkeit hat im VZ 1999 **4.000 DM**, seine Pension **33.000 DM** betragen. Die Ehefrau hat im VZ 1999 Einkünfte aus Kapitalvermögen in Höhe von **12.000 DM** bezogen. Die Eheleute werden **zusammen veranlagt**.

Wie hoch ist die **Vorsorgepauschale** nach § 10c?

Fall 36:

Der **verheiratete** Beamte B, 45 Jahre alt, hat im VZ 1999 einen Bruttoarbeitslohn von **50.400 DM** bezogen. Seine Frau, 35 Jahre alt, Beamtin, hat im VZ 1999 einen Bruttoarbeitslohn von **29.000 DM** erhalten. Die Eheleute werden **zusammen veranlagt**.

Wie hoch ist die **Vorsorgepauschale** nach § 10c?

Fall 37:

Ein **verheirateter** Beamter, 35 Jahre alt, mit einem Kind, hat im VZ 1999 einen Bruttoarbeitslohn (keine Versorgungsbezüge) von **58.600 DM** bezogen. Seine Frau, 32 Jahre alt, Beamtin, hat im VZ 1999 einen Bruttoarbeitslohn (keine Versorgungsbezüge) von **45.200 DM** erhalten. Die Eheleute werden **zusammen veranlagt**. Sie weisen 1999 Versicherungsbeiträge i.S. des § 10 Abs. 1 **Nr. 2a** in Höhe von **10.400 DM** nach.

1. Wie hoch ist die **Vorsorgepauschale** nach § 10c?
2. Wie hoch ist der Höchstbetrag der abzugsfähigen Vorsorgeaufwendungen nach § 10 Abs. 3 (**Höchstbetragsberechnung**)?

Fall 38:

Ein **verheirateter** Beamter, 44 Jahre alt, mit zwei Kindern, weist im VZ 1999 folgende Ausgaben nach:

gezahlte Kirchensteuer	**200 DM**
Lebensversicherungsbeitrag	**425 DM**
Pflegeversicherungsbeiträge	**75 DM**
Krankenversicherungsbeiträge	**1.500 DM**

Er hat im VZ 1999 einen **Bruttoarbeitslohn** (keine Versorgungsbezüge) von **62.000 DM** bezogen. Seine Frau, 43 Jahre alt, hat im VZ 1999 **keine** Einkünfte bezogen. Die Eheleute werden **zusammen veranlagt**.

Wie hoch sind die abzugsfähigen **Sonderausgaben** im VZ 1999?

Fall 39:

Zusammenzuveranlagende noch nicht 64 Jahre alte Ehegatten, er Beamter, sie Angestellte, haben im VZ 1999 folgenden Arbeitslohn (keine Versorgungsbezüge) bezogen:

Ehemann	**42.000 DM**
Ehefrau	**23.000 DM**

Wie hoch ist die **Vorsorgepauschale** nach § 10c?

Fall 40:

Ein Gastwirt, 43 Jahre alt, und seine Ehefrau, 42 Jahre alt, wohnhaft in Köln, haben ein Kind im Alter von 10 Jahren. Die Eheleute werden **zusammen veranlagt**. Die Ehefrau hat im VZ 1999 als Kellnerin einen Bruttoarbeitslohn in Höhe von **15.100 DM** bezogen. Im VZ 1999 weisen die Eheleute folgende Ausgaben nach, die sie als Sonderausgaben geltend machen wollen:

gezahlte Kirchensteuer (Eheleute)		**750 DM**
Aufwand für die Berufsausbildung der Ehefrau		
(Die Ehefrau besucht die Höhere Wirtschafts-		
fachschule in Köln, um graduierte Betriebs-		
wirtin zu werden.)		**1.900 DM**
Krankenversicherungsbeiträge (Ehemann)		**3.600 DM**
Pflegeversicherungsbeiträge (Ehemann)		**180 DM**
Lebensversicherungsbeiträge (Eheleute)		**12.020 DM**
Hausratversicherung (Eheleute)		**129 DM**
Sozialversicherungsbeiträge (Ehefrau)		**2.640 DM**
Hundehaftpflichtversicherung (Eheleute)		**140 DM**
private Kfz-Versicherung (Eheleute)		
Haftpflicht	172 DM	
Fahrzeug	25 DM	
Unfall-Beitrag	7 DM	**204 DM**
Bausparbeiträge (Eheleute)		**16.000 DM**
Zinsgutschrift der Bausparkasse (Eheleute)		
(**vor** Abzug der KapESt und des SolZ)		**1.200 DM**

Wie hoch sind die abzugsfähigen **Sonderausgaben** der Eheleute im VZ 1999?

Fall 41:

Der Schreinermeister Max Weber, 65 Jahre alt, Köln, ist mit Hilde geb. Schneider, 55 Jahre alt, verheiratet. Aus der Ehe sind **zwei Kinder** hervorgegangen:
  Maria, geb. am 27.10.1973, studiert an der Universität Köln und
  Edith, geb. am 10.06.1986, besucht das Gymnasium in Köln.
Die Eheleute werden zusammen veranlagt. Hilde Weber bezog im VZ 1999 einen Bruttojahresarbeitslohn (keine Versorgungsbezüge) von **9.100 DM**. An Sozialversicherungsbeiträgen wurden abgezogen:

Beiträge zur Krankenversicherung	**598 DM**
Beiträge zur Pflegeversicherung	**61 DM**
Beiträge zur gesetzlichen Rentenversicherung	**846 DM**
Beiträge an die Bundesanstalt für Arbeit	**296 DM**

Kirchensteuer ist nicht einbehalten worden, weil die Eheleute keiner Religionsgemeinschaft angehören.
Der Steuerpflichtige weist im VZ 1999 die folgenden Ausgaben nach, die er als Sonderausgaben geltend machen will:

Krankenversicherungsbeiträge	**4.400 DM**
Pflegeversicherungsbeiträge	**440 DM**
Lebensversicherungsbeiträge	**5.160 DM**
Einbruch- und Diebstahlversicherung Haushalt	**240 DM**
Hundehaftpflichtversicherung	**187 DM**
Spende an politische Partei	**1.500 DM**
Mitgliedsbeitrag an politische Partei	**480 DM**

Wie hoch sind die abzugsfähigen **Sonderausgaben** im VZ 1999?

Fall 42:

Der Gewerbetreibende Emil Knecht, 49 Jahre alt, Bremen, ist mit Emma geb. Müller, 47 Jahre alt, verheiratet. Die Eheleute, die zusammen veranlagt werden, haben eine Tochter im Alter von 25 Jahren, die in Mainz Medizin studiert. Emil Knecht hat im VZ 1999 einen Gewinn aus Gewerbebetrieb von **80.000 DM** erzielt. Emma Knecht hat im VZ 1999 **keine** Einkünfte bezogen. Die Eheleute weisen für den VZ 1999 folgende Ausgaben nach, die sie als Sonderausgaben berücksichtigen wollen:

Bausparbeiträge einschließlich Zinsen (**vor** Abzug der KapESt und des SolZ)	**16.000 DM**
Abschlußgebühr für den Bausparvertrag	**1.000 DM**
Lebensversicherungsbeiträge	**13.900 DM**
Beiträge zur Krankenversicherung einschließlich Pflegeversicherung	
a) Krankheitskostenersatz monatlich	**150 DM**
b) Krankenhaustagegeld monatlich	**52 DM**
Steuerberatungskosten (privater Anteil)	**300 DM**
gezahlte Kirchensteuer im VZ 1999	**1.100 DM**
erstattete Kirchensteuer im VZ 1999 für 1996	**1.500 DM**
Haftpflichtversicherungsbeitrag für privaten Pkw der Ehefrau	**360 DM**
Kfz-Kaskoversicherung für diesen Pkw	**100 DM**
Mitgliedsbeitrag an politische Partei	**600 DM**
Spende an politische Partei	**2.600 DM**

Wie hoch sind die abzugsfähigen **Sonderausgaben** im VZ 1999?

Zusammenfassende Erfolgskontrolle

1 Sachverhalt

1.1 Persönliche Verhältnisse

Heinrich Kurz, geb. am 18.05.1933, ist seit 1963 mit Helga Kurz, geb. am 25.09.1944, verheiratet.

Die Eheleute wohnen in Bonn und leben nicht dauernd getrennt.

Sie beantragen für 1999 die Zusammenveranlagung.

1.2. Einkünfte

Einkünfte des Ehemannes

1.2.1 Heinrich Kurz betreibt in Troisdorf eine Plastikwarenfabrik in der Rechtsform eines Einzelunternehmens. Das Unternehmen ist im Handelsregister eingetragen. Der nach § 5 von Heinrich Kurz ermittelte **vorläufige Gewinn** beträgt **131.936 DM**.

Aus der Buchführung ergibt sich folgendes:

a) Eine Spende an die Caritas (gemeinnützige Zwecke) von **1.800 DM** wurde als Betriebsausgabe gebucht.

b) Ein im Dezember 1999 für 464 DM angeschafftes Geschenk an einen Geschäftsfreund wurde mit **400 DM** als Betriebsausgabe und mit **64 DM** als Vorsteuer gebucht.

1.2.2 Im November 1999 wurden dem privaten Bankkonto **2.865 DM** gutgeschrieben. Es handelt sich hierbei um die ausgezahlte **Netto-Dividende (nach** Abzug der KSt, der KapESt und des SolZ) für 1998 aus privaten Aktien der

Stahlhandels AG in Duisburg in Höhe von	2.945 DM
nach Abzug der Depotgebühren von	80 DM
= Gutschrift der Bank	2.865 DM

1.2.3 Heinrich Kurz ist Eigentümer eines Mehrfamilienhauses (Mietwohngrundstücks) in Bonn, das er zum 01.02.1999 für 535.000 DM erworben hat. Davon entfallen 25 % auf Grund und Boden. Außerdem sind Grunderwerbsteuer und Notariatskosten in Höhe von insgesamt 25.000 DM angefallen. Das Gebäude ist in 1956 gebaut worden. Alle Wohnungen haben gleiche Ausstattung und Größe. Drei Wohnungen sind seit 01.02.1999 zu je **1.000 DM** monatlich vermietet, während Heinrich Kurz die vierte Wohnung ebenfalls seit 01.02.1999 selbst bewohnt.

Außer der AfA sind für 1999 folgende Ausgaben angefallen:

a) Reparaturen, Grundsteuer	**6.000 DM**
b) in 1999 gezahltes Disagio auf ein Hypothekendarlehen	**10.000 DM**
c) Zinsen für das Hypothekendarlehen	**30.000 DM**
d) Tilgungsrate Hypothekendarlehen	**15.000 DM**

Einkünfte der Ehefrau

1.2.4 Helga Kurz ist Kommanditistin der Müller KG, dessen Wirtschaftsjahr mit dem Kalenderjahr übereinstimmt. Der Gewinnanteil für 1999 beträgt **12.720 DM**. Der entsprechende Betrag wurde Helga Kurz am 15.03.2000 auf ihr privates Bankkonto überwiesen.

1.2.5 Helga Kurz ist Angestellte in einem Rechtsanwaltsbüro.

a) In 1999 hatte sie aus ihrem Dienstverhältnis ein Bruttogehalt von insgesamt **29.940 DM** bezogen.

Kirchensteuer	**207 DM**
Sozialversicherungsbeiträge (Arbeitnehmeranteil)	**5.175 DM**

Der Nettolohn wird monatlich durch die Bank überwiesen.

b) Helga Kurz fuhr 1999 an 180 Tagen mit eigenem Pkw von der Wohnung zur Arbeitsstätte (einfache Entfernung 25 km). Nach einem von ihr geführten Fahrtenbuch betragen die auf die Fahrten zwischen Wohnung und Arbeitsstätte entfallenden Kfz-Kosten einschließlich der AfA nachgewiesenermaßen 4.500 DM. In diesen Kosten sind Kfz-Haftpflicht und Kfz-Unfallversicherung mit **500 DM** enthalten.

c) An Fachliteratur hat Helga Kurz 1999 **435 DM** aufgewendet.

2 Aufgabe

2.1 Nehmen Sie Stellung zur **persönlichen Steuerpflicht** und zur **Veranlagungsart**.

2.2 Ermitteln Sie den **Gesamtbetrag der Einkünfte** der Eheleute Kurz für den VZ 1999.

2.3 Wie hoch sind **die abzugsfähigen Sonderausgaben** der Eheleute Kurz für den VZ 1999?

14.3 Außergewöhnliche Belastungen

Der Grundsatz, daß Aufwendungen für die private Lebensführung bei der Ermittlung des Einkommens nicht abgezogen werden dürfen, wird u.a. durch den Abzug der **außergewöhnlichen Belastungen** durchbrochen.

Die folgende Übersicht zeigt, an welcher Stelle im Schema zur Ermittlung des Einkommens die **außergewöhnlichen Belastungen** abgezogen werden:

---

1. Einkünfte aus Land- und Forstwirtschaft (§ 13)
2. Einkünfte aus Gewerbebetrieb (§ 15)
3. Einkünfte aus selbständiger Arbeit (§ 18)
4. Einkünfte aus nichtselbständiger Arbeit (§ 19)
5. Einkünfte aus Kapitalvermögen (§ 20)
6. Einkünfte aus Vermietung und Verpachtung (§ 21)
7. sonstige Einkünfte im Sinne des § 22

= **Summe der Einkünfte** (§ 2 Abs. 3 Satz 2)

− Altersentlastungsbetrag (§ 24a)

− Abzug für Land- und Forstwirte (§ 13 Abs. 3)

= Gesamtbetrag der Einkünfte (§ 2 Abs. 3 Satz 1)

− Verlustabzug nach § 10d

− Sonderausgaben (§§ 10, 10b, 10c)

− **außergewöhnliche Belastungen** (§§ 33, 33a, 33b, 33c)

− sonstige Abzugsbeträge (z.B. §§ 10e bis 10i EStG und § 7 FördG)

= **E i n k o m m e n** (§ 2 Abs. 4)

Die **außergewöhnlichen Belastungen** sind gesetzlich wie folgt gegliedert:

1. außergewöhnliche Belastungen **allgemeiner Art** (§ 33)
2. außergewöhnliche Belastungen **in besonderen Fällen** (§ 33a)
3. Pauschbeträge für **Behinderte, Hinterbliebene** und **Pflegepersonen** (§ 33b)
4. **Kinderbetreuungskosten** (§ 33c)

14.3.1 Außergewöhnliche Belastungen allgemeiner Art (§ 33)

14.3.1.1 Begriff der außergewöhnlichen Belastung

Eine **außergewöhnliche Belastung** liegt vor, wenn einem Steuerpflichtigen **zwangsläufig** größere Aufwendungen als der überwiegenden Mehrzahl der **Steuerpflichtigen gleicher Einkommensverhältnisse, gleicher Vermögensverhältnisse und gleichen Familienstandes** erwachsen (§ 33 Abs. 1).

Aufwendungen erwachsen dem Steuerpflichtigen <u>zwangsläufig</u>, wenn er sich ihnen aus

- **rechtlichen Gründen** (z.B. gesetzliche Unterhaltspflicht),
- **tatsächlichen Gründen** (z.B. Krankheit, Unfall, Tod) **oder**
- **sittlichen Gründen** (z.B. Unterstützung bedürftiger Geschwister)

nicht entziehen kann und soweit die Aufwendungen den Umständen nach notwendig sind und einen angemessenen Betrag nicht übersteigen (§ 33 Abs. 2).

Dem **Grunde nach** setzt der Abzug als **außergewöhnliche Belastung** somit voraus:

- Es müssen **Aufwendungen** vorliegen.
- Der Steuerpflichtige muß wirtschaftlich **belastet** sein.
- Das Ereignis muß für ihn **außergewöhnlich** sein.
- Das Ereignis und die Beseitigung seiner Folgen müssen für ihn **zwangsläufig** sein.

Aufwendungen, die zu den **Betriebsausgaben, Werbungskosten** oder **Sonderausgaben** gehören, **bleiben** bei der Ermittlung der **außergewöhnlichen Belastung** grundsätzlich **außer Betracht**.

Aufwendungen im Sinne des § 33 sind vor allem

- **Pflegeaufwendungen** (R 188 EStR 1999),
- **Krankheitskosten** (R 188 Abs. 1 EStR 1999),
- **Kurkosten** (H 186 - 189 (Kur) EStH 1999),
- **Bestattungskosten** (H 186 - 189 (Bestattungskosten) EStH 1999) und
- **Kinderbetreuungskosten** (§ 33c).

Zu den **Krankheitskosten** gehören u.a. Aufwendungen für **ärztliche Behandlung** (z.B. Operation), **Medikamente mit** ärztlicher Verordnung, **Krankenhausaufenthalt, Krankenpflege**.
Aufwendungen, die durch **Diätverpflegung** entstehen, können **nicht als außergewöhnliche Belastung** berücksichtigt werden (§ 33 Abs. 2) ebenso Aufwendungen für **medizinische Fachliteratur** und Aufwendungen für **Arzneimittel ohne** ärztliche Verordnung (H 186 - 189 (Medizinische Fachliteratur) EStH 1999).
Kurkosten können **nur** berücksichtigt werden, **wenn** der Steuerpflichtige die Kurbedürftigkeit nachweist. Verpflegungs**mehr**aufwendungen anläßlich der Kur können nur in tatsächlicher Höhe nach Abzug der **Haushaltsersparnis von 1/5** der **Aufwendungen** berücksichtigt werden (R 189 Abs. 3 EStR 1999).

Bestattungskosten sind beim Erben nur insoweit eine **außergewöhnliche Belastung**, als sie den Wert des Nachlasses übersteigen (H 188 (Bestattungskosten) EStH 1999).

Ersatzleistungen (Unterstützungen), die der Steuerpflichtige zum Ausgleich der Belastung von **dritter Seite** erhält, **sind** von den berücksichtigungsfähigen Aufwendungen **abzusetzen** (H 186 (Ersatz von dritter Seite) EStH 1999):

> berücksichtigungsfähige Aufwendungen i.S.d. § 33
> − erhaltene Ersatzleistungen (Unterstützungen)
> = **außergewöhnliche Belastung**

Als erhaltene **Ersatzleistungen** (Unterstützungen) sind z.B. abzusetzen:

- **Beihilfen des Arbeitgebers** in Krankheitsfällen,
- **Ersatzleistungen** aus einer **Krankenversicherung** für Arztkosten und Arzneimittel,
- **Bezüge** aus einer Kranken**haus**tagegeldversicherung bis zur Höhe der durch einen Kranken**haus**aufenthalt verursachten Kosten.

Leistungen aus einer Kranken**tage**geldversicherung sind **nicht** abzusetzen (H 186 - 189 (Ersatz von dritter Seite - Krankenhaustagegeldversicherungen) EStH 1999).

Ersatzleistungen sind auch dann von den berücksichtigungsfähigen Aufwendungen **abzusetzen, wenn** sie erst in einem **späteren Jahr** gezahlt werden, der Steuerpflichtige aber bereits in dem Jahr, in dem die Belastung eingetreten ist, mit ihnen rechnen konnte (H 186 - 189 (Ersatz von dritter Seite) EStH 1999).

Beispiel:
Einem Steuerpflichtigen sind in 1999 folgende **Krankheitskosten** erwachsen:

Arztkosten	**1.500 DM**
Kosten für Medikamente	**600 DM**
Krankenhauskosten	**4.000 DM**
	6.100 DM

Die private **Krankenversicherung** des Steuerpflichtigen **erstattete** ihm in **2000** hiervon **3.500 DM**.

Die **außergewöhnliche Belastung** des Steuerpflichtigen wird wie folgt berechnet:

berücksichtigungsfähige Aufwendungen i.S. des § 33	6.100 DM
− erhaltene Ersatzleistungen 2000	3.500 DM
= **außergewöhnliche Belastung 1999**	**2.600 DM**

Die **außergewöhnliche Belastung** ist noch um die **zumutbare Belastung** zu kürzen (siehe Abschnitt 14.3.1.2, Seite 366).

Seit 1984 werden auch **Kinderbetreuungskosten** wie **Aufwendungen im Sinne des § 33** behandelt.

> [S2] Die **außergewöhnliche Belastung** infolge **Kinderbetreuung** wird in Abschnitt 14.3.1.4, Seite 368 ff., erläutert.

Anders als bei den Sonderausgaben sind die Fälle der **außergewöhnlichen Belastung** im Gesetz **nicht abschließend** aufgeführt. § 33 ist vielmehr eine Rechtsvorschrift, die eine Vielzahl von Einzelfällen auffängt (**Generalklausel**).

Für den **Zeitpunkt des Abzugs** der außergewöhnlichen Belastung ist grundsätzlich **§ 11 maßgebend**.

Bei **Ehegatten**, die die Voraussetzungen des § 26 Abs. 1 erfüllen, kommt es **nicht** darauf an, **wer** von beiden die Aufwendungen geleistet hat.

14.3.1.2 Zumutbare Belastung

Die zwangsläufig erwachsenen **außergewöhnlichen Aufwendungen** im Sinne des § 33 dürfen **nicht in voller Höhe** bei der Einkommensermittlung **abgezogen** werden.

Dem Steuerpflichtigen wird vielmehr **zugemutet**, daß er einen bestimmten **Teil** dieser Aufwendungen **selbst trägt**. Dieser **Teil** der Aufwendungen heißt <u>**zumutbare Belastung**</u>.

```
    außergewöhnliche Belastung
  - zumutbare Belastung
  = abziehbare außergewöhnliche Belastung
```

Die **Berechnung** der **zumutbaren Belastung** erfolgt nach der Übersicht in § 33 Abs. 3.

Die **zumutbare Belastung** wird dadurch ermittelt, daß man den in § 33 Abs. 3 vorgesehenen **Prozentsatz** auf die **Bemessungsgrundlage** anwendet.

Die **Bemessungsgrundlage** für die zumutbare Belastung ist der **Gesamtbetrag der Einkünfte**.

Der **Prozentsatz**, der für die Ermittlung der zumutbaren Belastung maßgebend ist, richtet sich nach dem **Familienstand**, der **Zahl der Kinder** und der **Höhe der Bemessungsgrundlage** (§ 33 Abs. 3 Satz 1).

Die zumutbare Belastung beträgt bei einem **Gesamtbetrag der Einkünfte**	bis 30.000 DM	über 30.000 DM bis 100.000 DM	über 100.000 DM
1. bei Steuerpflichtigen, die **keine Kinder** haben und bei denen die Einkommensteuer a) nach § 32a Abs. 1 (**Grundtabelle**)	5	6	7
b) nach § 32a Abs. 5 oder 6 (**Splittingtabelle**) zu berechnen ist;	4	5	6
2. bei Steuerpflichtigen mit a) **einem Kind** oder **zwei Kindern**	2	3	4
b) **drei** oder **mehr Kindern**	1	1	2
	vom Hundert des Gesamtbetrags der Einkünfte		

Als **Kinder** des Steuerpflichtigen zählen die, für die er einen (vollen oder halben) **Kinderfreibetrag oder Kindergeld** erhält (§ 33 Abs. 3 Satz 2).

14.3.1.3 Abziehbare außergewöhnliche Belastung

Die in § 33 beschriebene Regelung zur Ermittlung der **abziehbaren** außergewöhnlichen Belastung soll durch folgendes Beispiel verdeutlicht werden.

Beispiel:
Ein **lediger** Steuerpflichtiger im Alter von 38 Jahren hat im VZ 1999 nur Einkünfte aus Vermietung und Verpachtung in Höhe von **30.000 DM** (= Gesamtbetrag der Einkünfte). An Krankheitskosten sind ihm im VZ 1999 **8.000 DM** entstanden; davon wurden ihm von der Krankenversicherung **5.000 DM** erstattet.

Die **abziehbare außergewöhnliche Belastung** wird wie folgt berechnet:

	Krankheitskosten	8.000 DM
−	Erstattung von der Krankenversicherung	5.000 DM
=	außergewöhnliche Belastung	3.000 DM
−	zumutbare Belastung (**5 %** von **30.000 DM**)	1.500 DM
=	**abziehbare außergewöhnliche Belastung**	**1.500 DM**

Übung: 1. Wiederholungsfragen 1 bis 5 (Seite 395),
2. Fälle 1 bis 3 (Seite 396 f.)

14.3.1.4 Kinderbetreuungskosten (§ 33c)

Aufwendungen für Dienstleistungen zur Betreuung eines Kindes (**Kinderbetreuungskosten**) können bei **Alleinstehenden** und seit dem VZ 1986 auch bei **Ehegatten**, die bestimmte Voraussetzungen erfüllen, als **außergewöhnliche Belastung** bei der Ermittlung des Einkommens abgesetzt werden.

14.3.1.4.1 Kinderbetreuungskosten bei Alleinstehenden

Alleinstehende Steuerpflichtige können Kinderbetreuungskosten als außergewöhnliche Belastung i.S. des § 33 geltend machen, wenn bestimmte **Voraussetzungen** beim **Steuerpflichtigen** und beim **Kind** erfüllt sind (§ 33c).

Voraussetzungen sind, daß der **Steuerpflichtige**

- **unbeschränkt** einkommensteuerpflichtig,
- **alleinstehend** und
- **erwerbstätig** oder **behindert** (kein bestimmter Grad der Behinderung erforderlich) oder **krank** ist.

Voraussetzungen sind, daß das **Kind**

- **unbeschränkt** einkommensteuerpflichtig
  (seit 1996 ist in § 1a Abs. 1 **Nr. 4** dieser Teil der Voraussetzungen gelockert worden),
- zu Beginn des Kalenderjahrs das **16. Lebensjahr noch nicht vollendet** hat und
- zum **Haushalt** des Steuerpflichtigen gehört.

Mit dem Hinweis auf § 32 Abs. 6 Satz 6 werden seit dem VZ 1996 nach § 33c Abs. 1 Satz 1 **auch Stief- und Enkelkinder** berücksichtigt.

Alleinstehende sind (§ 33c Abs. 2)

- **Unverheiratete** (Ledige, Geschiedene, Verwitwete),
- **Verheiratete**, die von ihrem Ehegatten **dauernd getrennt leben** und
- **Verheiratete**, deren Ehegatte nicht unbeschränkt einkommensteuerpflichtig ist.

Ein Steuerpflichtiger ist **erwerbstätig**, wenn er einer auf die Erzielung von Einkünften gerichteten Beschäftigung nachgeht (H 195 (Erwerbstätigkeit) EStH 1999).

Ein Steuerpflichtiger, der für einen Beruf **ausgebildet** wird, ist aus Billigkeitsgründen einem **Erwerbstätigen gleichzustellen** (R 195 Abs. 2 Satz 2 EStR 1999).

Im Fall der **Krankheit** des Steuerpflichtigen muß die Krankheit innerhalb eines **zusammenhängenden Zeitraums von mindestens drei Monaten** bestanden haben. Diese Voraussetzung braucht dann **nicht** erfüllt zu sein, wenn der Krankheitsfall **unmittelbar im Anschluß an eine Erwerbstätigkeit** eintritt (§ 33c Abs. 1 Sätze 2 und 3).

Berücksichtigungsfähige Kinderbetreuungskosten sind alle Ausgaben in Geld oder Geldeswert, die der Steuerpflichtige als Entgelt für Dienstleistungen zur Betreuung seines Kindes erbringt. **Betreuung** in diesem Sinne ist nur die **behütende oder beaufsichtigende** Betreuung.

Als **berücksichtigungsfähige Kinderbetreuungskosten** kommen in Betracht (H 195 (Kinderbetreuungskosten) EStH 1999):

- Aufwendungen für die Unterbringung in **Kindergärten, Kindertagesstätten, Kinderhorten, Kinderheimen und Kinderkrippen** sowie bei **Tagesmüttern, Wochenmüttern** und in **Ganztagspflegestellen**,
- Aufwendungen für die Beschäftigung von **Kinderpflegerinnen, Erzieherinnen** und **Kinderschwestern**,
- Aufwendungen für die Beschäftigung von **Hausgehilfinnen** oder **Haushaltshilfen**, soweit diese Kinder betreuen.

Nicht berücksichtigungsfähig sind Aufwendungen für jede Art von **Unterricht** einschließlich **Nachhilfeunterricht**, für die Vermittlung besonderer Fertigkeiten (z.B. für Schreibmaschinen-und Stenografiekurse, Fahrschulen, Tanzkurse) sowie für sportliche und andere **Freizeitbeschäftigungen** (H 195 (Kinderbetreuungskosten) EStH 1999).

Die **berücksichtigungsfähigen Kinderbetreuungskosten** sind um die **zumutbare Belastung** i.S.d. § 33 Abs. 3 **zu kürzen** (§ 33c Abs. 1 Satz 1).

> berücksichtigungsfähige Kinderbetreuungskosten
> − **zumutbare Belastung i.S.d. § 33 Abs. 3**
> = **v e r b l e i b e n d e r   B e t r a g**

Der als außergewöhnliche Belastung **abziehbare Betrag** für Kinderbetreuungskosten darf bei Alleinstehenden mit **einem Kind 4.000 DM** im Kalenderjahr **nicht übersteigen**. Dieser Betrag **erhöht sich für jedes weitere Kind um 2.000 DM** (§ 33c Abs. 3).

Beispiel:
Eine **alleinstehende** Arbeitnehmerin hat im VZ 1999 **berücksichtigungsfähige Kinderbetreuungskosten** für ihre **12jährige Tochter** und ihren **15jährigen Sohn** in Höhe von **8.000 DM** aufgewendet. Andere außergewöhnliche Belastungen i.S.d. § 33 hat sie in 1999 **nicht**. Der Gesamtbetrag der Einkünfte beträgt im VZ 1999 **50.000 DM**.

Die **abziehbare außergewöhnliche Belastung** wird wie folgt berechnet:

berücksichtigungsfähige Kinderbetreuungskosten	8.000 DM
− zumutbare Belastung (3 % von 50.000 DM)	1.500 DM
= **verbleibender Betrag**	6.500 DM
Höchstbetrag für die Kinder (4.000 DM + 2.000 DM)	6.000 DM
= **abziehbare außergewöhnliche Belastung**	**6.000 DM**

Für **Kinderbetreuungskosten** Alleinstehender kann **mindestens ein Pauschbetrag** von **480 DM** im Kalenderjahr abgezogen werden. Der Pauschbetrag **erhöht sich für jedes weitere Kind** um **480 DM** (§ 33c Abs. 4).

Haben die **Voraussetzungen** beim Steuerpflichtigen oder beim Kind bzw. den Kindern **nicht während des ganzen Kalenderjahres** vorgelegen, so ermäßigt sich der **Höchstbetrag** für das erste Kind und die Erhöhungsbeträge für weitere Kinder **für jeden vollen Kalendermonat**, in dem nicht alle Voraussetzungen gleichzeitig erfüllt waren, **um je ein Zwölftel**. Das Gleiche gilt entsprechend für den **Pauschbetrag** bzw. die Pauschbeträge (§ 33c Abs. 3 und 4).

Wenn ein Kind gleichzeitig zum Haushalt von **zwei** Alleinstehenden gehört, werden die genannten Beträge bei jedem von ihnen **zur Hälfte** angesetzt (§ 33c Abs. 3 Satz 4).

> **Übung**: 1. Wiederholungsfragen 6 bis 14 (Seite 395),
> 2. Fälle 4 und 5 (Seite 397)

Sind **neben** Kinderbetreuungskosten **andere** außergewöhnliche Belastungen i.S.d. § 33 zu berücksichtigen, so kann der Abzug von Kinderbetreuungskosten und anderen außergewöhnlichen Belastungen nach dem **Berechnungsschema** des H 195 (Anrechnung der zumutbaren Belastung) EStH 1999 ermittelt werden.

Berechnungsschema für den Abzug von **Kinderbetreuungskosten** und **anderen** außergewöhnlichen Belastungen:

Zeile		DM	DM	DM
1	**Kinderbetreuungskosten** (§ 33c)	.....	.....	
2	abzüglich Pauschbetrag (§ 33c Abs. 4)	−.....		
3	verbleiben	.....		
4	falls Zeile 3 **nicht** positiv: abzuziehender Betrag = Pauschbetrag			.....
5	falls Zeile 3 **positiv**: abzüglich **zumutbare Belastung**, **höchstens** Betrag Zeile 3		−.....	
6	verbleiben		.....	
7	Höchstbetrag für Kinderbetreuungskosten		.....	
8	der **niedrigere** Betrag der **Zeile 6** oder **Zeile 7** ist anzusetzen			.....
9	**andere** außergewöhnliche Belastungen (§ 33)		.....	
10	abzüglich **zumutbare Belastung**, soweit noch nicht in Zeile 5 angerechnet		−.....	
11	abzuziehender Betrag		.....	.....
12	**abzuziehender Gesamtbetrag** Zeile 4 und 11 oder Zeile 8 und 11			.....

Beispiel:
Eine **alleinstehende** Arbeitnehmerin und ihre **12jährige Tochter** erfüllen in 1999 während des ganzen Jahres die Voraussetzungen des § 33c Abs. 1.
Die Steuerpflichtige hat für **berücksichtigungsfähige Kinderbetreuungskosten 4.800 DM** aufgewendet. Daneben sind von ihr selbstgetragene **Krankheitskosten** in Höhe von **6.000 DM** angefallen. Der **Gesamtbetrag der Einkünfte** beträgt in 1999 **114.500 DM**.

Die abziehbare **außergewöhnliche Belastung** wird nach dem **Berechnungsschema** des H 195 EStH 1999 wie folgt ermittelt:

Zeile		DM	DM	DM
1	**Kinderbetreuungskosten** (§ 33c)	4.800	4.800	
2	abzüglich Pauschbetrag (§ 33c Abs. 4)	- 480		
3	verbleiben	4.320		
4	falls Zeile 3 **nicht** positiv: abzuziehender Betrag = Pauschbetrag			
5	falls Zeile 3 **positiv**: abzüglich **zumutbare Belastung**, 4 % von 114.500 DM = 4.580 DM, **höchstens** Betrag Zeile 3		- 4.320	
6	verbleiben		480	
7	Höchstbetrag für Kinderbetreuungskosten		4.000	
8	der **niedrigere** Betrag der **Zeile 6** oder **Zeile 7** ist anzusetzen			480
9	**andere** außergewöhnliche Belastungen (§ 33)		6.000	
10	abzüglich **zumutbare Belastung**, soweit noch nicht in Zeile 5 angerechnet (4.580 DM - 4.320 DM = 260 DM)		- 260	
11	abzuziehender Betrag		5.740	5.740
12	**abzuziehender Gesamtbetrag** Zeile 4 und 11 oder Zeile 8 und 11			6.220

Kinderbetreuungskosten können von **Alleinstehenden** auch abgezogen werden, wenn das **Kind** in einem EU- oder EWR-Staat seinen Wohnsitz oder gewöhnlichen Aufenthalt hat (§ 1a Abs. 1 **Nr . 4**).

Übung: 1. Wiederholungsfrage 15 (Seite 395),
2. Fälle 6 und 7 (Seite 397 f.)

14.3.1.4.2 Kinderbetreuungskosten bei Ehegatten

Bei **Ehegatten** ist die Berücksichtigung von **Kinderbetreuungskosten nur in Sonderfällen** möglich.

Neben einem **Antrag** ist nach § 33c Abs. 5 **Voraussetzung**, daß

> 1. beide Ehegatten **unbeschränkt** einkommensteuerpflichtig sind und **nicht dauernd getrennt leben**,
>
> 2. a) der **eine** Ehegatte körperlich, geistig oder seelisch **behindert** oder mindestens drei Monate ununterbrochen **krank** **und**
>   b) der **andere** Ehegatte **erwerbstätig** oder körperlich, geistig oder seelisch **behindert** oder mindestens drei Monate ununterbrochen oder unmittelbar im Anschluß an seine Erwerbstätigkeit **krank** ist.
>
> 3. das zu Beginn des Kalenderjahrs **noch nicht 16 Jahre alte** oder im Kalenderjahr lebend geborene **Kind unbeschränkt** einkommensteuerpflichtig ist und zum **Haushalt** des Steuerpflichtigen gehört,
>
> 4. die Ehegatten Dienstleistungen zur Betreuung des Kindes in Anspruch nehmen
>   a) wegen der **Behinderung** oder **Krankheit** des **einen** bei **Erwerbstätigkeit** des **anderen** Ehegatten
>   **oder**
>   b) wegen **Behinderung** oder **Krankheit beider** Ehegatten.

Sind **beide** Ehegatten **berufstätig**, so können Kinderbetreuungskosten wegen **Krankheit oder Behinderung eines** Ehegatten **nicht** berücksichtigt werden, weil die Betreuungskosten nicht wegen der Krankheit oder Behinderung, sondern wegen der Berufstätigkeit des Ehegatten entstehen (R 195 Abs. 2 Satz 6 EStR 1999).

> Beispiel:
> Die **Ehegatten** Kreuter, Düsseldorf, die nicht dauernd getrennt leben, haben für ihren **14jährigen Sohn**, der in ihrem Haushalt lebt, im VZ 1999 berücksichtigungsfähige **Kinderbetreuungskosten** in Höhe von **6.000 DM** aufgewendet. Die Kinderbetreuungskosten sind erwachsen, weil Herr Kreuter **erwerbstätig** und Frau Kreuter seit Jahren **krank** ist. Es liegt eine ärztliche Bescheinigung vor, aus der sich ergibt, daß Frau Kreuter ihren Sohn nicht betreuen kann. Neben den Kinderbetreuungskosten sind **Krankheitskosten** in Höhe von **4.800 DM** angefallen, von denen die Krankenversicherung **800 DM** erstattet hat.
> Der **Gesamtbetrag der Einkünfte** beträgt in 1999 **80.000 DM**.
>
> Die **abziehbare außergewöhnliche Belastung** wird nach dem **Berechnungsschema** des H 195 (Anrechnung der zumutbaren Belastung) EStH 1999 wie folgt ermittelt:

Nach dem **BVerfG-Beschluß** vom 10.11.1998 wird der Gesetzgeber verpflichtet, ab **1.1.2000** eine Neuregelung der Abzugsfähigkeit der Kinderbetreuungskosten vorzunehmen. Der Gesetzgeber ist dieser Verpflichtung mit dem **Gesetz zur Familienförderung** vom 22.12.1999 nachgekommen. Im Rahmen dieses neuen Gesetzes wird **ab dem VZ 2000 § 33c aufgehoben** und **§ 32 Abs. 6 neu gefaßt**.

Zeile		DM	DM	DM
1	**Kinderbetreuungskosten** (§ 33c)	6.000	6.000	
2	abzüglich Pauschbetrag (§ 33c Abs. 4)	- 480		
3	verbleiben	5.520		
4	falls Zeile 3 **nicht** positiv: abzuziehender Betrag = Pauschbetrag			
5	falls Zeile 3 **positiv**: abzüglich **zumutbare Belastung**, 3 % von 80.800 DM = 2.400 DM, **höchstens** Betrag Zeile 3		- 2.400	
6	verbleiben		3.600	
7	Höchstbetrag für Kinderbetreuungskosten		4.000	
8	der **niedrigere** Betrag der **Zeile 6** oder **Zeile 7** ist anzusetzen			3.600
9	**andere** außergewöhnliche Belastungen (§ 33)		4.000	
10	abzüglich **zumutbare Belastung**, soweit noch nicht in Zeile 5 angerechnet		0	
11	abzuziehender Betrag		4.000	4.000
12	**abzuziehender Gesamtbetrag** **Zeile 4 und 11** oder **Zeile 8 und 11**			**7.600**

Kinderbetreuungskosten können auch von **Ehegatten** abgezogen werden, wenn das **Kind** in einem **EU- oder EWR-Staat** seinen Wohnsitz oder gewöhnlichen Aufenthalt hat und die Voraussetzungen des § 33c **Abs. 5** erfüllt sind (§ 1a Abs. 1 **Nr. 4**).

Ab dem VZ 2000 ist durch das Gesetz zur Familienförderung § **33c** (Kinderbetreuungskosten) **aufgehoben** und gleichzeitig ein zum Kinderfreibetrag geltender **Betreuungsfreibetrag eingeführt** worden (§ 32 Abs. 6 n.F. EStG).

Übung: 1. Wiederholungsfrage 16 und 17 (Seite 395),
2. Fälle 8 und 9 (Seite 398)

14.3.2 Außergewöhnliche Belastungen in besonderen Fällen (§ 33a)

§ 33a regelt außergewöhnliche Belastungen in **besonderen**, häufig vorkommenden **Fällen**.

Die in § 33a genannten Aufwendungen können **nur** bis zu bestimmten **Höchstbeträgen** - ohne Kürzung einer zumutbaren Belastung - vom Gesamtbetrag der Einkünfte abgezogen werden.

Zu den **besonderen Fällen** des § 33a gehören:

> 1. **Unterhaltsaufwendungen** (§ 33a **Abs. 1**),
> 2. **Ausbildungsfreibeträge** (§ 33a **Abs. 2**) und
> 3. **Aufwendungen** für eine **Hilfe im Haushalt** oder für **vergleichbare Dienstleistungen** (§ 33a **Abs. 3**).

14.3.2.1 Unterhaltsaufwendungen

Unterhaltsaufwendungen im Sinne des § 33a **Abs. 1** liegen seit dem VZ 1996 vor, wenn

> 1. die unterstützte Person dem Steuerpflichtigen oder seinem Ehegatten gegenüber **gesetzlich unterhaltsberechtigt** ist,
> 2. kein Anspruch auf einen **Kinderfreibetrag** oder auf ein **Kindergeld** besteht und
> 3. die unterhaltene Person **bedürftig** ist.

Zu 1. Gesetzlich unterhaltsberechtigte Person

<u>Gesetzlich unterhaltsberechtigte Personen</u> sind der Ehegatte (z.B. bei Grenzpendlern im Nicht-EU- oder EWR-Raum), der getrennt lebende Ehegatte, der geschiedene Ehegatte, die Eltern, die Kinder, die Großeltern, die Enkelkinder, nichteheliche Kinder, für ehelich erklärte Kinder, Adoptivkinder und die Mutter eines nichtehelichen Kindes.
Gleichgestellt ist der **nichteheliche Lebenspartner**, soweit bei ihm zum Unterhalt bestimmte öffentliche Mittel (z.B. Sozialhilfe, Arbeitslosenhilfe) gekürzt werden.

<u>Keine</u> gesetzlich unterhaltsberechtigte Personen sind **Geschwister**.

Zu 2. Kinderfreibetrag oder Kindergeld

Weder der Steuerpflichtige **noch** eine andere Person darf **Anspruch auf** einen **Kinderfreibetrag oder** auf **Kindergeld** haben (§ 33a Abs. 1 Satz 3).

Zu 3. Bedürftigkeit der unterhaltenen Person

Die unterhaltene Person ist **bedürftig**, wenn sie keine oder nur **geringe eigene Einkünfte und Bezüge** hat und kein oder nur **geringes eigenes Vermögen** besitzt.

Anrechnung eigener Einkünfte und Bezüge

Der **Höchstbetrag** für den Abzug von Unterhaltsaufwendungen beträgt seit dem VZ 1999 **13.020 DM** (2000: 13.500 DM) (§ 33a Abs. 1 Satz 1)

Hat der **Unterhaltsempfänger eigene Einkünfte und Bezüge**, die zur Bestreitung des Unterhalts bestimmt oder geeignet sind, so **vermindert** sich der **Höchstbetrag** von **13.020 DM** (2000: 13.500 DM) um (§ 33a Abs. 1 **Satz 4**)

> 1. den Betrag, um den diese Einkünfte und Bezüge den Betrag von **1.200 DM** im Kalenderjahr übersteigen
> (= **anrechnungsfreier Betrag = Karenzbetrag**)   **sowie**
> 2. die von der unterhaltenen Person **als Ausbildungshilfe** aus öffentlichen Mitteln bezogenen **Zuschüsse** in **vollem Umfang**, ohne Berücksichtigung des anrechnungsfreien Betrags von 1.200 DM.

Beispiel:
Ein Steuerpflichtiger unterhält im Kalenderjahr 1999 seine vermögenslose Mutter mit jährlich **18.000 DM**. Die Mutter hat eigene **Einkünfte und Bezüge** von **8.000 DM**. Die **abziehbare außergewöhnliche Belastung** ist wie folgt zu ermitteln:

	DM	DM
Ungekürzter **Höchstbetrag**		13.020
Einkünfte und Bezüge der Mutter	8.000	
übersteigen den **anrechnungsfreien Betrag** von	− 1.200	
um (= **anzurechnende** Einkünfte und Bezüge)		− 6.800
gekürzter Höchstbetrag		6.220
abziehbare außergewöhnliche Belastung		**6.220**

Als **Einkünfte** der unterhaltenen Person sind Einkünfte i.S.d. § 2 Abs. 1 zu verstehen.

Bezüge sind alle Einnahmen in Geld oder Geldeswert, die **nicht** im Rahmen der einkommensteuerrechtlichen Einkunftsermittlung erfaßt werden, also **nichtsteuerbare** und grundsätzlich **steuerfreie** Einnahmen (R 180e Abs. 2 EStR 1999).

Zu den **Bezügen** gehören insbesondere (R 180e Abs. 2 EStR 1999 und H 190 (Anrechnung eigener Einkünfte und Bezüge - Eigene Bezüge) EStH 1999):

> 1. der Abzug nach § 13 Abs. 3 (**Abzug für Land- und Forstwirte**),
> 2. die nach § 19 Abs. 2 (**Versorgungs-Freibetrag**) und § 20 Abs. 4 (**Sparer-Freibetrag**) steuerfrei bleibenden Einnahmen,
> 3. die **Teile von Leibrenten**, die den **Ertragsanteil** nach § 22 Nr. 1 Satz 3 Buchstabe a **übersteigen**,
> 4. die **pauschal besteuerten Bezüge** nach § 40a,
> 5. der **Wehrsold** nach § 3 Nr. 5,
> 6. die **Zuschüsse** eines Trägers der gesetzlichen Rentenversicherung zu den Aufwendungen eines Rentners für seine **Kranken- und Pflegeversicherung**,
> 7. das **Wohngeld** nach dem Wohngeldgesetz (§ 3 Nr. 58).

Nicht zu den Bezügen zählen insbesondere (H 190 (Anrechnung eigener Einkünfte und Bezüge - Nicht anrechenbare eigene Bezüge) EStH 1999):

> a) die nach § 3 **Nrn. 12, 13 und 26** (z.B. Freibetrag von 2.400 DM (ab dem VZ 2000: 3.600 DM) für Übungsleiter) **steuerfreien Einnahmen**,
> b) Leistungen aus einer **Pflegeversicherung** nach § 3 **Nr. 1a**.

Bei der **Feststellung** der **anzurechnenden Bezüge einschließlich der Ausbildungshilfen aus öffentlichen Mitteln** sind aus Vereinfachungsgründen insgesamt **360 DM** (**Kostenpauschale**) im Kalenderjahr abzuziehen, wenn nicht höhere Aufwendungen, die im Zusammenhang mit dem Zufluß der entsprechenden Einnahmen stehen, nachgewiesen oder glaubhaft gemacht werden (R 190 Abs. 5 Satz 2 EStR 1999).

Beispiel:
Ein Steuerpflichtiger unterstützt seinen im Inland lebenden vermögenslosen 70jährigen Vater im VZ 1999 mit **4.800 DM**. Der Vater erhält eine **Rente** aus der Angestelltenversicherung von insgesamt 6.000 DM, deren Ertragsanteil **24 %** beträgt. Der **Zuschuß** zur Kranken- und Pflegeversicherung beträgt **374 DM**. Außerdem bezieht er ein steuerfreies **Wohngeld** von **1.415 DM**.

Die **abziehbare außergewöhnliche Belastung** nach § 33a Abs. 1 ist wie folgt zu ermitteln:

	DM	DM	DM
Ungekürzter **Höchstbetrag**			13.020
a) Ermittlung der Einkünfte des Vaters			
Rente (§ 22 Nr. 1) 6.000 DM			
davon Ertragsanteil 24 % von 6.000 DM	1.440		
− Werbungskosten-Pauschbetrag	− 200		
= Einkünfte des Vaters		1.240	
b) Ermittlung der Bezüge des Vaters			
Rentenanteil, der den Ertragsanteil übersteigt (6.000 DM − 1.440 DM) =	4.560		
+ Zuschuß zur Kranken- und Pflegeversicherung	374		
+ Wohngeld	1.415		
	6.349		
− Kostenpauschale	− 360		
= Bezüge des Vaters		5.989	
Summe der Einkünfte und Bezüge des Vaters		7.229	
c) Ermittlung der abziehbaren agB			
Die Einkünfte und Bezüge des Vaters =		7.229	
übersteigen den **anrechnungsfreien Betrag** von		− 1.200	
= **anzurechnende Einkünfte und Bezüge**		6.029	
Die anzurechnenden Einkünfte und Bezüge sind vom ungekürzten **Höchstbetrag** abzuziehen			− 6.029
= gekürzter Höchstbetrag			6.991
Es können jedoch **höchstens** die **Aufwendungen** in Höhe von 4.800 DM als **agB** abgezogen werden.			**4.800**

Übung: 1. Wiederholungsfragen 18 bis 22 (Seite 395),
2. Fall 10 (Seite 398)

Zeitanteilige Ermäßigung

Der **Höchstbetrag** von **13.020 DM** (2000: 13.500 DM) und der **anrechnungsfreie Betrag (Karenzbetrag)** von **1.200 DM** sind **Jahresbeträge**.

Sie **ermäßigen sich** um je **ein Zwölftel** für jeden **vollen Kalendermonat**, in dem die **Voraussetzungen** für eine außergewöhnliche Belastung **nicht vorliegen** (§ 33a Abs. 4 Satz 1).

Die **Pauschbeträge** nach § 9a und die **Kostenpauschale** von 360 DM sind ebenfalls **zu zwölfteln** (R 192a Abs. 2 Satz 1 EStR 1999).

Eigene Einkünfte und Bezüge der unterhaltenen Person sind **nur anzurechnen, soweit** sie auf den **Unterhaltszeitraum** entfallen (§ 33a Abs. 4 **Satz 2**).

Der **Jahresbetrag** der **eigenen Einkünfte und Bezüge** ist für die Anwendung des § 33a Abs. 4 grundsätzlich wie folgt auf die Zeiten **innerhalb** und **außerhalb** des **Unterhaltszeitraums aufzuteilen** (R 192a Abs. 2 Satz 1 EStR 1999):

1. **Einkünfte** aus **nichtselbständiger Arbeit, sonstige Einkünfte** sowie **Bezüge** nach dem **Verhältnis** der in den jeweiligen Zeiträumen zugeflossenen **Einnahmen**; **Pauschbeträge** nach § 9a und die **Kostenpauschale** nach R 190 Abs. 5 Satz 2 sind hierbei **zeitanteilig** anzusetzen;
2. **andere Einkünfte** auf jeden Monat des Kalenderjahrs mit **einem Zwölftel**.

Beispiel:
Ein Steuerpflichtiger unterhält seine im Inland lebende vermögenslose Mutter vom 15. Juli bis 31. Dezember 1999 (**Unterhaltszeitraum = 6 Monate**) mit insgesamt **4.200 DM**.
Die Mutter bezieht ganzjährig eine Rente aus der privaten Lebensversicherung von **monatlich 400 DM** (Ertragsanteil 25 %).
Außerdem hat sie in 1999 Einkünfte aus Vermietung und Verpachtung von **1.200 DM**.

Die abziehbare **außergewöhnliche Belastung** nach § 33a Abs. 1 in Verbindung mit § 33a Abs. 4 wird wie folgt ermittelt:

	DM	DM	DM
Ungekürzter **Höchstbetrag** für das **Kalenderjahr**			13.020
anteiliger **Höchstbetrag** für den Unterhaltszeitraum (6/12 von 12.000 DM)			6.000
a) eigene Einkünfte der Mutter im Unterhaltszeitraum			
Brutto-Rente (12 x 400 DM) 4.800 DM **Einnahme:** Ertragsanteil (25 % von 4.800 DM)	1.200		
- WKP nach § 9a (6/12 von 200 DM)	- 100		
sonstige Einkünfte im Sinne des § 22	1.100		
davon entfallen auf den Unterhaltszeitraum (**Verhältnis Einkünfte zu Einnahmen**) $\frac{600\,DM \times 1.100\,DM}{1.200\,DM}$ = (6/12 von 1.100 DM = 550 DM)		550	
Einkünfte aus Vermietung und Verpachtung	1.200		
davon entfallen auf den Unterhaltszeitraum (**Zwölftelung**): 6/12 von 1.200 DM		600	
Summe der Einkünfte im Unterhaltszeitraum		1.150	
Übertrag:		1.150	7.020

	DM	DM	DM
Übertrag: **b) eigene Bezüge der Mutter im Unterhaltszeitraum**		1.150	7.020
Rentenanteil, der über den Ertragsanteil hinausgeht 4.800 DM − 1.200 DM	3.600		
− Kostenpauschale (6/12 von 360 DM)	− 180		
verbleibende **Bezüge**	3.420		
davon entfallen auf den Unterhaltszeitraum (**Verhältnis Bezüge zu Einnahmen**): $$\frac{1.800 \text{ DM} \times 3.420 \text{ DM}}{3.600 \text{ DM}} =$$ (6/12 von 3.420 DM = 1.710 DM)		1.710	
Summe der eigenen Einkünfte und Bezüge im Unterhaltszeitraum		2.860	
c) Ermittlung der abziehbaren agB			
Die eigenen Einkünfte und Bezüge der Mutter im Unterhaltszeitraum von		2.860	
übersteigen den **anrechnungsfreien Betrag** (Karenzbetrag) von (6/12 von 1.200 DM)		− 600	
um (= anzurechnende Einkünfte und Bezüge)		2.260	
Die anzurechnenden Einkünfte und Bezüge sind von dem anteiligen Höchstbetrag abzuziehen			− 2.260
= **abziehbare außergewöhnliche Belastung**			**4.760**

Unterhalt für Personen im Ausland

Unterhaltsleistungen an **Personen** mit **Wohnsitz im Ausland** können nur insoweit abgezogen werden, als sie nach den Verhältnissen des **Wohnsitzstaates** der unterhaltenen Person notwendig und angemessen sind; ob der Steuerpflichtige zum Unterhalt **gesetzlich** verpflichtet ist, ist nach **inländischen** Maßstäben zu beurteilen (§ 33a Abs. 1 **Satz 5** EStG; Anhang 1 (III) und Anhang 1 (IV) EStH 1999).

> **Übung:** 1. Wiederholungsfrage 23 (Seite 395),
> 2. Fall 11 (Seite 399)

Unterhalt durch mehrere Personen

Tragen **mehrere** Steuerpflichtige zu dem Unterhalt und (oder) einer etwaigen Berufsausbildung **derselben Person** bei und erfüllen sie die Voraussetzungen für einen Freibetrag nach § 33a **Abs. 1**, so wird bei jedem **der Teil** des sich hiernach ergebenden Betrags abgezogen, der seinem **Anteil am Gesamtbetrag der Leistungen** entspricht (§ 33a Abs. 1 **Satz 6**).

Beispiel:
Der Steuerpflichtige Josef Klein und seine Schwester Gisela Müller geb. Klein unterhalten im VZ 1999 ihre im Inland lebende vermögenslose Mutter.
Josef Klein hat **6.000 DM** und **Gisela** Müller **4.000 DM** aufgewendet. Die Mutter erhielt in 1999 eine **Rente** aus der gesetzlichen Rentenversicherung von insgesamt **7.200 DM**, deren steuerlicher Ertragsanteil **24 %** beträgt. Der **Zuschuß** zur Kranken- und Pflegeversicherung betrug 1999 **562 DM**.

Die abziehbare **außergewöhnliche Belastung** nach § 33a Abs. 1 ist wie folgt zu ermitteln:

	DM	DM	DM
Ungekürzter **Höchstbetrag**			13.020
a) Ermittlung der Einkünfte der Mutter			
Rente (§ 22 Nr. 1) **7.200 DM** davon Ertragsanteil 24 % =	1.728		
− Werbungskosten-Pauschbetrag	− 200		
= Einkünfte der Mutter		1.528	
b) Ermittlung der Bezüge der Mutter			
Rentenanteil, der den Ertragsanteil übersteigt 7.200 DM − 1.728 DM =	5.472		
+ Zuschuß zur Kranken- und Pflegeversicherung	562		
	6.034		
− Kostenpauschale	− 360		
= Bezüge der Mutter		5.674	
Summe der Einkünfte und Bezüge der Mutter		7.202	
c) Ermittlung der abziehbaren agB			
Die Einkünfte und Bezüge der Mutter = übersteigen den **anrechnungsfreien Betrag** von		7.202 1.200	
= **anzurechnende Einkünfte und Bezüge**		**6.002**	
Die **anzurechnenden Einkünfte und Bezüge** sind vom ungekürzten **Höchstbetrag** abzuziehen			− 6.002
= gekürzter Höchstbetrag			7.018
Von den Unterhaltsaufwendungen in Höhe von insgesamt **10.000 DM** können als **agB** abgezogen werden			**7.018**

Von dem Betrag von **7.018 DM** entfallen entsprechend ihrem Anteil am Gesamtbetrag der Leistungen auf

Josef Klein	6/10 von 7.018 DM =	**4.211**
Gisela Müller	4/10 von 7.018 DM =	**2.807**

Übung: Fälle 12 und 13 (Seite 399)

Unterhalt für mehrere Personen

Unterhält der Steuerpflichtige **mehrere Personen**, die einen gemeinsamen Haushalt führen, so ist der nach § 33a Abs. 1 abziehbare Betrag **grundsätzlich** für **jede** unterhaltene Person **getrennt** zu ermitteln.

Eine **Ausnahme** von dieser grundsätzlichen Regelung gibt es für **bestimmte Ehegatten**.
Handelt es sich bei den unterhaltenen Personen um in **Haushaltsgemeinschaft** lebende **Ehegatten**, so sind die Einkünfte und Bezüge zunächst für jeden Ehegatten gesondert festzustellen und sodann zusammenzurechnen.

Die zusammengerechneten **Einkünfte und Bezüge** sind um **2.400 DM** (zweimal 1.200 DM) **zu kürzen**.

Der **verbleibende Betrag** ist von der **Summe der beiden Höchstbeträge abzuziehen** (H 190 (Unterhalt für mehrere Personen) EStH 1999).

Beispiel:
Der Steuerpflichtige Norbert Kaufmann unterhält 1999 seine im Inland **zusammenlebenden** vermögenslosen **Eltern** mit **monatlich 1.000 DM**.
Der **Vater** hat 1999 eine Rente aus der privaten Lebensversicherung von insgesamt 18.000 DM bezogen. Bei Beginn der Rente im Jahre 1999 hatte er das 65. Lebensjahr vollendet.
Der **Mutter** sind 1999 Mieteinnahmen aus der Vermietung eines Zimmers von insgesamt 3.600 DM zugeflossen. Die Werbungskosten haben 800 DM betragen.

Die abziehbare **außergewöhnliche Belastung** nach § 33a Abs. 1 wird wie folgt ermittelt:

	DM	DM	DM
Ungekürzter **Höchstbetrag** (2 x 13.020 DM)			26.040
a) Ermittlung der Einkünfte des Vaters			
Brutto-Rente	18.000		
Einnahmen: Ertragsanteil (27 % von 18.000)	4.860		
− Werbungskosten-Pauschbetrag	− 200		
= sonstige Einkünfte i.S. des § 22		4.660	
b) Ermittlung der Bezüge des Vaters			
Rentenanteil, der den Ertragsanteil übersteigt (18.000 DM − 4.860 DM)	13.140		
− Kostenpauschale	− 360		
= verbleibende Bezüge		12.780	
c) Ermittlung der Einkünfte der Mutter			
Miete	3.600		
− Werbungskosten	− 800		
= Einkünfte aus Vermietung und Verpachtung		2.800	
Summe der Einkünfte und Bezüge der Eltern		20.240	
Übertrag:		20.240	26.040

	DM	DM
Übertrag:	20.240	26.040
d) Ermittlung der abziehbaren agB		
Einkünfte und Bezüge der Eltern übersteigen den anrechnungsfreien Betrag von (2 x 1.200 DM)	20.240 2.400	
= **anzurechnende Einkünfte und Bezüge**	17.840	
Die anzurechnenden Einkünfte und Bezüge sind vom ungekürzten Höchstbetrag abzuziehen		- 17.840
Von den Unterhaltsaufwendungen in Höhe von insgesamt 12.000 DM können als **agB** abgezogen werden		**8.200**

Leben die unterhaltenen Ehegatten **nicht** in einer **Haushaltsgemeinschaft**, so ist der **abziehbare Betrag** für **jede** unterhaltene Person **getrennt** zu ermitteln.

Beispiel:
Sachverhalt wie im Beispiel zuvor mit dem **Unterschied**, daß die Eltern **dauernd getrennt leben** und beide mit **je 500 DM** monatlich unterstützt werden.

Die abziehbare **außergewöhnliche Belastung** nach § 33a Abs. 1 wird wie folgt ermittelt:

	DM	DM
Ungekürzter **Höchstbetrag**		13.020
a) Einkünfte des Vaters	4.660	
b) Bezüge des Vaters	12.780	
Einkünfte und Bezüge des Vaters	17.440	
c) Ermittlung der abziehbaren agB		
Einkünfte und Bezüge des Vaters übersteigen den Karenzbetrag von	17.440 1.200	
= verbleibende/**anzurechnende Einkünfte und Bezüge**	16.240	**16.240**
abziehbare agB für den **Vater**		**0**

	DM	DM
Ungekürzter **Höchstbetrag**		13.020
a) Einkünfte der Mutter	2.800	
b) Bezüge der Mutter	0	
Einkünfte und Bezüge der Mutter	2.800	
c) Ermittlung der abziehbaren agB		
Einkünfte und Bezüge der Mutter übersteigen den Karenzbetrag von	2.800 1.200	
= verbleibende/**anzurechnende Einkünfte und Bezüge**	1.600	1.600
abziehbare agB der **Mutter**, höchstens Aufwendungen		**6.000**

14.3.2.2 Ausbildungsfreibeträge

Erwachsen einem Steuerpflichtigen **Aufwendungen für die Berufsausbildung eines Kindes**, für das er einen **Kinderfreibetrag oder Kindergeld** erhält, so werden auf **Antrag** bestimmte **Ausbildungsfreibeträge** vom Gesamtbetrag der Einkünfte abgezogen (§ 33a **Abs. 2** Satz 1).

Die Gewährung eines **Ausbildungsfreibetrags** nach § 33a **Abs. 2** Satz 1 ist demnach vom Vorliegen folgender **Voraussetzungen** abhängig:

> 1. Dem Steuerpflichtigen müssen **Aufwendungen für die Berufsausbildung eines Kindes** erwachsen;
> 2. der Steuerpflichtige muß für dieses Kind einen **Kinderfreibetrag oder Kindergeld** erhalten und
> 3. der Steuerpflichtige muß einen **Antrag** auf Gewährung eines Ausbildungsfreibetrages stellen.

Zu 1. Aufwendungen für die Berufsausbildung

Für die Inanspruchnahme eines Ausbildungsfreibetrags ist Voraussetzung, daß dem Steuerpflichtigen **Aufwendungen für die Berufsausbildung** des Kindes (z.B. Studiengebühren, Lehr- und Lernmittel, Fahrtkosten) entstehen. Auf ihre **Höhe kommt es nicht an** (R 191 Abs. 2 EStR 1999).

Unter **Berufsausbildung** ist die Ausbildung für einen künftigen Beruf anzusehen, z.B. die Ausbildung zum Steuerfachangestellten.

Die Berufsausbildung soll die für die Ausübung eines Berufs notwendigen fachlichen Fertigkeiten und Kenntnisse in einem geordneten Ausbildungsgang vermitteln.

Zur **Berufsausbildung** gehört **auch**

> - der Besuch von **Allgemeinwissen vermittelnden Schulen** (z.B. Realschulen, Gymnasien) sowie
> - von **Fachschulen** und **Hochschulen**

Erstreckt sich das **Studium einschließlich der unterrichts- und vorlesungsfreien Zeit** über den **ganzen VZ**, so kann davon ausgegangen werden, daß bei Steuerpflichtigen in **jedem Monat** Aufwendungen anfallen (H 191 (Aufwendungen für die Berufsausbildung) EStH 1999).
(R 191 Abs. 2 Satz 4 i.V.m. R 180 EStR 1999 und H 180 (Rechtsprechung zur Berufsausbildung) EStH 1999).

Zu 2. Kinderfreibetrag oder Kindergeld

Erwachsen einem Steuerpflichtigen Aufwendungen für die Berufsausbildung eines Kindes, kann er den Ausbildungsfreibetrag nur in Anspruch nehmen, wenn er für das Kind einen **Kinderfreibetrag oder Kindergeld** erhält (§ 33a Abs. 2 Satz 1).

Einen **Kinderfreibetrag oder Kindergeld** erhält der Steuerpflichtige

> - nach **§ 32 Abs. 6** Satz 1 für jedes **zu berücksichtigende Kind** und
> - nach **§ 62 Abs. 1** für jedes **Kind im Sinne des § 63 EStG**.

Seit dem **VZ 1996** sind die **Tatbestandsmerkmale** für die Berücksichtigung von Kindern, die das 18. Lebensjahr vollendet haben, in **§ 32 Abs. 4 und 5** weitgehend **neu** bestimmt worden.

Seit 1999 kann ein Kinderfreibetrag für Kinder, die das 18. Lebensjahr vollendet haben, grundsätzlich **nur noch** dann vom Finanzamt bescheinigt werden, **wenn** die **Einkünfte und Bezüge des Kindes**, die zur Bestreitung seines Lebensunterhaltes oder der Berufsausbildung geeignet sind, **weniger als 13.020 DM** im Kalenderjahr betragen. Die **13.020 DM-Grenze** gilt **nicht** für **behinderte Kinder**.

Zu 3. Antrag

Die Inanspruchnahme der Ausbildungsfreibeträge setzt einen **Antrag** voraus (§ 33a Abs. 2 Satz 1).

Dieser Antrag wird gestellt, indem der Steuerpflichtige in seiner Einkommensteuererklärung die geforderten Angaben macht.

Seit dem VZ 1996 sind diese Angaben **nicht** mehr im **Mantelbogen**, sondern in einem neuen Formular **Anlage Kinder** zu machen.

Als **Ausbildungsfreibeträge** können nach § 33a **Abs. 2** abgezogen werden:

	für Kinder **unter** 18 Jahren	für Kinder **über** 18 Jahren
auswärtig untergebracht	1.800 DM	4.200 DM
nicht auswärtig untergebracht	kein Freibetrag	2.400 DM

Eine **auswärtige Unterbringung** liegt vor, wenn ein Kind außerhalb des Haushalts der Eltern wohnt (R 191 Abs. 3 Satz 1 EStR 1999).

Beispiele:

1. Der Steuerpflichtige A, München, **beantragt** für den VZ 1999 einen Ausbildungsfreibetrag für seine **17jährige** Tochter Kerstin, die während des ganzen Kalenderjahres in einem **Internat** im Schwarzwald untergebracht ist. Dem Steuerpflichtigen sind hierdurch **Aufwendungen erwachsen**. Für seine Tochter erhält er **einen Kinderfreibetrag**. Kerstin hat **keine** eigenen Einkünfte und Bezüge.

    A kann einen **Ausbildungsfreibetrag** in Höhe von **1.800 DM** vom Gesamtbetrag der Einkünfte abziehen, weil alle Voraussetzungen des § 33a Abs. 2 erfüllt sind.

2. Der Steuerpflichtige B, Bonn, **beantragt** für den VZ 1999 einen Ausbildungsfreibetrag für seine **20jährige** Tochter Heidi, die in seinem **Haushalt lebt und** in Bonn während des ganzen Kalenderjahres **Wirtschaftswissenschaften studiert**. Dem Steuerpflichtigen sind hierdurch **Aufwendungen erwachsen**. Für seine Tochter erhält er einen **Kinderfreibetrag**. Heidi hat **keine** eigenen Einkünfte und Bezüge.

B kann einen **Ausbildungsfreibetrag** in Höhe von **2.400 DM** vom Gesamtbetrag der Einkünfte abziehen, weil alle Voraussetzungen des § 33a Abs. 2 erfüllt sind.

3. Der Steuerpflichtige C, Köln, **beantragt** für den VZ 1999 einen Ausbildungsfreibetrag für seine **25jährige** Tochter Heike, die während des ganzen Kalenderjahres in Mainz **Medizin studiert**. Heike wohnt außerhalb des Haushalts ihrer Eltern. Dem Steuerpflichtigen sind hierdurch **Aufwendungen erwachsen**. Für seine Tochter erhält C einen **Kinderfreibetrag**. Heike hat **keine** eigenen Einkünfte und Bezüge.

C kann einen **Ausbildungsfreibetrag** in Höhe von **4.200 DM** vom Gesamtbetrag der Einkünfte abziehen, weil alle Voraussetzungen des § 33a Abs. 2 erfüllt sind.

Die Gewährung des jeweils in Betracht kommenden Ausbildungsfreibetrags hängt **nicht** davon ab, daß die **altersmäßigen** Voraussetzungen bereits **zum Jahresbeginn** gegeben waren.

Vollendet das Kind sein **18. Lebensjahr im Laufe des Jahres**, so ist für den Monat, in dem die geänderten Voraussetzungen eingetreten sind, der **höhere** zeitanteilige Ausbildungsfreibetrag anzusetzen (R 192a Abs. 1 EStR 1999).

Beispiel:
Ein am 10.09.1981 geborenes Kind, für das der Steuerpflichtige einen **Kinderfreibetrag** erhält, befand sich im VZ 1999 das ganze Jahr hindurch in der **Berufsausbildung** und war deswegen **auswärtig** untergebracht. Dem Steuerpflichtigen sind hierdurch **Aufwendungen erwachsen**. Das Kind hatte keine eigenen Einkünfte und Bezüge.

Der abziehbare **Ausbildungsfreibetrag** errechnet sich für den VZ 1999 wie folgt:

für **8 Monate** (Januar bis August)	8/12 von 1.800 DM =	1.200 DM
für **4 Monate** (September bis Dezember)	4/12 von 4.200 DM =	1.400 DM
insgesamt		**2.600 DM**

Übung: 1. Wiederholungsfrage 24 (Seite 395),
2. Fälle 14 bis 16 (Seite 399 f.)

Anrechnung eigener Einkünfte und Bezüge

Die **Ausbildungsfreibeträge vermindern sich** nach § 33a Abs. 2 **Satz 2** jeweils um

1. die **eigenen Einkünfte und Bezüge des Kindes**, die zur Bestreitung seines Unterhalts oder seiner Berufsausbildung bestimmt oder geeignet sind, **soweit diese 3.600 DM (= anrechnungsfreier Betrag)** im Kalenderjahr übersteigen, **sowie**

2. die von dem Kind als **Ausbildungshilfe** aus öffentlichen Mitteln bezogenen **Zuschüsse** in **vollem Umfang**, ohne Berücksichtigung des anrechnungsfreien Betrags von 3.600 DM.

[S 2] Für die **Ermittlung** der **eigenen Einkünfte und Bezüge des Kindes** gilt das im Abschnitt 14.3.2.1, Seite 374 ff., **Gesagte entsprechend**.

Zu den als Ausbildungshilfe aus öffentlichen Mitteln bezogenen **Zuschüssen** gehören u.a. Zuschüsse (**keine Darlehen**) nach dem **Bundesausbildungsförderungsgesetz (BAföG)**, nach dem **Arbeitsförderungsgesetz (AFG)** gewährte Berufsausbildungshilfen und Ausbildungsgelder sowie Stipendien aus öffentlichen Mitteln (H 191 (Zuschüsse) EStH 1999).

Beispiel:
Die Eheleute Freimut, Koblenz, die zusammen veranlagt werden, **beantragen** für den VZ 1999 einen Ausbildungsfreibetrag für ihre ganzjährig in **Berufsausbildung** befindliche **20jährige** Tochter Bianca, die **auswärtig** untergebracht ist. Den Steuerpflichtigen sind hierdurch **Aufwendungen** erwachsen. Sie erhalten für ihre Tochter **Kindergeld**. Bianca hat in den Ferien gearbeitet und einen **Arbeitslohn** in Höhe von 6.500 DM bezogen. Daneben hat sie 1999 als Ausbildungshilfe einen **Zuschuß** nach dem BAföG von **1.000 DM** erhalten.

Der abziehbare **Ausbildungsfreibetrag** nach § 33a **Abs. 2** wird wie folgt ermittelt:

	DM	DM	DM
Ausbildungsfreibetrag für das Kalenderjahr			4.200
a) Ermittlung der Einkünfte des Kindes			
Arbeitslohn	6.500		
− Arbeitnehmer-Pauschbetrag	− 2.000		
= Einkünfte des Kindes		4.500	
abzüglich **anrechnungsfreier Betrag**		− 3.600	
= anzurechnende Einkünfte		900	
b) Ermittlung der Bezüge des Kindes			
Ausbildungs**zuschuß**	1.000		
− Kostenpauschale	− 360		
= anzurechnende Bezüge		640	
Summe der anzurechnenden Einkünfte und Bezüge		1.540	
c) Ermittlung der abziehbaren agB			
Die **anzurechnenden Einkünfte und Bezüge** sind vom Ausbildungsfreibetrag abzuziehen			− 1.540
= **abziehbarer Ausbildungsfreibetrag**			**2.660**

Übung: 1. Wiederholungsfrage 25 (Seite 396),
2. Fall 17 (Seite 400)

Zeitanteilige Ermäßigung

Liegen die **Voraussetzungen** für die Gewährung eines Ausbildungsfreibetrags **nur für einen Teil des Kalenderjahrs** vor, so wird der Ausbildungsfreibetrag **für jeden Kalendermonat**, für den die Voraussetzungen **nicht** vorgelegen haben, um je ein **Zwölftel** ermäßigt (§ 33a **Abs. 4**).

Eigene Einkünfte und Bezüge des Kindes, die auf die Kalendermonate entfallen, für die **kein Ausbildungsfreibetrag** gewährt wird, vermindern **nicht** den ermäßigten Ausbildungsfreibetrag (§ 33a **Abs. 4** Satz 2).
Als Ausbildungshilfe bezogene **Zuschüsse** mindern nur den zeitanteiligen Ausbildungsfreibetrag der **Kalendermonate**, für die die Zuschüsse **bestimmt** sind (§ 33a **Abs. 4** Satz 3).

Beispiel:
Ein **20jähriges Kind**, für das der Steuerpflichtige **Kindergeld** erhält, befindet sich im VZ 1999 **bis Ende September** in der **Berufsausbildung** und ist deswegen **auswärtig** untergebracht. Dem Steuerpflichtigen sind hierdurch **Aufwendungen erwachsen**.
Das Kind hat in 1999 einen **Arbeitslohn** von **8.150 DM** bezogen, davon entfallen **3.000 DM** auf die Ausbildungsmonate.
Außerdem hat das Kind für den Ausbildungszeitraum eine **Ausbildungshilfe** aus öffentlichen Mitteln als **Zuschuß** in Höhe von **600 DM** erhalten.

Der abziehbare **Ausbildungsfreibetrag** wird wie folgt ermittelt:

	DM	DM	DM
Ausbildungsfreibetrag für das Kalenderjahr			4.200
anteiliger Ausbildungsfreibetrag für Januar bis September (9/12 von 4.200 DM)			3.150
a) Ermittlung der Einkünfte des Kindes			
Arbeitslohn	8.150		
− ANP nach § 9a (9/12 von 2.000 DM)	− 1.500		
= Einkünfte aus nichtselbständiger Arbeit	6.650		
davon entfallen auf den Ausbildungszeitraum			
$\dfrac{3.000 \text{ DM} \times 6.650 \text{ DM}}{8.150 \text{ DM}} =$		2.448	
abzüglich **anrechnungsfreier Betrag** 9/12 von 3.600 DM =		2.700	
= anzurechnende Einkünfte		0	
b) Ermittlung der Bezüge des Kindes			
Ausbildungs**zuschuß** des Kindes für Januar bis September	600		
− Kostenpauschale (9/12 von 360 DM)	− 270		
= anzurechnende Bezüge		330	
Summe der anzurechnenden Einkünfte und Bezüge		330	
c) Ermittlung der abziehbaren agB			
Die **anzurechnenden Einkünfte und Bezüge** sind vom **anteiligen** Ausbildungsfreibetrag abzuziehen			− 330
= **abziehbarer Ausbildungsfreibetrag**			**2.820**

Übung: Fälle 18 und 19 (Seite 400 f.)

Auslandskinder

Für **nicht unbeschränkt** einkommensteuerpflichtige Kinder (sog. **Auslandskinder**) **mindern** sich die Ausbildungsfreibeträge nach den **wirtschaftlichen Verhältnissen des Wohnsitzstaates** der Kinder (§ 33a Abs. 2 Satz 3 i.V.m. § 33a Abs. 1 **Satz 5**).

Der Ausbildungsfreibetrag ist nach der **Ländergruppeneinteilung** (BMF-Schreiben vom 27.2.1996, BStBl I S. 115) in **voller Höhe** abzuziehen oder auf **zwei Drittel** (2/3) oder auf **ein Drittel** (1/3) zu ermäßigen.

Ländergruppeneinteilung (Auszug) nach dem BMF-Schreiben vom 27.2.1996 (Anhang 1 (III) EStH 1999):

in voller Höhe	mit 2/3	mit 1/3
Wohnsitzstaat des Kindes		
1	2	3
Australien	Argentinien	Afghanistan
Europäische Union	Bahamas	Ägypten
Gibraltar	Bahrain	Äquatorialguinea
Island	Barbados	Äthiopien
Israel	Bermudas	Albanien
Japan	Chile	Algerien
Kanada	China (Taiwan)	Angola
.	.	.
.	.	.
.	.	.
Norwegen	Zypern	**Türkei**
.		.
.		.
Vereinigte Staaten		Zentralafrikanische Republik

Beispiel:
Die Eheleute Colak, Köln, haben zwei Kinder: **Daniel**, 14 Jahre alt, und **Elif**, 11 Jahre alt.
Daniel lebt bei seinen Eltern in **Köln**, während **Elif** bei ihrer Großmutter in der **Türkei** lebt (**Ländergruppe 3**).
Beide sind steuerlich **zu berücksichtigende Kinder** (§ 32 Abs. 2).
Der Kinderfreibetrag ist nicht auf die Großmutter übertragen worden.
Daniel ist **unbeschränkt** einkommensteuerpflichtig, während Elif **nicht** unbeschränkt einkommensteuerpflichtig ist.

Die **nicht** unbeschränkte Steuerpflicht von Elif (**Auslandskind**) wirkt sich 1999 auf die **Höhe des Ausbildungsfreibetrags** wie folgt aus:

Ausbildungsfreibetrag für **Daniel**	0 DM
Daniel ist ein Kind unter 18 Jahren, das nicht auswärtig untergebracht ist.	
Ausbildungsfreibetrag für **Elif**	
1/3 von 1.800 DM =	600 DM
insgesamt	600 DM

Übung: 1. Wiederholungsfrage 26 (Seite 396),
2. Fall 20 (Seite 401)

14.3.2.3 Aufwendungen für eine Hilfe im Haushalt oder für vergleichbare Dienstleistungen

Aufwendungen für eine Hilfe im Haushalt

Eine **Hilfe im Haushalt** ist eine Person, die typische hauswirtschaftliche Arbeiten verrichtet.
Eine **Hilfe im Haushalt** kann **auch nur stundenweise** im Haushalt beschäftigt und muß **nicht** im Rahmen eines Arbeitsverhältnisses tätig sein (H 192 (Hilfe im Haushalt) EStH 1999).

Erwachsen einem Steuerpflichtigen **Aufwendungen** durch die Beschäftigung einer **Hilfe im Haushalt**, so können sie bis zu folgenden **Höchstbeträgen** vom Gesamtbetrag der Einkünfte abgezogen werden (§ 33a **Abs. 3**):

> 1. **1.200 DM** im Kalenderjahr, wenn
>
>   a) der Steuerpflichtige oder sein nicht dauernd getrennt lebender Ehegatte das **60. Lebensjahr vollendet** hat **oder**
>
>   b) wegen **Krankheit** des Steuerpflichtigen oder seines nicht dauernd getrennt lebenden Ehegatten oder eines zu seinem Haushalt gehörigen Kindes i.S.d. § 32 Abs. 1 oder Abs. 6 **Satz 6** oder einer anderen zu seinem Haushalt gehörigen unterhaltenen Person, für die eine Ermäßigung nach § 33a Abs. 1 gewährt wird, die Beschäftigung einer **Hilfe im Haushalt erforderlich** ist,
>
> 2. **1.800 DM** im Kalenderjahr, wenn
>
>   eine der in Nr. 1 Buchstabe b genannten Personen **hilflos** im Sinne des § 33b oder **schwer behindert** (Grad der Behinderung **mindestens 45**) ist (H 192 (Schwere Behinderung) EStH 1999).

Beispiele:

Zu 1. Der Steuerpflichtige Arno Kräber, **68 Jahre alt**, beschäftigt in 1999 das ganze Jahr über eine Hilfe im Haushalt. Seine Aufwendungen haben im VZ 1999 insgesamt **3.600 DM** betragen.

Der Steuerpflichtige kann **1.200 DM** als außergewöhnliche Belastung vom Gesamtbetrag der Einkünfte abziehen, weil die Voraussetzungen des § 33a Abs. 3 Satz 1 Nr. 1 Buchstabe a erfüllt sind.

Zu 2. Die Eheleute Müller, Bonn, werden zusammen veranlagt. Sie haben die Mutter von Frau Müller, die **hilflos** im Sinne des § 33b ist, in ihrem Haushalt aufgenommen und erhalten hierfür eine Ermäßigung nach § 33a Abs. 1. Für die Beschäftigung einer Hilfe im Haushalt haben sie im VZ 1999 insgesamt **3.600 DM** aufgewendet.

Die Eheleute Müller können **1.800 DM** als außergewöhnliche Belastung vom Gesamtbetrag der Einkünfte abziehen, weil die Voraussetzungen des § 33a Abs. 3 Satz 1 Nr. 2 erfüllt sind.

Aufwendungen für vergleichbare Dienstleistungen

Erwachsen einem Steuerpflichtigen wegen der **Unterbringung in einem Heim** (z.B. Altenheim, Altenwohnheim, Pflegeheim) **oder** wegen der Unterbringung zur **dauernden Pflege** Aufwendungen, die Kosten für Dienstleistungen enthalten, die mit denen einer **Hilfe im Haushalt vergleichbar** sind, so können sie bis zu den folgenden **Höchstbeträgen** vom Gesamtbetrag der Einkünfte abgezogen werden (§ 33a **Abs. 3**):

> 1. **1.200 DM**, wenn
>
>   der Steuerpflichtige oder sein nicht dauernd getrennt lebender Ehegatte in einem **Heim** untergebracht ist, **ohne pflegebedürftig** zu sein,
>
> 2. **1.800 DM**, wenn
>
>   die Unterbringung zur **dauernden Pflege** erfolgt.

Wird bei einer Heimunterbringung wegen **Pflegebedürftigkeit** der private **Haushalt aufgelöst**, so sind die Aufwendungen für eine Heimunterbringung nur insoweit als außergewöhnliche Belastung anzuerkennen, als sie eine **Haushaltsersparnis** von **36 DM / Tag** (1.085 DM / Monat und 13.020 DM / Jahr) übersteigen (R 188 Abs. 2 EStR 1999).

Beispiele:

Zu 1. Die pensionierte Studiendirektorin Ursula Langenbach ist in Köln das ganze Jahr über in einem **Altenheim** untergebracht, **ohne pflegebedürftig** zu sein. In dem Altenheim wird sie voll versorgt und zahlt monatlich 2.800 DM. In diesem Betrag sind Kosten für Dienstleistungen enthalten, die mit denen einer Hilfe im Haushalt vergleichbar sind.

Die Steuerpflichtige kann **1.200 DM** als außergewöhnliche Belastung vom Gesamtbetrag der Einkünfte abziehen, weil die Voraussetzungen des § 33a Abs. 3 Satz 2 Nr. 1 erfüllt sind.

Zu 2. Sachverhalt wie zuvor mit dem **Unterschied**, daß Ursula Langenbach zur **dauernden Pflege** untergebracht ist.

Die Steuerpflichtige kann **1.800 DM** als außergewöhnliche Belastung vom Gesamtbetrag der Einkünfte abziehen, weil die Voraussetzungen des § 33a Abs. 3 Satz 2 Nr. 2 erfüllt sind

Für jeden **vollen** Kalendermonat, in dem die Voraussetzungen des § 33a Abs. 3 **nicht** vorgelegen haben, ermäßigen sich die dort bezeichneten Beträge um je **ein Zwölftel** (§ 33a **Abs. 4**).

> **Übung**: 1. Wiederholungsfragen 27 bis 30 (Seite 396),
> 2. Fälle 21 und 22 (Seite 401)

14.3.3 Pauschbeträge für Behinderte, Hinterbliebene und Pflegepersonen (§ 33b)

14.3.3.1 Behinderten-Pauschbetrag

Behinderte im Sinne des **§ 33b** sind Personen, bei denen eine Behinderung im Sinne des § 3 des Schwerbehindertengesetzes vorliegt (H 194 (Allgemeines und Nachweise) EStH 1999).

Wegen der außergewöhnlichen Belastungen, die einem Behinderten unmittelbar infolge seiner Behinderung erwachsen, kann er **anstelle** einer Ermäßigung nach **§ 33** einen **Behinderten-Pauschbetrag** nach **§ 33b** Abs. 3 geltend machen (§ 33b Abs. 1).

Die **Höhe des Pauschbetrags** richtet sich nach dem dauernden **Grad der Behinderung** (GdB).

Als **Pauschbeträge** werden gewährt bei einem **Grad der Behinderung (GdB)**

von 25 und 30	600 DM
von 35 und 40	840 DM
von 45 und 50	1.110 DM
von 55 und 60	1.410 DM
von 65 und 70	1.740 DM
von 75 und 80	2.070 DM
von 85 und 90	2.400 DM
von 95 und 100	2.760 DM

Bei Beginn, Änderung oder Wegfall der Behinderung **im Laufe eines Kalenderjahres** ist stets der Pauschbetrag nach dem **höchsten** Grad zu gewähren, der im Kalenderjahr festgestellt war. Eine **Zwölftelung** ist **nicht** vorzunehmen (R 194 Abs. 7 EStR 1999).

Für Behinderte, die **hilflos** im Sinne des § 33b **Abs. 6** sind, **und** für **Blinde** erhöht sich der Pauschbetrag auf **7.200 DM** (§ 33b Abs. 3 Satz 3).

Hilflos ist eine Person, wenn sie für eine Reihe von häufig und regelmäßig wiederkehrenden Verrichtungen zur Sicherung ihrer persönlichen Existenz im Ablauf eines jeden Tages fremder Hilfe dauernd bedarf (§ 33b Abs. 6 Satz 2).

Die gesundheitlichen Merkmale "hilflos" und "blind" hat der Steuerpflichtige durch einen **Ausweis** nach dem Schwerbehindertengesetz, der mit den Merkzeichen "**H**" oder "**Bl**" gekennzeichnet ist, **nachzuweisen** (§ 65 Abs. 2 EStDV).

Nach § 65 Abs. 2 EStDV kann der **Nachweis** der Hilflosigkeit **auch** über einen **Bescheid der Pflegekasse** mit der Einstufung als Schwerstbehinderter (mit Pflegestufe III) geführt werden.

Die Inanspruchnahme des erhöhten Behinderten-Pauschbetrags von **7.200 DM** nach § 33b Abs. 3 **schließt** die Berücksichtigung **pflegebedürftiger Aufwendungen** im Rahmen des **§ 33 aus** (R 188 Abs. 4 Satz 1 EStR 1999).

Außerordentliche Krankheitskosten, die durch einen akuten Anlaß verursacht werden, können nach § 33 **neben den Pauschbeträgen** berücksichtigt werden, z.B. Kosten einer Operation (H 194 (Krankheitskosten) EStH 1999).

Steht der **Behinderten-Pauschbetrag** einem Kind des Steuerpflichtigen zu, für das er einen **Kinderfreibetrag oder Kindergeld** erhält, so wird der Pauschbetrag auf **Antrag** auf den Steuerpflichtigen **übertragen**, wenn ihn das Kind nicht in Anspruch nimmt (§ 33b Abs. 5).

> Beispiel:
> Ein Steuerpflichtiger hat eine **14jährige Tochter**, die von Geburt an **blind** ist. In dem Schwerbehindertenausweis des Kindes ist das Merkmal "**Bl**" eingetragen. Das Kind hat **keine eigenen Einkünfte**. Der Steuerpflichtige erhält für seine Tochter **Kindergeld**.
>
> Der Steuerpflichtige kann **auf Antrag** den **Behinderten-Pauschbetrag** in Höhe von **7.200 DM** geltend machen, weil seine Tochter wegen fehlender eigener Einkünfte den Pauschbetrag selbst nicht in Anspruch nehmen kann.

> **Übung:** 1. Wiederholungsfragen 31 und 32 (Seite 396),
> 2. Fälle 23 und 24 (Seite 402)

14.3.3.2 Hinterbliebenen-Pauschbetrag

Personen, denen laufende **Hinterbliebenenbezüge** bewilligt worden sind, erhalten auf **Antrag** einen **Hinterbliebenen-Pauschbetrag** von **720 DM**, wenn die Hinterbliebenenbezüge geleistet werden (§ 33b Abs. 4)

> 1. nach dem Bundesversorgungsgesetz oder einem anderen Gesetz, das die Vorschriften des Bundesversorgungsgesetzes über Hinterbliebenenbezüge für entsprechend anwendbar erklärt **oder**
>
> 2. nach den Vorschriften über die gesetzliche Unfallversicherung **oder**
>
> 3. nach den beamtenrechtlichen Vorschriften an Hinterbliebene eines an den Folgen eines Dienstunfalls verstorbenen Beamten **oder**
>
> 4. nach den Vorschriften des Bundesentschädigungsgesetzes über die Entschädigung für Schäden an Leben, Körper oder Gesundheit.

Der **Nachweis** der Voraussetzungen für die Gewährung des **Hinterbliebenen-Pauschbetrags** ist nach § 65 EStDV zu führen. Bei der vorzulegenden Bescheinigung kann es sich z.B. um einen **Rentenbescheid eines Versorgungsamtes** (nicht eines Trägers der gesetzlichen Rentenversicherung) handeln (H 194 (Allgemeines und Nachweise) EStH 1999).

Steht der **Hinterbliebenen-Pauschbetrag** einem **Kind** des Steuerpflichtigen zu, für das er einen **Kinderfreibetrag oder Kindergeld** erhält, so wird der Pauschbetrag auf **Antrag** auf den Steuerpflichtigen **übertragen**, wenn ihn das Kind nicht in Anspruch nimmt (§ 33b Abs. 5).

14.3.3.3 Pflege-Pauschbetrag

Wegen der außergewöhnlichen Belastung, die einem Steuerpflichtigen durch die **Pflege einer Person** erwachsen, die nicht nur vorübergehend **hilflos** ist, kann er **an Stelle** einer Steuerermäßigung nach § 33 einen **Pflege-Pauschbetrag** von **1.800 DM** im Kalenderjahr geltend machen, wenn er dafür **keine Einnahmen** erhält (§ 33b Abs. 6 **Satz 1**).

Voraussetzung ist, daß der Steuerpflichtige die Pflege im **Inland** entweder in seiner Wohnung oder in der Wohnung des Pflegebedürftigen **persönlich** durchführt (§ 33b Abs. 6 Satz 4). Ein Steuerpflichtiger führt die Pflege auch dann **noch persönlich** durch, wenn er sich zur Unterstützung zeitweise einer **ambulanten Pflegekraft** bedient (R 194 Abs. 4 EStR 1999).

> Beispiel:
> Der Steuerpflichtige Christoph Sabel, Mainz, hat in 1999 seine 80jährige Schwiegermutter in seinen Haushalt aufgenommen und pflegt sie unentgeltlich. Die Mutter ist **hilflos** i.S.d. § 33b Abs. 6. Der Steuerpflichtige bedient sich zur Unterstützung seiner Schwiegermutter zeitweise einer ambulanten Pflegekraft.
>
> Christoph Sabel kann den **Pflege-Pauschbetrag** von **1.800 DM** geltend machen, weil die Voraussetzungen des § 33b Abs. 6 erfüllt sind. **Anstelle** des Pflege-Pauschbetrags kann der Steuerpflichtige die Steuerermäßigung nach § 33 geltend machen.

Zu beachten ist, daß der **Pflege-Pauschbetrag** nur bei **unentgeltlicher Pflege** zu gewähren ist.

Der **Pflege-Pauschbetrag** kann neben einem übertragenen Pauschbetrag nach § 33b Abs. 5 abgezogen werden.

Steuerbegünstigungen, die dem Pflegebedürftigen zustehen, werden durch den Ansatz des Pflege-Pauschbetrags nicht beeinträchtigt.

> **Übung:** 1. Wiederholungsfragen 33 bis 36 (Seite 396),
> 2. Fälle 25 und 26 (Seite 402 f.)

14.3.4 Zusammenfassung und Erfolgskontrolle

14.3.4.1 Zusammenfassung

Die Tabellen auf den folgenden Seiten geben einen Überblick über die außergewöhnlichen Belastungen.

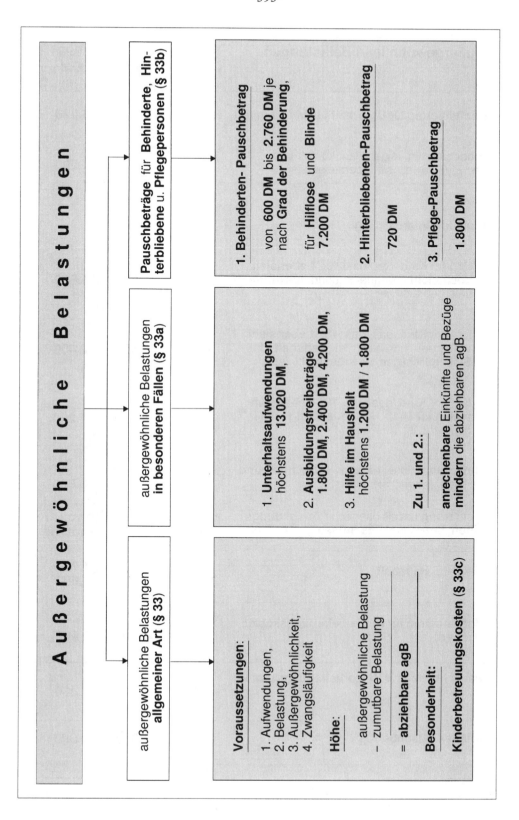

außergewöhnliche Belastungen	1997 DM	1998 DM	1999 DM
Höchstbetrag für **Unterhaltsaufwendungen**	12.000	12.000	**13.020**
Minderung um eigene Einkünfte und Bezüge, soweit sie übersteigen	1.200	1.200	**1.200**
Ausbildungsfreibeträge 1. für ein **Kind**, das das **18. Lebensjahr noch nicht** vollendet hat und **auswärts** untergebracht ist,	1.800	1.800	**1.800**
2. für ein **Kind**, das das **18. Lebensjahr vollendet** hat und im **Haushalt** des Steuerpflichtigen untergebracht ist,	2.400	2.400	**2.400**
3. für ein **Kind**, das das **18. Lebensjahr vollendet** hat und **auswärts** untergebracht ist	4.200	4.200	**4.200**
Minderung um **eigene Einkünfte und Bezüge**, soweit sie übersteigen	3.600	3.600	**3.600**
Minderung um als öffentliche **Ausbildungshilfen** bezogene **Zuschüsse**	in vollem Umfang	in vollem Umfang	**in vollem Umfang**
Hilfe im Haushalt	1.200/ 1.800	1.200/ 1.800	**1.200/ 1.800**
Höchstbetrag für Kinderbetreuungskosten (1. Kind)	4.000	4.000	**4.000**
Pauschbetrag für Kinderbetreuungskosten (1. Kind)	480	480	**480**
Pflege-Pauschbetrag	1.800	1.800	**1.800**

14.3.4.2 Erfolgskontrolle

WIEDERHOLUNGSFRAGEN

1. Wie sind die außergewöhnlichen Belastungen gesetzlich gegliedert?
2. Was wird dem Grunde nach für das Vorliegen einer außergewöhnlichen Belastung des § 33 vorausgesetzt?
3. Wie ergibt sich rechnerisch die abziehbare außergewöhnliche Belastung nach § 33?
4. Was ist unter der zumutbaren Belastung zu verstehen?
5. Was ist die Bemessungsgrundlage für die Berechnung der zumutbaren Belastung?
6. Bei welchen Personen können allgemein Kinderbetreuungskosten als außergewöhnliche Belastung berücksichtigt werden?
7. Welche Voraussetzungen müssen bei Alleinstehenden in der Person des Steuerpflichtigen erfüllt sein, um Kinderbetreuungskosten dem Grunde nach als außergewöhnliche Belastung abziehen zu können?
8. Welche Voraussetzungen müssen bei Alleinstehenden in der Person des Kindes erfüllt sein, um Kinderbetreuungskosten dem Grunde nach als außergewöhnliche Belastung abziehen zu können?
9. Welche Personen sind Alleinstehende?
10. Welche Ausgaben sind allgemein berücksichtigungsfähige Kinderbetreuungskosten?
11. Welche Aufwendungen kommen im einzelnen als berücksichtigungsfähige Aufwendungen in Betracht? Nennen Sie Beispiele.
12. Welche Aufwendungen sind nicht als Kinderbetreuungskosten i.S. des § 33c berücksichtigungsfähig? Nennen Sie Beispiele.
13. Wie hoch ist der Höchstbetrag der abzugsfähigen Kinderbetreuungskosten
    a) für das erste Kind und
    b) für jedes weitere Kind?
14. Wie hoch sind die Pauschbeträge, die für Kinderbetreuungskosten abgezogen werden können?
15. Wie ist die zumutbare Belastung anzurechnen, wenn neben Kinderbetreuungskosten andere außergewöhnliche Belastungen i.S.d. § 33 anfallen?
16. Welche Voraussetzungen müssen bei Ehegatten in der Person dieser Ehegatten hinsichtlich der Steuerpflicht und des Zusammenlebens erfüllt sein, um Kinderbetreuungskosten als außergewöhnliche Belastung abziehen zu können?
17. Welche Gründe müssen bei dem einen und welche bei dem anderen Ehegatten gleichzeitig vorliegen, damit Kinderbetreuungskosten als außergewöhnliche Belastung anerkannt werden?
18. Welche besonderen Fälle der außergewöhnlichen Belastungen werden in § 33a im einzelnen behandelt?
19. Unter welchen Voraussetzungen kann ein Steuerpflichtiger Unterhaltsaufwendungen als außergewöhnliche Belastung absetzen?
20. Bis zu welchen Höchstbeträgen kann der Steuerpflichtige Unterhaltsaufwendungen vom Gesamtbetrag der Einkünfte als außergewöhnliche Belastung abziehen?
21. Um welche Beträge vermindert sich ggf. der ungekürzte Höchstbetrag?
22. Wie werden diese Beträge berechnet?
23. Wie wird die außergewöhnliche Belastung berechnet, wenn die Voraussetzungen nach § 33a Abs. 1 nur während eines Teils des Kalenderjahrs vorgelegen haben?
24. Welche Ausbildungsfreibeträge gibt es nach § 33a Abs. 2?

25. Um welche Beträge vermindern sich ggf. die Ausbildungsfreibeträge?
26. Wie wird der Ausbildungsfreibetrag für sog. Auslandskinder berechnet?
27. Bis zu welchen Höchstbeträgen können Aufwendungen für die Beschäftigung einer Hilfe im Haushalt vom Gesamtbetrag der Einkünfte abgezogen werden?
28. Unter welchen Voraussetzungen kann der Höchstbetrag von 1.200 DM nach § 33a Abs. 3 Satz 1 Nr. 1 abgezogen werden?
29. Unter welchen Voraussetzungen kann der Höchstbetrag von 1.800 DM nach § 33a Abs. 3 Satz 1 Nr. 2 abgezogen werden?
30. Welche Höchstbeträge können nach § 33a Abs. 3 Satz 2 vom Gesamtbetrag der Einkünfte abgezogen werden?
31. Wonach richtet sich die Höhe des Behinderten-Pauschbetrags?
32. Wie hoch muß der Grad der Behinderung mindestens sein, um einen Behinderten-Pauschbetrag nach § 33b Abs. 3 beanspruchen zu können?
33. Wie hoch ist der Hinterbliebenen-Pauschbetrag?
34. Wer erhält einen Hinterbliebenen-Pauschbetrag?
35. Wie hoch ist der Pflege-Pauschbetrag?
36. Wer kann den Pflege-Pauschbetrag geltend machen?

FÄLLE

Fall 1:

Ein **lediger** Steuerpflichtiger im Alter von 40 Jahren macht seinem Steuerberater für den VZ 1999 folgende Angaben:

Einkünfte aus nichtselbständiger Arbeit	**40.000 DM**
selbstgetragene Krankheitskosten	**3.000 DM**

Ermitteln Sie die abziehbare **außergewöhnliche Belastung** des Steuerpflichtigen für den VZ 1999.

Fall 2:

Ein **lediger** Steuerpflichtiger, geb. am 01.01.1934, macht seinem Steuerberater für den VZ 1999 folgende Angaben:

Einkünfte aus nichtselbständiger Arbeit (keine Versorgungsbezüge)	**20.000 DM**
selbstgetragene Krankheitskosten	**5.000 DM**

Ermitteln Sie die abziehbare **außergewöhnliche Belastung** des Steuerpflichtigen für den VZ 1999.

Fall 3:

Der Steuerpflichtige Willi Kadenbach, geb. am 10.12.1960, ist mit Helga geb. Müller, geb. am 12.10.1962, verheiratet. Die Eheleute, die **zusammen veranlagt** werden, haben **zwei Kinder**, für die sie Kindergeld erhalten. Für den VZ 1999 machen sie ihrem Steuerberater folgende Angaben:

Einkünfte aus nichtselbständiger Arbeit (Ehemann)	**25.000 DM**
Einkünfte aus nichtselbständiger Arbeit (Ehefrau)	**15.000 DM**
selbstgetragene Operationskosten (Ehefrau)	**3.000 DM**

Ermitteln Sie die abziehbare **außergewöhnliche Belastung** der Eheleute Kadenbach für den VZ 1999.

Fall 4:

Einer **ledigen** Arbeitnehmerin sind im VZ 1999 Kinderbetreuungskosten für ihre **14jährige Tochter** und für ihren **12jährigen Sohn** in Höhe von insgesamt **10.000 DM** entstanden. Die Voraussetzungen für die steuerliche Berücksichtigung der Kinderbetreuungskosten nach § 33c in Verbindung mit § 33 sind erfüllt. **Andere** außergewöhnliche Belastungen im Sinne des § 33 liegen **nicht** vor. Der Gesamtbetrag der Einkünfte der Steuerpflichtigen hat im VZ 1999 **50.000 DM** betragen.

Ermitteln Sie die abziehbare **außergewöhnliche Belastung** der Steuerpflichtigen für den VZ 1999.

Fall 5:

Sachverhalt wie im Fall 4 mit dem Unterschied, daß die Kinderbetreuungskosten für das 1. Kind und für das 2. Kind insgesamt **1.400 DM** betragen haben.

Ermitteln Sie die abziehbare **außergewöhnliche Belastung** der Steuerpflichtigen für den VZ 1999.

Fall 6:

Sachverhalt wie im Fall 4 mit dem Unterschied, daß **neben** den Kinderbetreuungskosten noch **Krankheitskosten** in Höhe von **3.000 DM** angefallen sind. Von diesen Kosten hat die private Krankenversicherung **2.000 DM** erstattet.

Ermitteln Sie den Gesamtbetrag der abziehbaren **außergewöhnlichen Belastungen** der Steuerpflichtigen für den VZ 1999.

Fall 7:

Sachverhalt wie im Fall 4 mit dem Unterschied, daß die Kinderbetreuungskosten insgesamt **1.400 DM** betragen und daß **neben** den Kinderbetreuungskosten **1.000 DM** selbstgetragene **Krankheitskosten** angefallen sind.

Ermitteln Sie den Gesamtbetrag der abziehbaren **außergewöhnlichen Belastungen** der Steuerpflichtigen für den VZ 1999.

Fall 8:

Die Ehegatten Grimm, Hannover, die **zusammen veranlagt** werden, haben eine **8jährige Tochter**, die in ihrem Haushalt lebt. Herr Grimm ist erwerbstätig. Frau Grimm ist infolge eines Verkehrsunfalls behindert, so daß sie ihre Tochter nicht betreuen kann. Eine entsprechende ärztliche Bescheinigung liegt vor. Die Tochter wird von einer Hausgehilfin betreut, für deren Beschäftigung die Eheleute Grimm in 1999 **8.400 DM** aufgewendet haben. **Andere** außergewöhnliche Belastungen im Sinne des § 33 sind in 1999 **nicht** angefallen. Der **Gesamtbetrag der Einkünfte** beträgt im VZ 1999 **102.000 DM**.

Wieviel DM **Kinderbetreuungskosten** können im VZ 1999 als **außergewöhnliche Belastung** abgezogen werden?

Fall 9:

Die Eheleute Pfleiderer, Stuttgart, haben einen **10jährigen Sohn**. Der Sohn lebt in ihrem Haushalt. Herr Pfleiderer arbeitet als Prokurist bei den Schneiderwerken. Frau Pfleiderer ist ebenfalls erwerbstätig. Der Sohn wird von einer Haushaltshilfe betreut, für deren Beschäftigung die Eheleute Pfleiderer in 1999 **14.400 DM** aufgewendet haben. Herr Pfleiderer wurde in 1999 operiert. Er war deshalb einen Monat arbeitsunfähig. Die selbstgetragenen Krankheitskosten haben **4.500 DM** betragen. Der **Gesamtbetrag der Einkünfte** beträgt in 1999 **124.000 DM**.

Wie hoch ist die **abziehbare außergewöhnliche Belastung** im Sinne der §§ 33 und 33c der Eheleute Pfleiderer im VZ 1999?

Fall 10:

Der Steuerpflichtige Kohl unterhält seinen vermögenslosen im Inland lebenden 70jährigen Großvater im VZ 1999 mit insgesamt **3.800 DM**. Der Großvater erhielt in 1999 eine kleine Beamtenpension in Höhe von **3.600 DM** und eine Rente i.S. des § 22 Nr. 1 von **4.800 DM**, deren steuerlich zu erfassender Ertragsanteil **20 %** beträgt. Der Zuschuß zur Kranken- und Pflegeversicherung betrug **374 DM**. Außerdem bezieht er ein steuerfreies Wohngeld von **1.136 DM**.

Ermitteln Sie die abziehbare **außergewöhnliche Belastung** des Steuerpflichtigen Kohl nach § 33a Abs. 1 für den VZ 1999.

Fall 11:

Der Steuerpflichtige Wilbert unterstützt seine vermögenslose Mutter seit dem 01.05.1999 mit **monatlich 400 DM**. Die Mutter erhält seit dem 01.01.1999 eine Rente aus einer privaten Lebensversicherung von **350 DM monatlich**. Sie hatte bei Beginn der Rente das 62. Lebensjahr vollendet.

Ermitteln Sie die abziehbare **außergewöhnliche Belastung** des Steuerpflichtigen Wilbert nach § 33a Abs. 1 für den VZ 1999.

Fall 12:

Der Steuerpflichtige Uwe Neis und sein Bruder Kurt Neis unterstützten im VZ 1999 ihren vermögenslosen im Inland lebenden Vater. Uwe zahlte **monatlich 300 DM** und Kurt **monatlich 600 DM**. Der Vater erhielt in 1999 Versorgungsbezüge im Sinne des § 19 Abs. 2 Nr. 1 von **5.040 DM** und eine Leibrente von **2.880 DM** aus einer privaten Lebensversicherung, deren steuerlicher Ertragsanteil **24 %** beträgt. Außerdem bezog er im Kalenderjahr 1999 ein steuerfreies Wohngeld von **1.200 DM**.

Ermitteln Sie die abziehbare **außergewöhnliche Belastung** der Steuerpflichtigen Uwe und Kurt Neis für den VZ 1999.

Fall 13:

Sachverhalt wie im Fall 12 mit dem Unterschied, daß der Ertragsanteil der Leibrente **20 %** beträgt, der Sohn Uwe **monatlich 100 DM** und der Sohn Kurt **monatlich 200 DM** zahlen.

Ermitteln Sie die abziehbare **außergewöhnliche Belastung** der Steuerpflichtigen Uwe und Kurt Neis für den VZ 1999.

Fall 14:

Der Steuerpflichtige Rader, Bonn, beantragt für den VZ 1999 einen Ausbildungsfreibetrag für seine **17jährige Tochter** Rita, die sich während des ganzen Jahres in der Berufsausbildung befindet. Sie erlernt den Ausbildungsberuf "Steuerfachangestellte". Rita ist im Haushalt ihrer Eltern untergebracht. Dem Steuerpflichtigen sind hierdurch Aufwendungen erwachsen. Für seine Tochter erhält der Steuerpflichtige einen Kinderfreibetrag.

Ermitteln Sie den abziehbaren **Ausbildungsfreibetrag** für den VZ 1999.

Fall 15:

Die Eheleute Meyer, Düsseldorf, die **zusammen veranlagt** werden, beantragen für den VZ 1999 einen Ausbildungsfreibetrag für ihre Tochter Martina. Die Eheleute erhalten für Martina Kindergeld. Martina hat mit Ablauf des 15.06.1999 das 18. Lebensjahr vollendet. Sie befand sich das ganze Jahr hindurch in der Berufsausbildung und war im Haushalt ihrer Eltern untergebracht. Martina hat **keine** eigenen Einkünfte und Bezüge.

Ermitteln Sie den abziehbaren **Ausbildungsfreibetrag** für den VZ 1999.

Fall 16:

Der Steuerpflichtige Cornely, Berlin, beantragt für den VZ 1999 einen Ausbildungsfreibetrag für seine **24jährige Tochter** Heike, die während des ganzen Jahres in München Jura studiert. Heike wohnt in München. Dem Steuerpflichtigen sind hierdurch Aufwendungen erwachsen. Für seine Tochter erhält der Steuerpflichtige Kindergeld. Heike hat **keine** eigenen Einkünfte und Bezüge.

Ermitteln Sie den abziehbaren **Ausbildungsfreibetrag** für den VZ 1999.

Fall 17:

Der Steuerpflichtige Dieter Metzler, Ludwigshafen, und seine Ehefrau, die mit ihm **zusammen veranlagt** wird, beantragen für den VZ 1999 einen Ausbildungsfreibetrag für ihren Sohn Wolfgang. Wolfgang, zu Beginn des VZ 1999 **25 Jahre alt**, befand sich das ganze Jahr über in der Berufsausbildung und war deswegen auswärtig untergebracht. Dem Steuerpflichtigen sind hierdurch Aufwendungen erwachsen. Wolfgang hatte in 1999 einen **Arbeitslohn** in Höhe von **6.640 DM** bezogen. Außerdem hat er eine Ausbildungshilfe aus öffentlichen Mitteln als **Zuschuß** in Höhe von **1.000 DM** erhalten.

Ermitteln Sie den abziehbaren **Ausbildungsfreibetrag** für den VZ 1999.

Fall 18:

Der Steuerpflichtige Hans-Joachim Michels, Ludwigshafen, und seine Ehefrau, die mit ihm **zusammen veranlagt** wird, beantragen für den VZ 1999 einen Ausbildungsfreibetrag für ihren Sohn Markus. Markus, zu Beginn des VZ 1999 **25 Jahre alt**, befand sich bis **Ende Oktober 1999** in der Berufsausbildung und war deswegen auswärtig untergebracht. Dem Steuerpflichtigen sind hierdurch Aufwendungen erwachsen. Markus hatte in 1999 einen **Arbeitslohn** in Höhe von **6.640 DM** bezogen. Hiervon entfallen **2.996 DM** auf die Zeit vom 01.01. bis 31.10.1999. Außerdem hat er eine Ausbildungshilfe aus öffentlichen Mitteln als **Zuschuß** in Höhe von **1.000 DM** für den Ausbildungszeitraum erhalten.

Ermitteln Sie den abziehbaren **Ausbildungsfreibetrag** für den VZ 1999.

Fall 19:

Der seit drei Jahren verwitwete Gewerbetreibende Norbert Dautzenberg, wohnhaft in Köln, dessen Gesamtbetrag der Einkünfte 1999 **200.000 DM** betragen hat, unterstützt seine beiden Kinder Martin und Julia 1999 in folgendem Umfang:

1. Julia, 15 Jahre alt, besucht in Freiburg eine Internatsschule und kommt lediglich in den Schulferien nach Hause. Von den monatlichen Internatskosten in Höhe von **2.000 DM** entfallen **800 DM** auf die Beaufsichtigung und Betreuung des Kindes.

2. Martin, 24 Jahre alt, studiert in Karlsruhe Informatik. Während der Semesterferien hat er 1999 lt. Lohnsteuerkarte einen Arbeitslohn von **16.000 DM** bezogen. Sein Vater unterstützt ihn mit monatlich 800 DM.

Ermitteln Sie die abziehbaren **außergewöhnlichen Belastungen** des Steuerpflichtigen Dautzenberg nach den §§ 33a Abs. 1 und Abs. 2 und 33c für den VZ 1999.

Fall 20:

Sachverhalt wie im Beispiel auf Seite 387 mit dem Unterschied, daß Elif bei ihrer Großmutter in **Spanien** lebt.

Ermitteln Sie den abziehbaren **Ausbildungsfreibetrag** für den VZ 1999.

Fall 21:

Die nichtverheiratete Steuerpflichtige Edith Krause, geb. am 21.09.1939, trat am 01.10.1999 in den Ruhestand. Sie beschäftigt seit 01.01.1999 eine **Hilfe im Haushalt**, für die sie **monatlich 200 DM** aufwendet.

Ermitteln Sie die abziehbare **außergewöhnliche Belastung** der Steuerpflichtigen Krause nach § 33a Abs. 3 Satz 1 für den VZ 1999.

Fall 22:

Die nichtverheiratete Steuerpflichtige Birgit Fuchs, 70 Jahre alt, beschäftigte bis zum 31.07.1999 eine **Hilfe im Haushalt**. Ihre Aufwendungen beliefen sich auf **monatlich 2.000 DM**. Am 01.08.1999 zog sie in ein Altenheim, **ohne pflegebedürftig** zu sein. Sie wird dort voll versorgt und zahlte in 1999 **monatlich 2.500 DM**.

Ermitteln Sie die abziehbare **außergewöhnliche Belastung** der Steuerpflichtigen Fuchs nach § 33a Abs. 3 für den VZ 1999.

Fall 23:

Ein **lediger** Steuerpflichtiger ist an einem chronischen Leiden erkrankt. Durch einen **Ausweis** nach dem Schwerbehindertengesetz weist der Steuerpflichtige ein Grad der Behinderung von **70** nach.

Ermitteln Sie die nach § 33b abziehbare **außergewöhnliche Belastung** des Steuerpflichtigen für den VZ 1999.

Fall 24:

Die Eheleute Querbach, die **zusammen veranlagt** werden, sind beide behindert. Der Grad der Behinderung des Ehemannes beträgt **50** und der Grad der Behinderung der Ehefrau **40**. Die Nachweise für die Gewährung der Behinderten-Pauschbeträge liegen vor.

Ermitteln Sie die **Behinderten-Pauschbeträge** nach § 33b Abs. 3 der Eheleute Querbach für den VZ 1999.

Fall 25:

Der **ledige** Steuerpflichtige Franz Klein, Bonn, hat seine **75jährige** Mutter in seinen Haushalt aufgenommen. Die Mutter ist infolge eines Gehirnschlags **hilflos** und daher dauernd pflegebedürftig. Franz Klein pflegt seine Mutter **persönlich** und **unentgeltlich**. Durch die Krankheit der Mutter sind dem Steuerpflichtigen selbstgetragene Kosten in Höhe von **4.000 DM** entstanden. Der **Gesamtbetrag der Einkünfte** des Steuerpflichtigen hat im VZ 1999 **50.000 DM** betragen.

Ermitteln Sie die abziehbare **außergewöhnliche Belastung** nach § 33 und § 33b Abs. 6 des Steuerpflichtigen für den VZ 1999.

Fall 26:

Der Steuerpflichtige Dieter Müller, geb. am 10.10.1932, ist mit Helga geb. Schneider, geb. am 10.09.1934, verheiratet. Beide wohnen in Kaiserslautern. Die Eheleute haben zwei Kinder, für die sie Kindergeld erhalten.

Tochter **Inge**, geb. am 20.02.1976, studiert in Bonn Jura. Inge wohnt in Bonn. Die Eltern tragen die Kosten des Studiums.

Sohn **Martin**, geb. am 10.06.1977, ist seit Geburt blind. In seinem Schwerbehindertenausweis ist das Merkmal "**BL**" eingetragen.

Beide Kinder haben **keine** eigenen Einkünfte und Bezüge.

Für den VZ 1999 machen die Eheleute ihrem Steuerberater folgende Angaben:

1. Einkünfte aus Gewerbebetrieb (Ehemann) **79.254 DM**

2. Einkünfte aus Vermietung und Verpachtung (Ehefrau) **5.136 DM**

3. Die Ehefrau ist in 1999 operiert worden. Die von der Krankenversicherung nicht übernommenen Kosten haben betragen **5.000 DM**

4. Der Steuerpflichtige Müller unterstützt seine vermögenslose **Mutter mit monatlich** **200 DM**
   Die Mutter erhielt in 1999 eine Rente von der gesetzlichen Rentenversicherung von insgesamt 4.200 DM, deren steuerlich zu erfassender Ertragsanteil 20 % beträgt. Der **Zuschuß** zur Kranken- und Pflegeversicherung beträgt **328 DM**

5. Für das Studium der Tochter Inge zahlt der Steuerpflichtige **monatlich** **600 DM**

6. Die Eheleute beschäftigen eine Hilfe im Haushalt. Die Kosten für die Beschäftigung der Hilfe im Haushalt betragen **monatlich** **120 DM**

7. Wegen einer im Betrieb erlittenen Körperverletzung bezieht Müller eine Rente aus der Berufsgenossenschaft von **jährlich** **1.800 DM**
   Der Grad der Behinderung ist mit **30** festgestellt worden.

8. Der Sohn Martin ist hilflos und daher dauernd pflegebedürftig. Martin lebt im Haushalt seiner Eltern und wird von ihnen kostenlos gepflegt.

Ermitteln Sie die abziehbaren **außergewöhnlichen Belastungen** der Eheleute Müller für den VZ 1999. Die Beträge sind auf volle DM abzurunden.

Zusammenfassende Erfolgskontrolle

1 Sachverhalt

1.1 Persönliche Verhältnisse

Joachim Weins, geb. am 01.01.1935, ist seit 1973 mit Bettina geb. Fröhlich, geb. am 27.07.1937, verheiratet. Beide wohnen seit dem 01.07.1995 in ihrem Einfamilienhaus in Koblenz. Vorher wohnten sie in einem in Koblenz gelegenen Mietwohngrundstück.

Aus der Ehe der Eheleute Weins sind **zwei Kinder** hervorgegangen:

Sohn Stefan, geb. am 27.03.1978. Er wurde in Koblenz ausgebildet und bestand im Juni 1999 seine Prüfung als Steuerfachangestellter. Anschließend unternahm er eine zweimonatige Studienreise quer durch Europa. Seit dem 01.09.1999 arbeitet Stefan als Steuerfachangestellter bei einem Koblenzer Steuerberater. Seine Einkünfte betrugen im 1. Halbjahr 1999 **2.000 DM** und im 2. Halbjahr **7.100 DM**. Stefan wohnt bei seinen Eltern. Sie haben die Kosten seiner Ausbildung getragen.

Tochter Andrea, geb. am 06.06.1982. Sie besuchte in 1999 in Koblenz die Berufsfachschule Wirtschaft. Andrea wohnt ebenfalls bei ihren Eltern, die die Kosten ihrer Ausbildung tragen. Andrea hatte in 1999 eigene Einkünfte von **1.500 DM**.

1.2 Einkünfte

Joachim Weins ist Gesellschafter und Geschäftsführer der Rhein-Mosel-KG, Koblenz. Das Wirtschaftsjahr der KG läuft vom 01.04. bis 31.03. Die Gesellschaft erzielte im Wirtschaftsjahr 1998/1999 einen Handelsbilanz**gewinn** von **210.750 DM** und in 1999/2000 einen Handelsbilanz**verlust** von **25.500 DM**.
Herr Weins ist mit **40 %** an der KG beteiligt.
Er erhielt in beiden Wirtschaftsjahren ein Geschäftsführer**gehalt** von **60.000 DM**, das erfolgswirksam gebucht wurde.
Außerdem hat Herr Weins der KG ein Darlehen gegeben. Die KG hat ihm dafür Zinsen gezahlt. Die **Zinsen** wurden bei der KG als Zinsaufwendungen gebucht, und zwar in 1998/1999 **6.000 DM** und in 1999/2000 **4.800 DM**.

Frau Weins arbeitet halbtags bei einem Steuerberater als Buchhalterin. Auf ihrer Lohnsteuerkarte 1999 sind u.a. folgende Angaben bescheinigt:

Bruttoarbeitslohn	**23.156,— DM**
Lohnsteuer	**1.078,— DM**
Solidaritätszuschlag	**0,00 DM**
Kirchensteuer	**97,02 DM**
AN-Anteil am Gesamtsozialversicherungsbeitrag	**3.738,— DM**

Frau Weins besitzt Aktien der VW - AG, Wolfsburg. Sie erhielt in 1999 **795,15 DM** für 1998 und in 2000 **883,50 DM** für 1999 **Nettodividenden** (**nach** Abzug der KSt, der KapESt und des SolZ). Die entsprechenden Steuerbescheinigungen liegen vor.

Frau Weins wurden für ihr Bausparguthaben **370 DM Zinsen** (**vor** Abzug der KapESt und des SolZ) von der Bausparkasse gutgeschrieben. Der Bausparvertrag dient nicht der Erzielung von Einkünften aus Vermietung und Verpachtung.

Die Eheleute Weins haben am 01.04.1995 ein **Einfamilienhaus** gekauft, das sie am 01.07.1995 bezogen haben.
Das Einfamilienhaus ist ein **begünstigtes Objekt i.S.d. EStG**, das 1999 mit **16.500 DM** berücksichtigt wird.

Bis zum 30.6.1995 wohnten die Eheleute Weins in einem in Koblenz gelegenen Mietwohngrundstück, das einer Erbengemeinschaft gehört. An dieser Gemeinschaft ist Herr Weins mit **einem Drittel** beteiligt. Die Einnahmen aus diesem Grundstück haben in 1999 **28.247 DM** betragen, die Werbungskosten - infolge hoher Reparaturkosten - **35.547 DM**.

Herr Weins bezieht seit dem 1.7.1999 aus einer privaten Lebensversicherung eine **monatliche** Rente von **1.493 DM**.

1.3 Sonstige Angaben

Neben den bisher im Text genannten Beträgen hatten die Eheleute Weins in 1999 folgende Ausgaben, die sie steuerlich absetzen wollen:

Kirchensteuer-Vorauszahlungen	**540 DM**
Spende an das Deutsche Rote Kreuz (gemeinnützige Zwecke)	**1.187 DM**
Spende an die Kirchengemeinde	**500 DM**
Spende an eine politische Partei	**400 DM**
Beiträge zur Kranken- und Pflegeversicherung des Ehemannes	**4.550 DM**
Beiträge zur Lebensversicherung der Ehefrau	**4.835 DM**

Frau Weins leistete in 1999 Unterhaltsleistungen von **monatlich 400 DM** an ihren Vater. Der Vater ist 82 Jahre alt. Er bezog in 1999 eine Beamtenpension von **monatlich 450 DM**, außerdem eine **monatliche** Leibrente aus einer privaten Lebensversicherung von **375 DM**, deren Ertragsanteil 25 % beträgt. Er hat ein kleines Einfamilienhaus, das er allein bewohnt (Einheitswert 22.000 DM). Anderes Vermögen besitzt er **nicht**.

2 Aufgabe

Ermitteln Sie das **Einkommen** der Eheleute Weins für den VZ 1999.

14.4 Sonstige Abzugsbeträge

Die folgende Übersicht zeigt, an welcher Stelle im Schema zur Ermittlung des Einkommens die **sonstigen Abzugsbeträge** berücksichtigt werden:

---

1. Einkünfte aus Land- und Forstwirtschaft (§ 13)
2. Einkünfte aus Gewerbebetrieb (§ 15)
3. Einkünfte aus selbständiger Arbeit (§ 18)
4. Einkünfte aus nichtselbständiger Arbeit (§ 19)
5. Einkünfte aus Kapitalvermögen (§ 20)
6. Einkünfte aus Vermietung und Verpachtung (§ 21)
7. sonstige Einkünfte im Sinne des § 22

= **Summe der Einkünfte** (§ 2 Abs. 3 Satz 2)
− Altersentlastungsbetrag (§ 24a)
− Abzug für Land- und Forstwirte (§ 13 Abs. 3)

= **Gesamtbetrag der Einkünfte** (§ 2 Abs. 3 Satz 1)
− Verlustabzug nach § 10d
− Sonderausgaben (§§ 10, 10b, 10c)
− außergewöhnliche Belastungen (§§ 33, 33a, 33b, 33c)
− **sonstige Abzugsbeträge** (z.B. §§ 10e bis 10i EStG und § 7 FördG)

= **E i n k o m m e n** (§ 2 Abs. 4)

Zu den **sonstigen Abzugsbeträgen** gehören:

- der Abzugsbetrag nach **§ 10e EStG**,
- der Vorkostenabzug nach **§ 10i EStG** und,
- der Abzugsbetrag nach **§ 7 FördG**.

Obwohl die gesetzlichen Vorschriften, die den Wohnungsbau in Form von Abzugsbeträgen fördern, seit dem VZ 1996/1999 weggefallen sind, gelten sie über den VZ 1999 hinaus, soweit die in den Gesetzen geforderten Voraussetzungen **vor** dem VZ 1996 bzw. **vor** dem VZ 1999 vorlagen (siehe **Anlage FW** zur Einkommensteuererklärung).

Seit dem 1.1.1996 tritt an die Stelle des § 10e EStG (und damit auch des § 34f EStG) das **Eigenheimzulagengesetz (EigZulG)**.

Mit dem Steuerentlastungsgesetz fällt der erst 1995 eingeführte **Vorkostenabzug nach § 10i EStG** ab dem **VZ 1999** weg (§ 52 Abs. 29).

In den neuen Bundesländern wurde der Wohnungsbau durch das **Fördergebietsgesetz (§ 7 FördG)** steuerlich begünstigt.
Ab dem VZ 1999 wird das Fördergebietsgesetz durch das **Investitionszulagengesetz 1999** abgelöst.

Die **Eigenheimzulage** und die **Investitionszulage** sind als eigenständige Vergünstigungen (**Subventionen**) ausgestattet.

> [S 2] Einzelheiten über die Zulagen erfolgen in den Kapiteln "**B. Eigenheimzulage**", Seite 492 ff., und "**C. Investitionszulage**", Seite 513 ff.

14.4.1 Abzugsbetrag nach § 10e EStG

Im folgenden wird die einkommensteuerliche Behandlung der **begünstigten Objekte i.S.d. EStG** in ihren Grundzügen dargestellt, soweit sie noch für den VZ 1999 und die Folgejahre von Bedeutung sind
Weitere **Einzelheiten** ergeben sich aus dem **BMF-Schreiben** vom **31.12.1994** (**Anhang 34** (III) EStH 1999).

14.4.1.1 Begünstigte Objekte i.S.d. EStG

Der **Abzugsbetrag** nach **§ 10e** kann nur für sogenannte **begünstigte Objekte** i.S.d. EStG in Anspruch genommen werden.
Unter einem **begünstigten Objekt i.S.d. EStG versteht man eine Wohnung**, die **nach dem 31.12.1986 und vor dem 1.1.1996** hergestellt oder angeschafft wurde **und** vom **Eigentümer selbst bewohnt** wird.
Auf die **Art des Gebäudes**, in dem sich die **Wohnung** befindet, **kommt es nicht an**. Es kann sich also um ein **Einfamilienhaus, Zweifamilienhaus, Mietwohngrundstück** oder eine **Eigentumswohnung** handeln.

Beispiele:
1. A kauft in 1994 ein unbebautes in München gelegenes Grundstück, auf dem er noch in 1994 mit dem Bau eines **Zweifamilienhauses** beginnt. Nach Fertigstellung des Hauses in 1995 **bewohnt** er **eine Wohnung selbst**.

   Die Wohnung (nicht das Zweifamilienhaus) des A ist ein begünstigtes Objekt i.S.d. EStG.

2. B baut in 1995 ein **Mietwohngrundstück** in Mainz. **Eine Wohnung** bewohnt **B selbst**.

   Die **Wohnung** (nicht das Mietwohngrundstück) des B ist ein begünstigtes Objekt i.S.d. EStG.

Seit dem VZ 1994 ist beim **Kauf** von **Wohnungen** darauf zu achten, wie lange, vom Zeitpunkt der Anschaffung aus gesehen, das **Datum der Fertigstellung** zurückliegt.

Beispiel:
C kauft in **1995** eine **Wohnung** in Bonn, die in **1993 fertiggestellt** worden ist. **C bewohnt** die **Wohnung selbst**.

Die Wohnung **gilt als begünstigtes Objekt**, weil C die Wohnung bis zum **Ende des zweiten** auf das Jahr der Fertigstellung **folgenden** Jahres angeschafft hat.
Wäre die Wohnung **1992 oder früher fertiggestellt** worden, läge ein sogenannter **Altbau** vor, der nur noch **eingeschränkt gefördert** wird (§ 10e Abs. 1 **Satz 4**).

Zu den begünstigten Wohnungen gehören **auch Bodenräume, Waschküchen, Kellerräume, Trockenräume und Garagen.**

Ferienwohnungen und Wochenendwohnungen (= Wohnungen, die in einem ausgewiesenen Sondergebiet für Ferien- und Wochenendhäuser liegen oder die sich aufgrund ihrer Bauweise nicht zum dauernden Bewohnen eignen) sind **nicht begünstigt** (§ 10e Abs. 1 Satz 2).

Begünstigt sind **auch** die Herstellungskosten von **Ausbauten und Erweiterungen** an einer im Inland belegenen, zu eigenen Wohnzwecken genutzten Wohnung (§ 10e **Abs. 2**). Dazu gehören auch die Herstellungskosten für die nachträgliche Errichtung von Garagen (**Anhang 34** (III) Tz. 10 EStH 1999).

> Übung: 1. Wiederholungsfragen 1 und 2 (Seite 422),
> 2. Fälle 1 bis 4 (Seite 422 f.)

14.4.1.2 Begünstigte Personen

Begünstigte Personen sind der bürgerlich-rechtliche **Eigentümer** bzw. der wirtschaftliche Eigentümer, der die Herstellungskosten und oder die Anschaffungskosten getragen hat. Das sind in der Regel der **Bauherr** bzw. der **Käufer**.

Nicht begünstigt sind Erwerbsfälle zwischen Ehegatten, bei denen die Voraussetzungen des § 26 Abs. 1 vorliegen. Erwirbt z.B. der Steuerpflichtige eine Wohnung oder einen Teil davon von seinem Ehegatten und sind beide Ehegatten unbeschränkt steuerpflichtig und sie leben nicht dauernd getrennt, so ist diese Anschaffung nicht begünstigt (§ 10e Abs. 1 Satz 8).

14.4.1.3 Abzugsbetrag (Grundförderung)

Die steuerliche **Begünstigung** ergibt sich aus einem **Abzugsbetrag**. Der Abzugsbetrag wird "wie Sonderausgaben" vom Gesamtbetrag der Einkünfte abgezogen.

Bemessungsgrundlage für den Abzugsbetrag sind:

> 1. die **Herstellungs- bzw. Anschaffungskosten**, die auf die begünstigte Wohnung entfallen
> und
> 2. die **Hälfte** der zu dieser Wohnung gehörenden **Anschaffungskosten des Grund und Bodens**.

Beispiel:
Der Steuerpflichtige Wolf-Henning Matt erwirbt in 1995 eine in 1995 fertiggestellte **Eigentumswohnung** in Düsseldorf, die er selbst bewohnt. Die Anschaffungskosten betragen **400.000 DM.** Davon entfallen auf

die **Wohnung**	320.000 DM
und den anteiligen **Grund und Boden**	80.000 DM

Die **Bemessungsgrundlage** wird wie folgt ermittelt:

1. Anschaffungskosten der **Wohnung**	320.000 DM
2. 50 % der AK des anteiligen **Grund und Bodens**	40.000 DM
= **Bemessungsgrundlage**	**360.000 DM**

Wird ein **Zweifamilienhaus** bzw. ein **Mietwohngrundstück** teils vom Eigentümer **selbst bewohnt** und teils **vermietet**, müssen die **Herstellungs- bzw. Anschaffungskosten** auf die einzelnen Wohnungen **aufgeteilt** werden.

Beispiel:
Die Steuerpflichtige Julia Siegismund hat in 1995 in München ein Dreifamilienhaus bauen lassen. Eine Wohnung bewohnt sie selbst, zwei Wohnungen hat sie vermietet. Alle Wohnungen sind in ihrer Größe und Ausstattung gleich.

Die Herstellungskosten des Gebäudes betragen	480.000 DM
und die Anschaffungskosten des Grund und Bodens betragen	120.000 DM

Die **Bemessungsgrundlage** wird wie folgt berechnet:

1. **HK** der eigenen **Wohnung** (480.000 DM : 3)	160.000,— DM
2. **50 %** der AK des anteiligen **Grund und Bodens** (50 % von 120.000 DM = 60.000 DM : 3)	20.000,— DM
= **Bemessungsgrundlage**	**180.000,— DM**

Werden **Teile** der **selbstgenutzten Wohnung nicht zu eigenen Wohnzwecken genutzt** (z.B. Arbeitszimmer, andere gewerbliche bzw. berufliche oder vermietete Räume), ist die **Bemessungsgrundlage** um den auf den nicht zu eigenen Wohnzwecken entfallenden Teil **zu kürzen**.

Beispiel:
Sachverhalt wie im Beispiel zuvor mit dem Unterschied, daß Julia Siegismund in ihrer Wohnung ein häusliches **Arbeitszimmer** hat. **10 %** der Wohnfläche entfallen auf das **Arbeitszimmer**.

Die **Bemessungsgrundlage** wird wie folgt berechnet:

vorläufige Bemessungsgrundlage	180.000,— DM
− **Kürzung um 10 %**	**18.000,— DM**
= endgültige Bemessungsgrundlage	162.000,— DM

Bei einem häuslichen **Arbeitszimmer** ist die **Bemessungsgrundlage** im Verhältnis der ermittelten **Wohnfläche** zur Grundfläche des Arbeitszimmers, bei **gewerblich/beruflich** genutzten Räumen im Verhältnis der Grundfläche dieser Räume zur gesamten **Nutzfläche** aufzuteilen (**Anhang 34** (III) Tz. 54 EStH 1999).

Die **Bemessungsgrundlage** ist **nicht zu kürzen,** wenn Teile einer ansonsten zu eigenen Wohnzwecken genutzten Wohnung **unentgeltlich** zu Wohnzwecken überlassen werden (**Anhang 34** (III) Tz. 55 EStH 1999).

Beispiel:
Sachverhalt wie im Beispiel zuvor mit dem Unterschied, daß Julia Siegismund kein häusliches Arbeitszimmer hat, sondern einen **Wohnraum** (10 % der Wohnfläche) an ihren Neffen, der in München studiert, **unentgeltlich überlassen** hat.

Die **Bemessungsgrundlage** beträgt in diesem Falle **180.000,— DM**.

Die **Abzugsbeträge nach § 10e Abs. 1 und 2** können seit dem **VZ 1992 nur** noch für Veranlagungszeiträume in Anspruch genommen werden, in denen der

Gesamtbetrag der Einkünfte	**120.000 DM,**
bei zusammenveranlagten Ehegatten	**240.000 DM**

nicht übersteigt (§ 10e Abs. 5a).

Seit dem **VZ 1987** gilt für den **Abzugsbetrag** nach § 10e **Abs. 1** und **Abs. 2** (die **Grundförderung**) folgendes:

Zeitlicher Geltungsbereich	Höhe des Abzugsbetrags nach §10e Abs. 1 und 2 (**Grundförderung**)
Herstellung oder Anschaffung **nach dem 31.12.1986 und vor dem 1.1.1991**	Der Abzugsbetrag beträgt **acht Jahre** lang jährlich bis zu **5 %** der Bemessungsgrundlage, **höchstens 15.000 DM**.
Herstellung oder Anschaffung **nach dem 31.12.1990 und vor dem 1.10.1991**	Der Abzugsbetrag beträgt **acht Jahre** lang jährlich bis zu **5 %** der Bemessungsgrundlage, **höchstens 16.500 DM**
Bauantrag oder Baubeginn oder Kaufvertrag **nach dem 30.9.1991 und vor dem 1.1.1992**	Der Abzugsbetrag beträgt in den ersten **vier Jahren** bis zu **6 %** der Bemessungsgrundlage, **höchstens 19.800 DM**, und in den **vier darauffolgenden Jahren** bis zu **5 %** der Bemessungsgrundlage, **höchstens 16.500 DM**.
Bauantrag oder Baubeginn oder Kaufvertrag **nach dem 31.12.1991 und vor dem 1.1.1996**	Der Abzugsbetrag beträgt in den ersten **vier Jahren** bis zu **6 %** der Bemessungsgrundlage, **höchstens 19.800 DM**, und in den **vier darauffolgenden Jahren** bis zu **5 %** der Bemessungsgrundlage, **höchstens 16.500 DM**. Der **Abzugsbetrag fällt** für den jeweiligen Veranlagungszeitraum **weg, wenn** der **Gesamtbetrag der Einkünfte 120.000 DM** bzw. bei Zusammenveranlagung **240.000 DM** übersteigt.
Kaufvertrag **nach dem 31.12.1993 und vor dem 1.1.1996**	Erfolgt die **Anschaffung nicht** im **Jahr der Fertigstellung und** in den **zwei darauffolgenden Jahren**, beträgt der Abzugsbetrag für den Altbau in den ersten **vier Jahren 6 %** der Bemessungsgrundlage, **höchstens 9.000 DM** und in den **vier darauffolgenden Jahren 5 %** der Bemessungsgrundlage, **höchstens 7.500 DM**.

14.4.1.3.1 Bauantrag, Baubeginn oder Kaufvertrag nach dem 30.9.1991 und vor dem 1.1.1996

Der Abzugsbetrag beträgt bei Bauantrag, Baubeginn oder Kaufvertrag eines Begünstigungsobjektes **nach dem 30.9.1991 und vor dem 1.1.1996** (§ 52 Abs. 26 Satz 3 i.V.m. Satz 6)

> 4 Jahre: **6 %** der Bemessungsgrundlage, **höchstens 19.800 DM**,
> 4 Jahre: **5 %** der Bemessungsgrundlage, **höchstens 16.500 DM**.

Der Höchstbetrag entspricht einer **Höchstbemessungsgrundlage** von **330.000 DM**.

Die **Abzugsbeträge** können bei Bauantrag, Baubeginn oder Kaufvertrag **nach dem 31.12.1991 und vor dem 1.1.1996** nur für Veranlagungszeiträume in Anspruch genommen werden, in denen der

> **Gesamtbetrag der Einkünfte**   **120.000 DM**,
> bei **zusammenveranlagten** Ehegatten **240.000 DM**

nicht übersteigt (§ 10e **Abs. 5a** Satz 1 i.V.m. § 52 **Abs. 26 Satz 4**).

Beispiel:
Der **ledige** Steuerpflichtige Peter Seif errichtet **Ende 1995** in Koblenz ein Einfamilienhaus, das er seit diesem Zeitpunkt selbst bewohnt. Der **Bauantrag** wurde **Anfang 1995** gestellt. Die Herstellungskosten des Gebäudes haben **350.000 DM** betragen. Die Anschaffungskosten des Grund und Bodens betrugen **100.000 DM**.
Der **Gesamtbetrag der Einkünfte** des Steuerpflichtigen beträgt im VZ 1999 **90.000 DM**.

Der **Abzugsbetrag** wird wie folgt ermittelt:

> 1. HK der Wohnung   350.000 DM
> 2. 50 % der AK des Grund und Bodens   50.000 DM
> = **Bemessungsgrundlage**   **400.000 DM**
>
> Der **Abzugsbetrag** beträgt
>
> **4 Jahre:** 6 % von 400.000 DM = 24.000 DM, höchstens **19.800 DM**,
> **4 Jahre:** 5 % von 400.000 DM = 20.000 DM, höchstens **16.500 DM**.
>
> Der **Abzugsbetrag** beträgt **vier Jahre** lang **(1995 bis 1998) 19.800 DM** und in den darauffolgenden **vier Jahren (1999 bis 2002) 16.500 DM**, vorausgesetzt, daß in der Folgezeit die Voraussetzungen erfüllt sind.

Der Abzugsbetrag wird in der **Anlage FW** 1999 wie folgt eingetragen:

Anlage FW 1999

Name und Vorname/Gemeinschaft: Seif, Peter
Steuernummer: 22/220/1043/6

[x] zur Einkommensteuererklärung
[ ] zur Feststellungserklärung

Förderung des Wohneigentums

Zeile		
1	Lage der Wohnung (Ort, Straße, Hausnummer): Koblenz, Im Palmenstück 28	Im Ferien- oder Wochenendgebiet belegen: — / Zum Dauerwohnen baurechtlich zugelassen: —
2	Eigentümer (Namen, ggf. Miteigentumsanteile): Seif, Peter	
3	[x] Einfamilienhaus/Eigentumswohng. — Anderes Haus — Wohnungen — davon eigengenutzt — Anzahl — Ausbau/Erweiterung einer eigengenutzten Wohnung — Bau einer unentgeltlich überlassenen Wohnung im eigenen Haus	

Abzugsbetrag nach § 10 e EStG / § 15 b BerlinFG

Zeile		Grund und Boden insgesamt DM (1)	davon 50% DM (2)	Gebäude DM (3)	
30	bei Kaufvertrag/Bauantrag/Herstellungsbeginn vor dem 1.1.1996:			Abzugsbetrag wie 1998	20 DM
31	[ ] Nach besonderer Berechnung				Eine Zusammenstellung der erstmals geltend gemachten Aufwendungen
32	Anschaffungs-/Herstellungskosten	100.000	50.000	350.000	[x] hat vorgelegen
33	Nachträgliche Anschaffungs-/Herstellungskosten 1999		+	+	[ ] ist beigefügt
34	Summe		50.000	+ 350.000 ▸	400.000
35	Auf die eigengenutzte Wohnung entfallen			% =	400.000
36	Von Zeile 35 entfallen auf eigenbetrieblich/beruflich genutzte oder vermietete Räume — Art der Nutzung			% =	− 0
37	Bemessungsgrundlage (höchstens 330 000 DM, bei Kaufvertrag nach dem 31.12.1993 einer mit nicht mehr als 2 Kj. vor der Anschaffung fertig gestellten Wohnung: 150 000 DM; bei § 15 b BerlinFG 300 000 DM)				330.000
38	Abzugsbetrag nach § 10 e EStG — Kaufvertrag/Bauantrag/Herstellungsbeginn [ ] nach dem 30.9.91 6% (1. bis 4. Jahr) [x] 5% — nach §15b BerlinFG % =				16.500
39	Nachholung von Abzugsbeträgen — Beträge lt. Zeile 33 Spalten 2 und 3, ggf. gekürzt entsprechend den Zeilen 35 bis 37 DM — davon % = +				
40	die vor 1999 nicht in Anspruch genommen wurden (nur bei Kaufvertrag/Bauantrag/Herstellungsbeginn nach dem 30.9.1991) + ▸				Summe Zeilen 38 bis 40: 16.500
41	1999 werden in Anspruch genommen				10 / 16.500

Bei der Grundförderung nach § 10e Abs. 1 und 2 ist für **jeden Veranlagungszeitraum** zu prüfen, ob die **Einkünftegrenzen** des § 10e **Abs. 5a überschritten** sind.

Übung: 1. Wiederholungsfragen 3 bis 7 (Seite 422),
2. Fälle 5 bis 8 (Seite 423 f.)

14.4.1.3.2 Anschaffung eines Altbaues bei Abschluß des Kaufvertrags nach dem 31.12.1993 und vor dem 1.1.1996

Hat der Steuerpflichtige die selbstgenutzte Wohnung **nicht** bis zum Ende des zweiten **auf** das Jahr der **Fertigstellung folgenden Jahres** - bei Abschluß des **Kaufvertrages nach dem 31.12.1993 und vor dem 1.1.1996** - angeschafft (= **Altbau**), kann er nur einen **gekürzten Abzugsbetrag** in Anspruch nehmen (§ 10e Abs. 1 **Satz 4** i.V.m. § 52 Abs. 26).

Der **Abzugsbetrag** beträgt für diese **Altbauten (Altimmobilien)**

> 4 Jahre: **6 %** der Bemessungsgrundlage, **höchstens 9.000 DM**,
> 4 Jahre: **5 %** der Bemessungsgrundlage, **höchstens 7.500 DM**.

Der Höchstbetrag entspricht einer **Höchstbemessungsgrundlage** von **150.000 DM**.

Die **Einkünftegrenze** des § 10e **Abs. 5a** (120.000 DM / 240.000 DM) ist für die Inanspruchnahme des gekürzten Abzugsbetrags **zu beachten**.

Beispiel:
Der ledige Steuerpflichtige D **kauft** am **16.1.1995** ein Einfamilienhaus in Köln, das am **14.3.1990 fertiggestellt** worden ist. D bewohnt das Haus selbst. Der Kaufpreis hat **390.000 DM** betragen. **Davon** entfallen **78.000 DM** auf den Grund und Boden. Der **Gesamtbetrag der Einkünfte** des D beträgt **weniger** als **120.000 DM**.

Der **Abzugsbetrag** wird wie folgt ermittelt:

> 1. AK der Wohnung (390.000 DM – 78.000 DM)   312.000 DM
> 2. 50 % der AK des Grund und Bodens   39.000 DM
> = **Bemessungsgrundlage**   **351.000 DM**
>
> Der **Abzugsbetrag** beträgt
>
> **4 Jahre:** 6 % von 351.000 DM = 21.060 DM, höchstens **9.000 DM**,
> **4 Jahre:** 5 % von 351.000 DM = 17.750 DM, höchstens **7.500 DM**.
>
> Der **Abzugsbetrag** beträgt **vier Jahre lang** (1995 bis 1998) **9.000 DM** und in den darauffolgenden **vier Jahren** (1999 bis 2002) **7.500 DM**, vorausgesetzt, daß in der Folgezeit die Voraussetzungen erfüllt sind.

Bei **begünstigten Objekten i.S.d. EStG** (Neubauten) tritt **keine Änderung** ein.

Beispiel:
Sachverhalt wie im Beispiel zuvor mit dem **Unterschied**, daß das Einfamilienhaus **1993 fertiggestellt** worden ist. Das Haus gilt in diesem Fall als **begünstigtes Objekt i.S.d. EStG** (sog. Neubau).

Der **Abzugsbetrag** beträgt

> **4 Jahre:** 6 % von 351.000 DM = 21.060 DM, höchstens **19.800 DM**,
> **4 Jahre:** 5 % von 351.000 DM = 17.750 DM, höchstens **16.500 DM**.

> **Übung:** 1. Wiederholungsfrage 8 (Seite 422),
> 2. Fälle 9 und 10 (Seite 424)

14.4.1.4 Nachholung nicht ausgeschöpfter Abzugsbeträge

Der **Steuerpflichtige kann Abzugsbeträge**, die er in einem Jahr des Abzugszeitraums **nicht ausgenutzt hat**, bis zum Ende des Abzugszeitraums **nachholen** (§ 10e Abs. 3 **Satz 1**).

Nach dem **neuen** § 10e Abs. 3 Satz 1 können **die nicht ausgeschöpften Abzugsbeträge** nicht nur wie **bisher in den ersten vier Jahren** des Abzugszeitraums **nachgeholt** werden, **sondern während des gesamten** in der Regel **achtjährigen Abzugszeitraums**.

Überschreitet der Steuerpflichtige in einem späteren Veranlagungszeitraum die in § 10e **Abs. 5a** enthaltene **Einkünftegrenze**, so kann für **diesen** Veranlagungszeitraum der Abzugsbetrag **nicht** beansprucht werden.

> Beispiel:
> Die ledige Steuerpflichtige Manuela Steub hat am **25.12.1995** ihr **Einfamilienhaus** in Bonn **fertiggestellt und bezogen**. Der **Bauantrag** wurde am **23.04.1995** gestellt. Die **Bemessungsgrundlage** nach § 10e Abs. 1 beträgt **330.000 DM**. Infolge niedriger Einkünfte in 1995 hat sie für den **VZ 1995 nur** einen **Abzugsbetrag** von 9.800 DM in Anspruch genommen.
>
> Manuela Steub kann den **nichtausgeschöpften Abzugsbetrag** von **10.000 DM** in den Jahren **1996 bis 2002** abziehen, vorausgesetzt, daß in den Veranlagungszeiträumen der Nachholung der Gesamtbetrag der Einkünfte nicht über 120.000 DM liegt.

Übung: 1. Wiederholungsfrage 9 (Seite 422),
2. Fall 11 (Seite 424)

14.4.1.5 Folgeobjekt

Nutzt ein Steuerpflichtiger die Wohnung im eigenen Haus (**Erstobjekt**) **nicht** bis zum Ablauf des Abzugszeitraums zu eigenen Wohnzwecken und kann er deshalb die Abzugsbeträge nicht mehr in Anspruch nehmen, kann er die Abzugsbeträge bei einer weiteren Wohnung (**Folgeobjekt**) beanspruchen.

Voraussetzung ist, daß er das **Folgeobjekt** innerhalb von **zwei Jahren vor und drei Jahren nach** Ablauf des Veranlagungszeitraums, in dem er das Erstobjekt letztmals zu eigenen Wohnzwecken genutzt hat, anschafft oder herstellt (§ 10e Abs. 4 **Satz 4**).

In diesem Fall ist der **Abzugszeitraum für das Folgeobjekt** um die Anzahl der Veranlagungszeiträume zu **kürzen**, in denen der Steuerpflichtige die Abzugsbeträge für das Erstobjekt hätte abziehen können.
Für das **Folgeobjekt** sind die **Vomhundertsätze** der **vom Erstobjekt** verbliebenen Jahre maßgebend (§ 10e Abs. 4 **Satz 6**).

Außerdem ist zu beachten, daß auch für das Folgeobjekt die Einschränkung des § 10e Abs. 5a gilt, weil auch bei dem Folgeobjekt im Sinne des § 10e Abs. 4 Satz 4 die Grundförderung nach § 10e Abs. 1 und 2 erfolgt.

Beispiel:
Der **ledige** Steuerpflichtige Oliver Buchta nutzt sein **1993** hergestelltes **Einfamilienhaus** in Ransbach (WW) bis 1995 selbst zu eigenen Wohnzwecken. Für **1993 bis 1995** hat er die Abzugsbeträge nach **§ 10e** in Anspruch genommen (3 x 6% von der Bemessungsgrundlage). **1996 vermietet** er dieses Einfamilienhaus (**Erstobjekt**). 1996 bewohnt er ein **zweites** in 1996 angeschafftes **Einfamilienhaus (Folgeobjekt)**.

Bei dem **Folgeobjekt** kann er **1996** den Abzugsbetrag von **1 x 6%** der Bemessungsgrundlage, **höchstens 19.800 DM** und **1997 bis 2000 4 x 5%** der Bemessungsgrundlage, **höchstens 16.500 DM** in Anspruch nehmen, vorausgesetzt, er wohnt in diesen Jahren in dem Folgeobjekt und der Gesamtbetrag der Einkünfte liegt während dieser Zeit nicht über 120.000 DM.

Die Folgeobjektregelung des § 10e Abs. 4 Satz 4, 5 und 7 EStG ist mit geringen Abweichungen in § 7 EigZulG übernommen worden.
Nach § 7 Satz 1 EigZulG kann ein Anspruchsberechtigter die **Eigenheimzulage** bei einem **Folgeobjekt fortsetzen**, soweit er sie beim Erstobjekt mangels Nutzung zu eigenen Wohnzwecken nicht bis zum Ende des Förderzeitraums in Anspruch nehmen konnte.
Anders als § 10e Abs. 4 Satz 4 EStG **fordert** § 7 **EigZulG nicht** mehr, daß die Anschaffung oder Herstellung des Folgeobjekts **innerhalb von zwei Jahren vor und drei Jahren nach** Ablauf des Kalenderjahres erfolgen muß, in dem das Erstobjekt letztmals zu eigenen Wohnzwecken genutzt worden ist.
Nach § 7 Satz 4 EigZulG kann der Anspruchsberechtigte **vom Erstobjekt** i.S.d. §§ 7b oder 10e **auf** ein **Folgeobjekt** i.S.d. Eigenheimzulagengesetzes **übergehen**.

Beispiel:
Sachverhalt wie im Beispiel zuvor

Oliver Buchta könnte für das **Folgeobjekt** von **1996 bis 2000** auch die **Eigenheimzulage** in Anspruch nehmen.

> **Übung:** Wiederholungsfragen 10 und 11 (Seite 422)

14.4.1.6 Unentgeltlich überlassene Wohnung nach § 10h EStG

§ 10h ermöglicht eine **Steuerbegünstigung der unentgeltlich zu Wohnzwecken überlassenen Wohnung im eigenen Haus.**

Die **Neuregelung** nach § 10h ist in ihrem Umfang der **Steuerbegünstigung nach § 10e** nachgebildet, ist aber wegen ihrer **familienpolitischen Zielsetzung** als ein **eigenständiger Fördertatbestand** anzusehen.

Die Steuerbegünstigung des **§ 10h** besteht darin, daß der Steuerpflichtige **Aufwendungen**, die ihm **durch Baumaßnahmen** an einem **bestehenden Gebäude** zur **Herstellung einer Wohnung** entstehen

- in den **ersten vier Jahren** jeweils bis zu **6 %**, höchstens jeweils **19.800 DM**,

  und

- in den **vier darauffolgenden Jahren** jeweils bis zu **5 %**, höchstens jeweils **16.500 DM**

wie Sonderausgaben abziehen kann (§ 10h Satz 1).

Voraussetzung für die Anwendung des § 10h ist, daß

1. der Steuerpflichtige den **Bauantrag nach dem 30.9.1991** gestellt oder mit der Herstellung begonnen hat,

2. die Baumaßnahme an einem Gebäude im Inland (**bestehenden Gebäude**) durchgeführt worden sind, in dem der Steuerpflichtige im jeweiligen Jahr des Begünstigungszeitraums eine eigene Wohnung zu eigenen Wohnzwecken nutzt,

3. die Wohnung **keine Ferienwohnung oder Wochenendwohnung** ist,

4. der Steuerpflichtige die Wohnung insgesamt im jeweiligen Jahr des Begünstigungszeitraums voll **unentgeltlich** an einen **Angehörigen** im Sinne des § 15 Abs. 1 Nr. 3 und 4 der AO (Verwandte und Verschwägerte gerader Linie und Geschwister) auf Dauer zu Wohnzwecken überlassen hat,

5. der Steuerpflichtige die Aufwendungen **nicht in** die **Bemessungsgrundlage** nach §§ 10e, 10f Abs. 1, 10g, 52 Abs. 21 Satz 6 oder nach § 7 des Fördergebietsgesetzes einbezogen hat und

6. der Steuerpflichtige mit der Herstellung der Wohnung **vor dem 1.1.1996** begonnen hat (§ 52 Abs. 28).

Die **Einkünftegrenze** des § 10e Abs. 5a (120.000 DM/240.000 DM) **ist** ebenfalls **bei** der Inanspruchnahme der Steuerbegünstigung nach **§ 10h zu beachten** (§ 10h Satz 3).

Beispiel:
Der Steuerpflichtige **A**, der mit seiner Ehefrau B zusammen veranlagt wird, ist **Eigentümer eines** in 1975 errichteten **Einfamilienhauses** in Koblenz. Das Haus wird von den Eheleuten A und B selbst bewohnt. Anläßlich der Heirat ihrer Tochter C **bauen sie in 1995 das Dachgeschoß ihres Einfamilienhauses aus** und schaffen damit eine **neue Wohnung**. Außerdem **bauen** sie noch eine **zweite Garage**, die der neuen Wohnung zuzuordnen ist. Der **Bauantrag** wurde am **16.12.1994** gestellt. Die neue Wohnung mit der neuen Garage werden seit dem **1.10.1995 (Zeitpunkt der Fertigstellung)** der **Tochter C** und deren Ehemann **unentgeltlich überlassen**.
Die **Aufwendungen**, die den Eheleuten A und B durch die Baumaßnahmen an dem Einfamilienhaus entstanden sind, haben **200.000 DM** (Wohnung 170.000 DM und Garage 30.000 DM) betragen. Der **Gesamtbetrag der Einkünfte** der Eheleute A und B beträgt 1999 **weniger als 240.000 DM**.

Die **Steuerpflichtigen A und B** können **1999 folgenden Betrag** nach § **10h** wie Sonderausgaben **abziehen:**

5 % von 200.000 DM	10.000,— DM

Die Steuerpflichtigen A und B können in den ersten vier Jahren (**1995 bis 1998**) **12.000 DM** (6 % von 200.000 DM) und in den vier darauffolgenden Jahren (**1999 bis 2002**) **10.000 DM** (5 % von 200.000 DM) wie Sonderausgaben abziehen, vorausgesetzt, daß in der Folgezeit die Voraussetzungen erfüllt sind.

Der Abzugsbetrag nach § 10h wird in der **Anlage FW** 1999 wie folgt eingetragen:

		DM				24
45	Herstellungskosten für eine unentgeltlich überlassene Wohnung im Eigenen Haus (§ 10h EStG)	200.000	davon	5	% =	10.000

Übung: 1. Wiederholungsfragen 12 bis 14 (Seite 422),
2. Fall 12 (Seite 424)

14.4.1.7 Baukindergeld

Für die Inanspruchnahme des **Baukindergeldes** nach § 34f **Abs. 2** gilt folgendes:

Zeitlicher Geltungsbereich	**Voraussetzungen** für die Steuerermäßigung	**Höhe** der Steuerermäßigung
Herstellung oder **Anschaffung nach** dem **31.12.1986 und vor dem 1.1.1990** (dies gilt entsprechend bei **Ausbauten** oder **Erweiterungen**)	1. Inanspruchnahme der Steuerermäßigung nach § 10e Abs. 1 bis 5, 2. **Kind** (**er**) i.S. des § 32 Abs. 1 bis 5, das zum **Haushalt** des Steuerpflichtigen gehört.	**600 DM** für **jedes** Kind
Herstellung oder **Anschaffung nach** dem **31.12.1989 und vor dem 1.1.1991** (dies gilt entsprechend bei **Ausbauten** oder **Erweiterungen**)	1. Inanspruchnahme der Steuerermäßigung nach § 10e Abs. 1 bis 5, 2. **Kind** (**er**) i.S. des § 32 Abs. 1 bis 5, das zum **Haushalt** des Steuerpflichtigen gehört.	**750 DM** für **jedes** Kind
Herstellung oder **Anschaffung nach** dem **31.12.1990 und vor dem 1.1.1992** (dies gilt entsprechend bei **Ausbauten** oder **Erweiterungen**)	1. Inanspruchnahme der Steuerermäßigung nach § 10e Abs. 1 bis 5, 2. **Kind** (**er**) i.S. des § 32 Abs. 1 bis 5, das zum **Haushalt** des Steuerpflichtigen gehört.	**1.000 DM** für **jedes** Kind
Bauantrag oder **Baubeginn** oder **Kaufvertrag** nach dem **31.12.1991** und vor dem **1.1.1996** (dies gilt entsprechend bei **Ausbauten** oder **Erweiterungen**)	1. Inanspruchnahme der Steuerermäßigung nach § 10e Abs. 1 bis 5, 2. **Kind** (**er**) i.S. des § 32 Abs. 1 bis 5, das zum **Haushalt** des Steuerpflichtigen gehört, 3. **Gesamtbetrag der Einkünfte** muß **unter 120.000 DM/240.000 DM** liegen.	**1.000 DM** für **jedes** Kind, **höchstens** Bemessungsgrundlage nach § 10e Abs. 1 oder 2

Soweit Steuerpflichtige wegen ihres **geringen Einkommens** das **Baukindergeld nicht voll steuerentlastend ausschöpfen** können, wird ihnen nach 34f **Abs. 3** ermöglicht, den nicht ausgeschöpften Betrag im Wege des "**Abzugsrücktrags**" bzw. des "**Abzugsvortrags**" geltend zu machen.

 Seit 1996 wird eine **Kinderzulage** von **1.500 DM** für jedes Kind gewährt (siehe Kapitel **B. Eigenheimzulage**, Abschnitt 9.3, Seite 504).

Übung: Wiederholungsfragen 15 bis 17 (Seite 422)

14.4.2 Vorkostenabzug nach § 10i EStG

Nach **bisherigem Recht** konnten Bauherren und Erwerber im Jahr der Fertigstellung oder Anschaffung eine **Vorkostenpauschale** in Höhe von **3.500 DM** wie Sonderausgaben abziehen, wenn sie die **Eigenheimzulage** im Jahr der Fertigstellung oder Anschaffung oder in einem der zwei folgenden Jahre in Anspruch nehmen.

Daneben konnten Erwerber **Aufwendungen für** vor dem Bezug der eigengenutzten Wohnung durchgeführte **Erhaltungsarbeiten**, die in unmittelbarem Zusammenhang mit der Anschaffung standen, bis zu **22.500 DM** im Jahr ihrer Bezahlung abziehen.

Mit dem Steuerentlastungsgesetz vom 24.3.1999 fällt der **Vorkostenabzug nach § 10i weg** (§ 52 Abs. 29).

Ein **Vorkostenabzug** ist **nur noch** möglich, **wenn** der Bauherr oder Erwerber **vor dem 1.1.1999** den Kaufvertrag für die Wohnung abgeschlossen oder mit ihrer Herstellung begonnen hat.

Tag der Anschaffung ist der Tag, an dem Besitz, Gefahr, Nutzung und Lasten der Wohnung auf den Erwerber übergehen.

Als **Herstellungsbeginn** gilt bei Objekten, für die eine Baugenehmigung erforderlich ist, der Zeitpunkt, zu dem der Bauantrag gestellt wird; bei baugenehmigungsfreien Objekten, für die Bauunterlagen einzureichen sind, der Zeitpunkt, zu dem die Bauunterlagen eingereicht werden.

Beispiel:
Der ledige Steuerpflichtige Adolf Nikelski hat mit notariellem Kaufvertrag vom **30.12.1998** ein älteres Einfamilienhaus in Bonn erworben. Übergang von Besitz, Gefahr, Nutzung und Lasten gehen nach dem Kaufvertrag am **8.3.1999** auf Nikelski über. Nach dem 8.3.1999 führt Nikelski an dem Haus Renovierungsarbeiten für insgesamt **50.000 DM** durch. Im **Mai 1999** zieht Adolf Nikelski in sein Einfamilienhaus ein.

In **1999** kann Adolf Nikelski noch eine **Vorkostenpauschale** von **3.500 DM** und **Erhaltungsaufwendungen** von **22.500 DM** geltend machen.

Die Vorkosten werden in der **Anlage FW** zur Einkommensteuererklärung 1999 wie folgt eingetragen:

	Vorkostenabzug bei einer nach dem Eigenheimzulagengesetz begünstigten Wohnung		
51			
52	Das Objekt steht im x Alleineigentum. ☐ Miteigentum zu % .		
53	Bei Anschaffung/Fertigstellung 1999 und Kaufvertrag/Bauantrag/Herstellungsbeginn vor dem 1.1.1999: x Vorkostenpauschale (§ 10 i EStG), wenn die Eigenheimzulage für 1999, 2000 oder 2001 in Anspruch genommen wird.		
	Bei Kaufvertrag vor dem 1.1.1999:		41
54	1999 geleistete Erhaltungsaufwendungen (§ 10 i EStG) bei Alleineigentum		50.000
55	Anteil an den 1999 geleisteten Erhaltungsaufwendungen (§ 10 i EStG) bei Miteigentum		43

Übung: Wiederholungsfrage 18 (Seite 422)

14.4.3 Abzugsbetrag nach § 7 FördG

Aufwendungen, die auf **nach dem 31.12.1990 und vor dem 1.1.1999** vorgenommenen Herstellungs- und Erhaltungsarbeiten an einem **eigenen** Gebäude entfallen, können im Jahr der Zahlung und den neun folgenden Jahren jeweils bis zu

> **10 % der Aufwendungen**

wie Sonderausgaben abgezogen werden (§ 7 Abs. 1 Satz 1 i.V.m.§ 8 Abs. 3 FördG).

Die **Aufwendungen** sind **nur begünstigt**, wenn das Gebäude in dem Teil des **Fördergebiets** liegt, in dem das Grundgesetz vom 3.10.1990 nicht gegolten hat.

§ 7 Abs. 1 Satz 2 FördG knüpft an die **Abziehbarkeit der Aufwendungen** an **vier Voraussetzungen**:

- **keine Betriebsausgaben oder Werbungskosten**,
- **kein Abzug wie Sonderausgaben** nach anderen Vorschriften (z.B. § 10e),
- **Nutzung zu eigenen Wohnzwecken** und
- **Aufwendungen bis 40.000 DM**.

Beispiel:
Die ledige Steuerpflichtige Duderstedt hat sich Anfang **1995** in Leipzig ein **Einfamilienhaus** für **280.000 DM** gekauft, das sie **selbst bewohnt**. Ende **1995** läßt sie sanitäre Einrichtungen mit einem **Aufwand** von **60.000 DM** modernisieren. Der **Gesamtbetrag der Einkünfte** der Frau Duderstedt beträgt **weniger als 120.000 DM**.

Frau Duderstedt kann **bis zur Höchstbemessungsgrundlage** von **330.000 DM** § 10e EStG in Anspruch nehmen.
Der **Restbetrag** von **10.000 DM** (340.000 DM 330.000 DM) kann sie **zehn Jahre lang** (**1995 bis 2004**) mit jährlich **1.000 DM** (10 % von 10.000 DM) wie Sonderausgaben nach § 7 FördG absetzen.

Gehören Herstellungsarbeiten noch zum **Herstellungsprozeß** einer Wohnung, ist **§ 7 FördG nicht anwendbar** (**Anhang 15** (I) EStH 1999).

Beispiel:
Der Steuerpflichtige A **errichtete 1995** in Erfurt ein Einfamilienhaus, das er zu eigenen Wohnzwecken nutzt. Er zog am **1.7.1995** ein. Zu diesem Zeitpunkt war der **Außenputz** noch nicht aufgebracht. Die nach den Bauunterlagen des Gebäudes vorgesehene **Terrasse** war ebenfalls noch nicht fertiggestellt.
Die **Herstellungskosten** des Gebäudes haben **400.000 DM** betragen, davon entfallen auf **Außenputz und Terrasse 30.000 DM**.

Nach der BFH-Rechtsprechung sind **Baumaßnahmen, die** beim Einzug - gemessen an der ursprünglichen Planung - **noch ausstehen**, dem **Herstellungsprozeß zuzuordnen**. Sie stellen **keine nachträglichen Herstellungskosten dar, die** nach § 7 FördG zusätzlich zu begünstigen wären (FinMin Brandenburg v. 19.3.1996 - 34S1988 - 14/96).

> **Übung:** Wiederholungsfrage 19 (Seite 422)

14.4.4 Zusammenfassung und Erfolgskontrolle

14.4.4.1 Zusammenfassung

Sonstige Abzugsbeträge (§§ 10e und 10i EStG und § 7 FördG)

begünstigte Objekte i.S.d. EStG (§ 10e EStG)

Abzugsbetrag
(§ 10e **Abs. 1 und 2**)

Bei **begünstigten Objekten i.S.d. EStG**, die **nach dem 30.09.1991 und vor dem 1.1.1996** angeschafft oder hergestellt worden sind, beträgt der **Abzugsbetrag**

4 x 6 %, höchstens **19.800 DM**,
4 x 5 %, höchstens **16.500 DM**.

Bei **Altbauten** (Kaufvertrag **nach dem 31.12.1993 und vor dem 1.1.1996**) beträgt der Abzugsbetrag

4 x 6 %, höchstens **9.000 DM**,
4 x 5 %, höchstens **7.500 DM**.

Besonderheit:
Baukindergeld

Vorkostenabzug (§ 10i EStG)

Abzugsbetrag
(§ 10i Abs. 1 **Nr. 1** und **Nr. 2**)

Die Vorkosten bestehen aus

1. **Finanzierungspauschale** von einmaligen **3.500 DM**, **wenn** in einem der ersten drei Jahre eine Eigenheimzulage in Anspruch genommen wurde

und

2. **Erhaltungsaufwendungen** bis maximal **22.500 DM**, auch wenn Objektverbrauch eingetreten ist.

Besonderheit:

Vorkostenabzug ist **nur** noch möglich, wenn der Bauherr oder Erwerber **vor dem 1.1.1999** den Kaufvertrag für die Wohnung abgeschlossen oder mit Herstellung begonnen hat.

nachträgliche HK/EA (§ 7 FördG)

Abzugsbetrag
(§ 7 Abs. 1 Satz 1 i.V.m. § 8 Abs. 3 FördG)

Aufwendungen, die auf **nach** dem 31.12.1990 und **vor dem 1.1.1999** vorgenommene Herstellungs- und Erhaltungsarbeiten an einem **eigenen** Gebäude entfallen, können

10 x 10% von maximal 40.000 DM

wie Sonderausgaben abgesetzt werden (Anhang 15 (I) EStH 1999).

14.4.4.2 Erfolgskontrolle

WIEDERHOLUNGSFRAGEN

1. Für welche Objekte kommt eine Steuerbegünstigung nach § 10e in Betracht?
2. Welche Wohnungen sind nach § 10e nicht begünstigt?
3. Wer sind die Personen, die für eine Steuerbegünstigung nach § 10e in Betracht kommen?
4. Welche Erwerbsfälle zwischen Ehegatten sind nicht begünstigt?
5. Wie wird die Bemessungsgrundlage für den Abzugsbetrag berechnet?
6. Wie hoch ist der Abzugsbetrag bei Anschaffung, Baubeginn oder Kaufvertrag eines Begünstigungsobjektes nach dem 30.9.1991 und vor dem 1.1.1996?
7. Unter welchen Voraussetzungen können die Abzugsbeträge nach § 10e Abs. 5a nur noch in Anspruch genommen werden?
8. Wie hoch ist der Abzugsbetrag bei Anschaffung eines sog. Altbaues nach dem 31.12.1993 und vor dem 1.1.1996?
9. Welche Abzugsbeträge kann der Steuerpflichtige bis zum Ende des Abzugszeitraums nachholen?
10. Was versteht man unter einem Folgeobjekt?
11. Unter welcher Voraussetzung ist es möglich, Abzugsbeträge auch für Folgeobjekte zu beanspruchen?
12. In welcher Höhe können Aufwendungen nach § 10h abgezogen werden?
13. Welche Voraussetzungen müssen für die Anwendung des § 10h vorliegen?
14. Muß die Einkünftegrenze des § 10e Abs. 5a bei Inanspruchnahme des § 10h beachtet werden?
15. Welche Steuerpflichtige können Baukindergeld nach § 34f Abs. 2 beanspruchen?
16. Wie hoch ist das Baukindergeld nach § 34f Abs. 2?
17. Für welche Kinder wird das Baukindergeld gewährt?
18. Was wissen Sie über den Vorkostenabzug nach § 10i EStG?
19. Was wissen Sie über den Abzugsbetrag nach § 7 FördG?

FÄLLE

Fall 1:

Die Steuerpflichtige Elke Kolb kaufte 1995 ein **Einfamilienhaus** in Bremen. Das Haus ist seit diesem Zeitpunkt **vermietet**.

Ist das Haus ein **begünstigtes Objekt** im Sinne des **§ 10e** EStG? Begründen Sie Ihre Antwort.

Fall 2:

Der Steuerpflichtige Walter Scharrenbach kaufte 1995 ein **Zweifamilienhaus** in Mainz, das 1993 fertiggestellt wurde. **Eine Wohnung bewohnt** Walter Scharrenbach **selbst**, die **andere Wohnung** hat er **vermietet**.

Ist das Zweifamilienhaus ein **begünstigtes Objekt** im Sinne des **§ 10e** EStG? Begründen Sie Ihre Antwort.

Fall 3:

Der Steuerpflichtige Robert Lembke hat 1984 in Stuttgart ein **Mietwohngrundstück** gebaut. **Eine** Wohnung bewohnt er **selbst**, die **anderen** Wohnungen sind **vermietet**.

Ist die Wohnung des Robert Lembke ein **begünstigtes Objekt** im Sinne des § **10e** EStG? Begründen Sie Ihre Antwort.

Fall 4:

Die Steuerpflichtige Pia Preißmann hat sich 1995 in Koblenz in einem ausgewiesenen Sondergebiet für Wochenendhäuser (Moselbogen) eine **Wochenend**wohnung gekauft, die sie selbst bewohnt.

Ist die Wohnung ein **begünstigtes Objekt** im Sinne des § **10e** EStG? Begründen Sie Ihre Antwort.

Fall 5:

Die ledige Steuerpflichtige Manuela Burgard erwarb im August 1995 eine **neue Eigentumswohnung** in Aachen, die sie seither **selbst bewohnt**. Die Anschaffungskosten haben **220.000 DM** betragen. Davon entfallen **50.000 DM** auf den anteiligen Grund und Boden. Der Gesamtbetrag der Einkünfte der Steuerpflichtigen hat 1999 **80.000 DM** betragen.

1. Wie hoch ist die **Bemessungsgrundlage** für den Abzugsbetrag nach § 10e EStG?
2. Wie hoch ist der **Abzugsbetrag** nach § 10e EStG für den VZ 1999?

Fall 6:

Die ledige Steuerpflichtige Susanne Tibus hat Anfang 1995 in München ein **Dreifamilienhaus** bauen lassen. **Eine** Wohnung nutzt sie zu **eigenen Wohnzwecken**, die **beiden anderen Wohnungen** hat sie **vermietet**. Alle Wohnungen sind in Größe und Ausstattung gleich. Die Herstellungskosten des Gebäudes haben **470.000 DM** betragen und die Anschaffungskosten des Grund und Bodens **90.000 DM**. Der Gesamtbetrag der Einkünfte der Susanne Tibus hat 1999 **100.000 DM** betragen.

1. Wie hoch ist die **Bemessungsgrundlage** für den Abzugsbetrag nach § 10e EStG?
2. Wie hoch ist der **Abzugsbetrag** nach § 10e EStG für den VZ 1999?

Fall 7:

Die ledige Steuerpflichtige Sabine Kappel hat 1995 ein **Zweifamilienhaus** in Bochum angeschafft. **Eine** Wohnung nutzt sie **selbst**, und zwar **85 %** zu eigenen Wohnzwecken und **15 %** als Arbeitszimmer. Die **andere** Wohnung hat sie **vermietet**. Beide Wohnungen sind in Größe und Ausstattung gleich. Die Anschaffungskosten des Zweifamilienhauses haben **420.000 DM** betragen. Davon entfallen **70.000 DM** auf Grund und Boden.

1. Wie hoch ist die **Bemessungsgrundlage** für den Abzugsbetrag nach § 10e EStG?
2. Wie hoch ist der **Abzugsbetrag** nach § 10e EStG für den VZ 1999?

Fall 8:

Die Steuerpflichtige Andrea Helmken hat 1995 ein **Zweifamilienhaus** in Hamburg angeschafft. **Eine** Wohnung nutzt sie zu **eigenen Wohnzwecken**, die **andere** Wohnung hat sie **vermietet**. Von der **eigenen** Wohnung hat Andrea Helmken einen Raum (= 12 % der Wohnung) unentgeltlich zu Wohnzwecken ihrem Neffen überlassen, der in Hamburg als Steuerfachangestellter tätig ist. Beide Wohnungen sind in Größe und Ausstattung gleich. Die Anschaffungskosten des Zweifamilienhauses haben **850.000 DM** betragen. Davon entfallen **200.000 DM** auf Grund und Boden.
1. Wie hoch ist die **Bemessungsgrundlage** für den Abzugsbetrag nach § 10e EStG?
2. Wie hoch ist der **Abzugsbetrag** nach § 10e EStG für den VZ 1999?

Fall 9:

Die Steuerpflichtige Heike Utler, die mit ihrem Ehemann zusammen veranlagt wird, erwirbt aufgrund eines am **4.1.1995** notriell beurkundeten Kaufvertrages ein Einfamilienhaus in Stuttgart, das **1988 fertiggestellt** worden ist. Die Eheleute bewohnen seit **10.2.1995** dieses Haus. Der Kaufpreis hat **600.000 DM** betragen. Davon entfallen **400.000 DM** auf das **Gebäude**. Der Gesamtbetrag der Einkünfte beider Ehegatten hat 1998 **230.000 DM** betragen.
Wie hoch ist der **Abzugsbetrag** nach § 10e EStG für den VZ 1999?

Fall 10:

Sachverhalt wie im Fall 9 mit dem **Unterschied**, daß das Einfamilienhaus **1993 fertiggestellt** worden ist.
Wie hoch ist der **Abzugsbetrag** nach § 10e EStG für den VZ 1999?

Fall 11:

Sachverhalt wie im Fall 5. Manuela Burgard hat in den Jahren 1995, 1996, 1997 und 1998 folgende Abzugsbeträge geltend gemacht:
1995	5.000 DM
1996	6.000 DM
1997	3.000 DM
1998	2.000 DM

Burgard möchte den gesamten Nachholungsbetrag 1999 in Anspruch nehmen. Welchen Abzugsbetrag kann sie 1999 **insgesamt** nach § 10e EStG (§ 10e Abs. 1 und Abs. 3 Satz 1 EStG) geltend machen?

Fall 12:

Der ledige Steuerpflichtige A ist Eigentümer eines in 1987 errichteten **Einfamilienhauses**, das er seit dieser Zeit selbst bewohnt. Von 1987 bis 1994 hat er die Wohnungsförderung nach § 10e EStG in Anspruch genommen. In 1995 hat er durch Ausbau des Dachgeschosses seines Einfamilienhauses eine neue Wohnung geschaffen, die er seit Fertigstellung am 05.12.1995 seiner Mutter unentgeltlich überläßt. Der Bauantrag für die neue Wohnung wurde 1994 gestellt. Die Aufwendungen, die A durch die Schaffung der neuen Wohnung entstanden sind, haben 1995 350.000 DM betragen. Der Gesamtbetrag der Einkünfte des A hat 1999 100.000 DM betragen.

Kann A die Steuerbegünstigung nach **§ 10h** EStG in Anspruch nehmen? Sollte eine Inanspruchnahme des § 10h EStG möglich sein, geben Sie den Betrag an, den A 1999 wie Sonderausgaben abziehen kann.

Zusammenfassende Erfolgskontrolle zum 1. bis 14. Kapitel

1 Sachverhalt

Karl Wolf, geb. am 10.04.1932, wohnt mit seiner Ehefrau Klara, geb. am 17.09.1940, in einem Zweifamilienhaus in Koblenz, das Karl Wolf gehört. Die zweite Wohnung ist vermietet.

Das **Zweifamilienhaus**, Baujahr 1980, wurde am **18.05.1998** für **310.000 DM** angeschafft. Von den Anschaffungskosten entfallen **30.000 DM** auf den Grund und Boden. In 1998 entstanden nachträgliche Herstellungskosten in Höhe von **40.000 DM**. Für das Haus liegen die Voraussetzungen für die Inanspruchnahme der Eigenheimzulage vor.

In **1999** war die **zweite** gleichgroße Wohnung nur von Januar bis März und wieder ab November für **900 DM pro Monat** vermietet. Die Miete entspricht der Marktmiete. Während der Monate April bis Oktober wurde die zweite Wohnung nicht genutzt. Es fielen für sie Erhaltungsaufwendungen von **5.000 DM** (einschließlich 16 % USt) an. Die Schuldzinsen für das ganze Haus betrugen in 1999 **12.000 DM**. Es entstanden neben der AfA weitere Werbungskosten (Gebäudeversicherungen usw.) von **1.200 DM**.

Karl Wolf erhielt aus seiner früheren Beamtentätigkeit in 1999 eine Pension von **49.556 DM**.

Karl Wolf ist noch an einem Mietwohngrundstück in den neuen Bundesländern beteiligt. Die Einkünfte aus diesem Grundstück haben im VZ 1999 - **130.000 DM** betragen.

Karl Wolf erzielte in 1999 Sparzinsen von **1.400 DM** und Bausparzinsen von **290 DM** (**vor** Abzug der KapESt und des SolZ). Es bestand keine konkrete Bauabsicht bei Vertragsabschluß. Außerdem erhielt er am 01.10.1999 die an diesem Tag fälligen Jahreszinsen (**vor** Abzug der KapESt und des SolZ) für von ihm am 12.12.1998 **mit laufendem Zinsschein** im Nennwert von 11.000 DM gekauften 7 % Pfandbriefe.

Frau Wolf arbeitete in 1999 halbtags in einer Boutique. Ihr Bruttoarbeitslohn betrug **12.356 DM**.

Das Ehepaar zahlte in 1999 **7.545 DM** Lebens-, Kranken-, Pflege- und Sozialversicherungsbeiträge.

Karl Wolf spendete in 1999 **6.100 DM** an eine politische Partei.

Das Ehepaar gehört **keiner** Religionsgemeinschaft an.

2 Aufgabe

Ermitteln Sie unter Angabe der entsprechenden gesetzlichen Vorschriften das **Einkommen** der Eheleute Wolf für den VZ 1999. Die **Vorsorgepauschale** ist **nicht** zu ermitteln, weil die ansetzbaren nachgewiesenen Vorsorgeaufwendungen höher sind.

15 Zu versteuerndes Einkommen

Das **Einkommen**, vermindert um den **Kinderfreibetrag**, den **Haushaltsfreibetrag** und den **Härteausgleich**, ergibt das <u>zu versteuernde Einkommen</u>.

Das **zu versteuernde Einkommen** ist die **Bemessungsgrundlage** für die tarifliche **Einkommensteuer** und wird nach folgendem Schema ermittelt:

---

1. Einkünfte aus Land- und Forstwirtschaft (§ 13)
2. Einkünfte aus Gewerbebetrieb (§ 15)
3. Einkünfte aus selbständiger Arbeit (§ 18)
4. Einkünfte aus nichtselbständiger Arbeit (§ 19)
5. Einkünfte aus Kapitalvermögen (§ 20)
6. Einkünfte aus Vermietung und Verpachtung (§ 21)
7. sonstige Einkünfte im Sinne des § 22

= **Summe der Einkünfte** (§ 2 Abs. 3 Satz 2)
- Altersentlastungsbetrag (§ 24a)
- Abzug für Land- und Forstwirte (§ 13 Abs. 3)

= **Gesamtbetrag der Einkünfte** (§ 2 Abs. 3 Satz 1)
- Verlustabzug nach § 10d
- Sonderausgaben (§§ 10, 10b, 10c)
- außergewöhnliche Belastungen (§§ 33, 33a, 33b, 33c)
- sonstige Abzugsbeträge (z.B. §§ 10e bis 10i EStG und § 7 FördG)

= **Einkommen** (§ 2 Abs. 4)
- **Kinderfreibetrag** (§§ 31 und 32)
- **Haushaltsfreibetrag** (§ 32 Abs. 7)
- **Härteausgleich** nach § 46 Abs. 3, § 70 EStDV

= <u>**zu versteuerndes Einkommen** (§ 2 Abs. 5)</u>

Ist der **Kinderfreibetrag günstiger als** das **Kindergeld**, so wird seit dem VZ 1996 im Rahmen der Veranlagung der **Kinderfreibetrag** bei der Ermittlung des zu versteuernden Einkommens **abgezogen und** das gezahlte **Kindergeld** der tariflichen **Einkommensteuer hinzugerechnet** (§ 2 Abs. 6 Satz 2).

 Einzelheiten zur tariflichen und festzusetzenden Einkommensteuer erfolgen im Kapitel "16 Ermittlung der Einkommensteuerschuld", Seite 456 ff.

15.1 Kinderfreibetrag

Nach **§ 32 Abs. 6 n.F.** wird dem Steuerpflichtigen für jedes **zu berücksichtigende Kind** ein **Kinderfreibetrag** gewährt und **ab dem VZ 2000 zusätzlich** ein **Betreuungsfreibetrag**.

Die **Gewährung des Kinderfreibetrages setzt** demnach **voraus**, daß das **Kind** (**§ 32 Abs. 1 und Abs. 2**) **zu berücksichtigen ist** (nach § 32 Abs. 3, 4 oder 5).

15.1.1 Einkommensteuerlicher Kindbegriff

<u>Kinder</u> im Sinne des § 32 Abs. 1 EStG sind

> 1. **im ersten Grad mit dem Steuerpflichtigen verwandte Kinder und**
> 2. **Pflegekinder.**

Zu 1. Kinder, die im ersten Grad mit dem Steuerpflichtigen verwandt sind

Kinder, die im ersten Grad mit dem Steuerpflichtigen verwandt sind, sind

> - **eheliche Kinder,**
> - **für ehelich erklärte Kinder,**
> - **nichteheliche Kinder** und
> - **angenommene Kinder** (Adoptivkinder).

<u>Beispiel:</u>
Die Eheleute Bach, Koblenz, haben einen gemeinsamen Sohn Stephan, der am 10.12.1986 geboren wurde.

Stephan ist im **1. Grad** mit seinen **Eltern** verwandt (**§ 32 Abs. 1 Nr. 1**).

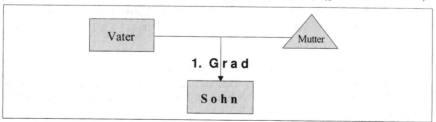

Zu 2. Pflegekinder

Pflegekinder sind Personen, mit denen der Steuerpflichtige durch ein **familienähnliches**, auf längere Dauer berechnetes **Band** verbunden ist, **sofern** er sie in seinem **Haushalt aufgenommen** hat **und** das **Obhuts- und Pflegeverhältnis zu den Eltern nicht** mehr besteht **und der Steuerpflichtige sie** mindestens zu einem nicht unwesentlichen Teil **auf seine Kosten unterhält** (§ 32 Abs. 1 **Nr. 2**).

Seit dem VZ 1996 werden **Pflegekinder und Adoptivkinder** bei den **Pflegeeltern und Adoptiveltern** und **nicht** bei den **leiblichen Eltern** berücksichtigt (§ 32 Abs. 2).

Ist ein leibliches Kind eines Steuerpflichtigen bei einer anderen Person **Pflegekind oder Adoptivkind**, so ist es ab diesem Zeitpunkt (**Monatsprinzip**) **nur als Pflegekind oder Adoptivkind zu berücksichtigen**.

Die Möglichkeit der **Mehrfachberücksichtigung** ist durch die Umstellung vom Jahresprinzip auf das Monatsprinzip **beseitigt** worden.
Für die **leiblichen Eltern** besteht lediglich noch ein **zivilrechtlicher Ausgleichsanspruch**.

15.1.2 Steuerlich zu berücksichtigende Kinder

Steuerlich **zu berücksichtigende Kinder** sind Kinder im Sinne des EStG, die bestimmte im folgenden beschriebene **Voraussetzungen** erfüllen.

15.1.2.1 Steuerpflicht

Seit dem VZ 1994 ist die steuerliche Berücksichtigung eines Kindes **nicht** mehr von der **unbeschränkten** Steuerpflicht des Kindes abhängig.

> Beispiel:
> Die Eheleute Colak, Köln, haben zwei Kinder: **Daniel**, 14 Jahre, und **Elif**, 11 Jahre alt.
> **Daniel** kam im Juni 1998 aus der Türkei nach Köln und lebt seither bei seinen Eltern.
> **Elif** blieb bei ihrer Großmutter in der Türkei.
>
> **Beide Kinder** sind steuerlich **zu berücksichtigende Kinder** (§ 32 Abs. 1 i.V.m. § 32 Abs. 3).
> **Daniel** ist **unbeschränkt** einkommensteuerpflichtig, während **Elif nicht unbeschränkt** einkommensteuerpflichtig ist.
> Die **nicht unbeschränkte** Steuerpflicht von Elif (**Auslandskind**) wirkt sich auf die **Höhe** des **Kinderfreibetrages** aus (siehe Abschnitt "15.1.3.1 Voller Kinderfreibetrag").

Kinder, die sich zum Zwecke der **Berufsausbildung** vorübergehend im **Ausland** aufhalten, **bleiben, wenn** ihnen im Haushalt der Eltern eine angemessene Wohn- und Schlafgelegenheit weiterhin zur Verfügung steht, **unbeschränkt einkommensteuerpflichtig** (DA-FamEStG 63.6.1 Abs. 2).

Ausländische Kinder, die ihren Wohnsitz mit ihren Eltern im Inland geteilt haben und zum Zwecke der **Berufsausbildung** in ihr **Heimatland** zurückgekehrt sind, bleiben dagegen **nicht** länger **unbeschränkt einkommensteuerpflichtig** (DA-FamEStG 63.6.1 Abs. 2).

> **Merke:** Die **nicht unbeschränkte** Steuerpflicht **eines Kindes** wirkt sich auf die **Höhe des Kinderfreibetrages** aus (§ 32 Abs. 6 **Satz 4** EStG).

15.1.2.2 Alter des Kindes und andere Voraussetzungen

Die steuerliche **Berücksichtigung** des Kindes ist **abhängig** von dessen **Alter und ab 18 Jahren** noch von **anderen Voraussetzungen**.

Altersmäßig unterscheidet das EStG seit dem VZ 1996 - entsprechend dem Aufbau der **Anlage Kinder** - folgende **fünf Gruppen von Kindern**:

1. Kinder **unter 18 Jahren**   (§ 32 **Abs. 3**),
2. Kinder **von 18 bis 26 Jahren**   (§ 32 Abs. 4 **Nr. 2**),
3. Kinder **von 18 bis 20 Jahren**   (§ 32 Abs. 4 **Nr. 1**),
4. **behinderte Kinder**   (§ 32 Abs. 4 **Nr. 3**) und
5. Kinder **über 21** bzw. **über 27 Jahren** (§ 32 **Abs. 5**).

15.1.2.2.1 Kinder unter 18 Jahren

Ein **Kind** wird in dem Kalender**monat**, in dem es lebend **geboren wurde, und** in jedem **folgenden** Kalender**monat**, zu dessen Beginn es das **18. Lebensjahr noch nicht vollendet hat**, ohne weiteres **berücksichtigt** (§ 32 **Abs. 3**).

Kinder, die **am 1.1. 1999** das **18. Lebensjahr noch nicht vollendet** haben, d.h. die **nach dem 1.1.1981 geboren** sind, werden im **VZ 1999 berücksichtigt**.

Beispiel:
Die Eheleute Schäfer, Köln, haben einen gemeinsamen Sohn Hans, der bei seinen Eltern lebt und am 02.01.1991 geboren wurde. Für ihr Kind erhielten die Eltern 1999 **3.000 DM** (12 x 250 DM) **Kindergeld** ausgezahlt.

Das **Kind** (§ 32 **Abs. 1**) wird für den **gesamten VZ 1999** bei seinen Eltern **berücksichtigt**, weil es **1999** das **18. Lebensjahr noch nicht vollendet hat** (§ 32 **Abs. 3**).

Für **Kinder unter 18 Jahren** sind Angaben in der **Anlage Kinder** zur Einkommensteuererklärung 1999 **nur** in den **Zeilen 1 bis 22** vorzunehmen, da die **Höhe der eigenen Einkünfte und Bezüge** dieser Altersgruppe **unerheblich** ist.

Die Eheleute Schäfer machen in der **Anlage Kinder** in den **Zeilen 1, 7 und 13** folgende Angaben:

		Anlage Kinder		**1999**
Zeile	**Angaben zu Kindern**		Wohnort im	
	Vorname		Inland	Ausland
	ggf. abweichender Familienname			(Bitte auch Staat eintragen)
1	Hans		Köln	

		Geburtsdatum	Für 1999 ausgezahl-	Wohnort im			
5	Kind		tes Kindergeld/	Inland		Ausland	
6	in		DM	vom	bis	vom	bis
7	Zeile 1	02 01 1991	3.000	01 01	31 12		

	Kindschaftsverhältnis						
	Kind	zur steuerpflichtigen Person			zum Ehegatten		
	in			Enkel-			Enkel-
12		leibliches Kind/	Pflege-	kind/	leibliches Kind/	Pflege-	kind/
		Adoptivkind	kind	Stiefkind	Adoptivkind	kind	Stiefkind
13	Zeile 1	☒	☐	☐	☒	☐	☐

15.1.2.2.2 Kinder von 18 bis 26 Jahren

Ein **Kind**, das das **18. Lebensjahr, aber noch nicht das 27. Lebensjahr** vollendet hat, wird nach § 32 Abs. 4 Satz 1 **Nr. 2** berücksichtigt, wenn es

> a) für einen **Beruf ausgebildet** wird (R 180 EStR 1999) **oder**
> b) sich in einer **Übergangszeit** zwischen zwei Ausbildungsabschnitten von **höchstens vier Monaten** befindet (R 180a EStR 1999) **oder**
> c) eine Berufsausbildung **mangels Ausbildungsplatzes** nicht beginnen oder fortsetzen kann (R 180b EStR 1999) **oder**
> d) ein **freiwilliges soziales Jahr** oder ein freiwilliges **ökologisches Jahr** leistet (R 180c EStR 1999).

Für **über 18 Jahre alte Kinder, die das 27. Lebensjahr noch nicht vollendet haben**, sind außerdem Angaben in der **Anlage Kinder** zur Einkommensteuererklärung 1999 in den **Zeilen 26 bis 36** erforderlich.

Diese Kinder können **nur berücksichtigt** werden, **wenn** ihre eigenen **Einkünfte und Bezüge 13.020 DM** im Kalenderjahr (1999) (2000 und 2001: 13.500 DM) **nicht übersteigen** (§ 32 Abs. 4 **Satz 2** i.V.m. § 52 Abs. 40).

Der Betrag von **13.020 DM** (2000 und 2001: 13.500 DM) **vermindert sich um ein Zwölftel** für jeden Kalender**monat**, in dem die **Voraussetzungen** für die Berücksichtigung eines Kindes **nicht vorgelegen haben** (§ 32 Abs. 4 **Satz 6**).

Beispiel:
Die Eheleute Becker, Koblenz, die zusammen veranlagt werden, haben eine gemeinsame Tochter Lara, die am **11.11.1979** geboren ist und in Koblenz das **Wirtschaftsgymnasium** besucht. Für ihre Tochter erhielten die Eheleute 1999 **3.000 DM** Kindergeld. Lara hat 1999 während ihrer Schulferien gearbeitet und 1999 insgesamt einen Bruttoarbeitslohn von **2.500 DM** bezogen.

Das **Kind** (§ 32 **Abs. 1**) ist ein **zu berücksichtigendes Kind**, weil es 1999 das **18., aber noch nicht das 27. Lebensjahr** vollendet hat **und** für einen **Beruf ausgebildet** wird und ihre eigenen Einkünfte und Bezüge **weniger als 13.020 DM** betragen haben (§ 32 **Abs.** 4 Satz 1 **Nr. 2a** i.V.m. § 32 Abs. 4 **Satz 2**)
(H 180 (Rechtsprechung zur Berufsausbildung) EStH 1999).
Die Eheleute haben in der **Anlage Kinder** in der **Zeile 31** zusätzlich folgende Angaben zu machen:

				Anlage Kinder		**1999**
	Einkünfte und Bezüge der Kinder ab 18 Jahren					
30	Kind in					
	Zeile	Einnahmen des Kindes im maßgeb. Berücksichtigungszeitraum	Bruttoarbeitslohn	darauf entfallende Werbungskosten	Öffentliche Ausbildungshilfen	Kapitalerträge (z.B. Zinseinnahmen)	andere Einkünfte/Bezüge (Art und Höhe)
31	1		2.500 DM	— DM	— DM	— DM	—
32							

15.1.2.2.3 Kinder von 18 bis 20 Jahren

Ein **Kind**, das das **18. Lebensjahr, aber noch nicht das 21. Lebensjahr** vollendet hat, wird nach § 32 Abs. 4 Satz 1 **Nr. 1** berücksichtigt, wenn es

> **arbeitslos ist** und der Arbeitsvermittlung im Inland zur Verfügung steht.

Diese Kinder können **nur berücksichtigt** werden, **wenn** ihre eigenen **Einkünfte und Bezüge 13.020 DM** im Kalenderjahr (2000 und 2001: **13.500 DM**) **nicht übersteigen.**

Beispiel:
Die Eheleute Dominitzki, Bonn, haben ein gemeinsames **19jähriges Kind**, das sich bis **9. Februar 1999** in der **Berufsausbildung** befand.
Für **Januar und Februar 1999** flossen dem Kind **Einkünfte** in Höhe von insgesamt **1.500 DM** zu.
Nach der Beendigung der Ausbildung ist es beim Arbeitsamt Bonn **arbeitslos** gemeldet.
Arbeitslosengeld wird ihm ab 10.2.1999 für **Februar 1999** in Höhe von **600 DM** und **ab März 1999** in Höhe von **monatlich 900 DM** bewilligt.
Am 5.11.1999 nimmt das arbeitslose Kind eine **Beschäftigung** auf. Für den Monat **November 1999** steht ihm noch **Arbeitslosengeld** in Höhe von **150 DM** zu. Aufgrund seiner Beschäftigung fließen dem Kind für **November 1999 Einkünfte** in Höhe von **2.500 DM** und für **Dezember 1999** in Höhe von **3.300 DM** zu.
Die Beträge der Einkünfte und Bezüge sind nach Abzug der Werbungskosten bzw. Kostenpauschale ermittelt worden.

Das **Kind** (§ 32 **Abs. 1**), das das **18. Lebensjahr, aber noch nicht das 21. Lebensjahr vollendet** hat, ist **arbeitslos** und steht der Arbeitsvermittlung im Inland zur Verfügung. Die Voraussetzungen nach § 32 Abs. 4 Satz 1 **Nr. 1** liegen für **elf Monate** vor. Die Voraussetzungen nach § 32 Abs. 4 **Nr. 1** liegen nur während des Monats Dezember 1999 **nicht** vor, so daß sich der Jahresbetrag von **13.020 DM** um ein Zwölftel auf **11.935 DM** mindert (§ 32 Abs. 4 **Satz 6**).
Da die **Einkünfte und Bezüge**, die dem Kind **von Januar bis** einschließlich **November 1999** zufließen, den Grenzbetrag von **11.935 DM** übersteigen, wird das **Kind 1999 nicht berücksichtigt**.
Die **Einkünfte und Bezüge des Kindes** betragen 1999 insgesamt **11.950 DM** (1.500 DM + 600 DM + 7.200 DM (8 x 900 DM) + 150 DM + 2.500 DM). Siehe auch Beispiel 2 DA 63.4.1.1 (**Grenze der Einkünfte und Bezüge**) DA-FamEStG.
Die Eheleute Dominitzki haben in der **Anlage Kinder** in den **Zeilen 31 und 32** zusätzlich folgende Angaben zu machen:

		Anlage Kinder		**1999**		
Einkünfte und Bezüge der Kinder ab 18 Jahren						
30	Kind in					
	Zeile	Einnahmen des Kindes im maßgeb. Berücksichtigungszeitraum	Bruttoarbeitslohn	darauf entfallende Werbungskosten	Öffentliche Ausbildungshilfen	Kapitalerträge (z.B. Zinseinnahmen)	andere Einkünfte/Bezüge (Art und Höhe)
31	1		6.000 DM	2.000 DM	7.950 DM	—	Arbeitslosengeld
32		außerhalb des maßgeb. Berücksichtigungszeitraums	5.300 DM	2.000 DM			

15.1.2.2.4 Behinderte Kinder

Ein **Kind**, das das **18. Lebensjahr vollendet** hat, wird nach § 32 Abs. 4 Satz 1 Nr. 3 n.F. berücksichtigt, wenn es

> **wegen** körperlicher, geistiger oder seelischer **Behinderung außerstande** ist, **sich selbst zu unterhalten**; **Voraussetzung** ist, daß die Behinderung **vor** Vollendung des 27. Lebensjahres eingetreten ist.

Behinderungen im Sinne des § 32 Abs. 4 Satz 1 **Nr. 3** sind von der Norm abweichende körperliche, geistige oder seelische Zustände, die sich erfahrungsgemäß über einen längeren Zeitraum erstrecken und deren Ende nicht absehbar ist.
Zu den Behinderungen können auch Suchtkrankheiten (z.B. Drogenabhängigkeit, Alkoholismus) gehören.

Beispiel:
Die Eheleute Schulz, Dortmund, haben ein gemeinsames **20jähriges Kind**, das seit seiner Geburt **blind** ist. Das Kind lebt ihm Haushalt der Eltern und ist **ohne** jedes **Einkommen** und Vermögen.

Das **Kind** (§ 32 Abs. 1), das das **18. Lebensjahr vollendet** hat **und körperlich behindert** ist, wird für das Kalenderjahr **1999** bei seinen Eltern **berücksichtigt** (§ 32 Abs. 4 Satz 1 **Nr. 3**).

Nicht zu den Behinderungen zählen Krankheiten, deren Verlauf sich auf eine im voraus **absehbare** Dauer beschränkt, insbesondere bei akuten Krankheiten (DA-FamEStG 63.3.6.1).

Ein Kind, das wegen seiner Behinderung außerstande ist, sich selbst zu unterhalten, kann beim Vorliegen der sonstigen Voraussetzungen **über das 27. Lebensjahr hinaus ohne altersmäßige Begrenzung** berücksichtigt werden (R 180d Abs. 1 EStR 1999).

Die **Behinderung** des Kindes und die **Unfähigkeit, sich selbst zu unterhalten**, müssen schon **vor Vollendung des 27. Lebensjahres vorgelegen haben**.

Entgegen dem Gesetzeswortlaut vertritt die Finanzverwaltung die Auffassung, daß ein behindertes Kind, das finanziell außerstande ist, sich selbst zu unterhalten, **nicht zu berücksichtigen** ist, **wenn** die eigenen **Einkünfte und Bezüge** des Kindes **13.020 DM** (2000: 13.500 DM) und mehr im Kalenderjahr betragen.

Der **Grenzbetrag** von **13.020 DM** (2000: 13.500 DM) **erhöht sich** abhängig vom Grad der Behinderung **um** die **Pauschbetragsätze** des § 33b Abs. 3 EStG (600 DM bis maximal 7.200 DM).

Gegebenenfalls kann ein über diesem Grenzbetrag liegender **Lebensbedarf** des behinderten Kindes glaubhaft gemacht werden (R 180d Abs. 4 EStR 1999 und Kindergeld-Merkblatt 1998, BStBl 1998 I S. 516).

Ab dem VZ 2000 wird nach § 32 Abs. 6 **Satz 2 n.F.** für **behinderte Kinder** ein zusätzlicher **Betreuungsfreibetrag** eingeführt.

15.1.2.2.5 Kinder über 21 bzw. über 27 Jahren

Arbeitslose Kinder und Kinder **in Berufsausbildung** werden **über das 21. bzw. 27. Lebensjahr hinaus berücksichtigt, wenn** sie **einen der** folgenden in § 32 **Abs. 5** Satz 1 genannten **Verlängerungstatbestände** erfüllen:

1. das Kind muß den **gesetzlichen Grundwehrdient oder Zivildienst** geleistet haben oder
2. das Kind muß sich **freiwillig** für eine Dauer von nicht mehr als drei Jahren zum **Wehrdienst oder Polizeivollzugsdienst** verpflichtet haben oder
3. das Kind muß als **Entwicklungshelfer** gearbeitet haben und dadurch vom Grundwehr- oder Zivildienst befreit worden sein.

Diese Kinder werden für einen der Dauer dieses Dienstes entsprechenden Zeitraum, **höchstens für die Dauer des** gesetzlichen Grundwehr- oder Zivildienstes berücksichtigt.

Über 21 Jahre alte Kinder **ohne Arbeitsplatz** sowie über 27 Jahre alte Kinder in **Berufsausbildung** sind **trotz Erfüllung eines Verlängerungstatbestandes nicht** mehr **zu berücksichtigen, wenn** ihre **Einkünfte und Bezüge** die nach § 32 Abs. 4 Satz 2 oder 4 **maßgebliche Grenze erreichen oder überschreiten** (§ 32 Abs. 5 **Satz 3**).

Beispiel:
Die Eheleute Heidger, München, haben einen gemeinsamen Sohn Ralf, der am **15.12.1998 21 Jahre alt** geworden ist.
Ralf hat den **gesetzlichen Zivildienst** von 15 Monaten **abgeleistet**.
In **1999** wird er **arbeitslos** und steht der Arbeitsvermittlung in München zur Verfügung.
Ralf hat in 1999 **eigene Einkünfte und Bezüge** von **weniger als 13.020 DM**.

Ralf ist **für** das Kalenderjahr **1999** bei seinen Eltern **zu berücksichtigen** (§ 32 Abs. 5 Satz 1 **Nr. 1**).
Der "normale" **Berücksichtigungszeitraum**, der **mit Vollendung des 21. Lebensjahres** endet, **verlängert** sich bei Ralf **um** den Zeitraum des Zivildienstes von **15 Monaten**.
Sollte Ralf **2000** noch **arbeitslos** sein, kann er von **Januar bis März 2000** noch berücksichtigt werden.

Übung: 1. Wiederholungsfragen 1 bis 11 (Seite 448),
2. Fälle 1 bis 4 (Seite 448 ff.)

Die wesentlichen Merkmale der **steuerlich zu berücksichtigenden Kinder** werden nochmals auf Seite 436 dargestellt.

15.1.2.2.6 Einkünfte und Bezüge der Kinder ab 18 Jahren

Nach § 32 Abs. 4 Satz 2 ist ein **über 18 Jahre altes Kind** von einer Berücksichtigung nach § 32 Abs. 4 **Nr. 1** und **2 ausgeschlossen**, wenn es **Einkünfte und Bezüge** von **mehr als 13.020 DM** (2000 und 2001: 13.500 DM) im Kalenderjahr hat, die zur Bestreitung seines Unterhalts oder seiner Berufsausbildung bestimmt oder geeignet sind.

Für die Berücksichtigung der Einkünfte und Bezüge eines **behinderten** Kindes gilt die **Sondervorschrift** des § 32 Abs. 4 Satz 1 **Nr. 3**.

Bei Kindern, die ihren Wohnsitz im Ausland haben (**Auslandskindern**), wird der Betrag von **13.020 DM** (2000 und 2001: 13.500 DM) **gekürzt**, soweit dies nach den Verhältnissen des Wohnsitzstaates notwendig und angemessen ist. Es gilt die **Ländergruppen-Einteilung (Anhang 1 (III) EStH 1999)**.

Als **Einkünfte** sind solche im Sinne des § 2 Abs. 1 EStG zu verstehen (R 180e Abs. 1 Satz 1 EStR 1999).

Bezüge sind alle Einnahmen in Geld oder Geldeswert, die **nicht** im Rahmen der einkommensteuerrechtlichen Einkunftsermittlung erfaßt werden (R 180e Abs. 2 Satz 1 EStR 1999).

Zu den anzusetzenden **Bezügen** gehören insbesondere (R 180e Abs. 2 Satz 2 EStR 1999):

> 1. der Versorgungs-Freibetrag nach § 19 Abs. 2 EStG,
> 2. der **Sparer-Freibetrag** nach § 20 Abs. 4 EStG,
> 3. die Teile von Leibrenten, die den Ertragsanteil nach § 22 Nr. 1 Satz 3 Buchstabe a EStG übersteigen,
> 4. die Einkünfte und Leistungen, die dem Progressionsvorbehalt unterliegen,
> 5. pauschal besteuerte Bezüge nach § 40a EStG,
> 6. Sachbezüge und Taschengeld im Rahmen von Au-pair-Verhältnissen im Ausland.

Liegen die besonderen **Anspruchsvoraussetzungen** nach § 32 Abs. 4 Satz 1 **Nr. 1** oder **2 EStG nicht während des gesamten Kalenderjahres** vor und erzielt das Kind **Einkünfte und Bezüge** nicht nur während des Anspruchszeitraums, sind diese **nur** insoweit zu berücksichtigen, als sie auf den **Anspruchszeitraum** entfallen. Dabei ist grundsätzlich der **Jahresbetrag** der Einkünfte und Bezüge auf die Zeiten **innerhalb** und **außerhalb** des Anspruchszeitraums **aufzuteilen**.

Die Einkünfte und Bezüge sind dabei wie folgt **aufzuteilen**:

> 1. **Einkünfte aus nichtselbständiger Arbeit, sonstige Einkünfte i.S.d. § 22** sowie **Bezüge**
>   **nach dem Verhältnis der** in den jeweiligen Zeiträumen zugeflossenen **Einnahmen**
>   und
> 2. **andere Einkünfte**
>   auf jeden Monat des Kalenderjahres **mit einem Zwölftel** des Jahresbetrags;
>   wegen des Zusammenhangs mit den Einkünften aus Kapitalvermögen sind auch **Bezüge** in Höhe des **Sparer-Freibetrags** auf jeden Monat des Kalenderjahres **mit einem Zwölftel** aufzuteilen.

Die **Werbungskosten-Pauschbeträge** nach § 9a EStG und die **Kostenpauschale** nach § 190 Abs. 5 Satz 2 EStR 1999 sind **zeitanteilig** anzusetzen.

Beispiel:
Die Eheleute Huber, München, haben eine gemeinsame **20jährige Tochter** Sabine, die sich bis zum **20.06.1999** in der **Berufsausbildung** befindet. **Anschließend** ist sie als **Büroangestellte** beschäftigt.
In den Monaten **Januar bis Juni 1999** fließt dem Kind eine Ausbildungsvergütung von **5.100 DM** sowie Arbeitsentgelt in Höhe von **800 DM** zu.
Von **Juli bis Dezember 1999** erhält Sabine Arbeitslohn in Höhe von **16.800 DM**.
Außerdem fließen Sabine im Dezember 1999 Einnahmen aus Kapitalvermögen für das gesamte Kalenderjahr 1999 in Höhe von **7.000 DM** zu.

Die **zeitanteiligen Einkünfte und Bezüge des Kindes** werden für 1999 wie folgt berechnet:

	DM	DM	DM
Grenzbetrag			13.020
gekürzter Grenzbetrag (Januar bis Juni) (6/12 von 13.020 DM)			**6.510**
a) Einkünfte des Kindes im Anspruchszeitraum			
Ausbildungsvergütung	5.100		
+ Arbeitsentgelt	800		
+ Arbeitslohn	16.800		
= Brutto-Arbeitslohn im Kalenderjahr	22.700		
Ausbildungsvergütung	5.100		
+ Arbeitsentgelt	800		
= Brutto-Arbeitslohn im Anspruchszeitraum		5.900	
Der Arbeitnehmer-Pauschbetrag von 2.000 DM ist zeitanteilig anzusetzen: 6/12 von 2.000 DM =		−1.000	
= Einkünfte nach § 19 im Anspruchszeitraum		4.900	
Bruttozinsen	7.000		
− Werbungskosten-Pauschbetrag	100		
− Sparer-Freibetrag	6.000		
= Einkünfte nach § 20 im Kalenderjahr	900		
Einkünfte im Anspruchszeitraum (6/12 von 900 DM)		450	
b) Bezüge des Kindes im Anspruchszeitraum			
Sparer-Freibetrag	6.000		
− Kostenpauschale	− 360		
= Bezüge im Kalenderjahr	5.640		
Bezüge im Anspruchszeitraum (6/12 von 5.640 DM)		2.820	
Summe der Einkünfte und Bezüge des Kindes		8.170	
c) Berücksichtigung des Kindes			
Da die Summe der Einkünfte und Bezüge im Anspruchszeitraum von den maßgebenden Grenzbetrag von **6.510 DM** übersteigt, ist eine **Berücksichtigung** des Kindes in 1999 **ausgeschlossen**.			**8.170**

Übung: Fall 5 (Seite 450)

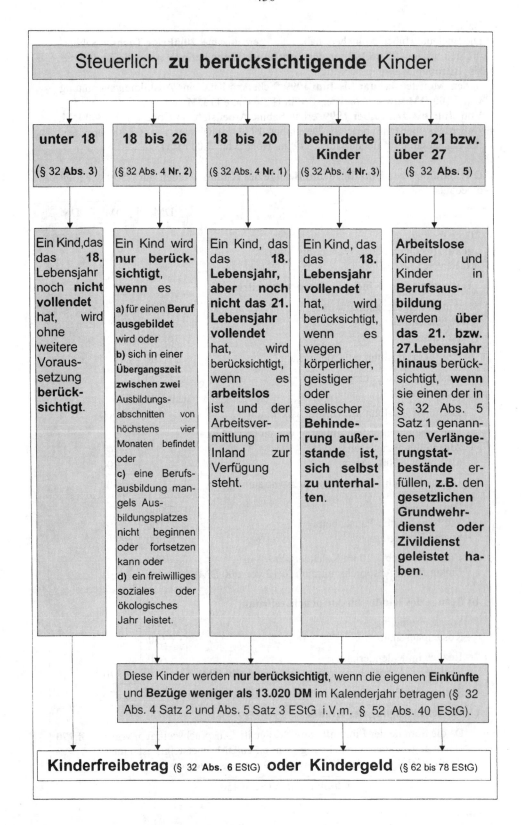

15.1.3 Höhe des Kinderfreibetrages

Bisher konnte der Steuerpflichtige **Kinderfreibetrag und Kindergeld gleichzeitig** geltend machen.

Seit dem VZ 1996 können **Kinderfreibetrag und Kindergeld nur noch alternativ** in Anspruch genommen werden (§ 31 EStG).

Im Laufe des Jahres (1999) wird in der Regel das **Kindergeld ausgezahlt**.

Das **Kindergeld** beträgt seit 1.1.1999 **monatlich** bei **zu berücksichtigenden Kindern**

für das **erste und zweite** Kind jeweils	**250 DM**	(ab 2000: 270 DM)
für das **dritte** Kind	**300 DM**	
für **jedes weitere** Kind jeweils	**350 DM**	

(§ 66 Abs. 1 EStG).

Das seit 1996 geltende **Auszahlungsverfahren** des Kindergeldes durch den Arbeitgeber im Bereich der Privatwirtschaft wird wieder **abgeschafft**. Seit 1999 erfolgt die Auszahlung des Kindesgeldes durch die **Familienkassen der Arbeitsämter**.

Nach Ablauf des Jahres prüft das Finanzamt im Rahmen der **Veranlagung** zur Einkommensteuer, **ob der Kinderfreibetrag günstiger ist als** das für das Kalenderjahr (1999) gezahlte **Kindergeld** (§ 31 Satz 4 EStG).

Für Steuerpflichtige wird also **von Amts wegen** die **günstigste Lösung (Kindergeld oder Kinderfreibetrag**) bei der Veranlagung zur Einkommensteuer berücksichtigt.

Die Angaben in der **Zeile 7 bis 10** der **Anlage Kinder** zur Einkommensteuererklärung 1999 **dienen der Prüfung**, ob der **Kinderfreibetrag** für jedes einzelne Kind **günstiger** ist **als** das **Kindergeld**.

Nach Berechnungen des BMF soll für die meisten (etwa **95 %**) der **Steuerzahler** das gezahlte **Kindergeld günstiger** sein **als** die Steuerentlastung durch den **Kinderfreibetrag**.

Wird der **Kinderfreibetrag abgezogen**, wird das erhaltene **Kindergeld** mit der Steuerermäßigung verrechnet, **indem** die tarifliche **Einkommensteuer** um den entsprechenden Betrag **erhöht wird** (§ 2 Abs. 6 Satz 2).

Der **Kinderfreibetrag** wird jedoch stets bei der Berechnung des **Solidaritätszuschlags** und der **Kirchensteuer** berücksichtigt.

Der **Kinderfreibetrag** beträgt seit 1997 für jedes **zu berücksichtigende Kind** des einzelnen Steuerpflichtigen **monatlich 288 DM** und **jährlich** (§ 32 Abs. 6 **Satz 1**)

3.456 DM (12 x 288 DM)

und bei zusammen zu veranlagenden Eltern **monatlich 576 DM** und **jährlich** (§ 32 Abs. 6 **Satz 2**)

6.912 DM (12 x 576 DM).

Beispiel:
Die Eheleute Bach, Koblenz, haben einen gemeinsamen Sohn Stephan, der am 10.12.1986 geboren wurde.

Stephan ist ein **zu berücksichtigendes Kind** (§ 32 Abs. 3), für das **jeder** der **Elternteile** 1999 die Voraussetzungen für die Inanspruchnahme des **Kinderfreibetrages** von **monatlich 288 DM** und **jährlich 3.456 DM** erfüllt.

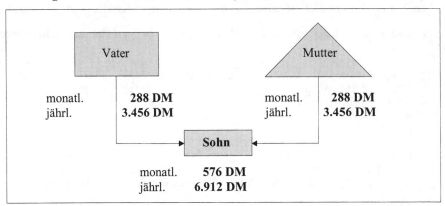

In der Fachliteratur wird der Betrag von **6.912 DM** auch als "**voller Kinderfreibetrag**" und der Betrag von **3.456 DM** als "**halber Kinderfreibetrag**" bezeichnet.

Auf der **Lohnsteuerkarte** wird der **halbe** Kinderfreibetrag von **3.456 DM** grundsätzlich mit dem **Zähler 0,5** und der **volle** Kinderfreibetrag von **6.912 DM** mit dem **Zähler 1** berücksichtigt.

Eine **Ausnahme** gibt es lediglich bei der **Steuerklasse IV**. Bei der **Steuerklasse IV** wird der **Zähler 1** eingetragen, obwohl hier nur der **halbe** Kinderfreibetrag von **3.456 DM** berücksichtigt wird.

Lohnsteuerkarten mit den **Steuerklassen V oder VI** enthalten **keine** Eintragung für Kinder.

Beispiel 1:
Berufstätige Ehegatten mit den Steuerklassen **III und V** haben im VZ 1999 ein über 18 Jahre altes Kind, das im Inland lebt und sich 1999 das ganze Jahr über in der Berufsausbildung befindet. Seine Einkünfte und Bezüge betragen weniger als 13.020 DM.

Das Finanzamt trägt ein:	**Steuerklasse III: 1**
	Steuerklasse V : –

Diese Eintragung entspricht dem **vollen** Kinderfreibetrag von **6.912 DM**.

Beispiel 2:
Sachverhalt wie zuvor mit dem Unterschied, daß die Ehegatten die Steuerklassen **IV und IV** haben.

Das Finanzamt trägt ein:	**Steuerklasse IV: 1**
	Steuerklasse IV: 1

Diese Eintragung entspricht einem Kinderfreibetrag von **insgesamt 6.912 DM**.

Die **Zahl der Kinderfreibeträge** wird auf der Lohnsteuerkarte für Kinder, die am **1.1.1999** das **18. Lebensjahr noch nicht vollendet** haben, d.h. die **nach dem 1.1.1981 geboren** sind, grundsätzlich von der **Gemeinde** eingetragen.

Für noch **zu berücksichtigende Kinder**, die am **1.1.1999 das 18. Lebensjahr vollendet** haben, wird die Zahl der Kinderfreibeträge auf Antrag durch das **Finanzamt** auf der Lohnsteuerkarte als "Zahl der Kinderfreibeträge" eingetragen.

Ab dem VZ 2000 wird neben dem Kinderfreibetrag **zusätzlich** ein **Betreuungsfreibetrag** von **1.512 DM** gewährt. Für Ehegatten, die zusammen zur Einkommensteuer veranlagt werden, **verdoppelt** sich dieser Betrag (§ 32 **Abs. 6** n.F.).

15.1.3.1 Voller Kinderfreibetrag

Für jedes **zu berücksichtigende Kind** wird der **volle Kinderfreibetrag** von **monatlich 576 DM** und **jährlich 6.912 DM** gewährt.

Der **volle Kinderfreibetrag** wird in der Regel bei **jedem Elternteil zur Hälfte** von **monatlich 288 DM** und **jährlich 3.456 DM** bei der Veranlagung zur Einkommensteuer vom Einkommen abgezogen (§ 32 Abs. 6 **Satz 1**).
Ehegatten,

- die **beide unbeschränkt steuerpflichtig** sind,
- **nicht dauernd getrennt leben** und
- die **Zusammenveranlagung wählen** und
- die zu einem **zu berücksichtigenden Kind** in einem **Kindschaftsverhältnis stehen**,

erhalten für dieses Kind den **vollen Kinderfreibetrag 6.912 DM** (§ 32 Abs. 6 **Satz 2**).

Beispiel:
Die **Ehegatten** Britz, Dortmund, leben **nicht dauernd getrennt** und wählen die **Zusammenveranlagung**. Sie haben eine **gemeinsame Tochter**, die 1999 **sieben Jahre** alt ist.

Die Eheleute Britz erfüllen die Voraussetzungen für den Abzug des **vollen** Kinderfreibetrages von **6.912 DM**, weil sie **zusammen veranlagt** werden und 1999 das ganze Jahr über ein **zu berücksichtigendes Kind** haben (§ 32 Abs. 6 Satz 2).

Der **volle** Kinderfreibetrag von **6.912 DM** wird **auch** einer unbeschränkt einkommensteuerpflichtigen Person gewährt, wenn ein **zu berücksichtigendes Kind** nur zu dieser Person in einem **Kindschaftsverhältnis** steht (§ 32 Abs. 6 **Satz 3**).

Deshalb erhält **ein Elternteil** den **vollen Kinderfreibetrag** von **6.912 DM**, wenn

- der **andere Elternteil verstorben** ist oder
- der **andere Elternteil nicht unbeschränkt** einkommensteuerpflichtig ist oder
- der Steuerpflichtige **allein das Kind adoptiert** hat oder
- der Steuerpflichtige **allein zu dem Kind** in einem **Pflegschaftsverhältnis** steht.

Beispiele:
a) Hilde Welsch, Kiel, hat eine Tochter, Erika, im Alter von **12 Jahren**. Erika lebt bei ihrer Mutter. Erikas **Vater ist 1998 verstorben**.

Frau Welsch steht für 1999 der **volle** Kinderfreibetrag von **6.912 DM** zu, weil die Tochter ein zu berücksichtigendes Kind ist und der **andere Elternteil verstorben** ist.

b) Der verheiratete spanische Gastarbeiter Carlo Maradona arbeitet seit 1987 in Düsseldorf. Seine Tochter Carmen, 17 Jahre alt, wohnt seit 1997 bei ihrem Vater und besucht ein Gymnasium. Die Mutter lebt in Spanien.

Carmen ist ein zu berücksichtigendes Kind. Carlo Maradona steht für 1999 der **volle** Kinderfreibetrag von **6.912 DM** zu, weil **der andere Elternteil nicht unbeschränkt einkommensteuerpflichtig** ist.

Auslandskinder

Seit dem VZ 1994 kommen Kinderfreibeträge **auch** für **nicht unbeschränkt einkommensteuerpflichtige Kinder (Auslandskinder)** in Betracht.

Der **Kinderfreibetrag** für **Auslandskinder** ist nach den wirtschaftlichen Verhältnissen des Wohnsitzstaates der Kinder in **voller Höhe** abzuziehen oder auf **zwei Drittel** oder auf **ein Drittel** zu ermäßigen (§ 32 Abs. 6 **Satz 4**).

Seit 1996 ist die neue **Ländergruppeneinteilung** nach dem BMF-Schreiben vom 27.02.1996 anzuwenden (**Anhang 1** (III) EStH 1999).

Ländergruppeneinteilung (Auszug) nach dem BMF-Schreiben vom 27.02.1996 (BStBl. 1996 I Seite 115):

in voller Höhe	mit 2/3	mit 1/3
Wohnsitzstaat des Kindes		
1	2	3
Australien	Argentinien	Afghanistan
Europäische Union	Bahamas	Ägypten
Gibraltar	Bahrain	Äquatorialguinea
Island	Barbados	Äthiopien
Israel	Bermudas	Albanien
Japan	Chile	Algerien
Kanada	China (Taiwan)	Angola
.	.	.
.	.	.
.	.	.
Norwegen	Zypern	**Türkei**
.		.
.		.
Vereinigte Staaten		Zentralafrikanische Republik

Beispiel:
Die Eheleute Colak, Köln, haben **zwei Kinder: Daniel**, 14 Jahre alt, und **Elif**, 11 Jahre alt. Daniel lebt bei seinen Eltern in Köln, während Elif bei ihrer Großmutter in der Türkei wohnt (Beispiel von Seite 428).

Die Eheleute Colak erfüllen die Voraussetzungen für den Abzug der folgenden **Kinderfreibeträge** von ihrem Einkommen

für **Daniel**	6.912 DM
für **Elif** (1/3 von 6.912 DM)	2.304 DM

15.1.3.2 Halber Kinderfreibetrag

Im Gegensatz zum **Kindergeld**, das immer nur **einer** Person gezahlt wird, gilt beim **Kinderfreibetrag** der sog. **Halbteilungsgrundsatz**.

Nach dem **Halbteilungsgrundsatz** steht **jedem unbeschränkt** steuerpflichtigen **Elternteil** für ihr Kind nur der **halbe Kinderfreibetrag** von **monatlich 288 DM** und **jährlich von 3.456 DM** zu, wenn sie

> - **dauerndgetrennt** leben,
> - **nicht mehr miteinander verheiratet** sind   oder
> - **zu keinem Zeitpunkt miteinander verheiratet waren.**

Beispiel:
Peter und Bettina Kracht, Düsseldorf bzw. Köln, wurden 1998 **geschieden**. Sie haben einen gemeinsamen Sohn Ralf. Ralf ist **acht Jahre alt** und lebt bei seiner Mutter in Köln.

Ralf ist ein zu berücksichtigendes Kind. Peter und Bettina Kracht steht der **halbe Kinderfreibetrag** von je **3.456 DM** zu, weil sie als **unbeschränkt** steuerpflichtige Eltern **nicht mehr miteinander verheiratet** sind.

> **Übung**: 1. Wiederholungsfragen 12 bis 15 (Seite 448),
> 2. Fälle 6 bis 11 (Seite 450 f.)

15.1.3.3 Übertragung des halben Kinderfreibetrages

Die **Halbierung** des Kinderfreibetrages ist **nicht in allen Fällen durchführbar**.

Deshalb hat der Gesetzgeber die **Möglichkeit der Übertragbarkeit** des Kinderfreibetrages geschaffen.

Bei **geschiedenen** oder **dauernd getrennt** lebenden **unbeschränkt** steuerpflichtigen **Eltern** sowie bei **unbeschränkt** steuerpflichtigen **Eltern nichtehelicher Kinder** kann **ein Elternteil** in den **Zeilen 39 bis 41** der **Anlage Kinder** zur Einkommensteuererklärung 1999 **beantragen**, daß der Kinderfreibetrag des anderen Elternteils auf ihn **übertragen** wird, **wenn er**, nicht aber der andere Elternteil, **seine Unterhaltsverpflichtungen** gegenüber dem Kind für **1999** im wesentlichen (**mindestens zu 75 %**) **erfüllt** (§ 32 Abs. 6 **Satz 5**).

Beispiel:
Die Eltern Streit, beide Frankfurt, wurden 1998 **geschieden**. Der **achtjährige Sohn** wohnt bei der Mutter und wird von ihr unterhalten. Der Vater ist zu einem monatlichen Unterhalt von 420 DM verpflichtet. Der Vater kommt seinen Unterhaltsverpflichtungen **nicht** nach. Die Mutter beantragt, ihr den vollen Kinderfreibetrag zu gewähren.

Jedem Elternteil steht grundsätzlich der **halbe** Kinderfreibetrag von 3.456 DM zu. Auf **Antrag** erhält jedoch die Mutter den **vollen** Kinderfreibetrag von 6.912 DM. Die Übertragung ist in diesem Falle nicht von der Zustimmung des Vaters abhängig.

Frau Streit hat in der **Anlage Kinder** in der **Zeile 39** zusätzlich folgende Angaben zu machen:

```
                                          Anlage Kinder   1999
   Übertragung des Kinderfreibetrags
38 Kind in  Ich beantrage den vollen Kinderfreibetrag, weil der andere Elternteil
   Zeile    seine Unterhaltsverpflichtung | im Ausland lebte  vom – bis
            nicht mind. zu 75 % erfüllt hat
39   1      ⊠ ja
   Zeile
40
```

Die **einvernehmliche Übertragung** des **Kinderfreibetrags** ist seit 1996 **nicht mehr möglich** (Einführungsschreiben zum Familienleistungsausgleich, BStBl 1995 I Seite 808).

Seit dem VZ 1996 kann der **Kinderfreibetrag** mit Zustimmung des **leiblichen** Elternteils auf einen **Stiefelternteil** oder auf **Großeltern übertragen** werden, wenn sie das Kind in ihren **Haushalt aufgenommen** haben (§ 32 Abs. 6 **Satz 6**).

Beispiel:
Die **Großeltern** haben 1999 ihre 5jährige Enkelin in ihren Haushalt aufgenommen und sind deshalb **kindergeldberechtigt** (§ 62 Abs. 1 Nr. 1 i.V.m. § 63 Abs. 1 Nr. 3). Die leiblichen Eltern des Kindes leben dauernd getrennt. Der Vater, der seinen Unterhaltsverpflichtungen nachkommt, nimmt den halben Kinderfreibetrag in Anspruch.

Die **Mutter kann** den halben **Kinderfreibetrag auf die Großeltern übertragen** (§ 32 Abs. 6 **Satz 6**).

Die folgende Tabelle zeigt, ab welchem **zu versteuernden Einkommen** der Abzug eines **Kinderfreibetrags** für das erste, zweite und dritte Kind 1999 **günstiger** ist als das **Kindergeld**:

Steuerpflichtige	Zu versteuerndes Einkommen		
	1. Kind DM	2. Kind DM	3. Kind DM
Alleinstehende	91.908	98.820	134.298
Zusammenveranlagte Ehegatten	180.468	187.380	251.316

Beträgt das Kindergeld **350 DM** für das vierte und jedes weitere Kind, so ist das **Kindergeld günstiger** als der Kinderfreibetrag.

> **Übung:** 1. Wiederholungsfrage 16 (Seite 448),
> 2. Fall 12 (Seite 451)

Kinderfreibetrag
(§ 32 **Abs. 6** EStG)

voller Kinderfreibetrag 6.912 DM (12 x 576 DM)

Den **vollen** Kinderfreibetrag von **6.912 DM** erhalten:

1. **zusammenveranlagte** Ehegatten für gemeinsame Kinder,

2. **verwitwete** Elternteile, deren Ehegatte verstorben ist,

3. der Elternteil, dessen Ehegatte **nicht unbeschränkt steuerpflichtig** ist,

4. der Steuerpflichtige, der das Kind **allein adoptiert** hat,

5. der Steuerpflichtige, der **allein** zu dem Kind in einem **Pflegekindschaftsverhältnis** steht,

6. der Elternteil, der durch **Antrag** den **vollen** Kinderfreibetrag erhält, weil er seinen **Unterhaltsverpflichtungen im wesentlichen** (mind. **75 %**) nachkommt, während der andere Elternteil seiner Unterhaltsverpflichtung nicht nachkommt.

halber Kinderfreibetrag 3.456 DM (12 x 288 DM)

Den **halben** Kinderfreibetrag von **3.456 DM** erhalten:

1. **dauernd getrennt lebende** Ehegatten,

2. **geschiedene** Ehegatten,

3. Eltern **nichtehelicher Kinder**,

4. **Stiefelternteile oder Großeltern**, die Stief- oder Enkelkinder in ihren **Haushalt aufgenommen** haben, denen der **halbe** Kinderfreibetrag von einem **leiblichen** Elternteil **übertragen** wurde.

15.2 Haushaltsfreibetrag

Der **Haushaltsfreibetrag** nach **§ 32 Abs. 7** in Höhe von **5.616 DM** kann nur von bestimmten **unbeschränkt** Steuerpflichtigen in Anspruch genommen werden. Der Haushaltsfreibetrag ist ein Jahresbetrag, der **nicht gezwölftelt** wird.

Voraussetzung für die Inanspruchnahme des Haushaltsfreibetrags ist, daß der Steuerpflichtige

> 1. **nicht** als Ehegatte oder Verwitweter nach dem **Splitting-Verfahren** besteuert und **nicht** als Ehegatte **getrennt veranlagt** wird **und**
> 2. einen (halben oder vollen) **Kinderfreibetrag oder Kindergeld** für mindestens ein Kind erhält, das in **seiner Wohnung im** Inland **gemeldet** ist, gleichgültig, ob mit Haupt- oder Nebenwohnung.

Zu beachten ist, daß seit 1996 unter **Kinderfreibetrag und Kindergeld** jeweils der **Monatsbetrag** zu verstehen ist.

Kinder, die bei **beiden** Elternteilen oder **einem** Elternteil und **einem** Großelternteil mit Wohnung im **Inland** gemeldet sind, werden dem **Elternteil** oder **Großelternteil zugeordnet**, in dessen **Wohnung** sie im Kalenderjahr **zuerst** gemeldet waren, **im übrigen** der **Mutter** oder mit deren Zustimmung dem **Vater** oder dem **Großelternteil**; dieses **Wahlrecht** kann für mehrere Kinder **nur** einheitlich ausgeübt werden (§ 32 Abs. 7 **Satz 2**).
Für die **Zuordnung** sind die **Verhältnisse zu Beginn des Kalenderjahres** maßgebend.

> **Merke**: Eine **Aufteilung** des Haushaltsfreibetrags auf **beide** Elternteile ist **nicht zulässig**.

Für die Frage, in wessen **Wohnung** im Inland das Kind **gemeldet** war oder ob eine gemeinsame Wohnung der Eltern vorliegt, sind **allein** die Verhältnisse maßgebend, wie sie sich aus dem **Melderegister** ergeben (H 182 (Meldung des Kindes) EStH 1999).

Beispiele:
1. Manuela und Bert Lauterbach, München, wurden 1998 **geschieden**. Sie haben eine **12jährige Tochter**, die zu Beginn des Kalenderjahrs 1999 in der **Wohnung der Mutter im Inland gemeldet** war.
   Manuela Lauterbach erhält den **Haushaltsfreibetrag** in Höhe von **5.616 DM**, weil alle Voraussetzungen des § 32 Abs. 7 erfüllt sind. Auf der Lohnsteuerkarte der Mutter wird von der Gemeinde die **Steuerklasse II** eingetragen.

2. Die Eltern des dreijährigen Andreas sind **nicht verheiratet**, sie leben aber zusammen in einer Wohnung in Köln. Andreas ist in der **gemeinsamen** Wohnung seiner Eltern **gemeldet**.
   Die **Mutter** erhält den **Haushaltsfreibetrag** in Höhe von **5.616 DM**, weil alle Voraussetzungen des § 32 Abs. 7 erfüllt sind. Auf der Lohnsteuerkarte der Mutter wird von der Gemeinde die **Steuerklasse II** eingetragen. Die Mutter kann jedoch den Haushaltsfreibetrag auf den Vater übertragen lassen.

Nach dem **BVerfG-Beschluß** vom 10.11.1998 wird der Gesetzgeber verpflichtet, bis zum **1.1.2002** die Abziehbarkeit eines Haushaltsfreibetrags neu zu regeln.

> **Übung**: 1. Wiederholungsfragen 17 bis 20 (Seite 448),
> 2. Fälle 13 bis 18 (Seite 452 ff.)

15.3 Härteausgleich nach § 46 Abs. 3, § 70 EStDV

Bei der Ermittlung des **zu versteuernden Einkommens** ist unter bestimmten Voraussetzungen ein **Härteausgleich nach** § 46 Abs. 3 oder § 70 EStDV zu gewähren.

In den Genuß des **Härteausgleichs** kommen **nur Arbeitnehmer**, die nach § 46 **Abs. 2 veranlagt** werden.

> Die **Veranlagungstatbestände** des § 46 **Abs. 2** werden in Abschnitt "18.5 Veranlagung von Arbeitnehmern", Seite 486 f., erläutert.

Betragen die **Nebeneinkünfte** (= Einkünfte, die **nicht** der Lohnsteuer zu unterwerfen sind, abzüglich der darauf entfallenden Beträge nach § 13 Abs. 3 und § 24a) eines Arbeitnehmers **mehr als 800 DM**, so ist eine **Veranlagung** durchzuführen.

Betragen die sogenannten **Nebeneinkünfte** eines Arbeitnehmers **weniger als 800 DM**, dann werden diese Einkünfte **nicht besteuert**.

Um die **Härte**, die sich aus der **Veranlagung** nach § 46 **Abs. 2** für den Arbeitnehmer ergibt, **zu mildern**, hat der Gesetzgeber einen sogenannten **Härteausgleich** vorgesehen.

Beim **Härteausgleich** sind **zwei Grundfälle** zu unterscheiden:

> 1. **Härteausgleich** nach **§ 46 Abs. 3** und
> 2. **Härteausgleich** nach **§ 46 Abs. 5** in Verbindung mit **§ 70 EStDV**.

15.3.1 Härteausgleich nach § 46 Abs. 3

Betragen in den Fällen des § 46 **Abs. 2** die **Einkünfte**, die **nicht** der Lohnsteuer zu unterwerfen waren, abzüglich der darauf entfallenden Beträge nach § 13 Abs. 3 und § 24a, insgesamt **nicht mehr als 800 DM**, so ist der **Härteausgleich nach** § 46 Abs. 3 zu gewähren.

Der **Abzugsbetrag** kann **1 DM bis 800 DM** betragen. Das gilt **auch** bei **Zusammenveranlagung** von Ehegatten.

Der **Abzugsbetrag** nach § 46 Abs. 3 wird wie folgt ermittelt:

Zeile		DM
1	steuerpflichtige Einkünfte, die **nicht** der Lohnsteuer zu unterwerfen waren	....
2	abzüglich Abzug für Land- und Forstwirte (§ 13 Abs. 3)	....
3	abzüglich Altersentlastungsbetrag (§ 24a) (40 % von Zeile 1, höchstens 3.720 DM) *)	....
4	**Abzugsbetrag nach § 46 Abs. 3**	....

*) Der Härteausgleichsbetrag wird um den Altersentlastungsbetrag vermindert, soweit dieser 40 % des Arbeitslohns (ohne Versorgungsbezüge) übersteigt.

Beispiel:
Ein **lediger** 65jähriger Arbeitnehmer, auf dessen Lohnsteuerkarte ein Freibetrag im Sinne des § 39a Abs. 1 Nr. 5 eingetragen worden ist, hat in 1999 **neben** Einkünften aus nichtselbständiger Arbeit (Versorgungsbezüge) folgende Einkünfte bezogen:

Einkünfte aus Land- und Forstwirtschaft   4.500 DM
Einkünfte aus Vermietung und Verpachtung   − 500 DM

Der **Abzugsbetrag** nach § 46 Abs. 3 wird wie folgt ermittelt:

Zeile		DM
1	steuerpflichtige Einkünfte, die **nicht** der Lohnsteuer zu unterwerfen waren (4.500 DM - 500 DM)	4.000
2	abzüglich Abzug für Land- und Forstwirte (§ 13 Abs. 3)	− 1.300
3	abzüglich Altersentlastungsbetrag (§ 24a) (40 % von 4.000 DM)	− 1.600
4	**Abzugsbetrag nach § 46 Abs. 3**	**1.100**

Übung: 1. Wiederholungsfrage 21 (Seite 448),
2. Fall 19 (Seite 454)

15.3.2 Härteausgleich nach § 46 Abs. 5 i. V. mit § 70 EStDV

Betragen die **Nebeneinkünfte** in den Fällen des § 46 **Abs. 2 mehr als 800 DM, aber nicht mehr als 1.600 DM**, so wird der Härteausgleich nach § 46 **Abs. 5** in Verbindung mit § **70 EStDV** vorgenommen.

Der **Abzugsbetrag** nach § **70 EStDV** beläuft sich auf den Betrag, um den die einkommensteuerpflichtigen Einkünfte, die **nicht** der Lohnsteuer zu unterwerfen waren, abzüglich der darauf entfallenden Beträge nach § 13 Abs. 3 und § **24a**, und die nach dieser Kürzung insgesamt **mehr als 800 DM** betragen, **geringer sind als 1.600 DM**. Dies gilt auch bei Zusammenveranlagung von Ehegatten.

Der **Abzugsbetrag nach § 70 EStDV** wird demnach wie folgt ermittelt:

Zeile		DM
1	steuerpflichtige Einkünfte, die **nicht** der Lohnsteuer zu unterwerfen waren	....
2	abzüglich Abzug für Land- und Forstwirte (§ 13 Abs. 3)	....
3	abzüglich Altersentlastungsbetrag (§ 24a) (40 % von Zeile 1, höchstens 3.720 DM)	....
4	Nebeneinkünfte	....
5	Grenzbetrag	**1.600**
6	abzüglich Betrag von Zeile 4 (Nebeneinkünfte)	....
7	**Abzugsbetrag nach § 70 EStDV**	....

Beispiel:
Ein **lediger** 65jähriger Steuerpflichtiger hat **neben** Einkünften aus nichtselbständiger Arbeit (Versorgungsbezüge) 1999 folgende Einkünfte bezogen:

Einkünfte aus Land- und Forstwirtschaft	3.000 DM
Einkünfte aus Kapitalvermögen	1.800 DM

Der **Abzugsbetrag nach § 70 EStDV** wird wie folgt ermittelt:

Zeile		DM
1	steuerpflichtige Einkünfte, die **nicht** der Lohnsteuer zu unterwerfen waren (3.000 DM + 1.800 DM)	4.800
2	abzüglich Abzug für Land- und Forstwirte (§ 13 Abs. 3)	− 1.300
3	abzüglich Altersentlastungsbetrag (§ 24a) (40 % von 4.800 DM)	− 1.920
4	Nebeneinkünfte	1.580
5	Grenzbetrag	**1.600**
6	abzüglich Nebeneinkünfte	− 1.580
7	**Abzugsbetrag nach § 70 EStDV**	**20**

> **Übung**: 1. Wiederholungsfrage 22 (Seite 448),
> 2. Fall 20 (Seite 454)

15.4 Erfolgskontrolle

WIEDERHOLUNGSFRAGEN

1. In welchem Fall wird der Kinderfreibetrag bei der Ermittlung des zu versteuernden Einkommens abgezogen, obwohl im Laufe des Kalenderjahres Kindergeld gezahlt worden ist?
2. Welche zwei Gruppen von Kindern unterscheidet § 32 Abs. 1 EStG?
3. Welche Kinder sind mit dem Steuerpflichtigen im ersten Grad verwandt?
4. Worin besteht allgemein ausgedrückt der Unterschied zwischen einem Kind im einkommensteuerlichen Sinne und einem steuerlich zu berücksichtigenden Kind?
5. Ist die steuerliche Berücksichtigung eines Kindes von der unbeschränkten Steuerpflicht des Kindes abhängig?
6. Welche Kinder werden ohne weiteres steuerlich berücksichtigt?
7. Unter welchen Voraussetzungen werden Kinder von 18 bis 26 Jahren steuerlich berücksichtigt?
8. Welche allgemeine Voraussetzung muß seit dem VZ 1996 erfüllt sein, damit Kinder ab 18 Jahren steuerlich berücksichtigt werden können?
9. Unter welchen Voraussetzungen werden Kinder von 18 bis 20 Jahren steuerlich berücksichtigt?
10. Unter welchen Voraussetzungen werden behinderte Kinder steuerlich berücksichtigt?
11. Unter welchen Voraussetzungen werden Kinder über 21 bzw. über 27 Jahren steuerlich berücksichtigt?
12. Wie hoch sind die beiden in § 32 Abs. 6 EStG genannten Kinderfreibeträge?
13. Unter welchen Voraussetzungen wird bei Ehegatten ein Kinderfreibetrag von 6.912 DM abgezogen?
14. Welche Einzelpersonen erhalten auch den vollen Kinderfreibetrag von 6.912 DM?
15. Welche Personen erhalten einen halben Kinderfreibetrag von 3.456 DM?
16. Unter welchen Voraussetzungen kann der halbe Kinderfreibetrag übertragen werden?
17. Welche Freibeträge werden vom Einkommen abgezogen?
18. Was ist Voraussetzung für die Inanspruchnahme des Haushaltsfreibetrags?
19. Wie hoch ist der Haushaltsfreibetrag?
20. Welche Zuordnungsregeln werden nach § 32 Abs. 7 EStG aufgestellt?
21. Wie wird der Abzugsbetrag nach § 46 Abs. 3 EStG ermittelt?
22. Wie wird der Abzugsbetrag nach § 70 EStDV ermittelt?

FÄLLE

Fall 1:

Aus der Ehe von Max und Ulrike Reiber, Bonn, sind **zwei Kinder** hervorgegangen:

   Sohn Klaus-Dieter, geb. am 02.01.1983 und
   Tochter Nicola, geb. am 31.12.1999.

Beide Kinder leben im elterlichen Haushalt in Bonn.

Sind die beiden Kinder in 1999 steuerlich **zu berücksichtigende Kinder**? Begründen Sie Ihre Antwort.

Fall 2:

Die Ehegatten Klaus und Karen Gürster, Dortmund, haben eine **19jährige Tochter**, Barbara, die **Sprachwissenschaften studiert**. Die Tochter lebte bis 30.04.1999 bei ihren Eltern und ging dann zur Vervollständigung ihrer französischen Sprachkenntnisse für **ein Jahr** als Au-pair-Mädchen nach Paris. Während des vorübergehenden Auslandsaufenthaltes stand Barbara im Haushalt ihrer Eltern eine angemessene Wohn- und Schlafgelegenheit weiterhin zur Verfügung. Am 01.05.2000 kehrte sie nach Dortmund zurück und setzte dort ihr Studium fort. Die **Einkünfte und Bezüge** von Barbara haben 1999 **weniger als 13.020 DM** betragen.

Ist Barbara in 1999 ein steuerlich **zu berücksichtigendes Kind?** Begründen Sie Ihre Antwort.

Fall 3:

Ralf Wild ist seit 1983 mit Marianne geb. Rech verheiratet. Beide leben zusammen in ihrer Wohnung in Köln, Norbertstr. 32. Sie haben einen gemeinsamen **Sohn Michael**, der am **24.07.1984** geboren wurde. Michael lebt bei seinen (leiblichen) Eltern. Ralf Wild ist zum zweitenmal verheiratet. Seine erste Ehe wurde geschieden. Aus der ersten Ehe hat er zwei Kinder: **Sohn Werner** und **Tochter Kristina**.

Sohn Werner ist am **06.01.1977** geboren und **studierte 1999** an der Universität Hamburg Wirtschaftswissenschaften. **Werner** lebt bei seiner Mutter, Ute Wild geb. Seibel, die in 22047 Hamburg, Hochstr. 3, wohnt.

Tochter Kristina ist am **06.05.1978** geboren und **studierte 1999** an der Universität Bonn Philosophie. **Kristina** wohnt in Köln bei ihrem Vater und ihrer Stiefmutter.

Die **Einkünfte und Bezüge** von Werner und Kristina haben 1999 **jeweils weniger als 13.020 DM** betragen.

1. In welchem **Kindschaftsverhältnis** stehen Michael, Werner und Kristina zu Ralf und Marianne Wild?
2. Sind die drei Kinder in 1999 steuerlich **zu berücksichtigende Kinder?** Begründen Sie Ihre Antwort.

Fall 4:

Die Eheleute Mallmann, Straubing (Bayern), haben einen gemeinsamen **20jährigen** Sohn Thomas, der nach bestandenem **Abitur (Juni 1999)** am **01.10.1999** zum **gesetzlichen Grundwehrdienst (zehn Monate)** einberufen wird.

Nach dem **Grundwehrdienst** beabsichtigt Thomas eine **Ausbildung** bei einem Steuerberater mit dem Berufsziel **Steuerfachangestellter**.

Thomas hat in 1999 eigene **Einkünfte und Bezüge** von **weniger als 13.020 DM**. Während der Schulzeit hat er kein Einkommen.

1. Ist Thomas **1999** ein steuerlich **zu berücksichtigendes Kind?** Begründen Sie Ihre Antwort.
2. Ist Thomas **2000** ein steuerlich **zu berücksichtigendes Kind,** wenn er im August 2000 seine Ausbildung für zwei Jahre beginnt.

Fall 5:

Die Eheleute Seif, Trier, haben ein gemeinsames Kind, das im **August 1999** sein **18. Lebensjahr vollendet**.

Im **September 1999** beginnt das Kind eine **betriebliche Ausbildung**.

Die monatliche **Ausbildungsvergütung** beträgt **800 DM brutto**. Im Dezember 1999 erhält das Kind ferner ein **Weihnachtsgeld** in Höhe von **800 DM brutto**.

Außerdem fließen dem Kind im Dezember 1999 **Einnahmen aus Kapitalvermögen** für das gesamte Kalenderjahr 1999 in Höhe von **7.500 DM** zu.

Ist das Kind 1999 ein steuerlich **zu berücksichtigendes Kind**? Begründen Sie Ihre Antwort.

Fall 6:

Helmut und Katharina Hommen, Worms, werden **zusammen veranlagt**. Sie haben für das gesamte Kalenderjahr 1999 **drei zu berücksichtigende Kinder**.

Wie groß ist die Summe der **Kinderfreibeträge** der Eheleute Hommen für den VZ 1999?

Fall 7:

Tanja Wunn, Aachen, ist seit zwei Jahren **verwitwet**. Sie hat zwei leibliche Kinder:

      Manuela, **15 Jahre alt**, besucht eine Realschule,
      Diana,   **19 Jahre alt**, ist Steuerfachangestellte.

Beide Kinder wohnen bei ihrer Mutter.

Wie groß ist die Summe der **Kinderfreibeträge** der Steuerpflichtigen für den VZ 1999

Fall 8:

Ein griechischer Gastarbeiter, der in Frankfurt wohnt, hat **drei Kinder** im Sinne des EStG.

Ein Kind lebt bei ihm. Es ist **19 Jahre alt** und befindet sich 1999 das ganze Jahr über in der **Berufsausbildung**.

Zwei Kinder leben bei der nicht unbeschränkt einkommensteuerpflichtigen Mutter in Saloniki (Griechenland). Beide Kinder sind **12 und 17 Jahre alt**.

Wie groß ist die Summe der **Kinderfreibeträge** des Gastarbeiters für den VZ 1999?

Fall 9:

Sachverhalt wie im Fall 3

Wie groß ist die Summe der **Kinderfreibeträge** der Eheleute Wild, Köln, für den VZ 1999?

Fall 10:

Sachverhalt wie im Fall 3 mit dem **Unterschied**, daß die leibliche **Mutter** von Werner und Kristina in **1998 verstorben** ist.

Wie groß ist die Summe der **Kinderfreibeträge** der Eheleute Wild, Köln, für den VZ 1999?

Fall 11:

Egon Theis, geb. am 01.01.1939, wohnt in Köln. Er ist seit zwei Jahren von seiner Frau, die jetzt in Wien wohnt, **geschieden**. Aus der Ehe sind **zwei Kinder** hervorgegangen:

Walter, geb. am 01.01.1983 und
Rainer, geb. am 01.05.1984.

Walter wohnt bei seinem Vater. Walter hat 1999 eigene Einkünfte von 4.800DM.

Rainer lebt im Haushalt der Eltern seiner Mutter in Mainz, die die Kosten für Unterhalt und Ausbildung tragen. Das Obhuts-und Pflegeverhältnis zu den leiblichen Eltern besteht nicht mehr.

Beide Kinder gehen noch zur Schule.

Wer erhält 1999 in welcher Höhe **Kinderfreibeträge** für Walter und Rainer?

Fall 12:

Hannelore Grimm, Hamburg, ist **geschieden**. Ihr früherer Ehemann ist wieder verheiratet und lebt jetzt in Stuttgart. Sie haben einen gemeinsamen Sohn, der bei seiner Mutter wohnt. Der Sohn ist **19 Jahre alt** und besucht noch die Schule. Die Mutter kommt ihren Unterhaltsverpflichtungen gegenüber ihrem Kind im wesentlichen nach, während der Vater seinen Verpflichtungen nicht nachkommt.

Wie ist die **Rechtslage** hinsichtlich des **Kinderfreibetrages**?

Fall 13:

Ein Gastarbeiter arbeitet seit 1988 in einer Maschinenfabrik in Stuttgart. Er ist verheiratet und hat **zwei Kinder** im Alter von **10 und 8 Jahren**. Die Kinder leben bei ihrer Mutter in Spanien und sind auch dort gemeldet.

Erhält der Steuerpflichtige für den VZ 1999 einen **Haushaltsfreibetrag**? Begründen Sie Ihre Antwort.

Fall 14:

Zum Haushalt der **verwitweten** Steuerfachangestellten Eva Weber, Bonn, gehört eine 20jährige Tochter, die im Januar 1999 ihre Berufsausbildung beendet hat.

Erhält die Steuerpflichtige für den VZ 1999 einen **Haushaltsfreibetrag**? Begründen Sie Ihre Antwort.

Fall 15:

Die Steuerpflichtige Jutta Horn, Bonn, ist seit 1998 **geschieden**. Sie hat **zwei Kinder** im Alter von **16 und 13 Jahren**. Beide Kinder sind in ihrer Wohnung in Bonn gemeldet und gehen noch zur Schule.

1. Wie hoch sind die **Kinderfreibeträge** der Jutta Horn im VZ 1999?

2. Erhält Frau Horn einen **Haushaltsfreibetrag**? Begründen Sie Ihre Antwort.

Fall 16:

Die **dauernd getrennt lebenden** verheirateten Eltern der Alexandra Kraus erhalten für ihre Tochter je den halben Kinderfreibetrag. Alexandra geht noch zur Schule und lebt in einem Internat in Hamburg. Sie ist in der Wohnung der Mutter gemeldet.

Wer erhält den **Haushaltsfreibetrag**?

Fall 17:

Eine **ledige** Steuerpflichtige, geb. am 12.10.1959, wird für 1999 zur Einkommensteuer veranlagt. Sie hat **zwei Kinder unter 16 Jahren**, die seit ihrer Geburt bei ihr leben und bei ihr im Inland gemeldet sind.

Der Vater der Kinder, der im Inland wohnt, kommt seiner Unterhaltsverpflichtung nach.

Welche **Freibeträge** erhält die Steuerpflichtige für den VZ 1999?

Fall 18:

Ulrich Mayer, Koblenz, war bis 1993 mit Elke geb. Müller verheiratet. Seit Oktober 1993 ist er **geschieden**.

Die Eheleute haben eine **20jährige Tochter**, die in Koblenz Informatik **studiert**. Für die Tochter Melanie erhält der Vater den **vollen** Kinderfreibetrag. Melanie ist in der Wohnung des Vaters gemeldet.
In 1999 hat Tochter Melanie einen Bruttoarbeitslohn von insgesamt **5.850 DM** bezogen.

Am 07.06.1999 **heiratet** Ulrich Mayer die Bankangestellte Brigitte Hoffmann. Die Eheleute Ulrich und Brigitte Mayer geb. Hoffmann wohnen seit diesem Zeitpunkt in dem 1982 hergestellten Einfamilienhaus des Ehemannes in Koblenz.

Für die Eheleute stellt sich in 1999 die **Frage**, ob sie die **Zusammenveranlagung** oder die **besondere Veranlagung** wählen sollen.

Ulrich Mayer ist am 16.04.1952 geboren und gehört keiner Religionsgemeinschaft an. Als Beamter hat er 1999 ein Bruttogehalt von insgesamt **70.738,— DM** bezogen. An Lohnsteuer (Lohnsteuerklasse IV) wurden ihm **16.090,— DM** einbehalten. Der einbehaltene Solidaritätszuschlag betrug **817,30 DM**.

Folgende Aufwendungen weist er nach, die er als Sonderausgaben geltend machen will:

Krankenversicherungsbeiträge	4.316,— DM
Pflegeversicherungsbeiträge	21,58 DM
Unfallversicherungsbeiträge	456,— DM
Lebensversicherungsbeiträge	1.096,— DM
Haftpflichtversicherungsbeiträge	2.038,42 DM

Ulrich und Brigitte Mayer haben am 12.10.1999 von einer Bauträgergesellschaft eine Eigentumswohnung gekauft, die am 15.12.2000 fertiggestellt sein soll. Die Eigentumswohnung wollen die Eheleute vermieten.

In 1999 haben die Eheleute für die Grundbucheintragung der Eigentumswohnung an Notar- und Grundbuchkosten **576,— DM** gezahlt. Für die Eintragung einer Grundschuld sind 1999 **1.579,— DM** angefallen.

Brigitte Mayer ist am 04.11.1962 geboren. Sie ist als Bankangestellte tätig. Auf ihrer Lohnsteuerkarte sind für 1999 folgende Beträge ausgewiesen:

Bruttoarbeitslohn	49.996,— DM
Lohnsteuer (Lohnsteuerklasse IV)	8.941,— DM
Solidaritätszuschlag	491,75 DM
Kirchensteuer	804,69 DM
Arbeitnehmeranteil am Gesamtsozialversicherungsbeitrag	9.842,— DM

Brigitte Mayer hat 1999 insgesamt 936,—DM Bausparbeiträge gezahlt.

Stellen Sie fest, welche **Veranlagungsart** (Zusammenveranlagung oder besondere Veranlagung) 1999 für die Steuerpflichtigen am günstigsten ist (**ohne** Kirchensteuer-Erstattung).

Bei der **besonderen Veranlagung** werden die Steuerpflichtigen so behandelt, als ob sie die Ehe nicht geschlossen hätten (§ 26c Abs. 1 Satz 1).

Die **getrennte Veranlagung** kommt für die Steuerpflichtigen **nicht** in Frage, weil bei der getrennten Veranlagung der Haushaltsfreibetrag nicht beansprucht werden kann und der Grundtarif gilt.

Fall 19:

Ein **lediger** Arbeiter, geb. am 10.12.1942, hat im VZ 1999 aus zwei Dienstverhältnissen einen **Bruttoarbeitslohn** (keine Versorgungsbezüge) von insgesamt **23.056 DM** bezogen. Daneben hat er **Einkünfte aus Kapitalvermögen** in Höhe von **500 DM** erzielt. Er legt weder Werbungskosten- noch Sonderausgabenbelege vor.

Ermitteln Sie das **zu versteuernde Einkommen** des Steuerpflichtigen für den VZ 1999.

Fall 20:

Ein **verheirateter** Steuerpflichtiger, geb. am 12.11.1932, hat im VZ 1999 **Versorgungsbezüge** i.S.d. § 19 Abs. 2 Nr. 2 von **27.056 DM** bezogen und **Einkünfte aus Kapitalvermögen** in Höhe von **2.000 DM** erzielt. Seine Frau, geb. am 10.11.1943, hat im VZ 1999 **keine** Einkünfte bezogen. Die Eheleute legen weder Werbungskosten- noch Sonderausgabenbelege vor.

Ermitteln Sie das **zu versteuernde Einkommen** der Eheleute für den VZ 1999.

Zusammenfassende Erfolgskontrolle zum 1. bis 15. Kapitel

1 Sachverhalt

Der **ledige** Steuerpflichtige Norbert Kaufmann, Mainz, geb. am 15.10.1939, legt Ihnen für den VZ 1999 folgende Zahlen vor:

1. Herr Kaufmann war bis Ende Oktober 1999 bei der Firma X-AG als Buchhalter tätig. Sein Monatsgehalt betrug brutto **5.000 DM**. Ab November 1999 bezog er von seinem Arbeitgeber ein Ruhegehalt von monatlich **600 DM**.

2. Herr Kaufmann wurde am 09.04.1999 Eigentümer eines Einfamilienhauses, Baujahr 1985, in Mainz. Das Haus wurde am 01.06.1999 für monatlich 1.500 DM vermietet; die Wohnfläche beträgt 150 qm. Kaufmann belegt folgende Aufwendungen:

Kaufpreis einschließlich 20 % Grundstücksanteil	490.000 DM
Steuerbescheid über 3,5 % GrESt	17.150 DM
Notarkosten für Kauf	brutto 5.800 DM
Gebühren für Kauf	350 DM
2 % Damnum von einer Grundschuld	6.000 DM
Notargebühren für Grundschuldaufnahme	brutto 2.320 DM
Gebühren für die Grundschuldaufnahme	180 DM
Schuldzinsen bis 31.12.1999 gezahlt	13.000 DM
Laufende Kosten, z.B. GrSt, Hausversicherungen, Straßenreinigung usw.	800 DM
Kleinere Erhaltungsaufwendungen (Reparaturen)	300 DM

3. Am 10.03.1999 erwarb Herr Kaufmann **100 Stück** Aktien der X-AG zu einem Kurs von **120 DM**. Für Anschaffungsnebenkosten wurden **160 DM** berechnet. Um den Kauf der Aktien zu finanzieren, nahm Herr Kaufmann einen Kredit auf, für den er in 1999 **900 DM** Zinsen zahlte.
   Die X-AG schüttete 1999 eine Bar-Dividende **nach** Abzug der KSt von **4,50 DM** je Aktie aus. Die Steuerbescheinigungen liegen vor.

4. Seit 01.11.1999 erhält Herr Kaufmann eine Brutto-Rente von der BfA in Höhe von **1.800 DM** monatlich.

5. Am 25.09.1999 konnte Herr Kaufmann einem Kollegen eine Lebensversicherung vermitteln und erhielt dafür eine einmalige Provision in Höhe von **772 DM** von der Versicherungsgesellschaft. Herr Kaufmann kann für diese Tätigkeit **144 DM** Werbungskosten nachweisen.

6. Herr Kaufmann unterstützt seit Jahren seine vermögenslose Mutter mit monatlich **300 DM**, sein Bruder unterstützt die Mutter ebenfalls mit **600 DM** monatlich. Die Mutter bezieht eine Leibrente von **5.400 DM** jährlich aus einer privaten Lebensversicherung, deren steuerlicher Ertragsanteil 24 % beträgt. Außerdem erhält sie Versorgungsbezüge von monatlich **300 DM**.

7. Herr Kaufmann belegt die folgenden Aufwendungen, die er als Sonderausgaben geltend machen will:

Beiträge zur Sozialversicherung	5.250 DM
Beiträge zur Lebensversicherung	1.200 DM
Beiträge zur Unfallversicherung	240 DM
Mitgliedsbeiträge an eine politische Partei	1.500 DM
Lohnkirchensteuer	840 DM

2 Aufgabe

Ermitteln Sie das **zu versteuernde Einkommen** des Herrn Norbert Kaufmann für den VZ 1999. Die Einkünfte sollen so niedrig wie möglich sein.

16 Ermittlung der Einkommensteuerschuld

16.1 Tarifliche und festzusetzende Einkommensteuer

Das EStG unterscheidet zwischen **tariflicher** und **festzusetzender** Einkommensteuer.

Die **tarifliche** und die **festzusetzende** Einkommensteuer ist wie folgt zu ermitteln (R 4 EStR 1999):

	zu versteuerndes Einkommen (§ 2 Abs. 5 EStG)
1	Steuerbetrag a) laut Grundtabelle / Splittingtabelle (§ 32a Abs. 1, 5, § 50 Abs. 3 EStG) oder b) nach dem bei Anwendung des Progressionsvorbehalts (§ 32b EStG) oder der Steuersatzbegrenzung sich ergebenden Steuersatz
2 +	Steuer auf Grund Berechnung nach den §§ 34, 34b EStG
3 =	**tarifliche Einkommensteuer (§ 32a Abs. 1, 5 EStG)**
4 −	**Entlastungsbetrag nach § 32c EStG**
5 −	ausländische Steuern nach § 34c Abs. 1 und 6 EStG, § 12 AStG
6 −	Steuerermäßigung bei Land- und Forstwirten nach § 34e EStG
7 −	Steuerermäßigung nach § 7a FördG
8 −	Steuerermäßigung für Steuerpflichtige mit Kindern bei Inanspruchnahme erhöhter Absetzungen für Wohngebäude oder der Steuerbegünstigungen für eigengenutztes Wohneigentum (§ 34f Abs. 1, 2 EStG)
9 −	**Steuerermäßigung bei Mitgliedsbeiträgen und Spenden an politische Parteien und unabhängige Wählervereinigungen (§ 34g EStG)**
10 −	Steuerermäßigung nach § 34f Abs. 3 EStG
11 +	Steuern nach § 34c Abs. 5 EStG
12 +	Nachsteuer nach § 10 Abs. 5 i.V.m. den §§ 30, 31 EStDV
13 +	Zuschlag nach § 3 Abs. 4 Satz 2 Forstschäden-Ausgleichsgesetz
14 +	**Kindergeld** oder vergleichbare Leistungen, soweit in den Fällen des § 31 EStG das Einkommen um einen Kinderfreibetrag gemindert wurde
15 =	**festzusetzende Einkommensteuer (§ 2 Abs. 6 EStG)**

Beispiel:
Der **verheiratete** Steuerpflichtige Dr. Weinheimer, Bonn, der 1999 **3.000 DM Kindergeld** für seine **5jährige Tochter** erhalten hat, erzielt 1999 ein **zu versteuerndes Einkommen** von 474.100 DM. Von diesem Betrag ist bereits der **Kinderfreibetrag** in Höhe von **6.912 DM** abgezogen worden.

Die **festzusetzende** Einkommensteuer wird für Dr. Weinheimer 1999 wie folgt ermittelt:

	DM
zu versteuern nach der Splittingtabelle 474.100 DM	205.454
tarifliche Einkommensteuer	205.454
dazu **Kindergeld** oder vergleichbare Leistungen	+ 3.000
festzusetzende Einkommensteuer	208.454

16.1.1 Grundtarif (Grundtabelle)

Der **Grundtarif** (die **Grundtabelle**) wird angewendet:

1. bei **ledigen** Steuerpflichtigen,
2. bei **verwitweten** Steuerpflichtigen, wenn nicht ausnahmsweise der Splittingtarif anzuwenden ist,
3. bei **geschiedenen** Steuerpflichtigen, wenn nicht ausnahmsweise der Splittingtarif anzuwenden ist,
4. bei **Ehegatten**, die **getrennt veranlagt** werden,
5. bei **Ehegatten**, die die **besondere Veranlagung** für den VZ der Eheschließung wählen, es sei denn, der Ehegatte war zu Beginn des VZ verwitwet und ist ausnahmsweise nach dem Splittingtarif zu besteuern (§ 26c Abs. 2).

Beispiele:
Zu 1. Der **ledige** Steuerpflichtige A wird einzeln veranlagt.

Sein Einkommen wird nach dem **Grundtarif** versteuert.

Zu 2. Die seit zwei Jahren **verwitwete** Steuerpflichtige B wird einzeln veranlagt.

Ihr Einkommen wird nach dem **Grundtarif** versteuert.

Zu 3. Die Steuerpflichtige C wurde im vergangenen Jahr **geschieden.** C hat nicht wieder geheiratet und wird in diesem Jahr einzeln veranlagt.

Ihr Einkommen wird nach dem **Grundtarif** versteuert.

Zu 4. Die Steuerpflichtigen Ehegatten D und E haben **getrennte Veranlagung** beantragt.

Ihr Einkommen wird nach dem **Grundtarif** versteuert.

Zu 5. Die Steuerpflichtigen F und G haben im VZ 1999 geheiratet und wählen beide die **besondere Veranlagung.**

Ihr Einkommen wird nach dem **Grundtarif** versteuert.

Der **Einkommensteuer-Tarif 1999** (**Grundtarif**) besteht - wie die folgende **Übersicht** zeigt - aus **fünf Tarifzonen** (§ 32a Abs. 1):

Zone	zu versteuerndes Einkommen	tarifliche ESt 1999
1. Nullzone	bis zu 13.067 DM (**Grundfreibetrag**) *)	0 DM
2. untere Progressionszone	von 13.068 DM bis 17.063 DM	linear ansteigender Grenzsteuersatz von **23,9 %** (**Eingangssatz**) **) auf 26,7 %
3. mittlere Progressionszone	von 17.064 DM bis 66.365 DM	linear ansteigender Grenzsteuersatz von 26,7 % auf 36,69 %
4. obere Progressionszone	von 66.366 DM bis 120.041 DM	linear ansteigender Grenzsteuersatz von 36,69 % auf 53 %
5. Proportionalzone	von 120.042 DM	konstanter **Spitzensatz** von **53 %** ***) - 22.886 DM

*) Der **Grundfreibetrag** von 13.067 DM wird ab **1.1.2000** auf **13.499 DM** und ab 1.1.2002 auf 14.094 DM erhöht.
) Der **Eingangssatz von 23, 9 % wird ab **1.1.2000** auf **22,9 %** und ab 1.1.2002 auf 19,9 % gesenkt.
***) Der **Spitzensatz** von **53 %** wird ab **1.1.2000** auf **51 %** und ab 1.1.2002 auf 48,5 % abgesenkt (§ 52 Abs. 41).

Im Rahmen des **Grundtarifs** ist das zu versteuernde Einkommen auf den nächsten durch **54** ohne Rest teilbaren vollen DM-Betrag **abzurunden** (§ 32a Abs. 2).

Beispiel:
Der **ledige** Steuerpflichtige Dr. Klockenbusch, Mainz, hat 1999 ein **zu versteuerndes Einkommen** von **474.093,— DM** erzielt.

Die **tarifliche Einkommensteuer** für Dr. Klockenbusch wird 1999 wie folgt berechnet:

Die Abrundung auf den nächsten durch 54 ohne Rest teilbaren Betrag ergibt	474.066,— DM
davon 53 % =	251.254,98 DM
abgerundet	251.254,— DM
− Abzugsbetrag nach § 32a Abs. 1 Nr. 4 EStG	22.886,— DM
= **tarifliche** Einkommensteuer	**228.368,— DM**

Die in der obigen **Übersicht** (§ 32a Abs. 1) angegebenen **Beträge** bezeichnen das "zu versteuernde Einkommen" für Steuerpflichtige, die nach der **Grundtabelle** besteuert werden.

Bei Steuerpflichtigen, für die die **Splittingtabelle** anzuwenden ist, sind die **Beträge** zu **verdoppeln**.

|S 2| Für **gewerbliche Einkünfte** wird die **Tarifbelastung** nach § 32c **begrenzt** (siehe Abschnitt 16.1.3.2, Seite 462 ff.).

Ebenso gilt für **außerordentliche Einkünfte** i.S.d. § 34 ein **ermäßigter Steuersatz**.

Übung: 1. Wiederholungsfragen 1 bis 4 (Seite 465),
2. Fall 1 (Seite 465)

16.1.2 Splitting-Verfahren (Splittingtabelle)

Das **Splitting-Verfahren** (die **Splittingtabelle**) wird angewendet:

> 1. Bei **Ehegatten**, die **zusammen veranlagt** werden (§ 32a Abs. 5),
> 2. bei verwitweten Steuerpflichtigen für den Veranlagunszeitraum, der dem Kalenderjahr folgt, in dem der Ehegatte verstorben ist, wenn der Steuerpflichtige und sein verstorbener Ehegatte im Zeitpunkt des Todes unbeschränkt steuerpflichtig waren und nicht dauernd getrennt leben (§ 32a Abs. 6 Nr. 1),
> 3. bei **geschiedenen** Steuerpflichtigen, wenn die Geschiedenen im Zeitpunkt der Scheidung die Voraussetzungen für eine Zusammenveranlagung erfüllten und wenn der bisherige Ehegatte im selben Jahr wieder heiratet und mit seinem neuen Ehepartner die Voraussetzungen für die Zusammenveranlagung erfüllt (§ 32a Abs. 6 Nr. 2).

Beispiele:

Zu 1. Die steuerpflichtigen **Ehegatten** H und I werden **zusammen veranlagt**.

Ihre ESt wird nach dem **Splitting-Verfahren** berechnet (§ 32a **Abs. 5**).

Zu 2. Der Ehegatte der Steuerpflichtigen J ist im vergangenen Jahr **verstorben**. J hat nicht wieder geheiratet. Im Zeitpunkt des Todes ihres Ehegatten waren beide unbeschränkt steuerpflichtig und lebten nicht dauernd getrennt. Die Steuerpflichtige wird für das laufende Jahr einzeln veranlagt.

Ihre ESt wird für das laufende Jahr nach dem **Splitting-Verfahren** berechnet (§ 32a Abs. 6 **Nr. 1**).

Zu 3. Die steuerpflichtigen Ehegatten K und L, die beide unbeschränkt steuerpflichtig sind und bis zur Scheidung nicht dauernd getrennt lebten, werden in diesem Jahr **geschieden**. L heiratet wieder in diesem Jahr und wird mit seinem neuen Ehegatten zusammen veranlagt. Der Steuerpflichtige K heiratet nicht mehr. Er wird einzeln veranlagt.

Die ESt des K wird in diesem Jahr nach dem **Splitting-Verfahren** berechnet (§ 32a Abs. 6 **Nr. 2**).

Nach dem **Splittingtarif** beträgt die tarifliche ESt das **Zweifache** des Steuerbetrags, der sich für die **Hälfte** des abgerundeten zu versteuernden Einkommens bei Anwendung des **Grundtarifs** ergibt (§ 32a Abs. 5 Satz 1).

Beispiel:

Der Steuerpflichtige Alfons Ternes und seine Ehefrau werden 1999 **zusammen veranlagt**. Das zu **versteuernde Einkommen** beträgt 240.350 DM.

Die tarifliche **Einkommensteuer** beträgt 1999 nach der Splittingtabelle **81.586 DM** (53 % von 120.150 DM = 63.679 DM – 22.886 DM = 40.793 DM x 2 = **81.586 DM**).

> Übung: 1. Wiederholungsfrage 5 (Seite 465),
> 2. Fälle 2 und 3 (Seite 466)

16.1.3 Besondere Steuersätze

16.1.3.1 Progressionsvorbehalt

Seit 1982 wird durch die Anwendung des **Progressionsvorbehalts** nach **§ 32b** versucht, daß Steuerpflichtige, die bestimmte **steuerfreie Einnahmen** erzielen (z.B. Arbeitslosengeld, Krankengeld, Mutterschaftsgeld), nicht bessergestellt sind als diejenigen, die nur **steuerpflichtige** Einnahmen beziehen.

Deshalb wird auf das nach § 32a Abs. 1 **zu versteuernde Einkommen** ein **besonderer Steuersatz** angewendet.

Der **besondere Steuersatz** ist der Steuersatz, der sich ergibt, wenn bei der Berechnung der Einkommensteuer **einbezogen** werden:

> 1. im Fall des § 32b Abs. 1 **Nr. 1** die Summe der bezogenen Leistungen nach Abzug des Arbeitnehmer-Pauschbetrags, soweit er nicht bei der Ermittlung der Einkünfte aus nichtselbständiger Arbeit abziehbar ist (z.B. **Arbeitslosengeld, Krankengeld, Mutterschaftsgeld**);
> 2. im Fall des § 32b Abs. 1 **Nr. 2** die dort bezeichneten Einkünfte, ausgenommen die darin enthaltenen außerordentlichen Einkünfte (z.B. bestimmte **ausländische Einkünfte**).
> 3. im Falle des § 32b Abs. 1 **Nr. 3** bestimmte **steuerfreie ausländische** Einkünfte.

Die **Einkommensteuer** unter Anwendung des **besonderen Steuersatzes** kann nach folgendem **Berechnungsschema** ermittelt werden:

Zeile		DM
1	tatsächlich zu versteuerndes Einkommen	.....
2	zuzüglich Leistungen nach § 32b Abs. 1 EStG	.....
3	für die Berechnung des besonderen Steuersatzes maßgebendes zu versteuerndes Einkommen	.....
4	Abrundung auf den Eingangsbetrag der Tarifstufe (Grundtabelle: auf den nächsten durch **54** ohne Rest teilbaren vollen DM-Betrag abrunden Splittingtabelle: auf den nächsten durch **108** ohne Rest teilbaren vollen DM-Betrag abrunden)	.....
5	ESt nach der entsprechenden Tabelle (Grund-/Splittingtabelle)	.....
6	Ermittlung des **besonderen Steuersatzes** nach § 32b EStG Betrag der Zeile 5 x 100 : Betrag der Zeile 4 (**vier** Stellen hinter dem Komma)	......%
7	Abrundung des tatsächlich zu versteuernden Einkommens der Zeile 1 (Abrundung erfolgt wie in Zeile 4 beschrieben)	.....
8	**ESt** unter Anwendung des **besonderen Steuersatzes**	.....

Beispiel 1:
Der **ledige** Steuerpflichtige Rudolf Patzig, Düsseldorf, erzielt in 1999 ein **zu versteuerndes Einkommen** von **36.000 DM**. Außerdem hat der Steuerpflichtige in 1999 **Arbeitslosengeld** in Höhe von **10.000 DM** erhalten.

Die **ESt** unter Anwendung des **besonderen Steuersatzes** wird wie folgt ermittelt:

Zeile		DM
1	tatsächlich zu versteuerndes Einkommen	36.000
2	zuzüglich Arbeitslosengeld (§ 32b Abs. 1 Nr. 1 EStG)	10.000
3	für die Berechnung des besonderen Steuersatzes maßgebende zu versteuernde Einkommen	46.000
4	Abrundung auf den Eingangsbetrag der Grundtabelle	45.954
5	ESt nach der Grundtabelle für 45.954 DM =	9.587
6	Ermittlung des **besonderen Steuersatzes** nach § 32b EStG 9.587 DM x 100 = 958.700 DM : 45.954 DM = **20,8621 %**	
7	Abrundung von 36.000 DM nach den Regeln der Grundtabelle	35.964
8	ESt unter Anwendung des **besonderen Steuersatzes** 20,8621 % von 35.964 DM =	7.503

Ohne Progressionsvorbehalt hätte die **ESt** 1999 nach der **Grundtabelle** für 35.964 DM = **6.435 DM** betragen. Der Steuerpflichtige zahlt **durch** den Progressionsvorbehalt 1.068 DM (7.503 DM − 6.435 DM) **mehr ESt**.

Beispiel 2:
Der **verheiratete** Bauhandwerker Werner Klein, der mit seiner Ehefrau **zusammen veranlagt** wird, war im VZ 1999 drei Monate arbeitslos. In 1999 hat er **Arbeitslosengeld** in Höhe von **10.000 DM** erhalten. Das **zu versteuernde Einkommen** der Eheleute beträgt **40.000 DM**.

Die **ESt** unter Anwendung des **besonderen Steuersatzes** wird wie folgt ermittelt:

Zeile		DM
1	tatsächlich zu versteuerndes Einkommen	40.000
2	zuzüglich Arbeitslosengeld (§ 32b Abs. 1 Nr. 1 EStG)	10.000
3	für die Berechnung des besonderen Steuersatzes maßgebende zu versteuernde Einkommen	50.000
4	Abrundung auf den Eingangsbetrag der Splittingtabelle	49.896
5	ESt nach der Splittingtabelle für 49.896 DM =	6.388
6	Ermittlung des **besonderen Steuersatzes** nach § 32b EStG 6.388 DM x 100 = 638.800 DM : 49.896 DM = **12,8026 %**	
7	Abrundung von 40.000 DM nach den Regeln der Splittingtabelle	39.960
8	ESt unter Anwendung des **besonderen Steuersatzes** 12,8026 % von 39.960 DM =	5.116

Ohne den **Progressionsvorbehalt** hätte die ESt nach der Splittingtabelle für 39.960 DM = **3.624 DM** betragen. Der Steuerpflichtige zahlt **durch den Progressionsvorbehalt 1.492 DM** (5.116 DM − 3.624 DM) **mehr ESt**.

> **Übung**: 1. Wiederholungsfragen 6 und 7 (Seite 465),
> 2. Fall 4 (Seite 466)

16.1.3.2 Tarifbegrenzung bei gewerblichen Einkünften

Seit dem VZ 1994 ist der **Einkommensteuerhöchstsatz für gewerbliche Einkünfte** von bisher 53 % auf **47 %** gesenkt worden (§ 32c).
Sinn der Tarifbegrenzung ist, die **Doppelbelastung** der gewerblichen Einkünfte mit Gewerbesteuer und Einkommensteuer zu **mildern**.

Ab dem VZ 1999 wird der **Einkommensteuerhöchstsatz für gewerbliche Einkünfte** von bisher 47 % auf **45 %** gesenkt (§ 32c Abs. 1 i.V.m. Abs. 4).
Ab dem Veranlagungszeitraum 2000 wird der Einkommensteuerhöchstsatz für gewerbliche Einkünfte von 45 % auf **43 %** gesenkt (StBereinG 1999).

Die **Tarifbegrenzung** wirkt sich jedoch **nur** für Steuerpflichtige aus, bei denen der **gewerbliche Anteil** am zu versteuernden Einkommen **93.744 DM** (ab 2000: 84.780 DM) bei Besteuerung nach der Grundtabelle und **187.488 DM** (ab 2000: 169.560 DM) bei Besteuerung nach der Splittingtabelle **übersteigt**.

Unterschreitet der **gewerbliche Anteil** diese Beträge, wird eine **Begrenzung nicht** vorgenommen, weil die tarifliche Einkommensteuer in diesen Fällen die 45 % nicht erreicht.

Technisch wird wie bisher **zunächst** die **tarifliche Einkommensteuer** nach § 32a **ermittelt**.
Anschließend ist **von der tariflichen ESt** ein **Entlastungsbetrag** (§ 32c Abs. 4) **abzuziehen**.
Die **Berechnung des Entlastungsbetrags** erfolgt in **zwei Schritten**:

a) Grundtabelle

Die Regelung des **§ 32c Abs. 4** knüpft an die Ermittlung der Einkommensteuer nach der **Grundtabelle** an.

1. Ermittlung des gewerblichen Anteils

Der **gewerbliche Anteil** am zu versteuernden Einkommen ist wie folgt zu ermitteln:

$$\text{gewerblicher Anteil} = \frac{\text{gewerbliche Einkünfte} \times \text{zu versteuerndes Einkommen}}{\text{Summe der Einkünfte}}$$

Der gewerbliche Anteil ist auf den nächstens durch 54 ohne Rest teilbaren vollen Betrag abzurunden, wenn er nicht bereits durch 54 ohne Rest teilbar ist (§ 32c Abs. 3 Satz 3).

2. Ermittlung des Entlastungsbetrags

Der **Entlastungsbetrag** nach § 32c Abs. 4 wird wie folgt ermittelt:

Zeile		DM
1	ESt nach der Grundtabelle für den gewerblichen Anteil	....
2	ESt nach der Grundtabelle für ein zu versteuerndes Einkommen von 93.690 DM 27.820 DM	
3	**45 %** auf den gewerblichen Anteil, soweit er 93.690 DM übersteigt	.... DM
4	der Betrag der Zeile 2 und 3 ist von dem Betrag der Zeile 1 abzuziehen	−........
5	**Entlastungsbetrag**	....

Beispiel:
Die **ledige** Steuerpflichtige Cornelia Kämmerling, Bonn, erzielt im VZ 1999 folgende Einkünfte:

Einkünfte aus Gewerbebetrieb	**330.000 DM**
Einkünfte aus nichtselbständiger Arbeit	150.000 DM
Summe der Einkünfte	480.000 DM

Ihr **zu versteuerndes Einkommen** hat im VZ 1999 betragen **440.000 DM**.

Die **festzusetzende ESt** der Cornelia Kämmerling wird wie folgt ermittelt:

1. Ermittlung des gewerblichen Anteils

$$\text{gewerblicher Anteil} = \frac{330.000 \text{ DM} \times 440.000 \text{ DM}}{480.000 \text{ DM}} = 302.500 \text{ DM}$$

abgerundeter gewerblicher Anteil (durch 54 teilbarer Betrag)   302.454 DM

2. Ermittlung des Entlastungsbetrags

Zeile			DM
1	ESt von 302.454 DM nach der Grundtabelle		137.414
2	ESt von 93.690 DM nach der Grundtabelle	27.820 DM	
3	**45 %** von 208.764 DM (302.454 DM − 93.690 DM) =	93.944 DM	
4	der Betrag der Zeile 2 und 3 ist abzuziehen		−121.764
5	**Entlastungsbetrag**		**15.650**

3. Ermittlung der festzusetzenden ESt

tarifliche ESt von 440.000 DM nach der Grundtabelle	210.309 DM
− Entlastungsbetrag	**− 15.650 DM**
= **festzusetzende ESt**	**194.659 DM**

b) Splittingtabelle

Bei **Ehegatten**, die **zusammen veranlagt** werden, ist nach § 32c **Abs. 5** bestimmt, daß die gewerblichen Einkünfte, die Summe der Einkünfte und das zu versteuernde Einkommen **zu halbieren** sind und der Entlastungsbetrag **zu verdoppeln** ist.

Diese Regelung gilt entsprechend für Steuerpflichtige, deren Einkommensteuer nach § 32a **Abs. 6** zu ermitteln ist (§ 32c Abs. 5 Satz 3).

Berechnungsbeispiele finden sich in H 185a EStH 1999.

> **Übung:** 1. Wiederholungsfrage 8 (Seite 465),
> 2. Fall 5 (Seite 466)

16.2 Steuerentrichtung

Der **Steuerbetrag**, der laut Einkommensteuer-Bescheid an das Finanzamt **zu entrichten** ist, stimmt in der Regel **nicht** mit der **festzusetzenden** Einkommensteuer überein.

Auf die **festzusetzende** Einkommensteuer werden die bereits **vorher** geleisteten Beträge **angerechnet**.

Zu den **anzurechnenden Steuern** gehören nach § 36 Abs. 2:

> 1. die **Einkommensteuer**-Vorauszahlungen (§ 37);
> 2. die durch Steuerabzug erhobene Einkommensteuer
>   (**Lohnsteuer, Kapitalertragsteuer**);
> 3. die anzurechnende **Körperschaftsteuer**.

Ergibt sich aus der Abrechnung im Einkommensteuer-Bescheid eine **Nachzahlung** für den Steuerpflichtigen, so ist dieser Betrag nach § 36 Abs. 4 **Satz 1**

> a) **sofort** zu entrichten, soweit er den fällig gewordenen, aber noch nicht entrichteten Vorauszahlungen entspricht,
> b) im übrigen **innerhalb eines Monats** nach Bekanntgabe des Steuerbescheids (**Abschlußzahlung**).

Beispiel:
Die **festzusetzende** Einkommensteuer des Steuerpflichtigen Dr. Weinheimer (Beispiel Seite 457) beträgt 1999 **208.454 DM**.
An **Vorauszahlungen** waren für 1999 fällig **198.460 DM** (4 x 49.615 DM).
Hiervon wurden 1999 entrichtet **148.845 DM** (3 x 49.615 DM).

Die **Restschuld** ist wie folgt zu ermitteln und zu entrichten

festzusetzende Einkommensteuer 1999		208.454 DM
fällige Vorauszahlungen 1999	198.460 DM	
hiervon wurden bereits entrichtet	148.845 DM	- 148.845 DM
Restschuld		**59.609 DM**
Von dieser Restschuld sind **sofort** zu entrichten		49.615 DM
die verbleibenden		9.994 DM
sind innerhalb eines Monats nach Bekanntgabe des Steuerbescheids zu entrichten.		

Ein sich aus der Abrechnung **zugunsten des Steuerpflichtigen** ergebender **Überschuß** wird dem Steuerpflichtigen nach Bekanntgabe des Steuerbescheids ausgezahlt (§ 36 Abs. 4 **Satz 2**).

Der Steuerpflichtige hat am **10. März, 10. Juni, 10. September und 10. Dezember Vorauszahlungen** auf die Einkommensteuer zu entrichten, die er für den laufenden Veranlagungszeitraum voraussichtlich schulden wird (§ 37 Abs. 1).

Das Finanzamt setzt die **Vorauszahlungen** durch einen **Vorauszahlungsbescheid** fest.

Die Vorauszahlungen bemessen sich grundsätzlich nach der **Einkommensteuer**, die sich nach Anrechnung der Steuerabzugsbeträge (**Lohnsteuer, Kapitalertragsteuer**) und der **Körperschaftsteuer** (Steuergutschrift) bei der letzten Veranlagung ergeben hat.

Das **Finanzamt kann** bis zum Ablauf des auf den Veranlagungszeitraum folgenden **15. Kalendermonats die Vorauszahlungen** an die Einkommensteuer anpassen, die sich für den Veranlagungszeitraum voraussichtlich ergeben wird (§ 37 Abs. 3).

> Übung: 1. Wiederholungsfragen 9 bis 13 (Seite 465),
> 2. Fälle 6 und 7 (Seite 466)

16.3 Erfolgskontrolle

WIEDERHOLUNGSFRAGEN

1. Was versteht man unter der tariflichen Einkommensteuer?
2. Was versteht man unter der festzusetzenden Einkommensteuer?
3. Welche beiden Tarife sind im § 32a gesetzlich geregelt?
4. Bei wem kommt der Grundtarif zur Anwendung?
5. Bei wem wird der Splittingtarif angewendet?
6. Warum ist der Progressionsvorbehalt nach § 32b eingeführt worden?
7. Wie wird der besondere Steuersatz nach § 32b Abs. 2 ermittelt?
8. Wie werden die gewerblichen Einkünfte seit dem VZ 1994 behandelt?
9. Welche Beträge werden auf die Einkommensteuer-Schuld angerechnet?
10. Innerhalb welcher Zeit ist eine Abschlußzahlung zu entrichten?
11. Zu welchen Terminen hat der Steuerpflichtige Einkommensteuer-Vorauszahlungen zu leisten?
12. Wonach bemessen sich die Vorauszahlungen grundsätzlich?
13. Bis zu welchem Zeitraum in der Vergangenheit kann das Finanzamt die Vorauszahlungen anpassen?

FÄLLE

Fall 1:

Der **ledige** Steuerpflichtige Becker hat 1999 ein zu versteuerndes Einkommen von **120.160 DM** erzielt.

Wie hoch ist die **tarifliche** Einkommensteuer 1999?

Fall 2:

Der spanische Gastarbeiter Francesco arbeitet seit Jahren in einer Maschinenfabrik in Köln. Er ist verheiratet und hat zwei Kinder. Frau und Kinder leben in Spanien.

Welcher **Einkommensteuer-Tarif** ist bei ihm anzuwenden?

Fall 3:

Der Steuerpflichtige Stefan Bach und seine Ehefrau werden **zusammen veranlagt**. Das zu versteuernde Einkommen beträgt 1999 **474.741 DM**. Das Einkommen wurde um einen Kinderfreibetrag von 6.912 DM gemindert. Das den Eheleute 1999 gezahlte Kindergeld betrug 3.000 DM.

Wie hoch ist die **tarifliche** und die **festzusetzende** Einkommensteuer 1999?

Fall 4:

Der **ledige** Steuerpflichtige Axel Bach hat in 1999 ein zu versteuerndes Einkommen von **26.000 DM**. In 1999 hat der Steuerpflichtige **Arbeitslosengeld** in Höhe von **10.000 DM** erhalten.

1. Wie hoch ist die **Einkommensteuer-Schuld** unter Berücksichtigung des **Progressionsvorbehalts** nach § 32b?
2. Wie hoch wäre die **Einkommensteuer-Schuld ohne** Berücksichtigung des **Progressionsvorbehalts** nach § 32b?

Fall 5:

Die **ledige** Steuerpflichtige Nicole Hornberger, Köln, erzielt im VZ 1999 folgende Einkünfte:

Einkünfte aus Gewerbebetrieb	**210.954 DM**
Einkünfte aus nichtselbständiger Arbeit	181.828 DM
Summe der Einkünfte	**392.782 DM**

Ihr **zu versteuerndes Einkommen** hat im VZ 1999 **348.894 DM** betragen.

Ermitteln Sie die **festzusetzende ESt** der Steuerpflichtigen für den VZ 1999.

Fall 6:

Die zusammenveranlagten Ehegatten Maier haben in 1999 ein zu versteuerndes Einkommen von **50.000 DM**. Die anzurechnende **Lohnsteuer 1999** beträgt **6.000 DM**. Es wurden keine Vorauszahlungen festgesetzt und entrichtet.

1. Wie hoch ist die **tarifliche** Einkommensteuer im VZ 1999?
2. Wie hoch ist die **Abschlußzahlung 1999 ohne Solidaritätszuschlag**?

Fall 7:

Die zusammenveranlagten Ehegatten Müller haben in 1999 ein zu versteuerndes Einkommen von **55.000 DM**. Sie haben für 1999 **6.000 DM vorausgezahlt**. Weitere Beträge sind auf die Einkommensteuer-Schuld 1999 nicht anzurechnen.

Wie hoch ist die **Abschlußzahlung 1999 ohne Solidaritätszuschlag**?

17 Zuschlagsteuern zur Einkommensteuer

<u>Zuschlagsteuern</u> im Sinne des § 51a EStG sind Steuern, die nach der **Einkommensteuer** bemessen werden.

Als **Zuschlagsteuern** werden zur Zeit erhoben

> 1. die **Kirchensteuer** und
> 2. der **Solidaritätszuschlag**.

17.1 Kirchensteuer

<u>Kirchensteuern</u> sind Geldbeträge, die von den als Körperschaften des öffentlichen Rechts anerkannten Religionsgemeinschaften von ihren Mitgliedern auf Grund gesetzlicher Vorschriften erhoben werden.

Die **Kirchensteuer** wird mit dem maßgebenden **Prozentsatz** (8 % oder 9 %) unmittelbar von der zu erhebenden **Einkommensteuer** (**Lohnsteuer**) berechnet, wenn der Steuerpflichtige **keinen Kinderfreibetrag** erhält.

Die Kirchensteuer wird im allgemeinen bei der **Veranlagung** zur Einkommensteuer von den **Finanzämtern** festgesetzt und erhoben.
Bei den **Lohnsteuerpflichtigen** berechnet der **Arbeitgeber** die Kirchensteuer nach dem am Wohnsitz des Arbeitnehmers geltenden Steuersatz und führt sie zusammen mit der Lohnsteuer an das Finanzamt ab.
Für Arbeitslohn, der **pauschal** besteuert wird, ist die Kirchensteuer nach **Pauschalsteuersätzen** von der Lohnsteuer zu berechnen.

Für 1999 gelten folgende **Kirchensteuersätze**:

Bundesland	Regelsteuersatz in %	Pauschalsatz in %	Aufteilung in %	
			ev	rk
Baden-Württemberg	8	7	50	50
Bayern	8	7	33 1/3	66 2/3
Berlin	9	5	75	25
Brandenburg	9	5	75	25
Bremen	8	7	80	20
Hamburg	8	4,5	80	20
Hessen	9	7	50	50
Mecklenburg-Vorpommern	9	5	90	10
Niedersachsen	9	6	73	27
Nordrhein-Westfalen	9	7	diverse	
Rheinland-Pfalz	9	7	50	50
Saarland	9	7	25	75
Sachsen	9	5	85	15
Sachsen-Anhalt	9	5	73	27
Schleswig-Holstein	9	7	88	12
Thüringen	9	5	80	20

Beispiel:
Die **ledige** Angestellte Helga Maier, **Bonn**, erhält für den Monat August 1999 ein Bruttogehalt von 3.000 DM. Die einbehaltene **Lohnsteuer** beträgt **381,50 DM**.

Die **Kirchensteuer** wird für den Monat August 1999 wie folgt berechnet:

9 % *) von 381,50 DM =	**34,33 DM**

*) 9 % für Nordrhein-Westfalen

Sind bei den Steuerpflichtigen **Kinderfreibeträge** zu berücksichtigen, so ist die **tarifliche** Einkommensteuer festzustellen, die sich für das um die Kinderfreibeträge geminderte zu versteuernde Einkommen ergibt (§ 51a Abs. 2 EStG).

Die Bemessungsgrundlage berücksichtigt abweichend von § 2 Abs. 6 stets den Kinderfreibetrag, jedoch **ohne** Gegenrechnung des **Kindergeldes**.

Die Kirchensteuer ist dann mit dem maßgebenden Prozentsatz von der **tariflichen** Einkommensteuer zu berechnen.

Beispiel:
Der **verheiratete** Steuerpflichtige Dr. Weinheimer, **Bonn**, schuldet für 1999 eine **tarifliche** Einkommensteuer von **205.454 DM** und eine **festzusetzende** Einkommensteuer von **208.454 DM** (siehe Beispiel Seite 457).

Die **Kirchensteuer** wird unter Berücksichtigung des Kinderfreibetrags von 6.912 DM für das Jahr 1999 wie folgt berechnet:

9 % *) von 205.454 DM =	**18.490,86 DM**

*) 9 % für Nordrhein-Westfalen

Für Arbeitslohn, der **pauschal** besteuert wird, ist die Kirchensteuer für **alle** Arbeitnehmer nach den **Pauschalsteuersätzen** von der **Lohnsteuer** zu berechnen, **wenn** sich der Arbeitgeber für diese Vereinfachungsregelung entschieden hat (BMF-Schreiben vom 19.5.1999 BStBl I 1999 Seite 509 ff.).

Beispiel:
Die **geringfügig Beschäftigte** Daniela Kreuter, **München**, hat für den Monat August 1999 für ihre Tätigkeit 630 DM erhalten. Die **pauschale Lohnsteuer**, die der Arbeitgeber schuldet, beträgt **126 DM** (20 % von 630 DM).

Die **Kirchensteuer** wird für den Monat August 1999 wie folgt berechnet:

7 % *) von 126 DM =	**8,82 DM**

*) 7 % für Bayern

17.2. Solidaritätszuschlag

Seit 1.1.1995 wird zur Einkommensteuer (Lohnsteuer, Kapitalertragsteuer) ein **Solidaritätszuschlag** erhoben.

Bemessungsgrundlage ist die nach § 51a Abs. 2 EStG berechnete **Einkommensteuer**, vermindert um die anzurechnende oder vergütete Körperschaftsteuer, wenn ein positiver Betrag verbleibt (§ 3 Abs. 1 Nr. 1 SolZG).

Bei der Einkommensteuer-Veranlagung ist dies die **festgesetzte** Einkommensteuer, wenn der Steuerpflichtige **keinen Kinderfreibetrag** erhält.

Sind bei dem Steuerpflichtigen jedoch **Kinderfreibeträge** zu berücksichtigen, so ist die **tarifliche** Einkommensteuer Bemessungsgrundlage für den Solidaritätszuschlag.

Der **Solidaritätszuschlag** beträgt seit 1.1.1998 **5,5 % der Bemessungsgrundlage**. Dabei gelten sowohl eine **Nullzone**, innerhalb der der Solidaritätszuschlag 0 DM beträgt, als auch eine **Überleitungsregelung**, nach der der Solidaritätszuschlag stufenweise auf 5,5 % der Bemessungsgrundlage angehoben wird.

Im Rahmen der Einkommensteuer-Veranlagung oder der Festsetzung von Einkommensteuer-Vorauszahlungen wird der **Solidaritätszuschlag nur** erhoben, **wenn** die Bemessungsgrundlage bei Anwendung der **Grundtabelle mehr als 1.836 DM** und bei Anwendung der **Splittingtabelle mehr als 3.672 DM** beträgt.

Beispiel:
Der **verheiratete** Steuerpflichtige Dr. Weinheimer, Bonn, schuldet für 1999 eine **tarifliche** Einkommensteuer von **205.454 DM** und eine **festzusetzende** Einkommensteuer von **208.454 DM** (siehe Beispiel Seite 459).

Der **Solidaritätszuschlag** wird unter Berücksichtigung des Kinderfreibetrags von 6.912 DM für das Jahr 1999 wie folgt berechnet:

5,5 % von 205.454 DM =	11.299,97 DM

Wird der Solidaritätszuschlag zur **Lohnsteuer** erhoben, ist - wie bei der Kirchensteuer - der **Arbeitgeber** verpflichtet, den Solidaritätszuschlag vom Arbeitslohn einzubehalten und an das Finanzamt abzuführen.

Der **Solidaritätszuschlag** bemißt sich soweit Lohnsteuer erhoben wird, nach der **Lohnsteuer** (§ 3 Abs. 1 Nr. 3 SolZG).

Allerdings sind hierbei die Berücksichtigung von **Kinderfreibeträgen** und die **Nullzone** und **Überleitungsregelung** für niedrigere Lohnsteuerbeträge zu beachten.

Beispiel:
Ein rentenversicherungspflichtiger Arbeitnehmer (Lohnsteuerklasse III/0) erhält für den Monat Dezember 1999 ein Gehalt von 6.000 DM. Die einbehaltene **Lohnsteuer** beträgt **810,50 DM**.

Der **Solidaritätszuschlag** wird für den Monat Dezember 1999 wie folgt berechnet:

5,5 % von 810,50 DM =	44,57 DM *)

*) Die Bruchteile eines Pfennigs bleiben außer Ansatz. Rundungsregelungen bestehen nicht.

Für Arbeitslohn, der nach den §§ 40 bis 40b EStG **pauschal** besteuert wird, fällt ebenfalls ein **Solidaritätszuschlag** an.

Er ist seit 1.1.1998 mit **5,5 % der pauschalen Lohnsteuer** zu zahlen.

Die sogenannte **Nullzone** und der **Übergangsbereich** sind bei der pauschalen Lohnsteuer **ohne Bedeutung**.

Steuerschuldner ist in diesen Fällen nicht der Arbeitnehmer, sondern wie bei der pauschalen Lohnsteuer der **Arbeitgeber**, der diesen Betrag als Betriebsausgabe absetzen kann.

Beispiel:
Die **geringfügig Beschäftigte** Daniela Kreuter, **München**, hat für den Monat August 1999 für ihre Tätigkeit 630 DM erhalten. Die **pauschale Lohnsteuer**, die der Arbeitgeber schuldet, beträgt **126 DM** (20 % von 630 DM).

Der **Solidaritätszuschlag** wird für den Monat August 1999 wie folgt berechnet:

5,5 % von 126 DM =	6,93 DM

Zusammenfassendes Beispiel:
Der **verheiratete** Steuerpflichtige Dr. Weinheimer, Bonn, schuldet für das Jahr 1999 die folgende Beträge (Beispiel Seite 457):

	DM
tarifliche Einkommensteuer	205.454,—
dazu **Kindergeld** oder vergleichbare Leistungen	+ 3.000,—
festzusetzende Einkommensteuer	208.454,—
+ Kirchensteuer (9 % von 205.454 DM)	18.490,86
+ Solidaritätszuschlag (5,5 % von 205.454 DM)	11.299,97
Einkommensteuer einschließlich der Zuschlagsteuern	238.244,83

 Die **buchmäßige** Darstellung der **Zuschlagsteuern** erfolgt im Kapitel "5 Personalwirtschaft" der **Buchführung 1**, 11. Auflage 1999, Seite 252 ff.

17.3 Erfolgskontrolle

WIEDERHOLUNGSFRAGEN

1. Was versteht man unter Zuschlagsteuern im Sinne des § 51a EStG?
2. Welche Zuschlagsteuern werden zur Zeit erhoben?
3. Was ist die Bemessungsgrundlage der Kirchensteuer, wenn der Steuerpflichtige keinen Kinderfreibetrag erhält?

4. Was ist die Bemessungsgrundlage der Kirchensteuer, wenn der Steuerpflichtige einen Kinderfreibetrag erhält?
5. Wie wird die Kirchensteuer beim pauschal besteuerten Arbeitslohn berechnet?
6. Wann endet die Kirchensteuerpflicht?
7. Was ist die Bemessungsgrundlage des Solidaritätszuschlags bei der Einkommensteuer-Veranlagung, wenn der Steuerpflichtige keinen Kinderfreibetrag erhält?
8. Was ist die Bemessungsgrundlage des Solidaritätszuschlags bei der Einkommensteuer-Veranlagung, wenn der Steuerpflichtige einen Kinderfreibetrag erhält?
9. Was ist die Bemessungsgrundlage des Solidaritätszuschlags, wenn Lohnsteuer erhoben wird?

FÄLLE

Fall 1:

Die ledige Steuerpflichtige Sonja Fink, München, erhält für den Monat September 1999 ein Bruttogehalt von 4.000 DM. Die einbehaltene Lohnsteuer beträgt 691,83 DM. Fink ist Mitglied der römisch-katholischen (rk) Kirche.

Wie hoch ist die **Kirchensteuer** für den Monat September 1999?

Fall 2:

Der ledige Angestellte Kurt Schoenfeldt, Stuttgart, erhält für den Monat Oktober 1999 ein Bruttogehalt von 5.000 DM. Die einbehaltene Lohnsteuer beträgt 1.022,75 DM. Schönfelder gehört keiner Religionsgemeinschaft an.

Wie hoch ist die **Kirchensteuer** für den Monat Oktober 1999?

Fall 3:

Ulrich Maier, Koblenz, ist mit Brigitte geb. Hoffmann verheiratet. Ulrich Maier gehört keiner Religionsgemeinschaft an. Brigitte Maier ist Mitglied der römisch-katholischen (rk) Kirche.
Ulrich Maier hat als Angestellter (Lohnsteuerklasse IV) 1999 ein Bruttojahresgehalt von 70.738 DM bezogen. Die einbehaltene Lohnsteuer betrug 16.045 DM.
Brigitte Maier hat als Bankangestellte (Lohnsteuerklasse IV) 1999 ein Bruttojahresgehalt von 49.996 DM bezogen. Die einbehaltene Lohnsteuer betrug 8.941 DM.

Wie hoch ist die **Kirchensteuer** der zusammen veranlagten Eheleute Maier für 1999?

Fall 4:

Sachverhalt wie im Fall 1

Wie hoch ist der **Solidaritätszuschlag** für den Monat September 1999?

Fall 5:

Sachverhalt wie im Fall 2

Wie hoch ist der **Solidaritätszuschlag** für den Monat Oktober 1999?

Fall 6:

Sachverhalt wie im Fall 3

Wie hoch ist der **Solidaritätszuschlag** der Eheleute Maier für 1999?

18 Lohnsteuer

Bei **Einkünften aus nichtselbständiger Arbeit** (§ 19) wird die Einkommensteuer durch Abzug vom Arbeitslohn erhoben. Diese im **Steuerabzugsverfahren** erhobene Einkommensteuer wird als **Lohnsteuer (LSt)** bezeichnet.

Die **Lohnsteuer** ist keine eigene Steuerart, sondern lediglich eine besondere Erhebungsform der Einkommensteuer.

Der Arbeit**geber** hat die Lohnsteuer für Rechnung des Arbeit**nehmers** bei der Lohnzahlung vom Arbeitslohn **einzubehalten** (§ 38 Abs. 3). Die Einbehaltung der Lohnsteuer erfolgt **unabhängig davon**, ob der Arbeitnehmer zur Einkommensteuer **veranlagt wird oder nicht**.

Für die Durchführung des Lohnsteuerabzugs werden **unbeschränkt** steuerpflichtige Arbeitnehmer in **Steuerklassen** eingereiht (§ 38b). Als unbeschränkt einkommensteuerpflichtig i.S.d. § 38b Satz 1 Nr. 3 und 4 gelten nur Personen, die die Voraussetzungen des § 1 Abs. 1 oder 2 oder des § 1a erfüllen (§ 38b Satz 3).

18.1 Lohnsteuerklassen

Der Arbeitgeber hat den **Steuerabzug** nach Maßgabe der **Steuerkarte** vorzunehmen. Auf der Steuerkarte eines Arbeitnehmers ist u.a. die **Steuerklasse** eingetragen.

Nach § 38b kommen folgende **Steuerklassen** in Betracht:

1. In die **Steuerklasse I** gehören Arbeitnehmer, die
   a) ledig sind,
   b) verheiratet, verwitwet oder geschieden sind und bei denen die Voraussetzungen für die Steuerklasse III oder IV nicht erfüllt sind;

2. in die **Steuerklasse II** gehören die unter Nummer 1 bezeichneten Arbeitnehmer, wenn bei ihnen der **Haushaltsfreibetrag** (§ 32 Abs. 7) zu berücksichtigen ist;

3. in die **Steuerklasse III** gehören Arbeitnehmer,
   a) die verheiratet sind, wenn beide Ehegatten unbeschränkt einkommensteuerpflichtig sind und nicht dauernd getrennt leben und
   aa) der Ehegatte des Arbeitnehmers keinen Arbeitslohn bezieht oder
   bb) der Ehegatte des Arbeitnehmers auf Antrag beider Ehegatten in die Steuerklasse V eingereiht wird,
   b) die verwitwet sind, wenn sie und ihr verstorbener Ehegatte im Zeitpunkt seines Todes unbeschränkt einkommensteuerpflichtig waren und in diesem Zeitpunkt nicht dauernd getrennt gelebt haben, für das Kalenderjahr, das dem Kalenderjahr folgt, in dem der Ehegatte verstorben ist,
   c) deren Ehe aufgelöst worden ist, wenn
   aa) im Kalenderjahr der Auflösung der Ehe beide Ehegatten unbeschränkt einkommensteuerpflichtig waren und nicht dauernd getrennt gelebt haben und
   bb) der andere Ehegatte wieder geheiratet hat, von seinem neuen Ehegatten nicht dauernd getrennt lebt und er und sein neuer Ehegatte unbeschränkt einkommensteuerpflichtig sind, für das Kalenderjahr, in dem die Ehe aufgelöst worden ist;

4. in die **Steuerklasse IV** gehören Arbeitnehmer, die verheiratet sind, wenn beide Ehegatten unbeschränkt einkommensteuerpflichtig sind und nicht dauernd getrennt leben und der Ehegatte des Arbeitnehmers ebenfalls Arbeitslohn bezieht;

5. in die **Steuerklasse V** gehören die unter Nummer 4 bezeichneten Arbeitnehmer, wenn der Ehegatte des Arbeitnehmers auf Antrag beider Ehegatten in der Steuerklasse III eingereiht wird;

6. die **Steuerklasse VI** gilt bei Arbeitnehmern, die nebeneinander von mehreren Arbeitgebern Arbeitslohn beziehen, für die Einbehaltung der Lohnsteuer vom Arbeitslohn aus dem zweiten und weiteren Dienstverhältnis.

18.2 Lohnsteuertabellen

In den **Lohnsteuertabellen**, die auf der Grundlage der Einkommensteuertabellen aufgestellt werden, sind die für die einzelnen Steuerklassen in Betracht kommenden Lohnsteuerbeträge ausgewiesen.

Die Kürzung der Vorsorgepauschale bei Arbeitnehmern, die keine Beiträge zur Sozialversicherung leisten (insbesondere bei Beamten), führt seit 1983 dazu, daß es **zwei unterschiedliche Lohnsteuertabellen** gibt (§ 38c):

- eine **allgemeine** Lohnsteuertabelle (§ 38c **Abs. 1**) und
- eine **besondere** Lohnsteuertabelle (§ 38c **Abs. 2**).

Die **allgemeine Lohnsteuertabelle** ist bei Arbeitnehmern anzuwenden, bei denen die Vorsorgepauschale **nicht gekürzt** wird.

Die **besondere Lohnsteuertabelle** ist bei Arbeitnehmern anzuwenden, bei denen die Vorsorgepauschale **gekürzt** wird (insbesondere bei **Beamten**).

Der Bundesminister der Finanzen hat auf der Grundlage der Einkommensteuertabelle eine allgemeine und besondere **Jahres**lohnsteuertabelle für Arbeitslöhne bis 120.000 DM, eine **Monats**lohnsteuertabelle für Arbeitslöhne bis 10.000 DM, eine **Wochen**lohnsteuertabelle für Wochenarbeitslöhne bis zu 1.400 DM und eine **Tages**lohnsteuertabelle für Tageslöhne bis zu 200 DM aufzustellen und bekanntzumachen (§ 38c Abs. 1 und Abs. 3).

In die **Lohnsteuertabelle** sind bereits **eingearbeitet** worden:

- der **Grundfreibetrag** (§ 32a Abs. 1 Nr. 1),
- der **Arbeitnehmer-Pauschbetrag** (§ 9a Satz 1 Nr. 1),
- der **Sonderausgaben-Pauschbetrag** (§ 10c Abs. 1),
- die **Vorsorgepauschale** (§ 10c Abs. 2 bis 4),
- der **Haushaltsfreibetrag** (§ 32 Abs. 7),
  (er ist nur in der Steuerklasse II berücksichtigt)

Seit 1996 wird der **Kinderfreibetrag** in der Lohnsteuertabelle lediglich noch bei der Berechnung des **Solidaritätszuschlags** und der **Kirchensteuer** berücksichtigt.

Obwohl bei dem **Kinderfreibetrag** das **Monatsprinzip** gilt, bleiben die Eintragungen der **Kinderfreibetrags-Zähler** auf der Lohnsteuerkarte stets bis zum **Ende des Kalenderjahres** gültig.

 Einzelheiten zum **Monatsprinzip des Kinderfreibetrags** erfolgten bereits im Abschnitt "15.1.3 Höhe des Kinderfreibetrags", Seite 437 ff.

Beim **Solidaritätszuschlag** und bei der **Kirchensteuer** gilt also nach wie vor das **Jahresprinzip**.

Die folgenden Beträge sind **ohne Eintragung auf der Lohnsteuerkarte** vom Arbeitgeber zu berücksichtigen (§ 39b Abs. 2 Satz 2):

- der **Versorgungs-Freibetrag** (§ 19 Abs. 2),
- der **Altersentlastungsbetrag** (§ 24a).

Außerdem hat der Arbeitgeber einen etwaigen **Freibetrag** wegen **Werbungskosten**, **Sonderausgaben** und **außergewöhnlicher Belastungen** (z.B. Pauschbetrag für Behinderte) nach Maßgabe der Eintragungen auf der **Lohnsteuerkarte** des Arbeitnehmers vom Arbeitslohn **abzuziehen** (§ 39b Abs. 2 Satz 3).

18.3 Lohnsteuerkarte

Der Arbeit**nehmer** hat vor Beginn des Kalenderjahrs oder vor Beginn eines Dienstverhältnisses bei der zuständigen **Gemeinde** die Ausstellung einer Lohnsteuerkarte zu beantragen, wenn ihm die Lohnsteuerkarte nicht im Rahmen des allgemeinen Ausstellungsverfahrens zugegangen ist (Abschn. 108 Abs. 9 Satz 2 LStR 2000).

18.3.1 Ausstellung der Lohnsteuerkarte

Die **Gemeinden** haben den nach § 1 Abs. 1 unbeschränkt einkommensteuerpflichtigen Arbeitnehmern für jedes Kalenderjahr unentgeltlich eine **Lohnsteuerkarte** nach amtlich vorgeschriebenem Muster auszustellen und zu übermitteln (§ 39 Abs. 1).

Die **Zuständigkeit der Gemeinde** für die Ausstellung der Lohnsteuerkarte richtet sich nach **§ 39 Abs. 2**.

Bei **unverheirateten** Arbeitnehmern und bei **verheirateten** Arbeitnehmern, deren Ehegatte **nicht unbeschränkt steuerpflichtig** ist **oder** von ihrem Ehegatten **dauernd getrennt leben**, ist die Gemeinde für die Ausstellung der Lohnsteuerkarte (2000) **örtlich zuständig**, in deren Bezirk der Arbeitnehmer am **20. September** (1999) seine **Hauptwohnung** hatte.

Beispiel:
Ein **lediger** Arbeitnehmer hatte am **20.09.1999** seine **Hauptwohnung** in der **Gemeinde A** und eine Wohnung in der Gemeinde B. Er arbeitet in der Gemeinde C.

Für die Ausstellung der Lohnsteuerkarte 2000 ist die **Gemeinde A** zuständig, weil der Arbeitnehmer dort am **20.09.1999** seine **Hauptwohnung** hatte.

Ist der Arbeit**nehmer** für eine Wohnung **nicht** gemeldet, so ist die Lohnsteuerkarte (2000) von der Gemeinde auszustellen, in deren Bezirk der Arbeitnehmer am **20. September** (1999) seinen **gewöhnlichen Aufenthalt** hatte.

Bei **verheirateten** Arbeitnehmern, deren Ehegatte **unbeschränkt** steuerpflichtig ist und die von ihrem Ehegatten **nicht dauernd getrennt leben**, ist die **Gemeinde** für die Ausstellung der Lohnsteuerkarte (2000) örtlich **zuständig**, in deren Bezirk die Ehegatten am **20. September** (1999)

> 1. wenn sie insgesamt nur **eine** Wohnung haben, für diese eine **gemeinsame Wohnung**,
> 2. wenn sie **mehrere** Wohnungen haben, für eine **gemeinsame Hauptwohnung**

gemeldet sind (Abschn. 109 Abs. 11 LStR 2000).

Beispiel:
Der Arbeiter Josef Müller ist seit 1979 mit der Friseuse Gisela geb. Maier **verheiratet**. Beide Arbeitnehmer sind nach § 1 Abs. 1 **unbeschränkt** steuerpflichtig und leben **nicht** dauernd getrennt. Die Ehegatten sind am **20.09.1999** für ihre **gemeinsame Hauptwohnung** in der **Gemeinde A** gemeldet. Josef Müller arbeitet in der Gemeinde B und seine Frau in der Gemeinde C.

Für die Ausstellung der Lohnsteuerkarte 2000 ist die **Gemeinde A** zuständig, weil die Eheleute dort am **20.09.1999** für ihre **gemeinsame Hauptwohnung** gemeldet waren.

18.3.2 Lohnsteuerkartenmuster

Die **Lohnsteuerkarten** sind nach **amtlich vorgeschriebenem Muster** auszustellen (§ 39 Abs. 1).

Nach § 51 Abs. 4 Nr. 1 ist der Bundesminister der Finanzen ermächtigt, die Muster der Lohnsteuerkarten zu bestimmen.

Im Schreiben vom 1.07.1999 hat der Bundesminister der Finanzen das Muster der **Lohnsteuerkarte 2000** bestimmt (BStBl 1999 Teil I Seite 676 ff.):

Alle Eintragungen in der Lohnsteuerkarte genau prüfen!
Lesen Sie die Informationsschrift „Lohnsteuer 2000"

Ordnungsmerkmale des Arbeitgebers

Lohnsteuerkarte 2000

Gemeinde: 56073 KOBLENZ

AGS: 07111000   6612

Finanzamt und Nr.: 56073 KOBLENZ   2722

Geburtsdatum: 07.08.1973

I. Allgemeine Besteuerungsmerkmale

Steuerklasse: **FUENF**

Kinder unter 18 Jahren: Zahl der Kinderfreibeträge: --

STADTVERWALTUNG 56020 KOBLENZ

MARTIN BORNE
IM PALMENSTUECK 19

56072 KOBLENZ

Kirchensteuerabzug: **RK**

(Datum): **30. SEPT. 1999**

(Gemeindebehörde)
STADTVERWALTUNG KOBLENZ
LUDWIG'ERHARD-STR. 2, KO-RAUENTAL

II. Änderungen der Eintragungen im Abschnitt I

Steuerklasse	Zahl der Kinderfreibeträge	Kirchensteuerabzug	Diese Eintragung gilt, wenn sie nicht widerrufen wird:	Datum, Stempel und Unterschrift der Behörde
			vom 2000 an bis zum 31. 12. 2000	I. A.
			vom 2000 an bis zum 31. 12. 2000	I. A.
			vom 2000 an bis zum 31. 12. 2000	I. A.

III. Für die Berechnung der Lohnsteuer sind vom Arbeitslohn als steuerfrei abzuziehen:

Jahresbetrag DM	monatlich DM	wöchentlich DM	täglich DM	Diese Eintragung gilt, wenn sie nicht widerrufen wird:	Datum, Stempel und Unterschrift der Behörde
				vom 2000 an	
in Buchstaben -tausend			Zehner und Einer wie oben -hundert	bis zum 31. 12. 2000	I. A.
				vom 2000 an	
in Buchstaben -tausend			Zehner und Einer wie oben -hundert	bis zum 31. 12. 2000	I. A.
Ggf. zusätzlich zum o. a. Freibetrag in Buchstaben -hundert (Zehner und Einer wie oben) bei der Tätigkeit als				vom 2000 an	I. A.

6.99

IV. Lohnsteuerbescheinigung für das Kalenderjahr 2000 und besondere Angaben

		vom – bis		vom – bis		vom – bis	
1. Dauer des Dienstverhältnisses		1.1.–31.12.00					
2. Zeiträume ohne Anspruch auf Arbeitslohn		Anzahl „U":		Anzahl „U":		Anzahl „U":	
		DM	Pf	DM	Pf	DM	Pf
3. Bruttoarbeitslohn einschl. Sachbezüge ohne 9. und 10.		7.560,	--				
4. Einbehaltene Lohnsteuer von 3.		1.260,	96				
5. Einbehaltener Solidaritätszuschlag von 3.		0,	00				
6. Einbehaltene Kirchensteuer des Arbeitnehmers von 3.		113,	40				
7. Einbehaltene Kirchensteuer des Ehegatten von 3. (nur bei konfessionsverschiedener Ehe)							
8. In 3. enthaltene steuerbegünstigte Versorgungsbezüge							
9. Steuerbegünstigte Versorgungsbezüge für mehrere Kalenderjahre							
10. Ermäßigt besteuerter Arbeitslohn für mehrere Kalenderjahre (ohne 9.) und ermäßigt besteuerte Entschädigungen							
11. Einbehaltene Lohnsteuer von 9. und 10.							
12. Einbehaltener Solidaritätszuschlag von 9. und 10.							
13. Einbehaltene Kirchensteuer des Arbeitnehmers von 9. und 10.							
14. Einbehaltene Kirchensteuer des Ehegatten von 9. und 10. (nur bei konfessionsverschiedener Ehe)							
15. Kurzarbeitergeld, Winterausfallgeld und Zuschuß zum Mutterschaftsgeld							
16. Verdienstausfallentschädigung (Bundes-Seuchengesetz), Aufstockungsbetrag und Altersteilzeitzuschlag							
17. Steuerfreier Arbeitslohn nach	Doppelbesteuerungsabkommen						
	Auslandstätigkeitserlaß						
18. Steuerfreie Arbeitgeberleistungen für Fahrten zwischen Wohnung und Arbeitsstätte							
19. Pauschalbesteuerte Arbeitgeberleistungen für Fahrten zwischen Wohnung und Arbeitsstätte							
20. Steuerfreie Verpflegungszuschüsse bei Auswärtstätigkeit							
21. Steuerfreie Arbeitgeberleistungen bei doppelter Haushaltsführung							
22. Steuerfreie Arbeitgeberzuschüsse zur freiwilligen Krankenversicherung und zur Pflegeversicherung							
23. Arbeitnehmeranteil am Gesamtsozialversicherungsbeitrag		1.550,	04				
24. Ausgezahltes Kindergeld							

Anschrift des Arbeitgebers (lohnsteuerliche Betriebsstätte) Firmenstempel, Unterschrift;	**Manfred Maier** **Am Ufer 13** **56070 Koblenz** *M. Maier*		
Finanzamt, an das die Lohnsteuer abgeführt wurde (Name und dessen vierstellige Nr.)			

18.3.3 Eintragung auf der Lohnsteuerkarte

Die **Gemeinde** hat auf der **Lohnsteuerkarte** (2000) insbesondere **die Steuerklasse in Buchstaben** und die **Zahl der Kinderfreibeträge** einzutragen (§ 39 Abs. 3).

Seit dem Kalenderjahr 1993 kann das **Finanzamt** auf nähere Angaben des Arbeitnehmers verzichten, wenn der Arbeitnehmer **höchstens** den auf seiner Lohnsteuerkarte für das **vorangegangene** Kalenderjahr (1999) eingetragene **Zahl der Kinderfreibeträge** beantragt und versichert, daß sich die maßgebenden Verhältnisse nicht wesentlich geändert haben (§ 39 Abs. 3a Satz 2).

 Für einen **vollen** Kinderfreibetrag wird grundsätzlich der Zähler **1** und für einen **halben** Kinderfreibetrag der Zähler **0,5** angesetzt (siehe 15.1.3, Seite 437 ff.).

§ 39a räumt dem Arbeitnehmer die Möglichkeit ein, im **Lohnsteuer-Ermäßigungsverfahren** einen **Freibetrag** auf seiner Lohnsteuerkarte eintragen zu lassen.

Nach § 39a werden folgende Arten von **Ermäßigungsgründen** unterschieden:

1. **von Amts wegen** einzutragende Ermäßigungsgründe,
2. **beschränkt** eintragungsfähige Ermäßigungsgründe und
3. **unbeschränkt** eintragungsfähige Ermäßigungsgründe.

Zu. 1. Von Amts wegen einzutragende Ermäßigungsgründe

Die **Gemeinde** hat nach Anweisung des Finanzamtes die **Pauschbeträge für Behinderte und Hinterbliebene** bei der Ausstellung der Lohnsteuerkarten **von Amts wegen** einzutragen (§ 39a Abs. 2 Satz 1).

Zu 2. Beschränkt eintragungsfähige Ermäßigungsgründe

Beschränkt eintragungsfähig sind die Beträge des § 39a Abs. 1 **Nr. 1 bis 3** (§ 39a Abs. 2 Satz 4). Hierzu gehören

- **Werbungskosten**, die bei den Einkünften aus nichtselbständiger Arbeit anfallen, **soweit** sie den Arbeitnehmer-Pauschbetrag von **2.000 DM** übersteigen,

- **Sonderausgaben** im Sinne des § 10 **Abs. 1**
  Nr. 1 (Unterhaltsleistungen an bestimmte Ehegatten), Nr. 1a (Renten und dauernde Lasten), Nr. 4 (gezahlte Kirchensteuer), Nr. 6 (Steuerberatungskosten), Nr. 7 (Aufwendungen für die eigene Berufsausbildung), Nr. 8 (Aufwendungen für hauswirtschaftliche Beschäftigungsverhältnisse), Nr. 9 (Schulgeld) **und** des § 10b (Spenden),
  soweit sie den Sonderausgaben-Pauschbetrag von **108 DM bzw. 216 DM** übersteigen,

- **außergewöhnliche Belastungen** nach § 33 (agB allgemeiner Art), soweit sie die zumutbare Belastung übersteigen, § 33a (agB in besonderen Fällen), § 33b Abs. 6 (Pflege-Pauschbetrag), § 33c (Kinderbetreuungskosten), soweit sie die zumutbare Belastung übersteigen.

Diese Aufwendungen bzw. abziehbaren Beträge kommen für die Gewährung eines **Freibetrags** nur in Betracht, wenn sie insgesamt **1.200 DM (Antragsgrenze)** übersteigen.

Beispiel:
Ein **verheirateter Arbeitnehmer**, dessen Ehefrau nicht berufstätig ist, macht in seinem **Antrag auf Lohnsteuer-Ermäßigung** für das Kalenderjahr 2000 folgende, nicht zu beanstandende Aufwendungen geltend:

a) Aufwendungen für Fahrten zwischen Wohnung und
   Arbeitsstätte 240 Tage x 35 km x 0,70 DM =   5.880 DM
b) Aufwendungen für Arbeitszimmer   1.524 DM
c) Aufwendungen für Fachbücher   520 DM
d) Kirchensteuer   560 DM

Der **Freibetrag** errechnet sich wie folgt:

1. Werbungskosten		
a) Fahrten zwischen Wohnung und Arbeitsstätte	5.880 DM	
b) Arbeitszimmer	1.524 DM	
c) Fachbücher	520 DM	
	7.924 DM	
− Arbeitnehmer-Pauschbetrag	2.000 DM	5.924 DM
2. Sonderausgaben (SA 1)		
d) Kirchensteuer	560 DM	
− Sonderausgaben-Pauschbetrag	216 DM	344 DM
Jahresbetrag		**6.268 DM**

Für die Umrechnung des **Jahres**freibetrags in einen Freibetrag für **monatliche** Lohnzahlung ist der Jahresfreibetrag durch die Zahl der in Betracht kommenden Kalendermonate zu teilen. Der sich hiernach ergebende Monatsbetrag ist auf den nächsten vollen DM-Betrag **aufzurunden** (Abschn. 111 Abs. 8 LStR 2000).

Beispiel:
Sachverhalt wie im Beispiel zuvor. Der monatlich entlohnte Arbeitnehmer beantragt am **03.05.2000** die Eintragung des Freibetrags von **6.268 DM**.

Außer dem Jahresfreibetrag von 6.268 DM ist **ab 1. Juni 2000** ein Monatsbetrag von **896 DM** (6.268 DM : 7) auf der Lohnsteuerkarte einzutragen.

Zu 3. Unbeschränkt eintragungsfähige Ermäßigungsgründe

Ohne Berücksichtigung einer Antragsgrenze werden als **Freibetrag** die Summe der folgenden Beträge **eingetragen** (§ 39a Abs. 1 **Nr. 5**):

> a) Beträge, die nach § **10d Abs. 2** (nicht ausgeglichene Verluste), §§ **10e**, 10f, 10g, 10h, 10i, 52 Abs. 21 Satz 4 bis 7 EStG, nach § **15b** BerlinFG oder nach § **7** des Fördergebietsgesetzes abgezogen werden können.

b) die **negativen Einkünfte** aller übrigen Einkunftsarten (§ 39a Abs. 1 **Nr. 5b**).
c) das **Vierfache** der Steuerermäßigung nach § **34f**.

Nach § 39a Abs. 2 Satz 3 kann der **Antrag** auf Eintragung eines Freibetrags nur nach amtlich vorgeschriebenem Vordruck (**Antrag auf Lohnsteuer-Ermäßigung**) bis zum **30. November** des Kalenderjahrs gestellt werden, für das die Lohnsteuerkarte gilt.

Die **bisherige Zuständigkeitsregelung** in § 39a Abs. 4a ist mit dem JStG 1996 **aufgehoben** worden.

Seit 1996 sind im **Lohnsteuer-Ermäßigungsverfahren** die Zuständigkeitsvorschriften des § **19 AO** zu beachten.

 Eine ausführliche Darstellung der **örtlichen Zuständigkeit** der Finanzämter erfolgt in der **Steuerlehre 1**, 20. Auflage 1999, Seite 38 ff.

> **Übung:** 1. Wiederholungsfragen 1 bis 8 (Seite 487),
> 2. Fall 1 (Seite 487)

18.4 Anmeldung und Abführung der Lohnsteuer

Der Arbeitgeber hat nach § 41a Abs. 1 spätestens am **zehnten Tag** nach Ablauf eines Lohnsteuer-Anmeldungszeitraums

> 1. dem **Betriebsstättenfinanzamt** eine Steuererklärung einzureichen, in der er die Summe der einzubehaltenden und zu übernehmenden Lohnsteuer angibt (Lohnsteuer-**Anmeldung**) und
> 2. die insgesamt einbehaltene und übernommene Lohnsteuer an das **Betriebsstättenfinanzamt** abzuführen (Lohnsteuer-**Zahlung**).

<u>Lohnsteuer-Anmeldungszeitraum</u> (Grundlage für die Anmeldungs- und Abführungsfristen) ist nach § 41a Abs. 2:

> ■ der Kalender**monat**, wenn die abzuführende Lohnsteuer für das vorangegangene Kalenderjahr **mehr als 6.000 DM** betragen hat;
> ■ das Kalender**vierteljahr**, wenn die abzuführende Lohnsteuer für das vorangegangene Kalenderjahr **mehr als 1.600 DM, aber nicht mehr als 6.000 DM** betragen hat;

Hat die Betriebsstätte **nicht während des ganzen vorangegangenen Kalenderjahrs** bestanden, so ist die für das vorangegangene Kalenderjahr abzuführende Lohnsteuer für die Feststellung des Lohnsteuer-Anmeldungszeitraums auf einen **Jahresbetrag** umzurechnen (§ 41a Abs. 2).

Beispiel:
Ein Arbeit**geber** eröffnet am **01.10.1999** eine Betriebsstätte. Für den Zeitraum vom 01.10. bis 31.12.1999 hat er Lohnsteuer in Höhe von **1.950 DM** an das Betriebsstättenfinanzamt abgeführt.

Der Arbeitgeber hat **2000 monatlich** die **Lohnsteuer anzumelden und abzuführen**, weil der umgerechnete Jahresbetrag **mehr als 6.000 DM** (1.950 DM : 3 x 12 = **7.800 DM**) beträgt.

Hat die Betriebsstätte im **vorangegangenen** Kalenderjahr noch **nicht** bestanden, so ist die für den ersten vollen Kalendermonat nach Eröffnung der Betriebsstätte abzuführende Lohnsteuer auf einen Jahresbetrag umzurechnen. Der umgerechnete Jahresbetrag ist maßgebend für die Bestimmung des Lohnsteuer-Anmeldungszeitraums (§ 41a Abs. 2).

Beispiel:
Ein Arbeit**geber** eröffnet am **01.04.2000** eine Betriebsstätte. Für den Monat **April 2000** hat die Lohnsteuer **155 DM** betragen.

Der Arbeitgeber hat **2000 vierteljährlich** die Lohnsteuer anzumelden und abzuführen, weil die auf einen Jahresbetrag umgerechnete Lohnsteuer **mehr als 1.600 DM, aber nicht mehr als 6.000 DM** (155 x 12 = **1.860 DM**) beträgt.

Der **Arbeitgeber haftet** für die Lohnsteuer, die er einzubehalten und abzuführen hat (§ 42d Abs. 1 Nr. 1).

Seit 1999 können die Beträge in der **Lohnsteuer-Anmeldung** entweder in **DM oder** in **Euro** angegeben werden.

Der **Euro-Kurs** beträgt: **1 Euro = 1,95583 DM** bzw. **1 DM = 0,51129 Euro**.

Beispiel:
Der Arbeitgeber U, **Monatszahler**, hat für den Monat Januar 2000 **Lohnsteuer** in Höhe von **2.000 DM** an das Finanzamt abzuführen.
Er gibt freiwillig den Betrag in **Euro** an, d.h. 2000 DM entsprechen **1.022,58 Euro** (2.000 DM : 1,95583).

U hat den Betrag von **1.022,58 Euro** in seiner **Lohnsteuer-Anmeldung 2000** in **Zeile 18** (Kennzahl 42) einzutragen.
Außerdem ist in der **Zeile 16** neben der Kennzahl 32 eine "**1**" einzutragen:

Pauschalierung der Lohnsteuer für Teilzeitbeschäftigte

Der Arbeitgeber kann unter **Verzicht auf** die Vorlage der **Lohnsteuerkarte** bei Arbeitnehmern unter bestimmten Voraussetzungen die **Lohnsteuer** mit einem **Pauschsteuersatz** von 25 % bzw. 20 % erheben (§ 40a EStG).

Dabei sind **zwei Gruppen** von Arbeitnehmern zu unterscheiden

> 1. **kurzfristig** Beschäftigte (§ 40a **Abs. 1** EStG) und
> 2. **geringfügig** Beschäftigte (§ 40a **Abs. 2** EStG).

Für **beide** Gruppen ist zu beachten, daß

> - jeder Teilzeitbeschäftigte der Einzugsstelle der **Sozialversicherung** (in der Regel bei der örtlich zuständigen Krankenkasse) **gemeldet** wird;
> - für jeden Teilzeitbeschäftigten ein **Lohnkonto** geführt wird (§ 41 Abs. 1 EStG);
> - der Arbeitslohn eines Arbeitnehmers während der Beschäftigungsdauer **22,00 DM je Arbeitsstunde** nicht übersteigt (§ 40a Abs. 4 EStG);
> - der Arbeit**geber** die **pauschale** Lohnsteuer **schuldet** (§ 40 Abs. 3 EStG);
> - die **Kirchensteuer** nach Pauschsätzen von der pauschalierten Lohnsteuer berechnet wird;
> - der **Solidaritätszuschlag** von der pauschalen Lohnsteuer berechnet wird.

Zu 1. kurzfristig Beschäftigte

Eine **kurzfristige Beschäftigung** im lohnsteuerlichen Sinne liegt vor, wenn

> - der Arbeitnehmer bei dem Arbeitgeber nur **gelegentlich**, nicht regelmäßig beschäftigt wird,
> - die Dauer der Beschäftigung **18 zusammenhängende Arbeitstage nicht übersteigt**,
> - der Arbeitslohn während der Beschäftigungsdauer **120 DM** durchschnittlich je Arbeitstag **nicht übersteigt**   **oder** die Beschäftigung zu einem unvorhersehbaren Zeitpunkt **sofort** erforderlich wird und
> - der durchschnittliche **Stundenlohn** während der Beschäftigungsdauer **22,00 DM nicht übersteigt** (§ 40a Abs. 4 EStG).

Werden Arbeitnehmer **kurzfristig** beschäftigt, kann die Lohnsteuer mit einem **Pauschsteuersatz** von

> **25 % des Arbeitslohns**

erhoben werden (§ 40a **Abs. 1** EStG).

Der Arbeit**geber** hat die **pauschale** Lohnsteuer **zu übernehmen** (§ 40 Abs. 3).

Beispiel:
Der Arbeitgeber U, **Bonn**, beschäftigt wegen Krankheit eines Arbeitnehmers 1999 für 15 Tage eine **Aushilfe**. Für jeden der 15 Arbeitstage erhält die Aushilfe 150 DM. Die Zahlung in Höhe von 2.250 DM (15 x 150 DM) erfolgt in bar. Die Arbeitszeit beträgt 10 Stunden am Tag.

Der Arbeitgeber kann die Lohnsteuer **pauschalieren**, weil alle Voraussetzungen für eine kurzfristige Beschäftigung erfüllt sind. Wegen der unvorhersehbaren, sofortigen Beschäftigung darf der Tageslohn 120 DM übersteigen. Sofern die Aushilfstätigkeit nicht berufsmäßig ausgeübt wird, ist sie sozialversicherungsfrei.

Die **Abrechnung** für die Aushilfe sieht für 1999 wie folgt aus:

Lohn (15 x 150 DM)		2.250,— DM
+ pauschalierte LSt (**25 %** von 2.250 DM)	562,50 DM	
+ Solidaritätszuschlag (5,5 % von 562,50 DM)	30,93 DM	
+ pauschalierte KiSt (7 % von 562,50 DM)	39,38 DM	632,81 DM
= Kosten des Arbeitgebers		2.882,81 DM

Zu 2. geringfügig Beschäftigte

Eine **geringfügige Beschäftigung** liegt vor, wenn

- der Arbeitnehmer bei dem Arbeitgeber **laufend beschäftigt** wird und bei monatlicher Lohnzahlung die Beschäftigungsdauer **86 Stunden und** der Arbeitslohn **630 DM nicht übersteigt und**

- der durchschnittliche **Stundenlohn** während der Beschäftigungsdauer **22,00 DM nicht übersteigt.**

Werden Arbeitnehmer nur in **geringem** Umfang beschäftigt, kann die Lohnsteuer mit einem **Pauschsteuersatz** von

20 % des Arbeitslohns

erhoben werden (§ 40a Abs. 2).

Der Arbeitgeber hat die **pauschale** Lohnsteuer **zu übernehmen** (§ 40 Abs. 3).

Beispiel:
Die **geringfügig Beschäftigte** Helga Schmidt, Leverkusen, hat für den Monat Januar 2000 für ihre Tätigkeit 630 DM erhalten. Die Voraussetzungen für eine Pauschalierung nach § 40a Abs. 2 EStG liegen vor.

Der Arbeitgeber hat **126 DM** (20 % von 630 DM) **pauschale** Lohnsteuer und die Zuschlagsteuern an das Finanzamt abzuführen.

Die **buchmäßige** Darstellung der **pauschalen Lohnsteuer** erfolgt im Kapitel "5 Personalwirtschaft" der **Buchführung 1**, 11. Auflage 1999, Seite 252 ff.

Besteuerung nach der Lohnsteuerkarte

Liegt dem Arbeitgeber **keine Freistellungsbescheinigung** vor, unterliegt der Arbeitslohn aus einer Beschäftigung gegen geringfügiges Arbeitsentgelt i.S.d. § 8 Abs. 1 Nr. 1 SGB IV dem **normalen Lohnsteuerabzug**.

Bei Lohnsteuerkarten mit der **Steuerklasse I, II, III** fällt bei Arbeitslohn von bis zu 630 DM monatlich **keine Lohnsteuer** an.

Bei Lohnsteuerkarten mit der **Steuerklasse V und VI** fällt bei Arbeitslohn von bis zu 630 DM monatlich **Lohnsteuer** an.

Solidaritätszuschlag fällt bei diesem Arbeitslohn noch **nicht** an. **Jedoch** kommt der Abzug von **Kirchensteuer** in Betracht.

Beispiel:
Die **geringfügig Beschäftigte** Helga Sabel, Köln, **Steuerklasse V**, erhält für den Monat Januar 2000 für ihre Tätigkeit **630 DM brutto**.

Ihre **Lohnabrechnung** sieht für den Monat **Januar 2000** wie folgt aus:

Bruttolohn		630,— DM
– Lohnsteuer (**V**)	105,08 DM	
– Solidaritätszuschlag	0,00 DM	
– Kirchensteuer (9 % von 630 DM)	9,45 DM	114,53 DM
– Krankenversicherung (6,75 % von 630 DM)	42,53 DM	
– Pflegeversicherung (0,85 % von 630 DM)	5,36 DM	
– Rentenversicherung (9,65 % von 630 DM)	60,80 DM	
– Arbeitslosenversicherung (3,25 % von 630 DM)	20,48 DM	129,17 DM
= **Nettolohn**		**386,30 DM**

Bringt der Arbeitnehmer schuldhaft **keine Lohnsteuerkarte**, wird das Arbeitsentgelt nach der **Lohnsteuerkarte VI** besteuert.

Unabhängig von seiner **Lohnsteuerklasse** wird den Arbeitnehmern im Rahmen der **Veranlagung** (§ 46 Abs. 2) je nach Höhe seiner anderen Einkünfte und der Einkünfte seines Ehegatten ein Teil der einbehaltenen Steuer erstattet oder Steuer nachgefordert.

 Einzelheiten zur **Veranlagung** von Arbeitnehmern erfolgen im Abschnitt "18.5 Veranlagung von Arbeitnehmern", Seite 485 f.

Übung: 1. Wiederholungsfragen 9 und 10 (Seite 487),
2. Fälle 2 bis 4 (Seite 488)

18.5 Veranlagung von Arbeitnehmern

Die **Veranlagung** ist ein förmliches Verfahren, in dem der Steuerpflichtige eine **Steuererklärung** beim zuständigen Finanzamt einreicht und das Finanzamt auf Grund der Steuererklärung die Besteuerungsgrundlagen ermittelt und die Steuer festsetzt. Über die festgesetzte Steuer erläßt das Finanzamt einen **Steuerbescheid**, der dem Steuerpflichtigen bekanntzugeben ist.

Der **Arbeitnehmer**, der **nur** Einkünfte aus nichtselbständiger Arbeit (§ 19 EStG) bezogen hat, braucht **grundsätzlich keine Steuererklärung** abzugeben. Seine steuerlichen **Pflichten** sind nach § 46 Abs. 4 insoweit **mit dem vom Arbeitgeber vorgenommenen Lohnsteuerabzug abgegolten** (**Abgeltungsprinzip**).

Dennoch gibt es für Arbeitnehmer nach § 46 EStG **zwei Veranlagungsarten**, und zwar:

> 1. Veranlagung **von Amts wegen** (§ 46 Abs. 2 **Nr. 1 bis 7**) und
> 2. Veranlagung **auf Antrag** (§ 46 Abs. 2 **Nr. 8** und **Abs. 2a**).

Die Veranlagung von Arbeitnehmern nach § 46 EStG soll beim Steuerabzug vom Arbeitslohn unvermeidbare, rechtstechnisch bedingte Unterschiede in der Besteuerung zu anderen Steuerpflichtigen beseitigen.
Bei der **Veranlagung von Arbeitnehmern** werden **neben** den **Einkünften aus nichtselbständiger Arbeit** auch Einkünfte aus **anderen Einkunftsarten** erfaßt und Besonderheiten berücksichtigt, die sich im Lohnsteuerabzugsverfahren noch nicht ausgewirkt haben.

18.5.1 Veranlagung von Amts wegen

Die **Veranlagung von Amts wegen** (**Pflichtveranlagung**) ist eine **Veranlagung**, die **ohne Antrag** vorzunehmen ist. Es genügt, daß eine der im Gesetz aufgeführten Voraussetzungen für eine Veranlagung von Amts wegen erfüllt ist.

Besteht das Einkommen ganz oder teilweise aus Einkünften aus nichtselbständiger Arbeit, von dem ein Steuerabzug vorgenommen worden ist, wird eine Veranlagung **von Amts wegen nur** in den Fällen des § 46 **Abs. 2 Nr. 1 bis 7** durchgeführt.
Eine **Veranlagung von Amts wegen** wird z.B. nach § 46 Abs. 2 **Nr. 1 bis 7** durchgeführt, **wenn**

> 1. a) die Summe der einkommensteuerpflichtigen Einkünfte, die **nicht** dem Steuerabzug vom Arbeitslohn zu unterwerfen waren, vermindert um die darauf entfallenden Beträge nach § 13 Abs. 3 und § 24a, oder
>   b) die Summe der Einkünfte und Leistungen, die dem **Progressionsvorbehalt** unterliegen,
>   jeweils **mehr als 800 DM** beträgt.
>   Die Grenze von **800 DM** gilt **auch** im Fall der **Zusammenveranlagung** von Ehegatten;
> 2. der Arbeitnehmer nebeneinander von **mehreren Arbeitgebern Arbeitslohn** bezogen hat;
> 3. bei zusammen veranlagten Arbeitnehmer-Ehegatten ein Ehegatte nach der **Steuerklasse V oder VI** besteuert worden ist;
> 4. auf der Lohnsteuerkarte ein **Freibetrag** i.S.d. § 39a Abs. 1 Nr. 1 bis 3, 5 oder 6 eingetragen ist.

Beispiel:
Der **ledige** Steuerpflichtige A, München, hat 1999 folgende Einkünfte erzielt:

	DM
Einkünfte aus nichtselbständiger Arbeit (§ 19)	58.000,—
Einkünfte aus Kapitalvermögen (§ 20)	**1.000,—**
Einkünfte aus Vermietung und Verpachtung (§ 21)	**- 500,—**

Die Summe der Einkünfte, die **nicht** dem Lohnsteuerabzug zu unterwerfen waren, beträgt **500 DM** (1.000 DM - 500 DM).

A wird **nicht** von Amts wegen **veranlagt**, weil die Summe der Einkünfte, die nicht dem Steuerabzug vom Arbeitslohn zu unterwerfen waren, **nicht mehr als 800 DM** beträgt. A ist **nicht verpflichtet**, eine Einkommensteuererklärung abzugeben.

A **kann** aber die **Veranlagung** nach § 46 Abs. 2 **Nr. 8 beantragen**, um z.B. die Kapitalertragsteuer anrechnen zu lassen.

18.5.2 Veranlagung auf Antrag

Der **bisherige Lohnsteuer-Jahresausgleich (LStJA)** nach den §§ 42 und 42a ist durch das StÄndG 1992 seit dem VZ 1991 **abgeschafft** worden.

Nach § 46 Abs. 2 **Nr. 8** wird der Arbeitnehmer zur Einkommensteuer veranlagt, wenn er dies beantragt (**Antragsveranlagung**).

Die Vorschrift des § 46 Abs. 2 **Nr. 8** ist **nur** anwendbar, **wenn** der Arbeitnehmer **nicht** bereits nach den Vorschriften des § 46 **Abs. 2 Nr. 1 bis 7** und **Abs. 2a** EStG zu veranlagen ist (R 217 Abs. 1 EStR 1999).

Eine Veranlagung nach § 46 Abs. 2 **Nr. 8** darf **nur** durchgeführt werden, wenn ein **Antrag** des Steuerpflichtigen auf eine solche Veranlagung gestellt worden ist.

Der **Antrag** ist -wie der bisherige Antrag auf Lohnsteuer-Jahresausgleich- **bis zum Ablauf des** auf den Veranlagungszeitraum folgenden **zweiten Kalenderjahrs** durch Abgabe einer **Einkommensteuererklärung** zu stellen. **Für 1999** kann der Antrag auf Arbeitnehmerveranlagung **bis zum 31.12.2001** beim Finanzamt gestellt werden.

Durch die Antragsveranlagung kann es - anders als beim bisherigen LStJA - auch zu einer **Steuernachforderung** kommen.

Der Arbeitnehmer kann jedoch grundsätzlich der Steuernachforderung durch **Rücknahme seines Antrags** - auch noch im Rechtsbehelfsverfahren - begegnen.

In diesem Fall wird der **Einkommensteuerbescheid aufgehoben, es sei denn**, nach § 46 **Abs. 2 Nr. 1 bis 7** ist eine **Veranlagungspflicht** gegeben. Die Aufhebung des Steuerbescheids **schließt nicht aus**, daß ggf. vorschriftswidrig zu wenig erhobene Lohnsteuer gesondert nachgefordert wird (§ 46 Abs. 4).

Übung: 1. Wiederholungsfragen 11 und 12 (Seite 487),
2. Fälle 5 und 6 (Seite 488)

18.6 Erfolgskontrolle

WIEDERHOLUNGSFRAGEN

1. Was versteht man unter der Lohnsteuer?
2. Wie wird die Lohnsteuer erhoben?
3. Welche Steuerklassen kommen nach § 38b in Betracht?
4. Welche Beträge sind in die Lohnsteuertabelle eingearbeitet?
5. Welche Beträge sind nicht in die Lohnsteuertabelle eingearbeitet?
6. Wer ist für die Ausstellung der Lohnsteuerkarte örtlich zuständig?
7. Welche Beträge hat die Gemeinde von Amts wegen auf der Lohnsteuerkarte einzutragen?
8. Für welche Beträge kann sich der Arbeitnehmer vom Finanzamt einen Freibetrag auf der Lohnsteuerkarte eintragen lassen?
9. Wann hat der Arbeitgeber die Lohnsteuer anzumelden und abzuführen?
10. Was wissen Sie über die Pauschalierung der Lohnsteuer bei Teilzeitbeschäftigten?
11. In welchen Fällen ist bei Arbeitnehmern eine Veranlagung von Amts wegen durchzuführen?
12. Was wissen Sie über die Antragsveranlagung nach § 46 Abs. 2 Nr. 8?

FÄLLE

Fall 1:

Lorenz Tüchtig, 47 Jahre alt, **ledig**, ist Arbeit**nehmer.** Er gibt Ihnen am 04.05.2000 eine Liste mit den folgenden Angaben für das Jahr 2000:

Fahrten zwischen Wohnung und Arbeitsstätte mit dem eigenen Pkw an 200 Arbeitstagen. Die Entfernung zwischen Wohnung und Arbeitsstätte beträgt 30 km.

Gewerkschaftsbeitrag 255 DM

Kirchensteuer 261 DM

Arbeitnehmeranteil zur gesetzlichen Sozialversicherung 7.200 DM

Bausparbeiträge 2.400 DM

Ermitteln Sie die Höhe des **monatlichen Freibetrags** auf der Lohnsteuerkarte unter der Annahme, daß der Antrag am 28.05.2000 beim Finanzamt gestellt wird.

Fall 2:

Ein Arbeit**geber** hat am 01.09.2000 eine Betriebsstätte eröffnet. Für den Zeitraum vom 01.09. bis 31.12.2000 hat er Lohnsteuer in Höhe von **450 DM** an das Betriebsstättenfinanzamt abgeführt.

Wann hat der Arbeit**geber** die **Lohnsteuer 2000 anzumelden und abzuführen?**

Fall 3:

Ein Arbeit**geber** hat am 01.03.2000 eine Betriebsstätte eröffnet. Für den Monat März 2000 hat die Lohnsteuer **30 DM** betragen.

Wann hat der Arbeit**geber** die **Lohnsteuer 2000 anzumelden und abzuführen?**

Fall 4:

Der geringfügig Beschäftigte Nagib Zeidan, München, hat für den Monat Januar 2000 für seine Tätigkeit 630 DM erhalten. Die Voraussetzungen für eine Pauschalierung der Lohnsteuer nach § 40a Abs. 2 EStG liegen vor.

1. Wie hoch ist die pauschale Lohnsteuer für den Monat Januar 2000?
2. Wie hoch ist die Kirchensteuer für den Monat Januar 2000?
3. Wie hoch ist der Solidaritätszuschlag für den Monat Januar 2000?
4. Wer schuldet die pauschale Lohnsteuer und die Zuschlagsteuern?

Fall 5:

Ein **lediger** Steuerpflichtiger, geb. am 10.12.1951, hat im VZ 1999 einen Bruttoarbeitslohn von insgesamt **33.100 DM** bezogen. Weitere Einnahmen hat er nicht erzielt. Der Steuerpflichtige weist folgende abzugsfähige Ausgaben nach:

Werbungskosten	**2.900 DM**
Sonderausgaben (SA 1)	**600 DM**
Sonderausgaben (SA 2)	**5.000 DM**

Wird der Steuerpflichtige 1999 **veranlagt**? Begründen Sie Ihre Antwort.

Fall 6:

Der **verheiratete** Arbeit**nehmer** Egon Meier bezog in 1999 ein Bruttogehalt von **40.000 DM**. Außerdem erzielten die Eheleute in 1999 Zinseinnahmen von **12.500 DM** (**vor** Abzug der KapESt und des SolZ). Die Werbungskosten des Ehemannes aus nichtselbständiger Arbeit übersteigen den Arbeitnehmer-Pauschbetrag von 2.000 DM. Er will diese Werbungskosten geltend machen.

1. Ist eine **Veranlagung von Amts wegen** 1999 durchzuführen?
2. Ist eine **Antragsveranlagung** nach § 46 Abs. 2 **Nr. 8** 1999 möglich?

Zusammenfassendes Beispiel mit Lösung

1 Sachverhalt

1.1 Allgemeines

Willi Schneider, geb. am 15.10.1952, ist seit 1974 mit Helga geb. Sabel, geb. am 10.11.1955, verheiratet. Beide wohnen in Flensburg in Mieträumen. Die Eheleute haben eine gemeinsame Tochter, geb. am 6.8.1985, die in Flensburg das Gymnasium besucht

1.2 Einkünfte

1.2.1 Arztpraxis

Willi Schneider ist Arzt für Allgemeinmedizin. Er hat seine Praxis in Flensburg. In 1999 hat er als Betriebseinnahmen Honorare aus ärztlicher Tätigkeit in Höhe von **470.000 DM** aufgezeichnet. Seine Betriebsausgaben haben in 1999 **150.000 DM** betragen.

1.2.2 Sparguthaben

Helga Schneider wurden in 1999 auf ihrem Sparkonto **15.400 DM** Zinsen (**vor** Abzug der KapESt und des SolZ) gutgeschrieben.

1.3 Sonstige Aufwendungen

Die Eheleute Schneider weisen für 1999 folgende Aufwendungen nach, die nach Möglichkeit steuerlich berücksichtigt werden sollen:

Lebensversicherungsbeiträge	11.568 DM
Kranken- und Pflegeversicherungsbeiträge	6.432 DM
Hausratsversicherung	200 DM
Kirchensteuer	3.400 DM
Schuldzinsen für ein privates Darlehen	1.000 DM

Frau Schneider wurde in 1999 operiert. Die Operationskosten haben **15.000 DM** betragen. Hiervon wurden in 1999 **7.000 DM** durch die Krankenversicherung erstattet.

Herr Schneider hat in 1999 seine vermögenslose Mutter mit **monatlich 500 DM unterhalten**. Die Mutter hat in 1999 eine Rente aus der gesetzlichen Rentenversicherung von insgesamt **6.000 DM** bezogen, deren Ertragsanteil 20 % beträgt. Der Zuschuß der Rentenversicherung zur Kranken- und Pflegeversicherung belief sich auf **468 DM**.

2 Aufgabe

Ermitteln Sie das **zu versteuernde Einkommen** der Eheleute Schneider für den VZ 1999. Nehmen Sie Stellung zur **persönlichen Steuerpflicht**, zu den **altersmäßigen Vergünstigungen**, zu den **zu berücksichtigenden Kindern**, zur **Veranlagungsart** und zum **Steuertarif** der Eheleute Schneider.

Lösung:

1. Persönliche Steuerpflicht

Willi und Helga Schneider sind **unbeschränkt** einkommensteuerpflichtig, weil sie im **Inland** einen **Wohnsitz** haben (§ 1 Abs. 1).

2. Alter der Steuerpflichtigen

Vor Beginn des VZ 1999 waren Willi Schneider **46 Jahre** und Helga Schneider **43 Jahre** alt. Die Eheleute erfüllen **nicht** die altersmäßigen Voraussetzungen für die Gewährung des Altersentlastungsbetrags (§ 24a).

3. Zu berücksichtigende Kinder

Die **Tochter** ist 1999 das ganze Jahr über ein **zu berücksichtigendes Kind**, weil sie zu Beginn des VZ 1999 das 18. Lebensjahr noch nicht vollendet hat (§ 32 Abs. 3).

4. Veranlagungsart

Die Ehegatten werden **zusammen veranlagt**, weil kein Ehegatte getrennte Veranlagung beantragt hat (§ 26 Abs. 3).

5. Steuertarif

Ihr Einkommen wird nach dem **Splittingtarif** besteuert, weil sie zusammen veranlagt werden (§ 32a Abs. 5).

6. Ermittlung des zu versteuernden Einkommens

		Ehemann DM	Ehefrau DM	Gesamt DM
Einkünfte aus selbst. Arbeit (§ 18)				
Betriebseinnahmen	470.000 DM			
- Betriebsausgaben	150.000 DM	320.000,—		320.000,—
Einkünfte aus Kapitalvermögen (§ 20)				
Einnahmen	15.400 DM			
- WK-Pauschbetrag	200 DM			
- Sparer-Freibetrag	12.000 DM		3.200,—	3.200,—
Summe der Einkünfte = Gesamtbetrag der Einkünfte				323.200,—
- Sonderausgaben (SA 1)				
Kirchensteuer (§ 10 Abs. 1 Nr. 4)				3.400,—
Übertrag:				319.800,—

	DM
Übertrag:	319.800
- Sonderausgaben (SA 2)	
Versicherungsbeiträge 18.000 DM	
- 1. **Vorwegabzug** 12.000 DM → 12.000 DM	
6.000 DM	
- 2. **Grundhöchstbetrag** 5.220 DM → 5.220 DM	
780 DM	
- 3. **Hälftiger Höchstbetrag** 390 DM → 390 DM	
abzugsfähige Vorsorgeaufwendungen	17.610
- außergewöhnliche Belastungen	
a) nach § 33	
Operationskosten 8.000 DM	
- zumutbare Belastung (4 % v. 323.200) 12.928 DM	0
b) nach § 33a Abs. 1	

	DM	DM	DM	
Ungekürzter **Höchstbetrag**			13.020	
a) **Ermittlung der Einkünfte der Mutter**				
Rente (§ 22 Nr. 1) **6.000 DM**				
davon Ertragsanteil 20 % =	1.200			
- Werbungskosten-Pauschbetrag	- 200			
= Einkünfte der Mutter		1.000		
b) **Ermittlung der Bezüge der Mutter**				
Rentenanteil, der den Ertragsanteil				
übersteigt: 6.000 DM - 1.200 DM	4.800			
+ Zuschuß zur Kranken- u. Pflegeversicherung	468			
	5.268			
- Kostenpauschale	- 360			
= Bezüge der Mutter		4.908		
Summe der Einkünfte und Bezüge der Mutter		5.908		
c) **Ermittlung der abziehbaren agB**				
Die Einkünfte und Bezüge der Mutter		5.908		
übersteigen den **anrechnungsfreien Betrag**		1.200		
= **anzurechnende Einkünfte und Bezüge**		4.708	4.708	
= gekürzter Höchstbetrag			8.312	
Es können jedoch **höchstens** die **Aufwendungen** abgezogen werden			6.000	6.000
= **Einkommen**				296.190
− Kinderfreibetrag (günstiger als Kindergeld)				6.912
= **zu versteuerndes Einkommen**				**289.278**

B. Eigenheimzulage

Seit 1996 ersetzt die **Eigenheimzulage** nach dem **Eigenheimzulagengesetz (EigZulG)** die bisher in den **§§ 10e und 34f EStG** enthaltene steuerliche Förderung des selbstgenutzten Wohneigentums.

Zweifelsfragen zum Eigenheimzulagengesetz werden im **BMF-Schreiben vom 10.02.1998** (BStBl 1998 I Seite 190 ff.) beantwortet (**Anhang 34 (V) EStH 1999**).

Die Regelung der **Eigenheimzulage lehnt sich eng an die §§ 10e und 34f EStG an**.

> Bei der Behandlung des **neuen Rechts** wird deshalb auf Lösungen zu § 10e und § 34f EStG verwiesen (siehe Abschnitt 14.4, Seite 406 ff.).

Neu ist die **Entlastungswirkung** für die Anspruchsberechtigten.
Die **Eigenheimzulage** ist aus dem Einkommensteuergesetz herausgenommen worden und wird **unabhängig vom Einkommensteuerverfahren** abgewickelt.
Sie ist als **eigenständige Vergünstigung (Subvention)** ausgestattet.

Die **bisherige** Förderung bestand in Form eines **Abzugsbetrags** (Grundförderung), den der Steuerpflichtige vom Gesamtbetrag der Einkünfte **wie Sonderausgaben abziehen** konnte. Dadurch war die **Entlastungswirkung** um so höher, je höher der **Gesamtbetrag der Einkünfte** und damit die **Progressionsstufe** des Steuerpflichtigen war.
Diese **progressionsabhängige Entlastung** führte dazu, daß die **Bezieher hoher Einkommen stärker entlastet** wurden als die Bezieher kleinerer Einkommen.

Die **Förderung nach dem Eigenheimzulagengesetz** besteht demgegenüber in einem **progressionsunabhängigen Förderbetrag**, der in einem von der Einkommensteuer-Veranlagung **unabhängigen Verfahren** festgesetzt wird (§§ 11 ff. EigZulG).

Die **Höhe der Eigenheimzulage hängt** somit, abgesehen von der Einkunftsgrenze in § 5 EigZulG, **nicht mehr** von der **einkommensteuerlichen Situation** des Anspruchsberechtigten **ab**.

Neu ist auch die Förderung des **Erwerbs von Genossenschaftsanteilen** (§ 17 EigZulG). Auf diese Form der Förderung wird im folgenden nicht eingegangen.

> Der **Vorkostenabzug** nach § 10e **Abs. 6** EStG wurde bis 1999 in **§ 10i EStG progressionsabhängig** geregelt (siehe Abschnitt 14.4.2, Seite 419).

1 Begünstigte Personen

Die Eigenheimzulage können **unbeschränkt** steuerpflichtige Personen im Sinne des EStG beanspruchen (§ 1 EigZulG), die zivilrechtliche oder wirtschaftliche **Eigentümer** eines **begünstigtes Objektes** sind und dessen **Herstellungs- oder Anschaffungskosten getragen** haben.

Auf **Antrag** können unter der Voraussetzung des § 1 **Abs. 3** EStG auch sog. **Grenzpendler** als **unbeschränkt** Steuerpflichtige behandelt werden.

Dies könnte z.B. der Fall sein, wenn ein **beschränkt** Steuerpflichtiger eine Wohnung im **Inland** einem **Angehörigen** (z.B. einem studierenden Kind) **unentgeltlich** überläßt.

Der **Anspruchsberechtigte** muß **bürgerlich-rechtlicher** oder **wirtschaftlicher Eigentümer** (§ 39 Abs. 2 Nr. 1 Satz 1 AO) der Wohnung sein (Rz. 4 des BMF-Schreibens vom 10.02.1998).

2 Begünstigte Objekte

2.1 Wohnung im eigenen Haus

Begünstigt ist die **Herstellung oder Anschaffung** einer im **Inland** belegenen **selbstbewohnten Wohnung** im eigenen Haus **oder** eine **Eigentumswohnung nach** dem **31.12.1995** (§ 2 Abs. 1 Satz 1 i.V.m. § 4 Satz 1 und § 19 Abs. 1 EigZulG).

Eine **Nutzung zu eigenen Wohnzwecken** liegt **auch** vor, soweit eine Wohnung **unentgeltlich** an einen **Angehörigen** im Sinne des § 15 AO **zu Wohnzwecken überlassen wird** (§ 4 Satz 2 EigZulG).

Wie bei § 10e EStG ist es **gleichgültig, ob** sich die **Wohnung** in einem **Zwei- oder Mehrfamilienhaus** oder in einem **gemischtgenutzten Gebäude** befindet.

> Beispiele:
> 1. A kauft in 1999 ein unbebautes in München gelegenes Grundstück, auf dem er noch in 1999 mit dem Bau eines **Zweifamilienhauses** beginnt. Nach Fertigstellung des Hauses in 1999 **bewohnt** er **eine Wohnung selbst**.
>
>   Die **Wohnung** (nicht das Zweifamilienhaus) des A ist ein **begünstigtes Objekt**.
>
> 2. B baut in 1999 ein **Mietwohngrundstück** in Mainz. **Eine Wohnung** bewohnt **B selbst**.
>
>   Die **Wohnung** (nicht das Mietwohngrundstück) ist ein **begünstigtes Objekt**.

Nicht begünstigt sind **Ferien- und Wochenendwohnungen** und der **Erwerb vom Ehegatten**, wenn bei diesem im Zeitpunkt der Anschaffung die Voraussetzungen des § 26 Abs. 1 EStG vorliegen (§ 2 Abs. 1 Sätze 2 und 3 EigZulG).

2.2 Ausbauten und Erweiterungen

Begünstigt bleiben <u>**auch Ausbauten und Erweiterungen**,</u> die an einer **Wohnung** in einem im Inland belegenen eigenen Haus **oder** einer im Inland belegenen eigenen <u>**Eigentumswohnung**</u> vorgenommen werden (§ 2 Abs. 2 EigZulG).

Ausbau ist das Schaffen von Wohnraum durch **Ausbau des Dachgeschosses** oder durch eine unter wesentlichem Bauaufwand durchgeführte **Umwandlung von Räumen**, die nach ihrer baulichen Anlage und Ausstattung bisher anderen als Wohnzwecken dienten (z.B. Ausbau von Kellerräumen zu Wohnräumen, die die bauordnungsrechtlichen Anforderungen an Aufenthaltsräume erfüllen).

Erweiterung ist das **Schaffen von neuem**, bisher nicht vorhandenem **Wohnraum** durch Aufstockung des Gebäudes oder Anbau an das Gebäude (Rz. 15 des BMF-Schreibens vom 10.02.1998).

Gegenüber § 10e EStG besteht eine **Einschränkung** bei **Ausbauten und Erweiterungen**.

Anders als nach bisheriger Verwaltungsauffassung ist die nachträgliche Errichtung einer **Garage nicht** mehr **begünstigt** (Rz. 16 des BMF-Schreibens vom 10.02.1998).

Der Anbau eines **Wintergartens** ist jedoch **weiterhin** als Erweiterung **begünstigt**, wenn der Wintergarten nach seiner baulichen Gestaltung (insbesondere Raumhöhe, Belüftung, Beheizung und Beleuchtung) zum dauernden Aufenthalt von Menschen - auch in den Wintermonaten - objektiv geeignet ist (Rz. 16 des BMF-Schreibens vom 10.02.1998).

Durch das JStG 1997 wird die **Förderung für Ausbauten und Erweiterungen eingeschränkt**, wenn der Anspruchsberechtigte mit der Herstellung **nach dem 31.12.1996** begonnen hat (§ 19 Abs. 3 EigZulG).

> Übung: 1. Wiederholungsfragen 1 bis 7 (Seite 508),
> 2. Fälle 1 bis 4 (Seite 509 f.)

3 Förderzeitraum

Wie für die Grundförderung nach § 10e EStG **beginnt** der **achtjährige** Förderzeitraum auch für die Eigenheimzulage nach § 3 EigZulG nur im Jahr der **Anschaffung** bzw. der **Herstellung** des Förderobjekts (Wohnung, Ausbau oder Erweiterung).

Eine Wohnung ist **hergestellt** oder der Anbau oder die Erweiterung ist **fertiggestellt**, sobald die Wohnung oder der Anbau oder die Erweiterung nach Abschluß der wesentlichen Bauarbeiten **bewohnbar** ist (H 44 (Fertigstellung) EStH 1999). Der Zeitpunkt der **Bauabnahme** ist **nicht entscheidend** (Rz. 23 des BMF-Schreibens vom 10.02.1998).

> Beispiel:
> Der Steuerpflichtige Karl Müller, hat am **27.12.1999** sein Einfamilienhaus **fertiggestellt**. Seit dem **03.01.2000 nutzt er** es zu eigenen Wohnzwecken.
>
> Karl Müller kann in diesem Fall die Eigenheimzulage erst ab **2000 bis 2006** (also **nur sieben Jahre**) in Anspruch nehmen.
> Der Förderzeitraum **beginnt** zwar bereits **1999** (Jahr der Ferstigstellung), dennoch ist eine Förderung 1999 noch nicht möglich, weil **nicht alle** Voraussetzungen (Selbstnutzung) für die Inanspruchnahme der Eigenheimzulage vorliegen.

Merke: Will man die Eigenheimzulage **achtmal** nutzen, muß man im Jahr der **Anschaffung** bzw. **Herstellung** mit der **Eigennutzung beginnen**.

Eine **Wohnung** ist **angeschafft**, wenn der Erwerber das **wirtschaftliche Eigentum** an dem Objekt erlangt; das ist regelmäßig der Zeitpunkt, zu dem Besitz, Nutzungen, Lasten und Gefahr auf ihn übergehen.
Der Zeitpunkt des **Abschlusses des notariellen Kaufvertrags** oder der **Eintragung im Grundbuch** ist **unerheblich** (Rz. 24 des BMF-Schreibens vom 10.02.1998).

Sollte der **Einzug** des Steuerpflichtigen im Jahr der **Anschaffung** der Wohnung **scheitern**, ist ihm zur Vermeidung des **einjährigen Förderverlustes** zu raten, möglichst auch den **Anschaffungszeitpunkt** zu verlegen.

4 Nutzung zu eigenen Wohnzwecken

Wie § 10e EStG für die Grundförderung, setzt § 4 Satz 1 EigZulG für die **Eigenheimzulage** voraus, daß der Anspruchsberechtigte die **Wohnung** in den einzelnen Kalenderjahren des Förderzeitraums **zu eigenen Wohnzwecken** nutzt.

Eine Wohnung wird nur zu Wohnzwecken genutzt, wenn sie **tatsächlich bewohnt** wird.
Im **Bereithalten** einer leerstehenden oder möblierten **Wohnung** liegt **keine** Nutzung zu Wohnzwecken (Rz. 25 des BMF-Schreibens vom 10.02.1998).

Eine **Nutzung zu eigenen Wohnzwecken** liegt **auch** vor, soweit die **Wohnung unentgeltlich** an einen **Angehörigen i.S.d. § 15 AO** zu Wohnzwecken überlassen wird.

> Beispiel:
> Der Steuerpflichtige Kurt Hoffmann, Passau, erwirbt 1999 in München eine Eigentumswohnung. Die Wohnung überläßt er 1999 unentgeltlich seinem Sohn Karl, der in München Betriebswirtschaftslehre studiert.
>
> Die **unentgeltliche Überlassung** der Wohnung zu Wohnzwecken an einen **Angehörigen i.S.d. § 15 AO (Sohn Karl) gilt** als **Nutzung zu eigenen Wohnzwecken**.

5 Einkunftsgrenze

Der Steuerpflichtige kann die **Förderung** nach dem **Eigenheimzulagengesetz nur** in Anspruch nehmen, **wenn** er bestimmte **Einkunftsgrenzen nicht überschreitet**.

Steuerpflichtige, die die **Einkunftsgrenze überschreiten**, sind von der **Förderung ausgeschlossen**.

Die **Einkunftsgrenze** ist § 10e EStG nachgebildet. **Anders** als nach § 10e EStG ist die **Überprüfung der Einkunftsgrenze** nicht für jedes einzelne Kalenderjahr vorzunehmen, sondern das **Finanzamt prüft nur zu Beginn der Förderung**, ob die Einkunftsgrenzen überschritten sind. Wird die Einkunftsgrenze in späteren Jahren **überschritten**, kann weiterhin die Förderung in Anspruch genommen werden
(Rz. 29 des BMF-Schreibens vom 10.02.1998).

Mit dieser Regelung wollte der Gesetzgeber einen **Beitrag zur Steuervereinfachung und zu mehr Planungssicherheit für den Bauherrn oder Erwerber** leisten.

Der Anspruchsberechtigte kann die Eigenheimzulage ab dem Jahr in Anspruch nehmen (**Erstjahr**), in dem der **Gesamtbetrag der Einkünfte** nach § 2 Abs. 3 EStG zuzüglich des **Gesamtbetrags der Einkünfte** des vorangegangen Jahres (**Vorjahr**) **240.000 DM** nicht übersteigt (§ 5 Satz 1 EigZulG).
Für **zusammenveranlagte Ehegatten** erhöht sich diese Einkunftsgrenze auf **480.000 DM**.

Die **Einkunftsgrenzen** werden für Bauherren und Erwerber, die **nach dem 31.12.1999** den **Bauantrag** für ihr Eigenheim stellen **oder** den notariellen **Kaufvertrag** abschließen, auf **160.000 DM bzw. 320.000 DM abgesenkt**. Für j**edes Kind**, für das der Anspruchsberechtigte Kindergeld erhält und das zu seinem Haushalt gehört, **erhöht sich der Grenzwert um 60.000 DM**.

Erstjahr ist das Jahr, in dem in der Person des Anspruchsberechtigten **erstmals alle Voraussetzungen** für die Inanspruchnahme der Eigenheimzulage **vorliegen**.

Dies **kann** auch ein auf das Jahr der **Herstellung oder Anschaffung folgendes Jahr** sein, z.B. wenn der Anspruchsberechtigte die Wohnung erst dann **bezogen** hat.

Beispiel:
Der ledige Steuerpflichtige A, Krefeld, **vermietet** im Jahre 1998 seine in **1998 angeschaffte** Eigentumswohnung. In **1999** zieht er selbst in diese Wohnung ein.

Maßgebend ist der **Gesamtbetrag der Einkünfte** in den Jahren **1999** (**Erstjahr**) und **1998** (**Vorjahr**).

Bei **alleinstehenden** Anspruchsberechtigten kommt es auf die Einkunftsgrenze des **Erst- und Vorjahres** von insgesamt **240.000 DM** an, wobei die Verteilung der Einkünfte in beiden Jahren unerheblich ist (§ 5 Satz 1 EigZulG).

Beispiel:
Der **ledige** Steuerpflichtige A hat **Ende 1999** ein **Einfamilienhaus** in Bochum für 500.000 DM hergestellt, das er **selbst bewohnt**.
Der **Gesamtbetrag der Einkünfte** des A haben 1999 (**Erstjahr**) **100.000 DM** und 1998 (**Vorjahr**) **120.000 DM** betragen.

A hat die **Einkunftsgrenze von 240.000 DM nicht überschritten**, so daß er die Eigenheimzulage beim Vorliegen der übrigen Voraussetzungen in Anspruch nehmen kann.

A hat im **Antrag auf Eigenheimzulage** (Vordruck **EZ 1 A**) in **Zeile 72** folgende zusätzliche Angabe zu machen (nur ankreuzen):

Antrag auf Eigenheimzulage ab dem Jahr 1999

70	
71	Einkunftsgrenze
72	☒ Der Gesamtbetrag der Einkünfte des Jahres, für das erstmals dieser Antrag gestellt wird, wird zusammen mit dem **Gesamtbetrag der Einkünfte** des vorangegangenen Jahres **240.000 DM** voraussichtlich **nicht übersteigen**.
73	

Bei **Ehegatten, die** im Erstjahr nach § 26b EStG zusammen veranlagt oder nicht zur Einkommensteuer veranlagt werden und **die Voraussetzungen des § 26 Abs. 1 EStG erfüllen**, beträgt die **Einkunftsgrenze** für das **Erst- und Vorjahr** insgesamt **480.000 DM** (**§ 5 Satz 2** EigZulG).

Beispiel:
Die **Eheleute** A und B, die zusammen veranlagt werden, **erwerben** am **1.12.1999** eine in München belegene **Eigentumswohnung** für 400.000 DM, die sie **selbst bewohnen**. Der **Gesamtbetrag der Einkünfte** der Eheleute beträgt für **1998 und 1999** insgesamt **450.000 DM**.

Die Eheleute haben die **Einkunftsgrenze von 480.000 DM nicht überschritten**, so daß sie die Eigenheimzulage beim Vorliegen der übrigen Voraussetzungen in Anspruch nehmen können.

Die Eheleute haben im **Antrag auf Eigenheimzulage** (Vordruck **EZ 1 A**) in **Zeile 72** folgende zusätzliche Angabe zu machen (nur ankreuzen):

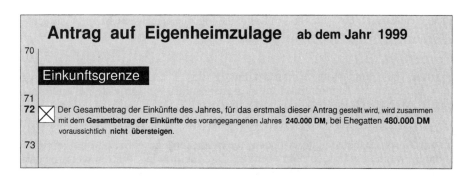

Überschreitet der Anspruchsberechtigte **zunächst** die **Einkunftsgrenze**, ist er **nicht endgültig** von der Inanspruchnahme der Eigenheimzulage **ausgeschlossen**. Bleibt der **Gesamtbetrag der Einkünfte** in einem **späteren Zweijahreszeitraum innerhalb der Einkunftsgrenze**, kann der Anspruchsberechtigte die Zulage für den **Rest des Förderzeitraums** erhalten (Rz. 31 des BMF-Schreibens vom 10.02.1998).

Beispiel:
Der **ledige** Steuerpflichtige A hat **1999** eine Eigentumswohnung **angeschafft**, die er noch im selben Jahr bezieht. Für A gilt noch die alte Einkunftsgrenze.
Der **Gesamtbetrag der Einkünfte** des ledigen Steuerpflichtigen A beträgt:

        1998   140.000 DM
        1999   110.000 DM
        2000   120.000 DM

Der achtjährige **Förderzeitraum** beginnt **1999** (Jahr der Anschaffung) und endet **2006. 1999** kann die Zulage **nicht** gewährt werden, weil die Einkunftsgrenze mit **250.000 DM** (140.000 DM + 110.000 DM) **überschritten** ist.
Die Einkunftsgrenze ist **erstmals** in dem Zweijahreszeitraum **2000** (Erstjahr) und **1999** (Vorjahr) **unterschritten**, so daß A die Eigenheimzulage für die Jahre **2000 bis 2006** (also nur **sieben Jahre**) erhalten kann.

> **Übung:** 1. Wiederholungsfragen 8 bis 18 (Seite 508 f.),
>   2. Fälle 5 bis 9 (Seite 510 f.)

6 Objektbeschränkung

Entsprechend der Regelung in § 10e EStG kann der Anspruchsberechtigte die **Eigenheimzulage** ebenfalls **nur** für **ein Objekt** (Wohnung, Ausbau oder Erweiterung) in Anspruch nehmen (§ 6 Abs. 1 **Satz 1** EigZulG).

Unter die **Objektbeschränkung** fallen **auch** Objekte, für die der Anspruchsberechtigte erhöhte Absetzungen nach **§ 7b EStG** oder Abzugsbeträge nach **§ 10e EStG** in Anspruch genommen hat (§ 6 Abs. 3 EigZulG).

> Beispiel:
> Die **ledige** Steuerpflichtige Ellen Klein hat sich 1980 in Bonn ein Einfamilienhaus bauen lassen, für das sie die erhöhten Absetzungen nach **§ 7b** acht Jahre in Anspruch genommen hat.
> 1999 verkauft sie dieses Haus und läßt sich in Berlin ein neues Einfamilienhaus bauen, das sie selbst bewohnt.
>
> Ellen Klein kann für das neue Haus in Berlin die Eigenheimzulage **nicht** in Anspruch nehmen, weil **Objektverbrauch** vorliegt.

Ehegatten, bei denen die Voraussetzungen des § 26 Abs. 1 EStG vorliegen, können hingegen die **Eigenheimzulage** für insgesamt **zwei Objekte** geltend machen (§ 6 Abs. 1 **Satz 2** EigZulG).

Heiraten Anspruchsberechtigte, nachdem für **beide Objektverbrauch** eingetreten ist, steht ihnen, wenn kein Folgeobjekt vorliegt, **Eigenheimzulage** für ein weiteres Objekt **nicht** zu.

Heiraten Anspruchsberechtigte, nachdem für **einen** von ihnen **Objektverbrauch** eingetreten ist, können sie die Eigenheimzulage für ein **zweites Objekt** in Anspruch nehmen, unabhängig davon, wer von ihnen Eigentümer ist (Rz. 40 des BMF-Schreibens vom 10.02.1998).

> Beispiel:
> Der ledige Steuerpflichtige Dieter Müller hat in den Jahren 1984 bis 1991 (acht Jahre) erhöhte Absetzungen nach **§ 7b EStG** in Anspruch genommen. **1998 kauft** er eine **Eigentumswohnung**, die er zu eigenen Wohnzwecken nutzt. **1999 heiratet** er. Seine Frau hat bisher weder erhöhte Absetzungen nach § 7b EStG noch Abzugsbeträge nach § 10e EStG oder Eigenheimzulage in Anspruch genommen.
>
> Der achtjährige **Förderzeitraum beginnt 1998** (Jahr der Anschaffung) und **endet 2005**. A kann die **Eigenheimzulage** nur für die verbleibenden Jahre des Förderzeitraums von **1999 bis 2005** (nur **sieben Jahre**) erhalten.

Fallen bei Ehegatten die **Voraussetzungen** des **§ 26 Abs. 1 EStG fort**, gilt für jeden Ehegatten wieder die **Ein-Objekt-Grenze** (§ 6 Abs. 1 **Satz 1** EigZulG).

7 Folgeobjekt

Die **Folgeobjektregelung** des § 10e EStG ist mit geringen Änderungen **in § 7 EigZulG übernommen** worden.

Danach kann ein **Anspruchsberechtigter** die Eigenheimzulage bei einem **Folgeobjekt fortsetzen, soweit** er sie **beim Erstobjekt** mangels Nutzung zu eigenen Wohnzwecken **nicht** bis Ende des achtjährigen Förderzeitraums **in Anspruch nehmen konnte** (§ 7 Satz 1 EigZulG).

Anders als nach § 10e EStG muß das Folgeobjekt nicht mehr innerhalb von zwei Jahren vor und drei Jahren nach Ablauf des Kalenderjahres, in dem das Erstobjekt letztmals zu eigenen Wohnzwecken genutzt worden ist, angeschafft oder hergestellt worden sein.

Der Anspruchsberechtigte kann insoweit **ohne zeitliche Verknüpfung** im Anschluß an die abgebrochene Förderung für das Erstobjekt die **Förderung beim Folgeobjekt** fortsetzen. Dem Erstobjekt sind Objekte nach **§§ 7b, 10e EStG** gleichgestellt.

> Beispiel:
> Die Eheleute A und B haben für eine selbstgenutzte Eigentumswohnung in Essen für die Jahre **1984 bis 1987** (= **4 Jahre**) die erhöhten Absetzungen nach § **7b EStG** in Anspruch genommen und das **Erstobjekt** wegen Wegzugs 1987 verkauft.
> In den Jahren **1988 bis 1995** (= **8 Jahre**) haben sie für ein Einfamilienhaus in Bonn als **Zweitobjekt** § 10e EStG in Anspruch genommen.
> **1999** haben sie sich in Lindau (Bodensee) eine Eigentumswohnung gekauft, die sie selbst bewohnen.
>
> Die Eheleute A und B können die **Eigentumswohnung in Lindau** als **Folgeobjekt** der **Eigentumswohnung in Essen** behandeln.
> Da sie für die Eigentumswohnung in Essen erst **vier Jahre lang** die erhöhten Absetzungen nach § **7b EStG** in Anspruch genommen haben, steht ihnen von **1999 bis 2002** (= **4 Jahre**) die **Eigenheimzulage** für die neu erworbene Eigentumswohnung zu, wenn die übrigen Voraussetzungen erfüllt sind.

8 Bemessungsgrundlage für den Förderungsgrundbetrag

Bemessungsgrundlage für den Förderungsgrundbetrag nach § 9 Abs. 2 EigZulG sind - wie auch bereits für die Grundförderung nach § 10e EStG - die **Herstellungskosten oder Anschaffungskosten** der **Wohnung zuzüglich** der **Anschaffungskosten** für den dazugehörenden **Grund und Boden** (§ 8 Satz 1 EigZulG).

Anders als bei der Grundförderung nach § 10e EStG sind nach § 8 Satz 1 EigZulG die **Anschaffungskosten** für den anteiligen **Grund und Boden in vollem Umfang zu berücksichtigen.**

Beispiel:
Der **ledige** Steuerpflichtige A errichtet Ende 1999 in Düsseldorf ein Einfamilienhaus, das er selbst bewohnt. Die **Herstellungskosten des Hauses** haben **500.000 DM** betragen. Die **Anschaffungskosten** des **Grund und Bodens** betrugen **100.000 DM**. Der Gesamtbetrag der Einkünfte des A hat für das Erst- und Vorjahr (1999 und 1998) insgesamt 240.000 DM betragen. Objektverbrauch liegt nicht vor.

Die **Bemessungsgrundlage** beträgt **600.000 DM**. Dieser Betrag hat A im **Antrag auf Eigenheimzulage** (Vordruck **EZ 1 A**) in **Zeile 41** einzutragen:

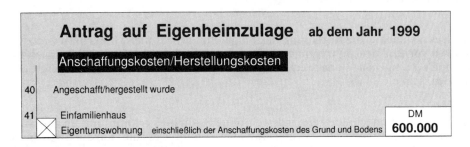

Werden Teile der Wohnung **nicht zu eigenen Wohnzwecken** genutzt (z.B. Arbeitszimmer), so ist die **Bemessungsgrundlage** - wie bei § 10e EStG - entsprechend **zu kürzen** (**§ 8 Satz 3** EigZulG).

Beispiel:
Der Lehrer A hat 1999 in München ein Einfamilienhaus für **500.000 DM** angeschafft. Davon entfallen 100.000 DM auf Grund und Boden. A hat in seiner Wohnung ein häusliches Arbeitszimmer. **10 %** der Wohnfläche entfallen auf das **Arbeitszimmer**.

Die **Bemessungsgrundlage** wird wie folgt berechnet:

vorläufige Bemessungsgrundlage	500.000 DM
− Kürzung um 10 %	50.000 DM
= endgültige Bemessungsrundlage	450.000 DM

Bei **Ausbauten und Erweiterungen** bilden - wie bei § 10e EStG - **ausschließlich** die **Herstellungskosten** die **Bemessungsgrundlage** (**§ 8 Satz 2** EigZulG).

In die Bemessungsgrundlage sind **weder** die Anschaffungskosten des **Grund und Bodens noch** der Wert der **anteiligen Altbausubstanz** einzubeziehen (Rz. 60 des BMF-Schreibens vom 10.02.1998).

Übung: 1. Wiederholungsfragen 19 bis 21 (Seite 509),
2. Fälle 10 und 11 (Seite 511)

9 Höhe der Eigenheimzulage

Die **Eigenheimzulage** umfaßt nach § 9 EigZulG

> 1. den **Förderungsgrundbetrag** (§ 9 **Abs. 2** EigZulG),
> 2. die **ökologische Zusatzförderung** (§ 9 **Abs. 3** und **4** EigZulG) und
> 3. die **Kinderzulage** (§ 9 **Abs. 5** EigZulG).

9.1 Förderungsgrundbetrag

Der **Förderungsgrundbetrag** wird für **Neubauten** und für **Altbauten** unterschiedlich festgesetzt (§ 9 Abs. 2 EigZulG).

Der **Förderungsgrundbetrag** beträgt bei **Neubauten für** den **achtjährigen Förderzeitraum** nach § 9 Abs. **2 Satz 1** EigZulG jährlich

> **5 %** der **Bemessungsgrundlage, höchstens 5.000 DM.**

Beispiel:
Sachverhalt wie im Beispiel zuvor (Seite 500 oben)

Der **Förderungsgrundbetrag** beträgt 5 % von 600.000 DM = 30.000 DM, höchstens jedoch **5.000 DM**.

Der **Förderungsgrundbetrag** beträgt bei **Altbauten** (Objekte, die im Zeitpunkt der Anschaffung **älter als zwei Jahre** sind) **sowie** bei **Ausbauten und Erweiterungen für** den **achtjährigen Förderzeitraum** nach § 9 Abs. **2 Satz 2** EigZulG lediglich jährlich

> **2,5 %** der **Bemessungsgrundlage, höchstens 2.500 DM.**

Beispiel:
A kauft **1999** eine Eigentumswohnung in Bonn, die **1982 fertiggestellt** worden ist, für **300.000 DM**. A bewohnt die Wohnung selbst. Die Einkunftsgrenze ist bei A nicht überschritten. Objektverbrauch liegt nicht vor.

Der **Förderungsgrundbetrag** beträgt 2,5 % von 300.000 DM = 7.500 DM, höchstens **2.500 DM**.
Wäre die Wohnung **1997 fertiggestellt** worden, könnte A den Förderungsgrundbetrag in Höhe von **5.000 DM** in Anspruch nehmen, weil es sich dann **nicht** um einen sog. **Altbau** handeln würde.

9.2 Ökologische Zusatzförderung

Die **ökologische Zusatzförderung (Öko-Zulage)** ist in § 9 **Abs. 3** und **Abs. 4** EigZulG geregelt.
Sie gilt **nicht** für **Ausbauten und Erweiterungen** und kann **nur** im Zusammenhang **mit** dem **Förderungsgrundbetrag** nach § 9 Abs. 2 EigZulG gewährt werden.

Die **ökologische Zusatzförderung** wird gewährt für

> 1. **energiesparende Anlagen** (§ 9 Abs. 3 EigZulG) und
> 2. **Niedrigenergiehäuser** (§ 9 Abs. 4 EigZulG.

9.2.1 Zusatzförderung für energiesparende Anlagen

Zum Förderungsgrundbetrag kann der Anspruchsberechtigte eine **ökologische Zusatzförderung** erhalten, wenn er **vor** Bezug seiner Wohnung **energiesparende Anlagen** einbaut oder einbauen läßt (§ 9 Abs. 3 EigZulG). Die Einbaumaßnahme muß **vor** dem **1.1.2001** abgeschlossen sein.

Zu den **energiesparenden Anlagen** gehören

> 1. **Wärmepumpenanlagen** mit bestimmten Leistungen,
> 2. **Solaranlagen** und
> 3. **Anlagen zur Wärmerückgewinnung.**

Die **ökologische Zusatzförderung** für **energiesparende Anlagen** beträgt jährlich

> **2 %** der **Aufwendungen** für die begünstigten Maßnahmen, **höchstens 500 DM**.

Hat der Anspruchsberechtigte eine **Neubauwohnung erworben** (Übergang von Besitz, Nutzen und Lasten im Baujahr oder in den **zwei** folgenden Jahren), die über die energiesparenden Anlagen verfügt, kann die **ökologische Zusatzförderung ebenfalls** in Anspruch genommen werden.

Bei der **Anschaffung** eines **Altbaus** wird die **ökologische Zusatzförderung** jedoch **nicht** gewährt.

Beispiel:
Der **ledige** Steuerpflichtige A **kauft 1999** ein Einfamilienhaus in Bonn, das **1998 fertiggestellt** worden ist, für **500.000 DM** einschließlich Grund und Boden. Davon entfallen **30.000 DM** auf eine **Wärmepumpenanlage** i.S.d. § 9 Abs. 3 Nr. 1 EigZulG. Die übrigen Voraussetzungen für die Inanspruchnahme der Eigenheimzulage sind erfüllt.

A erhält 1999 folgende **Zulagen**:

1. Grundförderung	
5 % von 470.000 DM = 23.500 DM, höchstens	5.000 DM
2. Ökologische Zusatzförderung	
2 % von 30.000 DM = 600 DM, höchstens	500 DM
insgesamt	5.500 DM

Wäre das Haus **vor 1997 fertiggestellt** worden, handelte es sich um einen **Altbau**, für den A die **ökologische Zusatzförderung nicht** erhalten könnte. Für den **Altbau** könnte er **lediglich** den **Förderungsgrundbetrag** von 2,5 % von 500.0000 DM = 12.500 DM, höchstens **2.500 DM** in Anspruch nehmen.

9.2.2 Zusatzförderung für Niedrigenergiehäuser

Eine weitere **Zusatzförderung zum Förderungsgrundbetrag** wird für **Niedrigenergiehäuser** gewährt (§ 9 **Abs. 4** EigZulG).

Niedrigenergiehäuser sind Gebäude, deren Jahres-Heizwärmebedarf den nach der Wärmeverordnung vom 16.8.1994 **geforderten Wert** um **mindestens 25 % unterschreitet**.

Der **Nachweis**, daß die Werte der Wärmeverordnung um mindestens 25 % unterschritten sind, ist durch die Vorlage eines **Wärmebedarfsausweises** nach Muster A nachzuweisen (Rz. 82 des BMF-Schreibens vom 10.02.1998).

Die **ökologische Zusatzförderung** für **Niedrigenergiehäuser** beträgt jährlich

> **pauschal 400 DM.**

In **Anschaffungsfällen** ist zu beachten, daß die ökologische Zusatzförderung für Niedrigenergiehäuser nur gewährt wird, wenn die Anschaffung **bis zum Ende des Jahres der Fertigstellung** erfolgt (§ 9 Abs. 4 Nr. 2 EigZulG).
Hier gilt also **nicht** die Regelung des § 9 **Abs. 2 Satz 2 EigZulG**, sondern der sog. **strenge Neubaubegriff**.

Außerdem muß die Wohnung **vor dem 1.1.2001 fertiggestellt** oder vor diesem Zeitpunkt bis zum Ende des Jahres der Fertigstellung **angeschafft** worden sein.

> Beispiel:
> Der **ledige** Steuerpflichtige A **erwirbt 1999** ein Einfamilienhaus in Köln, das **1999 fertiggestellt** worden ist, für 500.000 DM einschließlich Grund und Boden. Durch Vorlage eines **Wärmebedarfsausweises** weist A nach, daß der Jahres-Heizwärmebedarf seines Hauses den geforderten Soll-Wert um **30 %** unterschreitet. Die übrigen Voraussetzung für die Inanspruchnahme der Eigenheimzulage sind erfüllt.

A erhält 1999 folgende **Zulagen**:

1. Grundförderung	
5 % von 500.000 DM = 25.000 DM, höchstens	5.000 DM
2. Ökologische Zusatzförderung	
pauschal	400 DM
insgesamt	5.400 DM

Wäre das Haus **1998 fertiggestellt** worden, könnte A die ökologische Zusatzförderung **nicht** erhalten, weil das Haus nicht im Jahr der Fertigstellung erworben worden wäre. Damit bestünde **kein Anspruch** auf die **Zusatzförderung**, sondern lediglich auf die **Grundförderung** in Höhe von **5.000 DM**.

> Übung: 1. Wiederholungsfragen 22 bis 28 (Seite 509),
> 2. Fälle 12 bis 14 (Seite 511)

9.3 Kinderzulage

Die **Inanspruchnahme** der Kinderzulage **setzt voraus**, daß im Zeitpunkt des Bezugs des Objekts oder zu einem späteren Zeitpunkt

> 1. der **Anspruchsberechtigte** oder sein Ehegatte für das jeweilige Jahr des Förderzeitraums zumindest für einen Monat für das Kind **Kindergeld** oder einen **Kinderfreibetrag** erhält
> **und**
> 2. das **Kind** im Förderzeitraum zum **inländischen** Haushalt des Anspruchsberechtigten gehört oder gehört hat (Rz. 84 des BMF-Schreibens vom 10.02.1998).

Beispiel:
Der türkische Gastarbeiter A erwirbt 1999 in München in einem **Neubau** eine Eigentumswohnung, die er zu eigenen Wohnzwecken nutzt. 1999 erhält er für diese Wohnung den Förderungsgrundbetrag von 5.000 DM.
Für seine **beiden** minderjährigen **Kinder**, die bei der Mutter in der **Türkei** leben, **beantragt** er beim Finanzamt die **Kinderzulage**.

A hat **keinen Anspruch** auf die **Kinderzulage**, weil die Kinder **nicht** zum **inländischen** Haushalt des Anspruchsberechtigten gehören.

Die **Kinderzulage** beträgt nach § 9 **Abs. 5** Satz 1 EigZulG jährlich

> **1.500 DM für jedes Kind.**

Haben **Miteigentümer** einer Wohnung **zugleich** für ein Kind **Anspruch** auf Kinderzulage, ist sie bei jedem **zur Hälfte** anzusetzen (§ 9 Abs. 5 Satz 3 EigZulG).

Beispiel:
Nicht verheiratete Eltern erwerben 1999 in Bonn für 200.000 DM zu gleichen Teilen in einem **Altbau** eine Eigentumswohnung, die sie zusammen mit ihrer gemeinsamen **Tochter**, für die sie Kindergeld erhalten, zu Wohnzwecken nutzen.

Jeder der Miteigentümer kann die **Hälfte** des Förderungsgrundbetrags und die **halbe** Kinderzulage beanspruchen:

1. Grundförderung Altbau	
1/2 von 2.500 DM	1.250 DM
2. Kinderzulage	
1/2 von 1.500 DM	750 DM
insgesamt pro Person	2.000 DM

Zum gleichen Ergebnis kommt man bei **zusammenveranlagten** Eltern eines Kindes, für die die Zulage gemeinsam festgesetzt wird.

> Übung: 1. Wiederholungsfragen 29 und 30 (Seite 509),
> 2. Fall 15 (Seite 512)

Zusammenfassung zum 9. Kapitel:

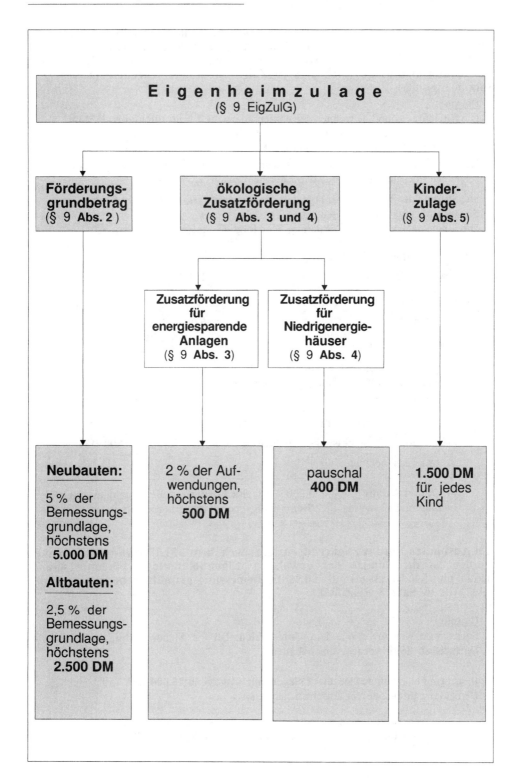

10 Förderbegrenzung

Um eine Überförderung insbesondere bei Ausbauten oder Erweiterungen zu vermeiden, darf die **Summe der Förderungsgrundbeträge** nach § 9 Abs. 2 **EigZulG** einschließlich der **Kinderzulagen** nach § 9 Abs. 5 EigZulG die **Bemessungsgrundlage** nach § 8 EigZulG **nicht überschreiten** (§ 9 Abs. 6 **Satz 1** EigZulG).

Beispiel:
Die **Eheleute** A und B wohnen seit Jahren in einem **Einfamilienhaus** in Bonn. Anläßlich der Geburt eines **vierten Kindes** nehmen sie 1996 mit einem Aufwand von **50.000 DM** einen **Dachgeschoßausbau** vor. Die Eheleute, die nun für vier Kinder Kindergeld bekommen, beantragen die Eigenheimzulage. Die Voraussetzungen für die Gewährung der Eigenheimzulage sind erfüllt.

Die **Summe der Eigenheimzulage** darf die **Bemessungsgrundlage** in Höhe **von 50.000 DM nicht übersteigen**.

Die Eheleute können die Förderung wie folgt in Anspruch nehmen:

1. Förderungsgrundbetrag:	
5 % von 50.000 DM =	2.500 DM
2. Kinderzulage für vier Kinder:	
4 x 1.500 DM =	6.000 DM
insgesamt jährlich	8.500 DM
Den Betrag von 8.500 DM können die Eheleute 5 Jahre lang (1996 bis 2000) geltend machen: 5 x 8.500 DM =	42.500 DM
Im Jahre 2001 können die Eheleute nur noch	7.500 DM
bis zur Höhe der Bemessungsgrundlage von	**50.000 DM**
in Anspruch nehmen.	

Im **7. und 8. Jahr** (2002 und 2003) ist eine **Förderung nicht mehr möglich**. In diesem Fall würde die **Bemessungsgrundlage überschritten** werden.

Bei **Ausbauten und Erweiterungen**, die **nach dem 31.12.1996** vorgenommen werden, ist die Summe der gewährten **Eigenheimzulage** (Förderungsgrundbetrag plus Kinderzulage) auf **50 % der Bemessungsgrundlage begrenzt** worden (§ 9 Abs. 6 **Satz 3** EigZulG).

Beispiel:
Sachverhalt wie zuvor mit dem **Unterschied**, daß die Steuerpflichtigen den Dachausbau **1999** vorgenommen hätten.

In diesem Falle könnten sie als Zulagen nur insgesamt **25.000 DM** (50 % der Bemessungsgrundlage) in Anspruch nehmen.

> **Übung:** 1. Wiederholungsfragen 31 und 32 (Seite 509),
> 2. Fall 16 (Seite 512)

11 Verfahren

Um die Eigenheimzulage zu erhalten, muß der Anspruchsberechtigte einen **Antrag** stellen.

Der **Antrag** auf Eigenheimzulage ist nach **amtlichem Vordruck** beim Wohnsitz-Finanzamt zu stellen und eigenhändig zu **unterschreiben** (§ 12 Abs. 1 EigZulG).

Das **Wohnsitz-Finanzamt** setzt die Eigenheimzulage für **alle Jahre** des Förderzeitraums durch **Bescheid** (Muster **EZ 2 A**) fest (§ 11 Abs. 1 EigZulG).

Erläuterungen zum **Wohnsitz-Finanzamt** erfolgen in Abschnitt "1.2 Örtliche Zuständigkeit" der **Steuerlehre 1**, 20. Auflage 1999, Seite 38 ff.

Bei der **erstmaligen Festsetzung** der Eigenheimzulage sind die **Verhältnisse** (Höhe der Anschaffungs- oder Herstellungskosten und Zahl der Kinder) im **Zeitpunkt des Bezugs** der Wohnung zugrunde zu legen.

Liegen die Voraussetzungen für die Inanspruchnahme noch **nicht im Zeitpunkt des Einzugs**, sondern erst zu einem **späteren Zeitpunkt** vor, sind für die erstmalige Festsetzung die **Verhältnisse** in **diesem Zeitpunkt** maßgebend (Rz. 93 des BMF-Schreibens vom 10.02.1998).

> Beispiel:
> Der ledige Steuerpflichtige A, für den bereits **Objektverbrauch** eingetreten ist, **erwirbt 1998** in Münster eine Eigentumswohnung, die er sofort mit seiner Freundin B bezieht. Nach der Geburt eines gemeinsamen Kindes in 1999 **heiraten** A und B noch im selben Jahr. Für **B** ist noch **kein Objektverbrauch** eingetreten.
>
> Da für **B** noch kein Objektverbrauch eingetreten ist, kann A ab **1999** die **Eigenheimzulage** in Anspruch nehmen.
> Im Rahmen der erstmaligen Festsetzung der Eigenheimzulage kann das gemeinsame **Kind** bereits **berücksichtigt** werden, weil auf die **Verhältnisse im Zeitpunkt der Eheschließung** abzustellen ist.

Ergeben sich **nach** dem Zeitpunkt der **erstmaligen** Festsetzungen **Änderungen**, die zu einer Erhöhung oder Minderung der Eigenheimzulage führen (z.B. ein Kind wird geboren oder der Anspruchsberechtigte erhält für das Kind kein Kindergeld mehr), ist eine **Neufestsetzung** nach § 11 Abs. 2 EigZulG durchzuführen.

Ergeben sich nach der erstmaligen Festsetzung **keine Änderungen**, die zu einer Erhöhung oder Minderung der Eigenheimzulage führen, ist nur **ein Antrag** des Anspruchsberechtigten und **ein Bescheid** des Finanzamtes für den gesamten Förderzeitraum von acht Jahren **erforderlich**.

Die **Auszahlung** der Eigenheimzulage erfolgt bei der ersten Festsetzung **innerhalb eines Monats** nach **Bekanntgabe des Bescheids** über die Eigenheimzulage, für **jedes weitere Jahr** des Förderzeitraums am **15. März** (§ 13 Abs. 1 EigZulG).

> Beispiel:
> Der Steuerpflichtige A erwirbt am 18.11.1998 eine Eigentumswohnung in München. Noch im Dezember 1998 stellt A einen **Antrag** auf Eigenheimzulage. Mit **Bescheid vom 6.1.1999** wird die **Förderung** für die Jahre **1998 bis 2005 (acht Jahre)** von jährlich 5.000 DM **festgesetzt**.

Das Finanzamt **zahlt** innerhalb eines Monats nach **Bekanntgabe** des Bescheids am **9.2.1999** (6.1.1999 + 3 Tage + 1 Monat) die Eigenheimzulage von **10.000 DM** für die Jahre **1998 und 1999**. Für die **Folgejahre** wird die Eigenheimzulage jeweils am **15. März** der weiteren Jahre des Förderzeitraums ausgezahlt.

 Der Begriff **Bekanntgabe** wird in der **Steuerlehre 1**, 20. Auflage 1999, Seite 52 ff., näher erläutert.

Die Festsetzung der Eigenheimzulage kann mit dem Rechtsbehelf des **Einspruchs** angefochten werden.

Die **Frist** für die Einlage des Einspruchs beträgt **einen Monat**.

 Das **Einspruchsverfahren** wird in der **Steuerlehre 1**, 20. Auflage 1999, Seite 121 ff. ausführlich dargestellt.

> Übung: 1. Wiederholungsfragen 33 bis 36 (Seite 509),
> 2. Fall 17 (Seite 512)

12 Erfolgskontrolle

WIEDERHOLUNGSFRAGEN

1. Welches Gesetz ersetzt seit 1.1.1996 die bisher in den §§ 10e und 34f EStG enthaltene steuerliche Förderung des selbstgenutzten Wohneigentums?
2. Welche Personen können eine Eigenheimzulage nach § 1 EigZulG beanspruchen?
3. Für welche Objekte kommt eine Eigenheimzulage in Betracht?
4. Was versteht man unter einem Ausbau?
5. Was versteht man unter einer Erweiterung?
6. Ist die Errichtung einer Garage begünstigt?
7. Unter welcher Voraussetzung ist der Anbau eines Wintergartens als Erweiterung begünstigt?
8. Wieviel Jahre umfaßt der Förderzeitraum?
9. Wann beginnt der Förderzeitraum?
10. Für welche Veranlagungszeiträume kann die Eigenheimzulage nur in Anspruch genommen werden?
11. Welches Problem ergibt sich, wenn die Selbstnutzung nicht im Jahr der Anschaffung bzw. Herstellung des Förderobjekts erfolgt?
12. Wann ist eine Wohnung hergestellt?
13. Wann ist eine Wohnung angeschafft?
14. Welche Voraussetzung muß nach § 4 Satz 1 EigZulG gegeben sein, damit die Eigenheimzulage gewährt wird?
15. Liegt im Bereithalten einer leerstehenden Wohnung eine Nutzung zu Wohnzwecken vor?
16. Liegt eine Nutzung zu eigenen Wohnzwecken vor, wenn die Wohnung unentgeltlich an Angehörige i.S.d. § 15 AO zu Wohnzwecken überlassen wird?
17. Wie hoch ist die Einkunftsgrenze, die für die Inanspruchnahme der Eigenheimzulage nicht überschritten werden darf?

18. Was versteht man unter dem Erstjahr?
19. Was ist unter einer Objektbeschränkung i.S.d. § 6 EigZulG zu verstehen?
20. Unter welcher Voraussetzung ist es möglich, die Eigenheimzulage auch für Folgejahre zu beanspruchen?
21. Wie wird die Bemessungsgrundlage für den Förderungsgrundbetrag ermittelt?
22. Wie hoch ist der Förderungsgrundbetrag bei Neubauten?
23. Wie hoch ist der Förderungsgrundbetrag bei Altbauten?
24. Für welche zwei Grundfälle wird die ökologische Zusatzförderung gewährt?
25. Für welche energiesparenden Anlagen wird die Zusatzförderung nach § 9 Abs. 3 EigZulG gewährt?
26. Wie hoch ist die ökologische Zusatzförderung für energiesparende Anlagen?
27. Was versteht man unter einem Niedrigenergiehaus?
28. Wie hoch ist die ökologische Zusatzförderung für Niedrigenergiehäuser?
29. Was setzt die Inanspruchnahme der Kinderzulage voraus?
30. Wie hoch ist die Kinderzulage nach § 9 Abs. 5 Satz 1 EigZulG?
31. Welche Höhe darf die Summe der Eigenheimzulagen nach § 9 Abs. 6 Satz 1 EigZulG nicht überschreiten?
32. Welche Höhe darf die Summe der Eigenheimzulagen nach § 9 Abs. 6 Satz 3 EigZulG nicht überschreiten?
33. Welches Finanzamt ist für den Antrag auf Eigenheimzulage zuständig?
34. Wann erfolgt die Auszahlung der Eigenheimzulage bei der ersten Festsetzung?
35. Wann erfolgt die Auszahlung der Eigenheimzulage in den Folgejahren?
36. Mit welchem Rechtsbehelf kann die Festsetzung der Eigenheimzulage angefochten werden?

FÄLLE

Fall 1:

Die Steuerpflichtige A kauft 1999 ein **Einfamilienhaus** in Bremen. Das Haus ist seit diesem Zeitpunkt **vermietet**.

Ist das Haus ein **begünstigtes Objekt** im Sinne des EigZulG? Begründen Sie Ihre Antwort.

Fall 2:

Der Steuerpflichtige B kauft 1999 ein **Zweifamilienhaus** in Mainz, das 1994 fertiggestellt worden ist. **Eine Wohnung** bewohnt B **selbst**, die **andere Wohnung** hat er **vermietet**.

Ist das Zweifamilienhaus ein **begünstigtes Objekt** im Sinne des EigZulG? Begründen Sie Ihre Antwort.

Fall 3:

Der ledige Steuerpflichtige C hat 1995 in Stuttgart ein **Mietwohngrundstück** gebaut. **Eine** Wohnung bewohnt er **selbst**, die **anderen** Wohnungen sind **vermietet**.

Ist die Wohnung des C ein **begünstigtes Objekt** im Sinne des EigZulG? Begründen Sie Ihre Antwort.

Fall 4:

Die Steuerpflichtige D hat sich 1999 in Koblenz in einem ausgewiesenen Sondergebiet für Wochenendhäuser (Moselbogen) eine **Wochenendwohnung** gekauft, die sie selbst bewohnt.

Ist die Wohnung ein **begünstigtes Objekt** im Sinne des EigZulG? Begründen Sie Ihre Antwort. *nicht begünstigt §2(1)*

Fall 5:

Die ledige Steuerpflichtige E erwarb im **Dezember 1999** in Aachen in einem Neubau eine **Eigentumswohnung**, die sie seither **selbst bewohnt**. Die Anschaffungskosten haben **220.000 DM** betragen. Davon entfallen **50.000 DM** auf den anteiligen Grund und Boden. *§3 ab Dez; 99 bis 2006 (15.03)*

Wann beginnt der **Förderzeitraum** und wann endet er?

Fall 6:

Sachverhalt wie im Fall 5 mit dem **Unterschied**, daß E die Wohnung erst am **1.1.2000 bezogen** hat.

1. Wann beginnt der **Förderzeitraum**? *ab 2000 bis 2006 (1 Jahr verschenkt)*
2. Für welche Veranlagungszeiträume kann E die **Eigenheimzulage** beanspruchen?

Fall 7:

Der verheiratete Sohn F, der mit seiner Ehefrau zusammen veranlagt wird, baut 1999 in Passau ein Einfamilienhaus, das er mit seiner Frau zu eigenen Wohnzwecken nutzt. Gleichzeitig erwirbt er 1999 eine kleine Eigentumswohnung in Passau, die er seinen Eltern unentgeltlich für Wohnzwecke überläßt. Alle übrigen Voraussetzungen für die Inanspruchnahme der Eigenheimzulage sind erfüllt.

Für wie viele Objekte kann F die Eigenheimzulage beanspruchen? *jeder 1 Objekt*

Fall 8:

Der Steuerpflichtige G heiratet im August 1999. Zusammen mit seiner Ehefrau erwerben sie in München in einem Neubau eine Eigentumswohnung, die sie zu eigenen Wohnzwecken nutzen.

Der Gesamtbetrag der Einkünfte der Steuerpflichtigen beträgt:

	Ehemann	Ehefrau	
1998	145.000 DM	185.000 DM	
1999 *580.000*	90.000 DM	160.000 DM	*260.000 getrennt*
2000 *460.000*	40.000 DM	170.000 DM	*480.000 zusammen*

Alle übrigen Voraussetzungen für die Inanspruchnahme der Eigenheimzulage sind erfüllt.

Haben die Eheleute Anspruch auf die Eigentumszulage, wenn sie

1. die Zusammenveranlagung, *99 nein ab 2000 7 Jahre*
2. die getrennte Veranlagung oder *EM ja   EF nein 50%*
3. 1999 die besondere Veranlagung und ab 2000 die Zusammenveranlagung wählen?

BrG überschritten EF   ja 460.000 BrG
330.000

EM ja 50%

Fall 9:

Der ledige Steuerpflichtige H hat für ein selbstgenutztes Einfamilienhaus in Bonn zwei Jahre (1983 und 1984) § 7b EStG in Anspruch genommen. Ende 1984 hat er wegen Wegzugs das Objekt verkauft. Bis Mitte 1988 bewohnte H eine Mietwohnung, bevor er sich 1988 zum Erwerb einer Eigentumswohnung entschloß, die er bis 1998 selbst bewohnte. Für die Eigentumswohnung hat er wegen des Fünfjahreszeitraums § 10e EStG nicht in Anspruch nehmen können. 1999 hat er für 400.000 DM ein Einfamilienhaus in Köln fertiggestellt, das er selbst bewohnt. Davon entfallen 50.000 DM auf Grund und Boden. Alle übrigen Voraussetzungen für die Inanspruchnahme der Eigenheimzulage sind erfüllt.

Hat H Anspruch auf eine **Eigenheimzulage**?

Fall 10:

Sachverhalt wie im Fall 9

Wie hoch ist die **Bemessungsgrundlage**?

Fall 11:

Der ledige Steuerpflichtige I hat **Ende 1999** eine **Eigentumswohnung, die 1999 fertiggestellt** worden ist, in **Flensburg gekauft**, die er selbst bewohnt. Die **Anschaffungskosten** der Eigentumswohnung haben **350.000 DM** betragen, davon entfallen 15 % auf den Grund und Boden. Alle übrigen Voraussetzungen für die Inanspruchnahme der Eigenheimzulage sind erfüllt.

Wie hoch ist die **Bemessungsgrundlage**?

Fall 12:

Sachverhalt wie im Fall 9

Wie hoch ist der **Förderungsgrundbetrag**?

Fall 13:

Sachverhalt wie im Fall 11

Wie hoch ist der **Förderungsgrundbetrag**?

Fall 14:

Die **Eheleute A und B erwerben 1999** in Essen ein Reihenhaus, das **1998 fertiggestellt** worden ist, für einen **Kaufpreis von 400.000 DM**. Von dem Kaufpreis entfallen **50.000 DM** auf den **Grund und Boden** und **10.000 DM** auf eine installierte **Solaranlage.** 400.000 − 10.000 = 390.000 BGL × 5% = 19.500 max 5.000,−
Die Eheleute weisen durch einen **Wärmebedarfsausweis** nach § 12 der Wärmeschutzverordnung nach, daß der Jahres-Heizwärmebedarf des Hauses um mehr als 25 % unter den Werten der Wärmeschutzverordnung liegt.
Die Voraussetzungen für die Gewährung der Eigenheimzulage liegen vor.

Wie hoch ist 1999 die Summe der **Eigenheimzulagen** nach § 9 Abs. 2 und 3 EigZulG?

10.000 × 2% = 200,−

5.000,−
200,−
400,− pauschal 5.900,−

Fall 15:

Sachverhalt wie im Fall 14 mit dem **Unterschied**, daß die Steuerpflichtigen **zwei zu berücksichtigenden Kinder** haben, für die sie Kindergeld erhalten.

Wie hoch ist die Summe der Eigenheimzulagen nach § 9 Abs. 2, 3 und 5 EigZulG?

Fall 16:

Die Eheleute Weiler wohnen seit Jahren in einem Einfamilienhaus in Mainz. Anläßlich der Geburt ihres dritten Kindes bauen sie 1999 das Dachgeschoß mit einem Aufwand von 40.000 DM zu einem weiteren Kinderzimmer aus. Die Eheleute, die nun für drei Kinder Kindergeld erhalten, beantragen die Eigenheimzulage. Die Voraussetzungen für die Inanspruchnahme der Eigenheimzulage liegen vor.

Wie hoch ist die Summe der Eigenheimzulagen nach § 9 Abs. 2 und 5 EigZulG für den gesamten Förderzeitraum?

Fall 17:

Die Eheleute Michael und Anne Wutzer, die zusammen veranlagt werden, kaufen am 20.03.1999 in Freising in einem Altbau eine Eigentumswohnung, die sie mit ihrer 5jährigen Tochter am 1.6.1999 selbst beziehen.
Die Eheleute beantragen eine Förderung nach dem EigZulG. Dazu machen Sie folgende Angaben:

Anschaffungskosten der gesamten Eigentumswohnung	315.200,— DM
Erneuerung des Teppichbodens vor dem Einzug (4.900 DM + 784 DM USt)	5.684,— DM
Sanierung des Bades vor dem Einzug (18.000 DM + 2.880 DM USt)	20.880,— DM
Damnum bei der Darlehnsaufnahme im März bezahlt	3.000,— DM
Darlehnszinsen bis zum Wohnungsbezug im Mai bezahlt	2.170,— DM

Mit **Bescheid** vom 9.9.1999 ist die Förderung festgesetzt worden, da alle notwendigen Voraussetzungen erfüllt sind.

1. Wie hoch ist 1999 die Eigenheimzulage?

2. Wie hoch sind die Vorkosten nach § 10i EStG?

3. Welche örtliche Behörde setzt die Eigenheimzulage fest?

4. Wann wird die Eigenheimzulage ausgezahlt? (genaue Datumsangabe)

C. Investitionszulage

Ab 1.1.1999 wird in den **neuen Bundesländern** die bisher zweigeteilte Förderung (InvZulG 1996, FördG) auf eine einheitliche Investitionsförderung nur noch durch Zulagen nach dem **Investitionszulagengesetz 1999 (InvZulG 1999)** umgestellt.

Das **Investitionszulagengesetz 1999** umfaßt **drei Bereiche**:

> 1. **Betriebliche Investitionen** (§ 2 InvZulG),
> 2. Baumaßnahmen bei **Mietwohngebäuden** (§ 3 InvZulG) und
> 3. Baumaßnahmen am **selbstgenutzten Wohneigentum** (§ 4 InvZulG).

Für **jeden Bereich** besteht ein **gesondertes Antrags- und Festsetzungsverfahren**.

Fördergebiet sind grundsätzlich die **neuen Bundesländern** und **Gesamt-Berlin**.

In **Berlin (West)** werden **nur** die **betrieblichen Investitionen** nach § 2 InvZulG gefördert.
Baumaßnahmen nach den §§ 3 und 4 InvZulG in **Berlin (West)** sind von der Investitionszulage **ausgeschlossen**.

1 Betriebliche Investitionen

An **betrieblichen Investitionen** werden nach § 2 InvZulG 1999 grundsätzlich **neue bewegliche Anlagegüter bestimmter Wirtschaftszweige** gefördert.

Wegen des Wegfalls von Sonderabschreibungen nach dem Fördergebietsgesetz sah sich der Gesetzgeber veranlaßt, auch für bestimmte **Immobilieninvestitionen** im Rahmen der begünstigten Wirtschaftszweige Investitionszulagen vorzusehen (§ 2 Abs. 3 Satz 1 InvZulG).

Die sog. **Grundzulage** von **10 %** wird für das **verarbeitende Gewerbe** und für **produktionsnahe Dienstleister** gewährt.

Für **kleine und mittlere Unternehmen** mit **höchstens 250 Arbeitnehmern** erhöht sich die **Investitionszulage** von 10 % auf **20 %** (§ 2 Abs. 6 InvZulG).

Investitionen im **verarbeitenden Gewerbe** und in **produktionsnahen Dienstleistungen** sind begünstigt, wenn sie **bis zum 31.12.2004** abgeschlossen werden.

Investitionen im **Handwerk** und im **Groß- und Einzelhandel** sind begünstigt, wenn sie **bis zum 31.12.2001** abgeschlossen werden.

Die Investitionszulagen kommen **auch** in den Fällen der Nutzungsüberlassung, z.B. des **Leasing**, an einen Betrieb des verarbeiteten Gewerbes oder der produktionsnahen Dienstleistungen in Betracht.

2 Baumaßnahmen bei Mietwohngebäuden

Mit dem Investitionszulagengesetz 1999 wird **erstmals für Miewohngebäude** eine **Investitionszulage** eingeführt.

Gefördert werden die **nach** dem 31.12.1998 und **vor** dem 1.1.2002 fertiggestellten **Neubauten** im sog. **innerörtlichen Bereich**, d.h. in förmlich festgelegten Sanierungs- und Erhaltungssatzungsgebieten sowie in Kerngebieten i.S.d. § 7 Baubenutzungsverordnung (§ 3 Abs. 1 Satz 1 Nr. 4 InvZulG).

Die **Investitionszulage** beträgt **pro Quadratmeter Wohnfläche**

> **10 % der Bemessungsgrundlage, höchstens 4.000 DM.**

Zur Kostenbegrenzung ist ein Bagatellbetrag (**Selbstbehalt**) von **5.000 DM** eingeführt worden, für den keine Investitionszulage gewährt wird. Das bedeutet, daß die Bemessungsgrundlage für die Investitionszulage um 5.000 DM zu kürzen ist.

Beispiel:
Der Steuerpflichtige A, Hamburg, stellt **1999** in einem Sanierungsgebiet in Leipzig ein **Mietwohngebäude** mit einer Wohnfläche von 300 qm fertig. Die Herstellungskosten des Gebäudes betragen **1,5 Millionen DM**.

Die **Investitionszulage** wird für 1999 wie folgt berechnet:

Förderungshöchstbetrag (**4.000 DM** x 300 qm)	1.200.000 DM
− Selbstbehalt (§ 3 Abs. 3 InvZulG)	5.000 DM
= Bemessungsgrundlage für Investitionszulage	1.195.000 DM
Investitionszulage (10 % von 1.195.000 DM)	**119.500 DM**

Die **Investitionszulage** wird nicht nur für Neubauten, sondern **auch** für **Erhaltungs- und Herstellungsarbeiten** gewährt.

Für nachträgliche **Erhaltungs- und Herstellungsarbeiten** an Mietwohngebäuden, die an **vor** dem **1.1.1991 fertiggestellten** Gebäuden vorgenommen werden, wird eine **Investitionszulage** für die in **1999 bis 2004** beendeten Erhaltungs- und Herstellungsarbeiten gewährt.

Die **Investitionszulage** beträgt **pro Quadratmeter Wohnfläche**

> **15 % der Bemessungsgrundlage, höchstens 1.200 DM.**

Beispiel:
Der Steuerpflichtige A, München, führt 1999 Erhaltungsarbeiten und nachträgliche Herstellungsarbeiten an einem Mietwohngebäude in Weimar, das 1980 fertiggestellt wurde, durch. Die Wohnfläche des Gebäudes beträgt 150 qm. Die Summe der Erhaltungsaufwendungen und nachträglichen Herstellungskosten beträgt **250.000 DM**.

Die **Investitionszulage** wird für 1999 wie folgt berechnet:

Förderungshöchstbetrag (**1.200 DM** x 150 qm)	180.000 DM
− Selbstbehalt (§ 3 Abs. 3 InvZulG)	5.000 DM
= Bemessungsgrundlage für Investitionszulage	175.000 DM
Investitionszulage (15 % von 175.000 DM)	**26.250 DM**

3 Baumaßnahmen am selbstgenutzten Wohneigentum

Der **bisherige Abzugsbetrag** für Herstellungs- und Erhaltungsarbeiten am selbstgenutzten Wohneigentum im Beitrittsgebiet nach § 7 FördG wird ebenfalls **ab 1999** auf eine **Investitionszulage** umgestellt.

Begünstigt sind die in den Jahren **1999 bis 2004** vorgenommenen Arbeiten.

Die **Investitionzulage** beträgt nach § 4 Abs. 3 InvZulG 1999

15 % der Bemessungsgrundlage.

Bemessungsgrundlage sind die nach dem 31.12.1998 im Kalenderjahr geleisteten **Zahlungen** für begünstigte Arbeiten, soweit sie den Betrag von **5.000 DM** (Selbstbehalt) übersteigen (§ 4 Abs. 2 Satz 1 InvZulG).

Nicht zur Bemessungsgrundlage gehören Aufwendungen, die zu den **Betriebsausgaben** oder **Werbungskosten** gehören oder für die **andere Vergünstigungen** gewährt werden.

Die **Höchstbemessungsgrundlage** für die Investitionszulage beläuft sich auf insgesamt **40.000 DM**.

Der Höchstbetrag von **40.000 DM** gilt einheitlich für den **gesamten Begünstigungszeitraum** von **1999 bis einschließlich 2004**.

Auf diesen Betrag werden die Aufwendungen **angerechnet**, für die ein **Abzugsbetrag nach § 7 FördG** abgezogen worden ist.

> Beispiel:
> Der Steuerpflichtige A hat in den Jahren **1996 bis 1998** Herstellungs- und Erhaltungsarbeiten an seinem **selbstgenutzten Einfamilienhaus** in Leipzig durchgeführt und bezahlt. Er nimmt für die Aufwendungen, die insgesamt **30.000 DM** betragen, den **Abzugsbetrag** nach § 7 FördG in Anspruch.
> **1999** baut der Steuerpflichtige für **6.000 DM** neue Fenster in sein Haus ein. Die Aufwendungen von 6.000 DM sind in 1999 bezahlt worden.
>
> Die **Investitionszulage** wird für 1999 wie folgt berechnet:
>
> | | |
> |---|---:|
> | Höchstbemessungsgrundlage | **40.000 DM** |
> | − Abzugsbetrag nach § 7 FördG | 30.000 DM |
> | = begünstigte Renovierungskosten | 10.000 DM |
> | | |
> | bezahlte Aufwendungen 1999 | 6.000 DM |
> | − Selbstbehalt | 5.000 DM |
> | = Bemessungsgrundlage für Investitionszulage | 1.000 DM |
> | **Investitionszulage** (**15 %** von 1.000 DM) | **150 DM** |

A hat eine Förderung der Aufwendungen von **36.000 DM** (30.000 DM + 6.000 DM) erhalten, so daß nur noch **4.000 DM** förderfähig sind. Hätte A in 1999 10.000 DM aufgewendet, könnte er eine Investitionszulage von **750 DM** (15 % von 5.000 DM) in Anspruch nehmen.

Würde A im Jahr **2000** erneut Aufwendungen (z.B. **12.000 DM** für die Heizungsanlage) bezahlen, könnte er - wie die folgende Berechnung zeigt - **keine Investitionszulage** erhalten, weil keine Bemessungsgrundlage verbleibt:

Höchstbemessungsgrundlage	**40.000 DM**
− Förderung (30.000 DM + 6.000 DM)	36.000 DM
= begünstigte Renovierungskosten	4.000 DM
bezahlte Aufwendungen 12.000 DM, höchstens	4.000 DM
− Selbstbehalt	5.000 DM
= Bemessungsgrundlage für Investitionszulage	0 DM
Investitionszulage (15 % von 0 DM)	**0 DM**

Wird die Höchstbemessungsgrundlage von 40.000 DM durch Zahlungen bereits in **einem** Kalenderjahr erreicht, wird der Selbsthilfebehalt von 5.000 DM nur **einmal** abgezogen.

Wird die Höchstbemessungsgrundlage von 40.000 DM durch Zahlungen **nicht** in **einem** Kalenderjahr erreicht, wird der Selbsthilfebehalt von 5.000 DM bei **jedem** neuen Antrag abgezogen.

4 Erfolgskontrolle

WIEDERHOLUNGSFRAGEN

1. Wann läuft die zweigeteilte Förderung (InvZulG 1996, FördG) in den neuen Bundesländern aus?
2. In welcher Form werden die Hilfen für betriebliche Investitionen, Baumaßnahmen bei Mietwohngebäuden und Baumaßnahmen am selbstgenutzten Wohneigentum gewährt?
3. Was versteht man unter Fördergebiet i.S.d. InvZulG 1999?
4. Wie werden betriebliche Investitionen nach § 2 InvZulG 1999 gefördert?
5. Wie werden Baumaßnahmen bei Mietwohngebäuden für Neubauten nach § 3 InvZulG 1999 gefördert?
6. Wie werden Baumaßnahmen bei Mietwohngebäuden für Erhaltungs- und Herstellungsarbeiten nach § 3 InvZulG 1999 gefördert?
7. Wie werden Baumaßnahmen am selbstgenutzten Wohneigentum nach § 4 InvZulG 1999 gefördert?

FÄLLE

Fall 1:

Die Wohnfläche der vermieteten Eigentumswohnung des Steuerpflichtigen A in Dresden beträgt 100 qm. Die Eigentumswohnung ist 1989 fertiggestellt worden. A führt 1999 nachträgliche Herstellungsarbeiten für **50.000 DM** an der Wohnung aus.

Wie hoch ist die Investitionszulage für 1999?

Fall 2:

Sachverhalt wie im Fall 1 mit dem **Unterschied**, daß A 1999 Aufwendungen in Höhe von **150.000 DM** hat.

Wie hoch ist die Investitionszulage für 1999?

Fall 3:

Der Steuerpflichtige B, Bonn, führt 1999 Erhaltungsarbeiten und nachträgliche Herstellungsarbeiten an seinem Mietwohngebäude in Dresden durch, das 1980 fertiggestellt worden ist. Die Wohnfläche des Gebäudes beträgt 150 qm. Die Summe der Erhaltungsaufwendungen und nachträglichen Herstellungkosten beträgt **220.000 DM**.

Wie hoch ist die Investitionszulage für 1999?

Fall 4:

Sachverhalt wie im Fall 3 mit dem **Unterschied**, daß B die Arbeiten in den Jahren **1999 und 2000** durchführen läßt. Die Aufwendungen betragen in 1999 **160.000 DM** und in 2000 **60.000 DM**.

Wie hoch ist die Investitionszulage insgesamt, wenn B die Investitionszulage bereits für die Aufwendungen 1999 beantragt?

Fall 5:

Der Steuerpflichtige C hat in der 1996 erworbenen Eigentumswohnung in Erfurt 1997 Modernisierungsmaßnahmen für **30.000 DM** durchführen lassen und bezahlt. Er zieht diesen Betrag wie Sonderausgaben nach § 7 FördG vom Gesamtbetrag der Einkünfte ab. 1999 wendet er weitere **8.000 DM** für Renovierungsarbeiten auf, die er auch 1999 bezahlt.

Wie hoch ist die Investitionszulage für 1999?

Fall 6:

Der Steuerpflichtige D ist Eigentümer eines in 1995 erbauten Einfamilienhauses in Erfurt, das er selbst bewohnt. In den Jahren 1999 und 2000 nimmt er an dem Haus Modernisierungsmaßnahmen vor. 1999 hat er Aufwendungen in Höhe von **30.000 DM** und 2000 in Höhe von **25.000 DM**.

Wie hoch ist die Investitionszulage für 1999 und für 2000?

Prüfungsfälle Einkommensteuer und Eigenheimzulage

Prüfungsfall 1:

1 Sachverhalt

1.1 Allgemeines

Dieter Müller, geb. am 18.10.1934, ist seit 1967 mit Helga geb. Weber, geb. am 10.10.1935, verheiratet. Beide wohnen in Mannheim. Die Eheleute haben zwei Kinder:

1. **Eva**, geb. am 27.02.1976, studiert in Bonn Jura und wohnt in Bonn. Die Kosten des Studiums der Tochter Eva tragen die Eheleute Müller. Aus einem Grundstück, das Eva von ihren Großeltern geerbt hat, hat sie im Jahre 1999 Einkünfte in Höhe von 2.400 DM erzielt.

2. **Maria**, geb. am 04.06.1978, ist seit ihrer Geburt blind. Sie lebt im Haushalt der Eltern und ist ohne jedes Einkommen und Vermögen. Maria wird von ihrer Mutter kostenlos gepflegt.

1.2 Einkünfte

1.2.1 Schreinerei

Dieter Müller ist selbständiger Schreinermeister. Sein nach § 5 ermittelter Gewinn beträgt im VZ 1999 **82.218 DM**. Das Betriebsvermögen des Gewerbebetriebs beträgt **360.000 DM**.

In den Betriebsausgaben ist ein Betrag von **790 DM** (netto) für den Kauf einer neuen Schreibmaschine enthalten. Die Vorsteuer für den Kauf der Schreibmaschine ist ordnungsgemäß gebucht. Außerdem sind für die Anschaffung der Schreibmaschine Frachtkosten in Höhe von **30 DM** angefallen, die er wie folgt gebucht hat:

4730 (6740) Ausgangsfrachten	30,— DM	
1575 (1405) Vorsteuer	4,80 DM	
an 1000 (1600) Kasse		34,80 DM

Die Anschaffung erfolgte am 15.04.1999. Die Schreibmaschine hat eine betriebsgewöhnliche Nutzungsdauer von 5 Jahren.

Auf dem Konto "Sonstige betriebliche Aufwendungen" hat Müller **200 DM** Ausgaben für Spirituosen gebucht, die er zu gleichen Teilen an fünf Architekten verschenkt hat. Eine Umbuchung erfolgt nicht.

Frau Müller arbeitet halbtags bei ihrem Ehemann als kaufmännische Angestellte. Auf der Lohnsteuerkarte ist ein Jahresgehalt von **9.756 DM** eingetragen. An Sozialversicherungsbeiträgen sind **1.340 DM** abgezogen worden. Kirchensteuer ist nicht einbehalten worden, weil die Eheleute Müller keiner Religionsgemeinschaft angehören.

1.2.2 Sparguthaben

Den Eheleuten Müller wurden im VZ 1999 auf ihrem gemeinsamen Sparkonto Zinsen in Höhe von **13.400 DM** (**vor** Abzug der KapESt und des SolZ) gutgeschrieben.

1.2.3 Aktienbesitz

Die Ehefrau besitzt Aktien. Nach Abzug der KSt, der Kapitalertragsteuer und des Solidaritätszuschlags sind ihr in 1999 Netto-Dividenden in Höhe von **736,25 DM** gezahlt worden. Außerdem verfügt sie über eine Steuergutschrift.

1.2.4 Grundbesitz

Die Eheleute haben am 01.04.1999 ein Einfamilienhaus für **174.000 DM** einschließlich Erwerbsnebenkosten angeschafft. Das Einfamilienhaus steht auf einem Erbbaugrundstück.

Die Eheleute haben das in 1986 erbaute Einfamilienhaus am 01.07.1999 bezogen.

Dieter Müller will die Förderung nach dem **EigZulG** für 1999 in Anspruch nehmen. Der **Gesamtbetrag der Einkünfte** der Eheleute beträgt für 1998 und 1999 insgesamt **260.000 DM**. Objektverbrauch liegt nicht vor. Sie haben bisher nur einmal § 7b EStG in Anspruch genommen.

Für die Zeit vom 01.04. bis 30.06.1999 haben die Eheleute Müller für ihr Einfamilienhaus monatlich **700 DM** Miete eingenommen.

Im VZ 1999 sind im Zusammenhang mit dem Grundbesitz folgende Ausgaben entstanden:

	1.4.-30.6.	1.7.-31.12.
Erbbauzinsen	200 DM	400 DM
Hypothekenzinsen	600 DM	2.400 DM
Gebühren für Hypothek	500 DM	0 DM
Damnum	2.000 DM	0 DM
Grundsteuer	20 DM	40 DM

1.2.5 Rente

Wegen einer im Betrieb erlittenen Verletzung bezieht Herr Müller seit seinem 60. Lebensjahr eine Rente von der Berufsgenossenschaft in Höhe von **6.000 DM** jährlich. Der Grad der Behinderung ist mit **30** festgestellt worden.

1.3 Sonstige Aufwendungen

Kranken- und Pflegeversicherungsbeiträge (Ehemann)	**2.400 DM**
Lebensversicherungsbeiträge	**8.600 DM**
Einbruch- und Diebstahlversicherung Haushalt	**240 DM**
Hundehaftpflichtversicherung	**187 DM**
Spende an eine politische Partei	**1.500 DM**
Mitgliedsbeitrag an eine politische Partei	**480 DM**

Die Ehefrau ist in 1999 operiert worden. Die von der Krankenversicherung nicht übernommenen Kosten haben **5.000 DM** betragen.

Für die auswärtige Unterbringung, der Tochter Eva hat der Steuerpflichtige in 1999 monatlich **350 DM** gezahlt.

Der Steuerpflichtige unterstützt seine vermögenslose Mutter mit monatlich **200 DM**. Die Mutter erhielt in 1999 eine Rente aus der gesetzlichen Rentenversicherung von insgesamt **4.200 DM**, deren steuerlich zu erfassender Ertragsanteil 20 % beträgt. Der Zuschuß der Rentenversicherung zur Kranken- und Pflegeversicherung betrug **327 DM**.

Die Eheleute beschäftigen eine Hilfe im Haushalt. Die Kosten für deren Beschäftigung haben 1999 **monatlich 120 DM** betragen.

2 Aufgabe

1. Nehmen Sie Stellung zur persönlichen Steuerpflicht, zu den **altersmäßigen Vergünstigungen** der Steuerpflichtigen, zu den **zu berücksichtigenden Kindern**, zur **Veranlagungsart** und zum **Steuertarif**.

2. Ermitteln Sie das **zu versteuernde Einkommen** der Eheleute Müller für den VZ 1999. Die Einkünfte sollen so niedrig wie möglich sein.

3. Wie hoch ist 1999 die **Eigenheimzulage**?

Prüfungsfall 2:

1 Sachverhalt

1.1 Allgemeines

Der Arzt für Allgemeinmedizin Dr. Christoph Schneider, geb. am 01.09.1949, ist seit 1969 mit Lotte geb. Müller, geb. am 22.10.1949, verheiratet. Beide wohnen in Mainz. Die Eheleute haben drei Kinder:

1. **Barbara**, geb. am 14.10.1977, studiert in Heidelberg Medizin und wohnt auch in Heidelberg. Barbara ist ohne jedes Einkommen und Vermögen.

2. **Johannes**, geb. am 01.04.1982, besucht die Gustav-Stresemann-Wirtschaftsschule in Mainz. Johannes spielt gelegentlich in einer Jugendband Saxophon. In 1999 hat er Einkünfte in Höhe von **2.400 DM** erzielt. Eigenes Vermögen besitzt er nicht.

3. **Eva**, geb. am 21.12.1987, ist infolge eines Autounfalls seit dem 01.05.1999 behindert. Der Grad der Behinderung beträgt **70**. Eva ist ohne jedes Einkommen und Vermögen.

Die Aufwendungen für die Berufsausbildung der Kinder tragen die Eltern.

1.2 Einkünfte

1.2.1 Arztpraxis

Dr. Schneider betreibt in Wiesbaden in gemieteten Räumen eine Arztpraxis für Allgemeinmedizin. Dr. Schneider ermittelt seinen Gewinn nach § 4 Abs. 3 EStG. In 1999 hat er Honorareinnahmen aus ärztlicher Tätigkeit in Höhe von **259.000 DM**. Seine Betriebsausgaben betragen 1999 insgesamt **121.160 DM**. In den Betriebsausgaben sind enthalten:

a) **2.400 DM** für die Anschaffung eines gebrauchten medizinischen Geräts von einem Nichtunternehmer. Die Anschaffung erfolgte am 16.12.1999, die Rechnung wurde am 08.01.2000 bar bezahlt. Das Gerät hat eine betriebsgewöhnliche Nutzungsdauer von fünf Jahren. In 1997 wurde für das Gerät eine **Ansparabschreibung** von **1.000 DM** (50 % von 2.000 DM) gebildet. Eine Auflösung ist noch nicht erfolgt.

b) **780 DM** für die Anschaffung einer Schreibmaschine von einem Kleinunternehmer, von dem keine USt erhoben wird. Die Anschaffung erfolgte am 18.12.1999, die Rechnung wurde am 18.02.2000 durch Überweisung beglichen.

Frau Schneider hilft ihrem Ehemann gelegentlich in seiner Praxis. Für ihre Tätigkeit erhält sie von ihrem Ehemann jeweils zu Weihnachten eine Vergütung von **10.000 DM**. Besondere Vereinbarungen hinsichtlich des Arbeitsverhältnisses zwischen den Ehegatten sind nicht getroffen worden. Der Betrag von **10.000 DM** ist in den Betriebsausgaben nicht enthalten

1.2.2 Schriftstellerische Tätigkeit

Dr. Schneider ist Verfasser des Bestsellers "Gesundheit ist machbar". In 1999 hat er einen **Gewinn** aus schriftstellerischer Tätigkeit in Höhe von **40.000 DM** erzielt.

1.2.3 Beteiligungen

Frau Schneider besitzt eine Beteiligung an einer KG, deren Wirtschaftsjahr mit dem Kalenderjahr übereinstimmt. Sie ist Kommanditistin mit einer Kapitaleinlage von 100.000 DM. Im April 1999 wurde ihr ein Gewinnanteil für 1998 in Höhe von **7.000 DM** und im Mai 2000 ein Gewinnanteil für 1999 in Höhe von **8.000 DM** auf dem privaten Bankkonto gutgeschrieben.

Die Ehefrau ist seit 1997 mit einem Anteil von 10.000 DM an einer GmbH beteiligt. Für das Wirtschaftsjahr 1998 erfolgte eine Gewinnausschüttung in Höhe von **10 %**. Die GmbH hat neben der Körperschaftsteuer vorschriftsmäßig die Kapitalertragsteuer und den SolZ einbehalten und eine Steuerbescheinigung für Frau Schneider ausgestellt. Die GmbH hat am 16.06.1999 die Gewinnausschüttung für 1998 beschlossen. Am 05.07.1999 wurde Frau Schneider ein Gewinnanteil in Höhe von **736,25 DM** (**nach** Abzug der KSt und **nach** Abzug der KapESt und des SolZ) auf dem privaten Bankkonto gutgeschrieben.

1.2.4 Sparguthaben

Frau Schneider wurden im VZ 1999 auf ihrem Sparbuch Zinsen (**vor** Abzug der KapESt und des SolZ) in Höhe von **6.400 DM** gutgeschrieben.

1.2.5 Grundbesitz

Den Eheleuten Schneider gehört ein Zweifamilienhaus in Mainz. Das Zweifamilienhaus wurde 1999 fertiggestellt und ist am **1.4.1999** bezogen worden. Die Herstellungskosten des Hauses haben **500.000 DM** betragen. Die Anschaffungskosten des Grund und Bodens beliefen sich auf **100.000 DM**.
Eine Wohnung nutzt die Familie Schneider **selbst**, die **andere** Wohnung ist **vermietet**.

Die **Erdgeschoßwohnung** hat eine Wohnfläche von 120 qm und ist zu einem monatlichen Mietpreis von 12 DM/qm vermietet.

Die Wohnung im **1. Obergeschoß** bewohnt die Familie Schneider selbst. Beide Wohnungen sind gleich groß. Für die selbstgenutzte Wohnung beantragen die Eheleute die **Eigenheimzulage** nach § 9 **Abs. 2** und **Abs. 5** EigZulG. Der **Gesamtbetrag der Einkünfte** beträgt für 1998 und 1999 insgesamt **300.000 DM**. Objektverbrauch liegt nicht vor.

Zur Finanzierung des Zweifamilienhauses wurde in 1999 ein Bankdarlehen in Höhe von **160.000 DM** aufgenommen, das mit **5 %** zu verzinsen ist. Die Auszahlung ist am 01.01.1999 erfolgt. Mit der Bank ist eine Auszahlung von **98 %** der Darlehenssumme vereinbart worden. Die Zinsen für die Zeit vom 01.01. bis 31.12.1999 sind am 30.12.1999 gezahlt worden.

Im VZ 1999 sind im Zusammenhang mit dem Grundbesitz folgende Ausgaben entstanden:

Haushaftpflichtversicherungsbeitrag	400,— DM
Brandversicherungsbeitrag	200,— DM
Beitrag für die Hausratversicherung	150,— DM

1.3 Sonstige Aufwendungen

Im VZ 1999 weisen die Eheleute Schneider folgende Ausgaben nach, die sie als Sonderausgaben geltend machen wollen:

Versorgungskasse der Ärzte	15.600,— DM
Kranken- und Pflegeversicherungsbeiträge	3.600,— DM
Privathaftpflichtversicherungsbeitrag	120,— DM
Beiträge an Sterbekasse	48,— DM
private Kfz-Haftpflichtversicherung	480,— DM
ESt-Vorauszahlung für 1999	50.824,— DM
Kirchensteuer-Vorauszahlung für 1999	4.574,— DM

Außerdem liegen Spendenquittungen für Zuwendungen an die Deutsche Olympische Gesellschaft e.V. in Frankfurt von **2.000 DM** und an die Universität Heidelberg von **15.000 DM** vor. An politische Parteien wurden **1.400 DM** gespendet.

2 Aufgabe

1. Nehmen Sie Stellung zur **persönlichen Steuerpflicht**, zu den **altersmäßigen Vergünstigungen** der Steuerpflichtigen, zu den **zu berücksichtigenden Kindern**, zur **Veranlagungsart** und zum **Steuertarif**.
2. Ermitteln Sie das **zu versteuernde Einkommen** der Eheleute Schneider für den VZ 1999. Die Einkünfte sollen so niedrig wie möglich sein.
3. Wie hoch ist 1999 die **Eigenheimzulage**?

Prüfungsfall 3:

1 Sachverhalt

1.1 Allgemeines

Die **ledige** Steuerpflichtige Inge Maier, geb. am 10.08.1939, wohnt seit 1999 in Düsseldorf. In ihrem Haushalt lebt ein Pflegekind, das am 27.07.1984 geboren ist und in 1999 die Berufsfachschule Wirtschaft in Düsseldorf besucht. Das Kind ist mit Hauptwohnung bei Frau Maier gemeldet.

1.2 Einkünfte

1.2.1 Gehalt

Inge Maier war bis 31.08.1999 als Prokuristin beschäftigt. Ihr Bruttoarbeitslohn betrug für die Zeit vom 01.01. bis 31.08.1999 **42.356DM**.

1.2.2 Ruhegehalt

Die Steuerpflichtige trat am 31.08.1999 in den Ruhestand. Für die Zeit vom 01.09. bis 31.12.1999 erhielt sie von ihrem früheren Arbeitgeber ein Ruhegehalt von **2.800 DM**. Frau Maier ist nicht behindert.

1.2.3 Zinsen

Von ihrer Bausparkasse wurden Inge Maier 1999 Zinsen (**vor** Abzug der KapESt und des SolZ) in Höhe von **600 DM** gutgeschrieben, die sie als Beitragszahlung verwendete.

1.2.4 Grundbesitz

Die Steuerpflichtige hat Ende 1999 von einer Bauträgergesellschaft eine als Einfamilienhaus bewertete Eigentumswohnung, die 1998 fertiggestellt worden ist, für **180.000 DM** erworben. Von den Anschaffungskosten entfallen 10.000 DM auf Grund und Boden. Die Eigentumswohnung wird seit Ende 1999 von Inge Maier bewohnt.

Im VZ 1999 sind im Zusammenhang mit dem Grundstück folgende Ausgaben angefallen:

Brandversicherung	**270 DM**
Darlehenszinsen	**1.200 DM**
Grundsteuer	**210 DM**

Frau Maier will die Förderung nach dem Eigenheimzulagengesetz in Anspruch nehmen. Die Voraussetzungen für die Inanspruchnahme der Eigenheimzulage sind erfüllt.

1.2.5 Rente

Aus der Angestelltenversicherung erhält Inge Maier seit 01.09.1999 eine monatliche Brutto-Altersrente von 1.800 DM. Der Zuschuß zur Kranken- und Pflegeversicherung betrug insgesamt **561 DM**.

1.3 Sonstige Aufwendungen

Im VZ 1999 weist Inge Maier folgende Ausgaben nach, die sie als Sonderausgaben geltend machen will:

Beiträge zur Lebensversicherung	3.000,— DM
Beiträge zur Sozialversicherung	6.357,— DM
Beiträge zur Krankenversicherung (einschließlich **Zuschuß**)	1.953,— DM
Beiträge zur Unfallversicherung	105,— DM
Beiträge zur Pflegeversicherung	6,96 DM
private Kfz-Haftpflichtversicherung	750,— DM
Hausratversicherung	120,— DM
Lohnkirchensteuer	1.134,— DM
Bausparbeiträge (**ohne** Zinsen)	6.400,— DM

Eine Prämie nach dem Wohnungsbau-Prämiengesetz hat die Steuerpflichtige nicht beantragt.

Die Steuerpflichtige unterstützte 1999 ihre vermögenslose Mutter bis zu deren Tod am 30.05.1999 mit **monatlich 250 DM**. Die Mutter erzielte eine Rente von monatlich 750 DM, deren steuerlicher Ertragsanteil 20 % betragen hat. Ein Kranken- und Pflegeversicherungszuschuß wurde nicht gezahlt.

Frau Maier hatte in der Zeit vom 01.01. bis 31.08.1999 berücksichtigungsfähige Aufwendungen für Dienstleistungen zur Betreuung des Pflegekindes in Höhe von insgesamt **3.200 DM**.

Daneben beschäftigt Frau Maier eine Hilfe im Haushalt. Die Kosten für die Beschäftigung der Hilfe im Haushalt haben im VZ 1999 **1.200 DM** betragen.

2 Aufgabe

1. Nehmen Sie Stellung zur **persönlichen Steuerpflicht**, zu den **altersmäßigen Vergünstigungen** der Steuerpflichtigen, zu den **zu berücksichtigenden Kindern**, zur **Veranlagungsart** und zum **Steuertarif**.
2. Ermitteln Sie das **zu versteuernde Einkommen** der Inge Maier für den VZ 1999.
3. Wie hoch ist 1999 die **Eigenheimzulage**?

Prüfungsfall 4:

1 Sachverhalt

1.1 Allgemeines

Gastwirt Günter Müller, geb. am 15.11.1954, ist seit 1984 mit Marianne geb. Wesenburg, geb. am 27.08.1957, verheiratet. Beide wohnen in Ludwigshafen. Die Eheleute haben keine Kinder.

1.2 Einkünfte

1.2.1 Gastwirtschaft

Günter Müller, der seinen Gewinn nach § 4 Abs. 3 ermittelt, betreibt in Mannheim in gemieteten Räumen eine Gastwirtschaft. Im VZ 1999 haben seine aufgezeichneten Betriebseinnahmen **413.498 DM** und seine aufgezeichneten Betriebsausgaben

343.785 DM betragen. Müller versteuert seine Umsätze nach den allgemeinen Vorschriften des UStG.

Folgende Sachverhalte sind noch zu berücksichtigen:

a) Marianne Müller hat in der Zeit vom 1.6.1999 bis 31.12.1999 Lebensmittel zum Nettoeinkaufspreis von 5.000 DM und alkoholische Getränke zum Nettoeinkaufspreis von 1.000 DM entnommen. Günter Müller hat 6.000 DM als Betriebseinnahmen angesetzt.

b) In den Betriebsausgaben sind die Kfz-Kosten für das Jahr 1999 des lt. Fahrtenbuch zu 30 % privat genutzten betrieblichen Pkw mit 4.500 DM und die AfA mit 3.000 DM enthalten. Von den Kosten entfallen auf Kfz-Versicherung und Kfz-Steuer 2.000 DM Die Privatnutzung ist noch nicht berücksichtigt.

c) Frau Müller hilft ihrem Ehemann in der Gaststätte als Köchin und Bedienung. Die steuerlichen Bestimmungen für einen Ehegattenarbeitsvertrag sind erfüllt. Die Aufwendungen für die Ehefrau sind in den Betriebsausgaben enthalten. Es betrugen im VZ 1999

Bruttolohn	16.275,— DM
- Lohnsteuer	0,— DM
- Kirchensteuer	0,— DM
- Solidaritätszuschlag	0,— DM
- Arbeitnehmeranteil Sozialversicherung	3.700,— DM
Nettolohn	12.575,— DM

Der Nettolohn wird monatlich auf das Bankkonto der Ehefrau überwiesen. Die Ehefrau fuhr 1999 an 250 Tagen mit ihrem eigenen Pkw von ihrer Wohnung zu ihrer Arbeitsstätte (einfache Entfernung = 11 km). Für typische Berufskleidung hat sie in 1999 **300 DM** ausgegeben.

1.2.2 Sparguthaben

Frau Müller wurden im VZ 1999 auf ihrem Sparkonto Zinsen (**vor** Abzug der KapESt und des SolZ) in Höhe von **7.600 DM** gutgeschrieben.

1.2.3 Grundbesitz

Die Eheleute bewohnen ein dem Ehemann gehörendes Zweifamilienhaus in Ludwigshafen. Das Zweifamilienhaus wurde 1996 für **585.000 DM** errichtet. Der Wert des Grund und Bodens beträgt **175.000 DM**. Das Haus wurde im Mai 1997 bezogen.

Im VZ 1997 hat Günter Müller noch eine Garage für **15.000 DM** anbauen lassen. Die Garage, die seit 01.05.1997 genutzt wird, dient der Unterbringung des Privatwagens der Ehefrau.

Im VZ 1999 ist das Zweifamilienhaus wie folgt genutzt worden:

Die **Erdgeschoßwohnung** bewohnt die Familie Müller selbst. Die Wohnung im **1. Obergeschoß** ist zur ortsüblichen Marktmiete für **monatlich 1.000 DM** vermietet. Beide Wohnungen sind gleichartig und gleichwertig.
Günter Müller will - wie im vergangenen Jahr - die degressive AfA nach § 7 Abs. 5 in Anspruch nehmen. Die Voraussetzungen für die Gewährung der Eigenheimzulage für die selbstgenutzte Wohnung liegen vor.

Im VZ 1999 sind im Zusammenhang mit dem Grundbesitz folgende Ausgaben entstanden:

Schuldzinsen	9.500,— DM
Grundsteuer	600,— DM
Schornsteinfegergebühren	106,— DM
Brandversicherungsbeitrag	200,— DM
Haushaftpflichtversicherungsbeitrag	550,— DM
Reparaturkosten für einen Wasserrohrbruch	3.000,— DM
erstatteter Betrag für den Wasserrohrbruch durch die Versicherung	1.000,— DM

1.3 Sonstiges

Im VZ 1998 weisen die Eheleute folgende Ausgaben nach, die sie steuerlich geltend machen wollen:

Lebensversicherungsbeiträge	4.950,— DM
Kranken- und Pflegeversicherung (Ehemann)	5.547,— DM
Bausparbeiträge	8.900,— DM
Zinsgutschrift der Bausparkasse (Ehefrau) (**vor** Abzug der KapESt und des SolZ)	500,— DM
Gebühr für Abschluß eines neuen Bausparvertrags	500,— DM
Kirchensteuer-Vorauszahlungen in 1999	920,— DM
erstattete Kirchensteuer in 1999 für 1997	240,— DM
Spende an das Deutsche Rote Kreuz (gemeinnützige Zwecke)	800,— DM
Spende an eine politische Partei	700,— DM
Haftpflichtversicherungsbeitrag für privaten Pkw	360,— DM
Haftpflichtversicherung für betrieblichen Pkw (Privatanteil)	500,— DM
Kfz-Kaskoversicherung für diesen Pkw	200,— DM
Kosten eines Krankenhausaufenthalts (Ehemann)	8.500,— DM
erstattete Kosten von der Krankenversicherung	3.500,— DM

Günter Müller unterstützte 1999 seine vermögenslose Mutter mit **monatlich 800 DM**. Die Mutter erhielt 1999 eine Rente aus der gesetzlichen Rentenversicherung von insgesamt **4.320 DM**, deren steuerlicher Ertragsanteil **20 %** beträgt. Der Zuschuß zur Krank- und Pflegeversicherung betrug 1999 insgesamt **336 DM**.

2 Aufgabe

1. Nehmen Sie Stellung zur **persönlichen Steuerpflicht**, zu den **altersmäßigen Vergünstigungen** der Steuerpflichtigen, zur **Veranlagungsart** und zum **Steuertarif**.
2. Ermitteln Sie das **zu versteuernde Einkommen** der Eheleute Müller für den VZ 1999.
3. Wie hoch ist 1999 die **Eigenheimzulage**?

Prüfungsfall 5:

1 Sachverhalt

1.1 Allgemeines

Die Eheleute Andreas und Doris Wilbert, die in Kiel wohnen, beauftragen Sie, ihre Einkommensteuererklärung für 1999 zu erstellen.

Andreas Wilbert, geb. am 01.01.1934, und Doris Wilbert, geb. am 07.11.1946, sind seit 1971 verheiratet. Aus der Ehe sind **zwei Kinder** hervorgegangen:

Stefan, geb. am 04.05.1976, studiert in Hannover Landwirtschaft und wohnt in Hannover. In den Semesterferien hat er gearbeitet und **Einkünfte von 3.400 DM** erzielt. Die Kosten des Studiums trägt der Vater. Sie betrugen in 1999 insgesamt **7.350 DM**.

Iris, geb. am 01.01.1981, hat in 1998 ihre Gehilfenprüfung bestanden und arbeitet im Geschäft des Vaters als kaufmännische Angestellte. Iris wohnt gemeinsam mit ihrem Freund in Eckernförde.

1.2 Einkünfte

1.2.1 Baugeschäft

Andreas Wilbert ist Bauunternehmer. Er betreibt sein Baugeschäft in Kiel. Für die Fahrt zwischen Wohnung und Betriebsstätte benutzt er lt. Fahrtenbuch den Geschäftswagen, in 1999 an 250 Tagen (20 km einfache Entfernung). Die gesamten Pkw-Kosten einschl. der AfA betragen **15.000 DM**. Die Jahresleistung dieses Pkw (Altfahrzeug) beläuft sich auf **18.750 km**. Eine Berichtigung nach § 6 Abs. 1 Nr. 4 Satz 3 ist noch nicht vorgenommen worden.

Andreas Wilbert ermittelt seinen Gewinn nach § 5 EStG. Es betrugen:

das Betriebsvermögen zum 31.12.1998	420.000,— DM
das Betriebsvermögen zum 31.12.1999	450.600,— DM
die Privatentnahmen	
bar	+ 49.025,— DM
Materialentnahmen 7.500 DM	
+ USt 1.200 DM	+ 8.700,— DM

Das Betriebsvermögen und die Privatentnahmen sind ordnungsgemäß erfaßt.

Folgende Geschäftsvorfälle sind noch zu prüfen:

a) Bei der Bewertung der Vorräte zum 31.12.1999 wurde das Baumaterial mit dem angeblichen Teilwert von **15.000 DM** angesetzt. Nachprüfungen haben ergeben, daß sich der Teilwert mit den Anschaffungskosten in Höhe von **20.000 DM** deckt.

b) Am 20.05.1999 wurde ein Lkw angeschafft, für den ein Gabelstapler in Zahlung gegeben wurde, der noch mit **2.000 DM** aktiviert ist. Der neue Lkw hat eine Nutzungsdauer von 4 Jahren und soll **linear** abgeschrieben werden. Die Lieferfirma erteilte folgende Rechnung (Auszug):

1 Lkw, Nettopreis	60.000 DM	
+ 16 % USt	9.600 DM	69.600 DM
− Verrechnung Gabelstapler	12.000 DM	
+ 16 % USt	1.920 DM	13.920 DM
noch zu zahlen		**55.680 DM**

Gebucht wurde:

Sollkonto	Betrag	Habenkonto
Lkw	48.000,—	
Vorsteuer	7.680,—	
	55.680,—	Verbindlichkeiten
AfA	12.000,—	Lkw

1.2.2 Grundbesitz

Die Eheleute Andreas und Doris Wilbert kaufen am 15.3.1999 eine gebrauchte Eigentumswohnung (Altbau) in Kiel, die sie mit ihrem Sohn Stefan am 1.6.1999 selbst bezogen. Bis zum 31.5.1999 wohnten sie in Kiel in gemieteten Räumen. Die Eheleute beantragen die Förderung nach dem EigZulG. Dazu liegen folgende Angaben vor:
- Anschaffungskosten der Eigentumswohnung insgesamt **315.200 DM**
- Erneuerung des Teppichbodens vor dem Einzug **5.704 DM**
- Damnum bei Darlehnsaufnahme im März 1999 bezahlt **3.000 DM**
- Darlehnszinsen bis zum Wohnungsbezug bezahlt **2.170 DM**

Die Voraussetzungen für die Gewährung der Eigenheimzulage liegen vor.

1.2.3 Aktienbesitz

Frau Wilbert besitzt Aktien einer Brauerei. Die ihr in 1999 zugeflossene Nettodividende beträgt **7.068 DM** (**nach** Abzug der KSt, der KapESt und des SolZ). Die Bescheinigung über die Steuergutschrift liegt vor.

1.3 Sonstige Aufwendungen

Beiträge zur Kranken- und Pflegeversicherung	**4.000,— DM**
Beiträge zur Lebensversicherung	**8.800,— DM**
Haftpflichtversicherung (Privatwagen)	**400,— DM**
Steuerberatungskosten (persönliche Steuererklärung)	**1.200,— DM**
gezahlte Kirchensteuer	**1.500,— DM**
Hundehaftpflichtversicherung	**180,— DM**
Hausratversicherung	**220,— DM**

Der Steuerpflichtige Wilbert unterstützt seinen vermögenslosen Großvater seit dem 01.05.1999 mit **monatlich 400 DM**. Der Großvater erhält seit dem 01.01.1999 eine Rente aus einer privaten Lebensversicherung von **350 DM monatlich**. Er hatte bei Beginn der Rente das 62. Lebensjahr vollendet.

2 Aufgabe

1. Nehmen Sie Stellung zur **persönlichen Steuerpflicht**, zu den **altersmäßigen** Vergünstigungen der Steuerpflichtigen, zu den **zu berücksichtigenden Kindern**, zur **Veranlagungsart** und zum **Steuertarif**.
2. Ermitteln Sie das zu versteuernde Einkommen der Eheleute Wilbert für den VZ 1999.
3. Wie hoch ist 1999 die Eigenheimzulage?

Prüfungsfall 6:

1. Allgemeines

Der Steuerpflichtige Werner Kraus, geb. am 01.01.1935, war von **1969 bis 2000** mit Lucia geb. Hoffmann, geb. am 20.05.1943, verheiratet. Sie lebten bis November 1998 gemeinsam in einem dem Steuerpflichtigen gehörenden Dreifamilienhaus in Hannover.

Im November 1998 hat die Ehefrau die gemeinsame Wohnung verlassen und ist in eine eigene Wohnung nach Bielefeld gezogen.

Frau Kraus hat im Januar 1999 eine Scheidungsklage eingereicht Die Scheidung erfolgte im Januar 2000.

Die Eheleute Kraus haben ein Kind. Sohn **Frank** wurde am **01.05.1975** geboren. Er studierte von 1993 bis 31.10.1999 Wirtschaftswissenschaften in Berlin, wo er ein Zimmer hatte. Der Vater hat die Kosten des Studiums allein getragen. Frank hatte von Januar bis Oktober 1999 keine eigenen Einkünfte und Bezüge. Seit 01.11.1999 ist Frank bei einer Wirtschaftprüfungsgesellschaft in Hannover als Prüfungsassistent beschäftigt mit einem monatlichen Bruttogehalt von **2.500 DM**.

Werner und Lucia Kraus haben einen Antrag nach § 33a Abs. 2 Satz 8 gestellt, nach dem der Abzugsbetrag dem Vater allein zustehen soll.

Herr Kraus hat ein zweites Kind: Tochter **Inge**, geb. am **11.11.1988**. Sie wohnt bei ihrer leiblichen Mutter in Köln. Für die Tochter zahlt der Steuerpflichtige einen monatlichen Unterhalt von 560 DM. Inge hat kein eigenes Einkommen. Zur Pflege des Eltern-Kind-Verhältnisses hatte Herr Kraus in 1999 Aufwendungen in Höhe von **480 DM**.

Herr Kraus unterstützte seine vermögenslose Großmutter mit **monatlich 500 DM** bis zu ihrem Tod am 30.06.1999. Die Großmutter hatte eigene Einkünfte und Bezüge von **monatlich 600 DM**.

Frau Kraus ist seit 1993 durch einen unverschuldeten Unfall sichtbar gehbehindert. Der Grad der Behinderung beträgt **45**. Sie beschäftigt in 1999 vom 01.01. bis 15.06.1999 und vom 10.9. bis 31.12.1999 eine Hilfe im Haushalt, für die sie insgesamt **2.600 DM** aufgewendet hat.

2. Einkünfte des Steuerpflichtigen

2.1 Herr Kraus ist als einziger Vollhafter mit 50 % an einer KG in Hannover beteiligt. Der Handelsbilanzgewinn der KG, deren Wirtschaftsjahr mit dem Kalenderjahr übereinstimmt, betrug in 1999 **170.380 DM**. In den Betriebsausgaben sind enthalten:
36.000 DM Gehälter für den Steuerpflichtigen,
12.000 DM Zinsen für ein Darlehen, das der Steuerpflichtige der KG zur Verfügung gestellt hat.

2.2 Herr Kraus ist privat an einer GmbH beteiligt. In 1999 wurden ihm für 1998 **4.908,58 DM** und in 2000 für 1999 **6.000 DM** Gewinnanteil netto (jeweils **nach** Abzug der KSt, der KapESt und des SolZ) ausgezahlt. Entsprechende Steuerbescheinigungen liegen vor.

2.3 Herr Kraus ist **Eigentümer des Dreifamilienhauses,** in dem er wohnt. Das Gebäude, das 1963 fertiggestellt wurde, hat er 1981 gekauft. Die Anschaffungskosten des Gebäudes haben **480.000 DM** betragen.

In dem Haus befinden sich **drei Wohnungen**, die alle gleich groß sind (= 80 qm) und gleiche Ausstattung haben. Das **Erdgeschoß** ist für monatlich **800 DM** (= ortsübliche Miete) an Fremde **vermietet**. Das **1. Obergeschoß** nutzt Herr Kraus als Wohnung. Das **2. Obergeschoß** ist ebenfalls für **800 DM** monatlich vermietet.

An Hausaufwendungen sind in 1999 angefallen:

Schuldzinsen	**16.800 DM**
Hausversicherungen	**600 DM**
Heizung	**6.440 DM**
Dachreparatur einschließlich 16 % USt	**6.900 DM**
	30.740 DM

3. Einkünfte der Steuerpflichtigen

3.1 Frau Kraus arbeitet seit ihrem Wohnungswechsel noch in einem Modesalon. Ihr monatliches Bruttogehalt betrug in 1999 **5.100 DM**. Ferner erhielt sie eine Bilanzgratifikation von **2.000 DM** und ein Weihnachtsgeld von **2.482 DM**. Der Nettoarbeitslohn wird auf Bankkonto überwiesen.
Für die Fahrten von der Wohnung zur Arbeitsstätte benutzt sie an 240 Tagen ihren eigenen Pkw. Die einfache Entfernung beträgt 20 km. Für Arbeitsmittel hat sie **200 DM** aufgewendet.

3.2 Für ihre Tätigkeit benötigt Frau Kraus Schreibwaren. Ohne Beleg gibt sie in ihrer Steuererklärung an: "Für Schreibwaren und Bürobedarf **300 DM**."

3.3 Für 1999 wurden der Steuerpflichtigen Sparzinsen in Höhe von **5.100 DM** (**vor** Abzug der KapESt und des SolZ) gutgeschrieben.

3.4 Frau Kraus hat im Februar 1999 Aktien für **8.700 DM** verkauft, die sie im Oktober 1998 für **7.600 DM** gekauft hatte.

4. Sonderausgaben

Die Steuerpflichtigen wollen für 1999 folgende Ausgaben als Sonderausgaben geltend machen:

	Herr Kraus DM	Frau Kraus DM
Arbeitnehmeranteil zur Sozialversicherung		9.584,—
Kirchensteuer	5.760,—	2.248,—
Kranken- und Pflegeversicherung	4.600,—	
Lebensversicherung	14.400,—	
Jagdhaftpflichtversicherung	360,—	
Bausparbeiträge	19.200,—	
Steuerberatungskosten	1.000,—	
Kfz-Haftpflicht		420,—
Kfz-Kasko		600,—
Spende an eine politische Partei	5.400,—	

5. Aufgaben

5.1 Nehmen Sie Stellung zur **Veranlagungsart** und zum **Steuertarif** von Werner und Lucia Kraus für den VZ 1999.
5.2 Beantworten Sie die Frage, welche Kinder im VZ 1999 zu **berücksichtigende Kinder** von Werner und Lucia Kraus sind.
5.3 Ermitteln Sie den **Gesamtbetrag der Einkünfte** von Werner und Lucia Kraus für den VZ 1999.
5.4 Berechnen Sie die abzugsfähigen **Sonderausgaben** für den VZ 1999.
5.5 Berechnen Sie die abzugsfähigen **außergewöhnlichen Belastungen** für den VZ 1999.

Prüfungsfall 7:

1. Allgemeines

Johannes Reuter, geb. am 20.12.1934, ist seit 1964 mit Petra geb. Schneider, geb. am 01.10.1942, verheiratet. Die Eheleute wohnen in Aachen. Sie haben folgende Kinder:

Dieter, geb. am 14.06.1968, ledig. Dieter ist seit 1994 wegen eines schweren Sportunfalls behindert und außerstande, sich selbst zu unterhalten. Er ist **nicht** hilflos i.S. des § 33b Abs. 6 Satz 2. Der Grad der Behinderung beträgt **100**. Dieter hat keine eigenen Einkünfte und Bezüge.

Dagmar, geb. am 01.01.1972, ledig. Sie studiert bis zum Examen am 30.04.1999 in Freiburg Philosophie und war auch vom 01.01. bis 30.04.1999 dort untergebracht. Die von den Eltern getragenen Studienkosten betragen in 1999 **2.600 DM**. Seit Beendigung des Studiums hält sich Dagmar kostenlos bei Freunden in Frankreich auf. Sie hat weder eigene Einkünfte noch eigenes Vermögen.

2. Einkünfte

2.1 Johannes Reuter betreibt in Aachen eine Einzelhandlung mit Elektrogeräten. Er ermittelt seinen Gewinn nach § 5. Sein Eigenkapital betrug lt. Steuerbilanz

    zum 31.12.1998   **221.000 DM**
    zum 31.12.1999   **204.000 DM**

Die in 1999 gebuchten **Privatentnahmen** belaufen sich auf **57.940 DM**.

Die folgenden Sachverhalte des Jahres 1999 sind auf ihre gewinnmäßige Auswirkung zu prüfen. Der Gewinn ist ggf. zu berichtigen. Es soll der niedrigstmögliche Gewinn ausgewiesen werden.

  a) Eine Stereoanlage, Anschaffungskosten **2.300 DM**, wurde in der Bilanz des Vorjahres auf Grund einer Preissenkung zulässigerweise mit **1.800 DM** angesetzt. Die Anlage war zum 31.12.1999 noch vorhanden. Infolge steigender Preise hatte sie am 31.12.1999 einen Teilwert von **2.300 DM**. Mit diesem Wert wurde sie zum 31.12.1999 bilanziert.

b) Die private Kfz-Nutzung von **2.000 DM** wurde noch nicht gebucht. Von den 2.000 DM (anteilige Kfz-Kosten einschl. AfA) entfallen **500 DM** auf Kfz-Steuer und Kfz-Versicherung.

c) Reuter hat in 1999 wegen zu spät entrichteter ESt **50 DM** und zu spät gezahlter USt **60 DM** Säumniszuschlag aufgewendet. Beide Beträge wurden als Betriebsausgaben gebucht.

d) Im Mai 1998 wurden zwei Schreibtische für je **700 DM** angeschafft und mit **10 % linear** abgeschrieben. Reuter hat beide Schreibtische in 1999 voll abgeschrieben mit der Begründung, es handelt sich um GWG, die er bereits im Vorjahr hätte voll abschreiben können.

e) Reuter entnahm im November 1999 zum Betriebsvermögen gehörende Wertpapiere, deren Anschaffungskosten (= Buchwert) **3.200 DM** betragen haben. Er buchte:

    Privat **an** Wertpapiere **3.200 DM**

Sofort nach der Entnahme verkaufte er die Wertpapiere zum Wert von **4.000 DM**.

f) Reuter hat für sich privat einen Radiowecker entnommen zum Nettoeinkaufspreis von **100 DM**. Es wurde gebucht:

    Privat **an** Wareneingang **100 DM**

Die USt in Höhe von **16 DM** ist noch nicht gebucht worden.

g) Beim Kauf eines unbebauten Betriebsgrundstücks wurden **1.000 DM** Grunderwerbsteuer und **800 DM** Notargebühren gezahlt. Die Steuern wurden dem Konto "Steuern" und die Notargebühren dem Konto "Rechtskosten" belastet.

2.2 Frau Reuter ist an einer KG in Krefeld mit **30 %** beteiligt. Das Wirtschaftsjahr der KG läuft vom 01.04. bis 31.03. Die KG hat im Wirtschaftsjahr 1998/1999 einen Gewinn von **50.000 DM** und im Wirtschaftsjahr 1999/2000 einen Verlust von **10.000 DM** erzielt.

2.3 Die Eheleute bewohnen ein in Aachen gelegenes **Einfamilienhaus** (Baujahr 1998), das die Eheleute 1999 für **300.000 DM** erworben haben. An Anschaffungsnebenkosten sind **12.000 DM** angefallen, die 1999 bezahlt wurden. Die Voraussetzungen für die Inanspruchnahme der Eigenheimzulage liegen vor.

2.4 Herr Reuter erwarb im August 1999 privat Goldmünzen für **5.600 DM**, die er im Dezember 1999 für **6.500 DM** verkaufte.

2.5 Herr Reuter bezieht seit 01.01.1997 eine monatliche Rente von **1.000 DM** aus einer privaten Lebensversicherung.

3. Sonstige Ausgaben

Die Eheleute Reuter machen für 1999 folgende Beträge als Sonderausgaben geltend:

Kranken- und Pflegeversicherung	3.930,— DM
Hausratversicherung	120,— DM
Lebensversicherung	17.240,— DM

Kfz-Versicherung für Privatwagen	
Haftpflicht	**220,— DM**
Kasko	**70,— DM**
Unfall	**40,— DM**
Kfz-Haftpflichtversicherungs für Geschäftswagen (Privatanteil)	**200,— DM**
Bausparbeiträge (einschließlich **370 DM Zinsen** (**vor** Abzug der KapESt und des SolZ) auf dem Bausparkonto des Mannes)	**10.340,— DM**
gezahlte Kirchensteuer	**1.860,— DM**
Spenden für kirchliche Zwecke	**600,— DM**

4. Aufgaben

4.1 Nehmen Sie **Stellung zur persönlichen Steuerpflicht**, zu den **altersmäßigen Vergünstigungen** der Steuerpflichtigen, zu den **zu berücksichtigenden Kindern**, zur **Veranlagungsart** und zum **Steuertarif**.

4.2 Ermitteln Sie das **zu versteuernde Einkommen** der Eheleute Reuter für den VZ 1999.

4.3 Wie hoch ist 1999 die **Eigenheimzulage**?

Prüfungsfall 8:

1. Allgemeines

Frank Völker, geb. am 17.01.1947, wohnt mit seiner Frau Stefanie, geb. am 20.02.1950, in Wuppertal. Die Eheleute haben zwei gemeinsame Kinder:

Klaus, geb. am 30.06.1973, studierte im VZ 1999 in Mainz Mathematik. Dort hatte er auch ein Zimmer. Die Eltern zahlten in 1999 die Miete für sein in Mainz gelegenes Zimmer von **400 DM monatlich** und gewährten ihm zusätzlich einen Unterhaltszuschuß von **200 DM monatlich**. Aus Aushilfstätigkeiten als Kellner hatte Klaus in 1999 **Einnahmen** von brutto **4.856 DM**.

Birgit, geb. am 01.01.1981, wohnt seit Abschluß ihrer Ausbildung als Verkäuferin im Sommer 1998 gemeinsam mit ihrem Freund in Duisburg. Ihr Vater zahlte ihr in 1999 einen Mietzuschuß von **100 DM im Monat = 1.200** DM. Ihr Bruttoarbeitslohn betrug in 1999 **12.056 DM**. Der Freund besucht noch die Schule und hat keine eigenen Einkünfte. Birgit ist nicht behindert.

2. Einkünfte

2.1 Frau Völker betreibt ein Modegeschäft in Wuppertal. Das Betriebsvermögen des Gewerbebetriebs beträgt **450.000 DM**. Ihr nach § 5 ermittelter Gewinn belief sich in 1999 auf **39.942,17 DM**. Der folgende Sachverhalt ist zu überprüfen und der Gewinn ggf. zu berichtigen:

Frau Völker ließ am 30.06.1999 im Geschäft ein Regal einbauen (Nutzungsdauer: 5 Jahre), für das ihr berechnet wurden:

Regal	790,— DM
Transport	20,— DM
Montage	100,— DM
	910,— DM
+ 16 % USt	145,60 DM
Rechnungsbetrag	**1.055,60 DM**

Frau Völker zog **31,67 DM** Skonto (3 %) ab, die sie auf das Konto "**3735** (5735) Erhaltene Skonti" buchte; eine Umsatzsteuerberichtigung wurde nicht vorgenommen. **790 DM** schrieb sie als GWG ab, die Transport- und Montagekosten buchte sie auf Kostenkonten, die Umsatzsteuer in Höhe von 145,60 DM auf das Konto "**1575** (1405) Vorsteuer".

2.2 Aus einer 40 %igen Beteiligung an einer KG erhielt Herr Völker in 1999 einen Gewinnanteil von **8.000 DM**. Für ein von ihm dieser KG überlassenes Grundstück erhielt er in 1999 zusätzlich **2.400 DM** Pacht. Beim Verkauf der Beteiligung gegen Ende 1999 erzielte er einen **steuerpflichtigen** Veräußerungsgewinn i.S.d. § 16 EStG von 38.000 DM.

2.3 Herr Völker ist Beamter bei der Stadtverwaltung Wuppertal. Sein Bruttogehalt betrug in 1999 **42.824 DM**. Er fuhr an 220 Tagen zur 18 km entfernten Arbeitsstelle. Bei einem Unfall auf der Fahrt zur Arbeit wegen Glatteis entstanden im Januar 1999 Reparaturkosten von **786,09 DM** zuzüglich **125,77 DM** USt. Für Arbeitsmittel hat er **300 DM** aufgewendet

2.4 Die Eheleute Frank und Stefanie Völker haben am 22.3.1999 ein **Einfamilienhaus** (Baujahr 1985) für **400.000 DM** in Wuppertal erworben, davon entfallen 80.000 DM auf den Grund und Boden.
In 1999 sind noch folgende Kosten angefallen und bezahlt worden:
- Damnum bei Darlehnsaufnahme im März **2.000 DM**
- Darlehnszinsen **5.000 DM**
- Kosten für Erhaltungsarbeiten (Sanierung des Bades usw.) **23.000 DM**

2.5 Für Wertpapiere und Spareinlagen, die zum Privatvermögen gehören, wurden Frau Völker in 1999 **6.469,60 DM** Erträge gutgeschrieben. Davon entfallen auf Netto-Aktiendividenden **3.769,60 DM** (**nach** Abzug der KSt, der KapESt und des SolZ) und auf Spareinlagen **2.700 DM** (**vor** Abzug der KapESt und des SolZ). Entsprechende Steuerbescheinigungen liegen vor.

3. Sonstige Ausgaben

Die Eheleute Völker zahlten in 1999 als **Sonderausgaben** berücksichtigungsfähige Versicherungsbeiträge in Höhe von **9.000 DM**.

Frau Völker unterstützte ihre Mutter in 1999 mit **100 DM monatlich,** weil deren Rente aus einer privaten Lebensversicherung (Ertragsanteil 20 %) in 1999 lediglich **6.000 DM** betrug. Die Mutter besitzt nur geringfügiges Vermögen. Der Bruder von Frau Völker zahlte der Mutter in 1999 **monatlich 200 DM**.

4. Aufgaben

1. Nehmen Sie Stellung zur persönlichen Steuerpflicht, zu den **altersmäßigen Vergünstigungen der Steuerpflichtigen**, zu den **zu berücksichtigenden Kindern**, zur **Veranlagungsart** und zum **Steuertarif**.

2. Ermitteln Sie das **zu versteuernde Einkommen** der Eheleute Völker für den VZ 1999.

3. Wie hoch ist 1999 die **Eigenheimzulage**?

Prüfungsfall 9:

1. Allgemeines

Johanna, geb. am 20.10.1951, ist mit Karl, geb. am 25.03.1934, seit 1980 verheiratet. Sie wohnen in Stuttgart. Die Eheleute Karl und Johanna Flach haben zwei Kinder.

Astrid ist am 01.01.1982 geboren. Sie besucht ein Internat im Schwarzwald und hatte im Jahr 1999 keine Einkünfte.

Uli, geb. am 05.03.1993, ist aufgrund eines Autounfalls gehbehindert. Zum 01.01.1999 betrug der Grad der Behinderung **30**. Im Oktober 1999 wurde der Grad der Behinderung aufgrund eines neuen Bescheids des Versorgungsamtes auf **60** heraufgesetzt.

2. Einkünfte

2.1 Karl Flach ist selbständiger Versicherungsvertreter. Seine Provisionseinnahmen

1999 betrugen	92.000,— DM
Am 31.12.1999 bestanden Provisions**forderungen** in Höhe von	10.000,— DM
Die laufenden Kfz-Kosten betrugen	12.000,— DM
Davon entfallen auf Kfz-Steuer und Kfz-Versicherung	3.000,— DM
Die Benzinrechnung für Dezember 1999 - sie ist in den laufenden Kosten **nicht** enthalten - wurde erst im Jahr **2000** bezahlt	1.000,— DM
Im Januar 1999 verkaufte Flach seinen betrieblichen Pkw für	11.200,— DM
Der Pkw hatte einen Restbuchwert von	2.500,— DM
Sein neuer Pkw, Anschaffung im Januar 1999, kostete einschließlich 16 % USt	28.500,— DM
Seinen alten Pkw wollte Karl Flach in vier Jahren abschreiben. Die AfA wurde vom Finanzamt nicht beanstandet.	
Seine privat gefahrenen Kilometer betragen lt. Fahrtenbuch 30 % der Gesamtleistung.	
Die Bürokosten 1999 betrugen	5.000,— DM

Karl Flach ermittelt seinen Gewinn nach § 4 Abs. 3 EStG.

2.2 Karl Flach hat in 1986 auf einem ihm gehörenden Grundstück ein zweigeschossiges Haus erbaut. Der Bauantrag wurde am 15.01.1986 gestellt. Das Haus wurde im Dezember 1986 fertiggestellt und bezogen. Das zweigeschossige Haus wurde vom Finanzamt als **Einfamilienhaus** bewertet. Die Räume im **Obergeschoß** (50 % der Nutzfläche) werden von den Eheleuten Flach zu Wohnzwecken genutzt. Das **Erdgeschoß** (50 % der Nutzfläche) nutzt Karl Flach als Büro. Für das Büro, das zum Betriebsvermögen gehört, nimmt Flach seit 1986 die höchstzulässige AfA in Anspruch.

Die Kosten für den Bau des Hauses setzen sich wie folgt zusammen:

Architektenhonorar	10.000,— DM
Elektroinstallationen	5.000,— DM
sanitäre Anlagen	10.000,— DM
Dacharbeiten	25.000,— DM
sonstige Bauarbeiten	260.000,— DM
Anschlußkosten Stromversorgung	1.000,— DM
Kanalanschlußkosten an das Netz	500,— DM
Erschließungsbeitrag	5.700,— DM
Straßenanliegerbeitrag	5.000,— DM
Eigenleistung	50.000,— DM

Für die Finanzierung des Hausbaus nahm Karl Flach ein Darlehen in Höhe von **50.000 DM** auf, das am 10.10.1986 zu 98 % ausgezahlt wurde. An Schuldzinsen zahlte er in 1999 **4.000 DM**.

1999 sind für das Haus folgende Beträge verausgabt worden:

Strom	1.000,— DM
Wasser	500,— DM
Heizöl	3.500,— DM
Grundbesitzabgaben	700,— DM
Brandversicherung	70,— DM
Schornsteinfeger	80,— DM
Heizölbrenner-Reparatur	150,— DM

2.3 Im Juli 1999 erwarb Karl Flach Aktien, Wert der Aktien beim Kauf **15.000 DM**. Die Aktien wurden im September 1999 für **16.700 DM** verkauft. Von dem Veräußerungspreis mußte Flach noch **400 DM** an den Vermittler des Geschäftes zahlen.

3. Sonstige Ausgaben

Die Eheleute Flach zahlten 1999 folgende Versicherungsbeiträge:

Kranken- und Pflegeversicherung	5.300,— DM
Lebensversicherung	14.000,— DM
Haftpflichtversicherung (Mofa Ehefrau)	150,— DM
Haftpflichtversicherung (Pkw Ehemann, Privatanteil)	400,— DM
Aussteuerversicherung Astrid	300,— DM
	20.150,— DM

4. Aufgaben

1. Nehmen Sie Stellung zur **persönlichen Steuerpflicht**, zu den **altersmäßigen Vergünstigungen** der Steuerpflichtigen, zu den **zu berücksichtigenden Kindern**, zur **Veranlagungsart** und zum **Steuertarif**.

2. Ermitteln Sie das **zu versteuernde Einkommen** der Eheleute Flach für den VZ 1999.

Prüfungsfall 10:

Abzug § 10 v
5 % = 21.250   50%   10.625,—

1. Allgemeines

Der Steuerpflichtige Günter Neumann ist Oberstudienrat und seit dem 01.09.1999 pensioniert. Er ist am 04.09.1936 geboren und seit 1959 mit Stefanie geb. Alt, geb. am 14.05.1943, verheiratet.

Stefanie Neumann ist als Lehrerin an der Hauptschule in Neuwied tätig. Die Eheleute wohnen in Koblenz. Sie haben ein Kind: Sohn Helge.

Helge Neumann, geb. am 14.09.1972, studierte bis 31.07.1999 an der Universität Köln Betriebswirtschaftslehre. Helge hatte bis zum 31.07.1999 eine Wohnung in Köln. Die Kosten des Studiums haben die Eltern getragen. Seit Beendigung seines Studiums arbeitet Helge bei einer Steuerberatungsgesellschaft in Bonn. Seine Einkünfte haben vom 01.08. bis 31.12.1999 **12.500 DM** betragen. In der Zeit vom 01.01. bis 31.07.1999 hatte er keine eigenen Einkünfte und Bezüge.

4.200,—   *7/12 Ausbildungs FB*
außerhalb
2.450,—   § 33a (2)

2. Einkünfte

1. Auf der Lohnsteuerkarte des Ehemannes sind für 1999 u. a. folgende Beträge ausgewiesen:

   66.841,—

Bruttoarbeitslohn	**73.876,— DM**
davon **Versorgungsbezüge** § 19	**16.300,— DM** *./. 6.000,—*
Kirchensteuer	**1.035,— DM** *SA*

Herr Neumann sagt Ihnen, daß er außerdem im Jahr 1999 **1.750 DM** Kindergeld erhalten hat.

Herr Neumanns Ausgaben für Fachliteratur haben 1999 **300 DM** betragen.   *WK*

Ek § 19   65.876,—   *Pauschale WK 2.000,—*

2. Auf der Lohnsteuerkarte von Frau Neumann sind für 1999 u. a. folgende Beträge ausgewiesen:

    Bruttoarbeitslohn   **52.768,— DM**

    Kirchensteuer   **830,— DM**

Zum Arbeitsverhältnis der Ehefrau werden Ihnen folgende Angaben gemacht:

a) An 200 Tagen fuhr die Steuerpflichtige mit ihrem eigenen Pkw zur Schule nach Neuwied. Die einfache Entfernung beträgt 17 km.

b) Am 10.09.1999 hatte Frau Neumann auf der Fahrt zur Arbeitsstätte mit ihrem Pkw einen Unfall. Die Reparatur des Fahrzeugs kostete sie **1.157 DM**. Ursache war eine Ölspur auf der Straße, die Frau Neumann zu spät erkannte. Einen Ersatz ihres Schadens konnte sie nicht bekommen, obwohl ihr am Unfall kein eigenes Verschulden zuzurechnen ist.

c) Da Frau Neumann auch Sportunterricht erteilt, will sie die Kosten eines Tennisschlägers in Höhe von **350 DM** als Werbungskosten geltend machen.

d) Ihre Ausgaben für Fachliteratur haben in 1999 **300 DM** betragen.

e) Die Steuerpflichtige nutzt in der Wohnung ein 15 qm großes Zimmer als Arbeitszimmer (Wohnungsgröße insgesamt 125 qm). Für die gesamte Wohnung werden Kosten (Heizung, Strom usw.) in Höhe von insgesamt **10.000 DM** nachgewiesen. Für ihre berufliche Tätigkeit steht Frau Neumann kein anderer Arbeitsplatz zur Verfügung.

f) Frau Neumann hat im März 1999 einen neuen Computer für 820 DM einschließlich USt angeschafft und bezahlt. Die gewöhnliche Nutzungsdauer des Computers beträgt 4 Jahre. Die Steuerpflichtige will, wenn möglich, den gesamten Betrag als Werbungskosten absetzen.

3. Frau Neumann ist für einen Sportverein nebenberuflich als Trainerin tätig. In 1999 erhielt sie für diese Tätigkeit eine Vergütung von **3.000 DM**. Anhand von Unterlagen weist die Steuerpflichtige nach, daß ihr für diese Tätigkeit Aufwendungen von **800 DM** entstanden sind.

4. Die Eheleute Neumann legen Ihnen Bankunterlagen der Sparkasse Koblenz vor, aus denen sich folgendes ergibt:

a) Zinsen auf gemeinsames Spargutgaben der Eheleute (**vor** Abzug der KapESt und des SolZ)   **4.000,— DM**

b) gemeinsamer Kauf von Aktien der Daimler-Benz AG am 13.02.1999 für **20.310,15 DM** einschließlich Nebenkosten.

Am 12.06.1999 wurde auf dem Sparkonto die Dividende für diese Aktien in Höhe von **883,50 DM** (**nach** Abzug der KSt, der KapESt und des SolZ) gutgeschrieben. Eine Steuerbescheinigung liegt vor.
Am 01.07.1999 haben die Eheleute die Aktien für **27.300 DM** abzüglich **300 DM** Verkaufsspesen = **27.000 DM** verkauft.

c) Gemeinsamer Kauf von Bundesobligationen für **10.000 DM** am 04.01.1999 Beim Kauf fielen weder Nebenkosten noch Stückzinsen an. Die Obligationen wurden am 05.07.1999 mit laufendem Zinsschein verkauft. Die Stückzinsen haben **400 DM** (**vor** Abzug der KapESt und des SolZ) und der Nettoerlös **10.900 DM** betragen.

5. Die Eheleute haben in Koblenz ein **Zweifamilienhaus** auf einem Erbbaugrundstück gebaut. Der Antrag auf Baugenehmigung wurde am 14.10.1994 gestellt. Bezugsfertigkeit: 24.12.1995, Herstellungskosten: **425.000 DM**. Die Eheleute selbst und der Mieter der Wohnung im Obergeschoß sind erst am 04.01.1996 eingezogen.

In 1999 wurden noch verausgabt:

a) Zinsen für Darlehen   24.310,— DM

b) Versicherungsbeitrag Brandkasse   200,— DM

3. Sonstige Ausgaben

1. Die Eheleute wollen folgende Beträge steuerlich geltend machen:

    Kranken- und Pflegeversicherung   4.200,— DM
    Risikolebensversicherung   2.800,— DM
    Pkw-Haftpflichtversicherung   400,— DM

2. Für die Beschäftigung einer Hilfe im Haushalt vom 01.03. bis 31.12.1999 haben die Eheleute Neumann **2.000 DM** aufgewendet.

4. Aufgaben

1. Nehmen Sie Stellung zur **persönlichen Steuerpflicht**, zu den **altersmäßigen Vergünstigungen** der Steuerpflichtigen, zu den **zu berücksichtigenden Kindern**, zur **Veranlagungsart** und zum **Steuertarif**.

2. Ermitteln Sie das **zu versteuernde Einkommen** der Eheleute Neumann für den VZ 1999.

Prüfungsfall 11:

1. Berechnen Sie das **zu versteuernde Einkommen** der 40jährigen Evelyn Herbst in Augsburg für 1999.
   - Evelyn Herbst, geb. 05.05.1960, ist seit vier Jahren Witwe und zu 35 % behindert; sie erhält für ihre Kinder Kindergeld.
   - Journalistische Tätigkeit: Einnahmen 58.888 DM, Ausgaben 6.222 DM
   - Kirchensteuer 262 DM
   - Beiträge zur Kranken- und Lebensversicherung 10.760 DM
   - Beitrag zu einer freiwilligen Pflegeversicherung 300 DM
   - Evelyn Herbst hatte Krankheitskosten von 5.550 DM, die nicht ersetzt wurden
   - Tochter Sylvia, 20 Jahre, studierte und wohnte bis zum 31.07.1999 in Erlangen. Dann brach sie das Studium ab und arbeitete ab 15.08.1999 als Verkäuferin für monatlich 2.500 DM brutto.
   - Sohn Thomas wurde am 04.04.1999 18 Jahre alt und besucht das Gymnasium in Augsburg
   - Sohn Christian, 6 Jahre, besucht die Grundschule. Die Nachmittagsbetreuung für Hausaufgaben im Schülerheim von September bis Dezember 1999 kostete 140 DM.

   1.1 Welche **Veranlagungsart** hat Frau Herbst 1999?
   1.2 Nach welcher **ESt-Tabelle** wird die Einkommensteuerschuld berechnet?
   1.3 Wie hoch wären 1999 insgesamt die **Kinderfreibeträge**, wenn Frau Herbst diese wählen (erhalten) würde?

2. Claus Klein, geb. 28.09.1950, ledig, ist selbständiger Handelsvertreter. Der Gesamtbetrag seiner Einkünfte liegt bei 100.000 DM jährlich.
   Am 15.08.1999 hat er sein neu erbautes Einfamilienhaus in München bezogen. Klein, der selbst Bauherr war, sind Herstellungskosten in Höhe von 418.000 DM entstanden. Das Grundstück hat er von seinem Vater geschenkt bekommen. Das Haus hat eine Fläche von 150 qm, einen Raum mit 15 qm nutzt Klein als Büro. Klein verbringt ca. 90 % seiner Arbeitszeit in diesem Büro. Es ist das erste Wohneigentum, das Klein erworben hat. Zur Finanzierung des Hauses hat er ein Darlehen aufgenommen und dafür in 1999 9.000 DM Zinsen gezahlt. Die Haus- und Grundstücksaufwendungen betrugen in 1999 insgesamt 1.764 DM.
   Stellen Sie die steuerlichen **Vorteile** von Klein durch die Errichtung und die Nutzung des Hauses fest. Eine genaue Berechnung ist notwendig.

3. Die 68-jährige Steuerpflichtige Berta Brummer erhielt im Veranlagungszeitraum 1999 eine Monatsrente aus der gesetzlichen Sozialversicherung in Höhe von 2.100 DM. (Beginn der Rente mit 65 Jahren).
   Daneben bezieht sie eine monatliche Werkspension über 600 DM von ihrem ehemaligen Arbeitgeber, die nicht auf eigener Beitragsleitung beruht.
   Aus einer Beteiligung als Teilhafter an einer Kommanditgesellschaft erhielt sie außerdem für den VZ 1999 noch einen Gewinnanteil von 6.300 DM.
   Ermitteln Sie den **Gesamtbetrag der Einkünfte** der Steuerpflichtigen Berta Brummer für 1999.

4. Der ledige Fritz Müller hat 1000 Stück XY-Aktien in seinem Depot. Die AG zahlt eine Bar-Dividende von 8,00 DM pro Stück.

   4.1 Wieviel DM bekommt Fritz Müller **gutgeschrieben**? (Kein Freistellungsauftrag)

   4.2 Bestimmen Sie die **Einkunftsart** und deren **Höhe**.

D. Körperschaftsteuer

1 Einführung in die Körperschaftsteuer

1.1 Geschichtliche Entwicklung

Die deutsche **Körperschaftsteuer (KSt)** wurde **erstmals** durch die Erzbergersche Steuerreform **1920** erhoben.

Die **Anfänge** dieser Besteuerung lagen teils in **kommunalen Satzungen**, teils in einzelnen **Einkommensteuersystemen der Länder**.

Erzbergers Reformgesetz stellte eine grundlegende **Neuschöpfung** dar. Die **Steuerpflicht** erstreckte sich auf alle **nichtnatürlichen Personen**.

Die Regelung in einem besonderen Gesetz (**KStG vom 30.3.1920**) erschien aus praktischen Gründen zweckmäßig: einmal, weil die Eigenart der Körperschaften eine Reihe von Spezialvorschriften notwendig machte (z.B. die persönliche Steuerpflicht und die abzugsfähigen Ausgaben), zum anderen, weil verschiedene Bestimmungen des Einkommensteuergesetzes (z.B. die Zusammenveranlagung, der Tarif, die Berücksichtigung von Kindern, die Sonderausgaben und die außergewöhnlichen Belastungen) ihrer Natur nach für **nichtnatürliche** Personen ausschieden.

Erzbergers Reform hat sich bewährt und **lebt in unserem heutigen Körperschaftsteuergesetz fort** (Alfons Pausch).

Der Steuersatz betrug damals **10 %**. Er wurde in der Folgezeit mehrmals erhöht und erreichte 1946 **65 %**.

Die **Gewinnanteile** der juristischen Personen unterlagen bei der ausschüttenden Gesellschaft der **Körperschaftsteuer und** beim Empfänger der **Einkommensteuer**.

1953 wurde erstmals die **Doppelbelastung** desselben Gewinns durch Körperschaftsteuer und Einkommensteuer **durch eine niedrigere Besteuerung der ausgeschütteten** Gewinne **gemildert**. Die **einbehaltenen** (thesaurierten) Gewinne wurden mit einem **höheren** Steuersatz belastet (**gespaltener Steuersatz**).

Durch das seit **1.1.1977** geltende **Anrechnungsverfahren** ist die **Doppelbelastung** der **ausgeschütteten** Gewinne vollständig **beseitigt** worden.

Einzelheiten zum Anrechnungsverfahren wurden bereits im Abschnitt "11.2 Einkünfte aus Kapitalvermögen" dargestellt und erläutert, Seite 191 ff.

Die auf **Ausschüttungen** lastende **Körperschaftsteuer** von z.Z. 30 % (Ausschüttungsbelastung) **wird** nach § 36 Abs. 2 Nr. 3 **EStG auf die Einkommensteuer** des Anteilseigners **angerechnet**.

Der Körperschaftsteuersatz für **einbehaltene** (thesaurierte) Gewinne ist **ab dem VZ 1999** von 45 % auf **40 %** gesenkt worden (§ 23 Abs. 1 KStG).
Der Körperschaftsteuersatz für **ausgeschüttete** Gewinne bleibt mit **30 %** unverändert bestehen (§ 27 Abs. 1 KStG).

1.2 Stellung im Steuersystem

Die **Körperschaftsteuer** ist die **"Einkommensteuer der juristischen Personen"**, die in § 1 Abs. 1 und § 2 KStG aufgeführt sind.

Juristische Personen sind alle mit Rechtsfähigkeit versehenen Organisationen.

Juristische Personen sind **nichtnatürliche Personen**, die wie natürliche Personen die Fähigkeit haben, Träger von Rechten und Pflichten zu sein.

Zu den **juristischen Personen** des § 1 Abs. 1 und § 2 KStG gehören **insbesondere** die **Kapitalgesellschaften** (AG, GmbH, KGaA).

Personengesellschaften (z.B. OHG, KG) sind **weder natürliche noch juristische Personen**. Sie unterliegen **weder** der **Einkommensteuer noch** der **Körperschaftsteuer**. Die von ihnen erzielten Einkünfte unterliegen bei den **Gesellschaftern** der **Einkommensteuer**.

Die **Körperschaftsteuer** ist demnach eine **rechtsformabhängige Steuer**, die vor allem zur **Besteuerung der Kapitalgesellschaften** (AG, GmbH, KGaA) führt.

Die **Körperschaftsteuer** ist eine **Besitzsteuer**, eine **Personensteuer**, eine **direkte Steuer** und eine **Gemeinschaftsteuer**.

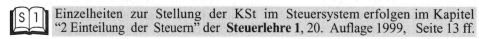
Einzelheiten zur Stellung der KSt im Steuersystem erfolgen im Kapitel "2 Einteilung der Steuern" der **Steuerlehre 1**, 20. Auflage 1999, Seite 13 ff.

1.3 Steueraufkommen

Die Bedeutung der **Körperschaftsteuer** im Besteuerungssystem zeigt sich im **Vergleich** mit den **gesamten Steuereinnahmen**.

1997 hatte die **Körperschaftsteuer** mit einem Aufkommen von rund **33 Mrd. DM** einen Anteil von rund **4 %** an den **gesamten Steuereinnahmen** von rund **797 Mrd. DM**.

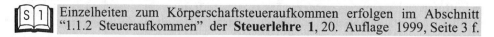
Einzelheiten zum Körperschaftsteueraufkommen erfolgen im Abschnitt "1.1.2 Steueraufkommen" der **Steuerlehre 1**, 20. Auflage 1999, Seite 3 f.

1.4 Rechtsgrundlagen

Für die **Körperschaftsteuer** sind insbesondere folgende **Vorschriften** zu beachten:

- das Einkommensteuergesetz (**EStG**) als Grundlage für die Ermittlung des zu versteuernden Einkommens,
- das Körperschaftsteuergesetz (**KStG**),
- die Körperschaftsteuer-Durchführungsverordnung (**KStDV**) und
- die Körperschaftsteuer-Richtlinien (**KStR**).

1.5 Erfolgskontrolle

WIEDERHOLUNGSFRAGEN

1. Was wissen Sie über die geschichtliche Entwicklung der Körperschaftsteuer?
2. Wer wird von der Körperschaftsteuer erfaßt?
3. Was sind juristische Personen?
4. Wie hoch ist das Körperschaftsteuer-Aufkommen 1997?
5. Welche Rechtsgrundlagen können zur Klärung körperschaftsteuerlicher Fragen herangezogen werden?

FÄLLE

Fall 1:

A, Koblenz, betreibt als **Einzelunternehmer** in Koblenz ein Großhandelsgeschäft. Sein Gewinn hat 1999 **50.000 DM** betragen.

Unterliegt der Gewinn der Körperschaftsteuer? Begründen Sie Ihre Antwort.

Fall 2:

B, Bonn, ist an der **X-KG**, Bonn, beteiligt. Die KG hat 1999 einen Gewinn von **300.000 DM** erzielt. Der Gewinnanteil des B hat 1999 **60.000 DM** betragen.

1. Unterliegt der Gewinn der KG der Körperschaftsteuer? Begründen Sie Ihre Antwort.
2. Unterliegt der Gewinnanteil des B der Körperschaftsteuer? Begründen Sie Ihre Antwort.

Fall 3:

C, Köln, ist mit 50 % an der **X-GmbH**, Köln, beteiligt. Die GmbH hat 1999 einen Gewinn in Höhe von **200.000 DM** erzielt.

1. Unterliegt der Gewinn der GmbH der Körperschaftsteuer? Begründen Sie Ihre Antwort.
2. Angenommen die GmbH schüttet einen Teil ihres erzielten Gewinns an ihre Gesellschafter aus. Unterliegt der ausgeschüttete Gewinn bei den Gesellschaftern der Körperschaftsteuer? Begründen Sie Ihre Antwort.

Fall 4:

D, Hamburg, ist Aufsichtsratsmitglied der **X-AG**, Hamburg. Die AG hat 1999 einen Gewinn von **2,5 Mio. DM** erzielt. D erhält als Aufsichtsratsmitglied der AG eine Aufsichtsratsvergütung von **5.000 DM**.

1. Unterliegt der Gewinn der AG der Körperschaftsteuer? Begründen Sie Ihre Antwort.
2. Unterliegt die Aufsichtsratsvergütung des D der Körperschaftsteuer?

2 Körperschaftsteuerpflicht

Das Körperschaftsteuergesetz nennt **zwei Arten** der Steuerpflicht

> 1. die **unbeschränkte** Steuerpflicht und
> 2. die **beschränkte** Steuerpflicht.

2.1 Unbeschränkte Steuerpflicht

Unbeschränkt körperschaftsteuerpflichtig sind nach § 1 Abs. 1 KStG

> 1. **juristische** Personen,
> 2. die im **Inland**
> 3. ihre **Geschäftsleitung** oder
> 4. ihren **Sitz**

haben.

2.1.1 Juristische Personen

Das BGB unterscheidet **natürliche** und **juristische** Personen. **Natürliche** Personen unterliegen der **Einkommensteuer**, während **juristische** Personen i.S.d. § 1 Abs. 1 und § 2 KStG von der **Körperschaftsteuer** erfaßt werden.

Zu den **juristischen Personen** i.S.d. § 1 Abs. 1 und § 2 KStG gehören

> - **Kapitalgesellschaften (AG, GmbH, KGaA)**;
> - Erwerbs- und Wirtschaftsgenossenschaften (z.B. Volksbanken);
> - Versicherungsvereine auf Gegenseitigkeit;
> - sonstige juristische Personen des privaten Rechts (z.B. **rechtsfähige Vereine**);
> - nichtrechtsfähige Vereine, Anstalten, Stiftungen und andere Zweckvermögen des privaten Rechts;
> - Betriebe gewerblicher Art von juristischen Personen des öffentlichen Rechts (z.B. Wasserwerke von Gemeinden).

Die **Aufzählung** der Körperschaften, Personenvereinigungen und Vermögensmassen in § 1 Abs. 1 KStG ist grundsätzlich **abschließend**.

Daher ist eine GmbH & Co. KG, deren alleiniger persönlich haftender Gesellschafter eine GmbH ist, **nicht** als **Kapitalgesellschaft** i.S.d. § 1 Abs. 1 Nr. 1 KStG anzusehen (Abschn. 2 Abs. 1 KStR 1995).

Eine **GmbH & Co. KG** wird steuerlich als **Personengesellschaft** behandelt.

2.1.2 Inland

Zum **Inland** gehört - ebenso wie im Einkommensteuerrecht - das Gebiet der **Bundesrepublik Deutschland sowie** der der Bundesrepublik Deutschland zustehende Anteil am **Festlandsockel, soweit** dort **Naturschätze** des Meeresgrundes und des Meeresuntergrundes **erforscht oder ausgebeutet werden** (§ 1 Abs. 3 KStG).

2.1.3 Geschäftsleitung

Geschäftsleitung ist der "**Mittelpunkt der geschäftlichen Oberleitung**" (§ 10 AO).

Wo sich der **Ort der Geschäftsleitung** befindet ist nach den **tatsächlichen** und nicht nach den rechtlichen **Verhältnissen zu beurteilen**.

Der **Mittelpunkt der geschäftlichen Oberleitung** liegt **dort**, wo der **maßgebliche Wille tatsächlich gebildet und** die für das Unternehmen **wichtigen Beschlüsse gefaßt** werden.

Das ist in der Regel am **Ort des kaufmännischen** (nicht technischen) **Zentralbüros**.

2.1.4 Sitz

Den **Sitz** hat eine juristische Person an dem Ort, der durch Gesetz, Gesellschaftsvertrag, Satzung, Stiftungsgeschäft oder dergleichen bestimmt ist (§ 11 AO).

Für die unbeschränkte Körperschaftsteuerpflicht ist ein inländischer Sitz nur dann von Bedeutung, wenn sich der Ort der Geschäftsleitung der juristischen Person im Ausland befindet.

Bei der **AG und KGaA** fallen **Sitz und Geschäftsleitung zusammen** (§ 5 Abs. 2 und § 278 Abs. 3 AktG).

Sind alle **Voraussetzungen** des **§ 1 Abs. 1** KStG **erfüllt**, ist die juristische Person **unbeschränkt körperschaftsteuerpflichtig**.

Die **unbeschränkte Körperschaftsteuerpflicht** hat zur **Folge**, daß **sämtliche** (in- und ausländische) **Einkünfte** der **Körperschaftsteuer unterliegen** (§ 1 **Abs. 2** KStG).

2.2 Beschränkte Steuerpflicht

Beschränkt körperschaftsteuerpflichtig sind juristische Personen, die im Inland weder ihre Geschäftsleitung noch ihren Sitz haben, jedoch **inländische** Einkünfte erzielen.

Die **beschränkte Körperschaftsteuerpflicht** hat zur **Folge**, das **nur** die **inländischen** Einkünfte der **Körperschaftsteuer unterliegen** (§ 2 KStG).

2.3 Zusammenfassung und Erfolgskontrolle

2.3.1 Zusammenfassung

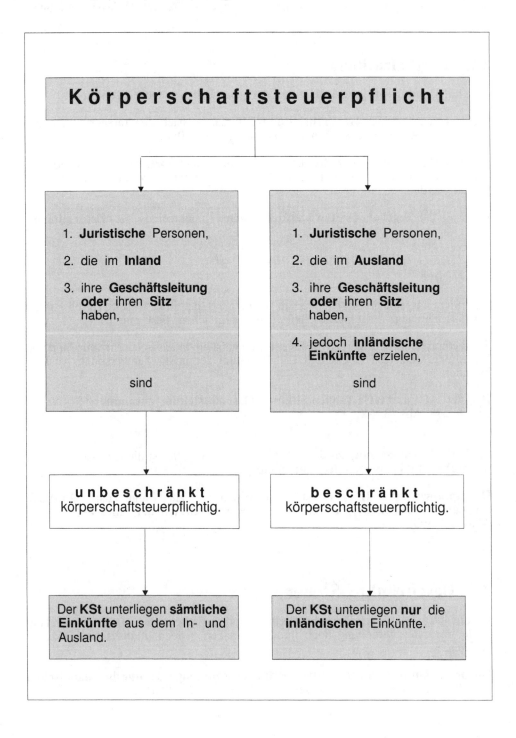

2.3.2 Erfolgskontrolle

WIEDERHOLUNGSFRAGEN

1. Wer ist unbeschränkt körperschaftsteuerpflichtig?
2. Was versteht man unter einer juristischen Person i.S.d. § 1 Abs. 1 und § 2 KStG?
3. Was versteht man unter Inland im Sinne des Körperschaftsteuergesetzes?
4. Was versteht man unter Geschäftsleitung im Sinne des § 10 AO?
5. Was versteht man unter Sitz im Sinne des § 11 AO?
6. Welche Folge ergibt sich aus der unbeschränkten Körperschaftsteuerpflicht?
7. Wer ist beschränkt körperschaftsteuerpflichtig?
8. Welche Folge ergibt sich aus der beschränkten Körperschaftsteuerpflicht?

FÄLLE

Fall 1:

Entscheiden Sie, ob folgende Unternehmen 1999 unbeschränkt körperschaftsteuerpflichtig sind:

1. OSCAR GmbH, Köln
2. Heinrich Zengler GmbH & Co. KG, Hamburg
3. Wasserwerk der Stadt Bad Neuenahr-Ahrweiler
4. Volksbank Lahnstein eG, Lahnstein (Rhein)
5. Post-Sportverein Koblenz e.V., Koblenz
6. Reinhold Harsch KG, Stuttgart
7. Grimm GmbH, Ingolstadt. Ihr Alleingesellschafter und Geschäftsführer Karl Kraus lebt in Linz (Österreich).
8. Albert, Berthold und Dieter schließen am 15.9.1999 einen notariellen Gesellschaftsvertrag über die Gründung der A B D GmbH. Die GmbH wurde erst im Januar 2000 in Handelsregister eingetragen.
9. Architekt Schulz und Huber Partnerschaftsgesellschaft

Begründen Sie Ihre Antwort unter Hinweis auf die gesetzlichen Vorschriften.

Fall 2:

Die Austria AG mit Geschäftsleitung in Wien erzielt 1999 Einkünfte aus Vermietung und Verpachtung aus einem in München gelegenen Mietwohngrundstück in Höhe von 50.000 DM.

Ist die Austria AG in Deutschland körperschaftsteuerpflichtig? Begründen Sie Ihre Antwort unter Hinweis auf die gesetzlichen Vorschriften.

3 Steuerbefreiungen

Bestimmte **unbeschränkte** juristische Personen sind aus staatspolitischen, sozialpolitischen oder volkswirtschaftlichen Gründen **vollständig oder teilweise** von der **Körperschaftsteuer befreit**.

3.1 Unbeschränkte Steuerbefreiungen

Nach § 5 Abs. 1 KStG sind z.B. von der Körperschaftsteuer **vollständig befreit**:

- das Bundeseisenbahnvermögen, die Monopolverwaltung des Bundes, die staatlichen Lotterieunternehmen;
- die Deutsche Bundesbank, die Kreditanstalt für Wiederaufbau;
- gemeinnützige Körperschaften im Sinne des § 5 Abs. 1 **Nr. 9** KStG (z.B. Verein der Freunde und Förderer der Berufsbildenden Schule Wirtschaft Koblenz e.V.).

 Die **Steuerbefreiungen** bei der Körperschaftsteuer stimmen größtenteils mit denen der **Gewerbesteuer** überein (siehe Seite 574).

3.2 Beschränkte Steuerbefreiungen

Gemeinnützige juristische Personen im Sinne des § 5 Abs. 1 **Nr. 9 Satz 1** KStG sind **grundsätzlich** von der Körperschaftsteuer **befreit**.

Wird jedoch von ihnen neben ihrer ideellen Tätigkeit **gleichzeitig noch ein wirtschaftlicher Geschäftsbetrieb** (§ 14 AO) unterhalten, dann ist die juristische Person insoweit **steuerpflichtig** (§ 5 Abs. 1 Nr. 9 **Satz 2** KStG).

> Beispiel:
> Der Gesangverein Frohsinn e.V., Bonn, unterhält ein Vereinslokal, in dem Speisen und Getränke gegen kostendeckendes Entgelt an die Mitglieder abgegeben werden. Außerdem verwaltet der Verein ein beträchtliches Vermögen.
>
> Für die **Abgabe der Speisen und Getränke** gilt der Verein als Gewerbebetrieb kraft **wirtschaftlichen Geschäftsbetriebs**. Die Vermögensverwaltung ist hingegen keine gewerbliche Tätigkeit (siehe Abschnitt 2.2.3, Seite 570 f.).

Übersteigen die Einnahmen einschließlich Umsatzsteuer (**Bruttoeinnahmen**) aus **wirtschaftlichen Geschäftsbetrieben** insgesamt nicht **60.000 DM im Jahr**, so unterliegen die diesen Geschäftsbetrieben zuzuordnenden Besteuerungsgrundlagen **nicht** der **Körperschaftsteuer** und der Gewerbesteuer (§ 64 Abs. 3 AO).

Übersteigen die **Bruttoeinnahmen** die Besteuerungsgrenze von **60.000 DM**, muß der **Überschuß** des steuerpflichtigen wirtschaftlichen Geschäftsbetriebes **ermittelt** werden. **Er unterliegt** nach Abzug eines **Freibetrags von 7.500 DM** (§ 24 KStG) der **Körperschaftsteuer** und der Gewerbesteuer.

Beispiel:
Der gemeinnützige Tennisclub TC Hunsrück e.V., Simmern, der im Rahmen seines wirtschaftlichen Geschäftsbetriebs 1998 einen Umsatz von 19.500 DM erzielte, hat 1999 folgende Einnahmen erwirtschaftet:

1. Ideeler Bereich	
Einnahmen aus Mitgliedsbeiträgen	30.000 DM
2. Steuerpflichtiger wirtschaftlicher Geschäftsbetrieb	
Einnahmen aus dem Verkauf von Speisen und Getränken	20.000 DM
Einnahmen aus Bandenwerbung	1.000 DM

Körperschaftsteuer und **Gewerbesteuer** fallen **nicht** an, weil die Einnahmen aus dem steuerpflichtigen wirtschaftlichen Geschäftsbetrieb (insgesamt 21.000 DM) die Besteuerungsgrenze von 60.000 DM nicht übersteigen (§ 64 Abs. 3 AO). **Umsatzsteuer** fällt ebenfalls nicht an, weil der Verein Kleinunternehmer i.S.d. § 19 UStG ist.
Der **ideelle Berreich** ist **steuerlich ohne Bedeutung**. Die **30.000 DM** sind nach § 5 Abs. 1 Nr. 9 **Satz 1** KStG von der Körperschaftsteuer **befreit**.

3.3 Erfolgskontrolle

WIEDERHOLUNGSFRAGEN

1. Welche juristischen Personen sind nach § 5 Abs. 1 KStG von der Körperschaftsteuer **vollständig** befreit?
2. Welche juristische Personen sind von der Körperschaftsteuer nur **teilweise** befreit?

FÄLLE

Fall 1:

Prüfen Sie, ob folgende juristische Personen von der Körperschaftsteuer nach § 5 Abs. 1 KStG befreit sind:

1. Steuerberater Akademie Rheinland-Pfalz, Stiftung des bürgerlichen Rechts, Mainz
2. Sterbegeldkasse des steuerberatenden Berufs, VVaG, Sitz Bonn
3. Volksbank Köln eG, Köln
4. Vereinigte Wasserwerke Mittelrhein GmbH, Koblenz

Fall 2:

Der gemeinnützige Fußballverein Wade Triefenbach e.V., Sitz Bonn, hat 1999 Einnahmen aus dem ideellen Tätigkeitsbereich von 12.000 DM und aus dem wirtschaftlichen Geschäftsbetrieb von 20.000 DM erzielt.

Ist der Verein 1999 von der Körperschaftsteuer befreit?

4 Ermittlung des körperschaftsteuerlichen Einkommens

4.1 Grundlagen der Besteuerung

Die **Körperschaftsteuer** bemißt sich nach dem **zu versteuernden Einkommen** (§ 7 Abs. 1 KStG).

Der Begriff des **zu versteuernden Einkommens** ist jedoch **nicht identisch mit dem des Einkommensteuergesetzes**, da bestimmte Sonderfreibeträge, die **natürliche** Personen betreffen (z.B. Kinderfreibetrag), ausscheiden.

Das **zu versteuernde Einkommen einer juristischen Person** ergibt sich aus dem **Einkommen**, das nach den Vorschriften des **Einkommensteuergesetzes** unter Beachtung **körperschaftsteuerlicher Vorschriften** ermittelt wird (§ 8 Abs. 1 KStG).

Sofern **keine eigene Steuerbilanz** erstellt wird, ist von dem **handelsrechlichen Jahresüberschuß / Jahresfehlbetrag** auszugehen.
Dieser ist nach § 60 EStDV an die **steuerrechtlichen** Vorschriften anzupassen.

> Beispiel:
> Die J & M GmbH, Koblenz, deren Wirtschaftsjahr mit dem Kalenderjahr übereinstimmt, hat 1999 einen **Jahresüberschuß** lt. handelsrechtlicher Gewinn- und Verlustrechnung nach § 275 Abs. 2 HGB in Höhe von **350.000 DM** erzielt.
>
> Folgende Vorgänge haben sich auf diesen Jahresüberschuß ausgewirkt:
>
> 1. Für im Geschäftsjahr 1999 unterlassene Aufwendungen für Instandhaltung, die im Mai 2000 nachgeholt wurden, ist eine **Rückstellung** von **50.000 DM** gebildet worden (§ 249 Abs. 1 HGB; H 31c (1) (Handelsrechtliches Passivierungswahlrecht) EStH 1999; Abschnitt 1.3.6 der Buchführung 2, 11. Auflage 1999).
> 2. Ein zu Beginn des Kalenderjahres 1999 entgeltlich erworbener **Firmenwert** von **300.000 DM** wurde mit **20 %** abgeschrieben (§ 255 Abs. 4 HGB; § 7 Abs. 1 Satz 3 EStG; Abschnitt 1.5.3.2 der Buchführung 2, 11. Auflage 1999).
> 3. Die gleichartigen Wirtschaftsgüter des **Vorratsvermögens** wurden nach dem **Fifo-Verfahren** bewertet. Nach dem **Lifo-Verfahren** würde sich ein um **10.000 DM** niedrigerer Wert ergeben (§ 256 HGB; § 6 Abs. 1 Nr. 2a EStG; Abschnitt 1.8.2.2 der Buchführung 2, 11. Auflage 1999).

Der **Gewinn lt. Steuerbilanz** wird wie folgt ermittelt:

		DM
	Jahresüberschuß lt. handelsrechtlicher GuVR	350.000,—
+/-	Korrekturen für steuerliche Zwecke nach dem EStG	
	1. Rückstellungen, die handelsrechtlich gebildet werden dürfen, dürfen steuerrechtlich nicht gebildet werden (H 31c (1) (Handelsrechtl. Passivierungsw.) EStH 1999	+ 50.000,—
	2. Der Firmenwert darf nach § 7 Abs. 1 Satz 3 EStG nur mit 6 2/3 % abgeschrieben werden (6 2/3 % von 300.000 DM = 20.000 DM) (60.000 DM - 20.000 DM)	+ 40.000,—
	3. Nach § 6 Abs. 1 Nr. 2a EStG ist steuerrechtlich nur das Lifo-Verfahren anzuwenden.	- 10.000,—
=	**Gewinn lt. Steuerbilanz**	**430.000,—**

Wird eine sog. **Einheitsbilanz** erstellt, die sowohl handels- als auch steuerrechtlichen Vorschriften entspricht, ist das **Ergebnis** dieser Bilanz **ohne bewertungsrechtliche Korrekturen** zu **übernehmen**.

Der **Gewinn / Verlust** lt. Steuerbilanz ist noch um **körperschaftsteuerliche** Sonderregelungen zu berichtigen, um zu dem **zu versteuernden Einkommen** zu gelangen.

4.2 Ermittlung des Einkommens

Das folgende Schema zeigt, wie das **zu versteuernde Einkommen** einer Kapitalgesellschaft **vereinfacht** aus dem Handelsbilanzergebnis abzuleiten ist (Abschn. 24 Abs. 1 KStR 1995):

```
     Jahresüberschuß / Jahresfehlbetrag lt. Handelsbilanz
+/-  Korrekturen nach einkommensteuerlichen Vorschriften (§ 60 EStDV)
  =  Gewinn / Verlust lt. Steuerbilanz
+/-  Korrekturen nach körperschaftsteuerlichen Vorschriften
 +   verdeckte Gewinnausschüttung (§ 8 Abs. 3 KStG)
 +   sämtliche Spenden
 -   abziehbare Spenden (§ 9 Abs. 1 Nr. 2 KStG)
 +   nichtabziehbare Aufwendungen (§ 10 KStG)
  =  Gesamtbetrag der Einkünfte
 -   Verlustabzug (§ 10d EStG)
  =  Einkommen
 -   Freibetrag nach § 24 KStG
 -   Freibetrag nach § 25 KStG
  =  zu versteuerndes Einkommen
```

4.2.1 Verdeckte Gewinnausschüttung

Eine **verdeckte Gewinnausschüttung (vGA)** i.S.d. § 8 Abs. 3 Satz 2 KStG ist eine "**Vermögensminderung** oder **verhinderte Vermögensmehrung**, die durch das Gesellschaftsverhältnis veranlaßt ist, sich auf die Höhe des Einkommens auswirkt und **nicht** auf einem den gesellschaftsrechtlichen Vorschriften entsprechenden **Gewinnverteilungsbeschluß** beruht" (Abschn. 31 Abs. 3 Satz 1 KStR 1995).

> **Beispiel für eine Vermögensminderung:**
> Der Gesellschafter-Geschäftsführer Martin Borne erhält von der OSCAR GmbH, Köln, neben einem angemessenen Gehalt von monatlich 59.000 DM eine besondere **Umsatzvergütung von 50.000 DM**, die auf **keinem** Gewinnverteilungsbeschluß beruht.
>
> Die **Umsatzvergütung** von **50.000 DM** ist eine **verdeckte Gewinnausschüttung**, die das Einkommen der GmbH mindert, und für körperschaftsteuerliche Zwecke dem Gewinn lt. Steuerbilanz wieder hinzuzurechnen ist.

Beispiel für eine verhinderte Vermögensmehrung:
Der Gesellschafter M der J & M GmbH, Koblenz, hat 1998 von der J & M GmbH ein **zinsloses Darlehen** in Höhe von 200.000 DM erhalten.Der marktübliche Zinssatz beträgt 7 %.

Der Zinsverzicht in Höhe von **14.000 DM** (7 % von 200.000 DM) führt 1999 zu einer Ertragsminderung der GmbH und stellt eine **verdeckte Gewinnauschüttung** dar, die dem Gewinn lt. Steuerbilanz wieder hinzuzurechnen ist.

Weitere Beispiele zur **verdeckten Gewinnausschüttung** sind in Abschn. 31 Abs. 3 Satz 8 KStR 1995 aufgeführt.

4.2.2 Spenden

Spenden nach § 9 Abs. 2 Nr. 2 KStG (Spenden für mildtätige, kirchliche, religiöse, wissenschaftliche und gemeinnützige Zwecke) sind **bei Kapitalgesellschaften abziehbar**.

Diese **Regelung entspricht** im wesentlichen den Vorschriften des **§ 10b Abs. 1, 3 und 4 EStG** für **natürliche** Personen.

Spenden an politische Parteien sind seit 1994 **für Kapitalgesellschaften nicht mehr abzugsfähig**.

Spenden für **mildtätige, kirchliche, religiöse, wissenschaftliche und gemeinnützige Zwecke** können nur bis zur Höhe von

1. **5 % des Einkommens**	**oder**
2. **2 v.T. der Summe aus Umsätzen, Löhnen und Gehältern**	

abgezogen werden (§ 9 Abs. 1 Nr. 2 KStG).

Bei **Spenden für wissenschaftliche, mildtätige und kulturelle Zwecke** erhöht sich der Prozentsatz von 5 % um **weitere 5 %**.

Das **für die Berechnung** der abziehbaren Spenden **maßgebende Einkommen** ist das Einkommen **vor** Abzug der Spenden und **vor** Verlustabzug.

Zum Zwecke der Ermittlung des körperschaftpflichtigen Einkommens sind die **gezahlten Spenden** zunächst wieder **hinzuzurechnen** und dann in Höhe des **abzugsfähigen Betrages** wieder **abzuziehen**.

Beispiel:
Die J & M GmbH, Koblenz, hat 1999 folgende Spenden geleistet:

Spenden für **wissenschaftliche** Zwecke	30.000 DM
Spenden für **kirchliche** Zwecke	20.000 DM
Spenden an eine **politische Partei**	10.000 DM

Das **Einkommen** der J & M GmbH beträgt **460.000 DM nach** Abzug der Spenden von insgesamt 60.000 DM.

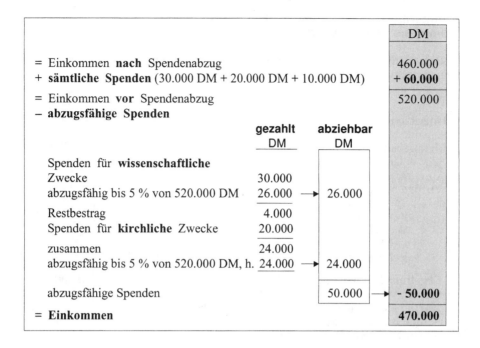

4.2.3 Nichtabziehbare Aufwendungen

Neben den **einkommensteuerlichen** Vorschriften über die nichtabziehbaren Betriebsausgaben (z.B. § 4 Abs. 5 EStG), die auch für Kapitalgesellschaften gelten, enthält das **Körperschaftsteuergesetz eigene Regelungen** über die Nichtabzugsfähigkeit von Betriebsausgaben (§ 10 KStG).

Nach § 10 KStG sind z.B. folgende **Betriebsausgaben vom Abzug ausgeschlossen:**

- **Steuern vom Einkommen** (z.B. KSt, KapESt, SolZ) und **sonstige Personensteuern**, die **Umsatzsteuer für Umsätze, die Entnahmen** oder verdeckte Gewinnausschüttungen **sind**, und die Vorsteuerbeträge für die das Abzugsverbot des § 4 Abs. 5 EStG gilt sowie die auf diese Steuern entfallenden Nebenleistungen;

- in einem Strafverfahren festgesetzte **Geldstrafen** und sonstige Rechtsfolgen vermögensrechtlicher Art, bei denen der Strafcharakter überwiegt;

- die **Hälfte der Vergütungen**, die an **Mitglieder der Aufsichtsräte, Beiräte** usw. zur Überwachung der Geschäftsführung gewährt werden.

Die **Aufzählung** der nichtabziehbaren Aufwendungen nach § 10 KStG ist **nicht erschöpfend**. Dies folgt aus dem Wort "**auch**" im Einleitungssatz des § 10 KStG.

§ 12 EStG enthält Vorschriften über die **nichtabzugsfähigen Ausgaben** für **natürliche** Personen.

§ 12 EStG ist für **juristische** Personen **nicht anwendbar**, so daß § 10 KStG für **juristische** Personen erforderlich ist.

Zusammenfassendes Beispiel zur Ermittlung des zu versteuernden Einkommens einer GmbH

Die Klein GmbH, Bonn, hat für 1999 folgende **vorläufige** Gewinn- und Verlustrechnung nach § 275 Abs. 2 HGB erstellt:

Nr.	Posten	DM	DM
1.	Umsatzerlöse		4.500.000
2.	sonstige betriebliche Erträge		700.000
3.	Materialaufwand		2.200.000
4.	Personalaufwand		1.800.000
5.	Abschreibungen auf Sachanlagen		200.000
6.	sonstige betriebliche Aufwendungen		400.000
	davon **Spenden für mildtätige Zwecke**	5.000	
	Parteispenden	5.000	
	Werbegeschenke über 75 DM	7.200	
	Geldbußen	1.000	
	Beiratsvergütungen	10.000	
8.	**Ergebnis der gewöhnlichen Geschäftstätigkeit**		**600.000**
9.	Steuern vom Einkommen und Ertrag		
	Körperschaftsteuer-Vorauszahlungen		260.000
	Solidaritätszuschlag		14.300
10.	sonstige Steuern		
	Grundsteuer		10.200
11.	**vorläufiger** Jahresüberschuß 1999		**315.500**

Die Klein GmbH, Bonn, ermittelt aus der **vorläufigen** handelsrechtlichen Gewinn- und Verlustrechnung das **zu versteuernde Einkommen**:

	DM
vorläufiger Jahresüberschuß lt. Handelsbilanz	315.500
+/– Korrekturen nach **körperschaftsteuerlichen** Vorschriften	
+ sämtliche Spenden (5.000 DM + 5.000 DM)	10.000
– abziehbare Spenden (mildtätige Zwecke)	5.000
+ nichtabziehbare Aufwendungen	
Werbegeschenke über 75 DM	7.200
Geldbußen	1.000
Beiratsvergütungen (50 % von 10.000 DM)	5.000
Körperschaftsteuer-Vorauszahlungen	260.000
Solidaritätszuschlag	14.300
= **zu versteuerndes Einkommen**	**608.000**

Die **Körperschaftsteuer** beträgt **40 %** von 608.000 DM = **243.200 DM** (§ 24 Abs. 1 KStG).

Die **Körperschaftsteuer** ist mit **243.200 DM** statt mit 260.000 DM in die **endgültig** zu erstellende Gewinn- und Verlustrechnung einzusetzen. Ebenso ist der **Solidaritätszuschlag** mit **13.376 DM** statt mit 14.300 DM einzusetzen. **Durch diese Änderungen** beträgt der **endgültige Jahresüberschuß 1999 333.224 DM** statt 315.500 DM.

4.3 Erfolgskontrolle

WIEDERHOLUNGSFRAGEN

1. Was ist die Bemessungsgrundlage der Körperschaftsteuer?
2. Ist der Begriff "zu versteuerndes Einkommen" nach § 7 Abs. 1 KStG identisch mit dem gleichlautenden Begriff des Einkommensteuergesetzes?
3. Was versteht man unter dem "zu versteuernden Einkommen" im Sinne des Körperschaftsteuergesetzes?
4. Was versteht man unter verdeckter Gewinnausschüttung? Nennen Sie zwei Beispiele.
5. Wie werden Spenden nach § 9 Abs. 2 Nr. 2 KStG bei Kapitalgesellschaften berücksichtigt?
6. Welche Betriebsausgaben sind nach § 10 KStG z.B. nicht abzugsfähig? Nennen Sie vier Beispiele.

FÄLLE

Fall 1:

Die Groß GmbH, München, deren Wirtschaftsjahr mit dem Kalenderjahr übereinstimmt, hat 1999 folgende **Spenden** geleistet:

Spenden für **wissenschaftliche** Zwecke	**30.000 DM**
Spenden für **kirchliche** Zwecke	**20.000 DM**
Spenden an eine **politische Partei**	**5.000 DM**

Die Summe aus Umsätzen, Löhnen und Gehälter hat 1999 **15.000.000 DM** betragen und das Einkommen **305.000 DM nach** Abzug der Spenden von insgesamt 55.000 DM.

Wie verändert sich 1999 das **Einkommen** der Groß GmbH durch die Spenden?

Fall 2:

Die Groß GmbH, München, deren Wirtschaftsjahr mit dem Kalenderjahr übereinstimmt, hat 1999 einen **vorläufigen** Jahresüberschuß von **325.000 DM** erwirtschaftet.
Der Jahresüberschuß ist u.a. durch folgende Vorgänge gemindert worden:

Körperschaftsteuer-Vorauszahlungen	180.000 DM
Solidaritätszuschlag	9.900 DM
Aufsichtsratvergütung	40.000 DM

Wie hoch ist 1999 das **zu versteuernde Einkommen** der Groß GmbH?

5 Körperschaftsteuertarif

Das **zu versteuernde Einkommen** unterliegt zunächst der **Tarifbelastung**.

5.1 Tarifbelastung

Die **Tarifbelastung** ist die Körperschaftsteuerbelastung, die sich **ohne** Gewinnausschüttung ergeben würde oder ergeben hat.

Für **thesaurierte Gewinnanteile**, d.h. für **nicht** an die Anteilseigner **ausgeschüttete Gewinne**, beträgt die **Körperschaftsteuer** bei **Kapitalgesellschaften** und Genossenschaften

> **40 % des zu versteuernden Einkommens**

(§ 23 Abs. 1 KStG).

Man bezeichnet diesen **Körperschaftsteuersatz** als **Tarifbelastung**; er gilt als **Regelsteuersatz** der Körperschaften.

> Beispiel:
> Das **zu versteuernde Einkommen** der Klein GmbH, Bonn, hat 1999 **608.000 DM** betragen. Der gesamte Gewinn wird **thesauriert**, d.h. er wird **nicht** an die Anteilseigner **ausgeschüttet**; er verbleibt im Betrieb.
>
> Die **Tarifbelastung** beträgt **243.200 DM** (**40 %** von 608.000 DM).

Die **Tarifbelastung von 40 %** steht unter dem **Vorbehalt**, daß **keine Gewinnausschüttung** an die Anteilseigner erfolgt.

Erfolgt eine **Gewinnausschüttung** an die Anteilseigner, **ändert sich** die **Körperschaftsteuerbelastung** nach § 23 Abs. 5 KStG.

Die genaue Ermittlung der Körperschaftsteuerbelastung wird im sog. **Anrechnungsverfahren** (vierter Teil des Körperschaftsteuergesetzes) geregelt. Man bezeichnet dies als **Herstellung der Ausschüttungsbelastung**.

Bei juristischen Personen i.S.d. § 1 Abs. 1 **Nr. 3 bis 6** KStG (z.B. **Vereinen**) wird der **Körperschaftsteuersatz** von bisher **42 %** aufgehoben. Das zu versteuernde Einkommen dieser Körperschaften unterliegt zukünftig **ebenfalls** dem abgesenkten Körperschaftsteuersatz von **40 %** (§ 23 Abs. 2 KStG).

Ebenso wie bei der Einkommensteuer wird seit 1.1.1995 ein **Solidaritätszuschlag** auf die festgesetzte Körperschaftsteuer erhoben (§ 3 Abs. 1 Nr. 1 SolZG). Seit 1.1.1998 beträgt der Solidaritätszuschlag **5,5 %** der festgesetzten Körperschaftsteuer (§ 4 SolZG).

> Beispiel:
> Sachverhalt wie im Beispiel zuvor
>
> Der **Solidaritätszuschlag** beträgt **13.376 DM** (**5,5 %** von 243.200 DM).

5.2 Ausschüttungsbelastung

Bei **ausgeschütteten Gewinnen** beträgt die **Körperschaftsteuer**

30 % des ausgeschütteten Gewinns (vor Abzug der KSt)

(§ 27 Abs. 1 KStG).

Man bezeichnet diesen Körperschaftsteuersatz als **Ausschüttungsbelastung**.

Beispiel:
Das **zu versteuernde Einkommen** der Klein GmbH, Bonn, hat 1999 **608.000 DM** betragen. Der **gesamt Gewinn** wird an die Anteilseigner **ausgeschüttet**.

Die **Ausschüttungsbelastung** beträgt **182.400 DM** (**30 %** von 608.000 DM).

5.3 Zusammenfassung und Erfolgskontrolle

5.3.1 Zusammenfassung

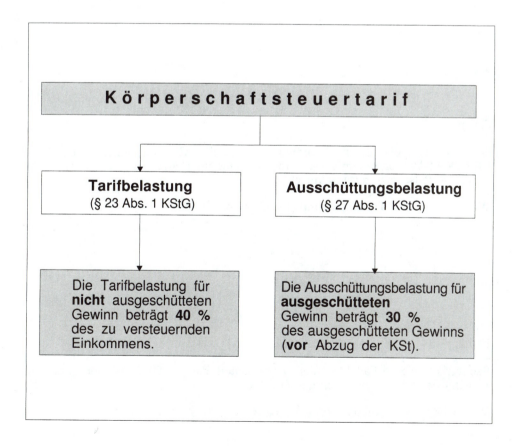

5.3.2 Erfolgskontrolle

WIEDERHOLUNGSFRAGEN

1. Wie hoch ist der Regelsteuersatz bei der Körperschaftsteuer?
2. Wie bezeichnet man diese Steuerbelastung?
3. Auf welche körperschaftsteuerliche Größe ist der Steuersatz anzuwenden?
4. Mit welchem Steuersatz werden ausgeschüttete Gewinne besteuert?
5. Wie bezeichnet man diese Steuerbelastung?

FÄLLE

Fall 1:

Das **zu versteuernde Einkommen** der Groß AG, Dortmund, beträgt 1999 **1.000.000 DM**. Der **gesamte Gewinn** verbleibt im Betrieb, d.h. er wird **nicht** an die Anteilseigner **ausgeschüttet**.

Wie hoch ist die **Tarifbelastung** der Groß AG 1999?

Fall 2:

Sachverhalt wie im Fall 1 mit dem **Unterschied**, daß die Groß AG den **gesamten Gewinn** an die Anteilseigner **ausschüttet**.

Wie hoch ist die **Ausschüttungsbelastung** der Groß AG 1999?

6 Anrechnungsverfahren

Die **Gewinnausschüttung** der juristischen Personen unterliegt bei der ausschüttenden **Gesellschaft** mit **30 %** der **Körperschaftsteuer** und beim **Empfänger** (Anteilseigner) grundsätzlich der **Einkommensteuer**.

Diese steuerliche **Doppelbelastung** wird **durch** das **Anrechnungsverfahren** beseitigt.

Das Anrechnungsverfahren ist in den §§ 27 bis 47 KStG beschrieben. Es wird im folgenden vereinfacht erläutert.

Die **Beseitigung der Doppelbelastung** erfolgt in **zwei Hauptschritten:**

> 1. Auf der **Ebene der Gesellschaft** (z.B. Kapitalgesellschaft) wird die Körperschaftsteuerbelastung der Ausschüttung von **40 % auf 30 %** reduziert (**Herstellung der Ausschüttungsbelastung**).
>
> 2. Auf der **Ebene der Gesellschafter** findet die restliche Entlastung von **30 % auf 0 %** statt, indem die 30 % auf die Einkommensteuerschuld angerechnet oder erstattet werden (**Anrechnung der Körperschaftsteuer**).

6.1 Anrechnungsverfahren auf der Ebene der Gesellschaft

Das **zu versteuernde Einkommen** (der gesamte Gewinn) wird - unabhängig von seiner Ausschüttung oder Einbehaltung - bei der Gesellschaft **zunächst mit 40 %** belastet (= **Tarifbelastung**).

Da die **Ausschüttungsbelastung** i.S.d. § 27 Abs. 1 KStG stets **30 %** des Gewinns beträgt, tritt insofern eine **Körperschaftsteuerminderung** von **10 %** (40 % - 30 %) ein.

Die **Körperschaftsteuerschuld** der Gesellschaft von 40 % **verringert sich** also um die Körperschaftsteuer**minderung** von 10 %.
Dementsprechend **erhöht sich** der zur **Ausschüttung** verfügbare Betrag um 10 % von 50 auf **60 %**.

Außerdem werden **25 %** der Ausschüttung als **Kapitalertragsteuer** erhoben.

Seit 1.1.1995 wird ein **Solidaritätszuschlag (SolZ)** von 7,5 % auf die Kapitalertragsteuer erhoben (§ 3 Abs. 1 Nr. 5 SolZG).
Seit 1.1.1998 beträgt der Solidaritätszuschlag **5,5 %** der Bemessungsgrundlage (§ 4 Satz 1 SolZG).

Vereinfachte Darstellung des Anrechnungsverfahrens auf der **Ebene der Gesellschaft**:

zu versteuerndes Einkommen (Gewinn **vor** Abzug der KSt)	100,— DM
− Körperschaftsteuer (40 % von 100 DM)	40,— DM
= verwendbares Eigenkapital (vEK 40)	60,— DM
+ Körperschaftsteuer**minderung** (10 % von 100 DM)	10,— DM
= **Bar-Dividende**	70,— DM
− Kapitalertragsteuer (25 % von 70 DM)	17,50 DM
− Solidaritätszuschlag (5,5 % von 17,50 DM)	0,96 DM
= **Netto-Dividende** tatsächlich ausgezahlte Dividende	51,54 DM

Der Gesellschafter erhält Gewinnanteile, die mit **30 % Körperschaftsteuer** (40 % − 10 %) belastet sind (100 DM − 30 DM = 70 DM Bar-Dividende). Außerdem wird die Bar-Dividende noch um die **Kapitalertragsteuer** und den **Solidaritätszuschlag** gekürzt, bevor sie an den Gesellschafter ausgezahlt wird.

6.2 Anrechnungsverfahren auf der Ebene des Gesellschafters

Da die **Ausschüttungsbelastung** i.S.d. § 27 Abs. 1 KStG stets **30 %** beträgt, werden diese 30 % dem Anteilseigner **auf** seine **Einkommensteuerschuld angerechnet** oder vergütet.

 Außerdem wird die **Kapitalertragsteuer** auf die **Einkommensteuerschuld** angerechnet oder erstattet (siehe auch Abschnitt 11.2, Seite 191 ff.).

Vereinfachte Darstellung des Anrechnungsverfahrens auf der **Ebene des Gesellschafters**:

Netto-Dividende tatsächlich ausgezahlte Dividende	51,54 DM
+ einbehaltene Kapitalertragsteuer	17,50 DM
+ Solidaritätszuschlag	0,96 DM
= **Bar-Dividende** Einnahme i.S.d. § 20 Abs. 1 **Nr. 1** EStG	70,— DM
+ anzurechnende KSt (30/70 der Bar-Dividende) Einnahme i.S.d. § 20 Abs. 1 **Nr. 3** EStG	30,— DM
= **Brutto-Dividende** Einnahme i.S.d. § 20 Abs. 1 **Nr. 1 und 3** EStG	100,— DM

Berechnung der **Einkommensteuer** bei einem angenommenen **Steuersatz von 25 %**:

Einkommensteuer (25 % von 100 DM)		25,— DM
− anzurechnende Körperschaftsteuer	30,— DM	
− anzurechnende Kapitalertragsteuer	17,50 DM	
− Solidaritätszuschlag	0,96 DM	48,46 DM
= **Erstattungsbetrag**		**23,46 DM**
Probe:		
an das Finanzamt wurden abgeführt		48,46 DM
− Erstattungsbetrag		23,46 DM
= **Einkommensteuer** (25 % von 100 DM)		**25,— DM**

6.3 Erfolgskontrolle

WIEDERHOLUNGSFRAGEN

1. Wie wird die Doppelbelastung des Gewinns durch Körperschaftsteuer und Einkommensteuer beseitigt?
2. Wie erfolgt die Beseitigung der Doppelbelastung auf der Ebene der Gesellschaft?
3. Wie erfolgt die Beseitigung der Doppelbelastung auf der Ebene des Gesellschafters?

FÄLLE

Fall 1:

Die A-GmbH, Dortmund, hat 1999 einen Gewinn **vor** Abzug der Körperschaftsteuer in Höhe von **200.000 DM** erzielt. Der in 1999 erwirtschaftete Gewinn soll **voll** an die Anteilseigner **ausgeschüttet** werden.
Die A-GmbH hat sowohl die Körperschaftsteuer, die Kapitalertragsteuer als auch den Solidaritätszuschlag an das Finanzamt abgeführt.

Wie hoch ist der Betrag, der an die Gesellschafter ausgeschütttet wird (**Netto-Dividende**)?

Fall 2:

Sachverhalt wie im Fall 1

Wie hoch sind die steuerpflichtigen **Einnahmen aus Kapitalvermögen** i.S.d. § 20 Abs. 1 **Nr. 1** und **Nr. 3** EStG?

Prüfungsfälle Körperschaftsteuer

Prüfungsfall 1:

Die A-GmbH, Köln, hat für 1999 folgende **vorläufige** Gewinn- und Verlustrechnung nach § 275 Abs. 2 HGB erstellt:

Nr.	Posten	DM	DM
1.	Umsatzerlöse		5.700.000
2.	sonstige betriebliche Erträge		265.000
3.	Materialaufwand		2.500.000
4.	Personalaufwand		2.100.000
5.	Abschreibungen auf Sachanlagen		210.000
6.	sonstige betriebliche Aufwendungen		491.500
	davon **Spenden für mildtätige Zwecke**	5.750	
	Parteispenden	7.475	
	Werbegeschenke über 75 DM	1.725	
	Beiratsvergütungen	23.000	
8.	**Ergebnis der gewöhnlichen Geschäftstätigkeit**		663.500
9.	Steuern vom Einkommen und Ertrag		
	Körperschaftsteuer-Vorauszahlungen		+ 210.000
	Solidaritätszuschlag		+ 11.550
10.	sonstige Steuern		
	Grundsteuer		15.000
11.	**vorläufiger** Jahresüberschuß 1999		426.950

1. Ermitteln Sie aus der vorläufigen handelsrechtlichen Gewinn- und Verlustrechnung das **zu versteuernde Einkommen** der A-GmbH in DM.
2. Wie hoch ist die **Körperschaftsteuerbelastung** der A-GmbH in DM (ohne SolZ), wenn der gesamte Gewinn **nicht** ausgeschüttet wird?
3. Wie hoch ist die **Körperschaftsteuerbelastung** der A-GmbH in DM (ohne SolZ), wenn der gesamte Gewinn ausgeschüttet wird?
4. Wie hoch ist die **Kapitalertragsteuer** in DM zu 3., die einbehalten wird?
5. Wie hoch ist der **Solidaritätszuschlag** in DM zu 3., der einbehalten wird?
6. Wie hoch ist die **Netto-Dividende** in DM, die an die Gesellschafter ausgezahlt wird?

Prüfungsfall 2:

Die B-GmbH, München, erzielt in 1999 ein **zu versteuerndes Einkommen** von **2,5 Mio. DM**.

1. Wie hoch ist die **Körperschaftsteuerbelastung** der B-GmbH in DM (ohne SolZ), wenn der gesamte Gewinn **nicht** ausgeschüttet wird?
2. Wie hoch ist die **Körperschaftsteuerbelastung** der B-GmbH in DM (ohne SolZ), wenn der gesamte Gewinn ausgeschüttet wird?
3. Wie hoch ist die **Kapitalertragsteuer** in DM zu 2., die einbehalten wird?
4. Wie hoch ist der **Solidaritätszuschlag** in DM zu 2., der einbehalten wird?
5. Wie hoch ist die **Netto-Dividende** in DM, die an die Gesellschafter ausgezahlt wird?

Prüfungsfall 3:

Sascha Reich und Marc Schön haben mit notariellem Vertrag vom 22.04.1988 die DRESS & MAN GmbH in 40699 Erkrath-Hochdahl gegründet.

Das Stammkapital der GmbH beträgt 50.000 DM. Die Einlagen von je 25.000 DM sind von den Gesellschaftern Reich und Schön voll eingezahlt.

Aus dem **vorläufigen** Jahresabschluß für das Wirtschaftsjahr (= Kalenderjahr) 1999 ergibt sich ein **Jahresüberschuß** von **48.400 DM**.

Dieser Jahresüberschuß wurde u.a. durch folgende Aufgaben gemindert:

- Körperschaftsteuer-Vorauszahlungen 1999   + 20.000 DM
- Solidaritätszuschlag 1999   + 1.100 DM
- angemessene Bewirtungsaufwendungen lt. Belegen (100 %)   2.500 DM
- nichtabziehbare Betriebsausgaben i.S.d. § 4 Abs. 5 Nr. 1 EStG   + 1.500 DM
- Umsatzsteuer für Umsätze, die Entnahmen sind   + 240 DM

Die Gesellschafterversammlung hat am 31. März 2000 beschlossen, für das Wirtschaftsjahr 1999 **keine Ausschüttung** vorzunehmen, sondern den Gewinn einer freiwilligen Rücklage zuzuführen.

Aufgabe

1. Ermitteln Sie das **zu versteuernde Einkommen** der GmbH für den Veranlagungszeitraum 1999.

2. Wie hoch ist der **Körperschaftsteuersatz** auf das zu versteuernde Einkommen 1999?

3. Berechnen Sie die Höhe der tariflichen **Körperschaftsteuer in DM** für den Veranlagungszeitraum 1999.

E. Gewerbesteuer

1 Einführung in die Gewerbesteuer

1.1 Geschichtliche Entwicklung

Die **deutsche** Gewerbesteuer entwickelte sich aus der im **Mittelalter** eingeführten **Gewerbeabgaben** (z.B. Marktabgaben).

Für die weitere Entwicklung war das preußische **Gewerbesteuergesetz** von Miquel, das **1891** verkündet wurde, bedeutsam.
Das Gewerbesteuergesetz von 1891 sah bereits als **Besteuerungsgrundlagen** den **Gewerbeertrag** und das **Gewerbekapital** vor.

Auf dieser Grundlage wurde durch die **Reichssteuerreform von 1936** für das ganze Reichsgebiet ein einheitliches Gewerbesteuergesetz geschaffen, das als Besteuerungsgrundlage **Gewerbeertrag** und **Gewerbekapital** verbindlich regelte und die **Lohnsumme** fakultativ (**wahlfrei**) vorsah.
Außerdem wurden die **Gemeinden** berechtigt, die Gewerbesteuer zu erheben.

Das Grundgesetz von 1949 wies dem **Bund** die **konkurrierende Gesetzgebung** über die Gewerbesteuer zu.

Durch die Gemeindefinanzreform wurden die Gemeinden ab 1970 zur Zahlung der **Gewerbesteuerumlage** zugunsten von Bund und Ländern verpflichtet.

Die fakultativ erhobene **Lohnsummensteuer** wurde ab **1.1.1980 abgeschafft**.

Seit dem 1.1.1998 ist die **Gewerbekapitalsteuer** ebenfalls **abgeschafft** worden.

1.2 Stellung im Steuersystem

Die **Gewerbesteuer** ist eine **Realsteuer** (Sachsteuer, Objektsteuer), weil eine Sache, ein Objekt, nämlich ein Gewerbebetrieb, Steuergegenstand ist.

Die **Gewerbesteuer** kann im Rahmen der steuerlichen Gewinnermittlung als **Betriebsausgabe** abgezogen werden.

 Einzelheiten zur Stellung der Gewerbesteuer im Steuersystem erfolgen im Kapitel "2 Einteilung der Steuern" der **Steuerlehre 1**, 20. Aufl. 1999, S. 13 ff.

1.3 Steueraufkommen

Die **Gewerbesteuer** ist die größte Steuereinnahme der Gemeinden. Das **GewSt-Aufkommen** hat 1997 rund **49 Mrd. DM** betragen.
Davon haben die Gemeinden an den Bund und die Länder insgesamt **6,5 Mrd. DM** abgeführt (**Gewerbesteuerumlage**).

Einzelheiten zum Gewerbesteueraufkommen erfolgen im Abschnitt "1.1.2 Steueraufkommen" der **Steuerlehre 1**, 20. Auflage 1999, Seite 3 ff.

1.4 Rechtsgrundlagen

Rechtsgrundlagen der Gewerbesteuer sind das Gewerbesteuergesetz (**GewStG**) und die Gewerbesteuer-Durchführungsverordnung (**GewStDV**).

Aufgrund der Ermächtigung in Art. 108 Abs. 4 GG hat die Bundesregierung mit Zustimmung des Bundesrates **Gewerbesteuer-Richtlinien** erlassen.

Die Gewerbesteuer-Richtlinien (**GewStR**) behandeln Zweifelsfragen und Auslegungsfragen von allgemeiner Bedeutung, um eine einheitliche Anwendung des Gewerbesteuerrechts durch die Verwaltungsbehörden sicherzustellen.
Sie geben außerdem zur Verwaltungsvereinfachung Anweisungen, wie in bestimmten Fällen verfahren werden soll. Die **GewStR** wurden **1998** geändert und neu gefaßt.

1.5 Verwaltung

Die **Verwaltung** der Gewerbesteuer steht zum Teil den **Finanzämtern** und zum Teil den **Gemeinden** zu (siehe Abschnitt "4.2 Erhebung der GewSt", S. 595 f.

1.6 Schema zur Ermittlung der Gewerbesteuer

Die **Gewerbesteuer** wird **seit 1998** nach folgendem Schema ermittelt:

	DM
Gewinn aus Gewerbebetrieb (§ 7 GewStG)	......
+ **Hinzurechnungen** nach § 8 GewStG	......
− **Kürzungen** nach § 9 GewStG	......
= Gewerbeertrag **vor** Verlustabzug	......
− **Gewerbeverlust aus Vorjahren** nach § 10a GewStG	......
= **Gewerbeertrag** (abzurunden auf volle 100 DM)	......
− **Freibetrag** nach § 11 Abs. 1 GewStG	......
Verbleiben	......
× **Steuermeßzahl** nach § 11 Abs. 2 GewStG	
= **Steuermeßbetrag**	......
× **Hebesatz** nach § 16 GewStG	
= **G e w e r b e s t e u e r**	......

1.7 Erfolgskontrolle

WIEDERHOLUNGSFRAGEN

1. Wie hoch war das GewSt-Aufkommen in 1997?
2. Warum bezeichnet man die GewSt als Gemeindesteuer?
3. Warum wird die GewSt als Realsteuer bezeichnet?
4. Wie wird die GewSt bei der steuerlichen Gewinnermittlung behandelt?
5. Welche Rechtsgrundlagen können zur Klärung gewerbesteuerrechtlicher Fragen herangezogen werden?
6. Wem obliegt die Verwaltung der GewSt?
7. Wie wird der Gewerbeertrag ermittelt?
8. Wie wird der Steuermeßbetrag ermittelt?
9. Wie wird mit Hilfe des Steuermeßbetrags die Gewerbesteuer errechnet?

FÄLLE

Fall 1:

Die Gewerbetreibende Iris Mainzer, Bonn, legt Ihnen für 1999 folgende Zahlen vor:

Gewinn aus Gewerbebetrieb	70.000,— DM
Hinzurechnungen	32.000,— DM
Kürzungen	30.000,— DM
Freibetrag	48.000,— DM
Steuermeßzahl	1 %
Hebesatz	300 %

Ermitteln Sie die **Gewerbesteuer** für 1999.

Fall 2:

Die Gewerbetreibende Steffi Hölzmann, Köln, legt Ihnen für 1999 folgende Zahlen vor:

Gewerbeertrag	72.000,— DM
Freibetrag	48.000,— DM
Steuermeßzahl	1 %
Hebesatz	320 %

Ermitteln Sie die **Gewerbesteuer** für 1999.

2 Steuerpflicht und Steuerbefreiungen

Gewerbesteuer entsteht, wenn bestimmte Voraussetzungen gegeben sind. Zu diesen Voraussetzungen gehört, daß ein **Steuergegenstand** vorhanden ist.

2.1 Steuergegenstand

Steuergegenstand (Steuerobjekt) der Gewerbesteuer ist jeder **Gewerbebetrieb**, soweit er im Inland betrieben wird (§ 2 Abs. 1 GewStG).

Unter einem **Gewerbebetrieb** ist ein gewerbliches Unternehmen im Sinne des Einkommensteuergesetzes zu verstehen (§ 2 Abs. 1 GewStG).

> **Merke:** Gewerbebetrieb i.S.d. **GewStG** = Gewerbebetrieb i.S.d. **EStG**

Arten und Formen des Gewerbebetriebs werden im folgenden Abschnitt näher erläutert.

Der **Inlandbegriff** wird im GewStG nicht definiert, sondern vorausgesetzt.

Inland im Sinne des GewStG ist der Geltungsbereich des GewStG, d.h. das Gebiet der Bundesrepublik Deutschland.

Zum Inland gehört **auch** der der Bundesrepublik Deutschland zustehende Anteil am **Festlandsockel, soweit** dort Naturschätze des Meeresgrundes und des Meeresuntergrundes erforscht oder ausgebeutet werden (§ 2 Abs. 3 GewStG).

> **Merke:** Inland im Sinne des **GewStG** = Inland im Sinne des **EStG**

Ein Gewerbebetrieb wird im Inland betrieben, soweit für ihn im Inland eine **Betriebsstätte** unterhalten wird (§ 2 Abs. 1 Satz 3 GewStG).

Betriebsstätte ist nach § 12 AO jede feste Geschäftseinrichtung oder Anlage, die der Tätigkeit eines Unternehmens dient.

Als Betriebsstätten sind **insbesondere** anzusehen: die **Stätte der Geschäftsleitung**, Zweigniederlassungen, Geschäftsstellen, Fabrikations- oder Werkstätten, Ein- oder Verkaufsstellen.

Ein Gewerbebetrieb kann aus **mehreren Betriebsstätten** bestehen. Das ist z.B. der Fall, wenn ein Gewerbebetrieb mehrere Filialen unterhält. Gegenstand der Besteuerung ist stets der Gewerbebetrieb mit allen inländischen Betriebsstätten.

Hat ein Gewerbetreibender mehrere Betriebe **verschiedener Art** (z.B. eine Maschinenfabrik und eine Spinnerei), so ist jeder Betrieb für sich zu besteuern. Das gilt auch dann, wenn die mehreren Betriebe in derselben Gemeinde liegen (Abschn. 16 Abs. 1 GewStR 1998).

Es ist jedoch ein **einheitlicher Gewerbebetrieb** anzunehmen, wenn ein Gewerbetreibender in derselben Gemeinde verschiedene gewerbliche Tätigkeiten ausübt und die verschiedenen Betriebszweige nach der Verkehrsauffassung und nach den Betriebsverhältnissen als Teil eines Gewerbebetriebs anzusehen sind (Abschn. 16 Abs. 1 GewStR 1998).

<u>Beispiel:</u>
Der Gewerbetreibende Zerwas betreibt in Düsseldorf in einem Haus eine Metzgerei und eine Gastwirtschaft. Zerwas "liefert" aus seiner Metzgerei Fleischwaren an seine Gastwirtschaft.

Nach den Betriebsverhältnissen liegt ein **einheitlicher Gewerbebetrieb** vor.

2.2 Arten und Formen des Gewerbebetriebs

Das GewStG unterscheidet zwei **Arten** des **Gewerbebetriebs:**

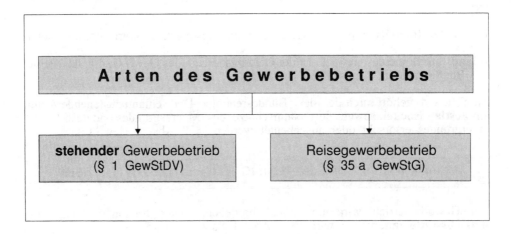

Die Unterscheidung zwischen stehendem Gewerbebetrieb und Reisegewerbebetrieb ist erforderlich, weil beide steuerlich unterschiedlich behandelt werden.

Ein <u>**Reisegewerbebetrieb**</u> ist ein Gewerbebetrieb, dessen Inhaber entweder eine Reisegewerbekarte oder einen Blindenwaren-Vertriebsausweis besitzt (§ 35a Abs. 2 GewStG).

Ein <u>**stehender Gewerbebetrieb**</u> ist jeder Gewerbebetrieb, der kein Reisegewerbebetrieb ist (§ 1 GewStDV).

Die folgenden Ausführungen beschränken sich auf den **stehenden** Gewerbebetrieb.

Das GewStG unterscheidet drei **Formen** von stehenden Gewerbebetrieben:

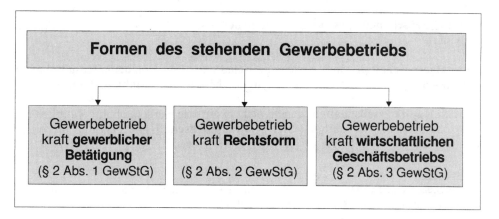

2.2.1 Gewerbebetrieb kraft gewerblicher Betätigung

Ein <u>**Gewerbebetrieb kraft gewerblicher Betätigung**</u> liegt vor, wenn die folgenden Voraussetzungen erfüllt sind (Abschn. 11 Abs. 1 GewStR 1998):

- Selbständigkeit,
- Nachhaltigkeit der Betätigung,
- Gewinnerzielungsabsicht,
- Beteiligung am allgemeinen wirtschaftlichen Verkehr,
- jedoch **keine** Land- und Forstwirtschaft, **keine** selbständige Arbeit und **keine** Vermögensverwaltung.

Liegen diese Voraussetzungen bei einer **Personengesellschaft** vor, so ist die Gesellschaft in vollem Umfang Gewerbebetrieb kraft gewerblicher Betätigung, wenn sie eine Tätigkeit im Sinne des § 15 Abs. 1 Satz 1 Nr. 1 EStG ausübt und deren Gesellschafter als Mitunternehmer anzusehen sind (Abschn. 11 Abs. 4 GewStR 1998).

Personengesellschaften sind die Offene Handelsgesellschaft (OHG), Kommanditgesellschaft (KG), Gesellschaft des bürgerlichen Rechts (GbR) und die atypische stille Gesellschaft.

<u>Beispiele:</u>

a) Eine Holzgroßhandlung wird in der Rechtsform einer KG betrieben.

Die Gesellschaft erzielt Einkünfte aus Gewerbebetrieb. Sie ist in vollem Umfang **Gewerbebetrieb kraft gewerblicher Betätigung**, weil bei ihr alle Voraussetzungen erfüllt sind.

b) Die Ärzte A und B schließen sich zu einer Ärztegemeinschaft in der Rechtsform einer Gesellschaft des bürgerlichen Rechts (GbR) zusammen.

Die Ärzte erzielen keine Einkünfte aus Gewerbebetrieb im Sinne des EStG. Die Personengesellschaft ist **kein Gewerbebetrieb kraft gewerblicher Betätigung**.

2.2.2 Gewerbebetrieb kraft Rechtsform

Kapitalgesellschaften sind stets **Gewerbebetriebe kraft Rechtsform** (§ 2 Abs. 2 GewStG).

Kapitalgesellschaften sind Aktiengesellschaften (AG), Kommanditgesellschaften auf Aktien (KGaA) und Gesellschaften mit beschränkter Haftung (GmbH).

Bei den **Kapitalgesellschaften** braucht nicht geprüft zu werden, ob ihre Tätigkeit ein Gewerbe darstellt. Die **Tätigkeit der Kapitalgesellschaft gilt** stets und in vollem Umfang als **Gewerbebetrieb** (§ 2 Abs. 2 GewStG).

Beispiel:
Die Steuerberater C, D und E schließen sich zu einer Steuerberatungsgesellschaft in der Rechtsform einer **GmbH** (Kapitalgesellschaft) zusammen.

Obwohl die Tätigkeit der **GmbH** ausschließlich freiberuflicher Natur ist, gilt sie in vollem Umfang als **Gewerbebetrieb**, weil die Gewerbesteuerpflicht **nur** an die **Rechtsform** anknüpft (Abschn. 13 Abs. 1 GewStR 1998).

Zu den Gewerbebetrieben kraft Rechtsform gehört **auch** die Tätigkeit der Erwerbs- und Wirtschaftsgenossenschaften (z.B. DATEV eG) und der Versicherungsvereine auf Gegenseitigkeit.

2.2.3 Gewerbebetrieb kraft wirtschaftlichen Geschäftsbetriebs

Nach § 2 Abs. 3 GewStG gilt auch die Tätigkeit der sonstigen juristischen Personen des privaten Rechts (z.B. eingetragene **Vereine**) und der nichtrechtsfähigen Vereine als Gewerbebetrieb, **soweit** sie einen **wirtschaftlichen Geschäftsbetrieb** (ausgenommen Land- und Forstwirtschaft) unterhalten.

Da in § 2 Abs. 3 GewStG nur bestimmte juristische Personen des **privaten** Rechts angesprochen sind, kommen juristische Personen des **öffentlichen** Rechts (z.B. Steuerberaterkammern) für einen Gewerbebetrieb kraft wirtschaftlichen Geschäftsbetriebs **nicht** in Betracht.

Nach § 14 AO ist ein **wirtschaftlicher Geschäftsbetrieb** eine **selbständige nachhaltige Tätigkeit**, durch die **Einnahmen** oder andere wirtschaftliche Vorteile erzielt werden und die über den Rahmen einer Vermögensverwaltung hinausgeht. Die Absicht, **Gewinn** zu erzielen, ist **nicht** erforderlich.

Der Begriff "**wirtschaftlicher Geschäftsbetrieb**" ist im Gegensatz zum Begriff "Gewerbebetrieb" nur durch **zwei Merkmale** gekennzeichnet, nämlich durch die **Selbständigkeit** und die **Nachhaltigkeit der Betätigung** (Abschn. 15 Abs. 1 GewStR 1998).

Beispiel:
Der Gesangverein Frohsinn e.V., Bonn, unterhält ein Vereinslokal, in dem Speisen und Getränke gegen kostendeckendes Entgelt an die Mitglieder abgegeben werden. Außerdem verwaltet der Verein ein beträchtliches Vermögen.

Für die Abgabe der Speisen und Getränke gilt der Verein als **Gewerbebetrieb** kraft **wirtschaftlichen Geschäftsbetriebs**. Die Vermögensverwaltung ist hingegen keine gewerbliche Tätigkeit.

2.3 Beginn der Steuerpflicht

Der **Beginn** der Gewerbesteuerpflicht ist von der Form des Gewerbebetriebs abhängig.

2.3.1 Einzelgewerbetreibende und Personengesellschaften

Bei **Einzelgewerbetreibenden** und **Personengesellschaften** beginnt die Gewerbesteuerpflicht in dem Zeitpunkt, in dem erstmals alle **Voraussetzungen erfüllt** sind, die zur **Annahme eines Gewerbebetriebs** erforderlich sind (Abschn. 18 Abs. 1 Satz 1 GewStR 1998).

Bloße **Vorbereitungshandlungen** (z.B. Mieten eines Geschäftslokals, Bau von Laden und Fabrikationsräumen, Erwerb von Einrichtungsgegenständen und Maschinen, Kauf von Waren, Einstellen von Arbeitskräften) **begründen** noch **keine Gewerbesteuerpflicht** (Abschn. 18 Abs. 1 Satz 3 GewStR 1998).

Der Zeitpunkt der **Eintragung in das Handelsregister** ist für den Beginn der Gewerbesteuerpflicht bei Einzelgewerbetreibenden und Personengesellschaften **ohne Bedeutung** (Abschn. 18 Abs. 1 Satz 4 GewStR 1998).

2.3.2 Kapitalgesellschaften

Bei **Kapitalgesellschaften** beginnt die Gewerbesteuerpflicht **grundsätzlich** mit der **Eintragung in das Handelsregister** (Abschn. 18 Abs. 2 GewStR 1998).
Ab diesem Zeitpunkt kommt es auf Art und Umfang der Tätigkeit nicht mehr an.

Ist die Gesellschaft noch **nicht** ins Handelsregister **eingetragen,** kann die Gewerbesteuerpflicht dennoch durch die Aufnahme einer **nach außen in Erscheinung** tretenden Geschäftstätigkeit ausgelöst werden (Abschn. 18 Abs. 2 GewStR 1998).

Bei Kapitalgesellschaften kann also die Gewerbesteuerpflicht bereits **vor Eintragung** in das Handelsregister beginnen. Bei ihnen können bloße **Vorbereitungshandlungen** genügen, um die Gewerbesteuerpflicht zu begründen.

Grundsätzlich gilt jedoch, daß bei Kapitalgesellschaften die Gewerbesteuerpflicht mit der **Eintragung** in das Handelsregister beginnt.

2.3.3 Sonstige juristische Personen des privaten Rechts und nichtrechtsfähige Vereine

Bei den Gewerbebetrieben kraft **wirtschaftlichen Geschäftsbetriebs** im Sinne des § 2 Abs. 3 (z.B. e.V.) beginnt die Gewerbesteuerpflicht beim Vorliegen aller anderen Voraussetzungen mit der **Aufnahme eines wirtschaftlichen Geschäftsbetriebs** (Abschn. 18 Abs. 3 GewStR 1998).

2.4 Erlöschen der Steuerpflicht

Das Erlöschen der Gewerbesteuerpflicht ist ebenfalls - wie deren Beginn - von der **Form** des Gewerbebetriebs abhängig.

2.4.1 Einzelgewerbetreibende und Personengesellschaften

Die Gewerbesteuerpflicht erlischt bei **Einzelgewerbetreibenden und** Personen**gesellschaften** mit der tatsächlichen **Einstellung** des Betriebs.

Die tatsächliche **Einstellung** des Betriebs ist anzunehmen mit der völligen **Aufgabe jeder werbenden Tätigkeit** (Abschn. 19 Abs. 1 Satz 6 GewStR 1998).

Vorübergehende Unterbrechungen im Betrieb eines Gewerbes, die durch die Art des Betriebs veranlaßt sind (z.B. bei Saisonbetrieben), heben die Gewerbesteuerpflicht **nicht** auf. In solchen Fällen (z.B. bei Eisdielen) liegt ein **ruhendes Gewerbe** vor. Die Gewerbesteuerpflicht wird bis zur Wiederaufnahme des Betriebs nicht aufgehoben (§ 2 Abs. 4 GewStG).

2.4.2 Kapitalgesellschaften

Bei den **Kapitalgesellschaften** erlischt die Gewerbesteuerpflicht nicht schon mit dem Aufhören der gewerblichen Betätigung, sondern mit dem **Aufhören jeglicher Tätigkeit** überhaupt (Abschn. 19 Abs. 3 **Satz 1** GewStR 1998).

Mit dem **Aufhören jeglicher Tätigkeit** ist grundsätzlich der **Zeitpunkt** gemeint, **in dem das Vermögen an die Gesellschafter verteilt** worden ist (Abschn. 19 Abs. 3 **Satz 2** GewStR 1998).

2.4.3 Sonstige juristische Personen des privaten Rechts und nichtrechtsfähige Vereine

Bei den **Gewerbebetrieben kraft wirtschaftlichen Geschäftsbetriebs** erlischt die Gewerbesteuerpflicht mit der tatsächlichen **Einstellung des wirtschaftlichen Geschäftsbetriebs** (Abschn. 19 Abs. 4 GewStR 1998).

Unabhängig von der **Form** des Gewerbebetriebs erlischt die Gewerbesteuerpflicht **nicht** durch die **Eröffnung des Insolvenzverfahrens** (Abschn. 19 Abs. 5 GewStR 1998).

Zusammenfassung zu Abschnitt 2.3 und 2.4:

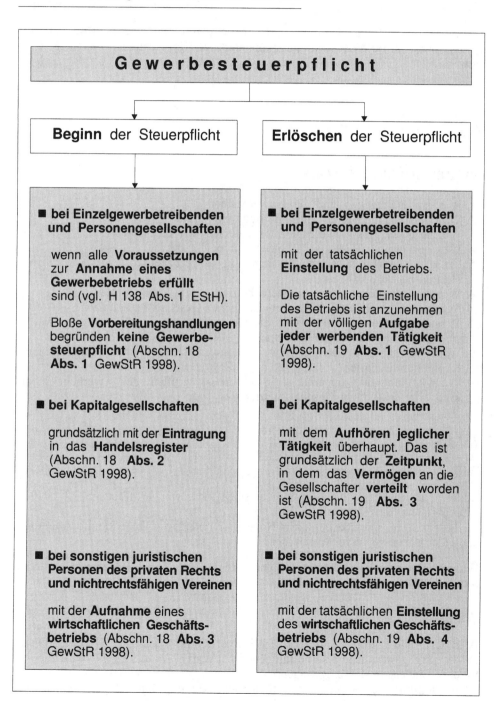

2.5 Steuerbefreiungen

Nicht alle Betriebe, die die Merkmale eines Gewerbebetriebes aufweisen, werden auch zur Gewerbesteuer herangezogen.

In § 3 GewStG werden bestimmte Betriebe genannt, die von der Gewerbesteuer **befreit** sind.

Dazu gehören z.B. das **Bundeseisenbahnvermögen**, die **Deutsche Bundesbank**, die **Kreditanstalt für Wiederaufbau**, gemeinnützige Körperschaften i.S.d. § 3 Nr. 6 GewStG.

2.6 Erfolgskontrolle

WIEDERHOLUNGSFRAGEN

1. Was ist Steuergegenstand der Gewerbesteuer?
2. Was versteht man unter einer Betriebsstätte i.S.d. § 12 AO?
3. Welche Arten des Gewerbebetriebs unterscheidet das GewStG?
4. Welche Formen des Gewerbebetriebs unterscheidet das GewStG?
5. Unter welchen Voraussetzungen liegt ein Gewerbebetrieb kraft gewerblicher Betätigung vor?
6. Welche Unternehmen sind Gewerbebetriebe kraft Rechtsform?
7. Was versteht man unter einem wirtschaftlichen Geschäftsbetrieb i.S.d. § 14 AO?
8. Wann beginnt und wann erlischt die Gewerbesteuerpflicht bei Einzelgewerbetreibenden und Personengesellschaften?
9. Wann beginnt und wann erlischt die Gewerbesteuerpflicht grundsätzlich bei Kapitalgesellschaften?
10. Wann beginnt und wann erlischt die Gewerbesteuerpflicht bei Gewerbebetrieben kraft wirtschaftlichen Geschäftsbetriebs?

FÄLLE

Fall 1:

Rodener, der bis zum 30.11.1998 nicht selbständig war, eröffnet am 2.1.1999 in Würzburg ein Einzelhandelsgeschäft.
Zu diesem Zweck mietet er bereits im November 1998 gewerbliche Räume. Außerdem kaufte er schon in 1998 Waren ein.

Wann **beginnt** die Gewerbesteuerpflicht des Steuerpflichtigen Rodener? Begründen Sie Ihre Antwort.

Fall 2:

A, B, C, D und E gründen am 30.12.1998 eine AG. Bereits am 1.11.1998 mieten sie in Freiburg gewerbliche Räume und bestellen Waren. Am 13.1.1999 wird die AG in das Handelsregister eingetragen.
Wann **beginnt** die Gewerbesteuerpflicht der AG? Begründen Sie Ihre Antwort.

3 Steuermeßbetrag

Besteuerungsgrundlage für die Berechnung der Gewerbesteuer ist seit dem Erhebungszeitraum 1998 der **Gewerbeertrag** (§ 6 GewStG).

Gewerbeertrag ist der nach den Vorschriften des EStG oder KStG zu ermittelnde **Gewinn** (Verlust) **aus Gewerbebetrieb**, vermehrt um die in **§ 8** GewStG genannten **Hinzurechnungen** und vermindert um die in **§ 9** GewStG aufgeführten **Kürzungen** (§ 7 GewStG).

Der maßgebende Gewerbeertrag eines Erhebungszeitraums wird um die noch nicht ausgeglichenen **Gewerbeverluste** der vorangegangenen Erhebungszeiträume gekürzt (§ 10a GewStG).

Der Gewerbeertrag ist **auf volle hundert DM nach unten abzurunden** und bei natürlichen Personen sowie bei Personengesellschaften um einen **Freibetrag** in Höhe von **48.000 DM,** höchstens jedoch in Höhe des abgerundeten Gewerbeertrags, zu kürzen (§ 11 Abs. 1 GewStG).

Auf den **abgerundeten** und um den **Freibetrag** gekürzten Gewerbeertrag wird eine bestimmte **Steuermeßzahl** (z.B. 5 %) angewandt (§ 11 Abs. 2 GewStG).

Durch die Anwendung der Steuermeßzahl auf den Gewerbeertrag ergibt sich der **Steuermeßbetrag**:

		DM
	Gewinn aus Gewerbebetrieb (§ 7 GewStG)	......
+	**Hinzurechnungen** nach § 8 GewStG	......
–	**Kürzungen** nach § 9 GewStG	......
=	Gewerbeertrag **vor** Verlustabzug	......
–	**Gewerbeverlust aus Vorjahren** nach § 10a GewStG	......
=	**Gewerbeertrag** (abzurunden auf volle 100 DM)	......
–	**Freibetrag** nach § 11 Abs. 1 GewStG	......
	Verbleiben	......
x	**Steuermeßzahl** nach § 11 Abs. 2 GewStG	
=	**Steuermeßbetrag**	......

3.1 Gewinn aus Gewerbebetrieb

Der **Gewinn aus Gewerbebetrieb** ist für die Gewerbesteuer verfahrensrechtlich **selbständig** zu ermitteln (§ 7 GewStG).
Dabei sind die Vorschriften des **EStG** bzw. des **KStG** anzuwenden.

In der Praxis wird in der Regel das Ergebnis der **ESt- bzw. KSt-Veranlagung** der Gewerbesteuer-Veranlagung zugrunde gelegt.

Bei **Einzelgewerbetreibenden** und **Personengesellschaften** ist der Ausgangswert für die Ermittlung des Gewerbeertrags der **Gewinn aus Gewerbebetrieb**.

Bei **Kapitalgesellschaften gilt** das **Einkommen** im Sinne des KStG als **Gewinn aus Gewerbebetrieb**.

Eine **Korrektur** des einkommensteuerlichen Gewinns aus Gewerbebetrieb ist erforderlich, wenn im Gewinn Beträge enthalten sind, die zwar einkommensteuerpflichtig, nicht aber gewerbesteuerpflichtig sind.
Bei Ermittlung des Gewinns für Zwecke der GewSt sind insbesondere die folgenden Vorschriften **nicht** anzuwenden (Abschn. 39 Abs. 1 GewStR 1998):

1. § 16 Abs. 1 Nr. 1 Satz 1, Nr. 2, Nr. 3 und Abs. 3 Satz 1 EStG (Veräußerung oder Aufgabe des Betriebs),
2. § 17 EStG (Veräußerung wesentlicher Beteiligungen),
3. § 24 EStG (Entschädigungen usw),
4. § 15 Abs. 4 EStG (Verluste aus gewerblicher Tierzucht und Tierhaltung),
5. § 15a EStG (Verluste bei beschränkter Haftung).

Gewinnermittlungszeitraum ist grundsätzlich das **Kalenderjahr.** Bei Gewerbetreibenden mit **abweichendem Wirtschaftsjahr** gilt der Gewinn in dem **Erhebungszeitraum** (= Kalenderjahr) bezogen, in dem das Wirtschaftsjahr **endet** (§ 7 i.V.m. § 4a EStG, § 7 Abs. 4 KStG).

Diese Regelung gilt entsprechend für die Ermittlung des **Gewerbeertrags** (§ 10 Abs. 2 GewStG).

Beispiel:
Das Wirtschaftsjahr eines Gewerbetreibenden umfaßt den Zeitraum vom 1.2. bis 31.1. Für die Zeit vom 1.2.1998 bis 31.1.1999 ermittelt er einen Gewinn von 50.000 DM. Die Hinzurechnungen betragen 20.000 DM und die Kürzungen 10.000 DM.

Der Gewerbeertrag von 60.000 DM (50.000 DM + 20.000 DM - 10.000 DM) gilt als maßgebender Gewerbeertrag des Erhebungszeitraums **1999**, weil das Wirtschaftsjahr 1998/99 in **1999 endet**.

Mit der Gewerbesteuer soll u.a. die **Ertragskraft** eines Gewerbebetriebs als Ausdruck seiner wirtschaftlichen Leistungsfähigkeit **besteuert** werden. Da der Gewinn häufig die Ertragskraft eines Betriebes nicht widerspiegelt, ist er um bestimmte Hinzurechnungen zu vermehren und um bestimmte Kürzungen zu vermindern.

Die **Kürzungen** nach § 9 GewStG sollen **auch eine doppelte Belastung** desselben Ertrags **mit Objektsteuern vermeiden**.

> **Übung**: 1. Wiederholungsfragen 1 und 2 (Seite 591),
> 2. Fälle 1 und 2 (Seite 592)

3.2 Hinzurechnungen nach § 8 GewStG

Die folgenden Beträge werden dem Gewinn wieder **hinzugerechnet, soweit sie** bei der Ermittlung des Gewinns **abgesetzt worden sind**.

3.2.1 Hälfte der Dauerschuldentgelte

Die in der Praxis wichtigste Hinzurechnungsvorschrift ist in § 8 **Nr. 1** GewStG enthalten. Nach dieser Vorschrift sind dem **Gewinn aus Gewerbebetrieb** die **Hälfte der Dauerschuldentgelte** (z.B. Dauerschuld**zinsen**, **Damnum**) hinzuzurechnen.

Beispiel:
Ein Gewerbebetrieb, der mit langfristigem Fremdkapital arbeitet, hat 1999 einen Gewinn von 200.000 DM erzielt. Die für das Fremdkapital 1999 gezahlten Zinsen (Dauerschuld**zinsen**) haben 12.000 DM betragen.

Bei der Ermittlung des Gewerbeertrags 1999 sind dem Gewinn aus Gewerbebetrieb die Hälfte von 12.000 DM = **6.000 DM** hinzuzurechnen.

Die Berechnung der Dauerschuldzinsen setzt die Ermittlung der **Dauerschulden** voraus. Der Gesetzgeber versteht unter **Dauerschulden** alle Schulden, die entweder

1. wirtschaftlich mit der Gründung oder dem Erwerb des Betriebs (Teilbetriebs) oder eines Anteils am Betrieb oder mit einer Erweiterung oder Verbesserung des Betriebs zusammenhängen (**spezieller** Tatbestand)

   oder

2. der nicht nur vorübergehenden Verstärkung des Betriebskapitals dienen (**allgemeiner** Tatbestand).

Zu 1. Spezieller Tatbestand

Schulden der **ersten Tatbestandsgruppe** können auch dann **Dauerschulden** sein, wenn die Kreditmittel nur **kurzfristig** in Anspruch genommen werden.

Voraussetzung ist jedoch, daß die Schulden **wirtschaftlich** mit der **Betriebsgründung** als solcher zusammenhängen.

Beispiel:
Der Gewerbetreibende A hat anläßlich der **Gründung** seines Gewerbebetriebs ein Fabrikgrundstück gekauft, das mit einer **Hypothekenschuld** belastet ist.

Die **Hypothekenschuld** ist eine **Dauerschuld**, weil die übernommene Schuld wirtschaftlich mit der **Betriebsgründung** zusammenhängt.

Keine Dauerschulden sind Schulden, die zwar anläßlich der Betriebsgründung eingegangen oder übernommen werden, **wirtschaftlich** aber mit dem **gewöhnlichen Geschäftsgang** des neugegründeten Betriebes zusammenhängen.

Beispiel:
Der Gewerbetreibende B nimmt anläßlich der **Gründung** seines Gewerbebetriebs bei einem Lieferanten einen **kurzfristigen Warenkredit** auf, den er nach drei Monaten zurückzahlt.

Die **Warenschuld** ist **keine Dauerschuld**, weil die Schuldaufnahme mit dem **gewöhnlichen Geschäftsgang** des neugegründeten Betriebes zusammenhängt.

Zu 2. Allgemeiner Tatbestand

Dauerschulden der zweiten Tatbestandsgruppe umfassen **zwei zusammengehörende** Tatbestandsmerkmale:

> 1. die Schuldaufnahme muß der **Verstärkung des** Betriebskapitals dienen
>
> **und**
>
> 2. die Schuldaufnahme darf **nicht nur vorübergehend** das Betriebskapital verstärken.

Grundsätzlich stellt **jede Schuldaufnahme** im Rahmen eines Gewerbebetriebs eine **Verstärkung des Betriebskapitals** dar, es sei denn, es handelt sich um einen durchlaufenden Kredit (Abschn. 45 Abs. 2 GewStR 1998).
Für die Beurteilung des Dauerschuldcharakters ist es ohne Bedeutung, ob die durch die Schuldaufnahme erlangten Gegenwerte dem Anlage- oder Umlaufvermögen zuzuordnen sind.

Schulden haben in der Regel das Betriebskapital **nicht nur vorübergehend** verstärkt, wenn ihre Laufzeit **mehr als ein Jahr** beträgt (Abschn. 45 Abs. 5 GewStR 1998).

> **Merke:** Dauerschulden sind Schulden, die der **nicht nur vorübergehenden** (mehr als ein Jahr) Verstärkung des Betriebskapitals dienen.

Zu den Schulden, die der **nicht nur vorübergehenden** Verstärkung des Betriebskapitals dienen, gehören insbesondere **Teilschuldverschreibungen** (Anleihen und Obligationen), **Hypothekenschulden** (mit Ausnahme der Sicherungshypotheken) und **Bankdauerkredite**.

Schulden, die **nur vorübergehend der Verstärkung des Betriebskapitals** dienen, sind **laufende Schulden**.

Zu den **laufenden Schulden**, die grundsätzlich **keine Dauerschulden** sind, gehören insbesondere **Warenschulden, Wechselschulden und Bankschulden,** die zur Bezahlung von Warenschulden oder von Löhnen aufgenommen werden (Abschn. 45 Abs. 4 GewStR 1998).

Laufende Schulden können jedoch unter Berücksichtigung des zeitlichen Moments Dauerschulden sein. So sind z.B. **Kontokorrentschulden** dann Dauerschulden, wenn einem Unternehmen in der Form des Kontokorrentkredits ein bestimmter **Mindestkredit** dauernd (mindestens ein Jahr) zur Verfügung steht. In diesem Fall ist der **niedrigste Schuldenstand** im Wirtschaftsjahr (Mindestbetrag der Schuld) eine **Dauerschuld** (Abschn. 45 Abs. 6 GewStR 1998).

Beispiel:

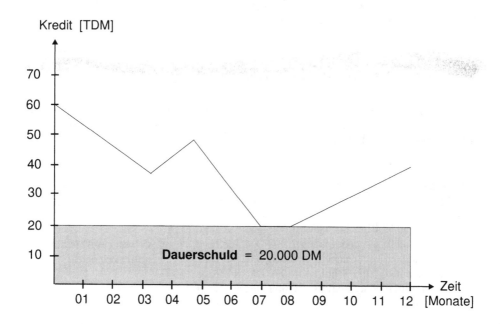

Der Kredit-Bodensatz (Mindestbetrag der Schuld im Wirtschaftsjahr) in Höhe von 20.000 DM ist als **Dauerschuld** anzusehen, weil er das ganze Jahr über bestanden hat.

Hat der niedrigste Schuldenstand nur **während ganz kurzer Zeit** -bis zu sieben Tagen- bestanden, so ist dieser Mindestbetrag der Schuld **unberücksichtigt** zu lassen.

Der Mindestbetrag der Schuld ist daher durch **Außerachtlassen der niedrigsten** -auch positiven- **Kontostände an insgesamt sieben Tagen** im Jahr zu ermitteln; Mindestschuld ist danach der Kreditbetrag, der dem Gewerbebetrieb an 358 Tagen

(365 Tage − 7 Tage) - im Schaltjahr an 359 Tagen - im Jahr zur Verfügung stand (Abschn. 45 Abs. 7 GewStR 1998).

Beispiel:
Der Kontostand einer Kontokorrentschuld, die mit 10 % zu verzinsen ist, hat 1999 in **täglich** unterschiedlicher Höhe zwischen 80.000 DM und 40.000 DM betragen. Die **acht niedrigsten Kontostände** lauteten auf

1. 40.000 DM ⎤
2. 45.000 DM
3. 46.500 DM
4. 50.000 DM   **sieben Tage** bleiben
5. 51.200 DM   **unberücksichtigt**
6. 53.650 DM
7. 55.600 DM ⎦
8. 60.000 DM

An allen anderen Tagen ist der Schuldenstand höher. Als Dauer**schuld** ist der Betrag von **60.000 DM** anzusetzen.
Als Dauerschuld**zinsen** sind dem Gewinn **3.000 DM** (10 % von 60.000 DM = 6.000 DM, davon 50 %) hinzuzurechnen.

> **Merke:** Dauerschuld**zinsen** = Dauerschuld am 8. Tag x Zinssatz x 50 %

Weist der Kontostand eines Kontokorrentkontos **keine täglich** unterschiedliche Höhe aus, sondern bleibt jeweils für **einige Tage** bestehen, ist **ebenfalls** der **niedrigste Kontostand am 8. Tag** anzusetzen.

Beispiel:
Sachverhalt wie zuvor mit dem Unterchied, daß die niedrigsten Kontostände wie folgt lauten:

1. 02. und 03.01.   Guthaben 3.000 DM = 2 Tage ⎤
2. 04. und 05.01.   Guthaben 2.000 DM = 2 Tage   **sieben Tage** bleiben
3. 07.06   Schuld   6.000 DM = 1 Tag   **unberücksichtigt**
4. 15. und 16.07.   Schuld   8.000 DM = 2 Tage ⎦
5. 04. und 08.08.   Schuld   10.000 DM = 2 Tage
6. 25.08   Schuld   11.000 DM = 1 Tag

Als Dauer**schuld** ist der Betrag von **10.000 DM** anzusetzen. Als Dauerschuld**zinsen** sind dem Gewinn **500 DM** (10 % von 10.000 DM = 1.000 DM, davon 50 %) hinzuzurechnen.

Die **Hinzurechnung** der Dauerschuld**zinsen** bei Kontokorrentkrediten **läßt sich vermeiden, wenn** es dem Gewerbetreibenden gelingt, das Kontokorrentkonto **an 8 Tagen im Jahr schuldenfrei** zu halten

Dies ist bereits dann der Fall, wenn das Kontokorrentkonto an **drei Freitagen im Jahr** auf Null gebracht wird, weil dann unter Einbeziehung der Samstage und Sonntage das Konto an insgesamt **9 Tagen** (obwohl 8 Tage ausreichten) **kein Schuldenstand** ausweist.

Bei der Hinzurechnungsvorschrift in § 8 Nr. 1 GewStG wird seit 1990 der Begriff "**Zinsen**" durch den Begriff "**Entgelt**" ersetzt.

Damit wird sichergestellt, daß neben den Vergütungen mit einem festen Zinssatz **auch** die **gewinnabhängigen** Vergütungen (wie z.B. partiarische Darlehen) **sowie** die sonstigen mit einer Schuld in Zusammenhang stehenden Leistungen, die Zinscharakter haben (z.B. **Damnum, Disagio**), bei der Hinzurechnung berücksichtigt werden (Abschn. 46 Abs. 1 GewStR 1998).

> **Übung**: 1. Wiederholungsfragen 3 bis 10 (Seite 591),
> 2. Fälle 3 und 4 (Seite 592).

3.2.2 Renten und dauernde Lasten

Renten und dauernde Lasten, die den Gewinn gemindert haben, sind dem Gewinn hinzuzurechnen, wenn sie wirtschaftlich mit der Gründung des Betriebs (Teilbetriebs) oder eines Anteils am Betrieb zusammenhängen. Das gilt **nicht,** wenn diese Beträge beim Empfänger zur Steuer nach dem Gewerbeertrag heranzuziehen sind (§ 8 **Nr. 2** GewStG).

Die Hinzurechnung ist demnach an **zwei Voraussetzungen** gebunden:

> 1. die Verpflichtungen müssen wirtschaftlich mit der **Gründung** oder dem **Erwerb des Betriebs** zusammenhängen
> **und**
> 2. der **Empfänger** der Renten oder rentenähnlichen Leistungen darf **kein inländischer Gewerbetreibender** sein.

3.2.3 Gewinnanteile des stillen Gesellschafters

Die als Betriebsausgaben berücksichtigten **Gewinnanteile des stillen Gesellschafters** sind dem Gewinn aus Gewerbebetrieb hinzuzurechnen, wenn sie beim Empfänger nicht zur GewSt herangezogen werden (§ 8 **Nr. 3** GewStG).

Die Hinzurechnung ist an **zwei Voraussetzungen** gebunden:

> 1. es muß sich um einen **echten** (typischen) stillen Gesellschafter handeln
> **und**
> 2. die Gewinnanteile dürfen beim stillen Gesellschafter **nicht** zur Steuer nach dem Gewerbeertrag herangezogen werden.

Eine Hinzurechnung nach § 8 Nr. 3 GewStG setzt einen **echten (typischen) stillen Gesellschafter** voraus. **Echte (typische) stille Gesellschafter** sind lediglich am Erfolg (Gewinn und ggf. auch am Verlust) der Gesellschaft beteiligt, nicht jedoch an den stillen Reserven und am Geschäftswert.

> Beispiel:
> Der Privatmann A ist am Einzelhandelsbetrieb des Gewerbetreibenden B als echter stiller Gesellschafter beteiligt. Für 1999 erhält A einen Gewinnanteil von 5.000 DM, den B in 1999 als Betriebsausgabe bucht.
>
> Die 5.000 DM sind bei A Einnahmen aus Kapitalvermögen. B muß die 5.000 DM seinem Gewinn wieder hinzurechnen.

Um eine Mehrfachbesteuerung zu vermeiden, wird der Gewinnanteil nur dann hinzugerechnet, wenn er beim Empfänger **nicht** zur **Steuer nach dem Gewerbeertrag** heranzuziehen ist. Die Beteiligung darf also nicht zum inländischen gewerblichen Betriebsvermögen des stillen Gesellschafters gehören.

Bei einer **unechten (atypischen) stillen Gesellschaft** ist der stille Gesellschafter Mitunternehmer. Der Gewinnanteil des atypischen stillen Gesellschafters mindert den Gewinn aus Gewerbebetrieb **nicht** (§ 15 Abs. 1 Nr. 2 EStG), so daß eine **Hinzurechnung** entfällt.

Ob eine atypisch oder typisch stille Gesellschaft vorliegt, ist nach den Grundsätzen des Einkommensteuerrechts zu entscheiden.

3.2.4 Hälfte der Miet- und Pachtaufwendungen

Die **Hälfte der Miet- und Pachtzinsen** (Aufwendungen) für die Benutzung der nicht in Grundbesitz bestehenden Wirtschaftsgüter des Anlagevermögens, die im Eigentum eines anderen stehen, ist dem Gewinn hinzuzurechnen (§ 8 **Nr. 7** GewStG).

> Beispiel:
> Der Gewerbetreibende A hat vom **Privatmann** B einen Computer für jährlich 600 DM gemietet. Die 600 DM mindern als Betriebsausgabe den Gewinn des A.
>
> A muß dem Gewinn **300 DM** (50 % von 600 DM = 300 DM) hinzurechnen.

Miet- und Pachtzinsen für **Grundbesitz** werden **nicht** hinzugerechnet.
Die Hinzurechnung unterbleibt, um eine doppelte Belastung des Grundbesitzes mit Grundsteuer und Gewerbesteuer zu vermeiden.

Die Hinzurechnung nach § 8 Nr. 7 GewStG erfolgt grundsätzlich nur, wenn die Miet- und Pachtzinsen **beim Vermieter bzw. Verpächter** (Eigentümer) **nicht** zur Gewerbesteuer herangezogen werden.

Beispiel:
Der Gewerbetreibende A hat von der Firma **IBM** einen Computer für jährlich 24.000 DM gemietet. Die 24.000 DM mindern als Betriebsausgabe den Gewinn des A.

A muß **nicht** die Hälfte der Miete seinem Gewinn hinzurechnen, weil die Miete bei der Firma IBM im Gewerbeertrag erfaßt wird.

Werden die Miet- und Pachtzinsen an einen **Gewerbebetrieb** gezahlt, so ist abweichend von dem vorgenannten Grundsatz die Hälfte der Miet- und Pachtzinsen beim Mieter oder Pächter **dennoch hinzuzurechnen, wenn**

> 1. es sich bei dem Miet- oder Pachtobjekt um einen **Betrieb oder Teilbetrieb** handelt
>
>   **und**
>
> 2. der Betrag der Miet- und Pachtzinsen für das fremde, nicht in Grundbesitz bestehende Anlagevermögen **250.000 DM übersteigt.**

Für die Anwendung der 250.000 DM-Grenze ist der Betrag maßgebend, der den Gewinn i.S. des § 7 GewStG gemindert hat.
Die so beim **Mieter oder Pächter** tatsächlich **hinzugerechneten Beträge** sind zur Vermeidung einer doppelten Besteuerung bei der Gewinnermittlung des **Vermieters oder Verpächters** vom Gewinn **zu kürzen** (§ 9 Nr. 4 GewStG).

3.2.5 Anteile am Verlust einer Personengesellschaft

Die **Anteile am Verlust** einer in- oder ausländischen **Personengesellschaft** (OHG, KG, GbR) sind dem Gewinn aus Gewerbebetrieb hinzuzurechnen, soweit die Beteiligung an der Personengesellschaft zum Betriebsvermögen gehört (§ 8 **Nr. 8** GewStG).

Beispiel:
Der Gewerbetreibende A ist an einer KG als Kommanditist beteiligt. Die Kommanditbeteiligung gehört zu seinem Betriebsvermögen. In 1999 hat die KG einen Verlust von 50.000 DM erzielt. Davon entfallen auf A 10.000 DM, die seinen gewerblichen Gewinn mindern.

A muß seinem Gewinn **10.000 DM** hinzurechnen, weil der Verlustanteil den gewerblichen Gewinn des A gemindert hat.

3.2.6 Spenden bei Körperschaften

Bei Einzelgewerbetreibenden und Personengesellschaften dürfen Spenden im Sinne des § 10b EStG den **Gewinn** aus Gewerbebetrieb **nicht** mindern.
Bei **Körperschaften** (z.B. AG, GmbH) dürfen Spenden i.S. des § 10b **Abs. 1**EStG das Einkommen und damit den **Gewinn** aus Gewerbebetrieb **mindern** (§ 9 Abs. 1 Nr. 2 KStG).
Spenden an **politische Parteien** (§ 10b **Abs. 2** EStG) sind seit 1.1.1994 für Kapitalgesellschaften **nicht** mehr abzugsfähig (§ 9 Abs. 1 Nr. 2 KStG).
Um eine **Gleichbehandlung** mit den Einzelgewerbetreibenden und Personengesellschaften zu erreichen, müssen die Spenden (Ausgaben i.S. des § 9 Abs. 1 Nr. 2 KStG), die bei Ermittlung des körperschaftlichen Einkommens abgezogen worden sind, wieder hinzugerechnet werden (§ 8 **Nr. 9** GewStG).

> **Übung**: 1. Wiederholungsfragen 11 bis 14 (Seite 591),
> 2. Fälle 5 und 6 (Seite 592 f.)

3.3 Kürzungen nach § 9 GewStG

Die **Summe des Gewinns** und der **Hinzurechnungen** wird u.a. um die folgenden **Kürzungen** gemindert (§ 9 GewStG).

3.3.1 Kürzung für den Grundbesitz

Die Summe des Gewinns und der Hinzurechnungen ist um **1,2 % des Einheitswerts** des Grundbesitzes **zu kürzen**, der zum Betriebsvermögen des Unternehmers gehört, (**§ 9 Nr. 1** GewStG).

Maßgebend für die Kürzung ist der Einheitswert, der auf den **letzten Feststellungszeitpunkt** (Hauptfeststellungs-, Fortschreibungs- oder Nachfeststellungszeitpunkt) **vor** dem **Ende des Erhebungszeitraums** lautet (§ 14 GewStG).

Als **Bemessungsgrundlage** sind bei Grundstücken (§ 70 BewG) sowie bei Betriebsgrundstücken im Sinne des § 99 Abs. 1 Nr. 1 BewG, die wie Grundvermögen bewertet werden, **140 % des auf den Wertverhältnissen vom 1.1.1964** beruhenden Einheitswerts anzusetzen (§ 121a BewG).

Bei Betriebsgrundstücken in den **alten** Bundesländern wird der **Kürzungsbetrag** grundsätzlich wie folgt ermittelt:

> Einheitswert x 1,4 = Bemessungsgrundlage x 1,2 % = **Kürzungsbetrag**

Beispiel:
Zum Betriebsvermögen eines Gewerbetreibenden gehört ein Grundstück, dessen **Einheitswert** nach den Wertverhältnissen vom 1.1.1964 **100.000 DM** beträgt.

Die **Kürzung** nach § 9 Nr. 1 Satz 1 GewStG beträgt **1.680 DM** (100.000 DM x 1,4 = 140.000 DM x 1,2 % = 1.680 DM).

Bei Betriebsgrundstücken in den **neuen** Bundesländern sind die Einheitswerte 1935 mit den in **§ 133 BewG** genannten Vom-Hundert-Sätzen anzusetzen (Abschn. 59 Abs. 4 Satz 3 GewStR 1998).

Die Zugehörigkeit des Grundbesitzes zum Betriebsvermögen des Unternehmers ist nach den Vorschriften des **ESt-Rechts** zu beurteilen. Diese sind in § 8 EStDV und R 13 EStR dargestellt (Abschn. 59 Abs. 1 GewStR 1998).

In zeitlicher Hinsicht ist die Frage, ob der Grundbesitz zum Betriebsvermögen des Unternehmers gehört, grundsätzlich nach dem **Stand zu Beginn des Erhebungszeitraums** (das ist stets der 1. 1. eines Jahres) zu beurteilen (§ 20 Abs. 1 GewStDV).

Beispiel:
Ein Gewerbetreibender, dessen Wirtschaftsjahr mit dem Kalenderjahr übereinstimmt, erwirbt am **4.1.1999** ein Grundstück, das vom Kaufzeitpunkt an zum Betriebsvermögen gehört. Der **Einheitswert** des Grundstücks beträgt **80.000 DM**.

Für den Erhebungszeitraum **1999** kommt eine **Kürzung** nach § 9 Nr. 1 Satz 1 GewStG **nicht** in Betracht, weil das Grundstück zu Beginn des Erhebungszeitraums (1.1.1999) nicht zum Betriebsvermögen gehört hat. Eine Kürzung kann erst für den EZ 2000 vorgenommen werden.

Dient nur **ein Teil** eines Grundstücks eigengewerblichen Zwecken, so ist für die Berechnung der Kürzung nach § 9 Nr. 1 Satz 1 von dem **Teil des Einheitswerts** auszugehen, der auf den dem gewerblichen Betrieb dienenden Teil des Grundstücks entfällt (§ 20 Abs. 2 GewStDV).
Dieser Teil des Einheitswerts ist grundsätzlich nach dem Verhältnis der Jahresrohmiete (§ 79 BewG) zu ermitteln (Abschn. 59 Abs. 2 GewStR 1998).

> Beispiel:
> Ein Textilwarenhändler betreibt sein Unternehmen im eigenen Haus. Das Grundstück hat einen **Einheitswert** von **100.000 DM**. Nach dem Verhältnis der Jahresrohmiete dient das Grundstück zu 70 % gewerblich und zu 30 % Wohnzwecken.
>
> Die **Kürzung** nach § 9 Nr. 1 Satz 1 GewStG beträgt **1.176DM** (1,2% von 98.000DM) (70 % von 140.000 DM (100.000 DM x 1,4) = 98.000 DM).

> **Übung:** 1. Wiederholungsfragen 15 bis 20 (Seite 591),
> 2. Fälle 7 bis 9 (Seite 593)

3.3.2 Gewinnanteile an Personengesellschaften

Die Summe des Gewinns und der Hinzurechnungen ist um die **Anteile am Gewinn** einer in- oder ausländischen **Personengesellschaft** (OHG, KG, GbR) zu kürzen, wenn die Gewinnanteile bei der Ermittlung des Gewinns angesetzt worden sind (§ 9 **Nr. 2** GewStG).

> Beispiel:
> Der Gewerbetreibende Kilsch ist an einer OHG beteiligt. Die Beteiligung gehört zu seinem Betriebsvermögen. In 1999 hat die OHG einen Gewinn von 60.000 DM erzielt. Davon entfallen auf Kilsch 5.000 DM, die seinen gewerblichen Gewinn erhöhen.
>
> Kilsch **kürzt** die Summe des Gewinns und der Hinzurechnungen um **5.000 DM**.

Diese Vorschrift ist die Gegenvorschrift zu § 8 Nr. 8 GewStG (Hinzurechnung der Anteile am Verlust einer Personengesellschaft).
Der Gewinn der Personengesellschaft unterliegt bereits bei dieser Gesellschaft der GewSt und soll deshalb beim Mitunternehmer nicht noch einmal zur GewSt herangezogen werden.

3.3.3 Hälfte der Miet- und Pachterträge

Die Summe des Gewinns und der Hinzurechnungen wird gekürzt um die bei der Ermittlung des Gewinns aus Gewerbebetrieb des **Vermieters oder Verpächters** berücksichtigten **Miet- oder Pachtzinsen** (Erträge) für die Überlassung von nicht in Grundbesitz bestehenden Wirtschaftsgütern des **Anlagevermögens, soweit** sie nach § 8 Nr. 7 GewStG dem Gewinn aus Gewerbebetrieb des Mieters oder Pächters **hinzugerechnet** worden sind (§ 9 Nr. 4 GewStG).

Die Miet- und Pachtzinsen sind beim **Vermieter oder Verpächter abzusetzen** und beim **Mieter oder Pächter hinzuzurechnen**. § 9 Nr. 4 GewStG ist demnach eine Gegenvorschrift zu § 8 Nr. 7 GewStG.

3.3.4 Spenden bei allen Gewerbebetrieben

Die Summe des Gewinns und der Hinzurechnungen ist bei allen Gewerbebetrieben um die **Spenden** im Sinne des § 10b Abs. 1 EStG (das sind alle Spenden mit **Ausnahme** der Spenden an **politische Parteien**) zu kürzen, soweit sie aus Mitteln des Gewerbebetriebs geleistet worden sind (§ 9 **Nr. 5** GewStG).

Die **Höhe des Spendenabzugs** ist **begrenzt** auf

> **5 %** des (um die Hinzurechnung nach § 8 Nr. 9 GewStG erhöhten)
> **Gewinns aus Gewerbebetrieb**
> **oder**
> **2 v.T.** der Summe der gesamten Umsätze, **Löhne und Gehälter**.

Für **wissenschaftliche, mildtätige** und **kulturelle** Zwecke erhöht sich die Abzugsfähigkeit - wie bei der Einkommensteuer - um **weitere 5 %**.

3.4 Maßgebender Gewerbeertrag

Besteht die Gewerbesteuerpflicht während des **gesamten** Kalenderjahres, ist der Gewerbeertrag maßgebend, der in dem **gesamten** EZ bezogen worden ist.

> Beispiel:
> Die Gewerbesteuerpflicht des Bonner Gewerbetreibenden A, dessen Wirtschaftsjahr mit dem Kalenderjahr übereinstimmt, bestand während des gesamten Kalenderjahres 1999.
>
> **Maßgebender** Gewerbeertrag ist der vom **1.1. bis 31.12.1999** ermittelte Gewerbeertrag.

Besteht die Gewerbesteuerpflicht **nicht** während des **gesamten** Kalenderjahres (z.B. wegen Eröffnung oder Schließung eines Gewerbebetriebs), ist der Gewerbeertrag maßgebend, der in dem **abgekürzten** Erhebungszeitraum bezogen worden ist.

> Beispiel:
> Der Kölner Gewerbetreibende B, dessen Wirtschaftsjahr mit dem Kalenderjahr übereinstimmt, **eröffnet** am **1.10.1999** seinen Gewerbebetrieb.
>
> **Maßgebender** Gewerbeertrag ist der vom **1.10. bis 31.12.1999** ermittelte Gewerbeertrag.

Der **Freibetrag** nach § 11 GewStG wird unabhängig von der Dauer der Gewerbesteuerpflicht **voll gewährt**. Eine **Zwölftelung** erfolgt **nicht** (siehe Beispiel c) Seite 588).

Bei einem **abweichenden Wirtschaftsjahr** gilt der Gewerbeertrag in dem Kalenderjahr bezogen, in dem das Wirtschaftsjahr **endet** (§ 10 Abs. 2 GewStG).

3.5 Gewerbeverlust

Nach § 10a GewStG wird der maßgebende Gewerbeertrag um die Verluste gekürzt, die sich bei der Ermittlung des maßgebenden Gewerbeertrags für die **vorangegangenen** Erhebungszeiträume ergeben haben, soweit diese nicht schon in den Vorjahren berücksichtigt worden sind (**Gewerbeverlustvortrag**).

Das Gewerbesteuergesetz kennt **nur** diesen Gewerbeverlust**vortrag**. Ein **Verlustrücktrag** - wie bei der Einkommensteuer und der Körperschaftsteuer - ist **nicht** möglich.

> **Übung:** 1. Wiederholungsfragen 21 bis 24 (Seite 591),
> 2. Fälle 10 und 11 (Seite 593)

3.6 Steuermeßzahl und Steuermeßbetrag

Der auf **volle hundert DM** nach unten **abgerundete Gewerbeertrag** ist

- bei **natürlichen Personen** (Einzelgewerbetreibenden) **sowie** bei **Personengesellschaften** (z.B. OHG, KG) um einen **Freibetrag** in Höhe von **48.000 DM** zu kürzen

und

- bei Unternehmen im Sinne des § 2 Abs. 3 (z.B. bei **Vereinen**, **soweit** sie einen **wirtschaftlichen Geschäftsbetrieb** unterhalten) und bei Unternehmen i.S.d. § 3 Nr. 5,6,8,9,15,17 und 21 sowie bei Unternehmen von juristischen Personen des öffentlichen Rechts um einen **Freibetrag** in Höhe von **7.500 DM** zu kürzen,

höchstens jedoch in Höhe des abgerundeten Gewerbeertrags (§ 11 Abs. 1 GewStG).

Kapitalgesellschaften (AG, GmbH, KGaA) steht ein **Freibetrag** nach § 11 Abs. 1 GewStG **nicht** zu.

Auf den abgerundeten und um den Freibetrag gekürzten Gewerbeertrag ist eine **Steuermeßzahl** (ein Prozentsatz) anzuwenden.

Die **Steuermeßzahl** beträgt seit dem EZ 1993 (§ 11 Abs. 2 GewStG):

- bei Gewerbebetrieben, die von **natürlichen Personen** oder von **Personengesellschaften** betrieben werden (**Staffeltarif**),

für die ersten 24.000 DM	1 %,
für die weiteren 24.000 DM	2 %,
für die weiteren 24.000 DM	3 %,
für die weiteren 24.000 DM	4 %,
für alle weiteren Beträge	5 %,

- bei **anderen** Gewerbebetrieben (z.B. Kapitalgesellschaften) 5 %.

Freibetrag und **Staffeltarif** sollen den Nachteil ausgleichen, daß Personenunternehmen - anders als Kapitalgesellschaften - Gehälter des Gesellschafter-Geschäftsführers nicht gewerbesteuermindernd abziehen können.

Der **Steuermeßbetrag** kann für **natürliche Personen** und **Personengesellschaften** vereinfacht wie folgt berechnet werden:

Gewerbeertrag (nach Kürzung von 48.000 DM)	Steuermeßbetrag	
bis 24.000 DM	1 % des Gewerbeertrags	
24.000 DM bis 48.000 DM	2 % des Gewerbeertrags	− 240 DM
48.000 DM bis 72.000 DM	3 % des Gewerbeertrags	− 720 DM
72.000 DM bis 96.000 DM	4 % des Gewerbeertrags	− 1.440 DM
mehr als 96.000 DM	5 % des Gewerbeertrags	− 2.400 DM

Beispiele:

a) Ein Bonner Malermeister, dessen Wirtschaftsjahr mit dem Kalenderjahr übereinstimmt, ermittelt für den EZ 1999 einen **Gewerbeertrag** von **152.050 DM**.

Der **Steuermeßbetrag** für den EZ 1999 wird wie folgt ermittelt:

	DM
Gewerbeertrag	152.050,—
Abrundung (= abgerundeter Gewerbeertrag)	152.000,—
− Freibetrag	48.000,—
verbleiben	104.000,—
x **5 %** von 104.000 DM = 5.200 DM − **2.400 DM**	
= **Steuermeßbetrag**	**2.800,—**

b) Ein Magdeburger Bäckermeister, dessen Wirtschaftsjahr mit dem Kalenderjahr übereinstimmt, ermittelt für den EZ 1999 einen **Gewerbeertrag** von **23.560 DM**.

Der abgerundete Gewerbeertrag von 23.500 DM ist um den Freibetrag von 48.000 DM zu kürzen. Der Freibetrag von 48.000 DM darf jedoch nicht zu einem negativen Gewerbeertrag führen, so daß in diesem Fall der Gewerbeertrag und damit auch der **Steuermeßbetrag 0 DM** beträgt.

c) Die Steuerpflicht eines Koblenzer Gewerbetreibenden, dessen Wirtschaftsjahr mit dem Kalenderjahr übereinstimmt, beginnt am 15.07.1999. Der in der Zeit vom **15.07. bis 31.12.1999** erzielte **Gewerbeertrag** beträgt **52.000 DM**.

Der **Steuermeßbetrag** für den EZ 1999 wird wie folgt ermittelt:

	DM
Gewerbeertrag (15.07. bis 31.12.1999)	52.000,—
Abrundung (bereits abgerundet)	52.000,—
− Freibetrag	48.000,—
verbleiben	4.000,—
x **1 %** von 4.000 DM	
= **Steuermeßbetrag**	**40,—**

d) Ein Erfurter Metzgermeister, dessen Wirtschaftsjahr mit dem Kalenderjahr übereinstimmt, ermittelt für den EZ 1999 einen **Gewerbeertrag** von **101.300 DM**.

Der **Steuermeßbetrag** für den EZ 1999 wird wie folgt ermittelt:

	DM
Gewerbertrag	101.300,—
Abrundung (bereits abgerundet)	101.300,—
− Freibetrag	48.000,—
verbleiben	53.300,—
x **3 %** von 53.300 DM = 1.599 DM − **720 DM**	
= **Steuermeßbetrag**	**879,—**

Zusammenfassendes Beispiel:

Der Baustoffhändler Emil Knecht, Köln, dessen Wirtschaftsjahr mit dem Kalenderjahr übereinstimmt, legt Ihnen für den EZ 1999 folgende Zahlen vor:

1. Gewinn aus Gewerbebetrieb — 170.000,— DM
2. Dauerschuldzinsen — 2.400,— DM
3. Gewinnanteil eines echten stillen Gesellschafters — 5.000,— DM
4. Mietaufwendungen für einen Lkw, der einem Nichtunternehmer gehört — 6.000,— DM
5. Verlustanteil an einer OHG — 3.000,— DM
6. Einheitswert des Betriebsgrundstücks — 40.000,— DM
7. Gewinnanteil an einer KG — 32.000,— DM

Der **Steuermeßbetrag** wird für den EZ 1999 wie folgt ermittelt:

	DM
Gewinn aus Gewerbebetrieb	170.000,—
+ Hinzurechnungen nach § 8 GewStG	
Dauerschuldzinsen (50 % von 2.400 DM) 1.200 DM	
Gewinnanteil des stillen Gesellschafters 5.000 DM	
Hälfte der Mietaufwendungen für Lkw 3.000 DM	
Verlustanteil OHG 3.000 DM	12.200,—
	182.200,—
– Kürzungen nach § 9 GewStG	
Grundbesitzkürzungen 1,2 % von 56.000 DM (40.000 DM x 1,4) 672 DM	
Gewinnanteil KG 32.000 DM	32.672,—
= Gewerbeertrag	149.528,—
Abrundung (abgerundeter Gewerbeertrag	149.500,—
– Freibetrag	48.000,—
verbleiben	101.500,—
x **5 %** von 101.500DM = 5.075DM - **2.400DM**	
= **Steuermeßbetrag**	**2.675,—**

> **Übung:** 1. Wiederholungsfragen 25 bis 27 (Seite 591),
> 2. Fälle 12 bis 16 (Seite 593 f.)

3.7 Zusammenfassung und Erfolgskontrolle

3.7.1 Zusammenfassung

Gewinn aus Gewerbebetrieb

+ **Hinzurechnungen nach § 8 GewStG**

> 1. Hälfte der Dauerschuld**entgelte**
> 2. Renten und dauernde Lasten
> 3. Gewinnanteile des stillen Gesellschafters
> 4. Hälfte bestimmter Miet- und Pacht**aufwendungen**
> 5. Anteile am Verlust von Personengesellschaften
> 6. Spenden bei **Körperschaften**

− **Kürzungen nach § 9 GewStG**

> 1. Grundbesitzkürzungen
> 2. Gewinnanteile an Personengesellschaften
> 3. Hälfte bestimmter Miet- und Pacht**erträge**
> 4. Spenden bei **allen Gewerbebetrieben**

= **Gewerbeertrag vor Verlustabzug**

− **Gewerbeverlust nach § 10a GewStG**

= **Gewerbeertrag** (abzurunden auf volle hundert DM)

− **Freibetrag nach § 11 Abs. 1 GewStG**
  48.000 DM bei natürlichen Personen und Personengesellschaften
  7.500 DM bei Vereinen für wirtschaftlichen Geschäftsbetrieb
  0 DM bei Kapitalgesellschaften

Verbleiben

× **Steuermeßzahl nach § 11 Abs. 2 GewStG**

= **S t e u e r m e ß b e t r a g**

3.7.2 Erfolgskontrolle

WIEDERHOLUNGSFRAGEN

1. Was ist die Ausgangsgröße für die Ermittlung des Gewerbeertrags?
2. Nach welchen Vorschriften ist diese Ausgangsgröße zu ermitteln?
3. Welcher Posten ist in der Praxis der wichtigste Posten der Hinzurechnung?
4. Was versteht der Gesetzgeber unter diesem Posten?
5. Welche beiden Tatbestandsmerkmale umfaßt der Begriff Dauerschuld?
6. Was bedeutet in diesem Zusammenhang die Formulierung "nicht nur vorübergehend"?
7. Welche Schulden gehören insbesondere zu den Dauerschulden?
8. In welchem Fall sind Kontokorrentschulden Dauerschulden?
9. Welcher Betrag wird bei einer Kontokorrentschuld als Dauerschuld behandelt?
10. Gehört ein Damnum zu den Dauerschuldentgelten?
11. Welche Beträge müssen außer den Dauerschuldentgelten dem Gewinn aus Gewerbebetrieb hinzugerechnet werden?
12. An welche beiden Voraussetzungen ist die Hinzurechnung des Gewinnanteils eines stillen Gesellschafters gebunden?
13. Warum werden Miet- und Pachtzinsen für Grundbesitz dem Gewinn aus Gewerbebetrieb nicht hinzugerechnet?
14. In welchem Fall wird die Hälfte der Miet- und Pachtzinsen für bewegliche Anlagegüter dem Gewinn aus Gewerbebetrieb hinzugerechnet?
15. Um welche Beträge wird die Summe des Gewinns und der Hinzurechnungen gekürzt?
16. Welcher Einheitswert ist für die Grundbesitzkürzung maßgebend?
17. Welcher Wert ist als Bemessungsgrundlage für die Grundbesitzkürzung anzusetzen?
18. Nach welchen Vorschriften ist die Frage zu entscheiden, ob und inwieweit Grundbesitz zum Betriebsvermögen des Unternehmers gehört?
19. Welcher Zeitpunkt ist grundsätzlich für die Berechnung der Grundbesitzkürzung ausschlaggebend?
20. Wie ist zu verfahren, wenn nur ein Teil eines Grundstücks betrieblich genutzt wird?
21. Welcher Gewerbeertrag ist maßgebend für die Festsetzung des Meßbetrags?
22. Wie ist zu verfahren, wenn die Steuerpflicht im Laufe des Erhebungszeitraums beginnt oder erlischt?
23. Was gilt für Gewerbetreibende, deren Wirtschaftsjahr vom Kalenderjahr abweicht?
24. Wie werden nicht ausgeglichene Gewerbeverluste behandelt?
25. Wie wird - ausgehend vom Gewerbeertrag - der Steuermeßbetrag bei natürlichen Personen und bei Personengesellschaften ermittelt?
26. Wie wird - ausgehend vom Gewerbeertrag - der Steuermeßbetrag bei Kapitalgesellschaften ermittelt?
27. Wie wird - ausgehend vom Gewerbeertrag - der Steuermeßbetrag ermittelt, wenn bei einem Unternehmen, dessen Wirtschaftsjahr mit dem Kalenderjahr übereinstimmt, die Gewerbesteuerpflicht im Laufe des Erhebungszeitraums beginnt oder erlischt?

FÄLLE

Fall 1:

Der Gewerbetreibende Fritz Klein, Bonn, hat folgende Bestände ermittelt:

Betriebsvermögen zum 31.12.1998	125.300,— DM
Betriebsvermögen zum 31.12.1999	118.900,— DM
Entnahmen 1999	50.700,— DM
Einlagen 1999	1.300,— DM

Wie hoch ist der **Gewinn aus Gewerbebetrieb** 1999?

Fall 2:

Der Gewerbetreibende Rouven Wangelin, Köln, erzielte 1999 einen Jahresgewinn nach einer gebuchten Gewerbesteuer-Rückstellung von 6.000 DM in Höhe von 98.000 DM.

Wie hoch ist der **Gewinn aus Gewerbebetrieb** 1999?

Fall 3:

Ein Gewerbetreibender, dessen Wirtschaftsjahr mit dem Kalenderjahr übereinstimmt, hat in 1999 bei seiner Bank einen Kontokorrentkredit, der mit 10 % zu verzinsen ist, beansprucht. Die täglich niedrigsten Kontostände lauteten

$$\begin{aligned}
&49.000,\text{— DM,}\\
&54.800,\text{— DM,}\\
&58.800,\text{— DM,}\\
&71.000,\text{— DM,}\\
&85.000,\text{— DM,}\\
&105.000,\text{— DM,}\\
&117.200,\text{— DM,}\\
&121.400,\text{— DM.}
\end{aligned}$$

Wie hoch sind die hinzuzurechnenden **Dauerschuldzinsen**?

Fall 4:

Ein Gewerbetreibender, dessen Wirtschaftsjahr mit dem Kalenderjahr übereinstimmt, hat bei seiner Bank zum 30.06.1999 ein Darlehen in Höhe von 100.000 DM mit einer Laufzeit von 10 Jahren aufgenommen, das mit 8 % zu verzinsen ist.
Bei der Darlehensgewährung hat er ein Damnum von 2.000 DM gezahlt. Er ermittelt seinen Gewinn nach § 5 EStG.
Die erste Tilgungsrate von 5.000 DM wurde vereinbarungsgemäß zum 31.12.1999 geleistet.

Wie hoch sind die hinzuzurechnenden **Dauerschuldentgelte**?

Fall 5:

Der Gewerbetreibende Buch hat von der Ruhrtransport GmbH, Essen, einen Lkw für jährlich 36.000 DM gemietet.

Wie hoch ist die hinzuzurechnende **Miete**? Begründen Sie Ihre Antwort.

Fall 6:

Der Metzgermeister Scherwarth hat von einem pensionierten Kollegen dessen Metzgerei für 18.000 DM jährlich gepachtet. Von der Pacht entfallen zwei Drittel auf die Betriebs- und Geschäftsausstattung und ein Drittel auf die Geschäftsräume.

Wie hoch ist die hinzuzurechnende **Pacht**? Begründen Sie Ihre Antwort.

Fall 7:

Zum Betriebsvermögen des Gewerbetreibenden Rönkendorf gehört ein Grundstück, dessen Einheitswert nach den Wertverhältnissen vom 1.1.1964 50.000 DM beträgt. Das Grundstück dient ganz eigenen gewerblichen Zwecken.

Wie hoch ist die **Kürzung für den Grundbesitz**?

Fall 8:

Sachverhalt wie im Fall 7 mit dem Unterschied, daß nur 80 % des Grundstücks eigenen gewerblichen Zwecken und 20 % Wohnzwecken dienen.

Wie hoch ist die **Kürzung für den Grundbesitz**?

Fall 9:

Der Gewerbetreibende Bernhard ist am 01.01.1999 Eigentümer eines Grundstücks, das zu seinem Betriebsvermögen gehört. Der Einheitswert des Grundstücks (Wertverhältnisse 1.1.1964) beträgt 80.000 DM. Er verkauft dieses Grundstück am 30.06.1999. Am 31.08.1999 kauft er ein Ersatzgrundstück mit einem Einheitswert von 90.000 DM.

Wie hoch ist die **Kürzung für den Grundbesitz** in 1999 und 2000?

Fall 10:

Der Einzelgewerbetreibende Dohler hat in 1999 folgende Beträge aus betrieblichen Mitteln gespendet:

Deutsches Rotes Kreuz (gemeinnützige Zwecke)	1.400,— DM
politische Parteien	2.000,— DM
Universität Köln	3.000,— DM

Wie hoch ist die **Kürzung nach § 9 Nr. 5 GewStG**, wenn sein Gewinn aus Gewerbebetrieb 50.000 DM beträgt?

Fall 11:

Sachverhalt wie im Fall 10 mit dem Unterschied, daß es sich bei dem Gewerbebetrieb um eine GmbH handelt.

Wie hoch ist die **Kürzung nach § 9 Nr. 5 GewStG**, wenn der Gewinn (das Einkommen) der GmbH vor Spendenabzug 50.000 DM beträgt?

Fall 12:

Ein Duisburger Bäckermeister, dessen Wirtschaftsjahr mit dem Kalenderjahr übereinstimmt, hat im EZ 1999 einen Gewerbeertrag von 210.431 DM erzielt.

Wie hoch ist der **Steuermeßbetrag** für den EZ 1999?

Fall 13:

Die Weinland-GmbH, Trier, deren Wirtschaftsjahr mit dem Kalenderjahr übereinstimmt, hat im EZ 1999 einen Gewerbeertrag von 14.315 DM erzielt.

Wie hoch ist der **Steuermeßbetrag** für den EZ 1999?

Fall 14:

Die Steuerpflicht der Piko GmbH, Mainz, deren Wirtschaftsjahr mit dem Kalenderjahr übereinstimmt, beginnt am 05.09.1999. Im Rumpfwirtschaftsjahr vom 05.09. bis 31.12.1999 erzielte sie einen Gewerbeertrag von 40.000 DM.

Wie hoch ist der **Steuermeßbetrag** für den EZ 1999?

Fall 15:

Ein Kölner Einzelhändler, dessen Wirtschaftsjahr mit dem Kalenderjahr übereinstimmt, legt Ihnen für den EZ 1999 folgende Zahlen vor:

1. Gewinn aus Gewerbebetrieb   42.000,— DM
2. Hypothekenzinsen   5.570,— DM
3. Einheitswert des Betriebsgrundstücks 50.000,— DM
4. Gewinnanteil an einer OHG   9.500,— DM
5. Miete für eine Registrierkasse (Vermieter ist Gewerbetreibender) 3.250,— DM

Wie hoch ist der **Steuermeßbetrag** für den EZ 1999?

Fall 16:

Der Transportunternehmer Werner Baulig, Wiesbaden, dessen Wirtschaftsjahr mit dem Kalenderjahr übereinstimmt, legt Ihnen für den EZ 1999 folgende Zahlen vor:

1. Gewinn nach § 15 EStG   74.581,— DM
2. Für einen aufgenommenen Kredit in Höhe von 138.000 DM, der als Dauerschuld im Wert des Betriebsvermögens berücksichtigt ist, wurden Zinsen gezahlt in Höhe von   9.175,— DM
3. Der Kontostand einer Kontokorrentschuld, die mit 7 % zu verzinsen ist, schwankte in 1999 täglich zwischen 8.000 und 15.000 DM. Die acht niedrigsten Kontostände waren:

   8.000,— DM
   8.500,— DM
   8.700,— DM
   9.000,— DM
   9.100,— DM
   9.500,— DM
   9.800,— DM
   10.000,— DM

4. Einheitswert des Betriebsgrundstücks   30.200,— DM

Wie hoch ist der **Steuermeßbetrag** für den EZ 1999?

4 Festsetzung und Erhebung der Gewerbesteuer

4.1 Festsetzung der Gewerbesteuer

Die **Gewerbesteuer** wird auf Grund des Steuermeßbetrags mit einem **Hebesatz festgesetzt** (§ 16 Abs. 1 GewStG).

Für die Steuerfestsetzung ist der **Hebesatz** maßgebend, der von der **hebeberechtigten** Gemeinde für den jeweiligen Erhebungszeitraum (Kalenderjahr) festgesetzt ist (Abschn. 89 GewStR).

> **Merke:** Steuermeßbetrag x **Hebesatz** = **Gewerbesteuer**

Beispiel:
Die Firma Schmidt OHG, Koblenz, deren Wirtschaftsjahr mit dem Kalenderjahr übereinstimmt, hat im EZ 1999 einen **Gewerbeertrag** von **154.000 DM** erzielt. **Der Hebesatz** der Stadt Koblenz beträgt **355 %**.

Die **Gewerbesteuer** wird für den EZ 1999 wie folgt ermittelt:

	DM
Gewerbeertrag	154.000,—
− Freibetrag	48.000,—
verbleiben	106.000,—
x **5 %** von 106.000 DM = 5.300 DM - **2.400 DM**	
= Steuermeßbetrag	2.900,—
x **Hebesatz** (355 %)	
= **Gewerbesteuer**	10.295,—

4.2 Erhebung der Gewerbesteuer

Die **Verwaltung** der Gewerbesteuer steht zum Teil den **Finanzämtern** und zum Teil den **Gemeinden** zu.

4.2.1 Zuständigkeit der Finanzämter

Die Steuerpflichtigen reichen ihre **Gewerbesteuererklärung** beim zuständigen **Finanzamt** ein.

Für die **Feststellung der Besteuerungsgrundlage** (Gewerbeertrag) sowie für die **Festsetzung des Steuermeßbetrages** ist das **Betriebsfinanzamt** zuständig (§ 22 Abs. 1 AO). Das ist das Finanzamt, in dessen Bezirk sich die Geschäftsleitung befindet (§ 18 Abs. 1 Nr. 2 AO).

Einzelheiten zum **Betriebsfinanzamt** erfolgen im Abschnitt "1.2.1.3 Umsatzsteuer und Realsteuern" der **Steuerlehre 1**, 20. Auflage 1999, Seite 41.

Die **Feststellung** des gewerblichen Gewinns sowie die **Festsetzung** des Steuermeßbetrages liegen grundsätzlich in der Hand **eines** Finanzamtes. Dies gilt auch dann, wenn ein Einzelunternehmer seinen Wohnsitz und die Geschäftsleitung seines Betriebes in den Bezirken verschiedener Finanzämter und verschiedener Gemeinden hat (Abschn. 4 GewStR).

Das **Betriebsfinanzamt** setzt den **Steuermeßbetrag** in einem Gewerbesteuer**meßbescheid** (Grundlagenbescheid) fest.

Die Festsetzung erfolgt in der Regel in **einem** Arbeitsgang mit der Veranlagung der Einkommensteuer bzw. Körperschaftsteuer.

Eine Ausfertigung des Steuer**meß**bescheides erhält die hebeberechtigte **Gemeinde** und eine Ausfertigung des Meßbescheides der **Steuerpflichtige**.

4.2.2 Zuständigkeit der Gemeinden

Die **Gemeinde** erläßt auf der Grundlage des Meßbescheides den **Gewerbesteuerbescheid**.

Die **Festsetzung und Erhebung der Gewerbesteuer** obliegt im Regelfall den hebeberechtigten **Gemeinden**.
Nur in Ausnahmefällen können diese Aufgaben durch das Land den Finanzämtern übertragen werden.

Auf der Grundlage des ihr vom Finanzamt zugesandten Steuermeßbescheids setzt die **Gemeinde** unter Anwendung des entsprechenden **Hebesatzes** die Gewerbesteuer im **Gewerbesteuerbescheid** fest.

Der Gewerbesteuerbescheid kann schon vor Rechtskraft des Steuermeßbescheides erlassen werden.

Wird der Steuer**meß**bescheid geändert (z.B. aufgrund eines Einspruchs), wird der Gewerbe**steuer**bescheid von Amts wegen geändert.

Über Anträge auf **Stundung, Niederschlagung und Erlaß der Gewerbesteuer** hat die **hebeberechtigte Gemeinde** zu entscheiden.

Gegen den **Gewerbesteuerbescheid** kann der Steuerpflichtige innerhalb eines Monats bei der Gemeinde **Widerspruch** erheben (§ 69 VwGO). Für die **Klage, Berufung** und **Revision** sind in diesem Fall die **Verwaltungsgerichte** zuständig.

4.2.3 Steuerschuldner

Steuerschuldner der Gewerbesteuer ist der **Unternehmer**. Als **Unternehmer** gilt der, für dessen Rechnung und Gefahr das Unternehmen betrieben wird (§ 5 Abs. 1 GewStG).

Wird das Gewerbe für Rechnung und Gefahr einer **Personengesellschaft** betrieben, ist die **Gesellschaft** Steuerschuldnerin (§ 5 Abs. 1 Satz 2 GewStG).

Gesellschaften im Sinne des § 5 Abs. 1 Satz 2 GewStG sind die **Offene Handelsgesellschaft** (OHG), die **Kommanditgesellschaft** (KG) und die Gesellschaft **des bürgerlichen Rechts** (GbR).

Die Regelung, daß die Gesellschaft selbst Steuerschuldnerin ist, schließt nicht aus, daß die **Gesellschafter** als **Haftungsschuldner** in Anspruch genommen werden können.

Bei der stillen Gesellschaft ist der **echte (typische) stille Gesellschafter kein Unternehmer** im Sinne des § 5 Abs. 1 Satz 2 GewStG.

Wird das Gewerbe von einer **juristischen Person** (z.B. AG, GmbH) betrieben, ist diese **Unternehmer**. Die **Gesellschafter** einer juristischen Person kommen als Unternehmer und damit als Haftungsschuldner **nicht** in Betracht.

4.2.4 Vorauszahlungen

Der Steuerschuldner hat am **15. Februar, 15. Mai, 15. August** und **15. November Vorauszahlungen** zu entrichten (§ 19 Abs. 1 GewStG).

Jede **Vorauszahlung** beträgt **grundsätzlich ein Viertel der Steuer**, die sich bei der **letzten** Veranlagung ergeben hat (§ 19 Abs. 2 GewStG).

Die **Gemeinde kann** die **Vorauszahlungen** der Steuer **anpassen,** die sich für den laufenden EZ voraussichtlich ergeben wird. Die für einen EZ entrichteten Vorauszahlungen werden auf die Steuerschuld für den EZ angerechnet (§ 20 Abs. 1 GewStG).

Ist die **Steuerschuld größer als** die Summe der anzurechnenden **Vorauszahlungen**, so ist der Unterschiedsbetrag, soweit es sich nicht um bereits fällig gewesene aber nicht entrichtete Vorauszahlungen handelt, **innerhalb eines Monats** nach Bekanntgabe des Steuerbescheids zu entrichten (**Abschlußzahlung**; § 20 Abs. 2 GewStG).

4.3 Erfolgskontrolle

WIEDERHOLUNGSFRAGEN

1. Wie wird die Gewerbesteuer mit Hilfe des Steuermeßbetrags und des Hebesatzes berechnet?

2. Wer setzt den Hebesatz fest?

3. Wem steht die Verwaltung der GewSt zu?

4. Welche Veranlagungsarbeit fällt in den Zuständigkeitsbereich der Finanzämter?

5. Welche Veranlagungsarbeit fällt in den Zuständigkeitsbereich der Gemeinden?

6. Wer ist Schuldner der Gewerbesteuer?

7. Zu welchen Terminen sind Gewerbesteuer-Vorauszahlungen zu leisten?

8. Wie hoch sind grundsätzlich die Gewerbesteuer-Vorauszahlungen?

FÄLLE

Fall 1:

Die Firma Baulig OHG, Stadthausen, deren Wirtschaftsjahr mit dem Kalenderjahr übereinstimmt, legt Ihnen für den EZ 1999 folgende Zahlen vor:

1. Gewinn nach § 15 EStG **84.695,— DM**
2. Verlustanteil aus der KG-Beteiligung **+ 12.125,— DM**
3. Dauerschuldzinsen **2.250,— DM**
4. Miete für Computer (Vermieter ist Gewerbetreibender) **24.000,— DM**
5. Miete für eine Lagerhalle (Vermieter ist Privatperson) **18.000,— DM**
6. Einheitswert der Lagerhalle **20.000,— DM**
7. Miete für eine Kühlanlage (Vermieter ist Privatperson) **3.000,— DM**
8. Spenden für wissenschaftliche Zwecke (aus Mitteln der OHG) **– 4.800,— DM**
9. Einheitswert der Betriebsgrundstücke **50.000,— DM**

Wie hoch ist die **Gewerbesteuer** für den EZ 1999, wenn der Hebesatz 370 % beträgt?

Fall 2:

Der Steuerpflichtige Fritz Klein, Neustadt, ist Alleininhaber einer im Handelsregister eingetragenen Apotheke. Für das Wirtschaftsjahr 1999, das mit dem Kalenderjahr übereinstimmt, ergibt sich folgendes:

Betriebsvermögen lt. Steuerbilanz zum 31.12.1998 **125.300,— DM**
Betriebsvermögen lt. Steuerbilanz zum 31.12.1999 **118.900,— DM**

Die Privatentnahmen des Klein haben 1999 **50.700 DM** betragen. Eine Einkommensteuerüberzahlung für 1997 in Höhe von **1.300 DM** ist 1999 auf das betriebliche Bankkonto überwiesen worden.

Zur Finanzierung des Kaufs einer neuen Theke hat Klein 1998 ein Darlehen in Höhe von **20.000 DM** aufgenommen. Die in 1999 gezahlten Zinsen haben **2.100 DM** betragen.

Daneben hat Klein Einrichtungen der Apotheke für monatlich **200 DM** gemietet (Vermieter ist Privatperson).

Klein ist an der Maier-Arzneimittelgroßhandlung OHG als Mitunternehmer beteiligt. Die OHG hat 1999 einen Verlust in Höhe von **30.000 DM** erzielt, davon entfallen auf Klein **1.500 DM**.

Das bebaute Grundstück, auf dem sich die Apotheke befindet, gehört Klein. Es gehört zum notwendigen Betriebsvermögen. Der Einheitswert des Grundstücks beträgt **80.000 DM**.

Wie hoch ist die **Gewerbesteuer** für den EZ 1999, wenn der Hebesatz von Neustadt 360 % beträgt?

5 Zerlegung

Die **Aufteilung des Steuermeßbetrages** auf mehrere hebeberechtigte Gemeinden bezeichnet das Gesetz als **Zerlegung** (§§ 28 ff. GewStG). Durch die Zerlegung erhält jede Gemeinde den ihr zustehenden Anteil an der Gewerbesteuer.

5.1 Betriebsstätte

Unterhält **ein** Gewerbebetrieb in **mehreren** Gemeinden **Betriebsstätten,** ist der **Steuermeßbetrag** in die auf die einzelnen Gemeinden entfallenden Anteile (**Zerlegungsanteile**) zu zerlegen (§ 28 Abs. 1 Satz 1 GewStG).

Das gilt **auch,** wenn eine Betriebsstätte sich über **mehrere** Gemeinden erstreckt oder eine Betriebsstätte innerhalb eines Erhebungszeitraums von einer Gemeinde in eine andere **verlegt** worden ist (§ 28 Abs. 1 Satz 2 GewStG)).

5.2 Zerlegungsmaßstab

Maßstab für die Zerlegung des Steuermeßbetrags ist bei Betriebsstätten in mehreren Gemeinden das **Verhältnis**, in dem die Summe der **Arbeitslöhne**, die an die bei **allen Betriebsstätten** beschäftigten Arbeitnehmer gezahlt worden sind, **zu den Arbeitslöhnen** steht, die an die bei den **Betriebsstätten der einzelnen Gemeinden** beschäftigten Arbeitnehmer gezahlt worden sind (§ 29 Abs. 1 Nr. 1 GewStG).

Bei Unternehmen, die nicht von einer juristischen Person betrieben werden, sind für die im Betrieb tätigen Unternehmer (**Mitunternehmer**) insgesamt **50.000 DM** jährlich als **Unternehmerlohn** anzusetzen (§ 31 Abs. 5 GewStG).

Bei Ermittlung der Verhältniszahlen sind die **Arbeitslöhne auf volle tausend DM abzurunden** (§ 29 Abs. 3 GewStG).

Beispiel:
Ein Industriebetrieb unterhält in den Gemeinden A, B und C Betriebsstätten. Der Hebesatz beträgt bei der Gemeinde A **300 %**, der Gemeinde B **340 %** und der Gemeinde C **350 %**. Der **Steuermeßbetrag** beträgt **20.000 DM** und die Summe der gezahlten **Arbeitslöhne** (einschließlich des Unternehmerlohns) aller Betriebsstätten **500.000 DM**.

Von dem Gesamtbetrag der Arbeitslöhne entfallen auf die **Betriebsstätte** in der

Gemeinde A	150.000,— DM	=	**30 %**
Gemeinde B	250.000,— DM	=	**50 %**
Gemeinde C	100.000,— DM	=	**20 %**
	500.000,— DM	=	100 %

Die **Zerlegung** wird wie folgt vorgenommen:

		Zerlegungsanteile
Gemeinde A 30 % von 20.000 DM	=	**6.000,— DM**
Gemeinde B 50 % von 20.000 DM	=	**10.000,— DM**
Gemeinde C 20 % von 20.000 DM	=	**4.000,— DM**
		20.000,— DM

Die **Gewerbesteuer** wird wie folgt ermittelt:

Betriebsstätten	Zerlegungsanteile		Hebesätze		Gewerbesteuer
Gemeinde A	6.000 DM	x	300 %	=	**18.000 DM**
Gemeinde B	10.000 DM	x	340 %	=	**34.000 DM**
Gemeinde C	4.000 DM	x	350 %	=	**14.000 DM**
	20.000 DM				66.000 DM

Merke: Zerlegungsanteil x Hebesatz = Gewerbesteuer

5.3 Zerlegungsbescheid

Für die **Zerlegung** des Steuermeßbetrages ist das **Betriebsfinanzamt** zuständig (§ 22 Abs. 1 AO). Das ist das Finanzamt, in dessen Bezirk sich die Geschäftsleitung befindet (§ 18 Abs. 1 Nr. 2 AO).

Die Zerlegung des Steuermeßbetrages liegt grundsätzlich in der Hand **eines** Finanzamtes.

Eine Ausfertigung des **Zerlegungsbescheides** erhalten die hebeberechtigten **Gemeinden** und eine Ausfertigung des Zerlegungsbescheides der **Steuerpflichtige**.

Die **Gemeinden** erlassen auf der Grundlage der Zerlegungsbescheide die **Gewerbesteuerbescheide**.

5.4 Erfolgskontrolle

WIEDERHOLUNGSFRAGEN

1. In welchem Fall findet eine Zerlegung des Steuermeßbetrages statt?
2. Welcher Maßstab wird der Zerlegung zugrunde gelegt?

FÄLLE

Fall 1:

Die Industrie-GmbH, Aachen, unterhält in Aachen, Bonn und Celle Betriebsstätten. Ihr **Steuermeßbetrag** beträgt 1999 **24.000 DM**. Die Summe der gezahlten **Arbeitslöhne** beträgt in Aachen **504.000 DM**, in Bonn **252.000 DM** und in Celle **84.000 DM**.

Zerlegen Sie den Steuermeßbetrag für den EZ 1999.

Fall 2:

Sachverhalt wie im Fall 1 mit der Ergänzung, daß der Hebesatz von Aachen **350 %**, von Bonn **360 %** und von Celle **370 %** beträgt.

Wie hoch ist die **Gewerbesteuer**, die die GmbH an die einzelnen Gemeinden zu entrichten hat?

6 Gewerbesteuerrückstellung

Die vom Steuerschuldner für den Erhebungszeitraum vierteljährlich am 15.02., 15.05., 15.08. und 15.11. geleisteten Vorauszahlungen werden in der Regel nicht mit der Steuerschuld für den Erhebungszeitraum übereinstimmen, weil die Vorauszahlungen sich grundsätzlich nach der Steuer richten, die sich bei der letzten Veranlagung ergeben hat (§ 19 Abs. 2 GewStG).

Sind die **Vorauszahlungen niedriger** als die Steuerschuld, so haben buchführende Gewerbetreibende nach den Grundsätzen ordnungsmäßiger Buchführung in Höhe der **zu erwartenden Abschlußzahlung** eine **Gewerbesteuerrückstellung** zu bilden, weil die Gewerbesteuer - soweit es sich nicht um Vorauszahlungen handelt- mit Ablauf des Erhebungszeitraums entsteht, für den die Festsetzung vorgenommen wird (§ 18 GewStG).

Die **buchmäßige** Darstellung der **Gewerbesteuerrückstellung** erfolgt im Abschnitt 1.3 der **Buchführung 2**, 11. Auflage 1999.

Zur Berechnung der Gewerbesteuerrückstellung bieten sich in der Praxis folgende Methoden an:

1. die **Fünf - Sechstel - Methode** und
2. die **Divisor - Methode**.

6.1 Berechnung nach der Fünf - Sechstel - Methode

Die **Gewerbesteuer** ist als Objektsteuer bei der Gewinnermittlung als Betriebsausgabe **abzugsfähig**.

Da die **Vorauszahlungen** in der Regel **niedriger** sind als die **Gewerbesteuerschuld**, ist eine **Gewerbesteuerrückstellung** zu bilden.

Im **Zeitpunkt der Berechnung** der Gewerbesteuerrückstellung ist lediglich der "Gewinn **vor** Abzug der Gewerbesteuer" bekannt.

Deshalb ist die auf dieser Grundlage berechnete **Gewerbesteuer zu hoch**.

Nach R 20 Abs. 2 EStR 1999 wird aus Vereinfachungsgründen zugelassen, die Gewerbesteuer mit **fünf-Sechsteln** des Betrages anzusetzen, die sich **ohne** Berücksichtigung der Gewerbesteuer als Betriebsausgabe ergeben würde.

Die **Rückstellung** ist demnach wie folgt zu berechnen:

		DM
1.	Gewinn **vor** Gewerbesteuerrückstellung	......
2.	**+ Gewerbesteuervorauszahlungen**	......
3.	= Gewinn **ohne** Berücksichtigung der Gewerbesteuer	......
4.	+ Hinzurechnungen nach § 8 GewStG	......
5.	Zwischensumme	......
6.	− Kürzungen nach § 9 GewStG	......
7.	− Gewerbeverlust aus Vorjahren nach § 10a GewStG	......
8.	= Gewerbeertrag **ohne** Berücksichtigung der Gewerbesteuer	......
9.	− Freibetrag nach § 11 Abs. 1 GewStG	......
10.	verbleiben	......
11.	x Steuermeßzahl nach § 11 Abs. 2 GewStG	
12.	= **vorläufiger** Steuermeßbetrag	......
13.	x Hebesatz nach § 16 GewStG	
14.	= **vorläufige** Gewerbesteuer	......
15.	x **fünf Sechstel**	
16.	= **endgültige** Gewerbesteuer	......
17.	− **geleistete Vorauszahlungen**	......
18.	= **G e w e r b e s t e u e r r ü c k s t e l l u n g**	......

Die **5/6-Methode** führt nur dann zu einem genauen Ergebnis, wenn der **Hebesatz 400 %** und die anzurechnende **Steuermeßzahl 5 %** beträgt.

Die **Hebesätze** der Gemeinden betragen jedoch inzwischen bis zu **480 %** und die **Steuermeßzahl** beträgt seit dem 01.01.1993 **nicht** mehr **einheitlich 5 %**.

Steuerpflichtige haben auch dann einen **Rechtsanspruch** auf Anwendung der 5/6-Methode, wenn genaue mathematische Berechnungen zu größeren Abweichungen führen.

Beispiel:
Der Einzelgewerbetreibende A, Bonn, hat in 1999 einen Gewinn aus Gewerbebetrieb **vor** Gewerbesteuerrückstellung von **97.600 DM** erzielt. Dieser Betrag ist bereits um die Gewerbesteuervorauszahlungen von **4.000 DM** gemindert. Es betragen die Hinzurechnungen nach § 8 GewStG **12.100 DM** und die Kürzungen nach § 9 GewStG **700 DM**.
Der Hebesatz beläuft sich auf **450%**.

Die **Rückstellung** wird wie folgt berechnet:

		DM
1.	Gewinn **vor** Gewerbesteuerrückstellung	97.600,—
2.	+ **GewSt-Vorauszahlungen**	4.000,—
3.	= Gewinn **ohne** Berücksichtigung der GewSt	101.600,—
4.	+ Hinzurechnungen nach § 8 GewStG	12.100,—
5.	Zwischensumme	113.700,—
6.	− Kürzungen nach § 9 GewStG	700,—
7.	− Gewerbeverlust aus Vorjahren nach § 10a GewStG	0,—
8.	= Gewerbeertrag **ohne** Berücksichtigung der GewSt	113.000,—
9.	− Freibetrag nach § 11 Abs. 1 GewStG	48.000,—
10.	verbleiben	65.000,—
11.	x Steuermeßzahl nach § 11 Abs. 2 GewStG (**3 %** von 65.000 DM = 1.950 DM − **720 DM**)	
12.	= vorläufiger Steuermeßbetrag	1.230,—
13.	x Hebesatz 450%	
14.	= vorläufige GewSt	5.535,—
15.	x **5 / 6**	
16.	= endgültige GewSt	4.613,—
17.	− **geleistete Vorauszahlungen**	4.000,—
18.	= **GewSt-Rückstellung**	**613,—**

6.2 Berechnung nach der Divisor - Methode

In der Praxis ist auch die sogenannte **Divisor-Methode** üblich. Bei ihr wird die **vorläufige Gewerbesteuer** ebenfalls nach dem Schema auf Seite 602 berechnet und diese Steuer **durch** einen **Divisor geteilt**.

Der Divisor wird für **Kapitalgesellschaften** unverändert wie folgt berechnet:

$$\text{Divisor} = 1 + \frac{5 \times \text{Hebesatz}}{10.000}$$

Für **Einzelgewerbetreibende** und **Personengesellschaften** lautet die Formel für die Berechnung des Divisors seit 1993 wie folgt:

$$\text{Divisor} = 1 + \frac{\text{höchste Staffelzahl} \times \text{Hebesatz}}{10.000}$$

Die **Gewerbesteuerrückstellung** erhält man, indem man von dem durch Anwendung des **Divisors** erhaltenen Ergebnis die geleisteten Vorauszahlungen abzieht.

Beispiel:
Sachverhalt wie zuvor

			DM
14.	vorläufige Gewerbesteuer		5.535,—
15.	geteilt durch: $1 + \dfrac{3 \times 450}{10.000}$ =	**1,135**	
16.	endgültige GewSt (5.535 DM : **1,135**)		4.877,—
17 −	geleistete Vorauszahlungen		4.000,—
18. =	**GewSt-Rückstellung**		877,—

Ein **Vergleich** mit der Rückstellung nach der **5/6-Methode** zeigt, daß im Beispielsfall die Rückstellung nach der **Divisor-Methode höher** ist.

Welche der beiden Methoden **genauer** ist, soll mit Hilfe der folgenden **Verprobung** aufgezeigt werden:

Beispiel:
Sachverhalt wie im Beispiel zuvor

	5/6-Methode DM	Divisor-Methode DM
Gewinn **vor** Gewerbesteuerrückstellung	97.600	97.600
− Gewerbesteuerrückstellung	613	877
endgültiger Gewinn	96.987	96.723
+ Hinzurechnungen nach § 8 GewStG	12.100	12.100
− Kürzungen nach § 9 GewStG	700	700
= Gewerbeertrag	108.387	108.123
abgerundet	108.300	108.100
− Freibetrag beim Gewerbeertrag	48.000	48.000
verbleiben	60.300	60.100
x Steuermeßzahl nach § 11 Abs. 2 GewStG		
= Steuermeßbetrag	1.089	1.083
x Hebesatz	450 %	450 %
= **G e w e r b e s t e u e r**	**4.901**	**4.874**

Als Gewerbesteueraufwand wurden gebucht:

Vorauszahlungen	4.000	4.000
+ Rückstellung	613	877
= insgesamt	**4.613**	**4.877**

Der Vergleich zeigt, daß die Rückstellung im Beispielsfall nach der **Divisor-Methode genauer** ist.

6.3 Erfolgskontrolle

WIEDERHOLUNGSFRAGEN

1. Warum stimmen in der Regel die Gewerbesteuervorauszahlungen mit der Steuerschuld des Erhebungszeitraums nicht überein?
2. In welchen Fällen muß eine Gewerbesteuerrückstellung gebildet werden?
3. Warum muß eine Gewerbesteuerrückstellung gebildet werden?
4. Welche beiden Methoden zur Berechnung der Gewerbesteuerrückstellung sind in der Praxis üblich?
5. Wie wird nach der Fünf-Sechstel-Methode die Rückstellung berechnet?
6. Wie wird nach der Divisor-Methode die Rückstellung berechnet?

FÄLLE

Fall 1:

Der Gewinn eines Einzelunternehmers **vor** Gewerbesteuerrückstellung beträgt **87.300 DM**. Er ist bereits um die Gewerbesteuervorauszahlungen von **2.000 DM** gemindert.
Es betragen die Hinzurechnungen nach § 8 GewStG **9.700 DM** und die Kürzungen nach § 9 GewStG **1.000 DM**.
Der Hebesatz beläuft sich auf **380 %**.

Berechnen Sie die **Gewerbesteuerrückstellung**

a) nach der 5/6-Methode und
b) nach der Divisor-Methode.

Fall 2:

Sachverhalt wie im Fall 1 des Kapitels 4 (Seite 598) mit dem Unterschied, daß der dort angegebene Gewinn von **96.695 DM** der Gewinn **vor** Gewerbesteuerrückstellung ist und die als Aufwand gebuchten Gewerbesteuervorauszahlungen **3.000 DM** betragen.

Berechnen Sie die **Gewerbesteuerrückstellung**

a) nach der 5/6-Methode und
b) nach der Divisor-Methode.

Zusammenfassendes Beispiel mit Lösung

1 Sachverhalt

Der Metzgermeister Michael Hannes betreibt in 54290 Trier, Moselstr. 4, eine Metzgerei mit einer Filiale in Saarburg. Zuständiges Finanzamt: Trier, Steuer-Nr. 4200370095. Das Trierer Geschäft befindet sich in seinem eigenen Haus, die Saarburger Filiale in gemieteten Räumen.

Hannes hat zum 31.12.1999 einen Gewinn aus Gewerbebetrieb in Höhe von **55.910 DM** erzielt.

1. Hannes hat in 1998 bei der Deutschen Bank AG, Filiale Trier, ein betriebliches Modernisierungsdarlehen in Höhe von **50.000 DM** aufgenommen. Das Darlehen ist mit 8 % p.a. zu verzinsen und ab 2000 mit 10.000 DM jährlich zu tilgen.

2. Ferner hat Hannes in 1999 bei seiner Bank einen Kontokorrentkredit, Zinssatz 10 % p.a., in Anspruch genommen.

   Die niedrigsten Kontostände waren in 1999

am 02. und 03. Januar	Guthaben	3.000,— DM
am 04. und 05. Mai	Guthaben	2.000,— DM
am 07. Juni	Schuld	6.000,— DM
am 15. und 16. Juli	Schuld	8.000,— DM
am 04. bis 08. August	Schuld	10.000,— DM
am 25. August	Schuld	11.000,— DM
am 28. August	Schuld	14.000,— DM
am 02. September	Schuld	15.000,— DM

   An den übrigen Tagen des Jahres 1999 lag die Beanspruchung des Kontokorrentkredites **über 15.000 DM**.

3. Hannes hat für die Räume der in Saarburg gelegenen Filiale in 1999 **12.000 DM** Miete gezahlt. Der Vermieter ist Privatmann.

4. Der Einheitswert des Saarburger Hauses, in dem sich die Filiale befindet, beträgt **40.000 DM**. Davon entfällt ein Viertel auf die Mieträume.

5. Der Einheitswert des Trierer Hauses, in dem sich das Hauptgeschäft befindet, beträgt **60.000 DM**. Das Haus dient zu 60 % eigenen gewerblichen Zwecken und zu 40 % eigenen Wohnzwecken.

6. Hannes hat in 1999 folgende Einrichtungsgegenstände gemietet:

   a) von einem befreundeten Metzgermeister, der seine Metzgerei in einem anderen Trierer Stadtteil betreibt, einen Kutter; Miete in 1999 **3.000 DM**.

   b) von einem guten Bekannten (Privatmann) *Gewerbetreibender* eine Kühltheke; Miete **2.400 DM**.

   + 1.200

7. Aus Mitteln, die Hannes seinem Betrieb entnommen hat, hat er in 1999 für wissenschaftliche Zwecke **800 DM** gespendet.

   ./. 800,-

8. Die **Arbeitslöhne** i.S.d. § 31 GewStG haben betragen in Trier **90.000 DM** und in Saarburg **10.000 DM**.

9. Der Hebesatz beträgt in Trier **350 %** und in Saarburg **320 %**.

Es ist die **Gewerbesteuer** für 1999 zu berechnen.

2 Lösung:

	DM
Gewinn aus Gewerbebetrieb	55.910,—
+ Hinzurechnungen nach § 8 GewStG	
Dauerschuldzinsen (Tz. 1) 4.000 DM	
Dauerschuldzinsen (Tz. 2) 1.000 DM	
50 % von 5.000 DM	2.500,—
Die Hälfte der Miete für Anlagegüter, die nicht Grundbesitz sind Kühltheke (Tz. 6b)	1.200,—
Die Kuttermiete (Tz. 6a) ist nicht hinzuzurechnen, da der Vermieter Gewerbetreibender ist.	0,—
Summe des Gewinns und der Hinzurechnungen	59.610,—

	DM
Übertrag: Summe des Gewinns und der Hinzurechnungen	59.610,—
− Kürzungen nach § 9 GewStG	
Grundbesitzkürzung (Tz. 5) 1,2 % von 60 % des 1,4fachen des Einheitswertes des Betriebsgrundstücks (Trierer Haus) rd.	605,—
Eine Kürzung für die Mieträume der Filiale in Saarburg ist nicht möglich, da sie nicht zum Betriebsvermögen des Unternehmers gehören.	
Spenden für wissenschaftliche Zwecke	800,—
= Gewerbeertrag	58.205,—
abgerundet	58.200,—
− Freibetrag nach § 11 Abs. 1 GewStG	48.000,—
verbleiben	10.200,—
x Steuermeßzahl nach § 11 Abs. 2 GewStG (1 %)	
= **Steuermeßbetrag**	**102,—**

Zerlegung:

Seit dem EZ 1997 sind nur noch die **Arbeitslöhne** Zerlegungsmaßstab (§ 29 Abs. 1 GewStG). Zum Begriff der Arbeitslöhne für die Zerlegung siehe Abschn. 79 GewStR 1998).

Die **Zerlegung** wird wie folgt vorgenommen:

Betriebsstätten	Arbeitslöhne	Zerlegungsanteil
Trier	90.000 DM = 90 %	90 % von 102 DM = **92 DM**
Saarburg	10.000 DM = 10 %	10 % von 102 DM = **10 DM**
	100.000 DM = 100 %	100 % = 102 DM

Betriebsstätten	Zerlegungsanteile	Hebesatz			**Gewerbesteuer**
Trier	92 DM	x	350 %	=	**322 DM**
Saarburg	10 DM	x	320 %	=	**32 DM**
insgesamt					**354 DM**

Prüfungsfälle Gewerbesteuer

Prüfungsfall 1:

Luisa Bellona ist Alleininhaberin einer Pizzeria in Neustadt. Für das Wirtschaftsjahr 1999, das mit dem Kalenderjahr übereinstimmt, ergibt sich folgendes:

1. Gewinn nach § 15 EStG   87.300,— DM

2. Miete für Geschäftseinrichtung
(Vermieter ist kein Gewerbetreibender)   12.000,— DM

3. Für einen aufgenommenen Kredit in Höhe von **60.000 DM** wurden Zinsen gezahlt in Höhe von   3.700,— DM

4. Die Zinsen und Buchungsgebühren des laufenden Kontos betrugen   1.500,— DM

5. Die aus betrieblichen Mitteln geleisteten Spenden betrugen:

Spenden zur Förderung kirchlicher Zwecke   2.000,— DM
Spenden zur Förderung wissenschaftlicher Zwecke   1.000,— DM

Wie hoch ist die **Gewerbesteuer** für den EZ 1999 bei einem Hebesatz von 350 %?

Prüfungsfall 2:

Fritz Maier ist Alleininhaber eines Hotels und Restaurants in Grünstadt. Für das Wirtschaftsjahr 1999, das mit dem Kalenderjahr übereinstimmt, ergibt sich folgendes:

1. Gewinn nach § 15 EStG   63.600,— DM

2. Einheitswert des Betriebsgrundstücks   150.000,— DM
Das Grundstück dient zu 60 % eigenen gewerblichen Zwecken.

3. Eine Ausschanktheke ist von einer Brauerei gemietet worden. Die Jahresmiete beträgt   5.000,— DM

4. Die Gewerbesteuer-Vorauszahlungen betragen   400,— DM

Wie hoch ist die **Gewerbesteuerabschlußzahlung** für den EZ 1999 bei einem Hebesatz von 340 %?

Prüfungsfall 3:

Der Einzelgewerbetreibende Müller, Siegstadt, dessen Wirtschaftsjahr mit dem Kalenderjahr übereinstimmt, legt Ihnen für den EZ 1999 folgende Zahlen vor:

1. Gewinn nach § 15 EStG **51.286,— DM**
2. Einheitswert des Betriebsgrundstücks **25.000,— DM** ./. 420
3. Auf dem Betriebsgrundstück lastet eine Hypothek, die mit 6 % verzinst wird, in Höhe von 3.000,- 1/2 **50.000,— DM** + 1.500
4. Beteiligung eines stillen Gesellschafters (Privatmann) an dem Einzelgewerbebetrieb **20.000,— DM**
5. Gewinnanteil des stillen Gesellschafters § 8 Nr. 3 **+ 5.000,— DM**
6. Der Kontostand einer Kontokorrentschuld, die mit 5 % zu verzinsen ist, schwankte in 1999 zwischen **40.000 DM** und **80.000 DM**.
   Die acht niedrigsten Kontostände, die jeweils einen Tag bestanden, waren:

   40.000 DM
   45.000 DM
   46.500 DM
   50.000 DM
   51.200 DM
   53.650 DM
   55.600 DM
   60.000 DM   x 5% = 3.000,- 1/2 = + 1.500,-

7. Die aus betrieblichen Mitteln geleisteten Spenden für 1999 betrugen:

   Spenden zur Förderung kirchlicher Zwecke ./. **1.000,— DM**
   Spenden zur Förderung wissenschaftlicher Zwecke ./. **1.500,— DM**
   Spenden an politische Parteien **1.000,— DM**

Wie hoch ist die **Gewerbesteuer** für den EZ 1999 bei einem Hebesatz von 340 %?

56.366
56.300
./. 48.000,-

8.300,-

8.300 x 1% = 83,- x 340%
           = 282,20 GewSt

Prüfungsfall 4:

Der Einzelgewerbetreibende Peter Neumann, Altstadt, dessen Wirtschaftsjahr mit dem Kalenderjahr übereinstimmt, legt Ihnen für den EZ 1999 folgende Zahlen vor:

1. Gewinn aus Gewerbebetrieb **58.000,— DM**
2. Zinsen für Dauerschulden (ohne Tz. 7) **10.500,— DM**
3. Kontokorrentzinsen **4.300,— DM**
   Der Saldo des Kontokorrentkontos war im Laufe des Jahres 1999 mehr als 14 Tage ein Guthabensaldo.

4. Ein Computer ist von der Firma Siemens-Nixdorf AG
gemietet worden. Die Jahresmiete hat betragen   **3.000,— DM**

5. Einheitswert des Betriebsgrundstücks   **80.000,— DM**

6. Verlust aus der Beteiligung an einer KG   **3.500,— DM**

7. Am 01.07.1999 hat Neumann ein Darlehen in Höhe von **40.000 DM** aufgenommen. Das Darlehen ist zu 8 % verzinst und die Zinsen sind durch Banküberweisung bezahlt worden.

Wie hoch ist die **Gewerbesteuer** für den EZ 1999 bei einem Hebesatz von 350 %?

Prüfungsfall 5:

Peter Schulz, Bonn, hat am 01.07.1999 eine Holzgroßhandlung eröffnet (Wirtschaftsjahr = Kalenderjahr).

Schulz betreibt die Großhandlung in gemieteten Räumen. Die Monatsmiete beträgt **1.500 DM**. *Grundbesitz*

Schulz hat laut Handelsbilanz und der folgenden Gewinn- und Verlustrechnung einen Gewinn von **123.600 DM** erzielt.

Aufwendungen		Gewinn- und Verlustrechnung vom 1.7. bis 31.12.1999	Erträge
Wareneinsatz	150.000,—	Umsatzerlöse	320.000,—
Allgemeine Kosten	38.000,—	Gewinnanteil KG-Beteiligung	10.000,—
Rechts- u. Beratungskosten	10.000,—		
Darlehnszinsen	8.000,—		
Präsente	400,—		
Gewinn 1999	**123.600,—**		
	330.000,—		330.000,—

Bei den Präsenten handelt es sich um eine Uhr, die Schulz einem Kunden geschenkt hat.

Ermitteln Sie die **Gewerbesteuer** 1999. Der Hebesatz der Gemeinde beträgt 300 %.

Prüfungsfall 6:

Ermitteln Sie die **Gewerbesteuerrückstellung** eines Einzelunternehmers für den EZ 1999 nach der **Divisor-Methode:**

Gewinn nach GewSt-Vorauszahlungen aber vor GewSt-Rückstellung		92.000,— DM
Vorauszahlungen		+ 1.000,— DM
Dauerschuldzinsen	+ 3.800,-	7.600,— DM
Einheitswert des Betriebsgrundstücks (1.1.1964)	./. 1.176,-	70.000,— DM
Hebesatz	95.624	400 %

Handschriftliche Notizen:
95.600
./. 48.000
———
47.600

2 % 712,- × 400 %
= 2.848

$\frac{2 \times 400}{10.000} + 1 = 1,08$

2.848 : 1,08 = 2.637,04 ./. 1000 = 1.637,-

Prüfungsfall 7:

Der Alleininhaber einer Textilwarenfabrik Christoph Löhr, Neustadt, dessen Wirtschaftsjahr mit dem Kalenderjahr übereinstimmt, legt Ihnen für den EZ 1999 folgende Zahlen vor:

1. Gewinn aus Gewerbebetrieb   **310.000,— DM**

2. Zum Betriebsvermögen der Textilwarenfabrik gehören zwei Fabrikgrundstücke mit den Einheitswerten von 150.000,— DM und 100.000,— DM.
Das mit 100.000,— DM berücksichtigte Grundstück dient zu 80 % gewerblichen und zu 20 % privaten Zwecken.

3. Löhr hat Schulden in Höhe von   **230.000,— DM**
Diese Schulden dienen nicht nur vorübergehend der Verstärkung des Betriebskapitals.
Bei der Gewinnermittlung 1999 sind dafür   **18.400,— DM**
Schuldzinsen als Betriebsausgaben abgezogen worden.

4. Löhr hat für seine Textilproduktion eine Maschine eingesetzt, die er von einer Maschinenfabrik aus Bochum für jährlich   **60.000,— DM**
gemietet hat.

5. In 1998 hat Christoph Löhr ein Gewerbeverlust von   **8.000,— DM**
erzielt. Fehlbeträge aus weiteren Vorjahren liegen nicht vor.

a) Ermitteln Sie die **Gewerbesteuerschuld 1999** für den Gewerbetreibenden Christoph Löhr bei einem Hebesatz von 400 %.

b) Wie hoch wäre die **Gewerbesteuerschuld 1999**, wenn die Firma in 1999 bereits eine **GmbH** gewesen wäre.

Prüfungsfall 8:

Fritz Westfalen (FW) betreibt in Bonn unter der Firma "Funkhaus Fritz Westfalen" ein Fachgeschäft für Unterhaltungs-Elektronik. Für den EZ 1999 legt er Ihnen folgende Zahlen vor:

1. Lt. **vorläufiger** Gewinn- und Verlustrechnung für das Wirtschaftsjahr 1999 wurde ein Gewinn in Höhe von 58.000,00 DM ermittelt.
2. FW schenkte seiner Frau Rosi zum 10. Hochzeitstag einen gebrauchten PKW, den er dem Anlagevermögen entnahm. Der Buchwert des PKW betrug am Entnahmetag 16.000,00 DM; der Verkehrswert dieses Fahrzeugs wurde zu diesem Zeitpunkt in einem Gutachten mit 24.360,00 DM einschl. 16 % Umsatzsteuer festgestellt. FW hat bisher gebucht:

Anlagenabgänge (Restbuchwert)	16.000,00 DM	
an Fahrzeuge		16.000,00 DM
Privat	18.560,00 DM	
an Erlöse aus Anlagenverkäufen		16.000,00 DM
Umsatzsteuer		2.560,00 DM

3. FW schenkte seinem Neffen Detlef zum 18. Geburtstag eine Stereoanlage, die er seinem Warenlager entnahm. Die Anschaffungskosten der Anlage betrugen 1.600,00 DM; der Ladenverkaufspreis betrug 2.320,00 DM einschl. 16 % Umsatzsteuer. Der Listenverkaufspreis seines Großhändlers belief sich am Entnahmetag auf 1.650,00 DM (ohne Umsatzsteuer). Der Vorgang wurde versehentlich buchhalterisch noch nicht erfaßt.
4. FW ließ sich von seinem Buchhalter monatlich 5.000,00 DM vom betrieblichen Bankkonto auf sein privates Bankkonto überweisen. Die jeweilige monatliche Buchung hierfür lautet:

Personalaufwendungen	5.000,00 DM	
an Bank		5.000,00 DM

5. FW betreibt sein Unternehmen auf dem Grundstück "Mozartstr. 10", das zu 30 % seines Wertes dem eigenen Gewerbebetrieb dient und auch mit diesem Anteil aktiviert wurde. Der Einheitswert des Grundstücks beträgt 200.000,00 DM.
6. Im Mai 1999 wurde eine umfangreiche Dachsanierung an dem Gebäude "Mozartstr. 10" vorgenommen. Zur Finanzierung dieser Sanierungskosten nahm FW ein Darlehen in Höhe von 60.000,00 DM auf, das zu 100 % am 30.06.1999 ausgezahlt wurde. Das Darlehen ist jährlich mit 8 % zu verzinsen und am 30.06.2009 in einer Summe zurückzuzahlen. Die Zinsen sind jeweils halbjährlich nachträglich zu entrichten. Erstmalig wurden diese Halbjahreszinsen zum 31.12.1999 vom betrieblichen Bankkonto abgebucht.
7. FW überwies in 1999 für zwei im Kundendienst eingesetzte Fahrzeuge insgesamt 19.372 DM (einschl. 16 % Umsatzsteuer) an die Auto-Leasing GmbH in Hamburg.
8. Das an sein "Funkhaus" angrenzende Nachbargrundstück "Mozartstr. 12" hat FW für monatlich 1.200,00 DM gepachtet und nutzt es als Kundenparkplatz. Der Vermieter ist eine Privatperson.
9. FW ist an der Elektrowarengroßhandlung seines Schulfreundes Peter Tusch als Kommanditist beteiligt. Die Beteiligung gehört zu seinem Betriebsvermögen. Der Gewinnanteil für 1999 beträgt 8.000,00 DM.
10. Für sein betriebliches Bankkonto hat FW einen Kontokorrentkredit in Höhe von 200.000,00 DM zu einem Zinssatz von 10 % p.a. mit seiner Bank vereinbart. Seine Kontokorrentschulden schwankten während des Jahres 1999 zwischen 7.000,00 DM und 213.000,00 DM. Insgesamt wurden 12.800,00 DM Zinsen belastet. In der Zeit vom 11.08. - 22.08.1999 wies das Konto ein Guthaben in Höhe von 14.000,00 DM aus.

Ermitteln Sie die **Gewerbesteuer** 1999. Der Hebesatz beträgt 450 %.

Prüfungsfall 9:

Ermitteln Sie die GewSt-Schuld des Einzelunternehmers Rudi Rastlos in Rosenheim für 1999. Er macht dazu folgende Angaben:

- Gewinn lt. GuV-Konto 128.888 DM +4.000,- = 132.888

- 1999 spendete Rastlos für mildtätige Zwecke 3.000 DM und 1.000 DM an eine politische Partei aus betrieblichen Mitteln. Beide Beträge wurden daher als Betriebsausgabe gebucht.

./. 3.000

- Rastlos kaufte am 30.09.1999 ein Grundstück, das 100 % eigenbetrieblich genutzt wird. EHW (01.01.1994) 96.000 DM. noch nicht ab 01.01. im Besitz

- Für diesen Kauf nahm Rastlos am 30.09.1999 ein Darlehen von 160.000 DM zu folgenden Konditionen auf:
Auszahlung 96 %, Laufzeit 10 Jahre, Zinssatz 6 %. 3 Mon. 2.400,-
6.400 : 10 : 3/12, 1/2 = 80,-

Damnum + 80,-
+ 1.200,-

- Für einen Kontokorrentkredit berechnete die Bank 10 % Zinsen. Die Kontostände 1999 waren:
5.600 DM Guthaben an 3 Tagen
6.800 DM Guthaben an 4 Tagen
10.240 DM Schulden an 1 Tag
12.700 DM Schulden an 7 Tagen
An den übrigen Tagen war die Schuld größer als 15.000 DM.

+ 512,-

- Am Unternehmen ist der Bruder von Rudi Rastlos als typisch stiller Gesellschafter beteiligt. Sein Gewinnanteil von 20.000 DM wurde als Betriebsausgabe gebucht.

+ 20.000,-

- Von einem Computerhändler in Rosenheim wurde während des ganzen Jahres eine DV-Anlage geleast; monatliche Leasingrate 2.200 DM.

- Das alte Betriebsgrundstück wird zu 85 % eigenbetrieblich genutzt und auch so bilanziert; (EHW (01.01.1994) 160.000 DM. 136.000,-

./. 2.285,-

- Rastlos ist an einer OHG in München beteiligt. Er mußte sich 1998 mit 17.000 DM am Verlust beteiligen.

+ 17.000

- Hebesatz 400 %

166.395

166.300
./. 48.000
―――――
118.300 × 5% ./. 2.400 = 3.515,- × 400%

= 14.060,- GewSt

F. Bewertungsgesetz

1 Einführung in das Bewertungsgesetz

Das Bewertungsgesetz enthält vor allem Vorschriften zur **Vermögensteuer** und **Gewerbekapitalsteuer**. Durch den Wegfall der beiden Steuerarten verliert das Bewertungsgesetz an Bedeutung.

Für Zwecke der **Erbschaftsteuer** (ErbSt) ab 1.1.1996 und für die **Grunderwerbsteuer** (GrESt) ab 1.1.1997 sind in den §§ 138 bis 150 BewG hingegen neue Bewertungsvorschriften eingeführt worden.

Allerdings kommen diese Bewertungsvorschriften nur dann zur Anwendung, wenn sie für diese Steuern benötigt werden (**Bedarfsbewertung**).

1.1 Einordnung und Abgrenzung zu anderen Gesetzen

Das **Bewertungsgesetz** ist wie die Abgabenordnung ein **allgemeines Steuergesetz** (siehe **Steuerlehre 1**, 20. Auflage 1999, Seite 23).

Für die Anwendung der Steuergesetze gilt der Grundsatz, daß **Einzelsteuergesetze** (z.B. EStG, KStG, UStG, GewStG, ErbStG) den **Vorrang vor allgemeinen Steuergesetzen** (z.B. AO, BewG) haben.

> Beispiel:
> Nach dem Bewertungsgesetz wird der Wert eines bebauten Grundstücks für Zwecke der Erbschaft- und Schenkungsteuer zum Besteuerungszeitpunkt 1.1.1996 festgestellt (§ 138 Abs. 1 Satz 2 BewG).
> Nach dem Erbschaftsteuergesetz ist der Besteuerungszeitpunkt jedoch nicht der 1.1.1996, sondern der Todestag bzw. der Tag der Schenkung (§ 9 i.V.m. § 11 ErbStG).
>
> Für die Grundstücksbewertung gilt als Besteuerungszeitpunkt der **Todestag/Tag der Schenkung**, weil das Einzelsteuergesetz (ErbStG) Vorrang vor dem allgemeinen Steuergesetz (BewG) hat.

Innerhalb des Bewertungsgesetzes haben die **besonderen** Bewertungsvorschriften **Vorrang** vor den **allgemeinen** Bewertungsvorschriften (§ 1 Abs. 2 BewG).

Für die einzelnen gesetzlichen Vorschriften gilt demnach folgende **Bewertungsrangfolge**:

1. **Einzelsteuergesetze**
2. **Besondere** Bewertungsvorschriften
3. **Allgemeine** Bewertungsvorschriften

Die folgende Übersicht zeigt den Aufbau des Bewertungsgesetzes und die wichtigsten Steuerarten, für die das Bewertungsgesetz anwendbar ist:

Gliederung und Geltungsbereich des Bewertungsgesetzes (BewG)			
Teile des BewG	Inhalte des BewG	§§	Geltungsbereich
Erster Teil	Allgemeine Bewertungsvorschriften	1-16	alle Steuern
Zweiter Teil	Besondere Bewertungsvorschriften		
Erster Abschnitt	Einheitsbewertung A. Allgemeines B. Land- und forstwirtschaftliches Vermögen C. Grundvermögen D. Betriebsvermögen	19-32 33-67 68-94 95-109	GrSt, GewSt
Zweiter Abschnitt	Sondervorschriften und Ermächtigungen	121-123	GewSt
Dritter Abschnitt	Vorschriften über die Bewertung von Vermögen in dem in Artikel 3 des Einigungsvertrages genannten Gebiet A. Land- und forstwirtschaftliches Vermögen B. Grundvermögen C. Betriebsvermögen	 125-128 129-133 134-137	GrSt
Vierter Abschnitt	Vorschriften für die Bewertung von Grundbesitz für die Erbschaftsteuer ab 01.01.1996 und für die Grunderwerbsteuer ab 01.01.1997 A. Allgemeines B. Land- und forstwirtschaftliches Vermögen C. Grundvermögen	 138-139 140-144 145-150	ErbSt, GrESt
Dritter Teil	Schlußbestimmungen	151-152	Anwendung des Steuergesetzes

1.2 Rechtsgrundlagen

Das **Bewertungsgesetz** (BewG) stand bis 1996 in einem engen Zusammenhang mit dem Vermögensteuergesetz und dem Erbschaftsteuergesetz.

Das Bundesverfassungsgericht hat 1995 in zwei Beschlüssen festgestellt, daß diese Gesetze nicht im Einklang mit der Verfassung der Bundesrepublik Deutschland stehen.

Das Bundesverfassungsgericht hat den Gesetzgeber aufgefordert, eine verfassungskonforme Regelung des Vermögensteuergesetzes und des Erbschaftsteuergesetzes vorzunehmen.

Im **Jahressteuergesetz 1997** (JStG 1997) vom 20.12.1996 (BStBl 1996 I S. 1523 ff.) und im **Gesetz zur Fortsetzung der Unternehmenssteuerreform** vom 29.10.1997 (BStBl 1997 I S. 928 ff.) sind diese Änderungen vorgenommen worden.

Die **Durchführungsverordnung zum BewG** (BewDV) ist durch das JStG 1997 **aufgehoben** worden.

Mit dem Wegfall der Vermögensteuer ab 1997 und der Abschaffung der Gewerbekapitalsteuer ab 1998 wird die turnusmäßige **Einheitsbewertung des Betriebsvermögens** zum Beginn des jeweiligen Kalenderjahrs **entbehrlich**.

In § 99 Abs. 1a BewG und § 98a Satz 1 BewG sind deshalb die Wörter "**Einheitswert des Betriebsvermögens**" durch die Wörter "**Wert des Betriebsvermögens**" ersetzt worden.

Einheitswerte haben **nur noch** für die **Grundsteuer** Bedeutung.

Die Bewertungsvorschriften des BewG sind bei der **Bewertung des Betriebsvermögens** für die **Erbschaftsteuer** weiterhin erforderlich (§ 12 Abs. 5 ErbStG).

1.3 Erfolgskontrolle

WIEDERHOLUNGSFRAGEN

1. Ist das Bewertungsgesetz (BewG) ein allgemeines Steuergesetz oder ein Einzelsteuergesetz?

2. Welcher Grundsatz gilt für die Anwendung der allgemeinen Steuergesetze im Vergleich zu den Einzelsteuergesetzen?

3. Welche Rangfolge ergibt sich hinsichtlich der allgemeinen und besonderen Bewertungsvorschriften des Bewertungsgesetzes?

4. In wie viele Teile ist das Bewertungsgesetz unterteilt?

5. Welcher Teil des Bewertungsgesetzes gilt für alle Steuern?

6. Für welche Steuern ist das Bewertungsgesetz vor allem anwendbar?

2 Allgemeine und besondere Bewertungsvorschriften

2.1 Allgemeine Bewertungsvorschriften

Die **allgemeinen Bewertungsvorschriften** sind in den §§ 1 bis 16 BewG (Erster Teil des BewG) geregelt.

Die **allgemeinen** Bewertungsvorschriften kommen immer dann in Betracht, wenn in den **Einzelsteuergesetzen** oder in den **besonderen** Bewertungsvorschriften keine Spezialvorschriften enthalten sind.

> Beispiel:
> Der Steuerpflichtige A ist Eigentümer eines Gewerbebetriebs in Bremen.
>
> Nach § 2 Abs. 1 BewG (**allgemeine** Bewertungsvorschrift) ist der Wert einer wirtschaftlichen Einheit (Gewerbebetrieb) **im ganzen** festzustellen.
> Nach § 98a Satz 1 BewG (**besondere** Bewertungsvorschrift) sind die Wirtschaftsgüter bei der Feststellung des Wertes des Betriebsvermögens **einzeln** und nicht im ganzen zu ermitteln.
> Da die **besondere** Bewertungsvorschriften **Vorrang** vor den **allgemeinen** Bewertungsvorschriften haben, sind die Wirtschaftsgüter bei der Feststellung des Wertes des Betriebsvermögens **einzeln** zu bewerten.

2.2 Besondere Bewertungsvorschriften

Die **besonderen Bewertungsvorschriften** sind in den §§ 17 bis 150 BewG (Zweiter Teil des BewG) geregelt.

Soweit sich nicht aus den §§ 17 bis 150 BewG etwas anderes ergibt, finden neben diesen auch die Vorschriften des Ersten Teils des BewG (§§ 1 bis 16 BewG) Anwendung (§ 17 Abs. 3 BewG).

Die **besonderen** Bewertungsvorschriften sind nach Maßgabe der jeweiligen **Einzelsteuergesetze** anzuwenden (§ 17 Abs. 1 BewG).

Die §§ 18 bis 94, 122 und 125 bis 132 gelten für die **Grundsteuer** und die §§ 121a und 133 zusätzlich für die **Gewerbesteuer** (§ 17 Abs. 2 BewG).

2.3 Erfolgskontrolle

WIEDERHOLUNGSFRAGEN

1. In welchen Fällen sind die allgemeinen Bewertungsvorschriften anzuwenden?

2. In welchen Fällen sind die besonderen Bewertungsvorschriften anzuwenden?

3 Wirtschaftliche Einheit

Nach § 2 BewG ist nicht jedes einzelne Wirtschaftsgut **Gegenstand der Bewertung**, sondern die **wirtschaftliche Einheit**, deren Wert grundsätzlich **im ganzen** festzustellen ist.

3.1 Wirtschaftliche Einheit als Bewertungsgegenstand

Der **Bewertungsgegenstand** wird in § 2 BewG als **wirtschaftliche Einheit** bezeichnet.

Das Bewertungsgesetz definiert den Begriff wirtschaftliche Einheit **nicht**, sondern läßt die "**Verkehrsanschauung**" hierüber entscheiden.
Was als **wirtschaftliche Einheit** zu gelten hat, ist nach der **Anschauung des Verkehrs** zu entscheiden. Die **örtliche Gewohnheit**, die **tatsächliche Übung**, die **Zweckbestimmung** und die **wirtschaftliche Zusammengehörigkeit** der einzelnen Wirtschaftsgüter sind zu berücksichtigen (§ 2 Abs. 1 Sätze 3 und 4 BewG).

Das Bewertungsgesetz unterscheidet die folgenden drei **Vermögensarten** (§ 18 BewG):

> 1. **Land- und forstwirtschaftliches Vermögen,**
> 2. **Grundvermögen,**
> 3. **Betriebsvermögen.**

Bei den einzelnen **Vermögensarten** sind die folgenden **wirtschaftlichen Einheiten** zu unterscheiden.

3.1.1 Land- und forstwirtschaftliches Vermögen

Die **wirtschaftliche Einheit** des land- und forstwirtschaftlichen Vermögens ist der **Betrieb der Land- und Forstwirtschaft** (§ 33 Abs. 1 Satz 2 BewG).

Zum **land- und forstwirtschaftlichen Vermögen** gehören alle Wirtschaftsgüter, die einem Betrieb der Land- und Forstwirtschaft dauernd zu dienen bestimmt sind (§ 33 Abs. 1 Satz 1 BewG).

Zu den Wirtschaftsgütern, die dem <u>Betrieb</u> der Land- und Forstwirtschaft dauernd zu dienen bestimmt sind, gehören insbesondere (§ 33 Abs. 2 BewG):

> - der **Grund und Boden** (z.B. Äcker, Wiesen),
> - die **Wohn- und Wirtschaftsgebäude**,
> - die **stehenden** (d.h. dem Betrieb dauernd dienenden) **Betriebsmittel** (z.B. Maschinen, Geräte, Zug- und Zuchttiere, Milchkühe) und
> - ein normaler Bestand an **umlaufenden** (d.h. zum Verbrauch oder zur Veräußerung bestimmte) **Betriebsmittel** (z.B. Saatgut, Mastvieh, Dünger).

<u>Nicht</u> zum land- und forstwirtschaftlichen Vermögen gehören (§ 33 Abs. 3 BewG):

> Zahlungsmittel, Geldforderungen, Wertpapiere, über den normalen Bestand hinausgehende Bestände an umlaufenden Betriebsmitteln.

3.1.2 Grundvermögen

Die **wirtschaftliche Einheit** des Grundvermögens ist jedes einzelne **Grundstück** (§ 70 Abs. 1 BewG).

Zum **Grundvermögen** gehören nach § 68 Abs. 1 BewG

- der **Grund und Boden**, die **Gebäude**, die sonstigen Bestandteile und das Zubehör,
- das **Erbbaurecht**,
- das **Wohnungseigentum, Teileigentum, Wohnungserbbaurecht** und **Teilerbbaurecht** nach dem Wohnungseigentumsgesetz,

soweit es sich **nicht** um **land- und forstwirtschaftliches Vermögen** oder um **Betriebsgrundstücke** handelt.

Zum **Grundvermögen** gehören **bebaute** und **unbebaute Grundstücke**.

Unbebaute Grundstücke sind Grundstücke, auf denen sich **kein** benutzbares (bezugsfertiges) **Gebäude** befindet (§ 72 Abs. 1 BewG).

Bebaute Grundstücke sind Grundstücke, auf denen sich benutzbare (bezugsfertige) **Gebäude** befinden (§ 74 BewG).

Unter einem **Gebäude** versteht man bewertungsrechtlich ein Bauwerk, das Menschen oder Sachen durch räumliche Umschließung Schutz gegen Witterungseinflüsse gewährt, den Aufenthalt von Menschen gestattet und fest mit dem Grund und Boden verbunden ist.

Die **bebauten Grundstücke** werden nach § 75 Abs. 1 BewG in **sechs Grundstücksarten** eingeteilt:

1. **Mietwohngrundstücke,**
2. **Geschäftsgrundstücke,**
3. **gemischtgenutzte Grundstücke,**
4. **Einfamilienhäuser,**
5. **Zweifamilienhäuser,**
6. **sonstige bebaute Grundstücke.**

Mietwohngrundstücke sind Grundstücke, die zu mehr als 80 % -berechnet nach der Jahresrohmiete- Wohnzwecken dienen, ausgenommen Einfamilien und Zweifamilienhäuser (§ 75 Abs. 2 BewG).

Geschäftsgrundstücke sind Grundstücke, die zu mehr als 80 % -berechnet nach der Jahresrohmiete- eigenen oder fremden gewerblichen oder öffentlichen Zwecken dienen (§ 75 Abs. 3 BewG).

Gemischtgenutzte Grundstücke sind Grundstücke, die teils Wohnzwecken, teils eigenen oder fremden gewerblichen oder öffentlichen Zwecken dienen und weder Mietwohngrundstücke, Geschäftsgrundstücke, Einfamilienhäuser noch Zweifamilienhäuser sind (§ 75 Abs. 4 BewG).

Beispiel:
Ein Steuerpflichtiger nutzt sein bebautes Grundstück zu 40 % eigengewerblich und zu 60 % zu Wohnzwecken.

Das Grundstück ist im bewertungsrechtlichen Sinne ein **gemischtgenutztes Grundstück**.

Einfamilienhäuser sind Wohngrundstücke, die nur **eine Wohnung** enthalten (§ 75 Abs. 5 Satz 1 BewG).

Ein Grundstück gilt auch dann als Einfamilienhaus, wenn es zu gewerblichen (freiberuflichen) oder öffentlichen Zwecken mitbenutzt wird und dadurch die Eigenart als Einfamilienhaus nicht wesentlich beeinträchtigt wird (§ 75 Abs. 5 Satz 4 BewG).

Beispiel:
Leo Klein, Bonn, ist Steuerberater und nutzt sein Haus zu 80 % der Nutzfläche als Wohnung und zu 20 % der Nutzfläche als Praxisräume.

Das Haus ist im bewertungsrechtlichen Sinne ein **Einfamilienhaus**, weil es ein Wohngrundstück ist, das nur **eine Wohnung** enthält und durch die freiberufliche Mitbenutzung die **Eigenart** als Einfamilienhaus **nicht** wesentlich **beeinträchtigt** wird.

Zweifamilienhäuser sind Wohngrundstücke, die nur zwei Wohnungen enthalten (§ 75 Abs. 6 BewG).

Sonstige bebaute Grundstücke sind alle übrigen bebauten Grundstücke (z.B. Vereinshäuser, Turnhallen; § 75 Abs. 7 BewG).

Nicht zum Grundvermögen gehören z.B. Maschinen und sonstige Vorrichtungen aller Art, die zu einer Betriebsanlage gehören (**Betriebsvorrichtungen**), auch wenn sie wesentliche Bestandteile des Grundstücks sind (§ 68 Abs. 2 BewG).

Betriebsvorrichtungen gehören bewertungsrechtlich zum **Betriebsvermögen**.

Ein Grundstück, das zu **mehr als 50 %** seines Wertes dem eigenen gewerblichen Betrieb dient, ist **ein Betriebsgrundstück**. Es gehört dann **nicht** zum **Grundvermögen**, sondern zum Betriebsvermögen (§ 99 BewG).

Beispiel:
Ein Steuerpflichtiger nutzt sein bebautes Grundstück zu 60 % eigengewerblich und zu 40 % zu Wohnzwecken.

Das ganze Grundstück gehört zum **Betriebsvermögen**.

> **Übung**: 1. Wiederholungsfragen 1 bis 11 (Seite 623),
> 2. Fälle 1 bis 3 (Seite 623 f.)

3.1.3 Betriebsvermögen

Die **wirtschaftliche Einheit** des Betriebsvermögens sind alle Teile eines **Gewerbebetriebs** (§ 95 Abs. 1 Satz 1 BewG).

Der **bewertungsrechtliche** Begriff Gewerbebetrieb stimmt mit dem **einkommensteuerlichen** Begriff Gewerbebetrieb (§ 15 Abs. 2 EStG) überein.

Dem Gewerbebetrieb steht die **Ausübung eines freien Berufs** i.S.d. § 18 Abs. 1 Nr. 1 EStG gleich (§ 96 BewG).

Die Wirtschaftsgüter müssen dem Betrieb als **Hauptzweck** dienen.

Notwendiges Betriebsvermögen dient dem Betrieb **stets** als Hauptzweck.

Notwendiges Privatvermögen kann dem Betrieb **nicht** als Hauptzweck dienen.

Wirtschaftsgüter sind zum **Betriebsvermögen** zu rechnen, wenn sie **mehr als 50 %** dem gewerblichen Betrieb dienen.

Diese Voraussetzung gilt stets als erfüllt, wenn ein Wirtschaftsgut **bei der Einkommenbesteuerung als Betriebsvermögen behandelt** worden ist.

Beispiel:
Der Steuerpflichtige A nutzt seinen Pkw zu 80 % eigengewerblich und zu 20 % privat.
Der Pkw gehört zum **Betriebsvermögen**.

> **Übung:** 1. Wiederholungsfragen 12 bis 14 (Seite 623),
> 2. Fall 4 (Seite 624)

3.2 Zusammenfassung und Erfolgskontrolle

3.2.1 Zusammenfassung

Der Bewertungsgegenstand wird in § 2 BewG als **wirtschaftliche Einheit** bezeichnet.

Das BewG unterscheidet die folgenden **wirtschaftlichen Einheiten**:

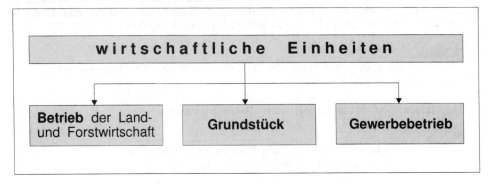

3.2.2 Erfolgskontrolle

WIEDERHOLUNGSFRAGEN

1. Wie wird der Bewertungsgegenstand nach § 2 BewG bezeichnet?
2. Welche drei Vermögensarten unterscheidet § 18 BewG?
3. Wie bezeichnet man die wirtschaftliche Einheit des land- und forstwirtschaftlichen Vermögens?
4. Welche Wirtschaftsgüter gehören allgemein zum land- und forstwirtschaftlichen Vermögen?
5. Was gehört insbesondere zu einem Betrieb der Land- und Forstwirtschaft?
6. Was gehört nicht zum land- und forstwirtschaftlichen Vermögen?
7. Wie bezeichnet man die wirtschaftliche Einheit des Grundvermögens?
8. Was gehört nach § 68 BewG zum Grundvermögen?
9. Welche Grundstücksarten der bebauten Grundstücke unterscheidet das BewG? Geben Sie Erläuterungen zu den einzelnen Grundstücksarten.
10. Was versteht man unter einem Betriebsgrundstück?
11. Zu welcher Vermögensart gehören Betriebsgrundstücke?
12. Wie bezeichnet man die wirtschaftliche Einheit des Betriebsvermögens?
13. Zu welcher Vermögensart gehört das Vermögen eines freiberuflich Tätigen, das der Ausübung seines Berufes dient?
14. Wie werden Wirtschaftsgüter bewertungsrechtlich behandelt, die weder ganz zum notwendigen Betriebsvermögen, noch zum notwendigen Privatvermögen gehören?

FÄLLE

Fall 1:

Zu welcher **Grundstücksart** gehören die folgenden bebauten Grundstücke?

1. Gebäude mit vier Wohnungen
2. Fabrikgebäude
3. Gebäude, das zur Hälfte aus Wohnungen und zur andern Hälfte aus Büros besteht
4. Bürogebäude
5. Gebäude mit einer Wohnung
6. Kaufhausgebäude
7. Gebäude mit zwei Wohnungen
8. Hotelgebäude
9. Vereinsgebäude eines Fußballvereins

Fall 2:

Thomas Hofmann ist Eigentümer eines in München belegenen bebauten Grundstücks.

Im **Erdgeschoß** und im **1. Obergeschoß** betreibt er ein Goldwarengeschäft.

Das **2. Obergeschoß** bewohnt er mit seiner Familie.

Die Nutzflächen der Geschosse sind **gleich groß**.

Von der Jahresrohmiete i.S.d. Bewertungsgesetzes entfallen 75 % auf das Erdgeschoß und das 1. Obergeschoß.

a) Welches Finanzamt i.S.d. AO ist für die Feststellung des Einheitswertes örtlich zuständig?

b) Zu welcher Grundstücksart gehört das Grundstück?

c) Zu welcher Vermögensart gehört das Grundstück?

Fall 3:

Das Bewertungsgesetz (BewG) kennt Betriebs- und Geschäftsgrundstücke.

Was **unterscheidet** diese Grundstücke? Nennen Sie **zwei** Beispiele.

Fall 4:

Zu welcher **Vermögensart** gehören die folgenden Vermögenswerte?

1. Bauplatz eines Privatmanns

2. eigenes unbebautes Grundstück, das ausschließlich und dauernd einer Holzhandlung als Lagerplatz dient

3. geschäftliches Postbankguthaben

4. Roh-, Hilfs- und Betriebsstoffe einer chemischen Fabrik

5. selbsthergestellte Ziegelsteine einer Ziegelei

6. Kundenforderungen einer Bauunternehmung

7. Steuerschulden einer Bank

8. Warenverbindlichkeiten eines Supermarktes

4 Bewertungsmaßstäbe

Das Bewertungsgesetz unterscheidet folgende **Bewertungsmaßstäbe**:

> 1. **Gemeiner Wert** und daraus **abgeleitete Werte**,
> 2. **Teilwert, Steuerbilanzwert,**
> 3. **Ertragswert.**

4.1 Gemeiner Wert und daraus abgeleitete Werte

Der **gemeine Wert (Verkehrswert)** ist der allgemeine und primäre Bewertungsmaßstab des Bewertungsgesetzes.

Der **gemeine Wert** eines Wirtschaftsguts wird durch den Preis bestimmt, der im **gewöhnlichen** Geschäftsverkehr nach der Beschaffenheit des Gutes bei einer Veräußerung zu erzielen wäre (§ 9 Abs. 2 Satz 1 BewG).

Dabei sind alle **Umstände** zu berücksichtigen, die den Preis beeinflussen. Ungewöhnliche oder persönliche Verhältnisse sind **nicht** zu berücksichtigen (§ 9 Abs. 2 Sätze 2 und 3 BewG).

> Beispiel:
> Privatmann Hans Klein verkauft ein Grundstück, das er vor Jahren für 100.000 DM gekauft hat, an einen guten Bekannten zum "Freundschaftspreis" von 50.000 DM. Von jedem fremden Dritten hätte er dafür 200.000 DM bekommen.
>
> Der **gemeine Wert** des Grundstücks beträgt **200.000 DM**, weil persönliche Verhältnisse bei der Wertermittlung unberücksichtigt bleiben. Maßgebend ist beim gemeinen Wert die Wertvorstellung des Erwerbers (hier des fremden Dritten), der das einzelne Wirtschaftsgut im gewöhnlichen Geschäftsverkehr erwirbt.

Die aus dem gemeinen Wert **abgeleiteten Bewertungsmaßstäbe** sind insbesondere

> - der **Kurswert**   (§ 19 Abs. 1 BewG),
> - der **Nennwert**   (§ 12 Abs. 1 BewG),
> - der **Rückkaufswert** (§ 12 Abs. 4 BewG),
> - der **Kapitalwert**   (§ 13 Abs. 1 BewG).

4.2 Teilwert, Steuerbilanzwert

Der **Teilwert** ist bei Wirtschaftsgütern anzusetzen, die einem Unternehmen dienen, **soweit nicht anderes vorgeschrieben ist** (§ 10 Satz 1 BewG).

Der **bewertungsrechtliche** Teilwertbegriff nach § 10 Abs. 2 BewG stimmt mit dem **einkommensteuerlichen** Begriff des Teilwerts (§ 6 Abs. 1 Nr. 1 Satz 3 EStG) überein.

Der **Teilwert** ist für Wirtschaftsgüter, die einem Unternehmen dienen, **bedeutungslos** geworden, weil er **durch** den **Steuerbilanzwert ersetzt** worden ist.

Wirtschaftsgüter, die zu einem Gewerbebetrieb gehören, sind bei Steuerpflichtigen, die ihren Gewinn nach § 4 Abs. 1 oder § 5 EStG ermitteln, grundsätzlich mit den **Steuerbilanzwerten** anzusetzen (§ 109 Abs. 1 BewG).

§ 109 BewG ist seit **1998** nur noch für die **Erbschaftsteuer** von Bedeutung.

 Betriebsgrundstücke sind für die **Gewerbesteuer** (siehe Seite 584 f.) mit **140 % ihres Einheitswerts** anzusetzen (§ 121a BewG).

4.3 Ertragswert

Der **Ertragswert** kommt **nur** bei der Bewertung eines **Betriebs der Land- und Forstwirtschaft** in Betracht.

Der **Ertragswert** ist das **Achtzehnfache** des nachhaltig erzielbaren **Reinertrages** eines land- und forstwirtschaftlichen Betriebes (§ 36 Abs. 2 BewG).

Dem Kapitalisierungsfaktor 18 liegt der Zinssatz von 5,5 % zugrunde (100 : 5,5 = 18).

4.4 Erfolgskontrolle

WIEDERHOLUNGSFRAGEN

1. Welche Bewertungsmaßstäbe unterscheidet das Bewertungsgesetz?
2. Wie wird der gemeine Wert definiert?
3. Welche abgeleiteten Bewertungsmaßstäbe kennen Sie?
4. Was versteht man unter dem Teilwert?
5. Mit welchem Wert sind grundsätzlich die zu einem Gewerbebetrieb gehörenden Wirtschaftsgüter nach § 109 Abs. 1 BewG anzusetzen?
6. Mit welchem Wert sind Betriebsgrundstücke für die Gewerbesteuer anzusetzen?
7. Was versteht man unter dem Ertragswert i.S.d. § 36 Abs. 2 BewG?

5 Begriff und Bedeutung des Einheitswerts

Die **Einheitswerte** werden nach dem **Ersten Abschnitt des Zweiten Teils** des Bewertungsgesetzes (§§ 19 bis 109 BewG) ermittelt (§ 20 Satz 1 BewG).

Einheitswerte werden **seit 1998** für inländischen **Grundbesitz**, und zwar

> 1. für **Betriebe der Land- und Forstwirtschaft** (§ 33, 48a und 51a BewG).
>
> 2. für **Grundstücke** (§§ 68 bis 70 BewG) und
>
> 3. für **Betriebsgrundstücke** (§ 99 BewG)

festgestellt (§ 19 Abs. 1 BewG).

Die **Einheitswerte** werden auf **volle 100 DM** nach unten **abgerundet** (§ 30 BewG).

Der **Einheitswert** wurde als Wert definiert, der für mehrere Steuern (z.B. Vermögensteuer, Gewerbekapitalsteuer, Grundsteuer, Erbschaftsteuer) die Bemessungsgrundlage bildete.

Die **Erbschaftsteuer** ist im Vierten Abschnitt des Zweiten Teils des Bewertungsgesetzes ab 1.1.1996 neu geregelt worden.

Nach § 138 Abs. 5 BewG sind Grundbesitzwerte nur noch dann festzustellen, wenn sie für die Erbschaftsteuer oder Grunderwerbsteuer erforderlich sind (**Bedarfsbewertung**).

Mit dem **Wegfall** der **Vermögensteuer** und der **Gewerbekapitalsteuer** ist der **Einheitswert** seit 1998 nur noch für die **Grundsteuer** von Bedeutung.

5.1 Einheitswerte für inländischen Grundbesitz

5.1.1 Einheitswert für Betriebe der Land- und Forstwirtschaft

Die **wirtschaftliche Einheit** des land- und forstwirtschaftlichen Vermögens ist der **Betrieb der Land- und Forstwirtschaft** (§ 33 Abs. 1 Satz 2 BewG).

Nach § 34 Abs. 1 BewG umfaßt ein Betrieb der Land- und Forstwirtschaft den **Wirtschaftsteil** und den **Wohnteil**.

Dementsprechend ergibt sich der Einheitswert für den Betrieb aus dem Wert für den **Wirtschaftsteil** = dem **Wirtschaftswert** und dem Wert für den **Wohnteil** = dem **Wohnungswert**.

Bewertungsmaßstab für den **Wirtschaftsteil** ist der **Ertragswert**. **Bewertungsmaßstab** für den **Wohnteil** ist der **gemeine Wert**.

Die umfangreichen Einzelheiten zur Ermittlung des Ertragswertes des Wirtschaftsteils ergeben sich aus den §§ 37 ff. BewG. Auf sie soll hier nicht näher eingegangen werden.

Der Wert für den **Wohnteil** (Wohnungswert) ist gemäß § 47 BewG nach den Vorschriften zu ermitteln, die beim Grundvermögen für die Bewertung der Mietwohngrundstücke (**Ertragswertverfahren**) gelten.

5.1.2 Einheitswert für Grundstücke

Die **wirtschaftliche Einheit** des Grundvermögens ist jedes einzelne **Grundstück** (§ 70 Abs. 1 BewG).

Ein **Grundstück** kann sein

- ein **unbebautes** Grundstück,
- ein **bebautes** Grundstück.

5.1.2.1 Unbebaute Grundstücke

Der **gemeine Wert** eines unbebauten Grundstücks, der nach Abrundung auf volle 100 DM den **Einheitswert** des Grundstücks darstellt, wird nach folgendem Schema ermittelt:

```
      Bodenwert
  + Wert evtl. vorhandener Außenanlagen
  = gemeiner Wert
    Abrundung auf volle 100 DM
  = Einheitswert
```

Der **Bodenwert** wird aus der Größe des Grundstücks und einem Durchschnittswert je Quadratmeter, der für ein Gebiet, eine Straße oder einen Straßenabschnitt gilt, errechnet (Abschnitt 7 Abs. 1 der Richtlinien für die Bewertung des Grundvermögens -BewRGr-).

Die Quadratmeter-Durchschnittswerte werden in einer **Richtwertkarte,** die beim bewertenden Finanzamt geführt wird, gesammelt.

Liegen **Besonderheiten** z.B. hinsichtlich der Lage, des Zuschnitts, der Oberflächenbeschaffenheit oder des Baugrunds vor, werden sie bei der Ermittlung des Bodenwerts berücksichtigt.

Beispiel:
Ein unbebautes Grundstück ohne Außenanlagen ist 20 m breit und 89,8 m tief.
Der Durchschnittswert lt. Richtwertkarte beträgt 12 DM/qm.

Der **Einheitswert** beträgt **21.500 DM** (20 m x 89,8 m x 12 DM = 21.552 DM, abgerundet auf volle 100 DM).

Werterhöhende **Außenanlagen** können z.B. sein Umzäunungen, Wege- oder Platzbefestigungen.

5.1.2.2 Bebaute Grundstücke

Der **gemeine Wert** eines bebauten Grundstücks, der nach Abrundung auf volle 100 DM den **Einheitswert** des Grundstücks darstellt, ist entweder nach dem **Ertragswertverfahren oder** nach dem **Sachwertverfahren** zu ermitteln.

In der Regel sind anzuwenden (§ 76 Abs. 1 BewG) für:

1. Mietwohngrundstücke 2. Geschäftsgrundstücke 3. gemischtgenutzte Grundstücke 4. Einfamilienhäuser 5. Zweifamilienhäuser	= **Ertragswertverfahren**
6. sonstige bebaute Grundstücke	= **Sachwertverfahren**

In den **besonderen** Fällen, die im § 76 Abs. 3 BewG genannt sind, ist auch bei den ersten fünf Grundstücksarten das Sachwertverfahren anzuwenden.

Das **Ertragswertverfahren** läßt sich vereinfacht in folgendem **Schema** darstellen:

Jahresrohmiete nach den Wertverhältnissen des 01.01.1964 (ggf. berichtigt wegen Schönheitsreparaturen) x Vervielfältiger (**Anlage 3 bis 8** zum § 80 BewG)	= vorläufiger Grundstückswert
beim Vorliegen werterhöhender bzw. wertmindernder Umstände (§§ 81 und 82 BewG)	+ Erhöhungen bzw. − Ermäßigungen
	= endgültiger Grundstückswert (= **g e m e i n e r W e r t**)
	Abrundung auf volle 100 DM
	= **E i n h e i t s w e r t**

Der so ermittelte **Einheitswert**, der seit 1998 nur noch Bedeutung für die **Grundsteuer** hat, umfaßt den **Bodenwert**, den **Gebäudewert** und den **Wert der Außenanlagen**.

Beispiel:
Der **Einheitswert** eines **Einfamilienhauses ohne** außergewöhnliche Ausstattung und Gestaltung wird zum 1.1.1999 für Zwecke der Grundsteuer nach dem **Ertragswertverfahren** wie folgt ermittelt:

Jahresrohmiete (115 qm x 38,40 DM)	4.416 DM
x Vervielfältiger lt. Anlage 7 zum BewG	9
= Grundstückswert (4.416 DM x 9)	39.744 DM
abgerundeter Wert = **Einheitswert**	**39.700 DM**

Zusammen mit dem **Einheitswertbescheid** setzt das Finanzamt mit dem **Grundsteuermeßbescheid** den **Grundsteuermeßbetrag** fest.

Der **Grundsteuermeßbetrag** wird - für das vorangegangenen Beispiel - wie folgt berechnet:

Einheitswert 39.700 DM x Meßzahl 3,1 v.T. = Grundsteuermeßbetrag **123,07 DM**

Die **Gemeinde** erläßt auf der Grundlage des Meßbescheides den **Grundsteuerbescheid**.

Die **Grundsteuer** wird - für das vorangegangene Beispiel - wie folgt berechnet:

Stadtverwaltung Koblenz

Bescheid über Grundbesitzabgaben

Steuer- und Gebührenamt
Verw. Hochhaus, Clemensstr. 26-30
56068 Koblenz

Meßbetrag 123,07 DM x Hebesatz 360 % = **443,05 DM Grundsteuer**

Der **gemeine Wert** (**Einheitswert**) ist für folgende bebaute Grundstücke, die **nicht** nach dem Ertragswertverfahren bewertet werden dürfen, mit **Hilfe des Sachwertverfahrens** zu ermitteln:

- sonstige bebaute Grundstücke,
- Einfamilienhäuser und Zweifamilienhäuser mit **außergewöhnlicher Ausstattung oder Gestaltung** (z.B. eine Wohnung hat mehr als 220 qm Wohnfläche),
- Mietwohngrundstücke, Geschäftsgrundstücke, gemischtgenutzte Grundstücke, für die weder eine Jahresrohmiete ermittelt noch die übliche Miete geschätzt werden kann.

Beim **Sachwertverfahren** werden der **Bodenwert**, der **Gebäudewert** und der Wert der Außenanlagen getrennt ermittelt und addiert zum sogenannten **Ausgangswert** (§ 83 BewG).

Der **Ausgangswert** wird an den gemeinen Wert mit Hilfe einer **Wertzahl** angeglichen.

Beispiel:
Der Einheitswert eines **Zweifamilienhauses mit** außergewöhnlicher Ausstattung und Gestaltung wird zum 1.1.1999 für Zwecke der Grundsteuer nach dem **Sachwertverfahren** wie folgt ermittelt:

Bodenwert (1.796 qm x 12 DM)	21.552 DM
+ Gesamtgebäudewert (1.960 cbm x 173 DM)	339.080 DM
+ Gesamtwert Außenanlagen (4 % von 339.080 DM)	13.563 DM
= Ausgangswert	374.195 DM
Grundstückswert (Wertzahl 75 %) (75 % von 374.195 DM)	280.646 DM
abgerundeter Wert = **Einheitswert**	**280.600 DM**

Der **Grundsteuermeßbetrag** wird - für das vorangegangenen Beispiel- wie folgt berechnet:

> Einheitswert 280.600 DM x Meßzahl 3,1 v.T. = Grunsteuermeßbetrag **869,86 DM**

Die **Grundsteuer** wird - für das vorangegangene Beispiel - wie folgt berechnet:

Bescheid über Grundbesitzabgaben

Stadtverwaltung
Koblenz

Steuer- und Gebührenamt
Verw. Hochhaus, Clemensstr. 26-30
56068 Koblenz

| Meßbetrag 869,86 DM x Hebesatz 360 DM = **3.131,50 DM Grundsteuer** |

Für Zwecke der **Gewerbesteuer** sind die Grundstücke (§ 70 BewG) mit **140 % des Einheitswerts** anzusetzen (§ 121a BewG).

In den **neuen Bundesländern** ist die Sondervorschrift des **§ 133 BewG** zu beachten (siehe Seite 584).

5.1.3 Einheitswert für Betriebsgrundstücke

Für Zwecke der **Gewerbesteuer** sind **Betriebsgrundstücke** (§ 99 Abs. 1 Nr. 1 BewG) mit **140 % des Einheitswerts** anzusetzen (§ 121a BewG).

In den **neuen Bundesländern** ist die Sondervorschrift des **§ 133 BewG** zu beachten (siehe Seite 584).

Dient das Grundstück nur zu **50 % oder zu einem geringeren Teil** dem Gewerbebetrieb, so gehört das ganze Grundstück zum **Grundvermögen** (§ 99 Abs. 2 Satz 2 BewG).

Ein Grundstück, an dem neben dem Betriebsinhaber **noch andere Personen beteiligt** sind, gilt auch hinsichtlich des Anteils des Betriebsinhabers **nicht** als **Betriebsgrundstück** (§ 99 Abs. 2 Satz 3 BewG).

Wird z.B. ein Grundstück von einem Gesellschafter an eine Personengesellschaft zur Nutzung überlassen, ist dieses Grundstück als **Betriebsvermögen der Gesellschaft** anzusehen (§ 97 Abs. 1 Nr. 5 BewG).

> Beispiel:
> An der X-OHG ist der Gesellschafter A mit 50 % beteiligt. A **verpachtet** der X-OHG ein **ihm** gehörendes Grundstück zur betrieblichen Nutzung.
>
> Das **Grundstück** gehört zum **Betriebsvermögen** der X-OHG.

5.2 Wert des Betriebsvermögens

Seit 1998 werden **Einheitswerte** des Betriebsvermögens **nicht** mehr festgestellt (§ 19 Abs. 1 BewG).

Folglich sind in § 99 Abs. 1 BewG und § 98a Satz 1 BewG die Wörter "**Einheitswert des Betriebsvermögens**" durch die Wörter "**Wert des Betriebsvermögens**" ersetzt worden.

Der **Wert des Betriebsvermögens**, der seit 1998 nur noch für die **Erbschaft- und Schenkungsteuer** von Bedeutung ist, wird in Zukunft nach folgendem Schema ermittelt:

> **Vermögen** (**Roh**betriebsvermögen)
> **− Schulden**
> **= Wert des Betriebsvermögens** (**Rein**betriebsvermögen)

Nach § 12 Abs. 5 ErbStG sind für den Bestand und die **Bewertung des Betriebsvermögens** mit **Ausnahme** der **Betriebsgrundstücke** die **Verhältnisse zur Zeit der Entstehung** der Erbschaft- und Schenkungsteuer (Todestag / Tag der Schenkung) maßgebend.
Die §§ 95 bis 103, 104 und 109 Abs. 1, 2 und 137 BewG sind entsprechend anzuwenden.

Für die Ermittlung des **Werts des Betriebsvermögens** (§ 12 Abs. 5 ErbStG) ist zum **Besteuerungszeitpunkt** eine besondere Aufstellung (**Vermögensaufstellung**) zu fertigen (R 114 Abs. 1 Satz 3 ErbStR).

5.3 Erfolgskontrolle

WIEDERHOLUNGSFRAGEN

1. Was versteht man unter dem Begriff "Einheitswert?
2. Für welchen inländischen Grundbesitz werden seit 1998 nur noch Einheitswerte festgestellt?
3. Für welche Steuer hat der Einheitswert seit 1998 nur noch Bedeutung?
4. Welche Bewertungsmaßstäbe sind bei der Einheitswertfeststellung der Betriebe der Land- und Forstwirtschaft anzuwenden?
5. Wie wird der Einheitswert für unbebaute Grundstücke ermittelt?
6. Wie wird der Einheitswert für bebaute Grundstücke ermittelt?
7. Mit welchem Wert sind Betriebsgrundstücke nach § 121a BewG anzusetzen?
8. Für welche Zwecke wird seit 1998 nur noch der Wert des Betriebsvermögens ermittelt?
9. Wie wird der Wert des Betriebsvermögens ermittelt?

FÄLLE

Fall 1:

Für ein Einfamilienhaus, das nicht außergewöhnlich ausgestattet und gestaltet ist, soll für Zwecke der Grundsteuer der Einheitswert nach dem Ertragswertverfahren ermittelt werden.

Zur Ermittlung des Einheitswerts liegen folgende Daten vor:

Wohnfläche	185 qm
Jahresmiete je qm nach den Wertverhältnissen 1.1.1994	38,40 DM
Vervielfältiger lt. Anlage 7 zum BewG	9

1. Wie hoch ist der **Einheitswert** nach dem **Ertragswertverfahren**?
2. Wie hoch ist der **Grundsteuermeßbetrag** bei einer Meßzahl von 3,1 v.T.?
3. Wie hoch ist die **Grundsteuer** bei einem Hebesatz von 360 %?

Fall 2:

Für ein Einfamilienhaus, das außergewöhnlich ausgestattet und gestaltet ist, soll für Zwecke der Grundsteuer der Einheitswert nach dem Sachwertverfahren ermittelt werden.

Zur Ermittlung des Einheitswerts liegen folgende Daten vor:

Grund und Boden	898 qm
Der Betrag für die Ermittlung des Bodenwertes, der auf den Wertverhältnissen vom 1.1.1964 basiert, beträgt	12 DM
Der umbaute Raum des Gebäudes beträgt	980 cbm
Der Betrag für die Ermittlung des Gebäudewertes, der auf den Wertverhältnissen vom 1.1.1994 basiert, beträgt	173 DM
Wertzahl	75 %

1. Wie hoch ist der **Einheitswert** nach dem **Sachwertverfahren**?
2. Wie hoch ist der **Grundsteuermeßbetrag** bei einer Meßzahl von 3,1 v.T.?
3. Wie hoch ist die **Grundsteuer** bei einem Hebesatz von 360 %?

6 Feststellungsarten

Die **Einheitswerte** für die wirtschaftlichen Einheiten werden **nicht jährlich**, sondern in größeren Zeitabständen **festgestellt**.

Das BewG unterscheidet bei der Einheitsbewertung die folgenden **Feststellungsarten:**

> 1. **Hauptfeststellung** (§ 21 BewG)
> 2. **Fortschreibungen** (§ 22 BewG)
> 3. **Nachfeststellung** (§ 23 BewG)

6.1 Hauptfeststellung

Die **Einheitswerte** werden **seit 1998** in Zeitabständen von

> **je sechs Jahren**

allgemein festgestellt (**Hauptfeststellung**; § 21 Abs. 1 BewG).

Der Hauptfeststellung werden die Verhältnisse zu Beginn des Kalenderjahrs (**Hauptfeststellungszeitpunkt**) zugrunde gelegt (§ 21 Abs. 2 BewG).

Der **letzte** Hauptfeststellungszeitpunkt für den **Grundbesitz** war in den **alten** Bundesländern der **1.1.1964** und in den **neuen** Bundesländern der **1.1.1935**.

6.2 Fortschreibungen

Wenn **während des Hauptfeststellungszeitraums** wesentliche Änderungen im Wert, der Art oder der Zurechnung des Gegenstandes der Einheitsbewertung eintreten, wird eine **Fortschreibung** durchgeführt.

Man unterscheidet deshalb

> 1. **Wertfortschreibung** (§ 22 Abs. 1 BewG),
> 2. **Artfortschreibung** (§ 22 Abs. 2 BewG) und
> 3. **Zurechnungsfortschreibung** (§ 22 Abs. 2 BewG).

Fortschreibungszeitpunkt ist grundsätzlich der **Beginn** des Kalenderjahrs, das auf die Änderung **folgt** (§ 22 Abs. 4 BewG).

6.2.1 Wertfortschreibung

Eine **Wertfortschreibung** ist durchzuführen, wenn bestimmte **Wertgrenzen überschritten** sind. Dabei sind **Bruchteilsgrenzen in Verbindung mit Mindestgrenzen** und **Festgrenzen** zu beachten.

Der **Einheitswert** wird **neu** festgestellt, wenn folgende Grenzen überschritten sind (§ 22 Abs. 1 BewG):

	Wertabweichung	
	nach **oben**	nach **unten**
Bruchteilsgrenze jedoch	mehr als 1/10 mindestens 5.000 DM	mehr als 1/10 mindestens 500 DM
oder Festgrenze	mehr als 100.000 DM	mehr als 5.000 DM

Beispiel:
Der **bisherige Einheitswert** eines Einfamilienhauses beträgt **74.400 DM**. Durch bauliche Änderungen hat sich der Wert des Einfamilienhauses auf **78.700 DM** erhöht.

Eine **Wertfortschreibung** findet **nicht** statt, weil die Abweichung nach oben (4.300 DM) weder die Bruchteilsgrenze von 1/10 von 74.400 DM = **7.440 DM** noch den Mindestbetrag von **5.000 DM** überschreitet. Die Festgrenze von **100.000 DM** wird ebenfalls nicht überschritten.

6.2.2 Artfortschreibung

Eine **Artfortschreibung** ist durchzuführen, wenn die Art des Gegenstandes der Einheitsbewertung von der zuletzt getroffenen Feststellung wesentlich abweicht (§ 22 Abs. 2 BewG).

Beispiel:
A hat im Laufe des Jahres 1998 sein **Einfamilienhaus** durch Aufstockung in ein **Zweifamilienhaus** umgebaut.

Zum **01.01.1999** erfolgt eine **Artfortschreibung**, weil sich die Artbezeichnung durch den Umbau geändert hat (bisher "Einfamilienhaus", jetzt "Zweifamilienhaus").

6.2.3 Zurechnungsfortschreibung

Eine **Zurechnungsfortschreibung** ist durchzuführen, wenn der Gegenstand der Einheitsbewertung einem anderen Steuerpflichtigen zuzurechnen ist (§ 22 Abs. 2 BewG).

Beispiel:
C **kauft** am 01.04.1998 von B ein **Mietwohngrundstück**.

Das Grundstück ist ab **01.01.1999** C **zuzurechnen**, weil das Grundstück den Eigentümer gewechselt hat.

6.3 Nachfeststellung

Der Einheitswert wird **nachträglich** festgestellt (**Nachfeststellung**), wenn z.B. nach dem Hauptfeststellungszeitpunkt die wirtschaftliche Einheit (Untereinheit) **neu** entsteht (§ 23 BewG).

Nachfeststellungszeitpunkt ist grundsätzlich der **Beginn des Kalenderjahrs**, das auf die Entstehung der wirtschaftlichen Einheit **folgt** (§ 23 Abs. 2 BewG).

6.4 Zusammenfassung und Erfolgskontrolle

6.4.1 Zusammenfassung

Bei der Einheitsbewertung unterscheidet das BewG folgende **Feststellungsarten**:

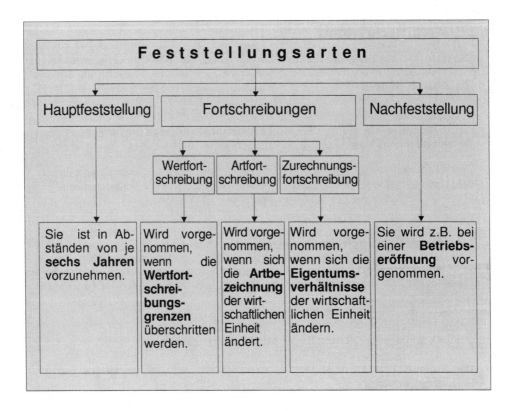

6.4.2 Erfolgskontrolle

WIEDERHOLUNGSFRAGEN

1. Welche Feststellungsarten unterscheidet das Bewertungsgesetz?
2. Was beinhaltet der Begriff Hauptfeststellung?
3. Was beinhaltet der Begriff Hauptfeststellungszeitpunkt?
4. In welchen Zeitabständen soll seit 1998 eine Hauptfeststellung durchgeführt werden?
5. Welche Fortschreibungsarten unterscheidet das Bewertungsgesetz?
6. In welchem Fall ist eine Artfortschreibung durchzuführen?
7. Wann hat eine Zurechnungsfortschreibung zu erfolgen?
8. Was versteht man unter der Nachfeststellung?
9. Wann ist eine Nachfeststellung durchzuführen?

FÄLLE

Fall 1:

Prüfen Sie, ob für die folgenden bebauten Grundstücke eine **Wertfortschreibung** durchzuführen ist. Erläutern Sie Ihr Prüfungsergebnis.

	a)	b)	c)	d)	e)
letzter Einheitswert	1.100.000	900.000	60.000	44.200	30.000
neuer Wert	1.205.000	995.000	54.000	40.600	34.000

Fall 2:

Rüdiger Baumann erwarb am 14.07.1997 ein in Düsseldorf belegenes gemischtgenutztes Grundstück. Das Grundstück hatte einen **Einheitswert** von **455.000 DM**.

Die Wohnungsmieter räumten im Frühjahr 1998 alle Wohnungen. Mit einem Aufwand von rd. 120.000 DM wurden die bisherigen Wohnungen in Büroräume umgebaut. Nach Abschluß der Bauarbeiten im Herbst 1998 wurden die Büroräume an gewerbliche Mieter vermietet, so daß das Grundstück nunmehr in vollem Umfang fremdgewerblich genutzt wird.

Welche **Folgen** i.S. des BewG ergeben sich aus diesem Sachverhalt?

Fall 3:

Ralf Lohmeyer, Stuttgart, hat am 06.08.1995 ein Haus gekauft, in dem sich (nur) zwei Wohnungen befanden. Beide Wohnungen sind vermietet.
Im Frühjahr 1998 hat er im Dachgeschoß eine dritte Wohnung ausgebaut, die seit Juni 1998 zu Wohnzwecken vermietet ist. **Vor** dem Ausbau betrug der Einheitswert **120.500 DM**, der **neue Wert** beträgt **148.200 DM**.

Welche bewertungsrechtlichen **Folgen** ergeben sich aus diesem Sachverhalt?

7 Bedarfsbewertung des Grundvermögens für Zwecke der Erbschaft- und Schenkungsteuer

Die **Bedarfsbewertung** erfolgt in dem neuen **Vierten Abschnitt des Zweiten Teils** des Bewertungsgesetzes, der in die folgenden **Unterabschnitte** unterteilt ist (siehe Seite 614):

> A. **Allgemeines** (§§ 138 - 139 BewG),
> B. **Land- und forstwirtschaftliches Vermögen** (§§ 140 - 144 BewG) und
> C. **Grundvermögen** (§§ 145 - 150 BewG).

Im folgenden werden nur die Unterabschnitte "Allgemeines" und "Grundvermögen" erläutert.

7.1 Allgemeines

Einheitswerte, die für Grundbesitz nach den Wertverhältnissen vom 1.1.1935 (in den neuen Bundesländern) oder 1.1.1964 (in den alten Bundesländern) festgestellt worden sind, **werden** bei der **Erbschaft- und Schenkungsteuer** ab 1.1.1996 **und** bei der **Grunderwerbsteuer** ab 1.1.1997 **nicht** mehr **angewendet** (§ 138 Abs. 1 **Satz 1** BewG).

Anstelle dieser **Einheitswerte** werden **besondere Werte** für den Grundbesitz **festgestellt** (§ 138 Abs. 1 **Satz 2** BewG).

Die **Grundbesitzwerte** sind **gesondert**, gegebenenfalls auch gesondert und einheitlich, festzustellen, wenn sie für die **Erbschaftsteuer** oder **Grunderwerbsteuer** erforderlich sind (**Bedarfsbewertung**; § 138 Abs. 5 BewG).

Maßgebend für die Feststellung sind die **tatsächlichen Verhältnisse** zum Besteuerungszeitpunkt und die Wertverhältnisse zum **1.1.1996**, die bis zum **31.12.2001** gelten (§ 138 Abs. 1 i.V.m. § 138 Abs. 4 BewG).

Zuständig ist das **Lagefinanzamt** i.S.d. § 18 Abs. 1 Nr. 1 AO (R 124 Abs. 1 Satz 2 ErbStR).

7.2 Bewertung des Grundvermögens

7.2.1 Bewertung unbebauter Grundstücke

Unbebaute Grundstücke sind Grundstücke, auf denen sich **keine benutzbaren Gebäude** befinden oder **zur Nutzung vorgesehene Gebäude im Bau befindlich** sind (§ 145 Abs. 1 Satz 1 BewG).

Die **wirtschaftliche Einheit** bei der Bedarfsbewertung ist das **Grundstück** (R 158 Abs. 1 ErbStR)..

Bei der Bestimmung des Wertes eines unbebauten Grundstücks ist vom **Bodenrichtwert** auszugehen (§ 145 Abs. 3 Satz 1 BewG).
Die **Bodenrichtwerte** werden von den Gutachterausschüssen nach dem Baugesetzbuch auf den **1.1.1996** ermittelt (R 160 Abs. 1 Satz 4 ErbStR).

Bei den **Bodenrichtwerten** handelt es sich um durchschnittliche Lagewerte, die sich für ein Gebiet mit im wesentlichen gleichen Lage- und Nutzungsverhältnissen je Quadratmeter der Grundstücksfläche ergeben (R 160 Abs. 1 Satz 5 ErbStR).

Der ermittelte Bodenrichtwert ist um **20 %** zu ermäßigen (§ 145 Abs. 3 Satz 1 BewG).

Vereinfacht läßt sich der **Grundstückswert** eines **unbebauten Grundstücks** wie folgt ermitteln:

```
     Grundstücksfläche x Bodenrichtwert
  -  20 % Abschlag
  =  Grundstückswert
```

Der Grundstückswert ist auf volle **1.000 DM** nach unten **abzurunden** (§ 139 BewG).

Beispiel:
Der Steuerpflichtige A ist Eigentümer eines **unbebauten Grundstücks** mit einer Grundstücksfläche von **2.000 m²**, das mit lagetypischen Merkmalen des Bodenrichtwertgrundstücks übereinstimmt. Der Bodenrichtwert beträgt **500 DM/m²**.

Der **Grundstückswert** wird wie folgt berechnet:

2.000 m² x 500 DM/ m² =		1.000.000 DM
− 20 % Abschlag		200.000 DM
= **Grundstückswert** (bereits abgerundet)		**800.000 DM**

Der Steuerpflichtige hat die Möglichkeit, einen hiervon abweichenden, niedrigeren **gemeinen Wert** (Verkehrswert) nachzuweisen (§ 145 Abs. 3 Satz 3 BewG).

7.2.2 Bewertung bebauter Grundstücke

Bebaute Grundstücke sind Grundstücke, auf denen sich **benutzbare Gebäude** befinden (R 164 Abs. 1 ErbStR).

Die **Benutzbarkeit** beginnt im Zeitpunkt der Bezugsfertigkeit. Gebäude sind als **bezugsfertig** anzusehen, wenn den zukünftigen Bewohnern nach objektiven Merkmalen zugemutet werden kann, die Wohnungen oder Räume zu benutzen.

Bei der Entscheidung, ob ein Gebäude bezugsfertig ist, ist grundsätzlich auf das **ganze Gebäude** und **nicht** auf einzelne Wohnungen oder Räume abzustellen.

Sind z.B. Wohnungen im Erdgeschoß vor dem Besteuerungszeitpunkt, die übrigen Wohnungen jedoch erst danach bezugsfertig geworden, ist das Gebäude als **nicht bezugsfertig** anzusehen (R 159 Abs. 3 ErbStR).

Die Bewertung erfolgt nach **§ 149 BewG** (Grundstücke im Zustand der Bebauung).

Zur **wirtschaftlichen Einheit** eines **bebauten Grundstücks** gehören (R 164 ErbStR)

- der Grund und Boden,
- die Gebäude,
- die Außenanlagen,
- sonstige wesentliche Bestandteile (z.B. Wintergärten) und
- das Zubehör.

Nicht einzubeziehen sind **Maschinen** und **Betriebsvorrichtungen**, auch wenn sie wesentliche Bestandteile sind (R 164 Abs. 2 Satz 2 ErbStR).

Der **Grundstückswert** ergibt sich regelmäßig durch (R 166 Abs. 1 ErbStR)

- die Anwendung des **Vervielfältigers von 12,5**
- auf die maßgebende **Jahresmiete** bzw. **übliche Miete**
- abzüglich der **Wertminderung wegen Alters** des Gebäudes,
- bei Wohngrundstücken mit nicht mehr als zwei Wohnungen erhöht um einen **Zuschlag von 20 %.**

Dieser Wert darf **nicht geringer** sein **als** der **Mindestwert** (§ 146 Abs. 6 i.V.m. § 145 Abs. 3 BewG).

Der **Mindestwert** errechnet sich regelmäßig aus der **Grundstücksfläche** und den auf **80 % ermäßigten Bodenrichtwert** (R 176 Abs. 1 Satz 2 ErbStR).

Der **Grundstückswert** ist auf volle **1.000 DM** nach unten **abzurunden** (§ 139 BewG).

Der gesetzlich festgelegte **Vervielfältiger von 12,5** ist bei allen Grundstücken anzuwenden.
Durch das Bewertungsverfahren nach § 146 Abs. 2 bis 5 BewG sind alle Bestandteile der wirtschaftlichen Einheit "bebautes Grundstück" erfaßt.
Auch alle wertmindernden Umstände sind berücksichtigt, z.B. wegen Lärm-, Rauch- und Geruchsbelästigungen, Denkmaleigenschaft sowie Baumängel und Bauschäden.

Bei der **Jahresmiete** handelt es sich um eine **Soll-Miete**. Maßgebend ist die Miete, die vertraglich vereinbart worden ist, unabhängig davon, ob Mietpreisbindungen bestehen. Auf die tatsächlich gezahlte Miete kommt es nicht an (R 167 ErbStR).

Nicht zur Jahresmiete gehören die **umlagefähigen Kosten** (z.B. Grundsteuer, Kosten der Wasserversorgung, Kosten der Wasserentwässerung usw.), die neben der Miete nach Anlage 3 der II. BV gesondert mit dem Mieter abgerechnet werden können.

§ 146 Abs. 2 Satz 1 BewG schreibt vor, daß aus den **Jahresmieten der letzten drei Jahre vor dem Besteuerungszeitpunkt** eine im Durchschnitt erzielte Jahresmiete - gemeint ist auch hier eine **durchschnittliche Soll-Miete** - ermittelt wird.
Der **Mietermittlungszeitraum** umfaßt die **letzten drei Jahre vor** dem **Besteuerungszeitpunkt** (Todestag / Tag der Schenkung), nicht die letzten drei Kalenderjahre. Aus Vereinfachungsgründen kann der Monat, in dem der Besteuerungszeitpunkt fällt, mit in den Ermittlungszeitraum einbezogen werden (R 170 Abs. 1 ErbStR).

<u>Beispiel:</u>
A ist am 15.11.1999 verstorben. Zu seinem Nachlaß gehört ein Mietwohngrundstück.

Der **Mietermittlungszeitraum** beginnt am **1.12.1996** und endet am **30.11.1999**.

Ist das Grundstück oder Teile davon innerhalb des dreijährigen Mietermittlungszeitraums **nicht vermietet** (z.B. Leerstand bei Mieterwechsel oder wegen Modernisierung), von dem Eigentümer oder dessen Familie **selbst genutzt**, anderen **unentgeltlich** zur Nutzung **überlassen** oder an **Angehörige** oder **Arbeitnehmer** des Eigentümers **vermietet** worden, ist für diesen Zeitraum die **übliche Miete** anzusetzen (§ 146 Abs. 3 Satz 1 BewG).
Die **übliche Miete** kann aus **Vergleichsmieten** oder **Mietspiegeln** abgeleitet oder durch ein **Mietgutachten** ermittelt werden (vgl. R 171 und R 172 ErbStR).

Der **Ausgangswert** (Ausgangswert 1) aus **durchschnittlicher Miete x 12,5** ist **wegen des Alters des Gebäudes** für **jedes Jahr**, das **seit Bezugsfertigkeit** des Gebäudes **bis zum Besteuerungszeitpunkt** vollendet worden ist, um **0,5 %**, höchstens jedoch insgesamt um **25 % zu ermäßigen** (§ 146 Abs. 4 BewG).
Es bestehen keine Bedenken, zugunsten des Steuerpflichtigen als **Zeitpunkt der Bezugsfertigkeit stets den 1.1. des Jahres der Bezugsfertigkeit** anzusetzen (R 174 Abs. 1 ErbStR).

Der nach Abzug der Alterswertminderung verbleibende Ausgangswert (Ausgangswert 2) ist bei Grundstücken, deren Gebäude **nicht mehr als zwei Wohnungen** enthält, um **20 % zu erhöhen**, wenn das Grundstück **ausschließlich Wohnzwecken** dient (§ 146 Abs. 5 BewG).
Unter die **Zuschlagsregelung** fallen insbesondere **Ein- und Zweifamilienhäuser**.
Bei **Eigentumswohnungen** kommt nur dann ein Zuschlag in Betracht, wenn die Eigentumswohnung baulich wie ein Einfamilienhaus gestaltet ist oder in einer Wohnanlage gelegen ist, die nur aus zwei Eigentumswohnungen besteht.
Ansonsten ist bei **Eigentumswohnungen kein Zuschlag** zu berücksichtigen.

Ein **Zuschlag von 20 %** ist nur in den Fällen vorzunehmen, in denen das Grundstück **ausschließlich Wohnzwecken** dient (R 175 Abs. 3 ErbStR).
Befindet sich in dem Gebäude **neben** den **Wohnräumen auch gewerblich, freiberuflich** oder zu öffentlichen Zwecken bestimmte Räume, ist bei der Grundstücksbewertung **kein Zuschlag** anzusetzen.
Das **häusliche Arbeitszimmer** ist der Nutzung zu **Wohnzwecken** zuzuordnen.

Der **Grundstückswert** eines **bebauten Grundstücks** kann nach folgendem **Berechnungsschema** ermittelt werden:

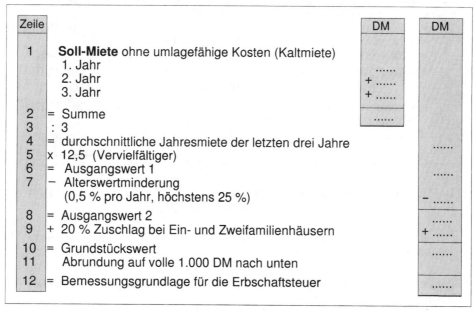

Zeile		DM	DM
1	**Soll-Miete** ohne umlagefähige Kosten (Kaltmiete)		
	1. Jahr	……	
	2. Jahr	+ ……	
	3. Jahr	+ ……	
2	= Summe		……
3	: 3		
4	= durchschnittliche Jahresmiete der letzten drei Jahre		
5	x 12,5 (Vervielfältiger)		
6	= Ausgangswert 1		……
7	− Alterswertminderung		
	(0,5 % pro Jahr, höchstens 25 %)		− ……
8	= Ausgangswert 2		……
9	+ 20 % Zuschlag bei Ein- und Zweifamilienhäusern		+ ……
10	= Grundstückswert		……
11	Abrundung auf volle 1.000 DM nach unten		
12	= Bemessungsgrundlage für die Erbschaftsteuer		……

Beispiel:
A ist am 15.12.1999 verstorben. Zu seinem Nachlaß gehört ein in Köln gelegenes Zweifamilienhaus.

Das Haus wurde am 1.8.1983 fertiggestellt (= bezugsfertig). Bis zum Tode von A wurde eine Wohnung vermietet und die andere Wohnung wurde von A selbst genutzt. Die beiden Wohnungen sind gleichwertig. In den Jahren 1997 bis 1999 wurden folgende Mieten erzielt:

	1997	1998	1999
Kaltmiete/Monat	1.000 DM	1.100 DM	1.200 DM
umlagefähige Kosten/Monat	200 DM	300 DM	400 DM
Miete/Monat	1.200 DM	1.400 DM	1.600 DM

Die Miete für die Monate Oktober bis Dezember 1999 ist erst im April 2000 gezahlt worden. Das Grundstück hat eine Größe von 900 m^2. Der Bodenrichtwert beträgt 500 DM/m^2.
Der Verkehrswert des Grundstücks beläuft sich auf 500.000 DM.

Das Zweifamilienhaus wird für Zwecke der Erbschaftsteuer wie folgt bewertet:

Zeile		DM	DM
1	**Soll-Miete** ohne umlagefähige Kosten (Kaltmiete) Mietermittlungszeitraum: 1.1.1997 bis 31.12.1999		
	1. Jahr (2.000 DM x 12)	24.000	
	2. Jahr (2.200 DM x 12)	+ 26.400	
	3. Jahr (2.400 DM x 12)	+ 28.800	
2	= Summe	79.200	
3	: 3 (79.200 DM : 3)		
4	= durchschnittliche Jahresmiete der letzten drei Jahre		26.400
5	x 12,5 (Vervielfältiger)		
6	= Ausgangswert 1		330.000
7	− Alterswertminderung (1.1.1983 bis 1.1.1999 = 16 Jahre) (16 x 0,5 % = 8 % von 330.000 DM)	−	26.400
8	= Ausgangswert 2		303.600
9	+ 20 % Zuschlag (20 % von 303.600 DM)	+	60.720
10	= Grundstückswert		364.320
11	Abrundung auf volle 1.000 DM nach unten		
12	= Bemessungsgrundlage für die Erbschaftsteuer 1998		**364.000**

Der **Mindestwert** dieses Grundstücks beträgt nach § 146 Abs. 6 i.V.m. § 145 Abs. 3 BewG nur **360.000 DM** (900 m^2 x 500 DM x 80 %).

Der höhere **gemeine Wert**, der lt. Sachverhalt 500.000 DM beträgt, ist nicht anzusetzen.

Folglich wird das Zweifamilienhaus für Zwecke der Erbschaftsteuer mit **364.000 DM** bewertet.

7.3 Erfolgskontrolle

WIEDERHOLUNGSFRAGEN

1. Was versteht man unter Bedarfsbewertung?
2. Wie wird vereinfacht der Grundstückswert eines unbebauten Grundstücks nach § 145 BewG ermittelt?
3. Wie wird vereinfacht der Grundstückswert eines bebauten Grundstücks nach § 146 BewG ermittelt?
4. Wie wird der Mindestwert nach § 146 Abs. 6 i.V.m. § 145 Abs. 3 BewG regelmäßig ermittelt?

FÄLLE

Fall 1:

A ist am 15.1.1999 verstorben. Zu seinem Nachlaß gehört ein in Bonn gelegenes unbebautes Grundstück, das mit typischen Merkmalen des Bodenrichtwertgrundstücks übereinstimmt.

Das unbebaute Grundstück hat eine Größe von 900 m^2. Der amtlich festgestellt Bodenrichtwert beträgt 500 DM/m^2.

Wie hoch ist der Grundstückswert 1999 für Zwecke der Erbschaftsteuer?

Fall 2:

B ist am 1.7.1999 verstorben. Zu seinem Nachlaß gehört ein in Dortmund gelegenes Einfamilienhaus.

Das Haus wurde am 1.7.1939 bezugsfertig. Bis zum Tode von B war das Haus vermietet.

Die durchschnittliche Jahresmiete (Kaltmiete) der letzten drei Jahre betrug 12.000 DM.

Das Grundstück hat eine Größe von 700 m^2. Der amtlich festgestellte Bodenrichtwert beträgt 400 DM/m^2.

Wie hoch ist der Grundstückswert 1999 für Zwecke der Erbschaftsteuer?

Stichwortverzeichnis

Abflußprinzip 33
Abgeld 82, 118, 151, 215, 419
Abgeltungsprinzip 485
Absetzung für Abnutzung (AfA) und erhöhte Absetzungen
- AfA-Betrag 101
- AfA-Satz 102
- degressive AfA nach § 7 Abs. 5 95 ff., 219 ff.
- erhöhte Absetzungen nach § 7b EStG 222
- Gebäude-AfA 94 ff., 219 ff.
- degressive AfA auf bewegliche Anlagegüter 105 f.
- lineare AfA nach § 7 Abs. 4 94 ff., 219 ff.
- lineare AfA auf bewegliche Anlagegüter 101 ff.
- AfA-Tabelle 102
abweichendes Wirtschaftsjahr 30 f.
Abzinsungsgebot 118
Abzug für Land- und Forstwirte 297
Alleinstehende 368
Altersberechnung, siehe Lebensalterb.
Altersentlastungsbetrag 292 ff.
Altersruhegeld (Altersrente) 242 ff.
Anlagevermögen (Begriff) 89
- abnutzbares 90 ff.
- nichtabnutzbares 116
Anrechnungsverfahren 192 ff., 559 ff.
Anschaffungskosten 81 f.
anschaffungsnahe Aufwendungen 217
Anschaffungsnebenkosten 82
Anschaffungspreis 82
Anschaffungspreisminderungen 82
Ansparabschreibung 112 f.
Antragsveranlagung, ESt 486
Arbeitnehmer 166
Arbeitnehmer-Pauschbetrag 180 f.
Arbeitsförderungsgesetz 385
Arbeitslohn 167 ff.
Arbeitsmittel 22, 177
Arbeitszimmer 22, 177
Arten des Gewerbebetriebs 568
Artfortschreibung 635
atypisch stiller Gesellschafter 50, 193
Aufwendungen für die Lebensführung 22 f.
Ausbauten und Erweiterungen, EigZulG 393 f.
Ausbildungsfreibeträge 382 ff.
Auslandskinder 387, 428, 440

Ausschüttungsbelastung 557
außergewöhnliche Belastungen 363 ff.
außerordentliche Einkünfte 458
auswärtige Unterbringung 383

BAföG 385
Baukindergeld 418
Bedarfsbewertung 638 ff.
begünstigte Objekte i.S.d. EigZulG 227, 493
begünstigte Objekte i.S.d. EStG 226
behinderte Arbeitnehmer 179
behinderte Kinder 432
Behinderten-Pauschbetrag 390 f.
Belegschaftsrabatt 169, 172 f.
beizulegender Wert 87
Bemessungsgrundlage
  ESt 3, 426 ff.
  EigZulG 499
  KSt 550 ff.
  GewSt 575
Berufsausbildung 314 f., 382
Berufsunfähigkeitsrente 245
Bestattungskosten 365
Betreuungsfreibetrag 373, 432, 439
Betriebsausgaben
- abzugsfähige 70 ff., 151
- nichtabzugsfähige 21, 152
Betriebseinnahmen 70 ff., 149
betriebsgewöhnliche Nutzungsdauer 102
Betriebsgrundstück 621, 632
Betriebsstätte 567
Betriebsveranstaltungen 168
Betriebsvermögen (Begriff) 58
- gewillkürtes 68
- notwendiges 67
Betriebsvermögensvergleich 58 ff.
Bewertung des Betriebsvermögens 76 ff., 622, 632
Bewertungsfreiheit für GWG 114 f.
Bewertungsgesetz 615 ff.
Bewertungsgrundsätze 77 ff.
Bewertungsmaßstäbe
- BewG 625 ff.
- ESt 81 ff.
Bewertungsvorschriften
- allgemeine 618
- besondere 618
Bewirtungsaufwendungen 21, 152
Bezüge 375, 434
Bilanzänderung 122
Bilanzberichtigung 121 f.

Bilanzidentität 78
Börsenpreis 87
Brutto-Dividende 204, 560
Buchführungspflicht 61
Bundesausbildungsförderungsgesetz 385

Damnum 82, 118, 151, 215, 419
Dauerschulden 577 f.
Dauerschuldentgelte 577 f.
degressive AfA, siehe AfA
Diätverpflegung 364
Dienstverhältnis 166
Disagio 82, 118, 151, 215, 419
Dividenden 191 ff., 560
Divisor-Methode 603 ff.
Doppelbesteuerungsabkommen 12
Durchschnittssatzgewinn 159

Ehegattenveranlagung 39 ff.
Eigenheimzulage 492 ff.
Einfamilienhaus 211, 621
Einheitsbilanz 86
Einheitswert 627 ff.
Einheitswertermittlung 627 ff.
Einkommen
 - ESt 302 ff.
 - KSt 551
Einkommensteuer 1 ff.
Einkommensteuerermittlung 456 ff.
Einkommensteuertarif 458
Einkommensteuer-Vorauszahlung 465
Einkünfte (Begriff) 16
 - Land- und Forstwirtschaft 45 f.
 - Gewerbebetrieb 47 ff.
 - selbständiger Arbeit 53 ff.
 - nichtselbständiger Arbeit 166 ff.
 - Kapitalvermögen 191 ff.
 - Vermietung und Verpachtung 211 ff.
 - sonstige Einkünfte i.S.d. § 22 242 ff.
Einkunftsgrenze
 - § 10e EStG 409
 - § 5 EigZulG 495 f.
Einlagen 60, 72 f., 120 f.
Einnahmen 11 f.
1 %-Regelung 152, 172
Eintragung von Freibeträgen auf der Lohnsteuerkarte 478 ff.
Einzelbewertung 78 ff.
Einzelkosten 84
Einzelveräußerungspreis 88
Entgelt für Dauerschulden 577 f.
Entnahmen 59, 72 f., 119 f.
Enumerationsprinzip 309
Erhaltungsaufwand 216 f., 419 f.
Erhebungsformen der ESt 2

erhöhte Absetzungen, siehe AfA
Erlaß 596
Erstjahr 496
Ertragswert 626
Ertragswertverfahren 629, 639
Erweiterung 494
Erwerbsunfähigkeitsrente 245
Euro 481
EWR 10

Fahrten zwischen Wohnung und ...
 22, 152 f., 168, 177 f., 315
Fahrtkostenzuschüsse 168
fertiggestellt 220
Fertigungseinzelkosten 84
Fertigungsgemeinkosten 85
Festbewertung 78
Feststellungsarten 634 ff.
festzusetzende ESt 456 ff.
Finanzierungskosten 82, 86
Firmenwert 92 f.
Fördergebiet 223, 513
Fördergebietsgesetz 223, 420
Förderungsgrundbetrag, EigZulG 501
Folgeobjekt
 § 10e EStG 415
 § 7 EigZulG 499
Formen des Gewerbebetriebs 569
Fortführung der Unternehmenstätigkeit 78
fortgeführte AK/HK 87
Fortschreibungen 634 f.
Freiberufler 53 f.
Freistellungsauftrag 199
fremde Erzeugnisse 50
Fremdwährungsverbindlichkeiten 118
Fünf-sechstel-Methode 601 ff.

Garage 494
Gebäude-AfA 94 ff., 219 ff.
Geburtsbeihilfe 19, 169
Geldbuße 21
gemeiner Wert 625, 639
Gemeinkosten 85
Gemeinschaftsteuer 1
gemischtgenutzte Grundstücke 620
geringfügig entlohnte Arbeitskräfte 483 f.
geringwertige Wirtschaftsgüter 114 f.
Gesamtbetrag der Einkünfte 292 ff.
Geschäftsgrundstücke 620
Geschäftsleitung 545
Geschäftswert 92 f.
Gestellung von Kraftfahrzeugen 172
Gewerbebetrieb (Begriff)
 - ESt   47
 - GewSt 567

Gewerbeertrag 575
Gewerbesteuer 564 ff.
Gewerbesteuerbescheid 595
Gewerbesteuerrückstellung 601 ff.
Gewerbeverlust 586
gewerbliche Einkünfte 462 ff.
gewillkürtes Betriebsvermögen 68 f.
Gewinn (Begriff) 28, 58, 148
Gewinneinkünfte 45 ff.
Gewinnermittlung
 - durch Betriebsvermögensvergleich 28, 58 ff.
 - ohne Betriebsvermögensvergleich 29, 148 ff.
Gewinnermittlungszeitraum 29 f.
Gewinnzuschlag 113
gewöhnlicher Aufenthalt 7
Grenzpendler 10 ff.
großer Erhaltungsaufwand 216
Grundförderung (§ 10e EStG) 407 ff.
Grundfreibetrag (Tarif) 458
Grundhöchstbetrag 327
Grundsatz der Bilanzidentität 78
Grundsatz der Einzelbewertung 78
Grundsatz der Fortführung der Unternehmenstätigkeit 78
Grundsatz der periodengerechten Aufwands- und Ertragsabgrenzung 80
Grundsatz der Stetigkeit der Bewertungsmethoden 80
Grundsatz der Vorsicht 79 f.
Grundsteuer 630 f.
Grundsteuermeßbetrag 630 f.
Grundstücke
 bebaute 620, 639 ff.
 unbebaute 620, 638 f.
Grundstücksarten 620
Grundstückswert 638 ff.
Grundtabelle, ESt 457 f.
Grundtarif 457 f.
Grundvermögen 620 ff.
Gruppenbewertung 78

Hälftiger Höchstbetrag 329
Härteausgleich 445 ff.
Haftpflicht 325
häusliches Arbeitszimmer 22, 177
Hauptfeststellung 634
Haushaltsersparnis 364
Haushaltsfreibetrag 444
Haushaltshilfe, siehe Hilfe im Haushalt
hauswirtschaftliches Beschäftigungsverhältnis 315 f.
Hebesatz 595
Heimunterbringung 389

Heiratsbeihilfe 19, 169
Herstellungsaufwand 216
Herstellungskosten 84 ff.
Herstellungskosten eines Gebäudes 220 f.
Hilfe im Haushalt 388
hilflos 390
Hinterbliebenen-Pauschbetrag 391
Hinzurechnungen nach § 8 GewStG 577 ff.
Höchstbetragsberechnung 327 ff.
Höchstwertprinzip 79, 118
horizontaler Verlustausgleich 17, 263

immaterielle Wirtschaftsgüter 92 f.
Imparitätsprinzip 79
Inland
 - ESt 6
 - GewSt 567
 - KSt 545
innerörtlicher Bereich 224, 514
Insolvenzverwalter 53
Investitionszulage 223 f., 513 ff.

Jubiläumszuwendungen 169
juristische Personen 6, 544

Kapitalertragsteuer 195 ff.
Karenzbetrag 377
Kindbegriff 427 f.
Kinderbetreuungskosten 368 f.
Kinderfreibetrag 437 ff.
Kindergeld 437
Kinderzulage, EigZulG 504 f.
Kirchensteuer 311, 467 f.
Körperschaftsteuer 541 ff.
Körperschaftsteuertarif 556
Kontoführungsgebühren 178
Kontokorrentschulden als Dauerschulden 579 ff.
Kostenpauschale 376 f.
Krankheitskosten 364
Kürzungen nach § 9 GewStG 584 ff.
Kurkosten 364
kurze Zeit 32, 154
kurzfristige Beschäftigung 482 f.

Lagefinanzamt 638
Ländergruppeneinteilung 387, 440
Land- und forstwirtschaftliches Vermögen 619
Lebensaltersberechnung 293
Leibrenten 242 ff.
Leistungsentnahmen 120
lineare AfA, siehe AfA
Listenpreis 152 f.
Lohnsteuer 472 ff.

Lohnsteuer-Anmeldung 480 f.
Lohnsteuerkarte 474 ff.
Lohnsteuerklassen 472 f.
Lohnsteuer-Pauschalierung 482 f.
Lohnsteuertabellen 473 f.
Lottogewinn 17

Marktpreis 87
Maßgeblichkeitsgrundsatz 76
Materialeinzelkosten 84
Materialgemeinkosten 85
Mehraufwendungen für Verpflegung 21, 152
Mietwohngrundstück 211, 620
Mindestbesteuerung 265 ff.
Mindestwert 640, 642
Mitunternehmerschaft 48 f.

Nachfeststellung 636
nachträgliche AK/HK 221, 420, 515 f.
natürliche Personen 6
Nebenbetrieb 46
Netto-Dividende 195, 560
nichtabnutzbares Anlagevermögen 116
nicht realisierte Gewinne 79
nicht realisierte Verluste 79
nichtabziehbare Aufwendungen 553 f.
nichtabzugsfähige Betriebsausgaben 21, 152
nichtausgleichbare Verluste 285
Niederstwertprinzip
 - gemildertes 116
 - strenges 117
Niedrigenergiehäuser 503
Notariatsgebühren 215
Nullzone 458
Nutzungsentnahmen 119, 152 ff.
NV-Bescheinigung 200

Objektbeschränkung
 - § 6 EigZulG 498
Öko-Zulage 501 ff.

Partiarisches Darlehen 194
Pauschalierung der Lohnsteuer 482 f.
Pflegekinder 427 f.
Pflege-Pauschbetrag 391
Pflegeversicherung 324 ff.
Praxiswert 93
private Veräußerungsgeschäfte 247 ff.
Progressionsvorbehalt 460 f.
Pflichtveranlagung 485 f.
Progressionszone 458
Proportionalzone 458
pro-rata-temporis 103

Rabatt-Freibetrag 169, 173
Realisationsprinzip 79
Realsplitting 313 f.
Rechtsschutzversicherung 327
Reisegewerbebetrieb 568
regelmäßig wiederkehrende Ausgaben 33, 154
Regelmäßig wiederkehrende Einnahmen 33, 154
Revision 596
Rückstellung der GewSt 601 ff.

Sachbezüge 168, 169 ff.
Sachbezugswerte 171
Sachbezugsverordnung 171
Sachentnahmen 119
Sachversicherungen 327
Sachwertverfahren 630 f.
Schmiergelder 21, 152
Schuldzinsen 215
Schulgeld 316
Schwerbehinderte 176, 390 f.
Selbstbehalt 224, 541 ff.
Sitz 545
Software 92
Solidaritätszuschlag 195 ff., 469 f., 559
Sonderabschreibungen 108 ff., 223 f.
Sonderausgaben 309 ff.
 - beschränkt abzugsfähige, die nicht Vorsorgeaufwendungen sind 313 ff.
 - unbeschränkt abzugsfähige 311 ff.
 - Vorsorgeaufwendungen 324 ff.
Sonderausgaben-Pauschbetrag 335
Sonderbetriebsausgaben 48
Sonderbetriebseinnahmen 48
Sondereinzelkosten der Fertigung 84
Sonderposten mit Rücklageanteil 112
sonstige bebaute Grundstücke 621, 629
sonstige Bezüge 174 f.
Sozialversicherungsbeiträge 324 ff.
Sparer-Freibetrag 202 f.
Spendenabzug 317 ff., 552 f.
Splittingtabelle 459
Splittingtarif 459
stehender Gewerbebetrieb 568
Stetigkeit der Bewertungsmethoden 80
Steuerbefreiungen
 - ESt   13
 - GewSt 574
 - KSt   548 f.
Steuerberatungskosten 312
Steuerbilanzwert 626
Steuergutschrift 193, 195
Steuermeßbetrag 575

Steuermeßzahl 587
Steuerpflicht
- ESt 5 ff.
- GewSt 567 ff.
- KSt 544 ff.
stiller Gesellschafter 50, 193
Stundung 596
Summe der Einkünfte
- ESt 262 ff.
- KSt 551

Tafelgeschäft 198
Tantiemen 167
Tarif
- ESt 456 ff.
- KSt 556 ff.
Tarifbegrenzung bei gewerblichen Einkünften 462 ff.
Tarifbelastung, KSt 550
tarifliche Einkommensteuer 456 ff.
Teilwert 88, 119 f., 626
Teilwertvermutung 88
Teilzeitbeschäftigte 482 ff.
thesaurierter Gewinn 556
Trinkgelder 19, 168 f.
Trivialprogramme 92, 114
typisch stiller Gesellschafter 50, 193

Überschußeinkünfte 166 ff.
Überschußermittlung 31 ff.
Überschußermittlungszeitraum 31
Überschußrechnung nach § 4 Abs. 3 148 ff.
Überweisung 33
umgekehrte Maßgeblichkeit 76
Umlaufvermögen 89
Unterhaltsaufwendungen 299 f., 374 ff.
Unterkunft 170

Valutaverbindlichkeiten 118
Veranlagungsarten (ESt) 38 ff.
Veranlagung von Arbeitnehmern 485 ff.
Verbindlichkeiten 118
verdeckte Gewinnausschüttung 551 f.
Veräußerungsgeschäfte 247 ff.
Vereinfachungsregel 104, 106
Verlängerungstatbestände 433
Verlustabzug 303 ff.
Verlustausgleich 262 ff.
Verlustrücktrag 304 ff.
Verlustverrechnung 262 ff., 303 ff.
Verlustvortrag 306 f.
Verpflegung 171

Verpflegungsmehraufwendungen 21, 152
Versicherungsbeiträge 324 ff.
Versorgungs-Freibetrag 176 f.
vertikaler Verlustausgleich 264 ff.
Vertriebskosten 85 f.
Vervielfältiger 640 f.
Verwaltungskosten 85
Vorauszahlungen
- ESt 465
- GewSt 597
Vorkosten
- § 10i EStG 419
Vorkostenpauschale 419
Vorsorgeaufwendungen 324 ff.
Vorsorgepauschale
- gekürzte 342 ff.
- in Mischfällen 345 ff.
- ungekürzte 335 ff.
Vorwegabzug 328 f.

Werbungskosten 22, 176 ff., 201 f., 213 ff., 229, 249 f.
Wertaufholungsgebot 91
Werbungskosten-Pauschbetrag 201 f., 246
Wertfortschreibung 634 f.
Wertuntergrenze der HK 84
Wiederbeschaffungskosten 88
wiederkehrende Bezüge 242 ff.
wirtschaftliche Einheit 619 ff.
wirtschaftlicher Geschäftsbetrieb 570 f.
Wirtschaftsgebäude 94
Wirtschaftsjahr
  bei Gewerbetreibenden 30 f.
  bei Land- und Forstwirten 30
Wohnsitz 6 f.
Wohnung 170

Zerlegung, GewSt 599 ff.
Zinsabschlag, ESt 196 ff.
Zuflußprinzip 32
Zukauf 50
zumutbare Belastung 366 f.
Zurechnungsprinzip 32 f.
Zurechnungsfortschreibung 635
zusätzlicher Höchstbetrag 329
Zusatzförderung, EigZulG 501 ff.
Zuschlagsteuern 467 ff.
zu versteuerndes Einkommen
- ESt 426 ff.
- KSt 551
Zweifamilienhaus 211, 621